2026 공인노무사 2차 시험대비

행정쟁송법

박이준 편저

epasskorea

preface

머리말

본서의 목적은 공인노무사 행정쟁송법 과목의 논술형 문제에 등장할 수 있는 모든 쟁점을 학설과 판례 중심으로 정리하여, 수험생 여러분이 시험에 완벽히 대비할 수 있도록 하는 데 있습니다.

논술형 시험문제는 출제자가 설정한 법적 쟁점들이 유기적으로 연결되어 있기에, 고득점을 얻기 위해서는 그 의도를 신속하고 정확하게 포착하는 것이 무엇보다 중요합니다. 이를 위해서는 평소에 행정쟁송법 전반의 체계를 숙지하고, 쟁점 중심의 학습을 통해 훈련이 되어 있어야 합니다. 실제로 법률과목의 채점평에서는 "논점을 파악하여 출제의도에 부합하는 훌륭한 답안이 있는 반면, 핵심을 놓친 답안도 적지 않았다"라는 평가를 흔히 접할 수 있습니다.

이러한 점을 고려하여 본서는 다음과 같은 특징을 가지고 있습니다.

첫째, 초보 수험생도 이해하기 쉬운 체계적 교과서를 지향합니다.

본서는 2편, 18장, 75절의 체계로 구성되어 자기완결적 교재의 모습을 갖추었습니다. 각 주제들 간의 논리적 연결고리까지 빠짐없이 담았으므로 독자 여러분께서 물 흐르듯 행정쟁송의 논리체계를 파악할 수 있을 것입니다. 또한 공인노무사시험을 비롯한 각종 국가고시 기출문제의 핵심 논점을 빠짐없이 소개하여, 단권화 교재로도 손색이 없도록 하였습니다.

둘째, 법리를 상세히 설명하였습니다.

각 절차와 제도의 취지, 법적 요건, 학설 대립을 구체적으로 서술하여 내용의 정확한 이해는 물론 답안 작성에도 실질적인 도움이 되도록 하였습니다. 아울러 답안지 현출을 고려하여 대·중·소 목차를 체계적으로 배열하였으니, 학습과정에서 실제 답안지에서 어떤 항목이 어떤 순서로 들어가야 할지 반복적으로 그려 보시기 바랍니다.

셋째, 최신 판례와 출제경향을 충실히 반영하였습니다.

행정쟁송법은 판례법리에 크게 의존하는 과목이므로, 판례의 정확한 이해가 곧 시험 대비의 핵심이라 할 수 있습니다. 이번 개정판에서는 중요 판례를 대폭 보강하고, 기존 내용도 최신 법리에 맞게 재구성하였습니다. 또한 출제경향을 면밀히 분석하여 수험생 여러분이 '현재 시점의 행정쟁송법'을 가장 효과적으로 학습할 수 있도록 하였습니다.

넷째, 행정법의 기초이론을 충실히 소개하였습니다.

행정쟁송법은 방대한 행정법 영역의 일부이기에, 처음 접하는 수험생에게는 기초 개념이 낯설 수 있습니다. 또한 사례형 문제를 해결할 때는 절차법 외에 행정법 일반이론을 언급해야 할 경우가 적지 않습니다. 이에 따라 꼭 필요한 기초이론은 보충자료 형식으로 적절히 소개하였습니다.

논술형 시험에서 합격의 관건은 머릿속 지식을 얼마나 보기 좋게 현출하느냐에 달려 있습니다. 그러므로 답안 작성 연습을 게을리하지 마시기 바랍니다. 拙稿 「행정쟁송법 사례연습」과 병행하여 학습하신다면 더욱 효과적일 것입니다. 그 밖의 세부적인 내용은 본서의 〈출제경향〉과 〈학습방법〉 부분에 상세히 기재하였으니 참고하시기 바랍니다.

아무쪼록 이 책이 여러분의 고득점 합격을 향한 여정에 든든한 길잡이가 되기를 바랍니다. ♠

2025. 09.

저자 박이준

출제경향분석

기출문제 분석

1 연도별/단원별 분석 (* 필수과목이 된 2010년 이후)

단원 \ 연도	10	11	12	13	14	15	16	17	18	19	20	21	22	23	24	25
행정심판																
총설											○				○	
당사자/관계인					○										○	
심판청구			○		○	○			○							
심리																
재결	○				○					○						○
노동행정심판			○				○						○			
행정소송																
총설		○											○			
소송의 종류	○						○	○								○
재판관할															○	
당사자				○			○	○			○		○	○		○
대상적격			○		○		○	○			○	○		○		○
소송의 제기		○					○	○	○		○	○		○	○	○
심리		○				○				○		○	○			
소송의 종료	○		○	○		○	○		○	○		○		○	○	○
무효등확인소송								○	○			○		○		○
부작위위법확인소송					○						○					
당사자소송										○				○		
객관소송																

2 빈출 주제 분석 (* 1993년 ~ 2025년)

주제	출제 횟수
대상적격	15회
기속력(간접강제, 직접처분 포함)	14회
원고적격(청구인적격 포함)	9회
제소기간(청구기간 포함)	8회
처분사유의 추가·변경, 임시구제수단(집행정지, 임시처분 등)	6회
피고적격(피청구인적격 포함), 무효확인소송	5회
부작위위법확인소송, 당사자소송, 행정심판 재결	4회
소의 이익, 사정판결(사정재결 포함), 노동행정심판, 소송의 병합, 행정심판전치주의	3회
객관적 소송, 의무이행소송, 심리판단의 기준시점, 고지제도, 행정심판의 종류, 입증책임, 재판관할	2회
기판력, 재심청구, 소송참가, 소송의 종료 방식, 결과제거청구권, 예방적 금지소송, 행정소송의 한계, 판결의 효력 일반, 일부취소, 행정심판위원회	1회

[참고] 변호사시험의 경우 (* 2012년 ~ 2025년)

주제	출제 횟수
대상적격	7회
원고적격	5회
제소기간	3회
기속력, 임시구제수단, 일부취소판결(재결 포함), 객관적 소송, 소의 이익, 기판력, 선결문제, 예방적 부작위쟁송	2회
고지제도, 심리판단의 기준시점, 피고적격, 행정심판 전치주의, 처분사유의 추가변경, 소송유형, 사법심사방식, 당사자소송, 처분의 성질	1회

3 쟁송절차별 주제 상세 (* 실제 문제는 부록에 수록)

(1) 행정심판

요건 및 제도 이해	• 거부처분에 대한 행정심판법상의 권리구제수단(25점, 2010) • 심판청구의 적법성(30점, 2014) • 취소심판의 청구기간(20점, 2015) • 이의신청과 행정심판의 구별(25점, 2020) • 행정심판기관의 관할과 피청구인 적격(25점, 2024)
심리	• 재결 이전의 잠정적인 권리구제수단(25점, 2015) • 행정심판과 임시처분(20점, 2018)
재결	• 행정심판재결의 기속력(25점, 2007) • 행정심판재결의 종류(25점, 2009) • 행정심판재결의 실효성 확보방안(25점, 2013) • 기속력 확보수단으로서의 직접처분(25점, 2014) • 재결이 취소소송의 대상이 되는 경우(25점, 2017) • 기속력 확보수단으로서의 간접강제(25점, 2019) • 사정재결의 대상적격성(25점, 2021)

(2) 행정소송

요건 및 제도 이해	• 취소소송의 제기요건(50점, 2009) • 기관소송(25점, 2009) • 결과제거청구권의 행정소송법상 관철 방법(25점, 2010) • 행정소송의 대상적격(50점, 2011) • 행정소송의 대상적격 - 노동조합 설립신고서 반려(25점, 2012) • 지방노동위원회의 처분에 대한 행정쟁송절차(25점, 2012) • 행정소송의 원고적격(50점, 2013) • 이해관계인의 원고적격성(20점, 2014) • 부작위의 의의와 성립요건(25점, 2014) • 노동조합 설립신고서 반려행위에 대한 취소소송(35점, 2016) • 취소소송의 대상적격(15점, 2016) • 제3자효 행정행위의 원고적격(25점, 2016) • 감액처분의 대상적격(25점, 2017) • 협의의 소의 이익(25점, 2017) • 무효등확인소송의 보충성, 민사소송에서의 선결문제(25점, 2017) • 납세의무부존재확인소송의 법적 성질(25점, 2019)

	• 취소소송의 대상적격, 피고적격, 제소기간(50점, 2020) • 부작위의 성립요건(25점, 2020) • 법인의 원고적격(20점, 2022) • 예방적 금지소송(30점, 2022) • 협의의 소의 이익(25점, 2022) • 취소소송의 대상 및 제소기간의 기산점(25점, 2023) • 여객자동차운송사업자의 원고적격(25점, 2023) • 채무부존재확인소송, 부당이득반환청구소송(25점, 2023) • 육아휴직급여 청구의 소송 유형(15점, 2024) • 당사자소송에서의 행정심판전치주의(15점, 2024) • 공고에 대한 취소소송의 제소기간(25점, 2024) • 피고적격, 소송유형(25점, 2025) • 취소소송의 대상적격, 피고적격, 제소기간(25점, 2025) • 행정재산 위탁운영계약 해지의 법적성질, 소송유형(25점, 2025)
심리	• 행정소송법 상의 소송참가(25점, 2008) • 처분사유의 추가·변경(25점, 2011) • 관련청구소송의 병합(25점, 2011) • 집행정지의 요건(25점, 2012) • 처분사유의 추가·변경(30점, 2015) • 취소소송과 국가배상청구소송의 병합(25점, 2018) • 처분사유의 추가·변경(25점, 2019) • 무효확인소송의 입증책임(10점, 2021) • 무효확인소송과 취소소송의 병합(20점, 2021) • 처분사유의 추가·변경(25점, 2021) • 처분의 위법성 판단 기준시점(25점, 2022)
판결	• 취소소송에서 인용판결의 기속력(50점, 2010) • 취소소송에서의 기속력 위반 사례(25점, 2012) • 종국판결에 의하지 않은 취소소송의 종료(25점, 2013) • 사정판결(25점, 2015) • 재심청구의 적법성(25점, 2016) • 승소판결후 재거부처분의 적법성(30점, 2018) • 취소사유에 대한 무효확인소송의 판결(25점, 2018) • 절차상 하자를 이유로 한 인용판결의 기속력(25점, 2019) • 무효확인소송의 기판력과 국가배상청구소송(20점, 2021) • 무효확인소송의 기속력과 강제수단(25점, 2023) • 일부취소판결(20점, 2024) • 처분사유의 추가변경, 기속력, 간접강제(25점, 2025)

교과목 특징

1 출제영역 및 형식

(1) 공인노무사 제2차 시험의 4과목 가운데 하나인 행정쟁송법은 「행정심판법」 및 「행정소송법」과 「민사소송법」 중 행정쟁송 관련 부분에서 출제된다. - 100점 배점, 3문항, 100분 시행

(2) 행정쟁송법 시험문제가 주로 위와 같이 행정심판법 및 행정소송법에서 출제되지만, 법률의 내용만을 갖고서는 해결되지 않고 행정법총론(행정법총칙, 행정조직법, 행정작용법), 즉 행정법의 이론에 대한 이해를 전제로 하므로 행정법 원리에 관한 체계적 학습이 필요하다.

2 행정쟁송의 기본적 이해

(1) 행정쟁송이란?

행정쟁송이란 '**행정법상 법률관계에 있어서의 다툼을 심리·판정하는 절차**'를 의미한다. 행정작용이 위법·부당한 경우에 그 시정은 행정감독 등의 수단에 의해 어느 정도 달성될 수 있으나, 보다 효과적인 방법은 권익을 침해받은 자가 직접 그 효력을 다툴 수 있게 하고 일정한 심판기관이 그에 대한 유권적 판정을 내리게 하는 것이다.

(2) 우리나라의 행정쟁송제도

① 우리나라는 행정소송의 심판기관으로서 독립한 행정재판소를 두지 않고, 영미법계 국가처럼 행정사건도 일반법원이 관할하고 있다(헌법 제107조 제2항).

② 행정쟁송의 종류를 여러 차원에서 구분할 수 있는데, 담당기관에 따라 행정심판과 행정소송이 있다.

③ 종래 행정소송의 전심절차로서 행정심판을 거치게 하는 행정심판전치주의를 채택하였으나, 1998년부터 임의적 절차로 바뀌었다.

(3) 행정심판

① 행정심판은 '**위법 또는 부당한 처분 기타 공권력의 행사·불행사 등으로 인하여 권리나 이익을 침해당한 자가 행정기관에 대하여 그 시정을 구하는 절차**'를 말한다.

② 행정심판에 관한 일반법으로서 행정심판법이 제정되어 있으며, 다른 법률(예 국세기본법, 국가공무원법)에 특칙이 존재하는 경우에는 그 범위 안에서 행정심판법의 적용이 배제된다.

③ 행정심판은 분쟁해결의 성질을 갖는 광의의 재판의 일종이다. 헌법 제107조 제3항은 '재판의 전심절차로서 행정심판을 할 수 있다. 행정심판의 절차를 법률로 정하되 사법절차가 준용되어야 한다'고 규정하였다.

(4) 행정소송

① 행정소송이란 '**행정법규의 적용과 관련하여 위법하게 권리가 침해된 자가 소송을 제기하고, 법원이 이에 대해 심리·판단하는 정식의 행정쟁송**'을 말한다. 행정소송에 대해서는 일반법으로서의 지위를 갖는 행정소송법이 있으며, 흠결의 경우에는 법원조직법과 아울러 민사소송법의 규정이 성질이 허용하는 한 준용된다(행정소송법 제8조 제2항).

② 행정소송에는 ㉠ 행정청의 처분으로 인하여 개인의 권리·이익이 침해된 경우에 그 구제를 구하는 주관적 쟁송(예 항고쟁송·당사자쟁송), ㉡ 법규 적용의 객관적인 적정성 또는 공익보호를 직접 목적으로 하는 객관적 쟁송(예 민중쟁송·기관쟁송)이 있다.

information

행정사건의 유형 (* 취소소송의 경우)

1 기본 유형

(1) 적극적 제재처분

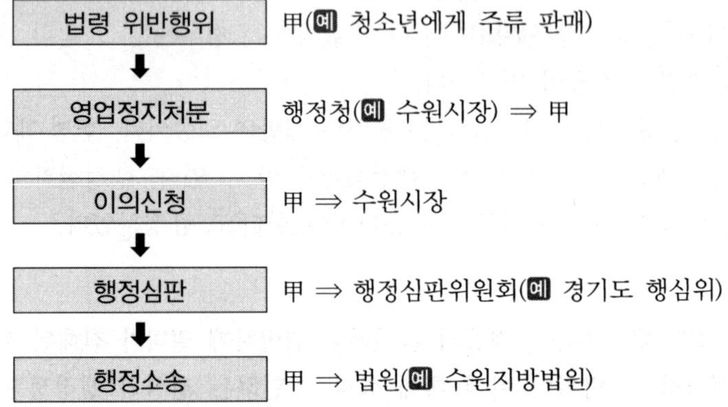

(2) 신청에 대한 소극적 처분

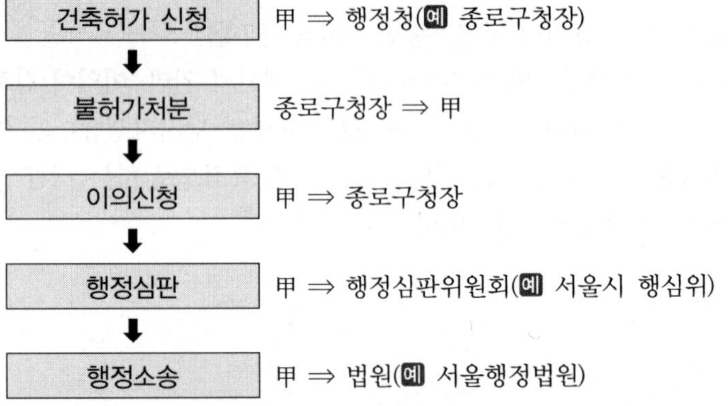

위 기본 유형은 행정청이 특정인에게 처분을 내리되 제3자가 등장하지 않는다. '적극적 처분'에 대하여 상대방은 이의신청, 행정심판과 행정소송으로 다툴 수 있다. 그리고 신청에 대한 불허가처분과 같은 '소극적 처분'에 대하여도 다툴 수 있다. 이때 이의신청과 행정심판은 임의절차이다.

2 제3자효 행정행위

(1) 적극적 처분

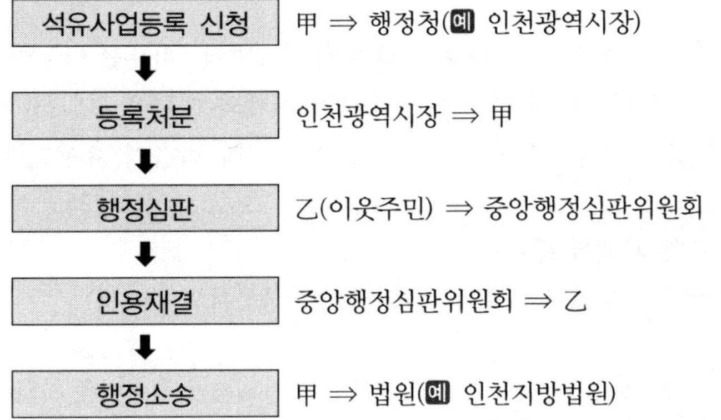

(2) 신청에 대한 소극적 처분

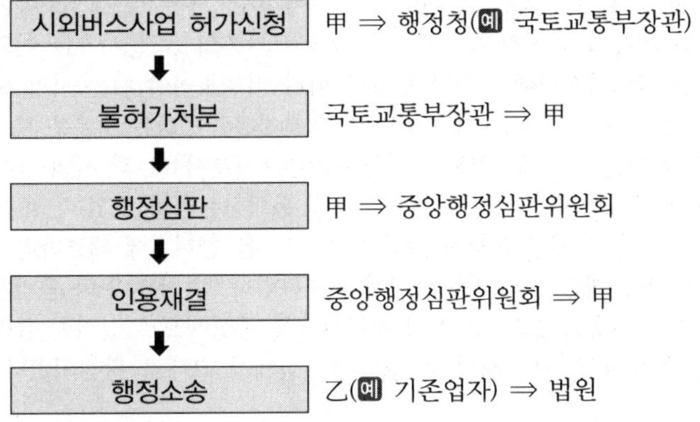

위 유형에서는 특정 상대방과 함께 이해관계인인 제3자가 등장한다. '적극적 처분'에 대하여 제3자가 행정심판을 청구해 인용재결이 내려지면, 처분 상대방이 재결을 행정소송으로써 다툴 수 있다. 불허가와 같은 '소극적 처분'에 대해 상대방이 얻은 인용재결을 제3자가 다툴 수도 있다.

information

문제의 유형

1 복합 사례형

2012년부터 제1문에 50점 배점의 사례형 문제가 출제되면서, 지문을 나누어 복수의 쟁점을 묻는 방식이 일반화되었다. 이후 출제는 판례와 이론을 긴밀히 결합하여 사안을 점차 복잡하게 구성하고 있어, 그만큼 치밀한 학습이 요구된다.

〈2025년 시험의 복합 사례형 문제〉

직업능력개발 훈련비용 지원금과 관련한 아래 질문에 답하시오. (50점)

〈사례 1〉

근로자 甲은 A지방고용노동청장(이하 'A청장')에게 '직업능력개발 훈련비용 지원금(이하 '지원금')을 신청하였다. A청장은 "甲이 참여하는 훈련 프로그램은 훈련비 지원 관련 규정의 취지에 비추어 직업능력개발 훈련의 목적에 부합하지 않는다(이하 '〈처분사유1〉')"는 사유로 甲의 신청을 거부하였다. 이에 甲은 거부처분취소소송을 제기하였는데, 소송의 계속 중 A청장은 거부처분 사유로 기존의 〈처분사유1〉 이외에 "甲이 제출한 훈련비용 지원서에는 관계 법규에 따라 기재하여야 하는 사항 중 일부가 누락되어 유효한 신청서로 볼 수 없다(이하 '〈처분사유2〉')"라는 새로운 사유를 추가하였다. 관할 법원은 甲에게 〈처분사유2〉는 기존 〈처분사유1〉과 사회적 사실관계가 다른 별개의 사항이지만 처분사유의 추가에 동의하는지를 물었고, 甲은 위 취소소송을 통하여 지원금 지급 여부에 관한 법적 다툼을 한꺼번에 해결하려는 의도로 처분사유의 추가에 대한 동의서를 법원에 제출하였다. 법원은 甲의 동의에 따라 처분사유의 추가를 허용하였고, 두 가지 처분사유를 종합적으로 심리한 결과 甲의 소송상 청구를 인용하였으며, 해당 판결은 상고심에서 그대로 확정되었다.

〈사례 2〉

근로자 乙은 B지방고용노동청장(이하 'B청장')에게 '직업능력개발 훈련비용 지원금(이하 '지원금')을 신청하여 이를 지급받았다. 그 후 B청장은 내부 규정에 따라 지원금의 지급 및 환수 권한을 소속 담당부서장에게 내부위임하였다. 한편, 지원금 수급 현황 정기실태조사를 실시한 담당부서장은 부정한 방법으로 수령한 지원금을 환수한다는 내용의 환수처분을 자신의 명의로 乙에게 발령하였고, 乙은 이를 반환하였다. 그런데 乙은 지원금의 반환 후 위 환수처분에 발령 주체 상의 하자가 있음을 알게 되었다.

(1) 甲의 취소소송에서 인용판결이 확정된 후 A청장은 〈처분사유1〉는 〈처분사유1〉과 사회적 사실관계가 다른 별개의 사유임에 착안하여 이전의 甲의 지원금 신청에 대하여 〈처분사유2〉를 들어 다시 거부처분을 하였고, 이에 대하여 甲은 간접강제를 신청하였다. 甲의 간접강제 신청에 대한 법원의 인용 여부에 관하여 논하시오. (25점)

(2) 乙은 환수처분의 발령 주체 상의 하자를 이유로, 환수처분에 대한 항고소송을 제기하여 담당부서장이 환수한 지원금을 다시 반환받고자 한다. ⅰ) 乙이 제기할 수 있는 구체적인 소송유형과 그 피고, ⅱ) 해당 소송의 인용판결을 통하여 乙이 지원금을 반환받을 수 있는 논거를 각각 설명하시오. (25점)

2 간단 사례형

복합 사례형 문제에 비하면 여전히 비교적 간단한 편이지만, 2022년부터는 25점 배점의 소문항에서도 변화가 나타나고 있다. 단일 쟁점만을 다루던 기존 경향과 달리, 상황을 의도적으로 복잡화하여 두세 개의 쟁점을 동시에 제시함으로써 수험생이 판례와 이론을 종합적으로 적용하도록 요구하고 있다.

〈2025년 시험의 간단 사례형 문제〉

A지방고용노동청장(이하 'A청장')은 민원인의 이용 편의를 위하여 청사 지하 1층에 편의점을 위탁운영하기로 결정하고, '청사 내 편의시설(편의점) 운영자 선정 입찰 공고'를 하였다. 입찰 결과 甲이 낙찰자로 결정되었고, A청장은 2022. 12. 20. 甲과 계약기간은 2023. 1. 1.부터 2024. 12. 31.까지(2년간), 연 사용료 1억원 등을 내용으로 하는 '청사 편의점 운영권 위탁계약(이하 '위탁운영계약')을 체결하여 편의점 운영자 선정 절차가 완료되었다. 그 후 甲은 편의점을 1년 이상 운영하면서 납부기한까지 사용료를 납부하지 않았고, 이에 A청장은 2024. 2. 29. 「국유재산법」의 규정을 근거로 위탁운영계약을 해지하였다. 甲은 위탁운영계약 해지에 무효사유에 해당하는 하자가 있음을 발견하여, 이를 소송상 다투고자 한다. 甲이 제기하여야 하는 소송을 설명하시오. (단, 위탁운영계약 체결 관련 사항은 A청장에게 위임되어 있음) (25점)

답안구성의 요소

1 사례형 풀이의 기본 항목

모든 행정쟁송 관련 사례형 문제는 다음의 내용을 포함하는 것이 원칙이다. 다만 공인노무사시험에서는 평가의 편의상 모든 것이 아니라 그 일부를 묻게 된다. 따라서 아래와 같은 문제풀이 전체의 모습에 대한 이해가 전제되어야 한다.

Ⅰ. 논점의 정리
Ⅱ. 쟁송의 형태
  1. 본안소송(취소소송/무효등확인소송/부작위위법확인소송/당사자소송)
  2. 보전소송(집행정지, 가처분)
Ⅲ. 소의 적법성(소제기의 요건)
  1. 소의 대상 2. 원고적격 3. 피고적격 4. 소의 이익 5. 제소기간
  6. 행정심판전치주의 등
Ⅳ. 청구의 이유 판단
  1. 행정작용의 성질(예 허가·특허·인가 / 기속행위성·재량행위성)
  2. 행정작용의 주체·절차·형식상 하자 여부
  3. 행정작용의 내용상 하자 여부(예 법률유보, 법률우위, 일반원칙)
Ⅴ. 절차상 쟁점
  1. 소송참가 2. 소의 변경 3. 처분사유의 추가·변경 4. 직권심리 5. 선결문제
  6. 입증책임 7. 간접강제 8. 재심 등
Ⅵ. 판결
  1. 판결의 종류(각하/기각/인용/사정)
  2. 판결의 효력(기속력/기판력/형성력)
Ⅶ. 문제의 해결

2 사례형 문제의 일반적 답안작성 순서

(1) 논점의 정리

사례의 법적 논점을 개괄적으로 제시하여 응시자가 문제를 충분히 이해하고 있음을 보여주어야 한다. 관련되는 법조문 및 이론과 사례를 관련지어 중요하다고 판단되는 논점이어야 한다.

〈예시〉

Ⅰ. 문제의 제기

취소소송의 대상과 관련하여 ① 명령재결에 따른 처분이 취소소송의 대상이 되는지를 원처분주의에 비추어 검토하고, ② 만일 그렇다면 적극적 변경(수정)처분에도 불구하고 변경된 원처분이 소의 대상이 되는지 검토한다. 그리고 행정심판을 거친 경우 제소기간의 기준시점에 관한 규정을 살펴본다.

(2) 논점의 검토(본론)

위 '논점의 정리'에서 밝혔던 논점의 순서대로 해결해나가는 부분이다. 각 논점별로 다시 문제의 소재를 밝히고, 관련 법령의 해석이나 학설의 대립이 있는 경우에는 그 주요내용과 함께 그 논거 및 그에 대한 비판을 자세히 논한다. 그리고 대립되는 견해 가운데 자신의 입장을 표명한다. 주어진 사례에 대해 위와 같은 자신의 입장에 따라 각 논점별로 해결을 제시한다. 여유가 있다면 다른 견해에 서는 경우의 해결도 제시해준다.

(3) 문제의 해결(결론)

각 논점별로 도출한 해결을 다시 종합적으로 정리한다. 사례형 문제에서의 결론 부분은 자신이 법관이라 생각하고 일관된 해결이 될 수 있도록 주의를 요한다.

〈예시〉

Ⅳ. 설문의 해결

취소소송의 대상인 처분은 3월 정직으로 변경된 내용의 2026. 1. 3.자 원처분이다. 그런데 갑이 재결서의 정본을 송달을 받은 2026. 5. 30.부터 90일 내에 소송을 제기하지 못하였으므로 제소기간을 준수하지 못하였다.

information

학습방법

1 출제자(채점자)는 무엇을 원하는가?

국가고시 법학과목 채점평을 참고하면, 법학 과목에서 득점을 좌우하는 요소를 어느 정도 추론할 수 있다. 예컨대 다음과 같은 평가가 있다.

- "수험생 대부분이 수준 높은 답안을 제출한 반면, 판례 제시가 부실한 수험생도 간혹 있었음."
- "문제의 소재, 요건, 내용, 결론 등 일반적인 흐름에 맞춘 정확한 서술이 많았으나, 일부는 문제와 무관한 내용을 기술함."
- "○○소송의 법적 성질 문제에서, 해당 소송의 법적 성질을 정확히 이해하지 못한 답안은 점수를 받을 수 없음."
- "쟁점을 모두 기술한 답안이 많았으나, 일부는 특정 쟁점에 대해 전혀 언급하지 않았거나 잘못 이해함."
- "판례와 중요 내용을 알고 출제 취지에 맞게 작성한 답안은 소수에 불과함."
- "사례형 답안 유형을 제대로 인식하지 못해 목차와 서술 구조를 제대로 갖추지 못한 경우가 있었음."
- "글씨가 작거나 읽기 어려운 답안이 있어 채점에 곤란함이 있었음."
- "판례와 이론을 깊이 고민한 수험생은 출제자의 의도에 따라 답안을 작성할 수 있었으나, 단순 암기형 학습자는 예상과 다른 결과를 얻었을 것임."

어느 과목이나 마찬가지이지만, **채점자의 출제 의도를 정확히 이해하는 것이 가장 중요하다.** 쉬운 문제라고 예단하고 출제자의 의도 파악 없이 답안을 작성하면 좋은 점수를 얻기 어렵다. 이를 위해 평소 논점 파악, 대립 학설 이해, 판례 학습을 충실히 해야 한다.

또한 자신이 쓴 내용이 채점자에게 명확히 전달되도록, **읽기 쉬운 글씨체, 적절한 띄어쓰기, 체계적인 소목차 구성** 등 형식적인 부분에도 신경 써야 한다.

P교수는 "답안 작성은 주어진 사례에 몰입하여 출제자의 의도를 파악하고, 평가

자의 입장에서 읽기 편하고 이해되는 답안을 작성하며, 나아가 읽는 이에게 즐거움을 주는 답안을 만드는 과정"이라고 강조했다. 결국 수험생활의 목표는 **출제자와 효과적으로 소통할 수 있는 논리를 정리하는 과정**임을 기억해야 한다. 정확히 모르는 내용을 타인에게 설명할 수는 없으므로, 바르고 정확한 공부가 필수다.

2 행정쟁송법 학습의 기본 전략

(1) 행정쟁송법은 행정법상 권리구제 절차법

행정상 법률관계의 분쟁을 행정기관이 심리·재결하는 것이 **행정심판**이고, 위법한 권리 침해에 대해 소송을 제기하는 것이 **행정소송**이다. 따라서 행정법의 전반적 체계 안에서 행정쟁송법의 위치를 파악할 수 있어야 하며, 이를 위해 행정법 기본이론 학습이 필요하다.

행정조직법, 행정작용법, 절차법, 구제법 등 큰 체계와 이들 간의 유기적 연결을 염두에 두고 공부하면 단순 암기보다 이해의 깊이와 속도가 높아진다. 전체를 따로 공부하기 어렵다면, 본서 곳곳의 참고자료를 숙독하며 보충하면 된다.

(2) 학습에 임하는 마음가짐

특별한 비법은 없다. 차근차근 강의를 듣고 수험서를 읽으며, 관련 법령을 직접 찾아보는 것이 중요하다.

그리고 법리가 실제로 어떻게 작동하는지 이해하려면, 언론 보도나 중요 판례를 검색해 꼼꼼히 읽는 것이 도움이 된다.

행정관련 법령을 공부할 때는 **국가와 사회의 이익, 공익과 사익의 조화, 효율적 권리구제 방안** 등을 항상 염두에 두고 사고해야 한다. 또한 교과서를 읽으며 "A학설을 따르면 논리적 귀결은 무엇인가? B학설은?" "이 주장을 해야 할 실익은 무엇인가?"를 자문해야 한다.

(3) 법조문의 철저한 이해와 정확한 용어 사용

법조문 학습은 아무리 강조해도 지나치지 않는다. 평소 법조문을 확인하며 핵심 법률용어를 이해하고, 이를 답안에 정확히 표현하는 습관이 합격의 지름길이다.

(4) 삼단논법적 사고에 익숙해지기

사례에서 사안을 인지하고 문제를 제기한 뒤, 관련 법규·학설·판례를 적용해 결론을 도출하는 것이 행정쟁송법 답안의 기본 구조다. 이를 위해 ① **규범적 의미를 적절히 해석하는 능력**, ② **생략된 전제 추론 능력**, ③ **사실관계가 법규에 적용 가능한지 판단하는 능력**을 길러야 한다.

(5) 좋은 답안과 나쁜 답안을 생각하는 공부

많은 법학 교수들은 "아무것도 모르는 사람이 읽어도 이해되는 답안"이 가장 좋은 답안이라고 강조한다.

따라서 교재를 반복해 읽는 것도 중요하지만, 궁극적으로는 출제 의도를 정확히 이해하고 이를 답안에 효과적으로 표현하는 법을 익히는 것이 목표다.

좋은 답안의 특징은 다음과 같다.

1. 출제 의도를 정확히 파악한 답안
2. 평가자가 이해하기 쉬운 답안
3. 평가자가 읽는 중에 즐거움을 느낄 수 있는 답안

행정쟁송법 학습의 궁극적 목표는, **법리를 정확히 이해하고 이를 사례에 적용하여 논리적으로 서술할 수 있는 능력**을 갖추는 것이다. 이를 위해 매일의 학습 과정에서는 논리를 체계적으로 정리하고, 답안을 작성하는 연습을 꾸준히 하는 것이 중요하다.

차 례

contents

제1편 행정심판

제1장 행정심판 총설

제2장 행정심판의 당사자 및 관계인

제3장 행정심판의 청구

contents

제4장 행정심판의 심리

제5장 행정심판의 재결

제6장 노동행정심판

제2편 행정소송

제1장 행정소송 총설

제2장 행정소송의 종류

제3장 취소소송의 재판관할

제4장 취소소송의 당사자

contents

contents

제11장 공법상 당사자소송

제12장 객관적 소송

부록

행정쟁송법

제1편

행정심판

▌행정구제법의 체계 ▌

법치국가에서 행정은 적법·타당해야 하며 개인의 권리나 이익을 침해하여서는 아니 되나, 행정이 위법·부당하게 행하여짐으로써 개인의 권익을 침해하는 경우가 빈번히 발생한다. 행정구제란 **행정권의 행사로 발생한 국민의 권익의 침해에 대하여, 당해 국민의 청구에 따라 일정한 국가기관이 행하는 구제**를 총칭하는 개념이다. 행정구제제도의 구체적 수단과 방법으로는 원상회복과 금전에 의한 보상이 있으며, 권리구제의 시점을 기준으로 사전적 구제제도와 사후적 구제제도로 구분된다.

<table>
<tr><td rowspan="5">사전적 구제제도</td><td>의의</td><td colspan="3">행정작용으로 인하여 개인의 권리나 이익의 침해가 발생하기 전에 이를 방지하는 제도적 장치</td></tr>
<tr><td rowspan="4">유형</td><td>행정절차</td><td colspan="2">행정처분이 내려지기 전에 이해관계인의 의견진술을 듣도록 하는 등의 절차를 통해 국민의 권익에 대한 부당한 침해를 사전에 방지</td></tr>
<tr><td>옴부즈만</td><td colspan="2">의회에서 임명된 옴부즈만을 통하여 공공기관의 활동을 감시하고 위법·부당한 행정작용을 조사·적발함으로써 국민의 권익을 보호하려는 제도(전통적 의미)
* 우리나라의 경우는 국민고충처리제도가 이와 유사</td></tr>
<tr><td>청원</td><td colspan="2">국민이 국가나 지방자치단체에 대하여 의견 또는 희망을 밝히고 시정을 구하는 것</td></tr>
<tr><td colspan="3"></td></tr>
<tr><td rowspan="5">사후적 구제제도</td><td>의의</td><td colspan="3">행정작용으로 인해 개인의 권리나 이익이 이미 침해된 경우에 이를 시정하거나, 그 손해나 손실을 보전하여 주는 제도</td></tr>
<tr><td rowspan="4">유형</td><td rowspan="2">행정상 손해전보제도</td><td>국가배상제도</td><td>공무원의 직무상 불법행위 또는 공공시설물의 설치·관리의 하자로 인한 손해에 대한 배상제도</td></tr>
<tr><td>손실보상제도</td><td>적법한 행정작용으로 발생된 손실에 대한 보상제도</td></tr>
<tr><td rowspan="2">행정쟁송제도</td><td>행정심판제도</td><td>행정청의 처분 등에 대하여 행정심판위원회가 일정한 절차에 따라 재결하는 제도</td></tr>
<tr><td>행정소송제도</td><td>법원이 제소에 대하여 소송절차에 따라 판결하는 제도</td></tr>
</table>

※ **광의**의 행정구제제도에는 헌법소원, 공법상 결과제거청구를 포함시킬 수 있다. 일반적으로 **협의**의 행정구제제도는 사후적 구제제도를 의미한다.

▌ 행정쟁송제도 ▌

행정쟁송이란 「행정법상 법률관계에 있어서의 다툼을 심리·판정하는 절차」를 의미한다. 행정작용이 위법·부당한 경우에 그 시정은 행정감독 등의 수단에 의해 어느 정도 달성될 수 있으나, 보다 효과적인 방법은 권익을 침해받은 자가 직접 그 효력을 다툴 수 있게 하고 일정한 심판기관이 그에 대한 유권적 판정을 내리게 하는 것이다.

〈행정쟁송의 사례〉

1. 항고쟁송
   甲은 법령이 정한 요건을 갖추어 특허 출원을 하였으나 특허청장이 아무런 의사표시를 하지 않고 계속 방치하자 특허청장을 피고로 행정법원에 소송을 제기
2. 당사자쟁송
   국가공무원인 乙은 인사담당 공무원의 과실로 자신의 호봉이 잘못 계산된 것을 확인하고, 국가를 피고로 2년 동안 받지 못한 부분에 대해 지급을 요청하는 소송을 행정법원에 제기
3. 민중쟁송
   국회의원 총선에서 지역구에 출마했으나 280표 표차로 낙선한 丙은 사전투표 수가 조작되는 등의 부정선거 의혹이 있다며 당해 선거구 선거관리위원회 위원장을 피고로 대법원에 소송을 제기
4. 기관쟁송
   A시장 丁은 A시의회가 의결한 OO조례안이 위법하다는 이유로 재의를 요구했으나, A시의회가 같은 내용으로 재의결하자, 丁이 A시의회를 피고로 대법원에 소송을 제기

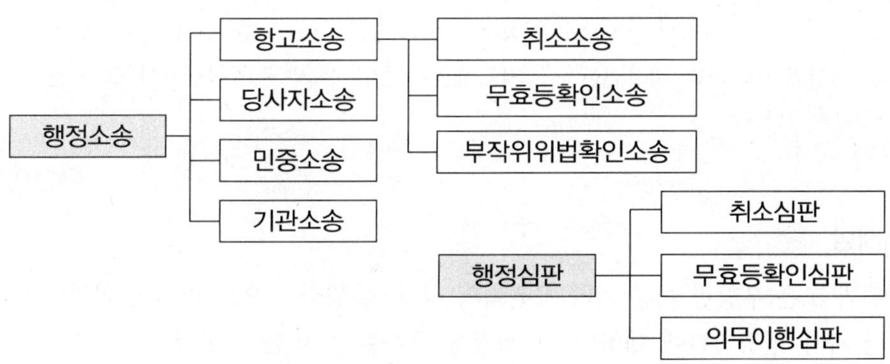

제1장 행정심판 총설

01 행정심판의 의의

행정심판법 제1조【목적】이 법은 행정심판 절차를 통하여 행정청의 위법 또는 부당한 처분(處分)이나 부작위(不作爲)로 침해된 국민의 권리 또는 이익을 구제하고, 아울러 행정의 적정한 운영을 꾀함을 목적으로 한다.

제2조【정의】이 법에서 사용하는 용어의 뜻은 다음과 같다.

1. "처분"이란 행정청이 행하는 구체적 사실에 관한 법집행으로서의 공권력의 행사 또는 그 거부, 그 밖에 이에 준하는 행정작용을 말한다.
2. "부작위"란 행정청이 당사자의 신청에 대하여 상당한 기간 내에 일정한 처분을 하여야 할 법률상 의무가 있는데도 처분을 하지 아니하는 것을 말한다.
3. "재결(裁決)"이란 행정심판의 청구에 대하여 제6조에 따른 행정심판위원회가 행하는 판단을 말한다.
4. "행정청"이란 행정에 관한 의사를 결정하여 표시하는 국가 또는 지방자치단체의 기관, 그 밖에 법령 또는 자치법규에 따라 행정권한을 가지고 있거나 위탁을 받은 공공단체나 그 기관 또는 사인(私人)을 말한다.

1. 행정심판의 개념

행정심판은 '위법 또는 부당한 처분 기타 공권력의 행사·불행사 등으로 인하여 권리나 이익을 침해당한 자가 행정기관에 대하여 그 시정을 구하는 절차'를 말한다.

형식적 의미의 행정심판은 「행정심판법」이 적용되는 행정심판을 말한다. 그리고 행정권의 행사로 발생한 국민의 권익의 침해에 대하여 당해 국민의 청구에 따라 일정한 국가기관이 행하는 구제를 행정구제라고 한다면, 그 중에서 행정사건에 관한 사후적 권리구제수단, 행정기관에 의한 구제, 쟁송적 성격 등의 특징을 갖춘 것을 실질적 의미의 행정심판이라고 할 수 있다. 실질적 의미의 행정심판은 이의신청, 재결신청, 심사청구, 심판청구, 재심청구, 재정 등을 포함한다.

2. 행정심판의 법적 근거

행정심판에 관한 일반법으로서 행정심판법이 제정되어 있으며, 다른 법률(예 국세기본법, 국가공무원법)에 특칙이 존재하는 경우에는 그 범위 안에서 행정심판법의 적용이 배제된다.

3. 행정심판의 기능

(1) 행정의 자기통제기능

행정심판은 행정작용을 행정권 스스로 통제하는 제도이다. 이는 행정작용에 대한 제1차적 통제를 행정의 자율에 맡기는 것이 합리적이라는 것을 의미한다. 이러한 특성으로 인해 행정심판은 위법한 처분 뿐 아니라 합목적성의 문제만을 야기하는 부당한 처분도 대상으로 하게 된다.

(2) 권리구제수단으로서의 기능

행정심판은 행정소송에 비하여 신속하게 이루어지고 비용이 많이 들지 아니한다는 점에서 사인의 권리보호에 효과적이다. 오늘날의 행정소송절차는 행정작용의 전문성·기술성으로 인해 법원에 의한 해결에 한계가 있으므로, 행정심판은 행정기관의 전문지식을 활용하여 신속한 권리구제를 도모할 수 있게 된다.

4. 행정심판의 성격

행정심판은 공법상 분쟁에 대한 재판에 앞서는 절차이다. 헌법 제107조 제3항은 '재판의 전심절차로서 행정심판을 할 수 있다. 행정심판의 절차를 법률로 정하되 사법절차가 준용되어야 한다'고 규정하였다. 다만, 행정심판은 사법절차가 아니고 행정절차의 하나이다(행정절차의 광의설).

〈행정심판의 일반적 절차〉

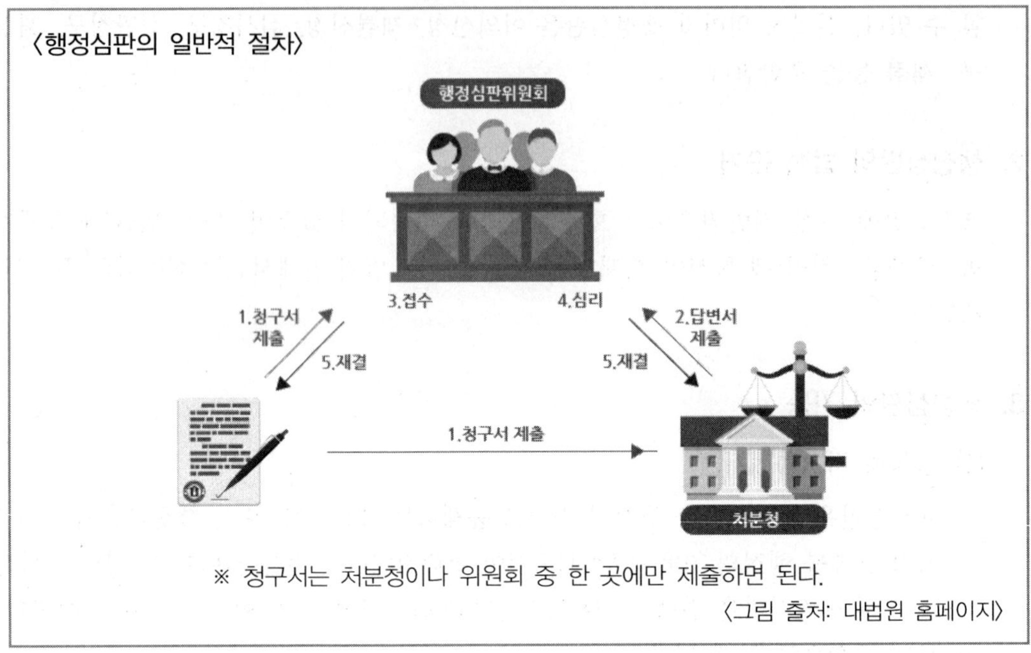

※ 청구서는 처분청이나 위원회 중 한 곳에만 제출하면 된다.

〈그림 출처: 대법원 홈페이지〉

02 행정소송과의 구별

1. 행정심판과 행정소송의 비교

기본적으로 행정심판의 심판기관은 행정기관이지만 행정소송은 법원이 관장한다는 점, 행정심판은 약식쟁송이지만 행정소송은 정식쟁송이라는 점, 행정심판은 행정소송보다 행정통제적 측면이 강하다는 점에서 차이가 있다. 그 밖에 쟁송사항·쟁송종류·절차 등 다음과 같이 많은 차이가 있다.

	행정심판	행정소송
제도의 본질	행정통제적 성격(1차적) 권리구제적 성격(2차적)	권리구제적 성격(1차적) 행정통제적 성격(2차적)
존재이유	자율적 통제, 전문성 확보	타율적 통제, 독립성 확보
쟁송대상	위법 또는 부당한 처분(위법문제 + 공익문제)	위법한 처분(위법문제)
판정기관	행정기관(행정심판위원회)	법원
성질	형식적 의미의 행정작용 실질적 의미의 사법작용	형식적·실질적 의미의 사법작용

종류	취소심판, 무효등확인심판, 의무이행심판	항고소송(취소소송·무효등확인소송·부작위위법확인소송), 당사자소송, 민중소송, 기관소송
거부처분의 쟁송형태	의무이행심판, 취소심판, 무효확인심판	취소소송, 무효확인소송
제기기간	① 취소심판, 거부처분에 대한 의무이행심판: 처분이 있음을 알게 된 날로부터 90일, 처분이 있었던 날로부터 180일 ② 무효등확인심판, 부작위에 대한 의무이행심판: 기간제한 없음	① 취소소송: 처분이 있음을 안 날로부터 90일, 처분이 있은 날로부터 1년 ② 무효등확인소송: 기간제한 없음 ③ 부작위위법확인소송: 부작위가 계속되는 동안(행정심판 청구시는 예외)
심리원칙	약식절차: 구술 또는 서면심리, 비공개주의	정식절차: 구두변론주의, 공개주의
재결·판결	① 적극적 변경 가능 ② 취소심판: 처분취소재결, 처분변경재결, 처분변경명령재결 ③ 무효등확인심판 ④ 의무이행심판: 처분재결, 처분명령재결 ⑤ 사정재결: 취소심판, 의무이행심판에 인정	① 소극적 변경으로 일부취소만 가능 ② 취소판결만 가능(취소명령 판결 불가) ③ 무효등확인판결 ④ 부작위위법확인판결 ⑤ 사정판결: 취소소송에만 인정
기속력 확보수단	직접처분, 간접강제	간접강제
공통점	① 청구인적격·원고적격(법률상 이익 있는 자가 제기), ② 대심구조(행정심판은 청구인 대 행정청, 행정소송은 원고 대 피고), ③ 보충적 직권심리주의, ④ 집행부정지의 원칙, ⑤ 불고불리의 원칙, ⑥ 불이익변경금지의 원칙, ⑦ 개괄주의, ⑧ 청구의 변경 인정, ⑨ 이해관계인의 참가 인정	

2. 행정심판과 행정소송의 관계

(1) 행정소송법은 행정심판을 원칙상 임의절차로 하였다(제18조 제1항; 다만 개별법에 필수적 절차규정이 있으면 예외). 따라서 행정심판의 제기가 임의적인 경우 행정소송제기 후 행정심판을 제기할 수도 있고, 행정심판 제기 후 행정소송을 제기할 수도 있고, 행정심판과 행정소송을 동시에 제기할 수도 있다. 행정심판이 임의절차인 경우에도 행정심판은 행정소송의 전심절차로서의 성격을 갖는다.

(2) 행정심판에서 인용재결이 내려지면 행정소송은 소의 이익이 없게 되어 각하판결을 내려야 한다. 그러나 행정심판에서 각하 또는 기각재결이 내려지면 행정소송에서 인용판결도 가능하다. 행정심판은 행정소송의 전심의 지위를 갖기 때문이다.

03 유사 제도와의 구별

1. 이의신청

(1) 의의

① 이의신청이란 행정청의 위법·부당한 행정작용으로 인해 권리가 침해된 자가 처분청에 대하여 그 행위의 취소를 구하는 절차를 말한다. 실정법상으로는 이의신청·불복신청·재심사청구 등으로 불리고 있다. 개별법에 따라 운영되고 있는 처분에 대한 이의신청 제도를 확대하기 위하여 「행정기본법」은 "행정청의 처분에 이의가 있는 당사자는 처분을 받은 날부터 30일 이내에 해당 행정청에 이의신청을 할 수 있다."(동법 제36조 제1항)고 규정하였다.

② 각 개별법률이 규정하고 있는 이의신청이 모두 쟁송법상의 행정심판인 것은 아니다. 헌법 제107조 제3항은 행정심판절차에 사법심판절차가 준용되어야 한다고 규정하고 있으므로, 개별법률에서 정하는 이의신청 중 준사법절차가 보장되는 것만이 행정심판이다. 예컨대, 「민원 처리에 관한 법률」상 이의신청은 준사법적 절차가 보장되어 있지 않은 점에서 행정심판이 아닌 이의신청이다. 이 경우 이의신청에 따라 한 처분청의 변경결정통지는 종전의 처분을 대체하는 새로운 행정처분이다.

판례

행정심판에 관한 헌법 제107조 제3항에서 규정하고 있는 '사법절차의 준용'의 의미

헌법 제107조 제3항은 '재판의 전심절차로서 행정심판을 할 수 있다. 행정심판의 절차는 법률로 정하되, 사법절차가 준용되어야 한다'고 규정하고 있으므로, 입법자가 행정심판을 전심절차가 아니라 종심절차로 규정함으로써 정식재판의 기회를 배제하거나, 어떤 행정심판을 필요적 전심절차로 규정하면서도 그 절차에 사법절차가 준용되지 않는다면 이는 헌법 제107조 제3항, 나아가 재판청구권을 보장하고 있는 헌법 제27조에도 위반된다. 여기서 말하는 '사법절차'를 특징지우는 요소로는 판단기관의 독립성·공정성, 대심적 심리구조, 당사자의 절차적 권리보장 등을 들 수 있으나, 위 헌법조항은 행정심판에 사법절차가 '준용'될 것만을 요구하고 있으므로 위와 같은 사법절차적 요소를 엄격히 갖춰야 할 필요는 없다고 할지라도, 적어도 사법절차의 본질적 요소를 전혀 구비하지 아니하고 있다면 '준용'의 요구에마저 위반된다(헌재 2000.6.1. 98헌바8).

(2) 법적 근거

이의신청은 개별법에서 인정되고 있으며(예 민원처리에 관한 법률 제35조, 국민기초생활보장법 제40조, 국세기본법 제66조 제1항), 그 법률에서 규정하지 아니한 사항에 관하여는 행정기본법 제36조가 정하는 바에 따른다.

(3) 절차의 다양성

① 이의신청기간·절차·형식 등은 행정기본법이 정한 사항 이외는 개별규정에 따라야 한다(예 국세기본법상상 이의신청은 해당 처분을 하였거나 하였어야 할 세무서장에게 하거나 세무서장을 거쳐 관할 지방국세청장에게 하여야 함).

② 동일한 처분에 대하여 이의신청과 행정심판이 함께 인정되어 있는 경우(예 국세기본법 제55조 제3항)에는 일반적으로 양자가 전후심의 관계에 있으나, 상대방이 그 어느 하나를 선택할 수 있는 경우도 있다.

③ 이의신청에 대한 결정에 대하여 불복이 있는 경우, 개별법은 상급행정청에 행정심판을 제기할 수 있음을 규정하거나(예 국세기본법 제61조 제2항), 행정심판을 먼저 거친 후에만 행정소송을 제기할 수 있음을 규정하기도 한다(예 국세기본법 제56조 제2항).

행정기본법 제36조 【처분에 대한 이의신청】 ① 행정청의 처분(「행정심판법」 제3조에 따라 같은 법에 따른 행정심판의 대상이 되는 처분을 말한다. 이하 이 조에서 같다)에 이의가 있는 당사자는 처분을 받은 날부터 30일 이내에 해당 행정청에 이의신청을 할 수 있다.
② 행정청은 제1항에 따른 이의신청을 받으면 그 신청을 받은 날부터 14일 이내에 그 이의신청에 대한 결과를 신청인에게 통지하여야 한다. 다만, 부득이한 사유로 14일 이내에 통지할 수 없는 경우에는 그 기간을 만료일 다음 날부터 기산하여 10일의 범위에서 한 차례 연장할 수 있으며, 연장 사유를 신청인에게 통지하여야 한다.
③ 제1항에 따라 이의신청을 한 경우에도 그 이의신청과 관계없이 「행정심판법」에 따른 행정심판 또는 「행정소송법」에 따른 행정소송을 제기할 수 있다.
④ 이의신청에 대한 결과를 통지받은 후 행정심판 또는 행정소송을 제기하려는 자는 그 결과를 통지받은 날(제2항에 따른 통지기간 내에 결과를 통지받지 못한 경우에는 같은 항에 따른 통지기간이 만료되는 날의 다음 날을 말한다)부터 90일 이내에 행정심판 또는 행정소송을 제기할 수 있다.
⑤ 행정청은 제2항 또는 다른 법률에 따라 이의신청에 대한 결과를 통지할 때에는 대통령령으로 정하는 바에 따라 제4항에 따른 행정심판 또는 행정소송을 제기할 수 있는 기간 등 행정심판 또는 행정소송의 제기에 관한 사항을 함께 안내하여야 한다. 다만, 이의신청에 대한 결과를 통지하기 전에 이미 신청인이 행정심판 또는 행정소송을 제기한 경우에는 안내하지 아니할 수 있다.
⑥ 다른 법률에서 이의신청과 이에 준하는 절차에 대하여 정하고 있는 경우에도 그 법률에서 규정하지 아니한 사항에 관하여는 이 조에서 정하는 바에 따른다.

> ⑦ 제1항부터 제5항까지에서 규정한 사항 외에 이의신청의 방법 및 절차 등에 관한 사항은 대통령령으로 정한다.
> ⑧ 다음 각 호의 어느 하나에 해당하는 사항에 관하여는 이 조를 적용하지 아니한다.
> 1. 공무원 인사 관계 법령에 따른 징계 등 처분에 관한 사항
> 2. 「국가인권위원회법」 제30조에 따른 진정에 대한 국가인권위원회의 결정
> 3. 「노동위원회법」 제2조의2에 따라 노동위원회의 의결을 거쳐 행하는 사항
> 4. 형사, 행형 및 보안처분 관계 법령에 따라 행하는 사항
> 5. 외국인의 출입국·난민인정·귀화·국적회복에 관한 사항
> 6. 과태료 부과 및 징수에 관한 사항

(4) '행정심판인 이의신청'과 '행정심판이 아닌 이의신청'의 구별

이의신청에는 행정심판의 성질을 갖는 것과 '행정심판이 아닌 이의신청', 즉 단순히 진정의 성질을 갖는 것이 있다. 행정심판이 아닌 이의신청은 행정심판법상 행정심판이 처분청의 상급행정청 등의 행정심판위원회에 청구하는 것과 다르다. 이의신청이 판단기관의 독립성, 대심적 심리구조, 당사자의 절차적 권리보장 면에서 사법절차의 본질적 요소를 갖추고 있다면 이는 실질적 의미의 행정심판이다.

① 구별실익

㉠ 행정심판인 이의신청에 대한 결정은 행정심판의 재결의 성질을 갖는다. 그러나 행정심판이 아닌 이의신청을 받아들여 원처분을 변경하는 결정은 새로운 최종적 처분으로서 이의신청의 대상이 된 처분을 대체한다. 다만, 이의신청을 받아들이지 않는 결정은 종전의 처분을 유지하겠다는 행위이므로 독립한 처분이 아니다.

㉡ 개별법률에서 정하고 있는 불복절차가 행정심판법상의 행정심판이라고 한다면 당해 불복절차에 관하여 개별법률에서 정하고 있는 것을 제외하고는 행정심판법이 적용되게 된다. 그리고 당해 불복절차를 거친 후에는 다시 행정심판법상의 행정심판을 제기할 수 없다(행정심판법 제51조).

㉢ 행정심판법상의 행정심판이 아닌 불복절차의 경우 당해 불복절차를 거친 후에도 명문의 규정이 없는 경우에는 원칙상 행정심판을 제기할 수 있는 것으로 보아야 한다.

판례

민원사무처리에 관한 법률 제18조 제1항에서 정한 '거부처분에 대한 이의신청'을 받아들이지 않는 취지의 기각 결정 또는 그 취지의 통지가 항고소송의 대상이 되는지 여부(소극)

민원사무처리에 관한 법률 제18조 제1항에서 정한 거부처분에 대한 이의신청을 받아들이는 경우에는 이의신청 대상인 거부처분을 취소하지 않고 바로 최초의 신청을 받아들이는 새로운 처분을 하여야 하지만, 이의신청을 받아들이지 않는 경우에는 다시 거부처분을 하지 않고 그 결과를 통지함에 그칠 뿐이다. 따라서 이의신청을 받아들이지 않는 취지의 기각 결정 내지는 그 취지의 통지는, 종전의 거부처분을 유지함을 전제로 한 것에 불과하고 또한 거부처분에 대한 행정심판이나 행정소송의 제기에도 영향을 주지 못하므로, 결국 민원 이의신청인의 권리·의무에 새로운 변동을 가져오는 공권력의 행사나 이에 준하는 행정작용이라고 할 수 없어, 독자적인 항고소송의 대상이 된다고 볼 수 없다고 봄이 타당하다(대판 2012.11.15. 2010두8676).

이의신청에 대한 재심사 결과 통보가 독립한 행정처분으로서 항고소송의 대상이 된다고 한 사례

한국토지주택공사가 택지개발사업의 시행자로서 택지개발예정지구 공람공고일 이전부터 영업 등을 행한 자 등 일정 기준을 충족하는 손실보상대상자들에 대하여 생활대책을 수립·시행하였는데, 직권으로 갑 등이 생활대책대상자에 해당하지 않는다는 결정(이하 '부적격통보')을 하고, 갑 등의 이의신청에 대하여 재심사 결과로도 생활대책대상자로 선정되지 않았다는 통보(이하 '재심사통보')를 한 사안에서, 부적격통보가 심사대상자에 대하여 한국토지주택공사가 생활대책대상자 선정 신청을 받지 아니한 상태에서 자체적으로 가지고 있던 자료를 기초로 일정 기준을 적용한 결과를 일괄 통보한 것이고, 각 당사자의 개별·구체적 사정은 이의신청을 통하여 추가로 심사하여 고려하겠다는 취지를 포함하고 있다면, 갑 등은 이의신청을 통하여 비로소 생활대책대상자 선정에 관한 의견서 제출 등의 기회를 부여받게 되었고 한국토지주택공사도 그에 따른 재심사과정에서 당사자들이 제출한 자료 등을 함께 고려하여 생활대책대상자 선정기준의 충족 여부를 심사하여 재심사통보를 한 것이라고 볼 수 있는 점 등을 종합하면, 비록 재심사통보가 부적격통보와 결론이 같더라도, 단순히 한국토지주택공사의 업무처리의 적정 및 갑 등의 편의를 위한 조치에 불과한 것이 아니라 별도의 의사결정 과정과 절차를 거쳐 이루어진 독립한 행정처분으로서 항고소송의 대상이 된다(대판 2016.7.14. 2015두58645).

② 구별기준

㉠ 학설

ⓐ **불복절차기준설**: 헌법 제107조 제3항은 행정심판절차는 사법심판절차가 준용되어야 한다고 규정하고 있는 점에 비추어 '개별법률에서 정하는 이의신청 등' 중 준사법절차가 보장되는 것만이 행정심판이며, 그렇지 않은 것은 행정심판이 아닌 것으로 본다.

ⓑ **심판기관기준설**: 이의신청은 처분청 자체에 제기하는 쟁송인데 반하여, 행정심판은 원칙적으로 처분청의 직근상급행정청 또는 행정심판위원회에 제기하는 쟁송이라고 본다.

㉢ 판례

판례는 판단기관의 독립성과 공정성, 대심적 심리구조, 당사자의 절차적 권리 보장 등의 면에서 사법절차의 본질적 요소를 갖출 것을 요구하고 있어 불복절차기준설을 취하고 있는 것으로 보인다(헌재 2000.6.1. 98헌바8).

㉣ 검토

헌법 제107조 제3항이 행정심판절차는 사법절차가 준용되어야 한다고 규정하고 있는 점에 비추어 불복절차기준설이 타당하다.

③ 행정심판이 아닌 이의신청에 따른 결정의 성질과 효력

㉠ 행정심판이 아닌 이의신청에 따라 한 처분청의 결정통지는 새로운 행정처분이다. 이의신청의 대상이 된 처분을 취소하는 처분은 직권취소이고, 변경하는 결정통지는 종전의 처분을 대체하는 새로운 처분이다. 동일한 내용의 처분이라도 처분사유가 변경되면 독립된 변경처분이라고 보아야 할 것이다.

㉡ 행정심판이 아닌 이의신청에서 기각하는 결정통지는 종전의 처분을 단순히 확인하는 행위로 독립된 처분의 성질을 갖지 않는다.

㉢ 이의신청에 대한 결과를 통지받은 후 행정심판 또는 행정소송을 제기하려는 자는 그 결과를 통지받은 날부터 90일 이내에 행정심판 또는 행정소송을 제기할 수 있다(행정기본법 제36조 제4항).

(5) 이의신청의 사례 – 「민원 처리에 관한 법률」상 이의신청

① 「민원 처리에 관한 법률」 제35조는 법정민원에 대한 행정기관의 장의 거부처분에 불복하는 민원인은 그 거부처분을 받은 날부터 60일 이내에 그 행정기관의 장에게 문서로 이의신청을 할 수 있음과 아울러, 이러한 이의신청 여부와 관계없이 「행정심판법」에 따른 행정심판 또는 「행정소송법」에 따른 행정소송을 제기할 수 있다고 규정하고 있다.

② 민원 처리에 관한 법률상 이의신청은 준사법적 절차가 보장되어 있지 않고, 이의신청과 관계없이 행정심판을 제기할 수 있는 것으로 규정하고 있으므로 행정심판이 아닌 이의신청에 해당한다.

2. 청원

행정심판은 권리구제를 위한 쟁송제도이나, 청원은 쟁송수단이라기보다는 국정에 대한 국민의 정치적 의사표시를 보장하기 위한 제도이다. 행정심판은 제기권자·제기기관·제기사항 등에 있어서 제한이 있으나 청원에는 이러한 제한이 없다.

3. 진정

진정은 법정의 형식과 절차에 의하지 않고 행정청에 대하여 희망을 진술하는 것으로서, 그에 대한 회답은 별다른 법률적 의미를 갖지 못한다는 점에서 행정심판과 다르다. 진정에 의하여 행정청이 행정처분을 취소하더라도 이는 직권에 의한 행위에 불과하다. 그러나 판례는 진정이라는 표제를 사용하고 있더라도 그 내용이 행정심판에 해당하면 행정심판으로 보아야 한다는 입장이다(대판 1955.3.25. 4237행상23).

4. 재심사

(1) 재심사 신청제도

① 행정행위가 불가쟁력을 발생한 후에라도 그 행위의 위법이 확인된다면 이를 시정할 필요가 있다. 이에 대한 방법으로 행정청의 직권취소가 있다. 그 밖에 독일연방 행정절차법 제51조는 확정된 판결의 재심에 준하여 재심을 처분청에 대하여 요구할 수 있는 제도를 인정하고 있으나, 우리의 현행법에는 이러한 재심절차가 없었다. 절차적 공정성과 신중성에 있어서 판결에 훨씬 못 미치는 행정행위에 있어서 재심청구제도가 없음은 비합리적이라는 비판하에 재심절차의 도입이 입법론적으로 주장되어왔는데, 행정기본법 제37조는 '처분의 재심사' 제도를 도입하였다.

② 당사자는 처분(제재처분 및 행정상 강제는 제외)이 행정심판, 행정소송 및 그 밖의 쟁송을 통하여 다툴 수 없게 된 경우(법원의 확정판결이 있는 경우는 제외)라도 당사자에게 유리한 결정을 가져다주었을 새로운 증거가 있는 경우 등 일정한 요건을 갖추면 처분을 한 행정청에 처분을 취소·철회하거나 변경하여 줄 것을 신청할 수 있다. 다만, 재심사 결과 중 처분을 유지하는 결과에 대해서는 행정심판, 행정소송 및 그 밖의 쟁송수단을 통하여 불복할 수 없다.

행정기본법 제37조 【처분의 재심사】 ① 당사자는 처분(제재처분 및 행정상 강제는 제외한다. 이하 이 조에서 같다)이 행정심판, 행정소송 및 그 밖의 쟁송을 통하여 다툴 수 없게 된 경우(법원의 확정판결이 있는 경우는 제외한다)라도 다음 각 호의 어느 하나에 해당하는 경우에는 해당 처분을 한 행정청에 처분을 취소·철회하거나 변경하여 줄 것을 신청할 수 있다.

1. 처분의 근거가 된 사실관계 또는 법률관계가 추후에 당사자에게 유리하게 바뀐 경우
2. 당사자에게 유리한 결정을 가져다주었을 새로운 증거가 있는 경우
3. 「민사소송법」 제451조에 따른 재심사유에 준하는 사유가 발생한 경우 등 대통령령으로 정하는 경우

※ "대통령령으로 정하는 경우"(시행령 제12조)

1. 처분 업무를 직접 또는 간접적으로 처리한 공무원이 그 처분에 관한 직무상 죄를 범한 경우

2. 처분의 근거가 된 문서나 그 밖의 자료가 위조되거나 변조된 것인 경우
3. 제3자의 거짓 진술이 처분의 근거가 된 경우
4. 처분에 영향을 미칠 중요한 사항에 관하여 판단이 누락된 경우

② 제1항에 따른 신청은 해당 처분의 절차, 행정심판, 행정소송 및 그 밖의 쟁송에서 당사자가 중1대한 과실 없이 제1항 각 호의 사유를 주장하지 못한 경우에만 할 수 있다.

③ 제1항에 따른 신청은 당사자가 제1항 각 호의 사유를 안 날부터 60일 이내에 하여야 한다. 다만, 처분이 있은 날부터 5년이 지나면 신청할 수 없다.

④ 제1항에 따른 신청을 받은 행정청은 특별한 사정이 없으면 신청을 받은 날부터 90일(합의제행정기관은 180일) 이내에 처분의 재심사 결과(재심사 여부와 처분의 유지·취소·철회·변경 등에 대한 결정을 포함한다)를 신청인에게 통지하여야 한다. 다만, 부득이한 사유로 90일(합의제행정기관은 180일) 이내에 통지할 수 없는 경우에는 그 기간을 만료일 다음 날부터 기산하여 90일(합의제행정기관은 180일)의 범위에서 한 차례 연장할 수 있으며, 연장 사유를 신청인에게 통지하여야 한다.

⑤ 제4항에 따른 처분의 재심사 결과 중 처분을 유지하는 결과에 대해서는 행정심판, 행정소송 및 그 밖의 쟁송수단을 통하여 불복할 수 없다.

⑥ 행정청의 제18조에 따른 취소와 제19조에 따른 철회는 처분의 재심사에 의하여 영향을 받지 아니한다.

⑦ 제1항부터 제6항까지에서 규정한 사항 외에 처분의 재심사의 방법 및 절차 등에 관한 사항은 대통령령으로 정한다.

⑧ 다음 각 호의 어느 하나에 해당하는 사항에 관하여는 이 조를 적용하지 아니한다.
1. 공무원 인사 관계 법령에 따른 징계 등 처분에 관한 사항
2. 「노동위원회법」 제2조의2에 따라 노동위원회의 의결을 거쳐 행하는 사항
3. 형사, 행형 및 보안처분 관계 법령에 따라 행하는 사항
4. 외국인의 출입국·난민인정·귀화·국적회복에 관한 사항
5. 과태료 부과 및 징수에 관한 사항
6. 개별 법률에서 그 적용을 배제하고 있는 경우

(2) 직권재심사

행정청은 스스로의 판단에 따라 재심사를 개시할 수 있으나 행정심판은 개인의 이의제기에 의하여 개시된다. 직권재심사는 특별한 법적 근거가 없어도 가능하고 기간의 제약도 받지 않지만, 행정심판은 여러 가지 법적 제한과 기간의 제한을 받는다.

5. 감사원에의 심사청구

감사원의 감사를 받는 자의 직무에 관한 처분이나 그 밖의 행위에 관하여 이해관계가 있는 자는 감사원에 그 심사의 청구를 할 수 있다(감사원법 제43조 제1항). 청구인은 심사청구 및 결정을 거친 행정기관의 장의 처분에 대하여는 해당 처분청을 당사자로 하여 해당 결정

의 통지를 받은 날부터 90일 이내에 행정소송을 제기할 수 있다(제46조의2). 감사원에의 심사청구는 행정심판과는 성질을 달리하는 제도이므로 심사청구와는 별도로 행정심판을 제기할 수 있는 것으로 보아야 한다.

6. 국민고충처리절차

국민고충처리절차란 국민들의 고충사안을 국민과 행정기관 사이에서 중립적·독립적인 기관인 위원회로 하여금 간편·신속하게 조사·해결해 주는 절차이다. 행정심판과는 제기권자·대상·절차 및 법적 효과에 있어서 차이가 있다. 「부패방지 및 국민권익위원회의 설치와 운영에 관한 법률」에 따라 국민권익위원회는 고충민원의 처리와 이와 관련된 불합리한 행정제도 개선에 관한 업무를 처리하고 있다. 동법은 지방자치단체 및 그 소속 기관에 관한 고충민원의 처리와 행정제도의 개선 등을 위하여 각 지방자치단체에 「시민고충처리위원회」를 둘 수 있도록 하였다. 판례는 국민고충처리절차는 행정소송의 전치절차로서 요구되는 행정심판에 해당하지 않는다고 본다.

7. 대체적 분쟁해결제도

분쟁해결에 있어서 종래의 소송제도와 같은 법정절차에 따르지 않고 간편하고 신속한 절차, 적당한 방법의 사실 또는 증거조사, 비강제적 성격, 저렴한 비용, 다양한 해결 방법 등의 장점을 갖는 제도를 '대체적 분쟁해결제도'(alternative dispute resolution, ADR)라고 한다. 조정, 중재, 소액사건 심판 등이 이에 해당한다. 우리나라에는 개인정보분쟁조정, 소비자분쟁조정, 환경분쟁조정, 건축분쟁조정, 산업재산권분쟁조정, 저작권심의조정, 의료심사조정 등 다수의 제도가 마련되어 있다.

04 행정심판법상 행정심판의 종류

행정심판법 제5조【행정심판의 종류】 행정심판의 종류는 다음 각 호와 같다.
1. 취소심판: 행정청의 위법 또는 부당한 처분을 취소하거나 변경하는 행정심판
2. 무효등확인심판: 행정청의 처분의 효력 유무 또는 존재 여부를 확인하는 행정심판
3. 의무이행심판: 당사자의 신청에 대한 행정청의 위법 또는 부당한 거부처분이나 부작위에 대하여 일정한 처분을 하도록 하는 행정심판

1. 취소심판

(1) 의의

행정청의 위법 또는 부당한 처분을 취소하거나 변경하는 행정심판을 말한다(행정심판법 제5조 제1호, 제2조). 취소에는 적극적 처분의 취소뿐만 아니라 소극적 처분인 거부처분의 취소를 포함한다. 변경이란 취소소송에서와 달리 적극적 변경(예 영업정지처분을 과징금부과처분으로 변경)을 의미한다. 취소심판은 무효등확인심판과 부작위에 대한 의무이행심판과는 달리 청구기간의 제한이 있다. 행정심판법은 대표적인 유형인 취소심판을 중심으로 절차적 규정을 마련하고 있다.

(2) 성질

① **형성적 쟁송설(통설)**: 취소심판은 법률관계를 성립시킨 처분의 효력을 다투어 그 취소·변경에 의하여 당해 법률관계를 소멸 또는 변경시키는 성질의 심판이라고 한다.

② **확인적 쟁송설**: 취소심판은 처분의 위법성·부당성을 확인하는 성질의 심판이라고 한다. 위법한 처분은 원칙적으로 무효라는 입장에 근거한다.

(3) 재결

위원회는 취소심판의 청구가 이유가 있다고 인정하면 처분을 취소 또는 다른 처분으로 변경하거나 처분을 다른 처분으로 변경할 것을 피청구인에게 명한다(제43조 제3항). 취소심판의 청구가 적법하지 않거나 이유없다고 인정한 때에는 당해 심판청구를 각하 또는 기각하는 재결을 한다(제1항, 제2항). 다만, 심판청구가 이유 있다고 인정하는 경우에도 이를 인용하는 것이 현저히 공공복리에 적합하지 아니하다고 인정하는 때에는 그 심판청구를 기각하는 사정재결을 할 수 있다(제44조 제1항).

판례

취소재결은 형성적 재결로서 별도의 행정처분 없이 당연히 취소되어 소멸

행정심판법 제43조 제3항에 의하면 재결청은 취소심판의 청구가 이유 있다고 인정되는 때에는 처분을 취소 또는 변경하거나 처분청에게 취소 또는 변경할 것을 명한다고 규정하고 있으므로(註: 현재 취소명령재결은 없음), 행정심판에 있어서 재결청의 재결 내용이 처분청의 취소를 명하는 것이 아니라 처분청의 처분을 스스로 취소하는 것일 때에는 그 재결의 형성력이 발생하여 당해 행정처분은 별도의 행정처분을 기다릴 것 없이 당연히 취소되어 소멸되는 것이다(대판 1997.5.30. 96누14678).

2. 무효등확인심판

(1) 의의

행정청의 처분의 효력 유무 또는 존재 여부에 대한 확인을 하는 심판을 말한다(행정심판법 제5조 제2호). 처분이 무효 또는 부존재인 경우에도 실제로 유효 또는 존재하는 것으로 오인되어 행정청에 의해 집행될 우려가 있고, 또한 반대로 유효하게 존재하는 처분을 무효 또는 부존재라 하여 그것을 부인함으로써 상대방의 법률상 이익을 침해할 수 있다는 점이 존재이유이다. 무효등확인심판은 취소심판과는 달리 청구기간에 관한 규정이 적용되지 아니한다(제27조 제7항).

(2) 성질

① **확인적 쟁송설**: 무효등확인심판은 적극적으로 처분의 효력을 소멸시키거나 발생시키는 것이 아니라 당해 처분이 무효등임을 확인하는 데 그치는 것이라고 한다.

② **형성적 쟁송설**: 무효와 취소의 상대성을 전제로 하여, 무효등확인심판도 결국 행정작용의 효력관계를 다투는 것으로서 본질적으로 형성적 쟁송이라고 한다.

③ **준형성적 쟁송설(통설)**: 무효등확인심판은 실질적으로는 확인쟁송이나, 형식적으로는 처분의 효력 유무 등을 직접 소송의 대상으로 한다는 점에서 형성적 쟁송으로서의 성질을 아울러 가진다고 한다.

(3) 재결

위원회는 무효등확인심판의 청구가 이유가 있다고 인정하면 처분의 효력 유무 또는 처분의 존재 여부를 확인한다(제44조 제4항). 여기에는 처분무효확인재결·처분유효확인재결·처분부존재확인재결·처분존재확인재결 또는 처분실효확인재결이 있다. 무효등확인심판에 있어서는 사정재결을 할 수 없다(제44조 제3항).

3. 의무이행심판

(1) 의의

당사자의 신청에 대한 행정청의 위법 또는 부당한 거부처분이나 부작위에 대하여 일정한 처분을 하도록 하는 행정심판이다(행정심판법 제5조 제3호). 행정에 대한 국민생활의 의존도가 매우 높은 오늘날에는 소극적인 행정작용으로 인한 국민의 권익침해에 대한 구제수단도 필요하므로 이에 대응하여 마련된 심판유형이다. 즉 취소심판에서는 취소재결로서 권리구제를 이루지만, 의무이행심판을 통해서는 위법한 처분을 취소하는 것에 그치지 않고 적법한 처분을 하도록 명령할 수 있다. 이와 비교하여, 행정청의 부작위에 대한 작위의무의 이행이나 확인을 구하는 행정소송은 허용될 수 없다(대판 1992.11.10. 92누1629).

(2) 성질과 특징

① 행정청에게 일정한 처분을 할 것을 명하는 심판이므로 이행쟁송의 성질을 갖는다. 그런데 행정심판법이 "위원회는 의무이행심판의 청구가 이유가 있다고 인정하면 지체 없이 신청에 따른 처분을 하거나 처분을 할 것을 피청구인에게 명한다."라고 규정하고 있어 처분재결의 경우에는 위원회가 스스로 처분을 하는 것이므로 형성재결의 성격을 아울러 갖는다.

② 거부처분에 대한 의무이행심판은 청구기간의 제한을 받으나, 부작위에 대한 의무이행심판은 청구기간의 제한을 받지 않는다(제27조 제7항).

③ 의무이행심판에는 사정재결의 적용이 있다(제44조 제3항).

(3) 요건

① 심판대상

거부처분(당사자가 행정청에 일정한 처분을 신청한 경우에 행정청이 그 신청에 따른 처분을 거부하는 경우)과 **부작위**(행정청이 당사자의 신청에 대하여 상당한 기간 내에 일정한 처분을 하여야 할 법률상 의무가 있는데도 처분을 하지 아니하는 것)를 대상으로 한다.

② 청구인적격

㉠ 의무이행심판은 처분을 신청한 자로서 행정청의 거부처분 또는 부작위에 대하여 일정한 처분을 구할 법률상 이익이 있는 자가 청구할 수 있다(제13조 제3항).

㉡ 통설·판례는 '법률상 이익'을 취소소송에서와 같이 공권 내지 법적 이익으로 해석하고 있다. 따라서 처분의 근거법규 및 관계법규에 의해 보호되는 이익이 침해되거나 침해될 가능성이 있는 자가 제기할 수 있다.

③ 피청구인적격

㉠ 의무이행심판의 경우에는 청구인의 신청을 받은 행정청을 피청구인으로 하여 청구하여야 한다(제17조 제1항 1문). 다만, 심판청구의 대상과 관계되는 권한이 다른 행정청에 승계된 경우에는 권한을 승계한 행정청을 피청구인으로 하여야 한다(2문).

㉡ "행정청"이란 행정에 관한 의사를 결정하여 표시하는 국가 또는 지방자치단체의 기관, 그 밖에 법령 또는 자치법규에 따라 행정권한을 가지고 있거나 위탁을 받은 공공단체나 그 기관 또는 사인(私人)을 말한다(제2조 제4호).

④ 심판청구기간

거부처분에 대한 의무이행심판은 처분이 있음을 알게 된 날부터 90일 이내에 청구하여야 하고, 처분이 있었던 날부터 180일이 지나면 청구하지 못하는 것이 원칙이다(제27조 제1항, 제3항). 그러나 부작위에 대한 의무이행심판청구에는 심판청구기간의 제한이 없다(제7항).

(4) 재결

① 개요

위원회는 의무이행심판의 청구가 이유가 있다고 인정하면 지체 없이 신청에 따른 처분을 하거나(처분재결), 처분을 할 것을 피청구인에게 명하는 재결(처분명령재결)을 한다(법 제43조 제5항). 그러나 의무이행심판청구가 심판청구 요건을 갖추지 못하여 적법하지 않으면 각하재결을 한다.

거부처분과 부작위에 대한 의무이행심판 결과 그 재결에 불복하는 경우에는 행정소송을 제기할 수 있다. 행정소송법은 의무이행소송을 인정하고 있지 않기 때문에 부작위에 대하여 다투기 위해서는 부작위위법확인소송을 제기하고, 거부처분에 대하여는 취소소송을 제기해야 한다.

② 처분명령재결

처분명령재결은 행정심판위원회가 피청구인에게 일정한 처분을 명하는 재결이므로 이행재결이고, 처분재결은 행정심판위원회가 스스로 처분을 하는 것이므로 형성재결이다. 처분명령재결이 있으면 해당 행정청은 지체 없이 재결의 취지에 따라 이전의 신청에 대하여 처분을 할 의무를 지게 된다(제49조 제3항).

처분명령재결은 그 처분의무의 내용이 기속행위에 대한 것일 경우에는 특정행위의 이행을 명하는 것이 되고, 처분의무의 내용이 오로지 선택재량만이 부여된 행위에 대한 것일 경우에는 특정행위의 이행명령이 아니라 어떠한 내용의 처분이든 신청을 방치하지 말고 지체 없이 재량을 행사하여 처분을 하도록 명하는 재결, 즉 재량행사의 명령이 된다. 이 경우 해당 행정청은 지체 없이 재결의 취지에 따라 이전의 신청에 대한 처분을 해야 한다.

이 점에서 의무이행심판의 인용재결은 행정소송의 부작위위법확인소송의 인용판결보다 권익구제의 효력이 직접적이고 효과적이다. 부작위위법확인소송의 경우에는 인용판결이 있더라도 행정청은 어떠한 처분이든지 하기만 하면 되는 의무, 즉 응답의무만 부담한다는 것이 통설·판례이다(대판 1995.9.15. 95누7345).

③ 처분재결

영업허가를 신청했는데 행정청이 거부처분을 하거나 부작위를 하는 경우에는 청구인이 영업허가를 구하는 취지로 의무이행심판을 청구하는 것이 일반적이다. 이 경우 위원회는 청구인의 신청내용이 적법·타당하다고 인정되면 피청구인에게 허가를 하도록 명령하는 재결을 하면 된다.

그런데 행정심판법은 위원회가 직접 영업허가를 하는 처분재결을 할 수도 있도록 하고 있다. 처분재결은 형성재결로서 피청구인에 의한 불이행의 문제가 생기지 않는다는 점에서 국민의 권익구제수단으로서는 가장 효과적인 수단이다. 그러나 의무이행심판에서 처분재결을 하는 것은 처분청의 권한을 지나치게 제한하고, 의무이행심판의 개념(법 제5조 제3호)과 맞지 않으며, 처분재결 후 사후관리문제 등에 관해 아무런 규정이 없기 때문에 법리적으로나 실제적인 문제가 있다는 비판이 있다. 중앙행정심판위원회의 심판 실무에서도 의무이행심판에서 처분재결을 하는 사례는 거의 없다.

※ 위 재결의 내용은 「행정심판의 이론과 실무」(중앙행정심판위원회)를 인용함

(5) 위법·부당판단의 기준시

부작위의 위법은 재결시를 기준으로 판단한다는 데에 이견이 없다. 거부처분 취소심판의 경우 위법·부당 판단의 기준시가 거부처분시라는 것(통설·판례)과 비교하여, 거부처분에 대한 의무이행심판의 경우는 아래와 같이 견해가 대립한다.

① 처분시설

항고심판은 처분청의 위법한 처분에 대한 사후적 통제를 목적으로 한다는 것을 논거로 한다. 이 견해에 의하면 거부행위가 행위시 적법하면 기각재결을 하게 된다.

② 재결시설

의무이행심판의 심리의 핵심은 재결시점에서 거부처분을 계속 유지하는 것이 위법·부당한지를 판단하는 데에 있고, 의무이행심판이 거부처분취소심판에 비해 종국적으로 실효적인 권리구제를 해주는 심판형식이라는 의무이행심판의 의의를 달성해야 한다는 점을 논거로 한다. 이 견해에 의하면 거부행위시 적법한 행위도 재결시를 기준으로 위법하면 거부행위를 취소하고 의무이행재결을 한다.

(6) 위원회의 직접처분

① 위원회는 당사자의 신청을 거부하거나 부작위로 방치한 처분의 이행을 명하는 재결이 있었음에도 피청구인이 처분을 하지 아니하는 경우에는 당사자가 신청하면 기간을 정하여 서면으로 시정을 명하고 그 기간에 이행하지 아니하면 직접 처분을 할 수 있다. 다만, 그 처분의 성질이나 그 밖의 불가피한 사유로 위원회가 직접 처분을 할 수 없는 경우에는 그러하지 아니하다(제50조 제1항).

② 위원회는 제1항 본문에 따라 직접 처분을 하였을 때에는 그 사실을 해당 행정청에 통보하여야 하며, 그 통보를 받은 행정청은 위원회가 한 처분을 자기가 한 처분으로 보아 관계 법령에 따라 관리·감독 등 필요한 조치를 하여야 한다(제2항). ⇨ 직접처분의 상세 내용은 〈제5장 행정심판의 재결〉 참고

(7) 거부처분에 대한 취소심판과 의무이행심판의 병합청구

취소심판의 경우는 잘못된 거부처분의 효력을 상실하게 하는 효과밖에 없으나, 의무이행심판으로 다투게 되면 적극적 행위를 재결할 수 있다는 실익이 있으므로, 거부처분에 대하여 취소심판과 의무이행심판을 동시에 병합하여 청구할 수 있다고 본다(다수설).

거부처분에 대한 취소심판만 청구하여 인용재결을 받았음에도 불구하고 처분청이 이를 이행하지 않는 경우 청구인은 그 목적을 달성할 수 없다. 이 경우 신청인은 의무이행심판청구를 다시 청구하여 인용재결을 받아야 한다. 심판 실무에서도 취소심판과 의무이행심판의 병합청구를 인정하고 있다.

〈예방적 부작위청구(금지)심판〉

1. 의의

행정청의 공권력의 행사에 의해 국민의 권익이 침해될 것이 예상되는 경우에 미리 그 공권력의 행사를 저지하기 위하여 제기하는 심판이다. 현행법에는 명시규정이 없다.

2. 도입 주장의 논거

현행 행정심판법상 행정처분이 나온 이후에만 취소심판과 집행정지를 통해서 권리구제가 가능한데, 명단공개나 정보공개와 같이 일단 공개가 되어버리면 원상회복이 거의 불가능한 행정작용에 대해서는 권리구제의 적시성(適時性)을 위해 예방적 금지심판을 도입하여 권리구제의 실효성을 높일 필요가 있다고 한다.

판례

행정심판법 제50조에 기한 재결청의 직접 처분의 요건

행정심판법 제37조(현행 제50조) 제2항, 같은법시행령 제27조의2(현행 제33조) 제1항의 규정에 따라 재결청이 직접 처분을 하기 위하여는 처분의 이행을 명하는 재결이 있었음에도 당해 행정청이 아무런 처분을 하지 아니하였어야 하므로, 당해 행정청이 어떠한 처분을 하였다면 그 처분이 재결의 내용에 따르지 아니하였다고 하더라도 재결청이 직접 처분을 할 수는 없다(대판 2002.7.23. 2000두9151).

05 특별행정심판

1. 의의

행정심판법상의 행정심판에 대하여 개별 법률에서 특례규정을 두고 있다. 특별행정심판은 행정기관이 심판기관이 되는 행정쟁송절차라는 점에서는 행정심판법에서 정하고 있는 행정심판과 성질을 같이하나, 특별법에 의한 심판이라는 점에서 일반적인 행정심관과 구별된다. 이들은 행정심판법에 대한 특별법적 규정이므로 행정심판법에 우선하여 적용된다. 한편, 행정심판법은 특별행정심판의 남설을 방지하기 위하여 특별행정심판 신설 등을 위한 협의 의무 조항을 두고 있다.

2. 특별행정심판의 사례

국세에 대한 행정심판	국세부과처분에 대해 행정소송을 제기하기 전에 국세청장에 대한 심사청구 또는 조세심판원에 대한 심판청구를 택일하여 청구하여야 한다(국세기본법 제55조 제1항·제2항·제9항, 제56조 제2항).
중앙노동위원회의 재심	지방노동위원회 또는 특별노동위원회의 노동쟁의에 대한 중재재정(노동조합 및 노동관계조정법 제69조 제1항), 부당노동행위에 대한 지방노동위원회 또는 특별노동위원회의 구제명령 또는 기각결정(제85조 제1항), 지방노동위원회 또는 특별노동위원회의 처분(노동위원회법 제26조 제1항)에 대한 재심은 행정심판에 해당한다.
보험급여 등에 관한 행정심판	산업재해보상보험재심사위원회의 재심사청구에 대한 결정(산업재해보상보험법 제106조)은 행정심판에 해당한다.
공무원징계 등에 대한 소청심사	행정기관 소속 공무원의 징계처분, 그 밖에 그 의사에 반하는 불리한 처분이나 부작위에 대한 소청을 심사·결정하게 하기 위하여 인사혁신처에 소청심사위원회를 둔다(국가공무원법 제9조 제1항).
교원 소청심사	각급학교 교원의 징계처분 그 밖에 그 의사에 반하는 불리한 처분(교원에 대한 재임용 거부처분을 포함)에 대한 소청심사를 하게 하기 위하여 교육부에 교원소청심사위원회를 둔다(「교원의 지위 향상 및 교육활동 보호를 위한 특별법」 제7조 제1항).
토지수용과 이의재결	중앙토지수용위원회는 이의신청이 있는 경우 원처분인 수용재결이 위법 또는 부당하다고 인정하는 때에는 그 재결의 전부 또는 일부를 취소하거나 보상액을 변경할 수 있다(토지보상법 제84조 제1항).

해양안전심판	해양사고사건을 심판하기 위하여 해양수산부장관 소속으로 해양안전심판원을 둔다(해양사고의 조사 및 심판에 관한 법률 제3조).
특허심판	특허·실용신안·디자인 및 상표에 관한 심판과 재심 및 이에 관한 조사·연구에 관한 사무를 관장하게 하기 위하여 특허청장 소속하에 특허심판원을 둔다(특허법 제132조의16 제1항).

판례

교원 소청심사 대상의 사례

甲 학교법인 소속 사립학교의 교장 乙이 정년 전에 임기가 끝나자 정관에서 정한 바에 따라 교사로 근무할 것을 희망하여 甲 학교법인에 자신에 대한 교원 임용을 제청하였으나 甲 학교법인이 이사회에서 심의한 후 乙에게 이를 거부하는 내용의 의결 결과를 통보한 사안에서, 위 거부는 교원의 지위 향상 및 교육활동 보호를 위한 특별법 제9조 제1항에서 소청심사의 대상으로 정한 '그 밖에 그 의사에 반하는 불리한 처분'에 해당하고, 재량권을 일탈·남용하여 위법하다고 한 사례(대판 2024.9.12. 2022두43405).

3. 특별행정심판 신설 등을 위한 협의의무 등

(1) 사안의 전문성과 특수성을 살리기 위하여 특히 필요한 경우 외에는 이 법에 따른 행정심판을 갈음하는 특별한 행정불복절차나 이 법에 따른 행정심판 절차에 대한 특례를 다른 법률로 정할 수 없다(행정심판법 제4조 제1항).

(2) 다른 법률에서 특별행정심판이나 이 법에 따른 행정심판 절차에 대한 특례를 정한 경우에도 그 법률에서 규정하지 아니한 사항에 관하여는 이 법에서 정하는 바에 따른다(제2항).

(3) 관계 행정기관의 장이 특별행정심판 또는 이 법에 따른 행정심판 절차에 대한 특례를 신설하거나 변경하는 법령을 제정·개정할 때에는 미리 중앙행정심판위원회와 협의하여야 한다(제3항).

4. 필요적 행정심판 전치주의와의 관계

특별행정심판의 경우에도 개별법이 필요적 전치로 규정할 수도, 임의적 전치로 규정할 수도 있다. 필요적 전치로 규정한 경우로는, 공무원에 대한 징계 기타 불이익처분(국가공무원법 제16조 제1항, 지방공무원법 제20조의2, 교육공무원법 제53조 제1항), 운전면허취소처분 등 도로교통법에 의한 각종 처분(도로교통법 제142조, 다만, 과태료처분과 통고처분은 제외), 국세·관세·지방세 부과처분(국세기본법 제56조 제2항, 관세법 제120조 제2항, 지방세기본법 제98조 제3항), 해양수산부장관의 선박 검사·검정 등 처분(선박안전법 제72조) 등이 있다.

이 경우 그 특별전치절차를 거쳐야 하지 행정심판법상의 전치절차만 거치게 되면 전치절차를 거쳤다고 할 수 없다. 이때 불필요한 전치절차를 거치다가 제소기간이 도과될 수도 있다.

06 행정심판기관(행정심판위원회)

1. 의의

행정심판위원회는 '행정청의 처분 또는 부작위에 대한 행정심판의 청구를 심리·재결'하기 위한 비상설 합의제 행정청이다. 행정심판위원회는 원칙적으로 행정청에 소속되어 있지만 독자적으로 심리·재결할 수 있는 권한을 가진다. 그러므로 행정심판위원회의 심리·재결에 관하여 행정청은 지휘·감독할 수 없다.

2. 행정심판위원회의 유형

(1) 일반행정심판위원회

① 독립기관 등 소속 행정심판위원회

㉠ 감사원, 국가정보원장, 그 밖에 대통령령으로 정하는 대통령 소속기관의 장(대통령비서실장, 국가안보실장, 대통령경호처장 및 방송통신위원회), ㉡ 국회사무총장·법원행정처장·헌법재판소사무처장 및 중앙선거관리위원회사무총장, ㉢ 국가인권위원회, 그 밖에 지위·성격의 독립성과 특수성 등이 인정되어 대통령령으로 정하는 행정청(고위공직자범죄수사처장)의 처분 또는 부작위에 대한 행정심판청구는 해당 행정청에 두는 행정심판위원회에서 심리·재결한다(행정심판법 제6조 제1항).

② 중앙행정심판위원회

㉠ 제1항에 따른 행정청 외의 국가행정기관의 장 또는 그 소속 행정청, ㉡ 특별시장·광역시장·특별자치시장·도지사·특별자치도지사(특별시·광역시·특별자치시·도 또는 특별자치도의 교육감을 포함) 또는 특별시·광역시·특별자치시·도·특별자치도의 의회(의장, 위원회의 위원장, 사무처장 등 의회 소속 모든 행정청을 포함), ㉢ 「지방자치법」에 따른 지방자치단체조합 등 관계 법률에 따라 국가·지방자치단체·공공법인 등이 공동으로 설립한 행정청(다만, 아래 ③의 ㉢에 해당하는 행정청은 제외)의 처분 또는 부작위에 대한 행정심판청구는 「부패방지 및 국민권익위원회의 설치와 운영에 관한 법률」에 따른 국민권익위원회에 두는 중앙행정심판위원회에서 심리·재결한다(행정심판법 제6조 제2항).

③ 시·도행정심판위원회

㉠ 시·도 소속 행정청, ㉡ 시·도의 관할구역에 있는 시·군·자치구의 장, 소속 행정청 또는 시·군·자치구의 의회(의장, 위원회의 위원장, 사무국장, 사무과장 등 의회 소속 모든 행정청을 포함), ㉢ 시·도의 관할구역에 있는 둘 이상의 지방자치단체(시·군·자치구를 말함)·공공법인 등이 공동으로 설립한 행정청의 처분 또는 부작위에 대한 심판청구에 대하여는 시·도지사 소속으로 두는 행정심판위원회에서 심리·재결한다(행정심판법 제6조 제3항).

④ 직근 상급행정기관 소속 행정심판위원회

대통령령으로 정하는 국가행정기관 소속 특별지방행정기관[법무부 및 대검찰청 소속 특별지방행정기관(직근 상급행정기관이나 소관 감독행정기관이 중앙행정기관인 경우는 제외)]의 장의 처분 또는 부작위에 대한 심판청구에 대하여는 해당 행정청의 직근 상급행정기관에 두는 행정심판위원회에서 심리·재결한다(행정심판법 제6조 제4항).

(2) 특별행정심판위원회

개별법에 의해 설치되는 특별행정심판을 담당하는 특별행정심판위원회로는 중앙노동위원회, 소청심사위원회, 조세심판원, 중앙토지수용위원회, 특허심판원, 해양안전심판위원회 등이 있다. ⇨ 앞의 〈05 특별행정심판〉 참고

3. 조직·회의

(1) 조직

① 중앙행정심판위원회

㉠ 위원장 1인을 포함한 70명 이내의 위원으로 구성하되, 위원 중 상임위원은 4명 이내로 한다(제8조 제1항). 위원장은 국민권익위원회의 부위원장 중 1명이 되며, 위원장이 없거나 부득이한 사유로 직무를 수행할 수 없거나 위원장이 필요하다고 인정하는 경우에는 상임위원(상임으로 재직한 기간이 긴 위원 순서, 재직기간이 같은 경우에는 연장자 순서)이 위원장의 직무를 대행한다(제2항).

㉡ 상임위원은 일반직공무원으로서 「국가공무원법」 제26조의5에 따른 임기제공무원으로 임명하되, 3급 이상 공무원 또는 고위공무원단에 속하는 일반직공무원으로 3년 이상 근무한 사람이나 그 밖에 행정심판에 관한 지식과 경험이 풍부한 사람 중에서 중앙행정심판위원회 위원장의 제청으로 국무총리를 거쳐 대통령이 임명한다.(제8조 제3항).

㉢ 비상임위원은 제7조 제4항 각 호의 어느 하나에 해당하는 자 중에서 위원장의 제청으로 국무총리가 위촉한다(제8조 제4항).

② 중앙행정심판위원회 이외의 행정심판위원회

㉠ 위원장 1명을 포함한 50명 이내의 위원으로 구성한다. 위원장은 해당 행정심판위원회가 소속된 행정청이 되며, 위원장이 없거나 부득이한 사유로 직무를 수행할 수 없거나 위원장이 필요하다고 인정하는 경우에는 i) 위원장이 사전에 지명한 위원, ii) 제4항에 따라 지명된 공무원인 위원의 순서에 따라 위원이 위원장의 직무를 대행한다(행정심판법 제7조 제1항·제2항).

㉡ 시·도지사 소속으로 두는 행정심판위원회의 경우에는 해당 지방자치단체의 조례로 정하는 바에 따라 공무원이 아닌 위원을 위원장으로 정할 수 있다. 이 경우 위원장은 비상임으로 한다(제3항).

㉢ 해당 행정심판위원회가 소속된 행정청이 i) 변호사 자격을 취득한 후 5년 이상의 실무 경험이 있는 사람, ii) 고등교육법 제2조 제1호부터 제6호까지의 규정에 따른 학교에서 조교수 이상으로 재직하거나 재직하였던 사람, iii) 행정기관의 4급 이상 공무원이었거나 고위공무원단에 속하는 공무원이었던 사람, iv) 박사학위를 취득한 후 해당 분야에서 5년 이상 근무한 경험이 있는 사람, v) 그 밖에 행정심판과 관련된 분야의 지식과 경험이 풍부한 사람 중에서 위촉하거나 그 소속 공무원 중에서 위원을 지명한다(제7조 제4항).

(2) 위원의 임기 및 신분

① 중앙행정심판위원회 상임위원의 임기는 3년으로 하며, 1차에 한하여 연임할 수 있다(제9조 제2항).

② 일반행정심판위원회 위원, 중앙행정심판위원회 비상임위원의 임기는 2년으로 하되, 2차에 한하여 연임할 수 있다(제3항).

③ 대한민국 국민이 아닌 사람, 국가공무원법 제33조 각 호의 어느 하나에 해당하는 사람은 위원이 될 수 없으며, 위원이 이에 해당하게 된 때에는 당연히 퇴직한다(제4항).

④ 위촉된 위원은 금고 이상의 형을 선고받거나 부득이한 사유로 장기간 직무를 수행할 수 없게 되는 경우 외에는 임기 중 그의 의사와 다르게 해촉되지 아니한다(제5항).

⑤ 위원 중 공무원이 아닌 위원은 「형법」과 그 밖의 법률에 따른 벌칙을 적용할 때에는 공무원으로 본다(제11조).

(3) 회의

① 중앙행정심판위원회

㉠ 인원

위원장, 상임위원과 위원장이 회의마다 지정하는 비상임위원을 포함하여 총 9명으로 구성한다(제8조 제5항).

㉡ 소위원회

도로교통법에 따른 자동차운전면허 행정처분에 관한 사건을 심리·의결하게 하기 위하여 4명의 위원으로 구성하는 소위원회를 둘 수 있다(제6항).

㉢ 전문위원회

위원장이 지정하는 심판청구사건을 미리 검토하게 하기 위하여 필요한 경우에는 전문위원회를 둘 수 있다(제8항).

㉣ 의결

중앙심판위원회 및 소위원회는 구성원 과반수의 출석과 출석위원 과반수의 찬성으로 의결한다(제7항).

② 중앙행정심판위원회 이외의 행정심판위원회

㉠ 인원

회의는 위원장과 위원장이 회의마다 지정하는 8명의 위원(그중 제7조 제4항에 따른 위촉위원은 6명 이상으로 하되, 제3항에 따라 위원장이 공무원이 아닌 경우에는 5명 이상)으로 구성함을 원칙으로 한다(제7조 제5항).

㉡ 의결

구성원 과반수의 출석과 출석위원 과반수의 찬성으로 의결한다(제6항).

판례

행정심판위원회의 위원의 발언 내용을 비공개대상으로 하는 것의 정당성

행정심판위원회에서는 위원회의 최종 의사 형성에 관하여 토의가 이루어지는데 자유롭고 활발하며 공정한 심리·의결이 보장되기 위해서는 심리·의결 과정에서 누가 어떤 발언을 하였는지가 외부에 공개되지 않도록 보장할 필요가 있으므로 행정심판법 제26조의2(현 제41조)가 위원의 발언 내용을 비공개대상으로 하는 것은 입법목적에 합리적인 정당성이 있다(헌재 2004.08.26. 2003헌바81).

4. 위원등의 제척·기피·회피

(1) 의의

공정한 심판을 위해 위원이 심판청구사건의 심리·재결에서 당연히 물러나게 되는 제척(행정심판법 제10조 제1항), 위원에게 심리·재결의 공정을 기대하기 어려운 사정이 있는 경우에 당사자의 신청에 의해 위원회 위원장의 결정으로 물러나는 기피(제2항), 제척 또는 기피사유가 있는 경우에 위원 스스로의 판단하에 물러나게 하는 회피(제6항)의 제도가 있다. 이러한 규정은 사건의 심리·의결에 관한 사무에 관여하는 위원 아닌 직원에게도 준용한다(제7항).

(2) 사유

제척사유로는 ① 위원 또는 그 배우자나 배우자이었던 자가 당해 사건의 당사자가 되거나 당해 사건에 관하여 공동권리자 또는 의무자의 관계에 있는 경우, ② 위원이 당해 사건의 당사자와 친족관계에 있거나 있었던 경우, ③ 위원이 당해 사건에 관하여 증언이나 감정을 한 경우, ④ 위원이 당해 사건에 관하여 당사자의 대리인으로서 관여하거나 관여하였던 경우, ⑤ 위원이 당해 사건의 대상이 된 처분 또는 부작위에 관여한 경우 등이다(제10조 제1항).

(3) 효과

위원에 대한 제척신청이나 기피신청은 그 사유를 소명(疏明)한 문서로 하여야 한다(제10조 제3항). 위원장은 제척신청이나 기피신청의 대상이 된 위원에게서 그에 대한 의견을 받을 수 있다(제4항). 위원장은 제척신청이나 기피신청을 받으면 제척 또는 기피 여부에 대한 결정을 하고, 지체 없이 신청인에게 결정서 정본(正本)을 송달하여야 한다(제5항). 제척사유가 있는 위원이 관여한 심리·재결은 본질적인 절차상의 하자가 있으므로 무효가 된다.

5. 권한

(1) 심리·재결·집행정지결정권

행정심판위원회의 권한으로 중심적인 것은 심판청구사건에 대하여 심리하고 재결하는 권한이다. 심리에는 요건심리와 본안심리가 있다. 그 밖에 사정재결을 할 수 있고, 집행정지결정권과 집행정지취소결정권을 갖는다.

(2) 심리권에 부수된 권한

여기에는 ① 증거조사권(행정심판법 제36조), ② 선정대표자선정권고권(제15조), ③ 청구인지위승계허가권(제16조 제5항), ④ 피청구인경정권(제17조 제2항), ⑤ 대리인선임허가권(제18조 제1항), ⑥ 심판참가허가권 및 요구권(제20조, 제21조), ⑦ 청구취지 또는 청구이유변경불허권(제29조), ⑧ 보정명령권(제32조 제1항) 등이 있다.

(3) 불합리한 법령 등의 시정조치요구권

중앙행정심판위원회는 심판청구를 심리 · 의결함에 있어서 처분 또는 부작위의 근거가 되는 명령 등(대통령령 · 총리령 · 부령 · 훈령 · 예규 · 고시 · 조례 · 규칙 등)이 법령에 근거가 없거나 상위법령에 위배되거나 국민에게 과도한 부담을 주는 등 현저하게 불합리하다고 인정되는 경우에는 관계행정기관에 대하여 당해 명령 등의 개정 · 폐지 등 적절한 시정조치를 요청할 수 있다(제59조 제1항). 요청을 받은 관계 행정기관은 정당한 사유가 없으면 이에 따라야 한다(제2항).

(4) 기속력 확보를 위한 직접처분권

당사자의 신청을 거부하거나 부작위로 방치한 처분의 이행을 명하는 재결이 있는 경우에는 행정청은 지체 없이 그 재결의 취지에 따라 다시 이전의 신청에 대한 처분을 하여야 한다. 이 경우 위원회는 당해 행정청이 처분을 하지 아니하는 때에는 당사자의 신청에 따라 기간을 정하여 서면으로 시정을 명하고 그 기간 내에 이행하지 아니하는 경우에는 당해 처분을 할 수 있다(제50조 제1항).

(5) 권한의 위임

위원회의 권한중 경미한 사항은 국회규칙 · 대법원규칙 · 헌법재판소규칙 · 중앙선거관리위원회규칙 또는 대통령령이 정하는 바에 따라 위원장에게 위임할 수 있다(제61조).

(6) 권한 승계

① 당사자의 심판청구 후 위원회가 법령의 개정·폐지 또는 제17조 제5항에 따른 피청구인의 경정 결정에 따라 그 심판청구에 대하여 재결할 권한을 잃게 된 경우에는 해당 위원회는 심판청구서와 관계 서류, 그 밖의 자료를 새로 재결할 권한을 갖게 된 위원회에 보내야 한다(제12조 제1항).

② 제1항의 경우 송부를 받은 위원회는 지체 없이 그 사실을 ㉠ 행정심판 청구인, ㉡ 행정심판 피청구인, ㉢ 심판참가를 하는 자에게 알려야 한다(제2항).

제2장 행정심판의 당사자 및 관계인

01 행정심판의 당사자

1. 심판청구인

행정심판법 제13조【청구인 적격】 ① 취소심판은 처분의 취소 또는 변경을 구할 법률상 이익이 있는 자가 청구할 수 있다. 처분의 효과가 기간의 경과, 처분의 집행, 그 밖의 사유로 소멸된 뒤에도 그 처분의 취소로 회복되는 법률상 이익이 있는 자의 경우에도 또한 같다.
② 무효등확인심판은 처분의 효력 유무 또는 존재 여부의 확인을 구할 법률상 이익이 있는 자가 청구할 수 있다.
③ 의무이행심판은 처분을 신청한 자로서 행정청의 거부처분 또는 부작위에 대하여 일정한 처분을 구할 법률상 이익이 있는 자가 청구할 수 있다

(1) 의의

심판청구인이란 심판청구의 대상이 되는 처분등에 불복하여 심판청구를 제기하는 자를 말한다. 처분의 상대방 또는 제3자, 그리고 자연인 또는 법인 모두 심판청구가 가능하다. 법인 아닌 사단 또는 재단으로서 대표자 또는 관리인이 정하여져 있는 경우에는 그 사단이나 재단의 이름으로 심판청구를 할 수 있다(행정심판법 제14조). 법주체인 국가나 지방자치단체는 청구인능력이 있으나, 행정기관은 법주체가 아니므로 원칙상 청구인능력이 없다. 그러나 예외적으로 행정기관이 법령상 민간과 같은 사업수행자로서의 지위에 있는 경우에는 행정심판을 청구할 수 있는 경우도 있다.

(2) 청구인적격에 대한 입법상 과오여부

행정심판법 제13조는 행정심판의 청구인적격을 행정소송의 원고적격과 동일하게 '법률상 이익'이 있는 자에게만 인정하고 있다.

이에 대하여 행정심판은 위법한 처분뿐만 아니라 부당한 처분을 대상으로 하여 제기할 수 있는데(제1조) 부당한 행위로는 법률상 이익이 침해될 수 없다는 비판이 있다(과오

설). 그러나 부당한 처분에 의해서도 권리(법률상 이익)가 침해될 수 있고, 위법·부당 여부는 본안심리의 결과 내려지는 법원의 최종적 평가(out-put) 차원의 문제이고, 법률상 이익의 존재 여부에 대한 청구인적격의 문제는 본안심리로 들어가기 위한 현관(in-put) 차원의 문제로 양자는 다르므로 문제가 없다는 견해가 다수이다(비과오설).

판례

교원소청심사를 청구할 법률상 이익을 인정한 사례

사립학교 교원이 교원소청심사를 청구하기 전 이미 임용기간이 만료되었다고 하더라도, 임용기간이 만료된 경우에는 사립학교법과 학교법인의 정관 규정에 따라 재임용 여부에 관하여 교원인사위원회의 심의를 받을 권리 및 심의를 거쳐 재임용 여부를 결정해 줄 것을 임면권자에게 요구할 권리가 인정되는 반면, 임용취소통지에 의하여 신규임용이 무효로 인정되는 경우에는 그러한 권리가 인정되지 않아 법률상 지위에 차이가 있게 되고, 특히 교원이 임용 후 임용취소통지일까지 기간에 대하여 전혀 교육경력을 인정받지 못하게 됨으로써 대학교원 자격기준 등에 관한 규정 제2조 제1호 및 같은 규정 [별표]에 정해진 자격기준에 필요한 연구실적 연수(연수) 및 교육경력 연수(연수)를 갖추었는지에 영향을 미쳐 교원으로 임용되는 데 법령상 제약으로 작용할 수도 있는 등 불이익을 입을 수 있으므로, 위와 같은 권리 또는 법률상 지위에 대한 위험이나 불안을 제거하기 위하여 임용취소통지에 대한 소청심사를 청구할 법률상 이익이 있다고 보는 것이 타당하다(대판 2012.6.14. 2011두29885).

행정청이나 재결청에 행정심판청구인을 청구인적격이 있는 자로 변경할 것을 요구할 보정명령 의무가 있는지 여부(소극)

청구인적격이 없는 자의 명의로 제기된 행정심판청구에 대하여 행정청이나 재결청에게 행정심판청구인을 청구인적격이 있는 자로 변경할 것을 요구하는 보정을 명할 의무가 없고, 행정심판절차에서 임의적인 청구인의 변경은 원칙적으로 허용되지 아니한다(대판 1999.10.8. 98두10073).

(3) 심판청구인지위의 보장

① 선정대표자

㉠ 여러 명의 청구인이 공동으로 심판청구를 하는 때에는 청구인중 3명 이하의 대표자를 선정할 수 있고, 청구인이 대표자를 선정하지 아니한 경우에 위원회가 필요하다고 인정할 때에는 청구인에게 대표자를 선정할 것을 권고할 수 있다(행정심판법 제15조 제1항·제2항).

㉡ 선정대표자는 각기 다른 청구인을 위하여 그 사건에 관한 모든 행위를 할 수 있다(제3항). 선정대표자가 선정된 때에는 다른 청구인들은 그 선정대표자를 통하여서만 그 사건에 관한 행위를 할 수 있다(제4항).

㉢ 대표자를 선정한 청구인들은 필요하다고 인정할 때에는 선정대표자를 해임하거나 변경할 수 있다. 이 경우 청구인들은 그 사실을 지체 없이 위원회에 서면으로 알려야 하고(제5항), 선정대표자가 그 자격을 잃은 때에는 청구인은 그 사실을 서면으로 위원회에 신고하여야 한다(제19조 제2항).

② 청구인의 지위승계

㉠ 당연승계

청구인이 사망한 때에는 상속인 그 밖에 법령에 따라 심판청구의 대상에 관계되는 권리나 이익을 승계한 자가 그 청구인의 지위를 승계하며(제16조 제1항), 법인과 법인 아닌 사단 또는 재단이 합병한 경우에는 합병 후 존속하는 법인 등이나 또는 합병에 의하여 설립된 법인 등이 그 청구인의 지위를 승계한다(제2항).

㉡ 허가승계

심판청구의 대상과 관계되는 권리 또는 이익을 양수한 자는 위원회의 허가를 받아 청구인의 지위를 승계할 수 있다(제5항). 이 경우 위원회가 지위 승계를 허가하지 아니하면 신청인은 결정서 정본을 받은 날부터 7일 이내에 위원회에 이의신청을 할 수 있다(제8항).

③ 대리

㉠ 대리인

청구인은 법정대리인 외에 ⓐ 청구인의 배우자, 청구인 또는 배우자의 사촌 이내의 혈족, ⓑ 청구인인 법인 또는 법인 아닌 사단·재단의 소속 임직원, ⓒ 변호사, ⓓ 다른 법률에 따라 심판청구를 대리할 수 있는 자, ⓔ 그 밖에 위원회의 허가를 받은 자를 대리인으로 선임할 수 있다(제18조 제1항).

㉡ 국선대리인

ⓐ 의의

이미 특별행정심판기구인 노동위원회는 판정·결정·승인·인정 및 차별적 처우 시정 등에 관한 사건에서 사회취약계층을 위하여 변호사나 공인노무사로 하여금 권리구제업무를 대리하게 하는 제도를 시행하고 있었다(노동위원회법 제6조의2). 행정심판법도 경제적 사유로 대리인 선임이 곤란한 청구인 등 사회적 약자에게 행정심판위원회가 대리인을 선임하여 지원하는 제도를 2017. 10. 31. 신설하였다.

ⓑ 신청

청구인이 경제적 능력으로 인해 대리인을 선임할 수 없는 경우에는 위원회에 국선대리인을 선임하여 줄 것을 신청할 수 있다(제18조의2 제1항). 이 경우 위원회는 심판청구가 명백히 부적법하거나 이유 없는 경우 또는 권리의 남용이라고 인정되는 경우에는 국선대리인을 선정하지 아니할 수 있다(제2항).

ⓒ 신청인의 자격

국선대리인을 선임하여 줄 것을 신청할 수 있는 청구인은 i)「국민기초생활 보장법」 제2조 제2호에 따른 수급자, ii)「한부모가족지원법」 제5조 및 제5조의2에 따른 지원대상자, iii)「기초연금법」 제2조 제3호에 따른 기초연금 수급자, iv)「장애인연금법」 제2조 제4호에 따른 수급자, v)「북한이탈주민의 보호 및 정착지원에 관한 법률」 제2조 제2호에 따른 보호대상자, vi) 그 밖에 위원장이 경제적 능력으로 인하여 대리인을 선임할 수 없다고 인정하는 사람이다(시행령 제16조의2 제1항).

ⓓ 국선대리인의 자격

위원회는 국선대리인 선정 결정을 하는 경우에는 i)「변호사법」 제7조에 따라 등록한 변호사, ii)「공인노무사법」 제5조에 따라 등록한 공인노무사의 어느 하나에 해당하는 사람 중에서 국선대리인을 선정하여야 한다(제16조의3).

④ 대표자 등의 자격

㉠ 대표자·관리인·선정대표자 또는 대리인의 자격은 서면으로 소명하여야 한다(행정심판법 제19조 제1항).

㉡ 청구인이나 피청구인은 대표자·관리인·선정대표자 또는 대리인이 그 자격을 잃으면 그 사실을 서면으로 위원회에 신고하여야 한다. 이 경우 소명 자료를 함께 제출하여야 한다(제2항).

2. 심판피청구인

행정소송법 제17조【피청구인의 적격 및 경정】 ① 행정심판은 처분을 한 행정청(의무이행심판의 경우에는 청구인의 신청을 받은 행정청)을 피청구인으로 하여 청구하여야 한다. 다만, 심판청구의 대상과 관계되는 권한이 다른 행정청에 승계된 경우에는 권한을 승계한 행정청을 피청구인으로 하여야 한다.

(1) 피청구인적격

① 행정청은 국가나 지방자치단체의 기관이므로 원칙적으로 국가나 지방자치단체 등이 피청구인이 되어야 하지만, 심판절차진행의 편의와 적정한 분쟁해결을 위해 행정청을 피청구인으로 하였다.

② 피청구인은 그 소속 직원 또는 ㉠ 변호사, ㉡ 다른 법률에 따라 심판청구를 대리할 수 있는 자, ㉢ 그 밖에 위원회의 허가를 받은 자의 어느 하나에 해당하는 자를 대리인으로 선임할 수 있다(제18조 제2항).

(2) 피청구인의 경정

① 청구인이 피청구인을 잘못 지정한 경우에는 위원회는 직권으로 또는 당사자의 신청에 의하여 결정으로써 피청구인을 경정할 수 있다(제17조 제2항).

② 위원회는 제2항에 따라 피청구인을 경정하는 결정을 하면 결정서 정본을 당사자(종전의 피청구인과 새로운 피청구인을 포함한다)에게 송달하여야 한다(제3항).

③ 제2항에 따른 결정이 있으면 종전의 피청구인에 대한 심판청구는 취하되고 종전의 피청구인에 대한 행정심판이 청구된 때에 새로운 피청구인에 대한 행정심판이 청구된 것으로 본다(제4항).

④ 위원회는 행정심판이 청구된 후에 제1항 단서의 사유(註: 심판청구의 대상과 관계되는 권한이 다른 행정청에 승계된 경우)가 발생하면 직권으로 또는 당사자의 신청에 의하여 결정으로써 피청구인을 경정한다. 이 경우에는 제3항과 제4항을 준용한다(제5항).

⑤ 당사자는 제2항 또는 제5항에 따른 위원회의 결정에 대하여 결정서 정본을 받은 날부터 7일 이내에 위원회에 이의신청을 할 수 있다(제6항).

판례

부당해고 구제신청에서 피신청인을 변경할 수 있는지 여부

부당해고 등 구제절차에서 최초 구제신청의 대상이 된 불이익처분을 다투는 범위에서 피신청인의 추가·변경이 허용되고, 이때 근로기준법 제28조 제2항의 제척기간 준수 여부는 최초 구제신청이 이루어진 시점을 기준으로 판단하여야 한다(대판 2024.7.25. 2024두32973). ☞ 자동차대여사업자인 갑 주식회사가, 자회사인 을 주식회사가 개발·운영하는 모바일 애플리케이션을 기반으로 그 앱의 이용자에게 갑 회사의 차량을 대여함과 동시에 인력공급업 등을 영위하는 병 주식회사로부터 공급받은 차량 운전기사를 제공하는 '기사 알선 포함 차량 대여서비스'를 운영하였는데, 병 회사가 드라이버 프리랜서 계약을 체결한 운전기사들 단체 대화방에 인원을 감축한다는 내용의 메시지와 함께 향후 배차될 운전기사의 명단을 공지하자, 그 명단에서 배제된 정이 위 인원 감축 통보가 부당해고에 해당한다며 부당해고 구제신청을 한 사안에서, 정은 근로기준법상 근로자에 해당하고 사용자는 갑 회사라고 한 사례

02 이해관계자의 행정심판 참가제도

행정심판법 제20조 【심판참가】 ① 행정심판의 결과에 이해관계가 있는 제3자나 행정청은 해당 심판청구에 대한 제7조 제6항 또는 제8조 제7항에 따른 위원회나 소위원회의 의결이 있기 전까지 그 사건에 대하여 심판참가를 할 수 있다.

1. 심판참가의 의의

심판참가라 함은 현재 계속 중인 타인간의 행정심판에 심판결과에 대하여 이해관계가 있는 제3자 또는 행정청이 참가하는 것을 말한다. 특히 취소심판에 있어서는 제3자효 행정행위와 같이 처분의 상대방 이외에 제3자의 권익에도 영향을 미치는 경우가 많기 때문에 심판참가를 인정할 필요성이 크다.

심판참가에는 제3자의 심판참가와 행정청의 심판참가가 있다. 또한 심판참가는 이해관계인 또는 행정청의 신청에 의한 참가(행정심판법 제20조)와 위원회의 요구에 의한 참가(제21조)로 나눌 수도 있다.

2. 이해관계가 있는 제3자의 의미

이해관계가 있는 자(예 처분을 받지 못한 자가 제기한 처분취소심판에서 처분의 상대방)뿐만 아니라 재결의 기속력에 따라서 불이익을 받게 될 자(예 처분을 받지 못한 자가 제기한 거부처분취소심판에서 처분의 상대방)도 포함된다. 그리고 '이해관계'라 함은 사실상, 경제상 또는 감정상의 이해관계가 아니라 법률상의 이해관계를 가리키며(대판 1997.12.26. 96다51714), 심판의 결과에 의해 권리 또는 이익을 박탈당할 우려가 있는 경우를 말한다.

3. 참가의 유형

(1) 신청에 의한 참가

① 심판결과에 대하여 이해관계가 있는 제3자 또는 행정청은 해당 심판청구에 대한 위원회나 소위원회의 의결이 있기 전까지 그 사건에 심판참가할 수 있다(행정심판법 제20조 제1항).

② 위원회는 기간을 정하여 당사자와 다른 참가인에게 제3자의 참가신청에 대한 의견을 제출하도록 할 수 있으며, 당사자와 다른 참가인이 그 기간에 의견을 제출하지 아니하면 의견이 없는 것으로 본다(제4항).

③ 위원회는 참가신청을 받으면 허가 여부를 결정하고, 지체 없이 신청인에게는 결정서 정본을, 당사자와 다른 참가인에게는 결정서 등본을 송달하여야 한다(제5항). 신청인은 송달을 받은 날부터 7일 이내에 위원회에 이의신청을 할 수 있다(제6항).

④ 이러한 참가제도는 이해관계자의 권익보호와 밀접한 관련을 맺는 제도이므로 이해관계자의 신청이 있는 경우에 특별한 사유가 없는 한 참가를 허가하여야 한다는 것이 학설의 일반적 태도이다.

(2) 요구에 의한 참가

① 위원회는 필요하다고 인정할 때에는 그 심판결과에 대하여 이해관계가 있는 제3자 또는 행정청에게 그 사건에 참가할 것을 요구할 수 있다(제21조 제1항).

② 이때 그 요구를 받은 제3자 또는 행정청은 지체 없이 그 사건에 참가할 것인지 여부를 위원회에 통지하여야 한다(제2항).

4. 참가인의 지위

참가인은 행정심판 절차에서 당사자가 할 수 있는 심판절차상의 행위를 할 수 있다(행정심판법 제22조 제1항). 당사자가 위원회에 서류를 제출할 때에는 참가인의 수만큼 부본을 제출하여야 하고, 위원회가 당사자에게 통지를 하거나 서류를 송달할 때에는 참가인에게도 통지하거나 송달하여야 한다(제2항). 참가인의 대리인 선임과 대표자 자격 및 서류 제출에 관하여는 동법 제18조, 제19조 및 이 조 제2항을 준용한다(제3항).

제3장 행정심판의 청구

01 청구요건

1. 심판청구의 대상

행정심판법 제3조【행정심판의 대상】① 행정청의 처분 또는 부작위에 대하여는 다른 법률에 특별한 규정이 있는 경우 외에는 이 법에 따라 행정심판을 청구할 수 있다.
② 대통령의 처분 또는 부작위에 대하여는 다른 법률에서 행정심판을 청구할 수 있도록 정한 경우 외에는 행정심판을 청구할 수 없다.

(1) 개괄주의와 열기주의

① 행정심판사항의 규정 방식으로는 ㉠ 법률상 예외가 인정된 사항을 제외하고는 일반적으로 모든 사항에 대하여 행정심판을 인정하는 개괄주의, ㉡ 특정한 사항에 대해서만 행정심판을 인정하는 열기주의가 있다.

② 행정심판법은 '행정청의 처분 또는 부작위에 대하여는 다른 법률에 특별한 규정이 있는 경우 외에는 이 법에 따라 행정심판을 청구할 수 있다'(제3조 제1항)라고 하여 개괄주의를 채택하고 있다. 다만, 대통령의 처분과 부작위는 다른 법률에 특별한 규정이 있는 경우를 제외하고는 행정심판을 제기할 수 없다(제2항).

(2) 행정청

행정심판의 대상은 「행정청」의 처분 또는 부작위이다.

① 행정청은 원래 국가 또는 지방자치단체의 행정에 관한 의사를 결정하고 이를 외부에 표시할 수 있는 권한을 가진 행정기관을 의미한다. 그런데 행정심판법상으로는 행정부에 속하지 않는 국회사무총장·법원행정처장·헌법재판소사무처장 역시 행정청에 해당된다.

② 행정청에는 법령 또는 자치법규에 따라 행정권한을 가지고 있거나 위탁을 받은 공공단체나 그 기관 또는 사인(私人)이 포함된다(제2조 4호).

③ 처분이나 부작위가 있은 뒤에 그 권한이 다른 행정청에 승계된 때에는 그 권한을 승계한 행정청이 처분청 또는 부작위청이 된다(제17조 제1항).

(3) 처분

① 행정심판법상 처분은 '행정청이 행하는 구체적 사실에 관한 법집행으로서의 공권력의 행사 또는 그 거부와 그 밖에 이에 준하는 행정작용'을 말한다(제2조 1호).

② 구체적 사실에 대한 법집행으로서의 공권력의 행사란 개별적·구체적 규율로서 외부적 효력을 갖는 법적 행위인 권력적 행정작용을 의미한다.

③ 거부처분은 상대방의 처분의 발령 신청에 대하여 이를 거부하는 처분을 말한다. 거부처분에는 명시적 기각결정과 간주거부가 포함된다. 거부처분이 되기 위해서는 ㉠ 공권력 행사의 거부로서, ㉡ 거부행위가 신청인의 권익에 직접적 영향을 미치는 법적 행위이어야 한다.

④ '그 밖에 이에 준하는 행정작용'이라 함은 '행정청이 행하는 구체적 사실에 관한 법집행으로서의 공권력의 행사나 그 거부'에 준하는 행정작용으로서 행정심판에 의한 권리구제의 기회를 줄 필요가 있는 행정작용을 말한다.

〈일반처분〉

1. 의의

일반적·구체적 규율을 일반처분이라 한다. 다만, 일반적·구체적 규율이 일반처분이 되기 위하여는 규율의 수범자가 시간적으로 공간적으로 특정화가 가능하여야 한다.

2. 유형

① 대인적 일반처분: 특정되지 않은 불특정 다수인 또는 특정 집단에 대해 구속력을 미치는 행정행위를 말한다(예 특정시각·특정장소에서의 집회금지조치, 일정시간 이후의 통행금지).

② 물적 행정행위로서의 일반처분: 물건에 대한 상태규율을 말한다. 그의 간접적 효과로서 물건의 소유자 또는 사용자의 권리나 의무에 영향을 준다는 특징이 있다.

물건의 공법적 성격에 관한 규율	예 도로의 공용지정행위, 특정물건을 문화재로 지정하는 행위, 용도지역·지구 및 구역의 지정행위, 토지거래규제구역의 지정, 지가의 공시
공공시설 등에 대한 사용규율	예 교통표지판을 통한 도로의 사용규율(주차금지, 일방통행, 속도제한), 공공 체육시설의 이용에 관한 규율(am 6:00 ~ pm 8:00 개방)

※ 지방경찰청장이 횡단보도를 설치하여 보행자 통행방법 등을 규제하는 것은 행정청이 특정사항에 대하여 부담을 명하는 행위이고, 이는 국민의 권리의무에 직접 관계가 있는 행위로서 행정처분이다(대판 2000.10.27. 98두8964).

〈전형적인 처분의 유형〉

1. 법률행위적 행정행위

(1) 의의

의사표시를 구성요소로 하고 그 법적효과가 효과의사의 내용에 따라 발생하는 행위

(2) 종류

① 하명

하명이란 작위(예 위법건축물의 철거), 부작위(예 도로통행금지), 급부(예 납세고지), 수인(예 수진명령)의무를 명하는 행정행위를 말한다. 하명은 주로 법령에 근거하여 이루어지는 행정행위의 일종으로 나타나지만, 법령 자체에서 직접 하명의 효과가 발생하는 경우(법규하명)도 있다. 법규하명이 명령의 형식을 취하면 항고소송의 대상이 되고, 법률의 형식을 취하면 헌법소원의 대상이 된다(헌재 2007.1.17. 2005헌마1111).

② 허가

허가란 법규에 의한 상대적·일반적 금지(부작위하명)을 특정한 경우에 해제하여 적법하게 사실행위 또는 법률행위를 할 수 있게 하는 행정행위를 말한다. 이는 위험의 방지를 목적으로 금지하였던 바를 해제하는 행위(예방적 금지의 해제)이다. 실정법에서는 면허·인허·인가·승인·특허·등록 등의 용어를 사용한다.

③ 면제

면제란 법규에 의한 작위·급부·수인하명을 특정한 경우에 해제하는 행정행위를 말한다. 의무해제라는 점에서 면제는 허가와 같으나, 부작위하명의 해제인 허가와 구별된다. 경찰면제, 공용부담면제, 재정면제, 군정면제 등이 있다.

④ 특허

특허란 특정인을 위하여 새로운 권리를 설정하는 행위, 능력을 설정하는 행위, 포괄적인 법률관계를 설정하는 행위를 말한다(예 공기업의 특허, 공물사용권의 특허, 광업허가, 공유수면매립면허, 공유수면점용·사용허가, 어업면허, 특허기업 설립행위, 자동차·해상·항만·항공 등의 운수사업면허, 보세구역설치경영, 공무원의 임명, 귀화허가, 입학허가).

⑤ 인가

인가는 제3자의 법률행위를 보충하여 그 법률적 효력을 완성시켜주는 행정행위이다(예 사업양도의 인가, 비영리법인·공공조합설립인가, 재단법인정관변경허가, 사립대학설립인가, 지방채기채승인, 특허기업의 운임·요금의 인가, 학교법인임원 취임승인처분, 사립대학에서 공립대학으로의 설립자변경인가, 토지거래허가, 주택건설사업계획승인, 전통사찰재산처분행위허가, 자동차운수사업양도인가). 법은 계약 기타 일정한 법률행위의 성립을 당사자의 자유에 맡기면서도 때로는 공익적 관점에서 법령상 그 효력발생에 행정청의 동의를 요건으로 규정하기도 한다. 즉 인가는 공익에 반하는 법률행위의 배제를 목적으로 한다. 실정법규에는 인가를 허가·승인·특허 등의 용어로 사용하기도 한다.

2. 준법률행위적 행정행위

(1) 의의

의사표시 이외의 정신작용(인식·판단)의 표현을 요소로 하여 그 법적효과가 행위자의 의사와는 무관하게 법규범에 의해 부여되는 행위

(2) 종류

① 확인

확인이란 특정한 사실 또는 법률관계의 존부(存否) 또는 정부(正否)에 대하여 의문이나 다툼이 있는 경우 행정청이 이를 공적으로 확인하는 행위를 말한다. 발명의 특허, 선거에서의 당선인결정, 국가시험의 합격자결정, 교과서 인·검정, 행정심판의 재결, 소득금액의 결정, 도로구역결정, 소득금액결정, 사용승인처분, 시영아파트입주권확인, 친일반민족행위자 재산의 국가귀속결정 등이 그 예이다.

② 공증

공증은 특정사실 또는 법률관계의 존부를 공적으로 증명하는 행정행위이다. 확인은 특정한 사실이나 법률관계에 관한 의문·분쟁을 전제로 하는 것이나 공증은 의문이나 분쟁이 없는 것을 전제로 한다는 점에서, 그리고 확인은 판단표시행위이나 공증은 인식표시행위라는 점에서 차이가 있다. 공증의 예로는, 부동산등기부·외국인등록부와 같은 등기부·등록부에의 등기·등록, 각종의 명부·장부·원부 등에의 등재, 여권 등의 발급, 당선증서·합격증서·영수증과 같은 각종의 증명서발급과 교부, 회의록·의사록의 기재, 허가증·면허증·면장 등의 교부, 주민등록증·여권의 발급, 특허청장의 상표사용권설정 등록(대판 1991.8.13. 90누9414) 등이 있다.

③ 통지

통지란 특정인 또는 불특정 다수인에게 특정사실을 알리는 행위이다. 따라서 통지는 행정청의 의사가 아니라 법령에 의하여 일정한 법적 효과를 발생한다는 점에서 준법률행위적 행정행위이다. 통지에는 특정한 사실에 관한 관념을 알리는 행위(예 특허출원의 공고, 귀화의 고시, 토지수용에 있어 사업인정의 고시, 소득금액변동통지, 부당한 공동행위 자진신고자 등의 감면신청에 대한 감면불인정통지)와 행정청의 의사를 알리는 행위(예 대집행의 계고, 조세체납자에 대한 독촉)가 있다.

④ 수리

수리란 타인의 행정청에 대한 행위(신고·신청)를 유효한 행위로써 받아들이는 행위를 말한다. 수리는 단순한 사실인 도달 또는 접수와 달리, 행정청이 타인의 행위를 유효한 행위로 판단하여 수령하는 의사행위이다. 사직원의 수리, 입후보등록, 행정심판청구서의 수리 등이 있다.

3. 행정상 강제집행

(1) 의의

행정법상 의무불이행이 있는 경우에 행정주체가 의무자의 신체 또는 재산에 직접 실력을 가하여 그 의무를 이행하게 하거나 또는 그 의무가 이행된 것과 같은 상태를 실현하는 행정작용

(2) 종류

① 행정대집행

행정대집행은 '의무자가 행정상 의무(법령등에서 직접 부과하거나 행정청이 법령등에 따라 부과한 의무를 말한다)로서 타인이 대신하여 행할 수 있는 의무를 이행하지 아니하는 경우 법률로 정하는 다른 수단으로는 그 이행을 확보하기 곤란하고 그 불이행을 방치하면 공익을 크게 해칠 것으로 인정될 때에 행정청이 의무자가 하여야 할 행위를 스스로 하거나 제3자에게 하게 하고 그 비용을 의무자로부터 징수하는 것'을 말한다(행정기본법 제30조 제1항 제1호). (예 폐기물을 법령에 위반되게 처리한 경우 행정청이 발령한 조치명령을 위반한 때의 대집

행, 위법광고물의 철거행위) 대집행은 계고 ⇨ 대집행영장통지 ⇨ 실행 ⇨ 비용납부명령의 절차로 진행되는데, 실행행위의 처분성에 대해서는 견해가 대립하고, 나머지는 모두 처분이다.

② 행정상 강제징수

행정상 강제징수는 '의무자가 행정상 의무 중 금전급부의무를 이행하지 아니하는 경우 행정청이 의무자의 재산에 실력을 행사하여 그 행정상 의무가 실현된 것과 같은 상태를 실현하는 것'을 말한다(행정기본법 제30조 제1항 제4호). 강제징수에 관한 실질적인 일반법으로서 국세징수법이 있다. 강제징수는 독촉 ⇨ 체납처분(압류, 공매, 청산)의 절차로 진행되는데 독촉, 압류, 공매는 처분이다.

③ 이행강제금

이행강제금은 '의무자가 행정상 의무를 이행하지 아니하는 경우 행정청이 적절한 이행기간을 부여하고, 그 기한까지 행정상 의무를 이행하지 아니하면 금전급부의무를 부과하는 것'이다(행정기본법 제30조 제1항 제2호). (예 배출허용기준을 위반하는 경우의 부과금). 집행벌이라 부르기도 한다. 그러나 행정법상의 제재로서의 처벌에 해당하는 것은 아니다.

④ 직접강제

직접강제는 '의무자가 행정상 의무를 이행하지 아니하는 경우 행정청이 의무자의 신체나 재산에 실력을 행사하여 그 행정상 의무의 이행이 있었던 것과 같은 상태를 실현하는 것'을 말한다(행정기본법 제30조 제1항 제3호). (예 무허가영업소의 강제폐쇄, 실력에 의한 예방접종, 촬영금지지역에서 촬영한 필름의 즉각적 압수, 불법시위자에 대한 물대포에 의한 해산, 불법주차자동차의 견인, 외국인의 강제퇴거조치) 직접강제는 권력적 사실행위로서 처분성이 인정된다.

(4) 부작위

부작위라 함은 '행정청이 당사자의 신청에 대하여 상당한 기간 내에 일정한 처분을 하여야 할 법률상 의무가 있는데도 처분을 하지 아니하는 것'을 말한다(제2조 제2호).

① 당사자의 신청

이때의 신청은 법령에서 명시적으로 인정하는 경우 뿐 아니라 법령의 해석상 특정인의 신청을 전제로 하고 있음이 인정되는 경우도 포함한다. 판례는 국민의 신청에 대한 부작위가 항고쟁송의 대상이 되기 위하여는 국민이 그 신청에 따른 행정행위를 해 줄 것을 요구할 수 있는 법규상 또는 조리상의 권리가 있어야 한다는 입장이다(대판 1992.6.9. 91누11278).

② 상당한 기간의 경과

상당한 기간이란 사회통념을 기준으로 당해 신청에 대한 처분을 하는 데에 행정청이 소요되는 것으로 판단되는 기간을 말한다. 실정법령에 사무처리기간의 규정을 둘 수도 있다.

③ 처분을 하여야 할 법률상 의무

당해 법령에서 처분의무를 명시하거나, 법령의 취지나 당해 처분의 성질에 비추어 처분의무가 존재해야 한다. 재량행위인 경우에도 재량이 영으로 수축되는 경우와 무하자재량행사청구권이 인정하는 경우에는 처분의무가 존재한다.

④ 처분의 부존재

행정청에 의한 인용처분도 거부처분도 존재하지 아니하여 처분으로 볼 수 있는 행정작용이 없는 경우를 말한다. 따라서 처분 간주규정이 있거나 외관을 갖는 무효처분인 경우는 이에 해당하지 않는다.

⇨ 부작위 개념의 상세 내용은 〈제2편 행정소송, 제10장 부작위위법확인소송〉 참고

2. 심판청구방식

(1) 서면주의

심판청구는 서면으로 하여야 한다(제28조 제1항). 서면주의를 취한 것은 청구의 내용을 명백히 하여 법적 안정을 도모하려는 데에 있다. 다만, 행정심판법은 전자정보처리조직을 통한 심판청구절차를 별도로 두고 있다(제52조).

(2) 기재사항

① 청구서면에는 청구인의 이름 및 주소, 피청구인인 행정청과 위원회, 심판청구의 대상이 되는 처분의 내용, 처분이 있음을 알게 된 날, 심판청구의 취지 및 이유, 피청구인의 고지의 유무 및 그 내용을 기재하여야 한다(제28조 제2항). 부작위에 대한 심판청구의 경우에는 청구인의 이름 및 주소, 피청구인인 행정청과 위원회, 심판청구의 취지 및 이유 외에 당해 부작위의 전제가 되는 신청의 내용과 날짜를 기재하여야 한다(제3항).

② 판례는 위법·부당한 행정처분으로 인하여 권리나 이익을 침해당한 자로부터 그 처분의 취소나 변경을 구하는 서면이 제출되었을 때에는 그 표제와 제출기관의 여하를 불문하고 이를 행정심판청구로 보아 제출자에게 이익이 되도록 해석하고 처리하여야 한다는 입장이다.

판례

불비된 사항이 있거나 취지가 불명확한 행정심판청구서의 처리방법

행정심판청구는 엄격한 형식을 요하지 않는 서면행위로 해석되므로, 위법·부당한 행정처분으로 인하여 권리나 이익을 침해당한 자로부터 그 처분의 취소나 변경을 구하는 서면이 제출되었을 때에는 그 표제와 제출기관의 여하를 불문하고 이를 행정소송법 제18조 소정의 행정심판청구로 보아야 하며, 심판청구인은 일반적으로 전문적 법률지식을 갖지 못하여 제출된 서면의 취지가 불명확한 경우가 적지 않을 것이나, 이러한 경우 행정청으로서는 그 서면을 가능한 한 제출자에게 이익이 되도록 해석하고 처리하여야 한다(대판 2007.6.1. 2005두11500).

'진정서'라는 제목의 서면 제출이 행정심판청구로 볼 수 있다고 한 사례
비록 제목이 '진정서'로 되어 있고, 재결청의 표시, 심판청구의 취지 및 이유, 처분을 한 행정청의 고지의 유무 및 그 내용 등 행정심판법 제19조 제2항 소정의 사항들을 구분하여 기재하고 있지 아니하여 행정심판청구서로서의 형식을 다 갖추고 있다고 볼 수는 없으나, 피청구인인 처분청과 청구인의 이름과 주소가 기재되어 있고, 청구인의 기명이 되어 있으며, 문서의 기재 내용에 의하여 심판청구의 대상이 되는 행정처분의 내용과 심판청구의 취지 및 이유, 처분이 있은 것을 안 날을 알 수 있는 경우, 위 문서에 기재되어 있지 않은 재결청, 처분을 한 행정청의 고지의 유무 등의 내용과 날인 등의 불비한 점은 보정이 가능하므로 위 문서를 행정처분에 대한 행정심판청구로 보는 것이 옳다(대판 2000.6.9. 98두2621).

3. 심판청구기간

행정심판법 제27조 【심판청구의 기간】 ① 행정심판은 처분이 있음을 알게 된 날부터 90일 이내에 청구하여야 한다.
② 청구인이 천재지변, 전쟁, 사변(事變), 그 밖의 불가항력으로 인하여 제1항에서 정한 기간에 심판청구를 할 수 없었을 때에는 그 사유가 소멸한 날부터 14일 이내에 행정심판을 청구할 수 있다. 다만, 국외에서 행정심판을 청구하는 경우에는 그 기간을 30일로 한다.
③ 행정심판은 처분이 있었던 날부터 180일이 지나면 청구하지 못한다. 다만, 정당한 사유가 있는 경우에는 그러하지 아니하다.
④ 제1항과 제2항의 기간은 불변기간(不變期間)으로 한다.
⑤ 행정청이 심판청구 기간을 제1항에 규정된 기간보다 긴 기간으로 잘못 알린 경우 그 잘못 알린 기간에 심판청구가 있으면 그 행정심판은 제1항에 규정된 기간에 청구된 것으로 본다.
⑥ 행정청이 심판청구 기간을 알리지 아니한 경우에는 제3항에 규정된 기간에 심판청구를 할 수 있다.
⑦ 제1항부터 제6항까지의 규정은 무효등확인심판청구와 부작위에 대한 의무이행심판청구에는 적용하지 아니한다.

(1) 의의

① 처분은 그 상대방뿐만 아니라 일반대중의 이해관계가 크기 때문에 행정법관계의 신속한 확정을 도모하기 위해서, 행정심판법은 행정심판청구기간을 법정화하였다. 불변기간을 경과하면 동 행정처분은 확정적인 것이 되어 관계인으로서는 더 이상 다툴 수 없다.

② 심판청구기간에 관한 문제는 취소심판청구와 거부처분에 대한 의무이행심판청구에만 해당된다.

(2) 원칙적인 심판청구기간

① 심판청구는 처분이 있음을 알게 된 날부터 90일 이내에 제기하여야 한다(행정심판법 제27조 제1항). 처분이 있었던 날로부터 180일을 경과하면 제기하지 못한다(제3항). 90일은 불변기간이나 180일은 불변기간이 아니다. 90일과 180일 중 어느 것이라도 먼저 경과하면 심판제기는 불가능하게 된다.

② 처분이 있음을 알게 된 날이란 통지·공고 기타의 방법으로 당해 처분이 있었다는 사실을 현실적으로 안 날을 뜻하는데, 서면으로 통지하는 경우에는 그 서면이 상대방에게 도달한 날, 공고의 경우에는 공고가 효력을 발생한 날을 의미한다. 처분이 있었던 날이란 대외적으로 표시되어 효력이 발생한 날을 뜻한다.

③ 행정심판기간이 경과하였는지 여부는 행정심판위원회의 직권조사사항이다.

판례

'처분이 있음을 안 날'은 처분이 있었다는 사실을 현실적으로 안 날을 의미

행정심판법 제18조 제1항 소정의 심판청구기간 기산점인 '처분이 있음을 안 날'이라 함은 당사자가 통지·공고 기타의 방법에 의하여 당해 처분이 있었다는 사실을 현실적으로 안 날을 의미하고, 추상적으로 알 수 있었던 날을 의미하는 것은 아니라 할 것이며, 다만, 처분을 기재한 서류가 당사자의 주소에 송달되는 등으로 사회통념상 처분이 있음을 당사자가 알 수 있는 상태에 놓여진 때에는 반증이 없는 한 그 처분이 있음을 알았다고 추정할 수는 있다(대판 1995.11.24. 95누11535).

아파트 경비원이 납부고지서를 수령한 날이 '부과처분이 있음을 안 날'은 아님

아파트 경비원이 관례에 따라 부재중인 납부의무자에게 배달되는 과징금부과처분의 납부고지서를 수령한 경우, 납부의무자가 아파트 경비원에게 우편물 등의 수령권한을 위임한 것으로 볼 수는 있을지언정, 과징금부과처분의 대상으로 된 사항에 관하여 납부의무자를 대신하여 처리할 권한까지 위임한 것으로 볼 수는 없고, 설사 위 경비원이 위 납부고지서를 수령한 때에 위 부과처분이 있음을 알았다고 하더라도 이로써 납부의무자 자신이 그 부과처분이 있음을 안 것과 동일하게 볼 수는 없다(대판 2002.8.27. 2002두3850).

고시 또는 공고에 의한 행정처분에 대한 행정심판 청구기간의 기산일

통상 고시 또는 공고에 의하여 행정처분을 하는 경우에는 그 처분의 상대방이 불특정 다수인이고, 그 처분의 효력이 불특정 다수인에게 일률적으로 적용되는 것이므로, 그에 대한 행정심판 청구기간도 그 행정처분에 이해관계를 갖는 자가 고시 또는 공고가 있었다는 사실을 현실적으로 알았는지 여부에 관계없이 고시가 효력을 발생하는 날인 고시 또는 공고가 있은 후 5일이 경과한 날에 행정처분이 있음을 알았다고 보아야 할 것이다(대판 2000.9.8. 99두11257).

제1차 처분이 재결청의 재결에 의해 취소된 후 동일한 사안에 대해 제2차 처분이 행해진 경우 제소기간 준수 여부의 판단기준이 되는 처분은 제2차 처분

행정심판에 있어서 재결청의 재결내용이 처분청에 취소를 명하는 것이 아니라 처분청의 처분을 스스로 취소하는 것일 때에는 그 재결에 형성력이 발생하여 당해 행정처분은 별도의 행정처분을 기다릴 것 없이 당연히 취소되어 소멸되는 것이어서 그 후 동일한 사안에 대해 처분청이 또

다른 처분을 하였다면 이는 위 소멸된 처분과는 완전히 독립된 별개의 처분이라 할 것이고, 따라서 새로운 처분에 대한 제소기간 준수 여부도 그 새로운 처분을 기준으로 판단하여야 한다(대판 1994.4.12. 93누1879).

거부처분 이후 동일한 내용의 신청에 대하여 다시 거절의 의사표시를 명백히 한 경우 행정심판의 제기기간 진행기준

거부처분은 행정청이 국민의 처분신청에 대하여 거절의 의사표시를 함으로써 성립되고, 그 이후 동일한 내용의 신청에 대하여 다시 거절의 의사표시를 명백히 한 경우에는 새로운 처분이 있은 것으로 보아야 할 것이며, 이 경우 행정심판 및 행정소송의 제기기간은 각 처분을 기준으로 진행된다(대판 1992.12.8. 92누7542).

지방노동위원회의 휴업지불 예외 승인처분에 대하여 근로자들이 재심을 신청할 수 있는 기간

노동위원회법 제19조 제2항이 중앙노동위원회에 대한 재심은 당사자에게 지방노동위원회의 처분이 송달된 날로부터 10일 이내에 당사자 쌍방 또는 일방의 신청에 의하여야 한다고 규정하고 있지만, 근로자들은 지방노동위원회의 휴업지불 예외 승인처분의 직접 당사자가 아닐 뿐만 아니라 그 처분을 송달받은 것도 아니고 다른 경로로 그러한 처분이 있었다는 것을 알게 되었을 뿐이며, 같은 법 제19조가 지방노동위원회의 처분에 대한 불복을 재심이라고 표현하고 있고, 같은 법 제19조의2가 중앙노동위원회의 판정에 대한 소는 중앙노동위원회 위원장을 피고로 하여 제기하도록 규정하고 있으나, 이 재심은 행정처분으로서의 성질을 가지고 있는 지방노동위원회의 처분에 대한 취소소송에 있어서의 전심절차로서의 성격을 가지고 있으므로, 지방노동위원회의 처분에 관하여 이해관계를 가진 근로자들로서는 이 처분이 사용자에 송달된 날이나, 그 처분이 있었던 것을 안 날로부터 10일이 아니라 행정심판법 제18조(註: 현 제27조)가 규정하는 기간 내에 재심신청을 제기하면 족하다(대판 1995.6.30. 94누9955).

(3) 예외적인 심판청구기간

① 90일에 대한 예외

청구인이 천재·지변·전쟁·사변 그 밖에 불가항력으로 인하여 처분이 있음을 알게 된 날부터 90일의 기간 내에 심판청구를 할 수 없었을 때에는 그 사유가 소멸한 날로부터 14일 이내(국외에서는 30일)에 심판청구를 제기할 수 있다(제27조 제2항). 다만, 이러한 불가항력의 사유는 처분이 있음을 알게 된 날부터 90일 이내, 처분이 있었던 날로부터부터 180일 이내에 시작되어야 한다.

② 180일에 대한 예외

정당한 사유가 있으면 처분이 있었던 날로부터 180일이 경과하여도 심판을 제기할 수 있다(제3항 단서). 정당한 사유란 반드시 천재지변 등 불가항력만을 의미하는 것은 아니고 180일 이내에 심판청구를 하지 못한 객관적 사유를 말한다. 정당한 사유 역시 처분이 있음을 안 날로부터 90일 이내, 처분이 있었던 날로부터 180일 이내에 시작되어야 한다.

행정처분의 상대방이 아닌 제3자는 일반적으로 처분이 있는 것을 바로 알 수 있는 처지에 있지 아니하므로 처분이 있은 날로부터 180일이 경과하더라도 특별한 사유가 없는 한 구 행정심판법 제18조 제3항 단서 소정의 정당한 사유가 있는 것으로 보아 심판청구가 가능하다고 할 것이나, 그 제3자가 어떤 경위로든 행정처분이 있음을 알았거나 쉽게 알 수 있는 등 행정심판법 제18조 제1항 소정의 심판청구기간 내에 심판청구가 가능하였다는 사정이 있는 경우에는 그 때로부터 90일 이내에 행정심판을 청구하여야 한다(대판 1997.9.12. 96누14661).

판례

개별토지가격결정에 대한 재조사 또는 행정심판의 청구기간

시장, 군수 또는 구청장이 상대방에 대하여 개별토지가격결정에 관한 별도의 고지절차를 취하지 않는 경우에는 원칙적으로 특별히 그 처분을 알았다고 볼만한 사정이 없는 한 개별토지가격결정에 대한 재조사청구 또는 행정심판청구는 행정심판법 제18조 제3항 소정의 처분이 있은 날로부터 180일 이내에 이를 제기하면 되나, 나아가 개별토지가격결정의 경우에 있어서와 같이 그 처분의 통지가 없는 경우에는 그 개별토지가격결정의 대상토지 소유자가 심판청구기간 내에 심판청구가 가능하였다는 특별한 사정이 없는 한 행정심판법 제18조 제3항 단서 소정의 정당한 사유가 있는 때에 해당한다(대법원 1995.8.25. 94누13121).

③ 심판청구기간의 불고지 등의 경우

행정청이 심판청구기간을 처분이 있음을 알게 된 날로부터 **90일보다 긴 기간으로 잘못 알린 경우**에 그 잘못 알린 기간 내에 심판청구가 있으면 그 심판청구는 90일 이내에 제기된 것으로 본다(제27조 제5항). 또한 행정청이 **심판청구기간을 알리지 아니한 때**에는 처분이 있은 날로부터 180일 이내에 심판청구를 할 수 있다(제6항).

④ 특별법상의 심판청구기간

개별법에서 행정심판청구기간에 관하여 특례를 둔 경우에는 행정심판법에 우선하여 적용된다(예 국가공무원법 제76조 제1항, 국세기본법 제55조 제5항).

⑤ 청구기간의 배제

무효등확인심판과 부작위에 대한 의무이행심판청구에는 심판청구의 기간제한이 없다(행정심판법 제27조 제7항).

4. 행정심판의 청구 절차

(1) 심판청구서의 제출

① 행정심판을 청구하려는 자는 심판청구서를 작성하여 피청구인이나 위원회에 제출하여야 한다. 이 경우 피청구인의 수만큼 심판청구서 부본을 함께 제출하여야 한다(행

정심판법 제23조 제1항). 이렇게 선택적 청구를 허용한 것은 청구인의 편의를 도모하고 처분청으로부터 심판청구취소의 압력을 받을 우려를 방지하기 위한 것이다.

② 행정청이 제58조의 규정에 의한 고지를 하지 아니하거나 잘못 알려서 청구인이 심판청구서를 다른 행정기관에 제출한 때에는 당해 행정기관은 그 심판청구서를 지체 없이 정당한 권한 있는 행정청에 보내야 한다(제2항).

(2) 피청구인의 심판청구서 등의 접수·처리

① 피청구인이 심판청구서를 접수하거나 송부받으면 10일 이내에 심판청구서(제23조 제1항·제2항의 경우만 해당)와 답변서를 위원회에 보내야 한다. 다만, 청구인이 심판청구를 취하한 경우에는 그러하지 아니하다(제24조 제1항).

② 제1항에도 불구하고 심판청구가 그 내용이 특정되지 아니하는 등 명백히 부적법하다고 판단되는 경우에 피청구인은 답변서를 위원회에 보내지 아니할 수 있다. 이 경우 심판청구서를 접수하거나 송부받은 날부터 10일 이내에 그 사유를 위원회에 문서로 통보하여야 한다(제2항).

③ 제2항에도 불구하고 위원장이 심판청구에 대하여 답변서 제출을 요구하면 피청구인은 위원장으로부터 답변서 제출을 요구받은 날부터 10일 이내에 위원회에 답변서를 제출하여야 한다(제3항).

④ 피청구인은 처분의 상대방이 아닌 제3자가 심판청구를 한 경우에는 지체 없이 처분의 상대방에게 그 사실을 알려야 한다. 이 경우 심판청구서 사본을 함께 송달하여야 한다(제4항).

⑤ 피청구인이 제1항 본문에 따라 심판청구서를 보낼 때에는 심판청구서에 위원회가 표시되지 아니하였거나 잘못 표시된 경우에도 정당한 권한이 있는 위원회에 보내야 한다(제5항).

⑥ 피청구인은 제1항 본문 또는 제3항에 따라 답변서를 보낼 때에는 청구인의 수만큼 답변서 부본을 함께 보내되, 답변서에는 ㉠ 처분이나 부작위의 근거와 이유, ㉡ 심판청구의 취지와 이유에 대응하는 답변, ㉢ 제4항에 해당하는 경우에는 처분의 상대방의 이름·주소·연락처와 제4항의 의무 이행 여부를 명확하게 적어야 한다(제6항).

⑦ 제4항과 제5항의 경우에 피청구인은 송부 사실을 지체 없이 청구인에게 알려야 한다(제7항).

⑧ 중앙행정심판위원회에서 심리·재결하는 사건인 경우 피청구인은 제1항 또는 제3항에 따라 위원회에 심판청구서 또는 답변서를 보낼 때에는 소관 중앙행정기관의 장에게도 그 심판청구·답변의 내용을 알려야 한다(제8항).

(3) 피청구인의 직권취소등

① 제23조 제1항·제2항 또는 제26조 제1항에 따라 심판청구서를 받은 피청구인은 그 심판청구가 이유 있다고 인정하면 심판청구의 취지에 따라 직권으로 처분을 취소·변경하거나 확인을 하거나 신청에 따른 처분을 할 수 있다. 이 경우 서면으로 청구인에게 알려야 한다(제25조 제1항).

② 피청구인은 제1항에 따라 직권취소등을 하였을 때에는 청구인이 심판청구를 취하한 경우가 아니면 제24조 제1항 본문에 따라 심판청구서·답변서를 보내거나 같은 조 제3항에 따라 답변서를 보낼 때 직권취소등의 사실을 증명하는 서류를 위원회에 함께 제출하여야 한다(제2항).

(4) 위원회의 심판청구서 등의 접수·처리

① 위원회는 제23조 제1항에 따라 심판청구서를 받으면 지체 없이 피청구인에게 심판청구서 부본을 보내야 한다(제26조 제1항).

② 위원회는 제24조 제1항 본문 또는 제3항에 따라 피청구인으로부터 답변서가 제출된 경우 답변서 부본을 청구인에게 송달하여야 한다(제2항).

(5) 보정

① 위원회는 심판청구가 적법하지 아니하나 보정(補正)할 수 있다고 인정하면 기간을 정하여 청구인에게 보정할 것을 요구할 수 있다. 다만, 경미한 사항은 직권으로 보정할 수 있다(제32조 제1항).

② 청구인은 제1항의 요구를 받으면 서면으로 보정하여야 한다. 이 경우 다른 당사자의 수만큼 보정서 부본을 함께 제출하여야 한다(제2항).

③ 위원회는 제2항에 따라 제출된 보정서 부본을 지체 없이 다른 당사자에게 송달하여야 한다(제3항).

④ 제1항에 따른 보정을 한 경우에는 처음부터 적법하게 행정심판이 청구된 것으로 본다(제4항).

⑤ 제1항에 따른 보정기간은 제45조에 따른 재결 기간에 산입하지 아니한다(제5항).

⑥ 위원회는 청구인이 제1항에 따른 보정기간 내에 그 흠을 보정하지 아니한 경우에는 그 심판청구를 각하할 수 있다(제6항).

(6) 보정할 수 없는 심판청구의 각하

위원회는 심판청구서에 타인을 비방하거나 모욕하는 내용 등이 기재되어 청구 내용을 특정할 수 없고 그 흠을 보정할 수 없다고 인정되는 경우에는 제32조 제1항에 따른 보정요구 없이 그 심판청구를 각하할 수 있다(제32조의2 제1항).

(7) 전자정보처리조직을 통한 행정심판 절차의 수행

① 행정심판 절차를 밟는 자는 심판청구서와 그 밖의 서류를 전자문서화하고 이를 정보통신망을 이용하여 위원회에서 지정·운영하는 전자정보처리조직(행정심판 절차에 필요한 전자문서를 작성·제출·송달할 수 있도록 하는 하드웨어, 소프트웨어, 데이터베이스, 네트워크, 보안요소 등을 결합하여 구축한 정보처리능력을 갖춘 전자적 장치)을 통하여 제출할 수 있다(제52조 제1항).

② 행정심판법은 이밖에 전자서명(제53조), 전자정보처리조직을 이용한 송달 등(제54조)에 대하여 상세히 규정하고 있다.

02 심판청구의 변경 및 취하

1. 심판청구의 변경

(1) 일반적인 청구의 변경

심판청구의 변경이란 심판청구의 계속 중에 청구인이 당초에 청구한 심판사항을 변경하는 것을 말한다. 심판청구인은 청구의 기초에 변경이 없는 범위 안에서 청구의 취지나 이유를 변경할 수 있다(행정심판법 제29조 제1항). 이때에 청구의 기초에 변경이 없는 범위란 청구한 사건의 동일성을 깨뜨리지 않는 범위를 말한다.

(2) 처분변경으로 인한 청구의 변경

행정심판이 청구된 후에 피청구인이 새로운 처분을 하거나 심판청구의 대상인 처분을 변경한 경우(예 영업허가 취소처분을 20일간의 영업정지처분으로 변경)에는 청구인은 새로운 처분이나 변경된 처분에 맞추어 청구의 취지나 이유를 변경할 수 있다(제2항).

(3) 변경절차

청구의 변경은 서면으로 신청하여야 하고(제3항), 위원회는 그 부본을 당사자에게 송달하여야 한다(제4항). 위원회는 청구변경 신청에 대하여 허가할 것인지 여부를 결정하고, 지체 없이 신청인에게는 결정서 정본을, 당사자 및 참가인에게는 결정서 등본을 송달하여야 한다(제6항). 신청인은 송달을 받은 날부터 7일 이내에 위원회에 이의신청을 할 수 있다(제7항).

(4) 청구의 변경의 효력

청구의 변경결정이 있으면 처음 행정심판이 청구되었을 때부터 변경된 청구의 취지나 이유로 행정심판이 청구된 것으로 본다(제8항).

2. 심판청구 등의 취하

청구인·참가인은 심판청구에 대한 의결이 있을 때까지 서면으로 심판청구 또는 참가신청을 취하할 수 있다(제42조). 심판청구의 취하로 심판청구는 소급적으로 소멸된다.

03 행정심판법상 고지제도

행정심판법 제58조 【행정심판의 고지】 ① 행정청이 처분을 할 때에는 처분의 상대방에게 다음 각 호의 사항을 알려야 한다.
1. 해당 처분에 대하여 행정심판을 청구할 수 있는지
2. 행정심판을 청구하는 경우의 심판청구 절차 및 심판청구 기간
② 행정청은 이해관계인이 요구하면 다음 각 호의 사항을 지체 없이 알려 주어야 한다. 이 경우 서면으로 알려 줄 것을 요구받으면 서면으로 알려 주어야 한다.
1. 해당 처분이 행정심판의 대상이 되는 처분인지
2. 행정심판의 대상이 되는 경우 소관 위원회 및 심판청구 기간

1. 의의

(1) 고지제도란 '행정청이 처분을 하거나 이해관계인으로부터 요구가 있는 경우에 그 상대방이나 이해관계인에게 처분에 관하여 행정심판을 제기할 수 있는지의 여부, 제기하는 경우의 행정심판위원회·청구기간 등을 알려야 하는 제도'를 말한다(행정심판법 제58조). 이는 행정심판청구의 기회를 보장하고 행정의 신중·적정화를 도모하기 위한 제도로서, 개인의 권익보호에 기여한다.

(2) 고지제도에는 행정청의 의무적인 직권고지와 이해관계인의 신청에 의한 고지의 두 종류가 있다.

2. 법적 성질

(1) 고지는 행정청의 일정한 의사를 알리는 것이 아니라 기존법규의 내용을 구체적으로 알리는 비권력적 사실행위로서 그 자체로서는 아무런 법적 효과도 발생하지 않는다. 따라서 고지 그 자체는 행정쟁송의 대상이 되지 않는다. 다만, 불고지 또는 오고지로 손해가 발생한 경우에는 국가배상청구를 할 수 있다.

(2) 행정심판법상의 고지에 관한 규정은 훈시규정이 아니라 강행규정이나 의무규정의 성질을 갖는다(다수설).

3. 입법례

(1) 외국의 입법례는 ① 행정절차법에서 규정하는 방법(예 오스트리아 행정절차법), ② 행정심판법에서 규정하는 방법(예 일본 행정불복심사법), ③ 행정법원법에서 규정하는 방법(예 독일 행정재판소법)이 있다.

(2) 우리 현행법상으로는 행정심판법 제58조, 행정절차법 제26조, 「공공기관의 정보공개에 관한 법률」 제13조에 규정되어 있다. 행정절차법상 고지는 행정심판 이외의 불복의 제기가능성도 고지하도록 되어 있으나, 고지의무 불이행시의 제재를 규정하고 있지 않은 점이 행정심판법(제27조)과 다른 점이다.

4. 고지제도의 종류

(1) 직권에 의한 고지

행정청이 처분을 하는 경우에는 그 상대방에게 처분에 관하여 행정심판을 제기할 수 있는지의 여부, 제기하는 경우의 심판청구절차 및 청구기간을 알려야 한다(행정심판법 제58조 제1항).

고지의 주체는 국가나 지방자치단체의 행정청이다. 법령에 의하여 행정권한의 위임 또는 위탁을 받은 행정기관, 공공단체 및 그 기관 또는 사인도 포함된다(제2조 4호). 고지의 상대방은 당해 처분의 상대방을 의미한다. 제3자에 대한 통지는 행정청의 의무가 아니다. 그러나 실제 행정처분에는 복효적 행정행위가 많은바 당해 처분에 의하여 법적 이익이 침해되는 제3자에게도 고지하는 것이 바람직하다는 견해가 있다.

(2) 신청에 의한 고지

이해관계인으로부터 당해 처분이 행정심판의 대상이 되는 처분인지의 여부와 행정심판의 대상이 되는 경우에 소관 위원회 및 청구기간에 관하여 알려줄 것을 요구받은 때에는 지체 없이 이를 알려야 한다(제58조 제2항). 이는 행정청이 처분을 서면으로 하지 않는 경우, 또는 행정청에 고지의무가 있음에도 고지하지 않은 경우에 의미를 갖는다. 이때의 이해관계인은 당해 처분에 의하여 직접 자기의 법률상의 이익이 침해되었다고 주장하는 제3자나, 처분의 상대방으로서 고지를 받아야 함에도 불구하고 고지를 받지 못한 자도 포함된다.

5. 불고지·오고지의 효과

(1) 불고지의 효과

① 제출기관

행정청이 고지를 하지 아니하여서 청구인이 심판청구서를 다른 행정기관에 제출한 때에는 당해 행정기관은 그 심판청구서를 지체 없이 정당한 권한 있는 행정청에 송부하여야 하고(행정심판법 제23조 제2항), 지체 없이 그 사실을 청구인에게 통지하여야 한다(제3항). 이 경우에 심판청구기간을 계산함에 있어서는 최초의 행정기관에 제출된 때에 심판청구가 제기된 것으로 본다(제4항).

② 청구기간

행정청이 심판청구기간을 알리지 아니한 때에는 처분이 있었던 날로부터 180일 이내에 심판청구를 할 수 있다(제27조 제6항).

(2) 오고지의 효과

① 제출기관

행정청이 잘못 알려서 청구인이 심판청구서를 다른 행정기관에 제출한 때에는 당해 행정기관은 그 심판청구서를 지체 없이 정당한 권한 있는 행정청에 송부하여야 한다(제23조 제2항).

② 청구기간

행정청이 심판청구기간을 '처분이 있음을 알게 된 날부터 90일'보다 긴 기간으로 잘못 알린 경우에 그 잘못 알린 기간 내에 심판청구가 있으면 그 심판청구는 적법한 기간 내에 제기된 것으로 본다(제27조 제5항).

③ 행정심판전치주의의 예외

필요적 전치 사항임에도 행정청이 행정심판을 거칠 필요가 없다고 잘못 알린 때는 행정심판을 제기함이 없이 취소소송을 제기할 수 있다(행정소송법 제18조 제3항 4호).

(3) 불고지·오고지와 처분의 효력

① 행정청이 자신의 고지의무를 이행하지 않거나 잘못된 고지를 하는 경우에, 당해 처분의 효력에는 영향을 미치지 않는다.

② 판례도 "경우에 따라서는 행정심판의 제기기간이 연장될 수 있는 것에 그치고 이로 인하여 심판의 대상이 되는 행정처분에 어떤 하자가 수반된다고 할 수 없다."라고 본다.

판례

토지수용재결서정본을 송달함에 있어 이의신청기간을 알리지 않은 경우 행정심판법 제18조(註: 현 제27조) 제6항이 적용됨

토지수용위원회의 수용재결에 대한 이의절차는 실질적으로 행정심판의 성질을 갖는 것이므로 토지수용법에 특별한 규정이 있는 것을 제외하고는 행정심판법의 규정이 적용된다고 할 것이다. 토지수용법 제73조 및 제74조의 각 규정을 보면 수용재결에 대한 이의신청기간을 재결서정본송달일로부터 1월로 규정한 것 외에는 행정심판법 제42조 제1항 및 같은 법 제18조 제6항과 다른 내용의 특례를 규정하고 있지 않으므로, 재결서정본을 송달함에 있어서 상대방에게 이의신청기간을 알리지 않았다면 행정심판법 제18조(註: 현 제27조) 제6항의 규정에 의하여 같은 조 제3항의 기간 내에 이의신청을 할 수 있다고 보아야 할 것이다(대판 1992.6.9. 92누565).

고지의무의 불이행과 면허취소처분의 하자유무

자동차운수사업법 제31조 등의 규정에 의한 사업면허의 취소 등의 처분에 관한 규칙(교통부령) 제7조 제3항의 고지절차에 관한 규정은 행정처분의 상대방이 그 처분에 대한 행정심판의 절차를 밟는데 있어 편의를 제공하려는데 있으며 처분청이 위 규정에 따른 고지의무를 이행하지 아니하였다고 하더라도 경우에 따라서는 행정심판의 제기기간이 연장될 수 있는 것에 그치고 이로 인하여 심판의 대상이 되는 행정처분에 어떤 하자가 수반된다고 할 수 없다(대판 1987.11.24. 87누529).

04 행정심판에서의 임시구제

1. 집행정지

행정심판법 제30조【집행정지】① 심판청구는 처분의 효력이나 그 집행 또는 절차의 속행(續行)에 영향을 주지 아니한다.
② 위원회는 처분, 처분의 집행 또는 절차의 속행 때문에 중대한 손해가 생기는 것을 예방할 필요성이 긴급하다고 인정할 때에는 직권으로 또는 당사자의 신청에 의하여 처분의 효력, 처분의 집행 또는 절차의 속행의 전부 또는 일부의 정지(이하 "집행정지"라 한다)를 결정할 수 있다. 다만, 처분의 효력정지는 처분의 집행 또는 절차의 속행을 정지함으로써 그 목적을 달성할 수 있을 때에는 허용되지 아니한다.

(1) 집행부정지의 원칙

심판청구가 있어도 그것이 처분의 효력이나 그 집행 또는 절차의 속행에 영향을 주지 아니한다(행정심판법 제30조 제1항). 이를 집행부정지의 원칙이라 부르는데, 행정소송법(제23조 제1항)과 마찬가지로 행정심판법이 이를 규정하고 있다. 행정심판법상 집행정지의 요건 및 효과는 행정소송법상의 그것과 유사하므로 자세한 것은 행정소송법상의 집행정지에서 논하고 여기에서는 간단히 기술하는 데 그친다.

(2) 예외적 집행정지

① 집행정지결정의 요건

위원회는 처분, 처분의 집행 또는 절차의 속행 때문에 중대한 손해가 생기는 것을 예방할 필요성이 긴급하다고 인정할 때에는 당사자의 신청 또는 직권에 의하여 처분의 효력이나 그 집행 또는 절차의 속행의 전부 또는 일부의 정지를 결정할 수 있다(제30조 제2항 본문).

적극적으로는 ㉠ 집행정지대상인 처분의 존재, ㉡ 심판청구의 계속, ㉢ 중대한 손해 발생의 예방, ㉣ 긴급한 필요의 존재를 요한다. 행정소송에서는 집행정지의 요건을 '회복하기 곤란한 손해'라고 규정하고 있는 것과 달리 행정심판에서는 '중대한 손해'로 완화함으로써, 재산적인 손해나 사회적 신용의 훼손을 이유로 한 집행정지를 좀 더 쉽게 인정할 수 있는 것으로 평가된다. 소극적으로는 집행정지가 공공복리에 중대한 영향을 미칠 우려가 있을 때에는 집행정지결정은 허용되지 아니한다.

② 집행정지결정의 대상

집행정지결정의 요건이 갖추어진 경우에 처분의 효력이나 그 집행 또는 절차의 속행을 정지시킬 수 있다. 다만, 처분의 효력정지는 처분의 집행 또는 절차의 속행을 정지함으로써 그 목적을 달성할 수 있을 때에는 허용되지 아니한다(제30조 제2항 단서).

거부처분이 집행정지의 대상이 되는지에 대하여, 판례는 거부처분에 대하여 효력정지를 한다 하여도 그 처분이 없었던 것과 같은 상태를 만드는 것에 지나지 아니하는 것이고 그 이상으로 행정청에 대하여 어떠한 처분을 명하는 등 적극적인 상태를 만들어 내는 경우를 포함하지 아니하는 것이므로 효력을 정지할 필요성이 없다고 한다(대결 1991.5.2. 91두15).

③ 신청

집행정지 신청은 심판청구와 동시에 또는 심판청구에 대한 제7조 제6항 또는 제8조 제7항에 따른 위원회나 소위원회의 의결이 있기 전까지, 집행정지 결정의 취소신청은 심판청구에 대한 제7조 제6항 또는 제8조 제7항에 따른 위원회나 소위원회의 의결이 있기 전까지 신청의 취지와 원인을 적은 서면을 위원회에 제출하여야 한다(제5항).

④ 직권 결정

위원회의 심리·결정을 기다릴 경우 중대한 손해가 생길 우려가 있다고 인정되면 위원장은 직권으로 위원회의 심리·결정을 갈음하는 결정을 할 수 있다. 이 경우 위원장은 지체 없이 위원회에 그 사실을 보고하고 추인(追認)을 받아야 하며, 위원회의 추인을 받지 못하면 위원장은 집행정지 또는 집행정지 취소에 관한 결정을 취소하여야 한다(제6항).

⑤ 송달

위원회는 집행정지 또는 집행정지의 취소에 관하여 심리·결정하면 지체 없이 당사자에게 결정서 정본을 송달하여야 한다(제7항).

⑥ 취소

위원회는 집행정지를 결정한 후에 집행정지가 공공복리에 중대한 영향을 미치거나 그 정지사유가 없어진 경우에는 직권으로 또는 당사자의 신청에 의하여 집행정지 결정을 취소할 수 있다(제4항).

2. 임시처분제도

행정심판법 제31조 【임시처분】 ① 위원회는 처분 또는 부작위가 위법·부당하다고 상당히 의심되는 경우로서 처분 또는 부작위 때문에 당사자가 받을 우려가 있는 중대한 불이익이나 당사자에게 생길 급박한 위험을 막기 위하여 임시지위를 정하여야 할 필요가 있는 경우에는 직권으로 또는 당사자의 신청에 의하여 임시처분을 결정할 수 있다.

(1) 의의

임시처분은 민사소송에서의 임시의 지위를 정하는 가처분에 해당하는 것으로서 행정심판에 의한 권리구제의 실효성을 보장하기 위한 제도이다.

행정심판의 청구인이 처분이나 부작위에 의하여 회복하기 어려운 손해를 입게 되는 경우 종전의 집행정지제도만으로는 청구인의 권익을 구제하기가 어려웠다. 이에 따라 행정청의 처분이나 부작위 때문에 발생할 수 있는 당사자의 중대한 불이익이나 급박한 위험을 막음으로써 집행정지에 비해 보다 적극적으로 당사자의 임시적 권익보호에 기여할 목적으로 임시처분제도를 2010년에 도입하였다.

(2) 요건

① 적극적 요건

다음의 요건은 신청인이 주장·소명한다.

㉠ 행정심판청구의 계속

행정쟁송에서의 가구제는 본안청구의 범위내에서만 인정되는 것으로 보아야 하므로 행정심판청구의 계속을 요한다. 따라서 임시처분의 신청은 심판청구와 동시에 하거나 심판청구에 대한 행정심판위원회의 재결이 있기 전까지 하여야 한다(제31조 제2항, 제30조 제5항).

㉡ 처분 또는 부작위가 위법·부당하다고 상당히 의심되는 경우일 것

임시처분은 본안재결에서 인용재결을 받을 때까지 임시의 지위를 부여하는 것이므로 본안재결에서 기각될 것이 확실한 경우에는 허용될 수 없다.

㉢ 중대한 불이익을 받을 우려

중대한 불이익인지의 판단은 처분의 성질·태양·내용, 상대방이 입은 손해의 성질·내용 및 정도, 원상회복·금전배상의 방법 및 난이도와 함께 본안 청구의 인용가능성 등을 종합적으로 고려하여 구체적·개별적으로 판단하게 된다.

㉣ 급박한 위험의 존재

중대한 불이익이 발생할 가능성이 시간적으로 절박하여 위험을 회피하기 위하여 재결을 기다릴 여유가 없는 것을 말한다.

② 소극적 요건

행정심판법 제31조 제2항은 동법 제30조 제3항을 준용하고 있어, 임시처분도 공공복리에 중대한 영향을 미칠 우려가 있을 때에는 허용되지 아니한다. '공공복리'란 그 처분의 집행과 관련된 구체적이고도 개별적인 공익을 말하며, '중대한 영향'이란 단순히 공익목적 실현에 지장이 있는 정도가 아니라 개인이 입을 우려가 있는 손해를 희생시켜서라도 옹호할 만한 것이라고 인정되는 것을 말한다.

③ 보충성 요건

임시처분은 제30조 제2항에 따른 집행정지로 목적을 달성할 수 있는 경우에는 허용되지 아니한다. 이는 임시처분이 집행정지제도를 보완하기 위한 것으로 볼 수 있다. 실무상 거부처분이나 부작위에 대한 집행정지를 인정하고 있지 않으므로, 임시처분은 집행정지와의 관계에서 보충적 구제제도이다.

(3) 임시처분의 결정 및 취소

① 위원회는 직권으로 또는 당사자의 신청에 의하여 임시처분을 결정할 수 있다(제31조 제1항).

② 위원회는 임시처분을 결정한 후에 임시처분이 공공복리에 중대한 영향을 미치거나 그 사유가 없어진 경우에는 직권으로 또는 당사자의 신청에 의하여 임시처분 결정을 취소할 수 있다(제31조 제2항, 제30조 제4항).

③ 임시처분의 신청은 심판청구와 동시에 또는 심판청구에 대한 위원회나 소위원회의 의결이 있기 전까지, 임시처분 결정의 취소신청은 심판청구에 대한 위원회나 소위원회의 의결이 있기 전까지 신청의 취지와 원인을 적은 서면을 위원회에 제출하여야 한다. 다만, 심판청구서를 피청구인에게 제출한 경우로서 심판청구와 동시에 임시처분의 신청을 할 때에는 심판청구서 사본과 접수증명서를 함께 제출하여야 한다(제31조 제2항, 제30조 제5항).

④ 위원회의 심리·결정을 기다릴 경우 중대한 불이익이나 급박한 위험이 생길 우려가 있다고 인정되면 위원장은 직권으로 위원회의 심리·결정을 갈음하는 결정을 할 수 있다. 이 경우 위원장은 지체 없이 위원회에 그 사실을 보고하고 추인(追認)을 받아야 하며, 위원회의 추인을 받지 못하면 위원장은 임시처분 또는 임시처분 취소에 관한 결정을 취소하여야 한다(제31조 제2항, 제30조 제6항).

⑤ 위원회는 임시처분 또는 임시처분의 취소에 관하여 심리·결정하면 지체 없이 당사자에게 결정서 정본을 송달하여야 한다(제31조 제2항, 제30조 제7항).

행정쟁송법

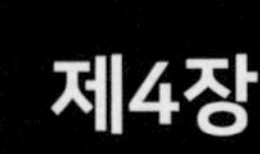

제4장 행정심판의 심리

01 심리절차의 준사법화

심리란 분쟁의 대상이 되고 있는 사실관계와 그에 관한 법률관계를 분명히 하기 위해 당사자나 관계자의 주장이나 반대주장을 듣고, 각종의 증거·자료를 수집·조사하는 일련의 절차를 의미한다. 행정심판법은 심리절차의 공정성을 보장하기 위하여 양 당사자의 대심구조를 취하고, 이들이 각각 공격·방어의 방법으로 의견진술과 증거 등을 제출하게 하고, 행정심판위원회가 제3자적 입장에서 심리를 진행함으로써 '심리절차의 사법화'를 지향하고 있다.

02 심리의 내용과 범위

1. 심리의 내용

(1) 요건심리

요건심리란 행정심판의 제기요건을 구비하였는가에 관한 심리를 말한다. 그 심리사항으로는 처분 또는 부작위의 존재여부, 필요한 절차의 경유 여부, 심판청구기간의 준수 여부, 심판청구기재사항의 구비 여부 등이다. 요건의 불비가 있어서 부적법한 경우, 보정 가능한 것이면 보정을 명하거나 직권으로 보정하고 그렇지 않으면 각하심판을 한다. 요건심리는 본안재결 전까지는 언제라도 가능하다.

(2) 본안심리

본안심리란 심판청구인의 청구가 옳은 것인지 그른 것인지에 관하여 심리하는 것이다. 본안심리는 요건심리의 결과 행정심판의 청구가 형식적 요건을 충족하고 있다는 것을 전제로 하나, 요건심리가 언제나 본안심리에 시간적으로 선행하는 것은 아니고 본안심리의 도중에도 형식적 요건의 흠결이 발견되면 청구가 각하될 수 있다. 본안심리의 결과 청구인의 청구가 정당하다면 인용재결을, 그렇지 않다면 기각재결을 하게 된다.

2. 심리의 범위

(1) 불고불리(不告不理) 원칙

불고불리 원칙이란 당사자가 청구하지 않은 사항에 대하여는 심판기관이 직권으로 판단하지 않는다는 원칙을 말한다. 위원회는 심판청구의 대상이 되는 처분 또는 부작위 외의 사항에 대하여는 재결하지 못한다(행정심판법 제47조 제1항). 이 원칙은 재결의 범위에 관하여 규정되어 있으나 심리의 범위에 있어서도 적용된다고 해석된다.

(2) 법률문제와 사실문제

행정심판청구의 대상인 처분이나 부작위에 관한 적법·위법의 판단인 법률문제와 사실문제를 심리할 수 있을 뿐만 아니라, 행정소송에서와 달리 재량행위에 있어서의 당·부당의 문제도 심리할 수 있다.

03 심판절차의 구조와 원칙

1. 대심주의

행정심판은 심판청구인과 피청구인이 서로 대등한 입장에서 공격·방어를 하고 이를 바탕으로 심리를 진행하는 대심주의를 취한다. 대립되는 당사자에게 공격·방어를 할 수 있는 대등한 지위가 보장되고 심판기관의 중립적인 지위가 보장되어야 한다.

2. 직권심리주의 가미

직권심리주의는 당사자주의에 대응한 것으로 심리의 진행을 심판위원회의 직권으로 함과 동시에, 심리에 필요한 자료를 당사자가 제출한 것에만 의존하지 않고 직권으로 수집·조사하는 제도이다. 위원회는 필요하다고 인정할 때에는 당사자가 주장하지 아니한 사실에 대하여도 심리할 수 있다(행정심판법 제39조 제1항)고 하여 직권심리주의를 가미하고 있다. 이는 행정심판이 개인의 권리구제뿐만 아니라 행정의 적법성과 타당성 보장이라는 기능도 수행하기 때문이다. 그러나 행정심판법은 직권심리주의의 자의성을 억제하기 위해 당사자의 절차적 권리로서 증거방법의 제출 및 증거조사의 신청권을 인정하고 있다(제34조 제1항·제36조 제1항).

3. 서면심리주의와 구술심리주의

행정심판의 심리는 구술심리 또는 서면심리로 한다. 즉 어느 방식을 취할 것인지는 행정심판위원회의 판단에 맡기고 있다. 다만, 당사자가 구술심리를 신청한 때에는 서면심리만으로 결정할 수 있다고 인정되는 경우 외에는 구술심리를 하도록 하고 있어(제40조 제2항), 심판청구인이 자신의 주장을 구술로 행할 기회를 부여하고 있다.

4. 비공개주의

명문의 규정은 없으나, 다수설은 서면심리주의·직권심리주의를 취한 행정심판법의 전체적인 구조를 논거로 비공개가 원칙이라는 견해를 취한다. 행정심판법이 구술심리를 우선시키고 있다는 논거를 들어 공개심리주의가 원칙이라는 견해도 있다.

그리고 행정심판법은 위원회에서 위원이 발언한 내용이나 그 밖에 공개되면 위원회의 심리·재결의 공정성을 해칠 우려가 있는 사항으로서 대통령령으로 정하는 사항은 공개하지 아니하는 것으로 하였다(제41조). 여기서 "대통령령으로 정하는 사항"이란 ① 위원회(소위원회와 전문위원회를 포함)의 회의에서 위원이 발언한 내용이 적힌 문서, ② 심리 중인 심판청구사건의 재결에 참여할 위원의 명단, ③ 그 밖에 공개할 경우 위원회의 심리·재결의 공정성을 해칠 우려가 있다고 인정되는 사항으로서 총리령으로 정하는 사항의 어느 하나에 해당하는 사항을 말한다(시행령 제29조).

5. 처분권주의

행정심판도 청구인의 심판청구에 의해 개시되고, 심판대상과 범위를 당사자가 결정하며, 청구인은 심판청구를 취하함으로써 심판절차를 종료시킬 수 있으므로 처분권주의에 입각하고 있다. 그러나 심판청구기간이 제한되어 있고, 청구인낙(피청구인이 청구인의 청구가 이유있다고 인정하는 일방적 의사표시)이 인정되지 않는 등 처분권주의가 많은 제한을 받고 있다.

04 당사자의 절차적 권리

1. 내용

위원 등의 기피신청권 (제10조 2항)	위원회 위원에게 심리·의결의 공정을 기대하기 어려운 사정이 있는 경우
보충서면제출권 (제33조 1항)	심판청구서·보정서·답변서 또는 참가신청서에서 주장한 사실을 보충하고 다른 당사자의 주장을 다시 반박하기 위하여 필요하다고 인정할 때
증거제출권 (제34조 1항)	심판청구서·보정서·답변서·보충서면 등에 덧붙여 그 주장을 뒷받침하는 증거서류 또는 증거물을 제출
증거조사신청권 (제36조 1항)	자기의 주장을 뒷받침하기 위하여 본인 또는 참고인의 신문, 증거자료의 제출요구 및 영치, 감정, 검증 등을 신청
구술심리신청권 (제40조 1항)	구술심리를 신청한 때에는 서면심리만으로 결정할 수 있다고 인정되는 경우 외에는 구술심리를 하여야 함

2. 현행법상의 문제점

피청구인인 행정청이 보유하고 있는 자료에 대한 제공요구권이나 자료열람청구권이 인정되고 있지 않아 대심주의원칙이 철저하게 보장되고 있지 아니하다는 비판이 있다.

05 그 밖의 사항

1. 심리의 병합과 분리

행정심판법은 행정심판사건에 대한 심리의 신속성과 경제성을 도모하기 위해 심리의 병합과 분리를 인정한다. 행정심판위원회는 필요하다고 인정할 때에는 관련되는 심판청구를 병합하여 심리하거나 병합된 관련청구를 분리하여 심리할 수 있다(제37조). 병합심리는 심리절차의 병합에 그치는 것이므로, 재결은 병합된 심판청구별로 각각 행하여야 한다.

2. 처분사유의 추가·변경

행정처분의 취소를 구하는 심판에서 처분청은 당초 처분의 근거로 삼은 사유와 기본적 사실관계가 동일성이 있다고 인정되는 한도 내에서만 다른 사유를 추가 또는 변경할 수 있다.

판례

항고소송에서 행정청이 처분의 근거 사유를 추가하거나 변경하기 위한 요건인 '기본적 사실관계의 동일성' 유무의 판단 방법 및 이러한 법리가 행정심판 단계에서도 적용되는지 여부(적극)

행정처분의 취소를 구하는 항고소송에서 처분청은 당초 처분의 근거로 삼은 사유와 기본적 사실관계가 동일성이 있다고 인정되는 한도 내에서만 다른 사유를 추가 또는 변경할 수 있고, 이러한 기본적 사실관계의 동일성 유무는 처분사유를 법률적으로 평가하기 이전의 구체적 사실에 착안하여 그 기초인 사회적 사실관계가 기본적인 점에서 동일한지에 따라 결정되므로, 추가 또는 변경된 사유가 처분 당시에 이미 존재하고 있었다거나 당사자가 그 사실을 알고 있었다고 하여 당초의 처분사유와 동일성이 있다고 할 수 없다. 그리고 이러한 법리는 행정심판 단계에서도 그대로 적용된다(대판 2014.5.16. 2013두26118).

3. 조정

(1) 의의

조정이란 법원이나 심판기관이 판결이나 재결 대신에 분쟁해결을 위한 타협방안을 마련하여 당사자의 수락을 권고하는 분쟁해결방식이다.

조정이 활용될 수 있는 영역으로는, 행정법규 위반에 대한 제재적 처분의 변경, 징계처분의 감경, 행정상 강제집행의 연기, 거부처분이나 부작위에 대하여 원래 신청된 내용보다 축소된 처분으로의 변경 등을 들 수 있다.

(2) 내용 및 절차

위원회는 당사자의 권리 및 권한의 범위에서 당사자의 동의를 받아 심판청구의 신속하고 공정한 해결을 위하여 조정을 할 수 있다. 다만, 그 조정이 공공복리에 적합하지 아니하거나 해당 처분의 성질에 반하는 경우에는 그러하지 아니하다(행정심판법 제43조의2 제1항).

조정은 당사자가 합의한 사항을 조정서에 기재한 후 당사자가 서명 또는 날인하고 위원회가 이를 확인함으로써 성립한다(제3항). 제3항에 따른 조정에 대하여는 제48조(재결의 송달과 효력 발생), 제49조(재결의 기속력 등), 제50조(위원회의 직접 처분), 제50조의2(위원회의 간접강제), 제51조(행정심판 재청구의 금지)의 규정을 준용한다(제43조의2 제4항).

제5장 행정심판의 재결

01 일반론

1. 의의

재결이라 함은 행정심판의 청구에 대하여 행정심판위원회가 행하는 판단을 말한다(행정심판법 제2조 3호). 재결은 행정법상 법률관계에 관한 분쟁에 관하여 행정심판위원회가 일정한 절차를 거쳐서 판단·확정하는 행위이므로 확인행위로서의 성질을 가지며, 판단의 작용이라는 점에서 판결과 성질이 비슷하므로 준사법행위의 성질을 갖는다. 따라서 재결에는 불가변력이 발생한다. 그리고 심판청구에 대하여 반드시 어떠한 내용의 재결을 하여야 한다는 점에서 재량이 허용되지 않는 기속행위이다. 한편 재결 자체에 고유한 위법이 있으면 취소소송의 대상이 된다(행정소송법 제19조 단서).

2. 재결기간

재결은 피청구인인 행정청 또는 위원회가 심판청구서를 받은 날부터 60일 이내에 하여야 한다. 다만, 부득이한 사정이 있을 때에는 위원장이 직권으로 30일을 연장할 수 있다(행정심판법 제45조 제1항). 만약 재결기간을 연장한 때에는 재결기간이 끝나기 7일전까지 당사자에게 이를 알려야 한다(제2항).

3. 재결의 방식

재결은 서면으로 한다(제46조 제1항). 재결서에는 사건번호와 사건명, 당사자·대표자 또는 대리인의 이름과 주소, 주문, 청구의 취지, 이유, 재결한 날짜를 기재하고 기명날인하여야 한다(제2항). 재결서에 적는 이유에는 주문내용이 정당함을 인정할 수 있는 정도로 판단을 표시하여야 한다(제3항). 재결서에 오기(誤記), 계산착오 또는 그 밖에 이와 비슷한 잘못이 있는 것이 명백한 경우에는 위원장은 직권으로 또는 당사자의 신청에 의하여 경정 결정을 할 수 있다(시행령 제31조 제1항).

4. 재결의 범위

(1) 불고불리(不告不理) 및 불이익변경금지의 원칙

행정심판위원회는 심판청구의 대상이 되는 처분 또는 부작위외의 사항에 대하여는 재결하지 못한다(제47조 제1항, 예 과징금 부과처분과 영업정지처분을 받고 영업정지처분에만 불복한 경우 과징금 처분을 취소하지 못함). 그리고 심판청구의 대상이 되는 처분보다 청구인에게 불리한 재결을 하지 못한다(제2항, 예 3개월 영업정지처분에 불복한 경우 5개월의 영업정지처분 재결을 하지 못함).

(2) 재량문제에 대한 판단

행정심판은 행정소송과 달리 위법한 처분이나 부작위뿐만 아니라 부당한 처분이나 부작위도 그 대상으로 하고 있으므로(제1조·제5조), 위원회는 재량의 일탈·남용과 같은 재량권 행사의 위법 여부뿐만 아니라 재량한계 내에서의 재량권 행사의 당부에 대해서도 판단할 수 있다.

판례

불이익변경금지원칙에 위배되어 후속 처분 중 당초 처분의 세액을 초과하는 부분이 위법한 사례

심판청구에 대한 결정의 한 유형으로 실무상 행해지고 있는 재조사결정은 재결청의 결정에서 지적된 사항에 관해서 처분청의 재조사결과를 기다려 그에 따른 후속 처분의 내용을 심판청구 등에 대한 결정의 일부분으로 삼겠다는 의사가 내포된 변형결정에 해당하고, 처분청의 후속 처분에 따라 내용이 보완됨으로써 결정으로서 효력이 발생하므로, 재조사결정의 취지에 따른 후속 처분이 심판청구를 한 당초 처분보다 청구인에게 불리하면 국세기본법 제79조 제2항의 불이익변경금지원칙에 위배되어 후속 처분 중 당초 처분의 세액을 초과하는 부분은 위법하게 된다(대판 2016.9.28. 2016두39382).

5. 취소·변경의 공고

법령의 규정에 의하여 공고한 처분이 재결로써 취소 또는 변경된 때에는 처분을 행한 행정청은 지체 없이 그 처분이 취소 또는 변경되었음을 공고하여야 한다(제49조 제5항).

6. 재결의 송달 등

(1) 재결의 송달과 효력발생

① 위원회는 지체 없이 당사자에게 재결서의 정본을 송달하여야 한다. 이 경우 중앙행정심판위원회는 재결 결과를 소관 중앙행정기관의 장에게도 알려야 한다(제48조 제1항).

② 재결은 청구인에게 제1항 전단에 따라 송달되었을 때에 그 효력이 생긴다(제2항).
③ 위원회는 재결서의 등본을 지체 없이 참가인에게 송달하여야 한다(제3항).
④ 처분의 상대방이 아닌 제3자가 심판청구를 한 경우 위원회는 재결서의 등본을 지체 없이 피청구인을 거쳐 처분의 상대방에게 송달하여야 한다(제4항).

(2) 이해관계인에의 통지

법령의 규정에 의하여 처분의 상대방 외의 이해관계인에게 통지된 처분이 재결로써 취소되거나 변경된 때에는 처분을 행한 행정청은 지체 없이 그 이해관계인에게 그 처분이 취소 또는 변경되었음을 알려야 한다(제49조 제6항).

(3) 증거서류 등의 반환

위원회는 재결을 한 후 증거서류 등의 반환 신청을 받으면 신청인이 제출한 문서·장부·물건이나 그 밖의 증거자료의 원본을 지체 없이 제출자에게 반환하여야 한다(제55조).

02 재결의 종류

행정심판법 제43조 【재결의 구분】 ① 위원회는 심판청구가 적법하지 아니하면 그 심판청구를 각하(却下)한다.
② 위원회는 심판청구가 이유가 없다고 인정하면 그 심판청구를 기각(棄却)한다.
③ 위원회는 취소심판의 청구가 이유가 있다고 인정하면 처분을 취소 또는 다른 처분으로 변경하거나 처분을 다른 처분으로 변경할 것을 피청구인에게 명한다.
④ 위원회는 무효등확인심판의 청구가 이유가 있다고 인정하면 처분의 효력 유무 또는 처분의 존재 여부를 확인한다.
⑤ 위원회는 의무이행심판의 청구가 이유가 있다고 인정하면 지체 없이 신청에 따른 처분을 하거나 처분을 할 것을 피청구인에게 명한다.

제44조 【사정재결】 ① 위원회 는 심판청구가 이유가 있다고 인정하는 경우에도 이를 인용(認容)하는 것이 공공복리에 크게 위배된다고 인정하면 그 심판청구를 기각하는 재결을 할 수 있다. 이 경우 위원회는 재결의 주문(主文)에서 그 처분 또는 부작위가 위법하거나 부당하다는 것을 구체적으로 밝혀야 한다

1. 각하재결(요건재결)

각하재결은 심판청구가 요건불비의 부적법한 것인 때(예 청구기간 경과, 청구인적격 없는 자에 의한 심판청구, 심판청구의 대상이 아닌 행위에 대한 심판청구)에 본안에 대한 심리를 거절하는 재결이다(행정심판법 제43조 제1항). 다만, 부적법한 심판청구에 대해서도 행정심판위원회에 의한 보정제도(제32조)가 인정되고 있다.

2. 기각재결

기각재결은 심판청구가 이유 없다고 인정할 때에 청구를 배척하고 원처분을 지지하는 재결을 말한다(제43조 제2항). 기각재결은 원처분을 적법·타당하다고 확인하는 데 그치는 것이므로, 처분청은 기각재결 후 정당한 이유가 있으면 원처분을 취소·변경할 수 있다.

3. 인용재결

(1) 의의

인용재결은 심판청구가 이유 있다고 하여(즉, 원처분이나 부작위가 위법·부당하다고 하여) 청구인의 청구취지를 받아들이는 내용의 재결이다. 인용재결은 심판청구의 내용에 따라 다음과 같이 구분된다.

(2) 취소·변경재결

위원회는 취소심판의 청구가 이유가 있다고 인정하면 처분을 취소 또는 다른 처분으로 변경하거나 처분을 다른 처분으로 변경할 것을 피청구인에게 명한다(제43조 제3항). 따라서 취소·변경재결에는 **처분취소재결, 처분변경재결, 처분변경명령재결**이 포함된다. 앞의 두 재결은 형성재결이고, 뒤의 한 재결은 이행재결이다. 형성재결과 이행재결 가운데 실무상 형성재결이 대다수이다.

취소재결에는 전부취소재결과 일부취소재결이 있을 수 있다. 한편, 변경재결에서 '변경'의 의미는 행정심판법이 '취소'와 함께 '변경'을 따로 인정한 점과 의무이행재결을 인정한 점에 비추어 볼 때, 일부취소가 아니라 원처분에 갈음하는 다른 처분으로의 '적극적 변경'을 뜻한다.

〈일부취소재결과 변경재결의 구별〉

1. 일부취소재결

   분할가능한 처분에 대하여 그 일부의 효력을 상실시키는 재결(예 100만원의 과세처분 중 50만원을 초과하는 부분을 취소재결)

2. 변경재결
원래의 처분을 대신하여 다른 처분으로서의 변경을 의미하는 재결(예 면허취소처분을 3개월의 면허정지처분으로 변경)

(3) 무효등확인재결

위원회는 무효등확인심판의 청구가 이유있다고 인정할 때에는 처분의 효력 유무 또는 존재 여부를 확인한다(제43조 제4항). 따라서 여기에는 **처분무효확인재결·처분실효확인재결·처분유효확인재결·처분존재확인재결·처분부존재확인재결**이 포함된다. 확인재결에 형성적 효과는 발생하지 않는다.

(4) 의무이행재결

위원회는 의무이행심판의 청구가 이유있다고 인정하면 지체 없이 신청에 따른 처분을 하거나 이를 할 것을 명한다(제5항). 따라서 여기에는 **처분재결**과 **처분명령재결**이 포함된다. 이 경우의 처분재결은 형성적 성질을 갖는 재결이다.
신청에 따른 처분을 할 것을 명하는 재결은 청구인의 신청대로 처분을 할 것을 명하는 재결(기속행위의 경우)과 신청을 더 이상 방치하지 말고 지체 없이 일정한 처분(처분 또는 거부처분)을 하도록 명하는 재결(재량행위의 경우)이 있다.

판례

부당노동행위 구제신청의 대상이 된 징계처분이 그 후 변경된 경우, 노동위원회의 심판대상 / 부당노동행위라고 주장된 구체적 사실이 복수인 경우, 그에 대한 노동위원회 구제명령 또는 기각결정의 행정처분으로서의 개수

[1] 부당노동행위에 대한 구제절차는 관할노동위원회에 구제신청을 함으로써 개시되고, 그 심사의 대상도 구제신청의 대상이 된 부당노동행위를 구성하는 구체적 사실에 한정되므로, 비록 구제신청대상인 당초의 징계처분이 그 후 변경되었다고 하더라도 그 신청을 변경하지 않는 한 지방노동위원회나 중앙노동위원회는 당초의 징계처분을 심판대상으로 삼을 수밖에 없다.

[2] 부당노동행위의 구제제도는 근로자가 부당노동행위라고 주장하는 구체적 사실에 대하여 그것이 부당노동행위에 해당하는지 여부를 심리하고 그것이 부당노동행위인 경우에 적절한 구제방법을 결정·명령하는 제도이므로, 부당노동행위라고 주장되는 구체적 사실이 심사의 대상이 되는 것이고, 따라서 부당노동행위라고 주장된 구체적 사실이 1개인 이상 그에 대하여 노동위원회가 발한 구제방법이 수개이고 또 각 구제방법이 독립하여 이행될 수 있는 것이라고 하더라도 행정처분으로서의 구제명령은 1개라고 할 것이나, 부당노동행위라고 주장된 구체적 사실이 복수인 경우에는 그에 대한 행정처분으로서의 노동위원회의 구제명령 또는 기각결정은 복수라고 보는 것이 타당하다(대판 1995.4.7. 94누1579).

4. 사정재결

(1) 의의

위원회는 심판청구가 이유있다고 인정하는 경우에도 이를 인용하는 것이 현저히 공공복리에 위배된다고 인정하는 때에는 그 심판청구를 기각하는 재결을 할 수 있는데(제44조 제1항), 이를 사정재결이라 한다. 예컨대, 댐건설을 위한 하천점용허가처분에 대하여 어업권자로부터 취소심판이 제기된 경우에 처분의 위법성이 인정되어도 건설된 댐을 철거하는 것이 공공복리에 적합하지 않다고 판단하는 경우이다. 심판청구가 이유있다고 인정되는 경우에는 청구인의 권익보호를 위하여 인용재결을 하는 것이 원칙이지만, 그로 인하여 공공복리가 현저히 침해되는 경우가 있을 수 있기 때문에 공익과 사익의 합리적인 조정을 도모하기 위하여 인정된 제도이다.

(2) 적용범위

사정재결은 취소심판·의무이행심판에만 인정되고, 무효등확인심판에는 적용되지 아니한다(제44조 제3항).

(3) 요건

사정재결은 심판청구를 인용하는 것이 현저히 공공복리에 적합하지 않다고 인정되는 경우이어야 한다. 사정재결은 공익보호를 위한 예외적인 것이므로, 인용재결에 따른 공익침해의 정도가 위법·부당한 처분의 유지에 따른 사익침해의 정도보다 현저하게 큰 경우에 한하여 인정되어야 한다.

(4) 위법·부당의 명시

위원회가 사정재결을 하는 경우 그 재결의 주문에서 그 처분 또는 부작위가 위법 또는 부당하다는 것을 구체적으로 밝혀야 한다(제44조 제1항 2문). 사정재결을 한다고 해서 처분의 위법·부당성이 없어지는 것이 아니기 때문이다. 동시에 원래의 처분에 대하여 행정소송을 제기하거나 국가배상청구소송을 제기하는 경우에 구제방법의 추구를 용이하게 하기 위함이다.

(5) 구제방법

위원회는 사정재결을 함에 있어서는 청구인에 대하여 상당한 구제방법을 취하거나, 피청구인에게 상당한 구제방법을 취할 것을 명할 수 있다(제44조 제2항). 여기서의 '명할 수 있다'라는 것에 대하여 통설은, 공익과 사익의 조정이라는 견지에서 '명하여야 한다'라는 취지로 해석하여야 한다고 본다.

03 재결의 효력

재결은 위원회가 청구인에게 재결서의 정본을 송달한 때에 그 효력이 생긴다(행정심판법 제48조 제2항). 행정심판법은 재결의 효력에 관하여 기속력(제49조)과 직접처분(제50조)에 관한 규정만을 두고 있다. 그런데 취소재결, 변경재결과 처분재결에는 형성력이 발생하며, 재결도 행정행위의 일종으로서 행정행위가 일반적으로 갖는 효력(예 구속력, 공정력, 구성요건적 효력, 불가쟁력, 불가변력)이 인정된다.

〈행정행위의 효력〉

구속력	행정행위가 그 내용에 따라 관계행정청 및 상대방과 이해관계인에 대하여 행정행위가 담고 있는 규율을 준수하고 그에 따라 행위하도록 하는 힘
공정력	비록 행정행위에 하자가 있더라도 그것이 중대하고 명백하여 당연무효가 아닌 경우에는 권한 있는 기관에 의하여 취소될 때까지 일응 유효한 것으로 추정되어 '상대방'이나 '제3자'가 그 효력을 부인할 수 없는 힘
구성요건적 효력	유효한 행정행위가 존재하면 행정행위 발령청이 아닌 모든 '행정기관과 법원(형사법원 및 민사법원)'은 그 행정행위와 관련된 자신들의 결정에 당해 행위의 존재와 효과를 인정해야 하고, 그 내용에 구속되는 효력
불가쟁력	행정행위에 대해 행정심판이나 행정소송과 같은 불복수단이 인정되는 경우에, 상대방이나 이해관계자는 일정한 사유(예 불복기간의 도과)가 존재하면 그 행정행위의 효력을 쟁송절차에서 다툴 수 없게 되는 효력
불가변력	효력이 발생한 후 처분청 스스로 당해 행위의 내용에 구속되어 자신도 직권으로 자유로이 이를 취소·변경·철회할 수 없는 효력

1. 형성력

(1) 의의

재결의 형성력이란 재결의 내용에 따라 새로운 법률관계의 발생이나 종래의 법률관계의 변경, 소멸을 가져오는 효력을 말한다. 형성력이 인정되는 재결은 취소재결, 변경재결, 처분재결이다. 형성력에 의한 법률관계는 제3자에게 미치므로 형성력은 '대세적 효력'이다.

(2) 재결 유형별 형성력의 내용

① 취소재결

재결에 의하여 청구가 인용되어 원처분의 전부 또는 일부가 취소된 때에는 원처분의 해당 부분의 효력은 그 즉시 소멸하고, 처음부터 존재하지 않은 것으로 된다.

② 변경재결

변경재결에 의하여 원처분이 취소되고 그에 갈음에는 별개의 처분이 행해진 경우 원처분은 효력을 상실하고, 새로운 처분은 즉시 효력이 발생하며, 그 효력 역시 소급효를 갖는다.

③ 처분재결

의무이행심판에서의 처분재결이 행해진 경우의 구속력도 형성력의 성질을 가진다. 당해 재결은 장래에 향하여 즉시 효력을 발생한다.

판례

취소재결은 형성적 재결로써 별도의 행정처분 없이 당연히 취소되어 소멸

행정심판법 제43조 제3항에 의하면 재결청은 취소심판의 청구가 이유 있다고 인정되는 때에는 처분을 취소 또는 변경하거나 처분청에게 취소 또는 변경할 것을 명한다고 규정하고 있으므로, 행정심판에 있어서 재결청의 재결 내용이 처분청의 취소를 명하는 것이 아니라 처분청의 처분을 스스로 취소하는 것일 때에는 그 재결의 형성력이 발생하여 당해 행정처분은 별도의 행정처분을 기다릴 것 없이 당연히 취소되어 소멸되는 것이다(대판 1997.5.30. 96누14678).

제1차 처분이 재결청의 재결에 의해 취소된 후 동일한 사안에 대해 제2차 처분이 행해진 경우 제소기간 준수 여부의 판단기준이 되는 처분

행정심판법 제43조 제3항에 의하면 재결청은 취소심판의 청구가 이유 있다고 인정할 때에는 처분을 취소 변경하거나 처분청에게 취소 변경할 것을 명한다고 규정하고 있으므로 재결청의 재결내용이 처분청에 취소를 명하는 것이 아니라 처분청의 처분을 스스로 취소하는 것일 때에는 그 재결에 형성력이 발생하여 당해 행정처분은 별도의 행정처분을 기다릴 것 없이 당연히 취소되어 소멸되는 것이라 할 것이어서 그 후 동일한 사안에 대해 처분청이 또다른 처분을 하였다면 이는 위 소멸된 처분과는 완전히 독립된 별개의 처분이라 할 것이고, 따라서 새로운 처분에 대한 제소기간 준수여부도 그 새로운 처분을 기준으로 판단하여야 할 것이다(대법원 1994.4.2. 93누1879).

2. 불가쟁력과 불가변력

(1) 불가쟁력

재결에 대하여는 다시 심판청구를 제기하지 못하며(행정심판법 제51조), 재결에 고유한 위법이 있는 경우에 한하여 행정소송의 제기가 가능하다(행정소송법 제19조 단서). 그러나 이 경우에도 제소기간이 경과하면 누구든지 그 효력을 다툴 수 없는 효력을 갖는바, 이를 불가쟁력이라 한다.

(2) 불가변력

재결이 일단 이루어진 경우에는, 오산·오기 기타 이와 유사한 형식상의 오류가 있는 경우를 제외하고는 비록 그것이 위법 또는 부당하다고 생각되는 경우에도 행정심판위원회 스스로 그 재결을 취소·변경할 수 없는 효력이 발생하는데 이를 불가변력이라 한다. 재결은 일반 행정행위와 달리 엄격한 절차인 쟁송절차에 의해 이루어진 판단행위의 성질을 갖기 때문에, 그 재결은 분쟁을 종결시키는 것이 되어야 한다. 그런데 행정심판위원회가 재결을 한 후 스스로 그것을 취소·변경할 수 있다고 한다면, 법적 안정성을 깨뜨리고 분쟁을 재연시키는 결과를 초래하기 때문에 부여된 효력이다.

판례

행정처분이나 행정심판 재결이 불복기간의 경과로 확정된 경우 확정력의 의미

일반적으로 행정처분이나 행정심판 재결이 불복기간의 경과로 인하여 확정될 경우 그 확정력은, 그 처분으로 인하여 법률상 이익을 침해받은 자가 당해 처분이나 재결의 효력을 더 이상 다툴 수 없다는 의미일 뿐, 더 나아가 판결에 있어서와 같은 기판력이 인정되는 것은 아니어서 그 처분의 기초가 된 사실관계나 법률적 판단이 확정되고 당사자들이나 법원이 이에 기속되어 모순되는 주장이나 판단을 할 수 없게 되는 것은 아니다. 따라서 종전의 산업재해요양보상급여취소처분이 불복기간의 경과로 인하여 확정되었더라도 요양급여청구권이 없다는 내용의 법률관계까지 확정된 것은 아니며 원고로서는 소멸시효에 걸리지 아니한 이상 다시 요양급여를 청구할 수 있고 그것이 거부된 경우 이는 새로운 거부처분으로서 그 위법여부를 소구할 수 있다(대판 1993.4.13. 92누17181).

3. 기속력

행정심판법 제49조【재결의 기속력 등】① 심판청구를 인용하는 재결은 피청구인과 그 밖의 관계 행정청을 기속(羈束)한다.

② 재결에 의하여 취소되거나 무효 또는 부존재로 확인되는 처분이 당사자의 신청을 거부하는 것을 내용으로 하는 경우에는 그 처분을 한 행정청은 재결의 취지에 따라 다시 이전의 신청에 대한 처분을 하여야 한다.

③ 당사자의 신청을 거부하거나 부작위로 방치한 처분의 이행을 명하는 재결이 있으면 행정청은 지체 없이 이전의 신청에 대하여 재결의 취지에 따라 처분을 하여야 한다.

④ 신청에 따른 처분이 절차의 위법 또는 부당을 이유로 재결로써 취소된 경우에는 제2항을 준용한다.

⑤ 법령의 규정에 따라 공고하거나 고시한 처분이 재결로써 취소되거나 변경되면 처분을 한 행정청은 지체 없이 그 처분이 취소 또는 변경되었다는 것을 공고하거나 고시하여야 한다.

⑥ 법령의 규정에 따라 처분의 상대방 외의 이해관계인에게 통지된 처분이 재결로써 취소되거나 변경되면 처분을 한 행정청은 지체 없이 그 이해관계인에게 그 처분이 취소 또는 변경되었다는 것을 알려야 한다.

(1) 의의

재결은 피청구인인 행정청과 그 밖의 관계행정청을 기속한다(행정심판법 제49조 제1항). 기속력이란 피청구인인 행정청과 그 밖의 관계행정청이 재결의 내용에 따라 행동해야 하는 실체법상의 의무를 발생시키는 효력을 말한다. 기속력은 인용재결에서 문제되고, 각하재결이나 기각재결에서는 문제되지 아니한다. 각하·기각재결은 청구인의 심판청구를 배척하는 데 그치고, 피청구인인 행정청과 그 밖의 관계행정청에 대하여 원처분을 유지하여야 할 의무를 지우지 않으므로, 처분청은 재결 후에도 정당한 이유가 있으면 원처분을 취소·변경·철회할 수 있다.

동일한 사건에서 행정심판에서는 인용재결이, 행정소송에서는 기각판결이 선고되어 양자의 결과가 상충하는 경우 처분청은 어느 것을 따라야 하는지 문제 될 수는 있다.

(2) 기속력의 내용

① 반복금지의무(소극적 의무)

㉠ 재결은 당해 처분에 관하여 재결주문 및 그 전제가 된 요건사실의 인정과 효력의 판단에 대하여 처분청을 기속하므로, 당해 처분에 관하여 위법한 것으로 재결에서 판단된 사유와 기본적 사실관계에 있어 동일성이 인정되는 사유를 내세워 다시 동일한 내용의 처분을 하는 것은 허용되지 않는다. 즉, 동일한 사실관계 아래에서 동일한 내용의 처분을 반복할 수 없다.

㉡ 그러나 당초 처분과 동일한 사정 아래에서 동일한 내용의 처분을 반복하는 것이 아닌 이상, 재결에 적시된 위법사유를 시정·보완하여 한 새로운 처분은 기속력에 저촉되지 않는다.

판례

기속력에 저촉되는 경우

[1] 당초의 개별공시지가 결정처분을 취소하고 그것을 하향조정하라는 취지의 재결이 있은 후에도 처분청이 다시 당초 처분과 동일한 액수로 개별공시지가를 결정한 처분은 재결청의 재결에 위배되는 것으로서 위법하다(대판 1997.3.14. 95누18482).

[2] 양도소득세 및 방위세부과처분이 국세청장에 대한 불복심사청구에 의하여 그 불복사유가 이유있다고 인정되어 취소되었음에도 처분청이 동일한 사실에 관하여 부과처분을 되풀이 한 것이라면 설령 그 부과처분이 감사원의 시정요구에 의한 것이라 하더라도 위법하다(대판 1986.5.27. 86누127).

[3] 갑 주택재개발정비사업조합이 관할 세무서장에게 법인세를 신고·납부하면서 조합원들이 현물출자한 토지 및 건물(자산)의 취득가액을 '사업시행계획인가일'을 기준으로 감정평가하여 손금에 산입하였다가, 이후 자산의 취득가액을 '관리처분계획인가일'을 기준으로 감정평가한 금액으로 보아야 한다고 주장하며 법인세 감액경정을 청구하자, 관할 세무서장이 자산

의 취득가액은 법인세 신고 시의 감정가액이 적정하다는 이유로 경정청구를 거부하였는데, 갑 조합이 조세심판원에 위 경정거부처분에 대한 심판청구를 하여 조세심판원이 '위 경정거부처분은 자산의 취득가액을 관리처분계획인가일 기준으로 재조사하여 그 결과에 따라 과세표준과 세액을 경정한다.'는 주문의 결정을 하였고, 관할 지방국세청장은 '조세심판원의 재조사 결정에 따른 처리결과 자산에 관한 객관적·합리적인 감정평가액이 존재하지 않으므로, 상속세 및 증여세법에 따른 보충적 평가방법을 적용해야 하나, 이 경우 갑 조합이 당초 신고한 과세표준 및 세액보다 갑 조합에 불리하므로 불이익변경금지 원칙에 따라 위 경정거부처분을 그대로 유지한다.'는 취지의 통지를 한 사안에서, 관할 세무서장이 자산에 관한 감정평가를 하지 않은 채 경정거부처분을 그대로 유지한 것은 재조사 결정의 기속력에 저촉되어 위법하다고 본 사례(대판 2024.7.25. 2022두60745).

행정처분 취소재결에 적시된 위법사유를 시정·보완하여 행한 새로운 처분이 재결의 기속력에 저촉되는지 여부(소극)

택지초과소유부담금 부과처분을 취소하는 재결이 있는 경우 당해 처분청은 재결의 취지에 반하지 아니하는 한, 즉 당초 처분과 동일한 사정 아래에서 동일한 내용의 처분을 반복하는 것이 아닌 이상, 그 재결에 적시된 위법사유를 시정·보완하여 정당한 부담금을 산출한 다음 새로이 부담금을 부과할 수 있는 것이고, 이러한 새로운 부과처분은 재결의 기속력에 저촉되지 아니한다(대판 1997.2.25. 96누14784,14791).

② 재처분의무(적극적 의무)

당사자의 신청을 거부하거나 부작위로 방치한 처분에 대하여 인용재결이 있더라도 행정청이 재결의 취지에 따라 다시 처분을 하지 않는다면 신청인은 종국적 만족을 얻을 수 없으므로, 행정청에게 재결의 취지에 따라 원래의 신청에 대하여 새로운 처분을 할 적극적인 의무를 부과할 필요가 있다.

㉠ 거부처분취소재결, 거부처분무효확인재결 등의 경우

재결에 의하여 취소되거나 무효 또는 부존재로 확인되는 처분이 당사자의 신청을 거부하는 것을 내용으로 하는 경우에는 그 처분을 한 행정청은 재결의 취지에 따라 다시 이전의 신청에 대한 처분을 하여야 한다(제49조 제2항).

㉡ 처분명령재결의 경우

당사자의 신청을 거부하거나 부작위로 방치한 처분의 이행을 명하는 재결이 있으면 행정청은 지체 없이 이전의 신청에 대하여 재결의 취지에 따라 처분을 하여야 한다(제3항). 이때에 기속행위의 경우에는 신청된 대로의 처분을, 재량행위의 경우는 다시 하자 없는 재량행위를 발령하는 것이 그 내용이 된다.

㉢ 절차위법의 경우

신청에 따른 처분이 절차의 위법 또는 부당을 이유로 재결로써 취소된 경우에도 재결의 취지에 따라 다시 처분을 하여야 한다(제4항).

㉣ 변경명령재결의 경우

명문규정은 없으나 기속력(제1항)에 따라 처분청은 해당 처분을 변경해야 한다.

판례

거부처분을 취소하는 재결의 효력 및 그 취지와 양립할 수 없는 다른 처분에 대한 취소를 구할 소익의 유무

당사자의 신청을 거부하는 처분을 취소하는 재결이 있는 경우에는 행정청은 그 재결의 취지에 따라 이전의 신청에 대한 처분을 하여야 하는 것이므로 행정청이 그 재결의 취지에 따른 처분을 하지 아니하고 그 처분과는 양립할 수 없는 다른 처분을 하는 것은 위법한 것이라 할 것이고 이 경우 그 재결의 신청인은 위법한 다른 처분의 취소를 소구할 이익이 있다(대법원 1988.12.13. 88누7880).

교원소청심사위원회가 임용기간이 만료된 교원에 대한 재임용거부처분을 취소하는 결정의 효과

교원소청심사위원회의 소청심사결정 중 임용기간이 만료된 교원에 대한 재임용거부처분을 취소하는 결정은 재임용거부처분을 취소함으로써 학교법인 등에 해당 교원에 대한 재임용심사를 다시 하도록 하는 절차적 의무를 부과하는 데 그칠 뿐, 학교법인 등에 반드시 해당 교원을 재임용하여야 하는 의무를 부과하거나 혹은 그 교원이 바로 재임용되는 것과 같은 법적 효과까지 인정되는 것은 아니다(대판 2023.2.2. 2022다226234).

③ 원상회복의무

법령에 명문규정은 없으나, 재결에 의하여 처분이 취소되거나 무효로 확인된 경우에는 행정청은 위법·부당으로 명시된 처분에 의해 야기된 상태를 제거하여야 한다(예 건물의 철거명령이 재결로써 취소되었다면, 그것을 근거로 한 계고처분 역시 취소되어야 함).

(3) 기속력의 효력 범위

① 객관적 범위

㉠ 재결의 기속력은 재결의 주문 및 그 전제가 된 요건사실의 인정과 판단, 즉 처분 등의 구체적 위법사유에 관한 판단에만 미치고(대판 2005.12.9. 2003두7705), 재결의 결론과 직접 관련이 없는 방론이나 간접사실에 대한 판단에까지는 미치지 않는다(서울행법 2011.11.10. 2011구합17264).

㉡ 판례는 재결에서 판단된 사유와 기본적 사실관계의 동일성이 인정되는 사유에 대해서만 기속력이 미치며 기본적 사실관계가 동일하지 않은 사유라면 동일한 내용의 처분을 하더라도 재결의 기속력에 위반되지 않는다고 한다. 그리고 새로운 처분의 사유가 종전 처분의 처분사유와 기본적 사실관계에서 동일하지 않은 다른 사유에 해당하는 이상, 해당 처분사유가 종전 처분 당시 이미 존재하고

있었고 당사자가 이를 알고 있었다 하더라도 이를 내세워 새로이 처분을 하는 것은 재결의 기속력에 저촉되지 않는다.

㉢ 판례는 '기본적 사실관계의 동일 사유'인지 다른 사유인지는 위법한 것으로 판단된 종전 처분사유와 기본적 사실관계에서 동일성이 인정되는지 여부에 따라 판단되어야 하고, 기본적 사실관계의 동일성 유무는 처분사유를 법률적으로 평가하기 이전의 구체적인 사실에 착안하여 그 기초인 사회적 사실관계가 기본적인 점에서 동일한지에 따라 결정된다고 한다(대판 2016.3.24. 2015두48235).

② 시간적 범위

기속력은 취소재결의 경우 위법판단시인 처분시, 그리고 부작위에 대한 의무이행재결의 경우 재결시의 사실관계나 법을 전제로 하여 구속력을 갖는다. 따라서 취소재결의 경우 처분시 이후, 의무이행재결의 경우 재결시 이후 사실관계나 법이 변경되면 그 한도 내에서는 행정청은 기속력에 구속되지 않는다.

판례

재결의 기속력의 범위

재결의 기속력은 재결의 주문 및 그 전제가 된 요건사실의 인정과 판단, 즉 처분 등의 구체적 위법사유에 관한 판단에만 미친다고 할 것이고, 종전 처분이 재결에 의하여 취소되었다 하더라도 종전 처분시와는 다른 사유를 들어서 처분을 하는 것은 기속력에 저촉되지 않는다고 할 것이며, 여기에서 동일 사유인지 다른 사유인지는 종전 처분에 관하여 위법한 것으로 재결에서 판단된 사유와 기본적 사실관계에 있어 동일성이 인정되는 사유인지 여부에 따라 판단되어야 한다(대판 2005.12.9. 2003두7705).

새로운 처분의 처분사유와 종전 처분에 관하여 위법한 것으로 재결에서 판단된 사유가 기본적 사실관계에 있어 동일성이 없으므로 새로운 처분이 종전 처분에 대한 재결의 기속력에 저촉되지 않는다고 한 사례

[1] 이 사건 종전 처분의 처분사유는 이 사건 사업이 주변의 환경, 풍치, 미관 등을 해할 우려가 있다는 것이고, 그에 대한 재결은 이 사건 사업이 환경, 풍치, 미관 등을 정한 1994. 7. 5. 고시와 군산시건축조례에 위반되지 않고, 환경·풍치·미관 등을 유지하여야 하는 공익보다는 이 사건 사업으로 인한 지역경제 승수효과와 도시서민들을 위한 임대주택 공급이라는 또 다른 공익과 재산권행사의 보장이라는 사익까지 더해 보면 결국 종전 처분은 비례의 원칙에 위배되어 재량권을 남용하였다는 것이므로 종전 처분에 대한 재결의 기속력은 그 주문과 재결에서 판단된 이와 같은 사유에 대해서만 생긴다고 할 것이고, 한편, 이 사건 처분의 처분사유는 공단대로 및 교통여건상 예정 진입도로계획이 불합리하여 대체 진입도로를 확보하도록 한 보완요구를 이행하지 아니하였다는 것 등인 사실을 알 수 있는바, 그렇다면 이 사건 처분의 처분사유와 종전 처분에 관하여 위법한 것으로 재결에서 판단된 사유와는 기본적 사실관계에 있어 동일성이 없다고 할 것이므로 이 사건 처분이 종전 처분에 대한 재결의 기속력에 저촉되는 처분이라고 할 수 없다(대판 2005.12.9. 2003두7705).

> [2] 토지에 관한 종전 압류처분이 학교법인 재산대장 등에 사립학교 교육용 기본재산으로 등재된 압류금지재산에 대한 것이라는 이유로 재결에 의해 취소된 이후 과세관청이 위 토지는 학교 교육에 직접 사용되지 않고 있어 압류금지재산인 교육용 기본재산이 아니라는 이유로 후행 압류처분을 한 경우, 후행 압류처분은 종전 재결의 사실인정 및 판단과 기본적인 사실관계가 동일하지 아니한 사유를 바탕으로 이루어진 것이므로 재결의 기속력에 저촉되지 않는다(대판 2018.2.9. 2014두40029).

(4) 기속력 확보수단으로서의 직접처분

① 의의

위원회는 당사자의 신청을 거부하거나 부작위로 방치한 처분의 이행을 명하는 재결이 있었음에도 피청구인이 처분을 하지 아니하는 경우에는 당사자가 신청하면 기간을 정하여 서면으로 시정을 명하고 그 기간에 이행하지 아니하면 직접 처분을 할 수 있다. 다만, 그 처분의 성질이나 그 밖의 불가피한 사유로 위원회가 직접 처분을 할 수 없는 경우에는 그러하지 아니하다(행정심판법 제50조 제1항). 이러한 시정명령과 직접처분 제도는 국민의 권익보호와 행정심판에 대한 신뢰성의 제고에 의미를 갖는다. 직접처분은 행정심판작용이며 동시에 행정처분으로서의 성질을 갖는다.

② 인정범위

직접처분은 처분청이 처분명령재결에 따른 처분을 하지 않는 모든 경우에 인정된다. 이에 대하여 재처분사무가 자치사무인 경우에는 자치권을 보장할 필요가 있으므로 제외해야 한다는 견해가 있으나, 직접처분제도의 도입취지에 반한다는 비판이 가능하다.

③ 처분재결과의 차이점

의무이행심판에 대하여 처분을 행하는 처분재결은 위원회가 처음부터 재결로써 처분을 행하는 것이고, 직접처분은 행정청이 행할 처분을 위원회가 직접 행하는 것이다.

④ 요건

㉠ 의무이행심판의 인용재결인 처분명령재결이 있었으나 피청구인의 처분이 없을 것

㉡ 위원회가 당사자의 신청에 따라 기간을 정하여 시정을 명하였을 것

㉢ 당해 행정청이 그 기간 내에 시정명령을 이행하지 아니하였을 것. 그런데 당해 행정청이 어떠한 처분을 하였다면 그 처분이 재결의 내용에 따르지 아니하였다고 하더라도 재결청이 직접 처분을 할 수는 없다(대판 2002.7.23. 2000두9151).

㉣ 그 처분의 성질이나 그 밖의 불가피한 사유로 위원회가 직접 처분을 할 수 없는 경우에 해당하지 않을 것(제50조 제1항). '처분의 성질상 위원회가 직접처분을

할 수 없는 경우'로는 정보공개를 명하는 재결의 경우에 정보공개는 정보를 보유하는 기관만이 할 수 있다는 것을 들 수 있고, '그 밖의 불가피한 사유'로는 위원회 자신이 인적·물적 자원의 한계로 인하여 그러한 처분의 기초자료에 관한 조사를 충실히 행할 수 없는 경우(예 과도한 예산이 수반되는 이주대책의 수립에 관한 처분)를 들 수 있다. 그러나 처분이 재량행위인 경우로서 부관을 붙일 필요가 있다는 사유만으로 '위원회가 직접처분을 할 수 없는 그 밖의 불가피한 사유'에 해당한다고 할 수 없다.

⑤ 조치사항

위원회가 직접 처분을 할 경우에는 재결의 취지에 따라야 하며, 법 제50조 제1항 단서에 따라 직접 처분할 수 없는 경우에는 지체 없이 당사자에게 그 사실 및 사유를 알려야 한다(시행령 제33조). 위원회가 직접 처분을 한 때에는 그 사실을 당해 행정청에 통보하여야 하며, 그 통보를 받은 행정청은 위원회가 행한 처분을 당해 행정청이 행한 처분으로 보아 관계법령에 따라 관리·감독 등 필요한 조치를 하여야 한다(행정심판법 제50조 제2항).

⑥ 직접처분에 대한 불복

㉠ 제3자의 불복

직접처분은 행정심판 작용이므로 행정심판의 대상은 되지 않는다. 그러나 직접처분은 원처분의 성질을 가지므로 직접처분으로 법률상 이익을 침해받은 제3자는 행정심판위원회를 피고로 하여 직접처분의 취소를 구하는 행정소송을 제기할 수 있다.

㉡ 지방자치단체의 불복

피청구인이 지방자치단체인 경우 자치사무에 관한 직접처분의 취소를 구할 원고적격이 있는가에 관하여 ⓐ 지방자치단체는 독립된 법주체이고 지방자치단체의 자치권도 주관적 공권이므로 자치권의 침해를 이유로 원고적격이 있다는 견해, ⓑ 직접처분은 실질상 행정심판작용이므로 지방자치단체의 불복을 부정하는 견해가 대립한다. 직접처분제도는 행정적 감독제도가 아니라 재결의 실효성을 확보하기 위해 인정되는 행정심판제도이므로 자치사무인 처분을 직접 처분하는 것이 자치권의 침해가 되지 않는다고 봄이 타당하다.

(5) 기속력 확보수단으로서의 간접강제

① 의의

행정청에 부과되는 재처분의무의 이행을 확보하기 위해 종래 행정소송법에만 규정되었던 간접강제제도가 행정심판법에도 신설되었다(시행일 2017.10.19). 행정심판 인용재결에 따른 행정청의 재처분 의무에도 불구하고 행정청이 인용재결에 따른 처분을 하지 아니하면 행정심판위원회는 당사자의 신청에 의하여 결정으로 상당한 기간을 정하고, 행정청이 그 기간 내에 이행하지 아니하는 경우에는 지연기간에 따라 일정한 배상을 하도록 명하거나 즉시 배상을 할 것을 명할 수 있는 제도이다(행정심판법 제50조의2). 간접강제는 직접처분과 달리 재결의 기속력에 따라 재처분의무가 있는 모든 경우에 적용된다.

② 요건

간접강제는 ㉠ 거부처분에 대한 취소재결이나 무효등확인재결, 처분명령재결 또는 절차하자로 인한 취소재결이 존재하고, ㉡ 피청구인이 재결의 취지에 따른 처분을 하지 않았어야 한다.

- 재결에 의하여 취소되거나 무효 또는 부존재로 확인되는 처분이 당사자의 신청을 거부하는 것을 내용으로 하는 경우에 그 처분을 한 행정청이 재결의 취지에 따라 다시 이전의 신청에 대한 처분을 하지 아니한 경우(제49조 제2항, 제50조의2)
- 당사자의 신청을 거부하거나 부작위로 방치한 처분의 이행을 명하는 재결이 있음에도 행정청이 지체 없이 이전의 신청에 대하여 재결의 취지에 따라 처분을 하지 아니한 경우(제49조 제3항, 제50조의2)
- 신청에 따른 처분이 절차의 위법 또는 부당을 이유로 재결로써 취소된 경우 그 처분을 한 행정청이 재결의 취지에 따라 다시 이전의 신청에 대한 처분을 하지 아니한 경우(제49조 제4항, 제50조의2)

③ 절차

㉠ 청구인의 신청

피청구인인 처분청의 재결불이행에 대한 청구인의 간접강제의 신청이 있어야 한다.

㉡ 상당한 기간내 처분청의 불이행

위원회는 피청구인이 재결의 취지에 따른 처분을 하는 데에 필요한 상당한 기간을 정하여야 한다. 여기서 상당한 기간이란 사회통념상 재처분의무를 이행하는데 필요한 충분한 기간을 말한다. 그리고 피청구인인 처분청이 위원회가 결정한 상당한 기간 내에 재처분의무을 이행하지 않았어야 한다.

㉢ 배상명령

위원회는 피청구인이 그 기간 내에 이행하지 아니하는 경우에는 그 지연기간에 따라 일정한 배상을 하도록 명하거나 즉시 배상을 할 것을 명할 수 있다. 배상금은 재처분의무를 간접적으로 강제하기 위한 금액이며(이행강제금의 성질) 손해배상금이 아니므로 신청인이 입은 손해와 무관하게 재처분의무를 이행시키는 데에 필요한 제반사정을 고려하여 결정한다.

㉣ 결정내용의 변경

위원회는 사정의 변경이 있는 경우에는 당사자의 신청에 의하여 제50조의2 제1항에 따른 결정의 내용을 변경할 수 있다(제2항). (예 배상금액의 인상)

㉤ 신청 상대방의 의견청취

위원회는 간접강제 또는 결정내용변경에 따른 결정을 하기 전에 신청 상대방의 의견을 들어야 한다(제3항).

④ 청구인의 불복

청구인은 제1항 또는 제2항에 따른 결정에 불복하는 경우 그 결정에 대하여 행정소송을 제기할 수 있다(제4항).

⑤ 결정의 효력

간접강제 또는 결정내용변경에 따른 결정의 효력은 피청구인인 행정청이 소속된 국가·지방자치단체 또는 공공단체에 미치며, 결정서 정본은 제4항에 따른 소송제기와 관계없이 「민사집행법」에 따른 강제집행에 관하여는 집행권원과 같은 효력을 가진다. 이 경우 집행문은 위원장의 명에 따라 위원회가 소속된 행정청 소속 공무원이 부여한다(제5항).

⑥ 준용

간접강제 결정에 기초한 강제집행에 관하여 이 법에 특별한 규정이 없는 사항에 대하여는 「민사집행법」의 규정을 준용한다. 다만, 「민사집행법」 제33조(집행문부여의 소), 제34조(집행문부여 등에 관한 이의신청), 제44조(청구에 관한 이의의 소) 및 제45조(집행문부여에 대한 이의의 소)에서 관할 법원은 피청구인의 소재지를 관할하는 행정법원으로 한다(제6항).

04 재결에 대한 불복

1. 재심판청구의 금지

심판청구에 대한 재결이 있는 경우에는 당해 재결 및 동일한 처분 또는 부작위에 대하여 다시 심판청구를 제기할 수 없다(행정심판법 제51조). 따라서 재결에 불복이 있는 경우에는 행정소송에 의한다. 물론 개별법(예 국세기본법)에 다단계의 행정심판이 인정되는 경우에는 그에 의한다.

2. 재결에 대한 행정소송

(1) 원고의 행정소송 제기

원고는 기각재결 또는 일부인용재결의 경우 항고소송을 제기할 수 있다. 취소소송은 처분 등을 대상으로 함이 원칙이다. 다만, 재결 자체에 고유한 위법이 있음을 이유로 하는 경우에는 재결 취소소송이 가능하다(행정소송법 제19조 단서). 예컨대, 제3자효 행정행위에서 처분을 취소하는 인용재결로 인하여 비로소 권익침해를 당한 원처분의 상대방은 재결을 대상으로 행정소송을 제기할 수 있다.

판례

원처분의 상대방이 아닌 제3자가 행정심판을 청구하여 재결청이 원처분을 취소하는 형성재결을 한 경우, 위 원처분의 상대방이 할 수 있는 불복방법

당해 사안에서와 같이 원처분의 상대방이 아닌 제3자가 행정심판을 청구하여 재결청이 원처분을 취소하는 형성재결을 한 경우에 그 원처분의 상대방은 그 재결에 대하여 항고소송을 제기할 수밖에 없고, 이 경우 재결은 원처분과 내용을 달리 하는 것이어서 재결의 취소를 구하는 것은 원처분에 없는 재결 고유의 위법을 주장하는 것이 된다(대판 1998.4.24. 97누17131).

(2) 처분청의 불복가능성

인용재결에 대해 처분청이 행정소송을 제기할 수 있는지 문제된다.

① 학설

㉠ 부정설: 재결은 피청구인인 행정청과 그 밖의 관계행정청을 기속한다고 규정하고 있는 행정심판법 제49조 제1항(기속력 규정)에 근거하여 처분청은 행정심판의 재결에 불복할 수 없다는 견해이다. 즉, 재결에 불복하는 행정소송은 청구인만이 할 수 있는 것이지 행정청은 제기할 수 없다.

㉡ 제한적 긍정설: 원칙적으로 부정설을 취하면서, 자치사무에 속하는 처분에 대한 행정심판의 인용재결에 대하여는 지방자치단체의 장이 행정소송을 제기할 수 있다고 보아야 한다는 주장이 있다. 자치권은 지방자치단체의 주관적 공권이기 때문에 자치권이 침해된 경우 지방자치단체가 소를 제기할 수 있어야 함을 논거로 하고 있다.

② 판례

대법원은 "국가가 행정감독적인 수단으로 통일적이고 능률적인 행정을 위하여 중앙 및 지방행정기관 내부의 의사를 자율적으로 통제하고 국민의 권리구제를 신속하게 할 목적의 일환으로 행정심판제도를 도입하였는데, 심판청구의 대상이 된 행정청에 대하여 재결에 관한 항쟁수단을 별도로 인정하는 것은 행정상의 통제를 스스로 파괴하고, 국민의 신속한 권리구제를 지연시키는 작용을 하게 될 것이다. 그리하여 행정심판법 제37조 제1항(註: 현 제49조 제1항)은 재결은 피청구인인 행정청과 그 밖의 관계행정청을 기속한다고 규정하였고, 이에 따라 처분행정청은 재결에 기속되어 재결의 취지에 따른 처분의무를 부담하게 되므로 이에 불복하여 행정소송을 제기할 수 없다."(대판 1998.5.8. 97누15432)라고 하였다.

헌법재판소는 행정심판법 제49조 제1항이 지방자치제도의 본질적 부분을 침해하는지에 관하여 "행정심판제도가 행정통제기능을 수행하기 위해서는 중앙정부와 지방정부를 포함하여 행정청 내부에 어느 정도 그 판단기준의 통일성이 갖추어져야 하고, 행정청이 가진 전문성을 활용하고 신속하게 문제를 해결하여 분쟁해결의 효과성과 효율성을 높이기 위해 사안에 따라 국가단위로 행정심판이 이루어지는 것이 더욱 바람직할 수 있다. 이 사건 법률조항은 다층적·다면적으로 설계된 현행 행정심판제도 속에서 각 행정심판기관의 인용재결의 기속력을 인정한 것으로서, 이로 인하여 중앙행정기관이 지방행정기관을 통제하는 상황이 발생한다고 하여 그 자체로 지방자치제도의 본질적 부분을 훼손하는 정도에 이른다고 보기 어렵다. 그러므로 이 사건 법률조항은 지방자치제도의 본질적 부분을 침해하지 아니한다."(헌재 2014.6.26. 2013헌바122)라면서 합헌결정을 하였다.

판례

행정심판법 제49조 제1항 중 피청구인 가운데 국립대학법인에 관한 부분은 헌법에 위반되지 아니함

헌법 제107조 제3항은, 행정심판의 심리절차에서 대심구조적 사법절차가 준용되어야 한다는 취지일 뿐, 심급제에 따른 불복할 권리까지 준용되어야 한다는 의미는 아니다. 또한 기본권의 수범자 사이의 의견충돌에 대하여도 사법부가 최종적으로 판단할 권한을 가져야 한다거나 국민에 대한 공권력 행사자에게까지 사법부의 판단을 받을 권리를 보장해야 한다고 볼 수도 없다. 따라서 심판대상조항이 정보공개에 있어 기본권 수범자의 지위에 있는 서울대학교 등 국립대학법인으로 하여금 행정심판의 인용재결에 기속되도록 정한 것이 헌법 제107조 제3항에 위반된다고 볼 수는 없다(헌재 2023.3.23. 2018헌바385).

③ 검토

자치사무에 속하는 처분의 경우 위원회와 처분청은 동일한 법주체에 속하지 않으며 지방자치단체의 자치권을 보장할 필요가 있으므로 제한적으로 인정해야 한다는 견해도 일리가 있으나, 행정심판법은 재결이 피청구인인 행정청과 그 밖의 관계행정청을 구속한다고 분명히 규정하고 있으므로 처분청은 행정심판의 재결에 대해 불복할 수 없다고 봄이 타당하다.

3. 인용재결에 대한 권한쟁의심판

자치사무에 속하는 처분 또는 부작위에 대한 인용재결로 지방자치단체의 자치사무에 대한 자치권이 침해된 경우에는 당해 지방자치단체는 헌법재판소에 권한쟁의심판을 청구할 수 있다.

제6장 노동행정심판

01 특별행정심판

1. 중재재정에 대한 행정심판

(1) 관계 당사자는 지방노동위원회 또는 특별노동위원회의 중재재정이 위법이거나 월권에 의한 것이라고 인정하는 경우에는 그 중재재정서의 송달을 받은 날부터 10일 이내에 중앙노동위원회에 그 재심을 신청할 수 있다(노동조합 및 노동관계조정법 제69조 제1항). 중앙노동위원회의 재심은 행정심판의 성질을 갖는다.

(2) 관계 당사자는 중앙노동위원회의 중재재정이나 제1항의 규정에 의한 재심결정이 위법이거나 월권에 의한 것이라고 인정하는 경우에는 행정소송법 제20조의 규정에 불구하고 그 중재재정서 또는 재심결정서의 송달을 받은 날부터 15일 이내에 행정소송을 제기할 수 있다(제2항).

(3) 제1항 및 제2항에 규정된 기간내에 재심을 신청하지 아니하거나 행정소송을 제기하지 아니한 때에는 그 중재재정 또는 재심결정은 확정된다(제3항). 제3항의 규정에 의하여 중재재정이나 재심결정이 확정된 때에는 관계 당사자는 이에 따라야 한다(제4항).

(4) 노동위원회의 중재재정 또는 재심결정은 제69조 제1항 및 제2항의 규정에 따른 중앙노동위원회에의 재심신청 또는 행정소송의 제기에 의하여 그 효력이 정지되지 아니한다(제70조 제2항).

판례

직권 중재재정 대상의 해당 여부에 관한 구체적 사례

[1] 면직기준은 근로계약관계의 종료사유를 결정하는 것이므로 근로기준법 제94조 제4호 소정의 "퇴직에 관한 사항"에 해당하는 것으로서 근로조건에 해당하여 이에 관한 주장의 불일치는 결국 노동쟁의라 할 것이고 따라서 중재재정의 대상이 된다 할 것이고, 상벌위원회의

설치 및 그 구성 등 상벌위원회 관련 사항도 그것이 사업장에서의 합리적이고 공정한 인사나 제재를 도모하기 위하여 필요한 범위 내에서는 같은 법 제94조 제10호 소정의 "표창과 제재에 관한 사항"에 속하는 것으로서 근로조건에 해당하므로 같은 이유로 중재재정의 대상이 된다(대판 1996.2.23. 94누9177). ☞ 다만, 이 사건에서 노조원의 근무시간 중의 노조활동, 노조전임제는 근로조건에 포함되지 않아 중재재정의 대상이 아니라고 하였음

[2] 근로조건 이외의 사항인 근무시간 중 조합활동, 조합전임자, 시설 편의제공, 출장취급 등을 중재재정의 대상으로 할 수 없다(대판 2003.7.25. 2001두4818).

[3] 휴직 및 해고자의 복직요구와 같은 권리분쟁은 노동위원회의 중재에 의한 해결방법으로는 적절하지 아니하므로 위 분쟁사항에 대하여 노동위원회가 사법적 절차에 의하여 해결하라는 취지의 재정을 할 수 있다(대판 1994.1.11. 93누11883).

중재재정에 대한 불복사유

중재재정에 대한 불복은 중재재정이 위법이거나 월권에 의한 것이라고 인정되는 경우에 한하므로, 중재재정이 단순히 노사 어느 일방에게 불리하여 부당하거나 불합리한 내용이라는 사유만으로는 불복이 허용되지 아니한다. 중재재정의 대상이 될 수 없는 노조전임제에 관하여 중재재정을 한 위법이 임금인상에 관한 중재재정에 영향을 미쳤다고 하더라도 이로 인하여 임금인상에 관한 중재재정이 노사 어느 일방에게 불리하여 부당하거나 불합리한 것으로 될 뿐이고, 위법이거나 월권에 의한 것으로 된다고는 할 수 없으므로 그에 대한 불복은 허용되지 아니한다(대판 1997.12.26. 96누10669).

지방노동위원회의 중재회부결정에 대하여 불복할 수 있는지 여부 및 지방노동위원회의 중재회부결정에 대한 불복방법

지방노동위원회가 노동쟁의에 대하여 한 중재회부결정은, 중재에 회부된 날로부터 15일 간 쟁의행위를 금지시키고(노동쟁의조정법 제31조- 註: 현행 노동조합 및 노동관계조정법 제63조), 이를 위반하여 쟁의행위를 한 자에 대한 형사처벌을 할 수 있으며, 그 금지기간 중의 쟁의행위를 부당한 쟁의행위로 보는 결과 그로 인하여 발생한 사용자의 손해에 대하여 노동조합 또는 조합원에게 배상책임을 부담시키는 등의 법률상 효과를 발생하게 하는 행정처분이라 할 것이고, 또한 위 중재회부결정이 중재재정을 위한 선행처분에 해당한다고 보더라도 중재회부결정은 위와 같은 자체의 독립한 법률효과를 가지고 노동조합은 지방노동위원회의 중재회부결정 자체에 대하여도 불복할 수 있다. 노동위원회법 제19조의2 제1항의 규정은 행정처분의 성질을 가지는 지방노동위원회의 처분에 대하여 중앙노동위원장을 상대로 행정소송을 제기할 경우의 전치요건에 관한 규정이라 할 것이므로 당사자가 지방노동위원회의 처분에 대하여 불복하기 위하여는 처분 송달일로부터 10일 이내에 중앙노동위원회에 재심을 신청하고 중앙노동위원회의 재심판정서 송달일로부터 15일 이내에 중앙노동위원장을 피고로 하여 재심판정취소의 소를 제기하여야 할 것이다(대판 1995.9.15. 95누6724).

2. 구제결정 등에 대한 행정심판

(1) 지방노동위원회 또는 특별노동위원회의 구제명령 또는 기각결정에 불복이 있는 관계 당사자는 그 명령서 또는 결정서의 송달을 받은 날부터 10일 이내에 중앙노동위원회에 그 재심을 신청할 수 있다(노동조합 및 노동관계조정법 제85조 제1항). 중앙노동위원회의 재심은 행정심판의 성질을 갖는다. ※ 「근로기준법」 제31조에도 유사한 내용 있음

(2) 제1항의 규정에 의한 중앙노동위원회의 재심판정에 대하여 관계 당사자는 그 재심판정서의 송달을 받은 날부터 15일 이내에 행정소송법이 정하는 바에 의하여 소를 제기할 수 있다(제2항).

(3) 제1항 및 제2항에 규정된 기간내에 재심을 신청하지 아니하거나 행정소송을 제기하지 아니한 때에는 그 구제명령·기각결정 또는 재심판정은 확정된다(제3항). 제3항의 규정에 의하여 기각결정 또는 재심판정이 확정된 때에는 관계 당사자는 이에 따라야 한다(제4항).

(4) 사용자가 제2항의 규정에 의하여 행정소송을 제기한 경우에 관할법원은 중앙노동위원회의 신청에 의하여 결정으로써, 판결이 확정될 때까지 중앙노동위원회의 구제명령의 전부 또는 일부를 이행하도록 명할 수 있으며, 당사자의 신청에 의하여 또는 직권으로 그 결정을 취소할 수 있다(제5항).

(5) 노동위원회의 구제명령·기각결정 또는 재심판정은 제85조의 규정에 의한 중앙노동위원회에의 재심신청이나 행정소송의 제기에 의하여 그 효력이 정지되지 아니한다(제86조).

판례

구제신청 사건에서의 구제이익 또는 소의 이익

[1] 부당노동행위구제신청에 따른 구제명령을 얻는다고 하더라도 객관적으로 보아 그 실현이 불능인 경우와 구제를 구하는 사항이 다른 방법에 의하여 이미 실현되어 구제신청이 이미 목적을 달성한 경우 등에는 중앙노동위원회 판정의 취소를 구할 소의 이익은 없다고 보아야 하므로, 특정사항에 관한 단체교섭의 거부를 이유로 한 부당노동행위구제신청에 대한 각하결정의 취소를 구하는 소송 중 그에 관한 단체교섭이 타결된 경우에는 그 구제신청은 이미 목적을 달성한 경우로서 위 결정의 취소를 구하는 소송은 소의 이익이 없어 부적법하다(대판 1995.4.7. 94누3209).

[2] 근로자가 자신에 대한 해고 등의 불이익처분이 부당노동행위에 해당한다고 주장하여 부당노동행위 구제신청을 하여 그 구제절차가 진행 중에 자신이 별도로 사용자를 상대로 제기한 해고등무효확인청구의 소에서 청구기각 판결이 선고되어 확정된 경우에 있어서는 사용자의 근로자에 대한 해고 등의 불이익처분이 정당한 것으로 인정되었다 할 것이어서 노동위원회로서는 그 불이익처분이 부당노동행위에 해당한다고 하여 구제명령을 발할 수 없게 되었으므로 구제이익은 소멸한다고 보아야 하고, 이와 같은 경우 근로자의 부당노동행위 구제신청을 기각한 지방노동위원회의 결정을 유지하여 재심신청을 기각하거나 구제명령을 발한 지방노동위원회의 결정을 취소하여 구제신청을 기각하는 내용의 중앙노동위원회의 재심판정의 취소를 구하는 소송은 그 소의 이익이 없어 부적법하다(대판 1996.4.23. 95누6151; 2002.12.6. 2001두4825).

[3] 근로자들이 노동조합을 결성하고 원고를 조합장으로 선출하여 단체교섭을 요구하자 병원경영자가 노동조합을 혐오하여 위 병원을 폐업하고 원고를 비롯한 노동자를 모두 해고한 것이고 위장폐업이 아니라면, 그 사업체를 폐업함으로써 원고가 복귀할 사업체가 없어진 이상 원고의 부당노동행위 구제신청은 실익이 없게 되었다(대판 1990.2.27. 89누6501).

[4] 노조에 대한 노동조합설립신고취소를 구하던 노조원이 소송계속 중 퇴사한 경우 소의 이익이 없다(대판 2000.11.10. 2000두7155).

[5] 근로자가 부당전보 내지 부당해고 구체신청을 하여 전보명령과 해고처분의 효력을 다투던 중 사용자가 그 전보명령과 해고처분을 철회 내지 취소하고 근로자를 보직시켰다면, 근로자로서는 구제를 구하는 사항이 위 복직 등에 의하여 실현됨으로써 구제신청의 목적을 달성하였으므로, 새로운 근무지로의 전보에 대한 효력을 다투는 것은 별론으로 하고, 더 이상 구제절차를 유지할 필요가 없게 되어 구제이익은 소멸한다(대판 2002.2.8. 2000두7186). 다만 사용자가 구제명령에 따라 해고된 근로자를 복직시킨 경우는 종전의 해고처분의 효력을 정지시키고 복직시킨다는 뜻이지 해고처분을 종국적으로 취소한다는 뜻이라고는 볼 수 없으므로 이에 해당한다고 할 수 없다(대판 2004.2.13. 2003두8876).

[6] 부당해고에 대한 구제명령이 있었다는 사정만으로 부당노동행위구제신청에 대한 구제이익 또는 그 구제신청을 받아들이지 않은 중앙노동위원회의 재심판정에 대한 취소소송에서의 소의 이익마저도 없게 되었다고 할 수 없는바, 이는 구 근로기준법 제27조의3 제2항, 구 노동조합법 제44조가 부당해고등구제신청에 따른 구제명령의 효력이 중앙노동위원회에의 재심신청이나 행정소송의 제기에 의하여 정지되지 아니한다고 규정하고 있다고 하여 달리 볼 것이 아니다. – 노조활동으로 징계해고된 근로자가 별도로 제기한 부당해고 구제신청과 관련하여 중앙노동위원회 위원장이 위 근로자에 대한 해고를 부당해고로 인정하여 위 근로자의 복직을 명하는 재심판정을 하였다는 이유만으로 위 근로자의 당해 부당노동행위구제신청의 목적이 달성되었음을 이유로 당해 재심판정의 취소를 구할 소의 이익이 없다고 판단한 것은 부당노동행위구제신청에 관한 취소소송에서의 소의 이익에 관한 법리를 오해한 위법이 있다고 한 사례(대판 1998.5.8. 97누7448).

[7] 〈종래 판례〉 근로자가 부당해고 구제신청을 기각한 재심판정에 대해 소를 제기하여 해고의 효력을 다투던 중 사직하거나 정년에 도달하거나 근로계약기간이 만료하는 등의 이유로 근로관계가 종료한 경우, 근로자가 구제명령을 얻는다고 하더라도 객관적으로 보아 원직에 복직하는 것이 불가능하고, 해고기간 중에 지급받지 못한 임금을 지급받기 위한 필요가 있다고 하더라도 이는 민사소송절차를 통하여 해결할 수 있다는 등의 이유를 들어 소의 이익

을 부정(대판 1995.12.5. 95누12347등) ⇨ 〈판례 변경〉 부당해고 구제명령제도에 관한 근로기준법의 규정 내용과 목적 및 취지, 임금 상당액 구제명령의 의의 및 법적 효과 등을 종합적으로 고려하면, 근로자가 부당해고 구제신청을 하여 해고의 효력을 다투던 중 정년에 이르거나 근로계약기간이 만료하는 등의 사유로 원직에 복직하는 것이 불가능하게 된 경우에도 해고기간 중의 임금 상당액을 지급받을 필요가 있다면 임금 상당액 지급의 구제명령을 받을 이익이 유지되므로 구제신청을 기각한 중앙노동위원회의 재심판정을 다툴 소의 이익이 있다고 보아야 한다.…(중략)…위와 같은 법리는 근로자가 근로기준법 제30조 제3항에 따라 금품지급명령을 신청한 경우에도 마찬가지로 적용된다(대판 2020.2.20. 2019두52386 전합).

[8] 근로자가 제기한 부당해고구제재심판정 취소소송 도중 근로자가 당해 해고에 대하여 동의 또는 승인한 경우에는 재심판정의 취소를 구할 소의 이익은 없게 된다(대판 1998.2.27. 97누18202).

[9] 근로자를 해고한 회사가 실질적으로 폐업하여 법인격까지 소멸됨으로써 그 복귀할 사업체의 실체가 없어졌다면 기업의 존재를 전제로 하여 기업에 있어서의 노사의 대립관계를 유지하는 것을 목적으로 하는 부당노동행위 구제신청의 이익도 없다(대판 1991.12.24. 91누2762).

[10] 근로자를 징계해고한 회사가 해산등기 이후 청산절차가 종료되어 청산절차 종결등기를 마친 경우, 위 근로자는 부당해고구제신청에 따른 구제명령을 얻는다고 하더라도 위 회사와의 근로관계 회복이 객관적으로 불가능하게 되었고, 그 외 법령 등에서 재취업의 기회를 제한하는 규정을 두고 있는 등의 특별한 사정이 없고 위 회사에 분배되지 아니한 잔여재산이 남아 있지 않다면 해고 이후 복직이 가능하였던 기간 중의 임금 상당액도 변제받을 수 없게 되었다고 할 것이므로 부당해고구제재심판정의 취소를 구할 소의 이익이 없다(대판 2000.8.22. 99두6910).

[11] 근로자가 승진 및 배치전환 이후 해고되자 지방노동위원회에 부당해고 구제신청을 하였으나 신청기간 도과를 이유로 각하되었고 이에 중앙노동위원회에 재심신청을 하였으나 기각되어 위 각하 결정이 확정되었다고 하더라도 이로써 그 해고가 정당한지 여부가 아직 확정되지 아니하였다고 할 것이고, 더군다나 위 해고가 승진 및 배치전환에 따른 무단결근 등을 그 해고사유로 삼고 있어서 승진 및 배치전환의 부당노동행위 해당 여부가 위 해고의 사유와도 직접 관련을 갖고 있다면, 승진 및 배치전환에 대한 구제의 이익이 있다(대판 1998.12.23. 97누18035).

[12] 甲 개인택시운송사업조합이 근로자 乙에게 대기발령을 하였으나 乙이 이미 그 이전에 육아휴직을 신청한 상태였고 그에 따라 1년간 휴직에 들어간 후 대기발령에 대한 구제신청을 한 경우, 乙은 위 대기발령으로 승진에 제한을 받고 보수가 감액되는 등의 불이익을 입게 되었으므로 乙이 대기발령에 대한 구제신청을 하기 전부터 육아휴직 기간이 개시되면서 대기발령이 실효되었다고 하더라도 乙이 구제신청 당시 甲 조합의 근로자 지위를 유지한 채 위와 같은 불이익에서 회복되지 못한 상태에 있었다면 乙로서는 대기발령에 대한 구제를 신청할 이익이 있었다(대판 2024.9.13. 2024두40493).

[13] 근로기준법 제30조 제3항은 노동위원회는 부당해고에 대한 구제명령을 할 때에 근로자가 원직복직을 원하지 아니하면 원직복직을 명하는 대신 근로자가 해고기간 동안 근로를 제공하였더라면 받을 수 있었던 임금 상당액(이하 '임금 상당액') 이상의 금품을 근로자에게 지급하도록 명할 수 있다고 규정하고 있다. 이러한 금전보상명령은 원직복직명령을 대신하는 것이고 그 금액도 임금 상당액 이상의 금액이므로, 부당해고 구제신청 후 사용자가 해고를 취소하여 원직복직을 명하고 임금 상당액을 지급하였더라도 특별한 사정이 없는 한 근로자가 금전보상명령을 받을 구제이익이 소멸하는 것은 아니다. 부당해고 구제명령을 받을 구제이익은 구제명령을 할 당시를 기준으로 판단하여야 하므로, 중앙노동위원회는 재심판정 당시를 기준으로 구제이익이 있는지를 판단하여야 한다(대판 2025.3.13. 2024두54683).

[14] 차별처우 시정절차 관련 규정의 내용과 입법 목적, 시정절차의 기능, 시정명령의 내용 등을 종합하여 보면, 시정신청 당시에 혹은 시정절차 진행 도중에 근로계약기간이 만료하였다는 이유만으로 기간제근로자가 차별적 처우의 시정을 구할 시정이익이 소멸하지는 아니한다(대판2016.12.1. 2014두43288).

취소소송에서 패소한 후 민사소송에서의 소의 이익

노동위원회의 구제명령은 사용자에게 구제명령에 복종하여야 할 공법상 의무를 부담시킬 뿐 직접 근로자와 사용자 간의 사법상 법률관계를 발생 또는 변경시키는 것은 아니므로, 설령 근로자가 부당해고 구제신청을 기각한 재심판정의 취소를 구하는 행정소송을 제기하였다가 패소판결을 선고받아 그 판결이 확정되었다 하더라도, 이는 재심판정이 적법하여 사용자가 구제명령에 따른 공법상 의무를 부담하지 않는다는 점을 확정하는 것일 뿐 해고가 유효하다거나 근로자와 사용자 간의 사법상 법률관계에 변동을 가져오는 것은 아니어서, 근로자는 그와 별도로 민사소송을 제기하여 해고의 무효 확인을 구할 이익이 있다(대판 2011.3.24. 2010다21962).

부당해고구제신청이 행정심판절차인지 여부(소극) 및 부당해고구제신청에 행정심판법 제18조(현행 제27조) 제3항 단서 규정을 유추 적용할 수 있는지 여부(소극)

정당한 사유가 있는 경우에는 행정심판법 제18조(현행 제27조) 제3항 본문의 행정심판청구기간이 경과하여도 행정심판청구를 제기할 수 있다는 같은 항 단서는 행정처분에 대한 행정심판을 구하는 경우에 적용되는 규정인바, 근로기준법 제27조의3(현행 제28조) 제1항, 제2항에 따른 부당해고구제신청은 행정청의 위법 또는 부당한 처분 등에 대한 행정심판절차가 아니라 단지 행정처분인 노동위원회의 구제명령을 구하는 행위에 불과하여 행정처분 등에 대한 행정쟁송절차로서의 행정심판절차와는 그 법률적 성격이 전혀 상이하므로, 행정심판법의 위 규정을 부당해고구제신청의 경우에 유추 적용할 수는 없다(대판 1997.2.14. 96누5926).

노동조합법 제39조(현행 제81조) 제1호 소정의 부당노동행위의 성립요건 및 그 입증책임

노동조합법 제39조(현행 제81조) 제1호는 '근로자가 노동조합에 가입 또는 가입하려고 하였거나 노동조합을 조직하려고 하였거나 기타 노동조합의 업무를 위한 정당한 행위를 한 것을 이유로 그 근로자를 해고하거나 그 근로자에게 불이익을 주는 행위'를 사용자의 부당노동행위의 한 유형으로 규정하고 있으므로, 같은 법조의 부당노동행위가 성립하기 위해서는 근로자가 '노동조합의 업무를 위한 정당한 행위'를 하고 사용자가 이를 이유로 근로자에 대하여 해고 등의 불이익을 주는 행위를 한 경우라야 하며, 그 사실의 주장 및 입증책임은 부당노동행위임을 주장하는 근로자에게 있다(대판 1996.9.10. 95누16738). ☞ 중앙노동위원회위원장이 재심판정이 적법하다는 것을 주장·입증하는 것이 원칙이나 그것에 대한 예외 사례

부당노동행위구제신청에 관한 중앙노동위원회의 명령 또는 결정전에 생긴 사유를 노동위원회에서 주장하지 아니하고 그 결정 등에 대한 행정소송에 주장할 수 있는지 여부(적극)

부당노동행위구제신청에 관한 중앙노동위원회의 명령 또는 결정의 취소를 구하는 소송에 있어서 그 명령 또는 결정의 적부는 그것이 이루어진 시점을 기준으로 판단하여야 할 것이지만 노동위원회에서 이미 주장된 사유만에 한정된다고 볼 근거는 없으므로, 중앙노동위원회의 명령 또는 결정 후에 생긴 사유가 아닌 이상 노동위원회에서 주장하지 아니한 사유도 행정소송에서 주장할 수 있다(대판 1990.8.10. 89누8217).

무기정직처분이 노동조합법 제40조(현행 82조) 제2항 소정의 "계속하는 행위"에 해당하는지 여부(소극)

무기정직처분은 처분과 동시에 처분행위가 종료되고 무기정직기간 동안 처분행위가 계속하여 노동조합법 제40조(현행 82조) 제2항에서 말하는 "계속하는 행위"에 해당하는 것은 아니다(대판 1993.3.23. 92누15406).

단체협약에서 징계처분에 대한 재심절차를 규정하고 있는 경우 징계해고의 효력이 재심절차가 종료되어야 발생하는지 여부(소극)

근로기준법상 해고라 함은 징계해고이든 정리해고이든 사용자가 근로자의 의사와는 관계없이 일방적으로 근로계약 내지 근로관계를 종료시키는 단독행위이고, 단체협약에 징계처분을 받은 자가 재심을 청구할 수 있도록 규정하고 있다 하더라도 재심절차는 근로자에 대한 구제절차에 불과하고 징계해고는 즉시 효력을 발생하여 사용자와 징계해고 된 근로자와의 근로관계는 종료되며, 다만 재심에서 징계해고처분이 취소되는 경우에는 소급하여 해고되지 아니한 것으로 볼 뿐이다(대판 1993.5.11. 91누11698). ☞ 구제신청기간은 원칙적으로 원래의 처분이 있은 날로부터 기산한다는 취지의 판례

사용자가 여러 징계사유를 들어 근로자에게 징계처분을 한 경우, 부당해고 등의 구제신청에 관한 중앙노동위원회 재심판정 취소소송에서 징계처분이 정당한지 판단하는 방법

부당해고 등의 구제신청에 관한 중앙노동위원회의 재심판정 취소소송의 소송물은 재심판정 자체의 위법성이므로, 부당해고 등으로 주장되는 구체적 사실이 부당해고 등에 해당하는지를 심리하여 재심판정의 위법성 유무를 따져보아야 한다. 한편 근로자에 대한 징계처분에 정당한 이유가 있는지는 징계위원회 등에서 징계처분의 근거로 삼은 징계사유에 의하여 판단하여야 한다. 위와 같은 부당해고 등의 구제절차 관련 규정, 재심판정 취소소송의 소송물, 심리 방식, 심판 대상이 되는 징계사유 등을 종합하면, 재심판정이 징계처분의 정당성에 관한 판단을 그르쳤는지를 가리기 위해서는 징계위원회 등에서 징계처분의 근거로 삼은 징계사유에 의하여 징계처분이 정당한지를 살펴보아야 한다. 따라서 여러 징계사유를 들어 징계처분을 한 경우에는 중앙노동위원회가 재심판정에서 징계사유로 인정한 것 이외에도 징계위원회 등에서 들었던 징계사유 전부를 심리하여 징계처분이 정당한지를 판단하여야 한다(대판 2016.12.29. 2015두38917).

3. 노동위원회의 처분에 대한 행정심판

(1) 중앙노동위원회는 당사자의 신청이 있는 경우 지방노동위원회 또는 특별노동위원회의 처분을 재심하여 이를 인정·취소 또는 변경할 수 있다(노동위원회법 제26조 제1항).

(2) 제1항에 따른 신청은 관계 법령에 특별한 규정이 있는 경우를 제외하고는 지방노동위원회 또는 특별노동위원회가 한 처분을 송달받은 날부터 10일 이내에 하여야 한다(제2항).

4. 보험급여 등에 관한 행정심판

(1) 근로복지공단의 '보험급여 결정 등'에 불복하는 자는 공단에 심사청구를 할 수 있다(산업재해보상보험법 제103조 제1항). 보험급여 결정등에 대하여는 「행정심판법」에 따른 행정심판을 제기할 수 없다(제5항). 공단은 심사 청구서를 받은 날부터 60일 이내에 심사위원회의 심의를 거쳐 심사 청구에 대한 결정을 하여야 한다. 다만, 부득이한 사유로 그 기간 이내에 결정을 할 수 없으면 1차에 한하여 20일을 넘지 아니하는 범위에서 그 기간을 연장할 수 있다(제105조 제1항).

(2) 제105조 제1항에 따른 심사 청구에 대한 결정에 불복하는 자는 제107조에 따른 산업재해보상보험재심사위원회에 재심사 청구를 할 수 있다. 다만, 판정위원회의 심의를 거친 보험급여에 관한 결정에 불복하는 자는 제103조에 따른 심사 청구를 하지 아니하고 재심사 청구를 할 수 있다(제106조 제1항).

02 일반행정심판

노동관계법상의 처분에 대한 행정심판에 관하여 특별한 규정이 없는 경우에는 행정심판법에 따라 행정심판을 제기한다(예 근로기준법 제33조 노동위원회의 이행강제금 부과처분에 대해 중앙행정심판위원회에 취소심판 청구, 임금채권보장법 제7조의 지방노동관서의 장의 체당금 확인통지에 대해 중앙행정심판위원회에 취소심판 청구).

행정쟁송법

제2편 행정소송

제1장 행정소송 총설

01 행정소송의 의의

행정소송법 제1조 【목적】 이 법은 행정소송절차를 통하여 행정청의 위법한 처분 그 밖에 공권력의 행사불행사등으로 인한 국민의 권리 또는 이익의 침해를 구제하고, 공법상의 권리관계 또는 법적용에 관한 다툼을 적정하게 해결함을 목적으로 한다.

제2조 【정의】 ① 이 법에서 사용하는 용어의 정의는 다음과 같다.
1. "처분등"이라 함은 행정청이 행하는 구체적 사실에 관한 법집행으로서의 공권력의 행사 또는 그 거부와 그 밖에 이에 준하는 행정작용(이하 "處分"이라 한다) 및 행정심판에 대한 재결을 말한다.
2. "부작위"라 함은 행정청이 당사자의 신청에 대하여 상당한 기간내에 일정한 처분을 하여야 할 법률상 의무가 있음에도 불구하고 이를 하지 아니하는 것을 말한다.

② 이 법을 적용함에 있어서 행정청에는 법령에 의하여 행정권한의 위임 또는 위탁을 받은 행정기관, 공공단체 및 그 기관 또는 사인이 포함된다.

1. 행정소송의 개념

행정소송이란 「행정법규의 적용과 관련하여 위법하게 권리가 침해된 자가 소송을 제기하고, 법원이 이에 대해 심리·판단하는 정식의 행정쟁송」 또는 「법원이 행정사건에 대하여 정식의 소송절차에 의하여 행하는 재판」이라고 정의된다.

2. 행정소송의 성격

(1) 특징

① 행정법상 법률관계의 분쟁에 관한 재판

행정소송은 행정법상 법률관계의 분쟁에 관한 재판작용이라는 점에서, 사법(私法)상의 법률관계에 관한 분쟁을 심판하는 민사소송과 구별된다.

② 법원을 심판기관으로 하는 재판

행정소송은 심판기관이 법원이라는 점에서 행정심판과 구별된다. 행정소송은 위법한 행정작용으로부터 개인의 권익구제를 주목적으로 하고 있으며, 행정통제적인 기능은 다소 부수적인 효과에 그치기 때문에, 그 심판기관은 행정기관과는 계통을 달리하는 법원이 된다.

③ 정식절차에 의한 재판

행정소송은 당사자로부터 독립한 지위에 있는 법원이 구두변론 등을 거쳐 행하는 정식쟁송이다. 정식절차의 요소로 ㉠ 대심구조, ㉡ 심리절차의 원칙적 공개, ㉢ 당사자의 구술변론권 보장, ㉣ 법정절차에 의한 증거조사, ㉤ 심판기관의 독립성 등이 있다.

(2) 다른 제도와의 구별

① 행정심판과의 구별

행정소송은 당사자로부터 독립한 지위에 있는 법원이 구두변론 등을 거쳐 행하는 정식쟁송인 점에서, 행정청이 자기의 행위를 약식절차에 따라 행하는 행정심판과 다르다.

② 민사소송·형사소송과의 구별

행정소송은 행정사건을 대상으로 하는 소송으로서, 민사소송이 사법상 권리관계를 대상으로 하는 것과 구별된다. 그러나 구체적 사건에서 행정소송의 대상인지 민사소송의 대상인지 명확하지 않은 경우가 있다. 또한 행정소송은 국가형벌권의 존부·범위에 관한 소송인 형사소송과도 구별된다.

③ 헌법소송과의 구별

헌법소송사항으로서 헌법재판소의 심판대상은 헌법이 열거하고 있다(헌법 제111조 제1항). 위헌법률심판·헌법소원심판·위헌정당해산심판·탄핵심판·권한쟁의심판이 그것이다. 또한 헌법소송의 하나인 선거소송은 공직선거법이 별도로 규율하고 있다(법원이 심판). 행정소송은 공법상 분쟁 중에서 이러한 헌법소송사항 이외의 것을 대상으로 한다.

3. 행정소송의 기능

(1) 2대 기능

행정소송법 제1조는 "이 법은 행정소송절차를 통하여 행정청의 위법한 처분 그 밖에 공권력의 행사·불행사등으로 인한 국민의 권리 또는 이익의 침해를 구제하고, 공법상의 권리관계 또는 법적용에 관한 다툼을 적정하게 해결함을 목적으로 한다."라고 하여 행정소송의 기능이 국민의 권리구제기능(행정구제기능)과 행정의 적법성보장기능(행정통제기능)임을 밝히고 있다.

① 권리구제기능

행정작용이 위법하게 이루어짐으로써 개인의 권리(법률상 이익)가 침해받은 경우, 개인은 그러한 위법한 행정작용의 시정을 구하여 권리를 구제받을 수 있다. 행정소송의 가장 중심적인 기능이다. 행정소송이 대심구조를 기본으로 하고 공개변론을 통한 심리절차를 보장하는 것도 개인의 권리를 보호하는 데 의의가 있다.

② 행정통제기능

법원은 행정사건에 대한 법적 판단을 통하여 행정의 합법성 및 합목적성을 보장함으로써 행정통제기능을 수행한다. 이는 행정작용을 법에 종속시켜 법치주의를 실현하는 효과적인 방법이 된다. 행정소송의 이러한 기능 때문에 민사소송과 달리 실체적 진실발견에 중점을 둔 직권주의적 요소를 가미하고 있다.

(2) 주관소송과 객관소송

행정소송 가운데 주관소송인 항고소송에서는 그 대상이 처분이기만 하면 '법률상 이익'이 있는 사람은 누구나 제기할 수 있어 개괄주의를 채택하고 있으나, 객관소송인 기관소송과 민중소송에서는 법률이 정한 경우에 한하여 법률이 정한 사람만 제기할 수 있어 법정주의를 채택하고 있다.

법률상 쟁송이 구체적인 권리·의무에 관한 분쟁이므로 행정소송의 주된 목적은 개인의 권리구제에 있으므로, 행정소송은 기본적으로 주관소송으로서의 성격을 가진다. 즉 행정소송의 권리구제기능과 행정통제기능 중 전자가 주된 기능이고 후자는 종된 기능이라 할 수 있다.

02 행정소송과 민사소송의 관계

1. 공법과 사법의 구별

(1) 구별의 의의와 실익

국가의 법질서는 크게 공법(公法) 영역과 사법(私法) 영역으로 나뉘는데 행정법은 헌법과 더불어 공법 영역에 속한다. 공법의 규율대상이 되는 행정주체와 사인과의 관계는 일반적으로 행정주체에게 우월적인 지위가 주어지는 관계로서 공익과 사익간의 관계를 규율한다.

공법과 사법의 구별실익은 적용법리의 결정, 절차법상 구별, 강제집행절차, 손해전보 측면에서 나타나는데, 특히 소송형식을 정하기 위해 필요하다. 공법규정이 적용되는 법적 분쟁은 행정소송으로 제기하여야 하고 사법규정이 적용되는 사건은 민사소송으로 제기하여야 한다. 처분에 대하여는 항고소송을 제기하고, 공법상 법률관계에 관한 분쟁에 있어서는 공법상 당사자소송을 제기하여야 한다. 행정소송법은 민사소송과 다른 행정소송의 특별한 절차를 규정하고 있다.

(2) 구별기준

① 제1차적 기준: 관련법규정

문제되는 법률관계를 규율하는 관련법규정이 제1차적 기준이 된다. 어떤 법률관계가 사법형식에 의해 규율되고 있는 것이 명백한 경우에는 사법관계가 되고, 관련법규가 문제의 법률관계가 공법관계라는 것을 전제로 하고 있는 법규정이라면 공법관계이다. 실정법이 명문으로 행정벌, 행정강제, 행정상 손해배상·손실보상, 행정쟁송 등과 같이 공법관계적 특별규정을 둔 경우는 공법관계이다. 다만, 행정의 편의를 위해 사법관계에 체납처분에 관한 규정을 준용하는 경우 등에는 여전히 사법상 의무이다(예 국유재산법상 일반재산의 대부료의 징수).

② 제2차적 기준: 대상이 되는 법률관계의 성질

㉠ 적어도 한쪽 당사자가 행정주체인 법률관계를 규율하는 법이 공법이고 사인 상호간의 관계를 규율하는 법이 사법이라는 **구주체설**, ㉡ 공익의 실현에 봉사하는 법이 공법이고 사익의 실현에 봉사하는 법이 사법이라는 **이익설**, ㉢ 상하질서관계(불평등관계)를 규율하는 법이 공법이고, 대등관계를 규율하는 법이 사법이라는 **성질설(종속설)**, ㉣ 권리나 의무의 귀속주체의 한 쪽을 반드시 공권력 주체로 하는 법이 공법이고, 공권력 주체 및 사인을 포함하여 누구에게나 권리 또는 의무를 귀속시키는 법을 사법으로 보는 **귀속설(신주체설)** 등이 있다.

그러나 각 학설들은 공법과 사법의 구별에 관하여 완벽한 이론이 되지 못한다. 행정활동의 다양성이 비추어 위의 이론을 종합적으로 고려하여 문제의 법이 공법인지 사법인지를 판단해야 한다(다수설). 때로는 단행법률에 공법규정과 사법규정이 병존하는 경우도 있다.

(3) 구체적 문제영역

① 개별적 검토

하나의 법률관계에 있어서 공법관계와 사법관계가 혼재되어 있는 경우가 많으므로, 공법관계와 사법관계의 구별은 법률관계 전체에 대해 개괄적으로 하는 것이 아니라 법률관계마다 개별적으로 한다.

② 구체적 사례

㉠ 사실행위

법적 효과가 아니라 사실상의 효과만을 발생시키는 사실행위를 공법적 행위로 볼 것인지 문제되는데, 통설은 ⓐ 당해 사안의 전체적인 맥락과 ⓑ 행위의 목적을 기준으로 판단해야 한다는 입장이다. 예를 들어, 공공기관의 차량운행이 물자조달업무를 위한 경우는 사법작용이지만 경찰직무와 같은 고권적 행정임무을 위한 경우에는 공법작용이 된다.

㉡ 공공시설의 이용관계

이용허가의 관계는 행정주체를 대상으로 하는 이용청구권의 문제의 성격을 가지므로 공법적 성질을 띤다. 그러나 이용관계의 개별적 내용의 경우는 근거규범의 형태, 이용료의 법적 형태, 권리구제수단의 유형 등을 기준으로 관계법규의 합리적·체계적 해석에 따라 공법관계인지 사법관계인지를 개별적으로 판단해야 한다. 우리 판례는 수돗물 공급과 사용료징수관계를 공법관계로 본 사례가 있다.

㉢ 국가손해배상·손실보상

실무상 이들 청구권행사는 민사소송절차에 의하고 있다. 학설상으로는 이들이 공법상의 권리이므로 공법상 당사자소송에 의해야 한다는 견해도 적지 않다.

㉣ 공법상의 계약 또는 사법상 계약

근거법의 해석을 통해 법적 성질을 명확히 할 수 없는 경우, 계약을 통해 부담하게 되는 당사자의 의무의 성질과 계약의 전체 성격을 기준으로 검토하게 된다. 판례는 공공용지의 협의 취득계약은 사법상 계약으로, 시립무용단의 위촉계약은 공법상 계약으로 본다. 공법상 계약의 무효확인소송, 공법상 계약에 의한 의무의 확인에 관한 소송, 의무불이행시의 의무이행을 구하는 소송 등은 행정소송법 제3조 제2호의 공법상 당사자소송에 의한다. 그러나 행정주체 상호간에 체결되는 계약의 경우는 당사자소송이나 의무불이행에 대한 사법적(司法的) 강제가 곤란한 측면이 있다.

㉤ 국유재산의 매매 또는 사용

국유 또는 공유의 일반재산(구 잡종재산)의 매각이나 대부는 행정처분이 아니라 사법상 계약이다. 국유 또는 공유재산인 행정재산의 사용허가는 행정행위로서 특허이다.

ⓑ 입찰관련 행위

판례는 입찰계약이나 입찰보증금의 국고귀속조치를 사법상 행위로 본다. 그러나 행정청이 한 입찰참가자격정지는 처분으로 본다.

ⓢ 2단계설

기본적 결정(예 보조금 지급결정)은 공법관계이고 그 발전적 단계(예 보조금 지급계약)은 사법관계로 보는 견해를 2단계설이라고 한다. 2단계설에 대하여는 행정법관계의 통일적인 규율을 해친다고 비판하는 견해도 있다.

2. 행정소송절차와 민사소송절차

행정소송법 제8조 【법적용례】 ① 행정소송에 대하여는 다른 법률에 특별한 규정이 있는 경우를 제외하고는 이 법이 정하는 바에 의한다.
② 행정소송에 관하여 이 법에 특별한 규정이 없는 사항에 대하여는 법원조직법과 민사소송법 및 민사집행법의 규정을 준용한다.

행정소송규칙 제4조 【준용규정】 행정소송절차에 관하여는 법 및 이 규칙에 특별한 규정이 있는 경우를 제외하고는 그 성질에 반하지 않는 한 「민사소송규칙」 및 「민사집행규칙」의 규정을 준용한다.

(1) 행정소송법의 독자성

행정소송법 제8조 제1항은 "행정소송에 대하여는 다른 법률에 특별한 규정이 있는 경우를 제외하고는 이 법이 정하는 바에 의한다."라고 규정하여 행정소송에서 적용되어야 할 일반법이 행정소송법이라는 점, 그리고 행정소송은 민사소송과 동등한 하나의 독자적인 소송의 형태라는 점을 분명히 하고 있다.

행정소송은 행정목적의 실현을 위한 공법상의 법률관계를 다룬다는 점에서 개인 상호간의 사법상의 법률관계를 다루는 민사소송과 다른 여러 가지 특수성이 있으므로, 행정소송법이나 개별법에 명문의 규정이 없더라도 행정소송에서는 이론상 민사소송절차와 달리 취급하여야 할 경우가 많다.

행정소송법은 행정처분 취소의 소를 원칙적인 소송형태로 하고, 당사자적격, 전심절차(행정심판), 제소기간, 임시구제제도(집행정지) 등의 특별규정을 두고 있다. 그리고 행정소송에는 민사소송의 처분권주의와 변론주의가 그대로 준용될 수 없고, 직권주의적 요소를 가미하여 직권소송참가(제16조, 제17조), 직권집행정지(제23조), 직권심리(제26조), 사정판결(제28조) 등 민사소송과는 다른 특별 규정을 두고 있다.

〈행정소송절차의 특징〉

관할	취소소송의 제1심 관할법원은 피고의 소재지를 관할하는 행정법원으로 하되, 중앙행정기관, 중앙행정기관의 부속기관과 합의제행정기관 또는 그 장, 국가의 사무를 위임 또는 위탁받은 공공단체 또는 그 장을 피고로 하여 취소소송을 제기하는 경우에는 대법원소재지를 관할하는 행정법원에 제기할 수 있다(제9조 제1항, 제2항).
전심절차	행정심판제도가 존재한다(제18조).
사건번호	지방법원에 제기된 민사소송의 사건번호는 '가단' 또는 '가합' 등인데, 행정법원이나 지방법원 행정부에 제기된 1심 사건번호는 '구단' 또는 '구합'이다.
소의 병합	민사소송법은 같은 종류의 소송절차에 따르는 경우에만 여러 개의 청구를 하나의 소로 제기할 수 있으나, 행정소송은 청구와 관련된 손해배상·부당이득반환·원상회복등 관련청구소송의 병합이 가능하다(제10조).
제소기간	제소기간이 비교적 짧게 제한되어 있다(제20조).
소송참가	제3자의 소송참가(제16조), 행정청의 소송참가(제17조)가 비교적 넓게 인정된다.
집행정지	소송의 제기는 처분등의 효력이나 그 집행 또는 절차의 속행에 영향을 주지 않는 집행부정지 원칙(제23조 제1항)이 채택되어 있다. 다만, 일정한 요건하에 예외적 집행정지를 인정한다(제23조 제1항).
소의 변경	소의 종류의 변경(제21조), 처분변경으로 인한 소변경(제22조)으로 소의 변경이 비교적 넓게 인정되어 있다.
심리절차	행정사건의 심리에도 특별한 규정이 없으면 민사소송절차의 일반원칙인 변론주의 등이 그대로 적용된다. 다만, 행정소송법은 법원은 필요하다고 인정할 때에는 직권으로 증거조사를 할 수 있고, 당사자가 주장하지 아니한 사실에 대하여도 판단할 수 있다고 규정한다(제26조).
사정판결	원고의 청구가 이유있다고 인정하는 경우에도 처분등을 취소하는 것이 현저히 공공복리에 적합하지 아니하다고 인정하는 때에는 법원은 원고의 청구를 기각할 수 있다(제28조).
판결의 제3자효	민사소송에서 확정판결의 기판력이 원칙적으로 당사자(변론을 종결한 뒤의 승계인 등 포함)에 대해서만 미치나(민사소송법 제218조 제1항), 행정소송에서 처분 등을 취소하는 판결은 당사자(원고·피고)뿐만 아니라 제3자에 대해서도 효력이 있다(제29조).
판결의 기속력	처분등을 취소하는 확정판결은 그 사건에 관하여 당사자인 행정청과 그 밖의 관계행정청을 기속한다(제30조 제1항). 취소소송 이외의 항고소송인 무효등확인소송과 부작위위법확인소송 및 당사자소송, 민중소송, 기관소송에 있어서도 마찬가지로 기속력이 인정된다(제38조, 제44조, 제46조).

(2) 민사소송절차의 준용

행정소송법과 민사소송법은 특별법과 일반법의 관계에 있는 것이 아닐지라도, 행정소송은 그 다루는 대상을 달리할 뿐 민사소송과 마찬가지로 대립 당사자 사이에 발생한 법률상의 분쟁에 대하여 법원이 사실관계를 확정하고 법을 해석·적용함으로써 분쟁을 해결하는 절차라는 점에서 민사소송절차와 크게 다를 바는 없다. 따라서 행정소송법 제8조 제2항은 "행정소송에 관하여 이 법에 특별한 규정이 없는 사항에 대하여는 법원조직법과 민사소송법 및 민사집행법의 규정을 준용한다."고 규정하고 있다. 즉 행정소송법에서 규정한 특칙 이외에는 민사소송법이 일반적으로 준용되어 소송절차가 진행된다. 민사소송법령에서의 당사자의 확정과 정정, 비법인사단의 당사자능력, 선정당사자제도, 소송대리인, 법관의 제척·기피·회피, 소의 제기, 기일 및 기간, 송달, 소송절차의 중단·중지, 재판의 종류 및 형식, 변론과 그 준비, 증거조사, 상소제도, 소송비용, 재심 등은 행정소송에도 준용된다.

03 행정소송의 한계

1. 의의

행정소송의 한계란 행정소송에 대한 법원의 재판권이 어디까지 미치는가에 대한 문제이다. 행정소송법은 개괄주의를 취하여 행정권의 위법한 처분 또는 부작위에 대하여 항고소송을 제기할 수 있는 것으로 하고 있고, 공법상의 권리의무관계에 관한 당사자소송을 인정하고 있다. 그러나 행정소송에는 사법의 본질에서 오는 한계와 권력분립의 원칙에서 오는 일정한 한계가 있다.

2. 사법권의 본질에서 오는 한계

법원조직법 제2조는 "법원은 헌법에 특별한 규정이 있는 경우를 제외한 일체의 법률상의 쟁송을 심판하고, 이 법과 다른 법률에 의하여 법원에 속하는 권한을 가진다."라고 규정하고 있다. 행정소송도 사법작용으로서의 성질을 갖고 있으므로 법률적 쟁송에 관한 관할권을 갖는다. 그러나 학설·판례에 의하면 법률적 쟁송은 모든 법적 분쟁을 의미하는 것이 아니고 ① 구체적 사건성과 ② 법적용상의 분쟁을 요소로 하는 것이어야 한다.

(1) 구체적 사건성에 따른 한계

① 반사적 이익

사법은 구체적인 법적 분쟁을 해결하여 국민의 권익을 구제해 주는 것을 목적으로 하므로 권리 또는 법적 이익이 침해된 경우에 한하여 행정소송이 가능하다. 행정소송법은 법률상 이익이 있는 경우에만 원고적격을 인정한다(제12조 등). 행정청에 법규상 부과되어 있는 처분의무가 순전히 공익적 견지에 의한 것일 경우에 그로 인하여 특정인이 받는 이른바 '반사적 이익'의 침해를 이유로 해서 행정소송을 제기할 수 없다.

② 훈시규정의 위반행위

행정법규 중에서 행정청에게 행정작용의 기준을 제시하는 의미만을 갖고 개인의 권리나 이익보호를 직접적인 목적으로 하지 않는 훈시규정 또는 방침규정의 위반행위는 행정청 내부에서 징계책임 등 문제가 발생하게 됨은 별론으로 하고, 행정소송의 대상이 되지 않는다.

③ 법령의 효력과 해석

구체적인 권리·이익의 침해와 무관하게, 법령의 일반적·추상적인 효력 내지 그 해석에 관한 분쟁은 행정소송의 대상이 되지 않는다. 위헌 또는 위법인 법령이 집행되어 국민의 권익이 현실적으로 침해된 경우에 당해 법령을 집행하여 행한 행정청의 처분을 다투고 이 경우에 그 전제문제로서 당해 법령의 위헌·위법을 다툴 수 있다(구체적 규범통제, 헌법 제107조 제2항). 그러나 법령 그 자체가 직접·구체적으로 국민의 권리·의무에 변동을 가져오는 것인 때(이른바 처분법규)에는 행정소송의 대상이 된다(대판 1996.9.20. 95누8003).

판례

고시 자체의 무효확인을 구하는 청구가 행정소송의 대상이 되지 아니함

행정소송의 대상이 될 수 있는 것은 구체적인 권리의무에 관한 분쟁이어야 하고 일반적, 추상적인 법령이나 고시 자체로서 국민의 구체적인 권리의무에 직접적인 변동을 초래하는 것이 아닌 것은 그 대상이 될 수 없는 것이므로 구체적인 권리의무에 관한 분쟁을 떠나서 고시 자체의 무효확인을 구하는 청구는 행정소송의 대상이 아닌 사항에 대한 것으로서 부적법하다(대판 1991.8.27. 91누1738).

일반적, 추상적 법령(재무부령)이 행정소송의 대상이 될 수 있는지 여부

행정소송의 대상이 될 수 있는 것은 구체적인 권리의무에 관한 분쟁이어야 하고 일반적 추상적인 법령 그 자체로서 국민의 구체적인 권리의무에 직접적인 변동을 초래하는 것이 아닌 것은 그 대상이 될 수 없으므로 구체적인 권리의무에 관한 분쟁을 떠나서 재무부령 자체의 무효확인을 구하는 청구(* 국유재산법시행규칙 제58조 제1항이 국유재산법시행령 제58조 제2항에 위반하여 무효이므로 그 확인을 구한다는 소)는 행정소송의 대상이 아닌 사항에 대한 것으로서 부적법하다(대판 1987.3.24. 86누656).

조례가 항고소송의 대상이 되는 행정처분에 해당되기 위한 요건

조례가 집행행위의 개입 없이도 그 자체로서 직접 국민의 구체적인 권리의무나 법적 이익에 영향을 미치는 등의 법률상 효과를 발생하는 경우 그 조례는 항고소송의 대상이 되는 행정처분에 해당한다(대판 1996.9.20. 95누8003).

④ 객관적 소송

개인의 권리보호보다는 오직 법규의 적정한 적용만을 목적으로 하는 객관적 소송은 법률적 쟁송에 해당하지 아니하므로, 법률에 특별한 규정이 있는 경우에만 허용된다. 행정소송법은 '민중소송 및 기관소송은 법률이 정한 경우에 법률에 정한 자에 한하여 제기할 수 있다'고 규정한다(제45조).

⑤ 단체소송

㉠ 부진정 단체소송

단체 스스로가 법으로 보호하는 자신의 이익을 보호받기 위하여 제기하는 소송을 말한다(예 사회단체의 등록거부처분에 대한 취소소송). 당해 단체에게 법률상 이익이 있다면 소송을 제기할 수 있다.

㉡ 진정 단체소송

객관소송의 성격을 가지므로 특별한 법률규정이 있어야 허용된다. 여기에는 ⓐ 단체가 그의 구성원의 집단적 이익을 관철하기 위하여 단체의 이름으로 제기하는 이기적 단체소송(예 변호사회가 변호사 전체의 이익을 위해 특정 처분에 대하여 제기하는 소송), ⓑ 단체가 문화가치, 환경오염의 방지 등 공익추구를 목적으로 제기하는 소송인 이타적 소송이 있다.

판례

사단법인 대한의사협회는 보건복지부 고시인 '건강보험요양급여행위 및 그 상대가치점수 개정'의 취소를 구할 원고적격이 없음

사단법인 대한의사협회는 의료법에 의하여 의사들을 회원으로 하여 설립된 사단법인으로서, 국민건강보험법상 요양급여행위, 요양급여비용의 청구 및 지급과 관련하여 직접적인 법률관계를 갖지 않고 있으므로, 보건복지부 고시인 '건강보험요양급여행위 및 그 상대가치점수 개정'으로 인하여 자신의 법률상 이익을 침해당하였다고 할 수 없으므로 위 고시의 취소를 구할 원고적격이 없다(대판 2006.5.25. 2003두11988).

⑥ 사실행위

행정소송은 법률적 쟁송의 문제에 관한 소송이므로 단순한 사실관계의 존부 등의 문제는 행정소송의 대상이 되지 아니한다. 예컨대, 국민건강보험공단이 통보한 '직장가입자 자격상실 및 자격변동 안내'는 가입자 자격의 변동 여부 및 시기를 확인하는 의미에서 한 사실상 통지행위에 불과하지 행정처분이 아니다(대판 2019.2.14. 2016두41729). 다만, 권력적 사실행위의 경우에는 그 권력적 성질로 당사자 간의 권리나 의무에 관한 분쟁의 존재를 인정할 수 있으므로 소송을 제기할 수 있다.

판례

국가보훈처장 등이 발행한 책자 등에서 독립운동가 등의 활동상을 잘못 기술하였다는 등의 이유로 그 사실관계의 확인을 구하는 청구가 항고소송의 대상이 되는지 여부(소극)

국가보훈처장 등이 발행한 책자 등에서 독립운동가 등의 활동상을 잘못 기술하였다는 등의 이유로 그 사실관계의 확인을 구하거나, 국가보훈처장의 서훈추천서의 행사, 불행사가 당연무효 또는 위법임의 확인을 구하는 청구는 과거의 역사적 사실관계의 존부나 공법상의 구체적인 법률관계가 아닌 사실관계에 관한 것들을 확인의 대상으로 하는 것이거나 행정청의 단순한 부작위를 대상으로 하는 것으로서 항고소송의 대상이 되지 아니하는 것이다(대판 1990.11.23. 90누3553).

(2) 법적용상의 한계

① 학술·예술상의 문제

순수한 학술 또는 예술적 차원에서의 논쟁 또는 우열성에 관한 다툼은, 법령의 적용에 의하여 해결될 수 있는 성질의 것이 아니므로 행정소송의 대상이 되지 않는다.

② 부당한 재량행위

㉠ 재량권과 재량행위

재량권이란 행정기관이 행정권을 행사함에 있어서 둘 이상의 다른 내용의 결정 또는 행태 중에서 선택할 수 있는 권한을 말한다. 재량행위는 재량권의 행사에 의해 행해지는 행정행위이다.

㉡ 재량행위의 필요성

법치행정원리에 따라 행정행위는 행정법규에 의해 행하여져야 한다. 그러나 입법자는 ⓐ 장래의 모든 사태에 대비하여 상세하고 합리적인 규정을 두는 것이 불가능하고, ⓑ 행정의 전문성·기술성의 요청 때문에 행정청에게 법의 집행과정에 관한 정책적·행정적 판단의 여지를 부여하는 것이 불가피하다. 그리고 이러한 탄력성의 보장은 구체적인 경우에 있어서 공정하고 합목적적인 문제해결을 가능케 하는 장점이 있고, 국민의 기본권 보호를 위해서도 필요한 것으로 이해되고 있다. 그러나 재량권의 남용은 법치국가에 적대적인 것이므로 그 통제가 중요한 과제로 등장한다.

㉢ 위법성 통제

행정소송법은 소송대상을 위법한 처분으로 규정하고 있다(제1조). 기속행위에 있어 행정권 행사에 잘못이 있는 경우에 위법한 행위가 되므로 기속행위에 대한 재판통제는 제한이 없다. 그런데 재량권의 한계 내에서는 행정청이 일응 판단을 그르쳐도 위법의 문제는 생기지 않고 부당할 따름이므로 재량행위는 원칙적으로 재판통제의 범위 밖이다. 그러나 재량권 행사의 한계를 정한 실정법 내지 불문법원리에 저촉되는 것이면 재량권의 일탈·남용의 문제가 되어 위법한 처분이 됨으로써 행정소송의 대상이 된다.

㉣ 사법심사방식

기속행위의 경우 법원은 행정청의 판단이 법원의 판단과 다른 경우 법원의 판단을 행정청의 판단에 대체하는 완전심사방식(판단대체방식)을 취한다, 그러나 재량행위에서 공익판단인 경우 행정청의 판단이 심히 부당한 경우가 아니면 법원은 당해 행정청의 결정을 위법하다고 판단할 수 없다(제한심사방식).

판례

검사임용신청자는 재량권의 한계 일탈이나 남용이 없는 적법한 응답을 요구할 권리가 있음

검사의 임용에 있어서 임용권자가 임용여부에 관하여 어떠한 내용의 응답을 할 것인지는 임용권자의 자유재량에 속하므로 일단 임용거부라는 응답을 한 이상 설사 그 응답내용이 부당하다고 하여도 사법심사의 대상으로 삼을 수 없는 것이 원칙이나, 적어도 재량권의 한계 일탈이나 남용이 없는 위법하지 않은 응답을 할 의무가 임용권자에게 있고 이에 대응하여 임용신청자로서도 재량권의 한계 일탈이나 남용이 없는 적법한 응답을 요구할 권리가 있다고 할 것이며, 이러한 응답신청권에 기하여 재량권 남용의 위법한 거부처분에 대하여는 항고소송으로서 그 취소를 구할 수 있다(대판 1991.2.12. 90누5825).

기속행위와 재량행위에 대한 사법심사 방식의 차이

행정행위를 기속행위와 재량행위로 구분하는 경우 양자에 대한 사법심사는, 기속행위의 경우 그 법규에 대한 원칙적인 기속성으로 인하여 법원이 사실인정과 관련 법규의 해석·적용을 통하여 일정한 결론을 도출한 후 그 결론에 비추어 행정청이 한 판단의 적법 여부를 독자의 입장에서 판정하는 방식에 의하게 되나, 재량행위의 경우 행정청의 재량에 기한 공익판단의 여지를 감안하여 법원은 독자의 결론을 도출함이 없이 당해 행위에 재량권의 일탈·남용이 있는지 여부만을 심사하게 되고 이러한 재량권의 일탈·남용 여부에 대한 심사는 사실오인, 비례·평등의 원칙 위배 등을 그 판단 대상으로 한다(대판 2007.5.31. 2005두1329).

〈위법한 재량행위(재량하자)〉

1. 의의

재량권이 주어진 목적과 한계를 벗어나서 행사된 경우는 재량하자가 있는 것이 되고 위법한 것이어서 사법심사의 대상이 된다. 재량하자는 재량행위에서의 문제이고 기속행위와는 관련이 없다. 행정소송법 제27조는 '행정청의 재량에 속하는 처분이라도 그 재량권의 한계를 넘거나 그 남용이 있는 때에는 법원은 이를 취소할 수 있다'라고 규정하고 있다.

2. 재량행위의 위법사유

① **재량권의 일탈: 법령상 주어진 재량의 한계를 벗어난 재량하자**를 말한다(예 법령에서 정한 액수 이상의 과징금을 부과하거나, 법령은 과징금부과만을 예정하고 있으나 영업허가를 취소한 경우, 영업허가정지의 권한을 영업허가의 취소권한으로 하는 경우). 재량의 외부적 한계를 위반한 경우라고 표현된다.

② **재량권의 남용: 법령상 주어진 재량권의 범위 내에서 재량권을 행사하였으나 잘못된 방향으로 재량행사가 이루어진 경우**이다. 이를 재량의 내부적 한계라고도 한다(대판 2002. 9.24. 2002두6620).

㉠ **비례원칙 위반**: 재량행위가 그 대상인 행위의 위법성 또는 공익침해와 형평이 유지되지 못한 경우에는 위법한 재량권 행사가 된다. 예컨대 제재처분의 목적과 제재처분 사이 또는 법 위반의 정도와 제재처분 사이에 현저히 비례관계를 잃은 경우는 위법하다.

㉡ **평등원칙 위반**: 재량준칙이 정해진 경우 정당한 이유 없이 특정인에게 불리한 처분을 하는 경우나, 특정사안에 대한 재량권 행사가 관행으로 형성되었음에도 정당한 사유 없이 종전과 다른 처분을 하는 경우에 발생한다.

㉢ **목적위반**: 공무원이 개인감정·편견·정치적 고려 등에 기하여 상대방에 불리한 처분을 한 경우나, 당해 처분이 일반적인 공익목적에는 부합하나 관계법상의 구체적 공익목적에는 배치되는 때에 해당한다(예 소방법에 기한 가택출입검사가 화재예방 목적이 아니라 범죄예방 목적으로 행하여지는 경우).

㉣ **사실의 오인**: 처분사유가 실제사실과 부합하지 않는 경우이다(예 위반행위기간이 아닌 기간을 포함시켜 매출액을 산정하고 그것을 과징금 부과기준으로 삼은 경우). 사실의 존부에 대한 판단에는 재량권이 인정되지 아니하므로 이러한 처분은 위법하다. 이를 재량권의 일탈로 보는 견해도 있다.

㉤ **부당결부금지원칙의 위반**: 특정허가신청에 대하여 관계법이 추구하는 목적과는 실질적 관련성이 없는 급부를 조건으로 허가하는 것은 위법하다.

㉥ **절차위반**: 이해관계인의 의견진술 등 절차가 법률에 명시적으로 규정된 경우 그 절차를 거치지 않거나, 명시적 규정이 없더라도 적법절차의 원칙에 반하는 처분은 위법하다.

③ **재량권의 불행사: 행정청이 자신에게 부여된 재량권을 고려가능한 모든 관점을 고려하여 행사한 것이 아닌 경우**를 말한다. 여기에는 ㉠ 재량권을 충분히 행사하지 않은 경우와, ㉡ 재량권을 전혀 행사하지 않은 경우(예 재량행위를 기속행위로 오인한 경우, 행정규칙에 기속되는 것으로 오인한 경우)가 있다. 예컨대 감경사유가 있음에도 감경사유를 전혀 고려하지 않았거나 감경사유에 해당하지 않는다고 오인한 결과 과징금 전액을 부과한 것은 고려대상에 포함시켜야 할 사항을 누락하였거나 고려대상에 관한 사실을 오인한 경우에 해당하여 위법한 처분이다(대판 2010.7.15. 2010두7031).

③ 판단여지

법률요건에 불확정법개념이 사용되는 경우에 행정청에게 예외적으로 주어지는 인식의 권한인 판단여지는 사법심사의 대상이 되지 않는다. 그러나 ㉠ 판단기관이 부적법하게 구성되었거나, ㉡ 절차규정이 준수되지 않았거나, ㉢ 정당한 사실관계에서 출발하지 않았거나, ㉣ 일반적으로 타당한 판단기준(평등원칙, 비례성원칙)을 준수하지 않은 경우 등은 사법심사의 대상이 된다.

④ 특별권력관계 내부에서의 행위

㉠ 특별권력관계의 의의

공법상 특별권력관계란 특별한 공행정목적을 위해 특별한 원인 또는 동의에 의하여 성립되고, 구체적인 법률의 근거 없이도 특별권력주체에게 특정신분자에 대한 포괄적 지배권이 부여되고 상대방인 특정신분자는 이에 복종할 지위에 있는 관계를 말한다(예 군인의 군복무관계, 공무원의 근무관계, 교도소 재소관계, 국공립학교의 재학관계).

㉡ 전통적 특별권력관계이론

종래 일반권력관계와 특별권력관계는 법체계의 성질이 다르다는 **절대적 구별설** 하에서, 특별권력관계에서는 법치행정의 원리, 특히 법률유보의 원칙이 적용되지 않고, 특별권력관계 설정목적에 필요한 한도 안에서 개별적인 법률의 근거를 요하지 않고 포괄적 지배권(명령·강제)의 발동이 가능하다고 보았다. 그리고 특별권력관계 설정목적에 필요한 한도 안에서 구체적인 법률의 수권 없이도 그 구성원의 기본권을 제한할 수 있고, 특별권력내의 사항은 사법심사의 대상이 되지 않는 점에서 일반권력관계와 차이가 있다고 파악하였다.

㉢ 사법심사

ⓐ 오늘날 다수설과 판례의 경향은 특별권력관계에서도 일반권력관계와 동일하게 사법심사가 가능하다고 본다. 다만, 법령에 의해 특별권력주체에게 폭넓은 재량권이 주어지는 경우에는 재량행위에 대한 사법심사의 문제가 될 뿐이다.

ⓑ 무제한한 사법심사는 행정기능의 장애를 초래한다는 반론이 있으나, 다수설은 원고적격의 결여로 소가 각하되는 경우가 많고(예 서류작성의 명령, 사무실교체의 명령), 본안심리에서도 특별권력주체에 판단여지를 인정하거나 재량권을 부여하는 많은 법률들이 있어 실제 행정수행에 큰 장애를 초래하지 않는다고 반박한다.

판례

학생에 대한 징계처분이 교육적 재량행위라는 이유로 사법심사의 대상에서 제외되는지 여부

[1] 행정소송의 대상이 되는 행정처분이란 행정청이 행하는 구체적 사실에 관한 법집행으로서의 공권력의 행사 또는 그 거부와 그 밖에 이에 준하는 행정작용을 말하는 것인바, 이 사건 퇴학처분은 국가가 설립·경영하는 교육기관의 하나인 서울교육대학의 교무를 통할하고 학생을 지도하는 지위에 있는 동 대학학장(피고)이 동 대학의 교육목적실현과 학교의 내부질서유지를 위해 학칙위반자인 동 대학의 재학생인 원고에 대한 구체적 법집행으로서 국가공권력의 하나인 징계권을 발동하여 원고의 학생으로서의 신분을 일방적으로 박탈하는 국가의 교육행정에 관한 의사를 외부에 표시한 것이므로 이는 위에서 말하는 행정처분임이 명백하고 따라서 원심이 이 사건 퇴학처분을 행정처분으로 보고 심리판단한 것은 정당하며, 거기에 소론과 같은 행정처분에 관한 법리오해나 심리미진의 위법은 없다.

[2] 학생에 대한 징계권의 발동이나 징계의 양정이 징계권자의 교육적 재량에 맡겨져 있음은 소론과 같다 할지라도 법원이 심리한 결과 그 징계처분에 위법사유가 있다고 판단되는 경우에는 이를 취소할 수 있는 것이고, 징계처분이 교육적 재량행위라는 이유만으로 사법심사의 대상에서 당연히 제외되는 것은 아니라 할 것이다(대판 1991.11.22. 91누2144).

농지개량조합 직원의 근무관계의 성질

농지개량조합과 그 직원과의 관계는 사법상의 근로계약관계가 아닌 공법상의 특별권력관계이고, 그 조합의 직원에 대한 징계처분의 취소를 구하는 소송은 행정소송사항에 속한다(대법원 1995.6.9. 94누10870).

육군3사관학교 사관생도의 경우 일반 국민보다 기본권이 더 제한될 수 있는지 여부(적극) 및 그 경우 기본권 제한의 한계

사관생도는 군 장교를 배출하기 위하여 국가가 모든 재정을 부담하는 특수교육기관인 육군3사관학교의 구성원으로서, 학교에 입학한 날에 육군 사관생도의 병적에 편입하고 준사관에 준하는 대우를 받는 특수한 신분관계에 있다(육군3사관학교 설치법 시행령 제3조). 따라서 그 존립 목적을 달성하기 위하여 필요한 한도 내에서 일반 국민보다 상대적으로 기본권이 더 제한될 수 있으나, 그러한 경우에도 법률유보원칙, 과잉금지원칙 등 기본권 제한의 헌법상 원칙들을 지켜야 한다 – 사관생도의 모든 사적 생활에서까지 예외 없이 금주의무를 이행할 것을 요구하는 것은 사관생도의 일반적 행동자유권은 물론 사생활의 비밀과 자유를 지나치게 제한하는 것이고, 둘째 구 예규 및 예규 제12조에서 사관생도의 모든 사적 생활에서까지 예외 없이 금주의무를 이행할 것을 요구하면서 제61조에서 사관생도의 음주가 교육 및 훈련 중에 이루어졌는지 여부나 음주량, 음주 장소, 음주 행위에 이르게 된 경위 등을 묻지 않고 일률적으로 2회 위반 시 원칙으로 퇴학 조치하도록 정한 것은 사관학교가 금주제도를 시행하는 취지에 비추어 보더라도 사관생도의 기본권을 지나치게 침해하는 것이라고 본 사례(대판 2018.8.30. 2016두60591).

3. 권력분립에서 오는 한계

(1) 통치행위

① 개념

종래 통치행위는 '국가행위 중에서 고도의 정치성을 갖기 때문에 사법심사가 제한되는 행위'로 설명되어 왔다. 최근에는 '고도의 정치성을 띤 국가행위로서 사법심사가 제한될 뿐 아니라 그에 대한 판결이 존재하는 경우에도 그 집행이 곤란한 행위'라고 하여 법집행상의 문제도 같이 강조되고 있다.

② 논의의 필요성

오늘날 통치행위와 협의의 행정 사이에 본질적 차이가 있다고는 보지 않으나, 각국의 판례상 통치행위에 해당하는 국가작용은 재판통제에서 배제되고 있으므로 통치행위를 별도로 고찰할 실익이 있다. 또한 통치행위에 대한 논의는 법치행정이 비교적 완비되어 공권력 행사에 대한 사법심사제도가 인정되는 경우에 더욱 실익이 크다. 다만, 통치행위의 내용은 각국의 역사와 전통에 따라 상이하고, 또한 그 인정근거도 명확하지 않다.

③ 통치행위의 인정여부

헌법이 법치주의를 채택하고 있고 사법심사에서 개괄주의를 택하고 있으므로, 고도의 정치적 문제라 하더라도 그에 법률문제가 포함되어 있다면 그 한도 내에서 당연히 사법심사의 대상이 되어야 한다고 보며 통치행위 개념을 부정하는 입장이 있다. 그러나 ㉠ 통치행위는 국가최고기관의 자유재량행위이므로 사법심사의 대상이 되지 않는다는 견해(재량행위설), ㉡ 정치적으로 중요한 의미를 가지는 행위의 당부에 관한 결정은 정부 또는 국회의 권한에 유보하여 국민의 감시와 비판하에 처리하는 것이 바람직하다고 하는 견해(권력분립설), ㉢ 통치행위도 법률문제이므로 원칙적으로는 사법심사가 미치나, 법원이 위법을 감수하여서라도 방지하여야 할 보다 큰 위해의 발생을 예방하기 위하여 재판권의 행사를 자제하는 결과라고 보는 견해(사법자제설) 등 긍정설이 다수이다.

④ 대법원 판례의 입장

대법원은 기본적으로 사법자제설을 취하면서도 권력분립설에 입각하기도 한다. 대법원은 대통령의 계엄선포·확대와 관련하여 이들 행위들이 국헌문란의 목적으로 행하여진 경우에는 그 자체가 범죄행위에 해당하는지 여부에 관하여 심사할 수 있다고 판시하였다(대판 1997.4.17. 96도3376). 그리고 남북정상회담개최는 고도의 정치성을 지니고 있는 행위로서 사법심사의 대상으로 하는 것은 적절치 못하지만, 그 개최과정에서 불법적으로 송금한 행위 자체는 사법심사의 대상이 된다고 판시하였다(대판 2004.3.26. 2003도7878).

판례

고도의 정치성을 띤 국가행위인 이른바 통치행위도 사법심사의 대상이 될 수 있음

입헌적 법치주의국가의 기본원칙은 어떠한 국가행위나 국가작용도 헌법과 법률에 근거하여 그 테두리 안에서 합헌적·합법적으로 행하여질 것을 요구하며, 이러한 합헌성과 합법성의 판단은 본질적으로 사법의 권능에 속하는 것이고, 다만, 국가행위 중에는 고도의 정치성을 띤 것이 있고, 그러한 고도의 정치행위에 대하여 정치적 책임을 지지 않는 법원이 정치의 합목적성이나 정당성을 도외시한 채 합법성의 심사를 감행함으로써 정책결정이 좌우되는 일은 결코 바람직한 일이 아니며, 법원이 정치문제에 개입되어 그 중립성과 독립성을 침해당할 위험성도 부인할 수 없으므로, 고도의 정치성을 띤 국가행위에 대하여는 이른바 통치행위라 하여 법원 스스로 사법심사권의 행사를 억제하여 그 심사대상에서 제외하는 영역이 있으나, 이와 같이 통치행위의 개념을 인정한다고 하더라도 과도한 사법심사의 자제가 기본권을 보장하고 법치주의 이념을 구현하여야 할 법원의 책무를 태만히 하거나 포기하는 것이 되지 않도록 그 인정을 지극히 신중하게 하여야 하며, 그 판단은 오로지 사법부만에 의하여 이루어져야 한다(대판 2004.3.26. 2003도7878).

국회의 자율권과 저촉되는 범위 내에서 법원의 위헌법률심사권이 인정되지 아니함

국회가 적법하게 통과하였다 하여 정부에 이송하고 국방회의가 의결하고 대통령이 승인 공포했으면 실질상 입법의 전과정에 걸쳐 적법히 통과하였다고 인정되므로 삼권분립의 원칙으로 보아 법원이 헌법상 동위인 입법부의 자율권에 개입해서는 안된다. 즉 구 헌법 제102조가 정한 법원의 법령조사권으로써는 입법부 스스로가 국회를 통과하였다고 결정하여 정부에 이송, 국무회의의 의결, 대통령의 공포가 있으면 국회통과의 과정에 흠이 있더라도 법원이 이를 뒤엎을 수 없다(대판 1972.1.18. 71도1845).

⑤ 헌법재판소의 입장

헌법재판소는 사법자제설을 취하면서도 국민의 기본권 침해와 직접 관련되는 경우에는 헌법재판소의 심판대상이 된다고 본다. 그리고 긴급재정경제명령이 국민의 기본권침해와 직접 관련되는 경우에는 통치행위의 통제를 인정하였다. 그러나 사면이나 군대의 외국파병결정은 사법심사의 대상이 되지 않는다고 하였다.

판례

국민의 기본권 침해와 직접 관련되는 긴급재정·경제명령은 사법심사의 대상

긴급재정경제명령(註: 금융실명거래에 관한 긴급재정경제명령)은 국가긴급권의 일종으로서 고도의 정치적 결단에 의하여 발동되는 행위이고 그 결단을 존중하여야 할 필요성이 있는 행위라는 의미에서 이른바 통치행위에 속한다고 할 수 있으나, 통치행위를 포함하여 모든 국가작용은 국민의 기본권적 가치를 실현하기 위한 수단이라는 한계를 반드시 지켜야 하는 것이고, 헌법재판소는 헌법의 수호와 국민의 기본권보장을 사명으로 하는 국가기관이므로 비록 고도의 정치적 결단에 의하여 행해지는 국가작용이라고 할지라도 그것이 국민의 기본권 침해와 직접 관련되는 경우에는 당연히 헌법재판소의 심판대상이 된다(헌재 1996.2.29. 93헌마186).

비상계엄 선포는 탄핵심판절차에서 심사할 수 있음

대통령의 계엄 선포권은 전사사변 또는 이에 준하는 국가비상사태에 있어서 병력으로써 군사상의 필요에 응하거나 공공의 안녕질서를 유지할 필요가 있을 때 발동되는 국가긴급권으로, 그 행사에 대통령의 고도의 정치적 결단을 요한다고 볼 수 있다. 그러나 국가긴급권은 평상시의 헌법질서에 따른 권력행사방법만으로는 대처할 수 없는 중대한 위기상황에 대비하여 헌법이 중대한 예외로서 인정한 비상수단이므로, 헌법이 정한 국가긴급권의 발동요건·사후통제 및 국가긴급권에 내재하는 본질적 한계는 엄격히 준수되어야 한다. 계엄의 선포에 관해서는 헌법 제77조 및 계엄법에서 그 요건과 절차, 사후통제 등에 대하여 규정하고 있고, 탄핵심판절차는 고위공직자가 권한을 남용하여 헌법이나 법률을 위반하는 경우 그 권한을 박탈함으로써 헌법질서를 지키는 헌법재판이라는 점을 고려하면, 비록 이 사건 계엄 선포가 고도의 정치적 결단을 요하는 행위라 하더라도 탄핵심판절차에서 그 헌법 및 법률 위반 여부를 심사할 수 있다(헌재 2025. 4.4. 2024헌나8).

사면행위는 국가원수의 고유한 권한

사면은 형의 선고의 효력 또는 공소권을 상실시키거나 형의 집행을 면제시키는 국가원수의 고유한 권한을 의미하며, 사법부의 판단을 변경하는 제도로서 권력분립의 원리에 대한 예외가 된다. 사면제도는 역사적으로 절대군주인 국왕의 은사권(恩赦權)에서 유래하였으며, 대부분의 근대국가에서도 유지되어 왔고, 대통령제국가에서는 미국을 효시로 대통령에게 사면권이 부여되어 있다(헌재 2000.6.1. 97헌바74).

한미연합 군사훈련은 통치행위가 아님

한미연합 군사훈련은 1978. 한미연합사령부의 창설 및 1979. 2. 15. 한미연합연습 양해각서의 체결 이후 연례적으로 실시되어 왔고, 특히 이 사건 연습은 대표적인 한미연합 군사훈련으로서, 피청구인이 2007. 3.경에 한 이 사건 연습결정이 새삼 국방에 관련되는 고도의 정치적 결단에 해당하여 사법심사를 자제하여야 하는 통치행위에 해당된다고 보기 어렵다(헌재 2009.5.28. 2007헌마369).

파병결정은 통치행위의 성질을 가짐

외국에의 국군의 파견결정은 파견군인의 생명과 신체의 안전뿐만 아니라 국제사회에서의 우리나라의 지위와 역할, 동맹국과의 관계, 국가안보문제 등 궁극적으로 국민 내지 국익에 영향을 미치는 복잡하고도 중요한 문제로서 국내 및 국제정치관계 등 제반상황을 고려하여 미래를 예측하고 목표를 설정하는 등 고도의 정치적 결단이 요구되는 사안이다. 따라서 그와 같은 결정은 그 문제에 대해 정치적 책임을 질 수 있는 국민의 대의기관이 관계분야의 전문가들과 광범위하고 심도 있는 논의를 거쳐 신중히 결정하는 것이 바람직하며 우리 헌법도 그 권한을 국민으로부터 직접 선출되고 국민에게 직접 책임을 지는 대통령에게 부여하고 그 권한행사에 신중을 기하도록 하기 위해 국회로 하여금 파병에 대한 동의여부를 결정할 수 있도록 하고 있는바, 현행 헌법이 채택하고 있는 대의민주제 통치구조 하에서 대의기관인 대통령과 국회의 그와 같은 고도의 정치적 결단은 가급적 존중되어야 한다(헌재 2004.4.29. 2003헌마814).

신행정수도건설이나 수도이전의 문제는 통치행위가 아님

신행정수도건설이나 수도이전의 문제가 정치적 성격을 가지고 있는 것은 인정할 수 있지만, 그 자체로 고도의 정치적 결단을 요하여 사법심사의 대상으로 하기에는 부적절한 문제라고까지는 할 수 없다. 더구나 이 사건 심판의 대상은 이 사건 법률의 위헌여부이고 대통령의 행위의 위헌여부가 아닌바, 법률의 위헌여부가 헌법재판의 대상으로 된 경우 당해법률이 정치적인 문제를 포함한다는 이유만으로 사법심사의 대상에서 제외된다고 할 수는 없다. 다만, 이 사건 법률의 위헌여부를 판단하기 위한 선결문제로서 신행정수도건설이나 수도이전의 문제를 국민투표에 붙일지 여부에 관한 대통령의 의사결정이 사법심사의 대상이 될 경우 위 의사결정은 고도의 정치적 결단을 요하는 문제여서 사법심사를 자제함이 바람직하다고는 할 수 있고, 이에 따라 그 의사결정에 관련된 흠을 들어 위헌성이 주장되는 법률에 대한 사법심사 또한 자제함이 바람직하다고는 할 수 있다. 그러나 대통령의 위 의사결정이 국민의 기본권침해와 직접 관련되는 경우에는 헌법재판소의 심판대상이 될 수 있고, 이에 따라 위 의사결정과 관련된 법률도 헌법재판소의 심판대상이 될 수 있다(헌재 2004.10.21. 2004헌마554).

⑥ 결어

통치행위는 법치국가원리가 확립되고 국가작용의 합법성에 대한 사법통제가 일반적으로 인정되고 있는 오늘날에는 예외적 현상이다. 통치행위의 관념을 인정하는 경우에도, 국민에게 재판청구권이 보장되어 있으며 행정소송에 있어서 개괄주의가 채택되어 있고 헌법재판소의 헌법소원심사권이 인정되고 있는 이상, 사법심사의 대상이 되지 않는 통치행위는 최대한 제한적으로 인정하여 개인의 권리·이익에 관한 구체적 분쟁의 해결이 가능한 사항은 사법심사의 대상이 되도록 해야 한다.

(2) 의무이행소송

① 의의

행정소송법 제4조에 명시된 취소소송, 무효등확인소송, 부작위위법확인소송 이외의 항고소송(법정외 항고소송)이 허용될 수 있는지에 관하여 다툼이 있다. 그 가운데 의무이행소송이란 당사자의 일정한 행정행위의 신청에 대하여 행정청이 거부하거나 부작위로 대응한 경우, 행정청에 일정한 행정행위를 해 줄 것을 청구하는 내용의 행정소송을 말한다. 오늘날의 복리국가하에서 국민생활이 국가의 적극적·수익적 행위에 크게 의존하고 있는데, 국가가 수익적 처분을 거부 또는 부작위하는 것에 대한 효과적인 대응수단이 된다.

② 인정여부

㉠ 학설

ⓐ 소극설: 이 견해는 ⅰ) 적극적인 행정작용을 행할 권한은 행정권에 전속한 것이고, 법원은 그로 인하여 위법상태가 발생하여 소송이 제기되면 그것을

판단할 권한만 있으므로, 법원이 행정청에게 특정한 처분의 발령을 명할 수 없다는 점(=행정청의 1차적 판단권의 존중 및 권력분립원칙), ii) 의무이행소송이 국민의 권리보호를 위하여 필요하고 권력분립의 원칙과 모순되는 것은 아닐지라도, 행정소송법이 행정심판법과는 달리 의무이행소송을 명시하지 않고 있으므로 그러한 소송은 허용될 수 없다는 점(=행정소송법상 항고소송의 유형은 열거적·제한적)을 논거로 한다. 소극설에 따르면 법원은 적극적 형성판결이나 이행판결을 할 수 없으며, 행정소송법 제4조 제1호에서의 변경은 소극적 변경(일부취소)을 의미하는 것이 된다.

ⓑ **적극설**: 이 견해는 i) 권력분립 원칙의 참뜻은 권력 상호간의 견제와 균형을 도모함으로써 권력의 남용을 막고 개인의 권리를 보장하려는 데 있으며, 사법권의 본질은 법률적 판단을 통하여 행정의 적법성을 보장하고 개인의 권리를 보호함에 있는바, 의무이행소송은 마땅히 행해져야 할 처분이 거부됨으로써 침해된 원고의 권리를 구제하고 기왕에 초래된 위법상태를 해결하기 위한 것이므로, 권력분립의 원칙의 본뜻을 저해하는 것이 아니라는 점, ii) 행정청은 이미 소제기 이전에 원고의 신청에 대한 판단기회를 가졌고, 소제기 이후에도 처분의 발급에 관한 주장과 입증을 통하여 행정에 관한 제1차적 판단권을 행사할 수 있으므로, 의무이행소송으로 인하여 행정청의 제1차적 판단권이 침해되는 것은 아니라는 점, iii) 행정소송법상 항고소송의 유형은 예시적이라는 점을 논거로 한다. 적극설에 의하면 행정소송법 제4조 제1호의 변경의 의미에는 적극적 변경도 포함되므로 의무이행소송이 허용된다고 한다.

ⓒ **절충설**: 제한된 범위, 즉 i) 행정청이 제1차적 판단권을 행사할 수 없을 정도로 처분요건이 일의적으로 정해져 있고, ii) 사전에 구제하지 않으면 회복할 수 없는 손해가 발생할 수 있으며, iii) 다른 적당한 구제방법이 없는 경우에 국민의 권리구제 관점에서 인정된다는 견해이다.

ⓛ **판례**

판례는 현행 행정소송법상 행정청으로 하여금 일정한 행정처분을 하도록 명하는 이행판결을 구하는 소송이나 법원으로 하여금 행정청이 일정한 행정처분을 행한 것과 같은 효과가 있는 행정처분을 직접 행하도록 하는 형성판결을 구하는 소송은 허용되지 아니한다는 입장이다(대판 1997.9.30. 97누3200).

판례

행정청의 위법 또는 부당한 부작위에 대하여 의무이행소송을 허용하지 아니하는 것이 헌법 제23조에 위배되는지 여부(소극)

행정소송법 제3조와 제4조가 행정청의 부작위가 위법하다는 것을 확인하는 소송을 규정하고 있을 뿐 행정청의 부작위에 대하여 일정한 처분을 하도록 하는 의무이행소송에 관하여는 규정하고 있지 아니하여, 행정청의 위법 또는 부당한 부작위에 대하여 일정한 처분을 하도록 청구하는 소송을 허용하지 아니한 것이, 국민의 재산권을 보장한 헌법 제23조에 위배된다고 볼 수 없다(대판 1992.12.22. 92누13929).

검사에 대한 압수물 환부이행청구소송이 허용되는지 여부

부작위위법확인청구에 관하여는 형사소송법 제332조에 의하면 압수한 서류 또는 물품에 대하여 몰수의 선고가 없는 때에는 압수를 해제한 것으로 간주한다고 규정되어 있으므로 이 사건과 같이 본안사건에서 무죄가 선고되어 확정되었다면 위 법 규정에 따라 피고는 압수물을 제출자나 소유자 기타 권리자에게 환부하여야 할 의무가 당연히 발생한 것이고, 권리자의 환부신청에 대한 피고의 환부결정 등 어떤 처분에 의하여 비로소 환부의무가 발생하는 것은 아니므로 압수가 해제된 것으로 간주된 이 사건 압수물에 대하여 피압수자나 기타 권N리자가 민사소송으로 그 반환을 구함은 별론으로 하고 피고가 원고의 압수물 환부신청에 대하여 아무런 결정이나 통지도 하지 아니하고 있다고 하더라도 그와 같은 부작위는 현행 행정소송법상의 부작위위법확인소송의 대상이 되지 아니한다고 판단하고, 나아가 피고에게 압수물 환부를 이행하라는 청구에 관하여는 현행 행정소송법상 행정청의 부작위에 대하여 일정한 처분을 하도록 하는 의무이행소송은 허용되지 아니한다(대판 1995.3.10. 94누14018).

㉢ 검토

소극설은 의무이행소송을 인정하면 법원에 의해 행정청의 1차적 판단권을 침해하는 것이라고 주장하지만, 거부처분이 행정청의 1차적 판단권의 행사에 속하는 것이고 부작위는 처분에 필요한 상당한 기간이 지났음에도 가부간의 처분을 하지 않는 것이므로 부작위도 행정청의 판단권의 행사에 준하는 것으로 볼 수 있다. 그리고 현대 복지국가에서 행정청이 국민에게 일정한 생활보장적 급부를 하여야 할 의무가 있음에도 이를 이행하지 않는 경우처럼 행정청의 부작위가 문제되는 경우에는 전통적인 항고소송은 충분한 구제수단이라고 볼 수 없다. 따라서 국민의 공백 없는 권리구제를 위하여 의무이행소송을 보충적으로 인정하는 절충설이 타당하다.

다만, 행정심판법이 의무이행심판을 명시적으로 인정하는 반면 행정소송법 제4조에서는 의무이행소송을 명시하지 않고 있으므로 현행법이 법정외 항고소송을 허용하지 않는 것이라고 해석할 수밖에 없다.

③ 판결유형과 판단시점

의무이행소송을 인정할 경우, 법원은 신청에 따라 특정한 내용의 처분을 하도록 하는 특정처분명령판결 또는 판결의 취지에 따라 일정한 처분을 하도록 하는 일정처분명령판결을 하게 된다. 의무이행판결은 판결시의 법과 사실상태를 기초로 내려진다. 거부처분의 경우는 판결시설과 처분시설이 대립한다.

(3) 예방적 금지소송

① 의의

예방적 금지소송(또는 예방적 부작위소송)이란 장래 행정청이 일정한 처분을 할 것이 명백한 경우 그 처분을 하지 않을 것을 구하는 내용의 행정소송을 말한다. 소극적 형태의 의무이행소송이라 할 수 있다. 이 소송은 공권력에 의한 침해가 절박한 경우에 주로 문제되며 공권력의 행사에 대한 소극적 방어로서의 의미를 가진다.

② 인정여부

㉠ 학설

ⓐ **소극설**: 이 견해는 ⅰ) 이를 인정할만한 어떠한 실정법 규정도 존재하지 않는다는 점, ⅱ) 행정권에 대한 사법통제는 일단 행정작용이 행하여진 이후에만 가능하며, 행정작용이 있기 전에 행정권이 의도하고 있거나 계획중인 일정한 행위를 금지시키는 것은 사법권의 한계를 일탈한다는 점을 이유로 허용될 수 없다고 한다.

ⓑ **제한적 허용설**: 이 견해는 ⅰ) 우리의 실정법상 당사자소송은 이행소송을 포함하고 있는바 예방적 금지소송도 당사자소송의 한 형태로 인정될 수 있다는 점, ⅱ) 예방적 금지소송을 행정청의 처분발동에 대한 부작위의무 및 그 권한이 없다는 확인의 판결을 구하는 확인소송으로 인정될 수 있다는 점, ⅲ) 처분이 이루어질 개연성이 있고 절박하며, 처분요건이 일의적으로 정해져 있고, 미리 구제하지 않으면 회복할 수 없는 손해가 발생할 우려가 있고, 다른 구제방법이 없는 경우에는 국민의 권리구제를 위해서 허용되어야 한다는 점을 들고 있다.

㉡ 판례

판례는 행정소송법상 행정청이 일정한 처분을 하지 못하도록 그 부작위를 구하는 청구는 허용되지 않는 부적법한 소송이라 할 것이므로 실정법 규정이 존재하지 않는 한 불허된다는 입장이다.

판례

행정소송법상 행정청의 부작위를 구하는 청구가 허용되는지 여부(소극)

행정소송법상 행정청이 일정한 처분을 하지 못하도록 그 부작위를 구하는 청구는 허용되지 않는 부적법한 소송이라 할 것이므로, 피고 국민건강보험공단은 이 사건 고시를 적용하여 요양급여비용을 결정하여서는 아니된다는 내용의 원고들(대한의사협회 등)의 위 피고에 대한 이 사건 청구는 부적법하다 할 것이다(대판 2006.5.25. 2003두11988).

건축물의 준공처분을 하여서는 아니된다는 청구가 허용되는지 여부

건축건물의 준공처분을 하여서는 아니된다는 내용의 부작위를 구하는 청구는 행정소송에서 허용되지 아니하는 것이므로 부적법하다(대판 1987.3.24. 86누182).

ⓒ 검토

예방적 금지소송을 허용한다고 하더라도 사법권의 범위를 벗어난다거나 권력분립의 원칙에 어긋난다고 보이지는 않는다. 취소소송은 침익적 처분에 대한 사후적 권리구제 수단에 불과하고, 국민의 권리구제를 위하여 예방적 금지소송이 필요한 경우가 있으므로 실효적인 권리구제를 위해 긍정함이 타당하다.

③ 허용요건

국민의 권리구제의 실효성을 보장하기 위하여 허용될 수 있다 하여도 예방적 금지소송을 무한정 인정할 수 없다. 이를 인정하는 경우에도 ㉠ 행정청이 장래에 위법한 처분을 할 것이 임박한 경우에 그 처분의 금지를 구할 법적 이익이 있는 자가 사후에 그 처분의 효력을 다투는 방법으로는 회복하기 어려운 중대한 손해가 발생할 것이 명백하고, ㉡ 행정청이 장래에 위법한 처분을 할 것이 임박하여 그 처분을 하지 않도록 하는 것이 상당하다고 인정되는 경우에만 허용되는 것으로 제한될 필요가 있다(종전 행정소송법 개정안의 내용).

4. 행정소송 한계론의 재검토

종래 행정소송의 한계론이 지나치게 사법소극주의에 입각함으로써 행정권의 특권을 방임하였다는 비판이 있다. 이러한 입장에서는 사법의 기능을 구체적인 법적 분쟁의 해결에서 나아가 적극적인 법질서보장기능으로 확대하고자 한다. 이에 따라 구체적 법적 분쟁이 아닌 영역에서도 헌법에 반하지 않는 한 입법에 의해 행정소송의 대상을 넓히는 문제, 통치행위의 사법심사범위를 확대하는 문제, 예방적 금지소송이나 의무이행소송을 도입하는 문제 등이 논의되고 있다.

제2장 행정소송의 종류

01 일반적 구분

1. 주관적 소송, 객관적 소송

주관적 소송	개인의 권리·이익의 구제를 주된 내용으로 하는 행정소송(예 항고소송, 당사자소송)
객관적 소송	행정법규의 적정한 적용의 보장을 내용으로 하는 행정소송(예 민중소송, 기관소송)

2. 형성의 소, 이행의 소, 확인의 소

형성의 소	행정법상의 법률관계를 변동(발생·변경·소멸)시키는 판결을 구하는 소송(예 취소소송)
이행의 소	원고의 피고에 대한 일정한 실체법상 이행청구권을 확정하고, 그에 의한 이행을 명령하는 판결을 구하는 소송(예 이행명령을 구하는 당사자소송)
확인의 소	특정한 권리 또는 법률관계의 존재·부존재의 확인을 구하는 소송(예 무효등확인소송, 부작위위법확인소송, 공법상의 법률관계의 존부확인을 구하는 당사자소송)

02 행정소송법상의 종류

행정소송법 제3조 【행정소송의 종류】 행정소송은 다음의 네가지로 구분한다.
1. 항고소송: 행정청의 처분등이나 부작위에 대하여 제기하는 소송
2. 당사자소송: 행정청의 처분등을 원인으로 하는 법률관계에 관한 소송 그 밖에 공법상의 법률관계에 관한 소송으로서 그 법률관계의 한쪽 당사자를 피고로 하는 소송
3. 민중소송: 국가 또는 공공단체의 기관이 법률에 위반되는 행위를 한 때에 직접 자기의 법률상 이익과 관계없이 그 시정을 구하기 위하여 제기하는 소송

4. 기관소송: 국가 또는 공공단체의 기관상호간에 있어서의 권한의 존부 또는 그 행사에 관한 다툼이 있을 때에 이에 대하여 제기하는 소송. 다만, 헌법재판소법 제2조의 규정에 의하여 헌법재판소의 관장사항으로 되는 소송은 제외한다.

제4조 【항고소송】 항고소송은 다음과 같이 구분한다.
1. 취소소송: 행정청의 위법한 처분등을 취소 또는 변경하는 소송
2. 무효등 확인소송: 행정청의 처분등의 효력 유무 또는 존재여부를 확인하는 소송
3. 부작위위법확인소송: 행정청의 부작위가 위법하다는 것을 확인하는 소송

1. 항고소송

(1) 의의

항고소송은 행정청의 우월한 일방적인 행정권 행사 또는 불행사에 불복하여 권익구제를 구하는 소송을 말한다. 행정소송법은 항고소송을 '행정청의 처분 등이나 부작위에 대하여 제기하는 소송'(행정소송법 제3조 제1호)이라고 규정한다.

여기서 '처분 등'이란 행정청이 행하는 구체적 사실에 관한 법집행으로서의 공권력의 행사 또는 그 거부와 그 밖에 이에 준하는 행정작용 및 행정심판에 대한 재결이며, '부작위'란 행정청이 당사자의 신청에 대하여 상당한 기간내에 일정한 처분을 하여야 할 법률상 의무가 있음에도 불구하고 이를 하지 아니하는 것을 말한다(제2조 제1항).

(2) 취소소송

① 개념

행정청의 위법한 처분등을 취소 또는 변경하는 소송(제4조 1호)을 말한다. 소송실무상 취소소송이 행정소송의 중심적 지위를 차지하는 것으로 운영되고 있다(취소소송중심주의). 취소소송은 위법한 처분이나 재결을 다투어 위법한 처분이나 재결이 없었던 것과 같은 상태를 만드는 것을 주된 내용으로 한다.

② 성질

㉠ 학설

ⓐ **형성소송설**: 일정한 법률관계를 성립시킨 행정처분의 위법을 다투어 당해 행정행위의 취소·변경을 통하여 법률관계를 변경 또는 소멸시키는 소송이라는 견해(통설)

ⓑ **확인소송설**: 사인에게는 실체법상 행정처분에 대한 형성권을 부여할 수 없고 단지 국가에 대한 위법처분취소청구권이 인정되는 것에 그치므로 행정행위의 위법성을 확인하는 소송이라는 견해

ⓒ **준형성소송설(구제소송설)**: 행정행위의 위법성을 확인하는 확인적 성질과 행정행위의 효력을 다투는 형성적 성질을 아울러 가지는 특별한 성질을 갖는 소송으로 보는 견해

ⓛ 판례

대법원은 "위법한 처분에 의하여 발생한 위법상태를 배제하여 원상으로 회복시키고 그 처분으로 침해되거나 방해받은 권리와 이익을 보호구제하고자 하는 소송"(대판 1992.4.24. 91누11131)이라고 하여 형성소송설 입장이다.

ⓒ 검토

취소소송은 법률관계를 성립시킨 행정행위의 취소·변경을 통하여 그 법률관계를 변경 또는 소멸시키는 것이 본질이라는 점에서 형성소송설이 타당하다. 행정소송법 제29조 제1항이 취소소송의 인용판결에 대하여 제3자에 대한 구속력(대세효)을 부여하고 있다는 점은 형성소송설을 뒷받침한다.

③ 대상

취소소송의 대상은 '처분 등'이다(제19조). 처분에는 거부처분도 포함된다.

④ 소송물

㉠ 의의

소송물이란 특정한 소송에서 심판의 대상인 소송상의 청구를 말한다. 소송물은 특히 소의 병합, 소의 변경, 처분사유의 추가·변경 및 기판력의 범위에 있어서 중요한 의미를 갖는다. 취소소송의 소송물을 무엇으로 보는가에 대하여 학설상 다툼이 있다.

ⓛ 학설

ⓐ 처분의 위법성 일반으로 보는 견해

행정처분의 적법요건을 충족시키지 않은 모든 위법사유(위법성 일반)가 소송물을 이루고 있는 것으로 보아야 한다는 견해이다(다수설, 판례). 이 견해는 i) 처분은 객관적 진실에 기초해야 하므로 법원은 그 적법여부 판단에 있어 처분 당시에 객관적으로 존재하는 사정의 전부를 참작할 수 있어야 하고, ii) 이를 불허하면 분쟁의 일회적 해결이 어려워 소송경제상 문제가 있으며, iii) 처분 중에는 처분사유의 명시를 강제하고 있지 않은 것도 있으므로 소제기와 동시에 위법사유를 특정하는 것이 곤란하고, iv) 소송계속중 원고의 주장변경을 허용하지 않는다면 원고에게 부당한 결과를 가져온다는 점 등을 논거로 한다. 이 견해에 따르면 취소소송에서 청구기각판결이 확정되면(처분이 적법하다고 확정되면) 당사자나 법원은 사실심 변론종결 이전에 생긴 사유를 내세워 당해 처분이 위법하다는 주장을 할 수 없게 된다.

이 견해에 대하여는 재판에서 다투어지지 않은 사항에 대하여도 기판력이 미치게 되어 기판력의 범위를 부당하게 확대한다는 비판이 있다.

ⓑ 처분의 개개의 위법사유로 보는 견해

처분에 존재하는 개개의 위법사유가 각각 독립한 소송물로 된다는 견해이다. 이 견해는 i) 소송물을 처분의 위법성 일반으로 보면 기판력이 확대되어 원고는 늦어도 사실심 변론종결시까지 모든 위법사유를 주장하여야 하므로 원고가 주장하지 않았던 위법사유에 대해서는 부당하게 실권의 불이익을 받는다는 점, ii) 개개의 위법사유로 보아야 취소소송의 목적인 국가에 대한 국민의 권리보호에 충실하게 된다는 점 등을 논거로 한다. 이 견해에 의하면 취소소송의 판결의 기판력은 개개의 위법사유에 한정된다. 따라서 청구기각판결의 경우에 원고는 후소(後訴)에서 전소(前訴)에서 주장한 것과 다른 위법사유를 주장할 수 있게 된다. 이 견해에 대하여는 분쟁의 일회적 해결을 기할 수 없다는 비판이 있다.

㉢ 판례

판례는 처분의 위법성 일반을 취소소송의 소송물로 본다. 또한 판례는 처분사유의 추가·변경과 관련하여 '처분의 동일성이 유지되는 범위 내에서 그 사유를 교환·변경할 수 있다'(대판 2002.10.11. 2001두1994)고 하여 기본적 사실관계의 동일성 여부를 소송물의 동일성 여부의 기준으로 보고 있다.

판례

과세처분취소소송의 소송물

과세처분취소소송의 소송물은 그 취소원인이 되는 위법성일반이라고 할 것인 바, 원심이 이 사건 과세처분이 위법한 것이라고 판단한 이유는 위와 다를지언정 이 사건 과세처분이 위법한 것이라는 결론에 있어서는 마찬가지이므로 원심이 저지른 위에서 본바와 같은 위법은 판결의 결론에 영향을 미치지 않았다(대판 1989.4.11. 87누647).

㉣ 검토

개개의 위법사유라고 보는 견해에 의하면, 원고가 새로운 위법사유로 주장을 변경하려고 해도 제소기간의 도과로 인하여 불이익을 당할 수 있어 오히려 원고에게 불이익이 될 수도 있다. 그리고 분쟁의 일회적 해결의 필요성에서 다수설, 판례의 입장이 타당하다.

⑤ 무효를 선언하는 의미의 취소를 구하는 소송

취소소송과 무효확인소송이 별도로 마련되어 있으나, 취소사유와 무효사유의 구별이 곤란하고 상대적일 뿐만 아니라, 무효이든 취소이든 그 처분의 효력이 부인되기만 하면 원고의 목적은 달성되는 것으로 볼 수 있고, 처분의 취소사유는 무효사유를 포함하는 것이므로, 처분에 무효사유가 있더라도 취소소송을 제기할 수 있다. 이러한 취소소송을 '무효를 선언하는 의미의 취소를 구하는 소송'이라고 한다. 다만, 이 경우에는 형식에 있어서 취소소송이므로 취소소송으로서 갖추어야 할 소송요건의 제한을 받는다(대판 1976.2.24. 75누128).

(3) 무효등확인소송

① 개념

행정청의 처분등의 효력 유무 또는 존재여부를 확인하는 소송(제4조 2호)을 말한다. 무효등의 행위라도 외형상 행정처분이 존재하고 행정청에 의하여 집행될 가능성이 있는바, 무효인 처분의 상대방이나 이해관계인은 재판에 의하여 그 처분의 무효임을 공적으로 확인받을 필요가 있다.

② 종류

무효등확인소송에는 처분등의 유효확인소송, 처분등의 무효확인소송, 처분등의 존재확인소송, 처분등의 부존재확인소송, 처분등의 실효확인소송 등이 있다. 판례는 무효인 처분의 무효확인을 취소소송의 형식으로도 제기할 수 있고, 무효등확인소송에는 취소를 구하는 취지까지도 포함된 것으로 새긴다(대판 1987.4.28. 86누887).

③ 성질

무효등확인소송은 본래 확인판결에 속한다. 그러나 무효확인판결의 효력은 취소판결의 경우와 같이 제3자에게도 미치는 까닭에 형성판결과 유사한 기능을 갖게 되고, 현행법도 이를 형성판결인 취소소송과 함께 항고소송의 일종으로 규정하고 있다.

종래 무효등확인소송에도 민사소송법상의 '확인의 이익'에 관한 법리를 적용하였다(확인소송의 보충성). 예컨대, 과세처분에 따라 세금을 이미 납부한 경우에는 민사소송으로 부당이득반환청구는 가능하나 과세처분무효확인의 소는 확인의 이익이 없어 부적법하다는 것이 판례였다. 그러나 대법원은 행정처분의 근거 법률에 의하여 보호되는 직접적이고 구체적인 이익이 있는 경우에는 행정소송법 제35조에 규정된 '무효확인을 구할 법률상 이익'이 있으므로 확인소송의 보충성이 요구되지 않는다는 것으로 태도를 변경하였다(대판 2008.3.20. 2007두6342 전합).

④ 대상과 소송물

무효등확인소송도 취소소송과 마찬가지로 '처분 등'을 소송대상으로 한다(제38조 제1항, 제19조). 그리고 무효등확인소송의 소송물은 처분 등의 유·무효 또는 존재·

부존재이고, 청구취지만으로 소송물의 동일성이 특정되므로 청구원인으로 내세운 무효사유는 공격방어방법에 불과하다. 재결의 무효등확인소송은 재결 자체에 고유한 위법이 있음을 이유로 하는 경우에만 가능하다(제38조 제1항, 제19조 단서).

판례

과세처분무효확인소송에 있어서의 소송물 및 그 기판력의 범위

과세처분무효확인소송의 경우 소송물은 권리 또는 법률관계의 존부 확인을 구하는 것이며, 이는 청구취지만으로 소송물의 동일성이 특정된다고 할 것이고 따라서 당사자가 청구원인에서 무효사유로 내세운 개개의 주장은 공격방어방법에 불과하다고 볼 것이며, 한편, 확정된 종국판결은 그 기판력으로서 당사자가 사실심의 변론종결시를 기준으로 그때까지 제출하지 않은 공격방어방법은 그 뒤 다시 동일한 소송을 제기하여 이를 주장할 수 없다(대판 1992.2.25. 91누6108).

⑤ 적용법규

무효등확인소송은 집행정지 규정을 비롯해 취소소송에 관한 행정소송법상의 규정을 거의 대부분 준용하나, 예외적 행정심판전치주의(제18조), 제소기간(제20조), 사정판결(제28조)에 관한 규정은 준용되지 않는다. 그러나 취소소송을 통하여 무효인 처분을 다투어 무효선언을 구하는 경우에는 행정심판전치주의나 제소기간의 제한규정이 적용된다.

〈무효인 행정행위〉

1. 행정행위의 무효의 의의

행정행위의 무효란 행위의 외형은 존재하나 그 하자가 중대하고 명백하여 처음부터 아무런 효력(구속력)을 발생하지 아니하는 것을 말한다. 구속력을 갖지 않기 때문에 누구든지 그 효력을 부인할 수 있다.

2. 행정행위의 무효의 원인

(1) 주체에 관한 흠

정당한 권한을 가지지 아니하는 행정기관의 행위(예 대리권이 없거나 권한의 위임을 받지 아니한 자의 행위, 소정의 의사정족수 또는 의결정족수에 달하지 않은 회의에서의 의결), 행정청의 의사에 결함이 있는 행위(예 의사능력이 없는 자의 행위, 행위능력에 흠이 있는 행정행위, 착오·사기·강박 등 의사결정에 흠이 있는 행위) 등이 있다.

(2) 내용에 관한 흠

내용이 사실상·법률상 실현 불가능한 행위(예 사자(死者)에 대한 의사면허, 국토계획법상 허용되지 않는 조건을 내용으로 하는 건축을 명하는 것), 내용이 불명확한 행위(예 수용대상이 명백하지 않은 토지수용재결, 이행의무 내용이 구체적으로 특정되지 아니한 계고처분) 등이 있다.

(3) 절차에 관한 흠

상대방의 신청 또는 동의를 결한 행위(예 광원출원 없이 한 광업허가, 상대방의 동의 없는 공무원임명), 타기관의 필요한 협력(예 의결·승인·동의)을 결한 행위, 필요한 이해관계인의 참여 또는 협의를 결한 행위(예 체납자 등의 참여 없이 재산을 압류), 필요한 의견청취절차 등을 전혀 부여하지 아니한 행위(예 필수적인 환경영향평가를 거치지 아니한 사업승인), 이유제시의무의 위반(예 이유를 붙이지 아니한 행정심판재결) 등이 있다.

(4) 형식에 관한 흠

법정문서에 의하지 아니한 행정청의 행위(예 재결서에 의하지 않은 행정심판 재결, 독촉장에 의하지 않은 납세의 독촉), 책임소재와 범위를 명확히 하기 위해 요구되는 법정서명·날인을 결여한 행위(예 선거관리위원회 서명·날인이 없는 선거인명록) 등이 있다.

(5) 효력발생 요건의 흠

효력발생 요건인 통지나 공고가 없거나, 법정방법에 의하지 아니한 통지의 경우 그 행정행위는 원칙적으로 무효이다(대판 1998.9.8. 98두9653).

3. 무효인 행정행위에 대한 구제

(1) 행정적 구제

행정행위의 무효를 구하는 데에 '법률상 이익'이 있는 자는 무효등확인심판을 제기할 수 있다. 한편 처분청은 당연무효인 행정처분을 직권취소할 수 있다.

(2) 사법적 구제

① 원고적격이 있는 자는 무효등확인소송, 무효선언적 의미의 취소소송으로 무효를 주장할 수 있다. 후자의 경우에는 취소소송의 제소요건을 구비해야 한다.

② 무효인 행정행위로 야기된 결과의 시정을 구하는 소송, 즉 행정소송인 당사자소송을 제기할 수 있다. 또한 민사소송, 형사소송에서 선결문제로 행정행위의 무효를 주장하여 승소함으로써 무효의 확인을 받을 수 있다.

(4) 부작위위법확인소송

① 개념

행정청의 부작위가 위법하다는 것을 확인하는 소송(제4조 3호)을 말한다. 부작위위법확인의 소는 행정청이 당사자의 법규상 또는 조리상의 권리에 기한 신청에 대하여 상당한 기간 내에 그 신청을 인용하는 적극적 처분 또는 각하하거나 기각하는 등의 소극적 처분을 하여야 할 법률상의 응답의무가 있음에도 불구하고 이를 하지 아니하는 경우에 그 부작위가 위법하다는 것을 확인함으로써 행정청의 응답을 신속하게 하여 부작위 또는 무응답이라고 하는 소극적인 위법상태를 제거하는 것을 목적으로 하는 제도이다(대판 1992.6.9. 91누11278).

② 성질

부작위위법확인소송은 법률관계를 변동시키는 것이 아니라 부작위에 의하여 외형화·현실화된 법상태가 위법임을 확인하는 것이므로 확인소송으로서의 성질을 갖는다. 부작위위법확인소송의 판결은 행정청의 특정한 부작위의 위법여부를 확인하는 데 그치고, 적극적으로 행정청에 대하여 일정한 처분을 할 의무를 직접 명하지는 않는다. 한편, 부작위의 개념은 공권력의 행사로써 처분할 의무의 존재를 전제로 한다는 점에서 공권력발동에 관한 소송이므로 취소소송이나 무효등확인소송과 마찬가지로 항고소송에 속한다.

③ 적용법규

취소소송에 관한 대부분의 규정이 준용되나, 부작위위법확인소송은 적극적인 처분이 없기 때문에, 처분변경으로 인한 소의 변경(제22조), 집행정지결정(제23조·제24조), 사정판결(제28조) 등은 준용되지 않는다.

④ 문제점

현행법은 부작위위법확인이 아닌 작위의무확인청구나 적극적인 의무이행소송을 인정하지 않는다. 그러므로 행정소송법은 부작위위법확인소송에 대하여 그 판결의 기속력으로서 재처분의무와 간접강제를 인정함으로써 실효성확보를 위한 제도를 강구하고 있다.

판례

행정소송법상 의무이행소송이 허용되는지 여부(소극)

행정심판법 제3조에 의하면 행정청의 위법 또는 부당한 거부처분이나 부작위에 대하여 의무이행 심판청구를 할 수 있으나 행정소송법 제4조에서는 행정심판법상의 의무이행심판청구에 대응하여 부작위위법확인소송만을 규정하고 있으므로 행정청의 부작위에 대한 의무이행소송은 현행법상 허용되지 않는다(대판 1989.9.12. 87누868).

(5) 무명항고소송

위에서 본 취소소송, 무효등확인소송, 부작위위법확인소송을 법정항고소송이라고 한다. 법정항고소송만으로는 국민의 권리구제의 요구를 충족시킬 수 없기 때문에 상당수의 학설은 행정소송법 제4조를 예시규정으로 보아 이른바 무명항고소송을 인정하고, 이에는 의무이행소송과 예방적 부작위청구소송을 포함시키고 있다. ⇨ 상세 내용은 〈제1장 03 행정소송의 한계〉 참고

2. 당사자소송

(1) 의의

당사자소송은 '행정청의 처분등을 원인으로 하는 법률관계에 관한 소송 그 밖에 공법상의 법률관계에 관한 소송으로서 그 법률관계의 한쪽 당사자를 피고로 하는 소송'이다(행정소송법 제3조 2호). 당사자소송은 서로 대립하는 대등한 당사자 사이에 있어서의 행정법관계의 형성·존부에 관한 소송을 말한다. 당사자소송은 대등한 당사자간의 소송이라는 점에서, 공행정주체가 우월한 지위에서 갖는 공권력의 행사·불행사와 관련된 분쟁의 해결을 위한 절차인 항고소송과 구별된다.

(2) 성질

① 당사자소송은 개인의 권익구제를 직접적인 목적으로 하는 주관적 소송이다.

② 피고는 처분 또는 재결을 한 행정청이 아니고, 당해 법률관계의 실질상의 귀속주체인 국가 또는 공공단체이다.

③ 아직 행정청의 유권적 결정이 없는 상황에서 행해지는 쟁송이므로 당사자소송의 1심은 시심적 소송(행정법관계의 형성 또는 존부를 결정하는 행위가 쟁송의 형식으로 행하여지는 경우)에 해당한다.

(3) 당사자소송과 민사소송의 구별

양자 모두 대등한 당사자간에서 이루어지고, 공권력 행사 자체를 다투는 것이 아니라는 점에서 동일하다. 그러나 당사자소송은 공법상의 법률관계를, 민사소송은 사법상의 법률관계를 대상으로 한다는 점에서 다르다. 이에 따라 당사자소송은 공법원리가 적용되며, 민사소송과 다음과 같은 점에서 차이가 있다.

① 당사자소송과 항고소송간에는 소의 변경이 가능하나(제21조, 제42조), 민사소송과 항고소송간에는 원칙적으로 소변경이 불가능하다.

② 당사자소송에는 관련 민사소송청구를 병합할 수 있으나, 민사소송에는 관련 당사자소송청구를 병합할 수 없다.

③ 당사자소송에는 행정청이 참가할 수 있지만, 민사소송에는 불가능하다.

④ 당사자소송에는 직권탐지주의가 적용되지만, 민사소송에는 직권탐지주의가 적용되지 않는다(변론주의 적용).

⑤ 당사자소송의 판결의 기속력은 당해 행정주체 산하의 행정청에게도 미치나, 민사소송에서는 소송당사자에게만 미친다.

3. 민중소송

(1) 의의

민중소송은 국가 또는 공공단체의 기관이 법률에 위반되는 행위를 한 때에 직접 자기의 법률상 이익과 관계없이 그 시정을 구하기 위하여 제기하는 소송이다(행정소송법 제3조 제3호). 이러한 민중소송은 법률의 명시적인 규정이 있는 경우에 법률이 정한 자에 한하여 제기할 수 있다(제45조).

(2) 종류

현행법이 인정하고 있는 민중소송으로는 공직선거법상 선거무효소송, 국민투표법상 국민투표무효소송, 지방자치법상 주민소송 등이 있다.

4. 기관소송

(1) 의의

기관소송은 국가 또는 공공단체의 기관상호간에 있어서의 권한의 존부 또는 그 행사에 관한 다툼이 있을 때에 이에 대하여 제기하는 소송이다(행정소송법 제3조 제4호). 기관소송이 필요한 이유는 행정주체 내에 기관 상호간의 권한을 둘러싼 분쟁을 해결할 수 있는 적당한 기관이 없거나 제3자에 의한 공정한 해결을 할 필요가 있는 경우가 있기 때문이다.

(2) 제외

헌법재판소법 제2조의 규정에 의하여 헌법재판소의 권한쟁의심판 대상으로 되는 소송은 기관소송의 성격을 갖더라도 제외된다.

(3) 기관소송의 예

지방자치법상 지방자치단체장의 지방의회의 재의결에 대한 무효확인소송(제120조 제3항)이 대표적인 기관소송에 해당한다. 그밖에 주무부장관이나 시·도지사의 이행명령에 대한 지방자치단체장의 소송(지방자치법 제189조 제6항), 주무부장관 또는 시·도지사의 지방의회의 재의결에 대한 소송(제192조 제5항)에 대하여 기관소송이라고 보는 견해가 있다.

〈취소소송 규정의 준용 여부〉

구분	취소소송	무효등확인소송	부작위위법확인소송	당사자소송
제소기간	○	×	원칙: × 행정심판을 거친 경우: ○	× 개별법에 따름
피고적격	○	○	○	×
행정심판전치	○	×	○	×
집행정지	○	○	×	×
사정판결	○	×	×	×
기속력	○	○	○	○
간접강제	○	×	○	×

※ 민중소송·기관소송: 처분등의 취소를 구하는 소송에는 그 성질에 반하지 아니하는 한 취소소송에 관한 규정을 준용

03 행정상 법률관계의 유형과 행정소송

1. 행정상 법률관계의 의의

법률관계란 법에 의하여 규율되는 생활관계를 의미한다. 이 가운데 행정주체가 일방당사자인 법관계를 '행정상 법률관계'라 한다. 행정상 법률관계는 행정에 관련된 당사자간의 권리·의무관계로 나타난다.

행정상 법률관계에는 ① 행정주체와 국민 사이에 맺어지는 법률관계, ② 행정주체와 공무원 사이에 맺어지는 법률관계, ③ 행정주체 상호간에 맺어지는 관계가 있다.

행정상 법률관계에는 사법(私法)이 지배하는 경우(국고관계)와 공법(公法)이 지배하는 경우(행정법관계, 공법관계)가 있다. 다른 면에서는 행정조직법적 관계와 행정작용법적 관계로 나눌 수 있다.

2. 행정상 법률관계의 유형별 분쟁해결 방법

(1) 행정조직법적 관계

① 행정주체 내부관계

이 관계에는 관청간의 대등관계와 불대등관계, 기관위임사무에 관한 국가기관의 장과 지방자치단체의 장과의 관계가 있다. 이 관계는 권리주체간의 권리·의무의

관계가 아니라 직무권한에 관한 관계로 봄이 타당하다. 행정주체 내부의 행정기관 상호간의 분쟁은 대립하는 당사자 사이의 권리의무에 관한 다툼이 아니어서 법률상의 쟁송이 아니고, 행정기관은 당사자능력도 없으며, 행정주체와 국민 사이의 관계와 같은 외부관계가 아니어서 처분성이 없고, 행정기관의 권리침해를 상정할 수 없어 원고적격도 인정되지 않는다. 따라서 법원은 주관소송으로서의 행정소송절차로 개입하지 않는 것이 원칙이다.

다만, 지방자치단체의 내부기관인 지방자치단체장 또는 교육감과 지방의회 사이에는 계층구조에 따른 행정의 통일성을 확보할 수 없는 특징이 있어 그 법적분쟁은 기관소송의 대상이 된다(행정소송법 제45조, 지방자치법 제192조).

② 행정주체 상호간의 관계

이 관계에는 국가와 지방자치단체간의 관계(예 인·허가등 감독관계)와 지방자치단체 상호간(예 사무위탁, 협의)의 관계가 있다. 이의 법적 분쟁은 권한쟁의심판(헌법 제111조 제1항, 헌법재판소법 제62조 제1항)이 가능하다.

한편, 지방자치단체의 자치권의 침해는 지방자치단체의 고유한 법률적 이익의 침해에 해당하므로 항고소송으로 다툴 수 있다(다수설). 이 경우 지방자치단체장은 그 법률효과가 귀속되는 주체인 지방자치단체의 이름으로 국가기관 또는 지방자치단체의 기관을 상대로 항고소송을 제기하여야 한다.

(2) 행정작용법적 관계

통상적으로 행정상의 법률관계는 국가 및 공공단체 등 행정주체와 상대방인 국민간의 법률관계인 행정작용법적 관계를 의미한다. 행정작용법관계는 다시 공법관계(권력관계+비권력관계)와 사법관계(국고관계+행정사법관계)로 구분된다. 최근 행정작용의 다양화에 따라 행정이 사법형식에 의하여 수행되는 경우가 많아 사법행정에 대한 연구가 활발하다.

① 권력관계

㉠ 의의

권력관계란 행정주체가 우월한 지위에서 일방적으로 행정법관계를 형성·변경·소멸시키는 관계이다. 그 수단은 명령(예 조세부과, 경찰명령), 강제(예 강제징수, 즉시강제), 형성(예 특허등 권리설정)이 있다. 여기에는 공정력·확정력·강제력 등 법률상 특별한 효력이 인정되고 행정쟁송에 의해 그 분쟁을 해결한다.

㉡ 종류

종래 권력관계를 일반권력관계(행정주체와 국민)와 특별권력관계(행정주체 내부)로 구분하여 특별권력관계에는 법치주의원칙이 배제되는 것으로 보았으나, 후자는 오늘날 많은 비판과 변화를 경험하고 있다.

㉢ 적용법

행정주체로서의 관청이 특히 공권력의 주체로서 국민에 대하는 관계에 있어서는 대등한 사사로운 국민상호간의 경제적 이해를 조정함을 목적으로 하는 사법이 전면적으로 그대로 적용될 수는 없고 국가공익의 실현을 우선적으로 하는 특수성을 고려하여 특수한 법규나 법 원칙이 인정되어야 할 것이다(대판 1961.10.5. 4292행상6).

㉣ 쟁송형태

국가 또는 지방자치단체 등 행정주체가 처분 등을 통해 법률에 의하여 보호되는 이익을 침해하면, 처분 등의 상대방 또는 이해관계 있는 제3자는 그 처분 등이 법률의 규정을 위반함으로써 법률에 의하여 보장된 자신의 권리가 침해되었음을 이유로 항고소송을 제기하여 다툴 수 있다.

② 비권력관계

㉠ 의의

행정주체가 권력적 수단에 의하지 아니하고 행정작용을 하는 관계를 말한다. 공법상 계약이나 행정지도 등의 사실행위가 그 예이다. 비권력관계에서 발생되는 분쟁이 공법적인 분쟁이면 행정소송(주로 당사자소송)의 대상이 되고, 개인에게 손해가 발생한 경우에는 국가배상청구권을 행사할 수 있다. 반면 사법에 의하여 규율되는 경우에는 민사소송의 대상이 되며, 그 손해에 대하여는 민법상의 손해배상청구권을 행사할 수 있다.

㉡ 관리관계와의 관계

ⓐ 관리관계의 의의

관리관계는 행정주체가 공권력의 주체로서가 아니라 공적 재산 또는 공적 사업의 관리주체로서 개인과 맺는 법률관계를 말한다(예 도로의 관리, 공기업의 경영). 관리관계에도 사법규정이 적용되지만, 법률관계의 내용이 공공복리의 실현과 밀접한 관련이 있는 경우에는 특수한 공법규정이 적용되고 이에 관하여는 공법관계로서의 특징을 갖는다. 이 경우 그 관계에서의 분쟁은 민사소송이 아니라 행정소송, 그 중에서도 당사자소송의 방법으로 해결될 수 있다.

ⓑ 양자의 관계

비권력관계와 관리관계에 대하여 i) 양개념을 같은 것으로 이해하는 견해와, ii) 관리관계를 실질적 내용에 있어 행정상 사법관계(私法關係)와 유사한 것으로 보는 견해가 있다.

③ 사법관계(국고관계)

㉠ 의의

사법관계 또는 국고관계는 행정주체가 다른 사인과 마찬가지로 사법상의 주체로 활동하는 관계를 말한다. 이는 다시 좁은 의미의 국고관계와 행정사법관계로 구분된다.

㉡ 좁의 의미의 국고관계(國庫關係)

ⓐ 규율대상

좁의 의미의 국고관계는 행정주체의 국고지원활동(예 행정활동에 필요한 건물·집기·토지를 마련하기 위한 매매계약, 임대차계약, 건축도급계약)이나 수익경제활동(예 스스로 기업을 운영하거나 기업의 주주가 되어 영리활동)을 규율하는 관계이다.

ⓑ 특수규율의 적용

국고관계에 있어서 행정주체의 사법적인 활동은 공익성, 공정성, 신속성, 명확성을 담보하기 위하여 특수한 법률들이 적용된다. 예컨대, 국유재산법, 국가재정법, 지방재정법 등은 사인의 경제활동과 달리 계약의 상대방·방법·내용에 대하여 일정한 제한을 가한다. 그러나 그 본질은 어디까지나 사법상의 법률행위이므로, 판례는 "행정주체의 사법적인 활동은 행정행위의 관념에 속하지 않는 것으로서 그 거부처분은 행정소송의 대상이 되지 아니하는 것"(대판 1983.9.27. 83누292; 국유임야 대부)으로 보고 있다. 그에 관한 법률상의 분쟁은 민사소송의 대상이 된다. 행정주체가 경제적 활동의 주체로서 활동할 때에도 사사로운 국민상호간의 경제적 활동과 조금도 차이가 없는 경우에는 그 성질상 사법이 전면적으로 그대로 적용된다. 행정주체가 물품의 매매계약을 하고 국유재산을 매각하는 것이 그 예이다(대판 1961.10.5. 4292행상6).

ⓒ 기본권 적용

행정주체의 국고지원활동이나 수익경제활동이 공정한 절차를 무시하고 정파적인 이해나 자의적인 관점에 의해 행해질 염려가 있으므로, 헌법 제10조 제2항이 규정한 '개인이 갖는 기본권을 존중하고 보장할 국가의 의무'는 국고관계에도 적용되어야 한다.

㉢ 행정사법(行政私法)관계

이는 행정기관이 사법형식으로 공적 임무를 직접 수행하는 관계를 총칭하는 개념이다. 예컨대, 공익사업시행자가 공익사업에 필요한 토지를 토지소유자로부터 협의에 의하여 취득하는 것은 형식상 사업시행자와 토지소유자간의 사법상 계약이지만 그 실질은 공익사업의 효율적인 수행을 위한 복리행정의 일환이다. 오늘날 행정기능의 확대와 더불어 행정주체가 행정목적을 달성하기 위해 사법상 계약 기타 수단을 사용하는 경우가 늘고 있다. 이 경우 민법의 일반조항을 매개로 헌법상 평등의 원칙, 자유권조항, 그 밖의 헌법원칙에 의한 공법상의 기속을 받을 수 있다.

제3장 취소소송의 재판관할

01 일반론

행정소송법 제9조【재판관할】① 취소소송의 제1심관할법원은 피고의 소재지를 관할하는 행정법원으로 한다.
② 제1항에도 불구하고 다음 각 호의 어느 하나에 해당하는 피고에 대하여 취소소송을 제기하는 경우에는 대법원소재지를 관할하는 행정법원에 제기할 수 있다.
1. 중앙행정기관, 중앙행정기관의 부속기관과 합의제행정기관 또는 그 장
2. 국가의 사무를 위임 또는 위탁받은 공공단체 또는 그 장
③ 토지의 수용 기타 부동산 또는 특정의 장소에 관계되는 처분등에 대한 취소소송은 그 부동산 또는 장소의 소재지를 관할하는 행정법원에 이를 제기할 수 있다

1. 재판관할의 의의

특정 사건에 대하여 또는 그 당사자에 대하여 재판권을 행사할 수 있는 것은 어느 법원(관할법원)인가 하는 문제가 재판관할이다. 소송사건이나 법원의 종류가 다양하기 때문에 법원 상호간에 재판권의 범위를 정할 필요가 있다.

2. 행정법원의 관할 사건

행정법원은 행정소송법에서 정한 행정사건과 다른 법률에 따라 행정법원의 권한에 속하는 사건을 제1심으로 심판한다(법원조직법 40조의4). 다만, 행정법원이 설치되지 아니한 지역에서는 그 지역을 관할하는 지방법원 본원이 행정법원의 권한에 속하는 사건을 관할한다. 또한 행정소송법은 행정사건과 병합하여 관련 민사사건을 처리할 수 있음을 명시하고 있다(행정소송법 제10조 제2항).

3. 심급관할

취소소송은 지방법원급인 행정법원을 제1심 법원으로 하며, 고등법원이 항소심을, 대법원이 상고심을 담당하는 3심제를 채택하고 있다. 다만, 개별법에서 2심제를 규정하기도 한다(예 특허청의 심결에 대한 취소소송은 고등법원급에 해당하는 특허법원과 대법원, 독점규제 및 공정거래에 관한 법률 제55조는 서울고등법원과 대법원).

4. 토지관할

(1) 보통재판적

① 보통재판적이란 특정인에 대한 일체의 소송사건에 관해서 일반적으로 인정되는 토지관할이다. 민사소송법 제2조와 제3조는 피고의 주소등이 있는 법원에 관할권이 생기도록 하였는데, 행정소송법 제9조 제1항도 취소소송의 제1심 관할법원을 '피고의 소재지를 관할하는 행정법원'으로 정하고 있다. 현재 서울행정법원과 춘천지방법원 강릉지원을 제외하고는 피고의 소재지를 관할하는 지방법원의 본원이 항고소송과 당사자소송의 제1심 관할법원이 된다.

② 중앙행정기관, 중앙행정기관의 부속기관과 합의제행정기관 또는 그 장, 국가의 사무를 위임 또는 위탁받은 공공단체 또는 그 장을 피고로 하여 취소소송을 제기하는 경우에는 대법원소재지를 관할하는 행정법원에 제기할 수 있다(행정소송법 제9조 제2항).

③ 국가의 사무를 위임 또는 위탁받은 공공단체 또는 그 장에 대하여 그 지사나 지역본부 등 종된 사무소의 업무와 관련이 있는 소를 제기하는 경우에는 그 종된 사무소의 소재지를 관할하는 행정법원에 제기할 수 있다(행정소송규칙 제5조 제1항). 예컨대, 근로복지공단이나 국민연금공단과 같은 공법인의 지역본부나 지사의 업무와 관련 있는 소의 경우 그 지역본부 또는 지사 소재지 관할법원도 관할권이 있다.

(2) 특별재판적

① 토지의 수용 기타 부동산 또는 특정의 장소에 관계되는 처분등에 대한 취소소송은 그 부동산 또는 장소의 소재지를 관할하는 행정법원에 이를 제기할 수 있다(행정소송법 제9조 제3항).

② 이 경우 '기타 부동산 또는 특정의 장소에 관계되는 처분등'이란 부동산에 관한 권리의 설정·변경 등을 목적으로 하는 처분, 부동산에 관한 권리행사의 강제·제한·금지 등을 명령하거나 직접 실현하는 처분, 특정구역에서 일정한 행위를 할 수 있는 권리나 자유를 부여하는 처분, 특정구역을 정하여 일정한 행위의 제한금지를 하는 처분 등을 말한다(행정소송규칙 제5조 제2항).

토지의 수용 관계 처분	토지수용·사용, 사업인정, 수용위원회의 재결 등의 처분
기타 부동산 관계 처분	부동산에 관한 권리의 설정·변경을 목적으로 하는 처분, 부동산에 관한 권리행사의 강제·제한·금지를 명한 처분, 건축물 철거처분, 토지구획정리사업으로 인한 환지처분, 토지거래허가에 관한 처분 등
특정의 장소 관계 처분	도시계획 취소 처분, 자동차운수사업면허 취소 처분, 택지조성사업 허가에 관한 처분, 공용재산의 사용허가에 관한 처분 등

(3) 토지관할의 임의성

토지관할은 전속관할이 아닌 임의관할이므로 당사자가 합의로 제1심 관할법원을 정할 수 있고(민사소송법 제29조; 합의관할), 피고가 제1심 법원에서 관할위반이라고 항변하지 않고 본안에 대하여 변론하거나 변론준비기일에서 진술하면 그 법원은 관할권을 가진다(민사소송법 제30조; 변론관할). 다만, 지방법원 지원은 행정사건을 처리할 수 없으므로(춘천지방법원 강릉 지원 제외), 합의관할이나 변론관할 등이 생기지 않는다.

판례

변론관할의 사례

민사소송인 이 사건 소(환매대금증감청구소송)가 서울행정법원에 제기되었는데도 피고는 제1심법원에서 관할위반이라고 항변하지 아니하고 본안에 대하여 변론을 한 사실을 알 수 있는바, 공법상의 당사자소송 사건인지 민사사건인지 여부는 이를 구별하기가 어려운 경우가 많고 행정사건의 심리절차에 있어서는 행정소송의 특수성을 감안하여 행정소송법이 정하고 있는 특칙이 적용될 수 있는 점을 제외하면 심리절차면에서 민사소송절차와 큰 차이가 없는 점 등에 비추어 보면, 행정소송법 제8조 제2항, 민사소송법 제30조에 의하여 제1심법원에 변론관할이 생겼다고 봄이 상당하다. 그렇다면 이 사건 소송이 공법상 당사자소송에 해당한다고 판단한 원심판결에는 당사자소송에 관한 법리를 오해한 잘못이 있으나, 앞서 본 바와 같이 제1심법원에 변론관할이 생긴 이상 원심의 위와 같은 잘못은 판결 결과에 영향이 없다. 피고의 이 부분 상고이유 주장은 이유 없다(대판 2013.2.28. 2010두22368).

4. 사물관할

사물관할이란 제1심 법원의 단독판사와 합의부 사이에서 제1심 소송사건의 분담을 정한 것을 말한다. 행정사건의 심판권은 판사 3명으로 구성된 합의부에서 행사한다(법원조직법 제7조 제3항).

다만, 행정법원의 경우 단독판사가 심판할 것으로 행정법원 합의부가 결정한 사건의 심판권은 단독판사가 행사한다(법원조직법 제7조 제3항 단서; 재정단독사건). 서울행정법원의 실무에 의하면, 운전면허 사건, 산재사건(일부), 2억 원 미만의 양도소득세부과처분 취소의 소, 변상금 사건, 기타 사건의 내용이 단순·경미한 사건에 대한 행정소송은 단독판사가 담당하고 있다.

5. 행정소송의 관할의 전속성

행정소송의 관할은 행정법원의 전속관할이므로 민사법원은 계쟁사건의 관할이 행정법원인 경우 당해 사건을 행정법원으로 이송하여야 한다. 대법원도 "도시 및 주거환경정비법상의 주택재건축정비사업조합을 상대로 관리처분계획안에 대한 총회결의의 무효확인을 구하는 소는 행정소송법상 당사자소송에 해당하므로 전속관할이 행정법원에 있다."(대판 2009.9.17. 2007다2428 전합)는 취지로 판시하였다.
다만, 행정법원이 설치되지 않은 지역의 지방법원 본원이 행정사건으로 취급하여야 할 사건을 민사사건으로 접수하여 처리하였다 하더라도 이는 사무분담의 문제일뿐 전속관할 위반의 문제는 발생하지 않으며, 판례는 "수소법원이 행정소송의 관할도 가지고 있다면 행정소송절차로 심리할 수 있다."(대결 2014.10.14. 2014마1072)고 한다.

02 소송의 이송

1. 이송의 의의

소송의 이송은 한 법원에 계속한 사건을 다른 법원으로 이전 송부하는 것을 말한다. 원고가 어느 법원에 소를 제기하였는데 관할위반이 있다고 하여 바로 소를 각하함으로써 원고가 새로 관할법원에 소를 제기하도록 하는 것은 시간과 노력, 비용이 낭비되고, 그 사이에 제척기간이 도과하여 회복할 수 없는 손해가 생길 수도 있다. 또한 관할위반이 아니더라도 그 사건을 심판하기에 편리한 법원으로 옮겨 재판을 하는 것이 소송촉진과 소송경제의 입장에서 좋을 수 있다.
다만, 이송은 같은 법원 안에서 한 재판부가 사건을 다른 재판부로 보내는 이부와는 구별된다. 즉, 행정법원이 미설치된 지역에서 지방법원이 행정법원의 역할을 겸하는 경우(서울행정법원 관할의 지방법원을 제외한 전국 각 지방법원 본원 및 춘천지방법원 강릉지원), 그 법원 내에서의 민사부와 행정부의 관계는 이송문제가 아니라 사무분담의 관계일 뿐이다.

2. 관할위반으로 인한 이송

(1) 의의

원고가 관할권 없는 법원에 소를 제기했을 때 수소법원이 관할권이 없다고 확정적으로 판단한 경우에 결정으로 그 사건을 관할권 있는 법원으로 이송하는 것이다. 행정소송은 그 소송의 특수성(예 공법상 당사자소송과 민사소송의 구별 곤란)으로 인해 관할위반의 문제가 민사소송의 경우보다 자주 발생한다.

(2) 제1심 법원 사이에서의 이송

법원은 소송의 전부 또는 일부에 대하여 관할권이 없다고 인정하는 경우에는 결정으로 이를 관할법원에 이송한다(민사소송법 제34조 제1항). 대부분의 관할위반은 토지관할 위반이다. 행정소송 역시 제1심 법원 사이에 관할위반이 있는 경우 제소를 받은 법원은 결정으로 관할법원에 이송하여야 한다.

(3) 심급관할 위반인 경우의 이송

민사소송법 제34조 제1항의 규정은 원고의 고의 또는 중대한 과실 없이 행정소송이 심급을 달리하는 법원에 잘못 제기된 경우에도 적용한다(행정소송법 제7조). 심급관할 위반은 가령 상급심 법원을 제1심 법원으로 하여 소를 제기하는 경우를 말한다.
민사소송에서는 심급관할 위반인 경우의 이송에 관한 별도의 규정이 없어 민사소송법 제34조 제1항을 적용하여 이송하여야 한다는 것이 일반적인데, 행정소송법에는 위와 같이 명시적 규정을 두고 있다.

(4) 재판권을 혼동한 경우

원고가 행정사건으로 제기하여야 할 사건을 민사사건으로 잘못 제기한 경우나 반대의 경우, 그 처리는 행정사건의 전속성과 토지관할 및 사물관할의 임의성으로 인하여 여러 문제를 야기한다.
판례는 고의 또는 중과실 없이 행정소송으로 제기하여야 할 사건을 민사소송으로 잘못 제기하고 수소법원이 그 행정소송에 대한 관할도 동시에 가지고 있는 경우, 수소법원은 항고소송으로 소 변경을 하도록 하여 그 1심법원으로 심리·판단하여야 하며(대판 1999.11.26. 97다42250), 수소법원이 행정소송에 대한 관할을 가지고 있지 아니하면 관할 법원에 이송할 것(대판 1997.5.30. 95다28960)이라는 태도이다.

판례

행정사건을 민사사건으로 오해하여 민사소송을 제기한 경우, 수소법원이 취하여야 할 조치

[1] 원고가 고의 또는 중대한 과실 없이 행정소송으로 제기하여야 할 사건을 민사소송으로 잘못 제기한 경우, 수소법원으로서는 만약 그 행정소송에 대한 관할도 동시에 가지고 있다면 이를 행정소송으로 심리·판단하여야 하고, 그 행정소송에 대한 관할을 가지고 있지 아니하다면 당해 소송이 이미 행정소송으로서의 전심절차 및 제소기간을 도과하였거나 행정소송의 대상이 되는 처분 등이 존재하지도 아니한 상태에 있는 등 행정소송으로서의 소송요건을 결하고 있음이 명백하여 행정소송으로 제기되었더라도 어차피 부적법하게 되는 경우가 아닌 이상 이를 부적법한 소라고 하여 각하할 것이 아니라 관할 법원에 이송하여야 한다(대판 1997.5.30. 95다28960).

[2] 도시 및 주거환경정비법상 주택재건축정비사업조합에 대한 행정청의 조합설립인가처분이 있은 후에 조합설립결의의 하자를 이유로 민사소송으로 그 결의의 무효 등 확인을 구한 사안에서, 그 소가 확인의 이익이 없는 부적법한 소에 해당하다고 볼 여지가 있으나, 재건축조합에 관한 설립인가처분을 보충행위로 보았던 종래의 실무관행 등에 비추어 그 소의 실질이 조합설립인가처분의 효력을 다투는 취지라고 못 볼 바 아니고, 여기에 소의 상대방이 행정주체로서의 지위를 갖는 재건축조합이라는 점을 고려하면, 그 소가 공법상 법률행위에 관한 것으로서 행정소송의 일종인 당사자소송으로 제기된 것으로 봄이 상당하고, 그 소는 이송 후 관할법원의 허가를 얻어 조합설립인가처분에 대한 항고소송으로 변경될 수 있어 관할법원인 행정법원으로 이송함이 마땅하다(대판 2009.9.24. 2008다60568).

[3] 주택재건축정비사업의 조합설립변경 인가 또는 사업시행계획안에 대한 인가가 이루어지기 전에 행정주체인 재건축조합을 상대로 그 조합설립변경 결의 또는 사업시행계획 결의의 효력 등을 다투는 소송은 행정처분에 이르는 절차적 요건의 존부나 효력 유무에 관한 소송으로서 그 소송결과에 따라 행정처분의 위법 여부에 직접 영향을 미치는 공법상 법률관계에 관한 것이므로 이는 행정소송법상의 당사자소송에 해당한다.…(중략)…구 주택건설촉진법에 따라 조합설립인가를 받은 후 도시 및 주거환경정비법하에서 새로이 '사업시행계획에 대한 동의 및 재건축결의서'라는 동의서에 의하여 이루어진 재건축결의의 무효확인을 구하는 소를 민사소송으로 제기한 사안에서, 그 무효확인청구를 조합설립변경 결의 또는 사업시행계획 결의의 무효확인을 구하는 취지로 해석될 여지가 있으므로 관할 법원인 행정법원으로 이송함이 상당하다(대판 2010.7.29. 2008다6328).

3. 편의에 의한 이송

(1) 의의

관할법원이 둘 이상인 경우에 수소법원보다 다른 관할법원에서 소송을 하는 것이 현저한 손해나 지연을 막는 데에 도움이 될 경우의 이송이다. 이러한 이송은 관할권 있는 법원이 다른 관할권 있는 법원으로 이송하는 경우이다.

(2) 민사소송법 제35조의 준용

법원은 소송에 대하여 관할권이 있는 경우라도 현저한 손해 또는 지연을 피하기 위하여 필요하면 직권 또는 당사자의 신청에 따른 결정으로 소송의 전부 또는 일부를 다른 관할법원에 이송할 수 있다. 다만, 전속관할이 정하여진 소의 경우에는 그러하지 아니하다(민사소송법 제35조).

여기서 '현저한 손해'란 당사자들에게 소송수행상의 부담이 커서 소송경제를 이룰 수 없는 경우를 말한다. 그리고 '지연'은 법원이 사건을 심리하는 데에 시간이 많이 들어 사건처리가 늦어지게 됨을 말한다. 통설은 현저한 손해를 이유로 한 이송은 당사자의 사익을 위한 것이고 소송지연을 이유로 한 이송은 공익을 위한 것이라고 구별한다.

(3) 관련청구소송의 이송

행정소송법 제10조【관련청구소송의 이송 및 병합】 ① 취소소송과 다음 각호의 1에 해당하는 소송(이하 "관련청구소송"이라 한다)이 각각 다른 법원에 계속되고 있는 경우에 관련청구소송이 계속된 법원이 상당하다고 인정하는 때에는 당사자의 신청 또는 직권에 의하여 이를 취소소송이 계속된 법원으로 이송할 수 있다.
1. 당해 처분등과 관련되는 손해배상·부당이득반환·원상회복등 청구소송
2. 당해 처분등과 관련되는 취소소송

② 취소소송에는 사실심의 변론종결시까지 관련청구소송을 병합하거나 피고외의 자를 상대로 한 관련청구소송을 취소소송이 계속된 법원에 병합하여 제기할 수 있다.

① 의의

㉠ 서로 관련되는 수 개의 청구를 병합하여 하나의 소송절차에서 통일적으로 심판하는 것을 관련청구소송의 이송·병합이라고 한다. 이는 심리의 중복이나 재판의 모순·저촉을 피하고 당사자나 법원의 부담을 경감시키는 데 그 의의가 있다.

㉡ 민사소송법 제253조는 수 개의 청구가 '같은 종류의 소송절차'에 의하여 심판될 수 있는 경우에만 청구를 병합할 수 있게 하고 있다. 따라서 행정소송은 민사소송과는 다른 종류의 소송절차이기 때문에 행정소송의 대상이 되는 청구와 민사소송의 대상이 되는 청구를 병합하여 민사소송으로 제기하는 것은 불허된다. 그러나 이 규정은 행정소송을 위해서는 지나치게 엄격한 것이어서 완화할 필요가 있다. 따라서 행정소송법 제10조 제1항은 취소소송과 관련청구소송이 각각 다른 법원에 계속되고 있는 경우에 관련청구소송이 계속된 법원이 상당하다고 인정하는 때에는 당사자의 신청 또는 직권에 의하여 이를 취소소송이 계속된 법원으로 이송할 수 있도록 하고, 제10조 제2항은 취소소송에 사실심의 변론종

결시까지 관련청구소송을 병합하거나 피고외의 자를 상대로 한 관련청구소송을 취소소송이 계속된 법원에 병합하여 제기할 수 있도록 하였다.

㉢ 민사소송에서는 동종의 소송절차에 의해 심판될 수 있기만 하면 단순병합과 같은 경우는 '청구 상호간의 관련성'을 요건으로 하지 않으나, 신속성이 요청되는 행정소송에서는 '관련청구소송'으로 제한된다.

㉣ 관련청구소송의 이송·병합은 취소소송뿐 아니라 무효등확인소송과 부작위위법확인소송, 당사자소송, 민중소송, 기관소송에도 준용된다(제10조, 제38조, 제44조 제2항, 제46조).

⇨ 이곳에서는 '관련청구소송의 이송'에 대해서만 설명하고 '관련청구송의 병합'은 〈제6장 취소소송의 제기〉에서 살펴본다.

② **관련청구소송의 범위**

㉠ **당해 처분등과 관련되는 손해배상·부당이득 반환·원상회복 등의 청구소송**

여기에는 ⓐ 처분이나 재결이 원인이 되어 발생한 청구(예 영업정지처분에 있어서 처분취소소송과 손해배상청구소송), ⓑ 처분이나 재결의 취소를 선결문제로 하는 청구(예 과세처분에 있어서 과세처분취소소송과 부당이득반환청구소송)가 있다. '청구소송'에는 손해배상·부당이득·원상회복 소송 외에 손실보상청구소송, 결과제거청구소송 등도 포함된다. 관련청구소송은 민사소송일 수도 있다.

㉡ **당해 처분등과 관련되는 행정소송**

여기서의 관련청구소송은 증거관계, 쟁점, 공격방어방법 등에 상당부분 공통점이 있어 하나의 법원에서 주된 사건과 함께 심리하는 것이 바람직한 사건을 말한다. 그 예로 ⓐ 당해 처분과 함께 하나의 절차를 구성하는 다른 처분의 취소를 구하는 소송(예 조세체납처분에 있어서의 압류처분과 공매처분), ⓑ 당해 처분에 관한 재결의 취소소송 또는 당해 재결의 대상인 원처분의 취소소송, ⓒ 당해 처분의 취소를 구하는 다른 자의 취소소송(예 일반처분에 대한 다수인이 각각 별개의 취소소송을 제기)이 있다.

③ **이송의 요건**

㉠ **주된 소송과 관련청구소송이 각각 다른 법원에 계속**

예컨대, 처분 등의 취소를 구하는 취소소송이 A법원에 계속중인 경우 당해 처분과 관계되는 손해배상청구소송이 B법원에 계속된 경우이다. 다만, 주된 소송이 항소심 법원에 계속 중이고 관련청구소송이 제1심 법원에 계속 중일 때에 심급이익의 박탈문제가 있어서 이송이 가능한지 문제인데, 행정소송법 제10조 제2항이 사실심 변론종결시까지 관련청구소송을 병합하여 제기할 수 있다고 규정하고 있으므로 가능하다고 보는 견해가 유력하다. 반면에 제1심 법원에 계속 중인 사건에 항소심 법원에 계속 중인 사건을 이송하여 병합할 수는 없다고 본다.

㉡ 이송의 상당성

관련청구소송이 계속된 법원이 당해 소송을 주된 소송이 계속된 법원에 이송하여 병합심리하는 것이 상당하다고 인정하는 경우이다. 반드시 현저한 손해나 지연을 피하기 위한 경우만 이에 해당하는 것은 아니다. 이송하는 것이 상당하지 않은 경우의 예로는, 주된 청구가 이미 변론 종결될 무렵이고 관련청구소송은 이제 막 제소된 경우가 이에 해당한다.

㉢ 관련청구소송의 주된 청구소송 계속 법원으로의 이송

민사사건 등 관련청구소송을 행정사건이 계속 중인 관할법원으로 이송하여야 한다. 그 반대인 경우는 전속관할을 위반한 것과 같은 효과가 나타나기 때문이다.

㉣ 당사자의 신청 또는 법원의 직권결정

당사자의 신청이나 법원의 직권으로 가능하다. 이 경우 이송신청을 할 수 있는 자는 당해 관련청구소송의 원고·피고는 물론 참가인도 포함된다.

㉤ 이송받을 법원에 관련청구소송에 대한 관할권이 있어야 하는지 여부

관련청구소송의 이송제도는 행정법원에 관할이 없는 민사사건을 소송경제와 판결의 저촉 방지를 위하여 이송·병합하여 심리하려는 것이므로, 이송받을 법원이 반드시 관련청구소송의 관할권까지 가질 필요는 없다. 그러나 전속관할을 위반해서는 안된다. 예컨대, 고용·산재보험료의 채무부존재확인소송(당사자소송)과 이미 납부한 보험의 부당이득반환청구소송(민사소송)이 병합되어 인천지방법원 단독재판부에서 제1심이 진행된 후 인천지방법원 합의부에 항소된 경우 관할법원인 서울고등법원에 이송하여야 한다(대판 2016.10.13. 2016다221658).

제4장 취소소송의 당사자

01 개설

1. 당사자의 지위

취소소송도 소송의 일종으로서 원고와 피고가 대립하는 대심구조를 취하여 구체적 사건을 다툰다는 점에서 민사소송과 본질은 같다. 그러나 행정소송의 원고는 자기의 권익을 주장하는 자이나 피고는 행정법규의 적법한 집행을 변호하는 자인 점에서, 원고와 피고간의 권리·이익에 관한 대립이 있는 민사소송과 다른 특징이 있다. 예컨대, 행정청은 국가 또는 지방자치단체의 기관에 불과하지만 편의상 피고의 지위가 인정되는 점, 행정청은 자신의 이익이 아니라 공익을 위하여 소송에 임한다는 점 등의 특색이 있다.

2. 당사자능력과 당사자적격

(1) 당사자능력

당사자능력이란 소송상 당사자인 원고·피고 또는 참가인이 될 수 있는 소송법상의 능력 또는 자격을 말한다. 민법 기타 법률에 의하여 권리능력을 가진 자(자연인·법인)는 당사자능력을 갖는다(행정소송법 제8조 제2항, 민사소송법 제51조). 공법인인 국가, 지방자치단체, 영조물법인, 공공조합도 당사자능력이 있으나, 국가나 지방자치단체의 내부 기관인 행정기관, 행정청 등은 민법상 권리주체가 아니므로 당사자능력이 없다. 다만, 법인이 아닌 사단 또는 재단은 민법상 권리주체가 아니면서도 민사소송법 제52조에 따라 그 대표자 또는 관리인을 통하여 그 단체의 이름으로 당사자가 될 수 있다. 그런데 판례 중에는 행정기관에 당사자능력을 인정한 사례들이 있다(대판 2013.7.25. 2011두1214; 대판 2018.8.1. 2014두35379). 법령이 특정한 행정기관 등으로 하여금 다른 행정기관을 상대로 제재적 조치를 취할 수 있도록 하면서 그에 따르지 않으면 그 행정기관에 대하여 과태료를 부과하거나 형사처벌을 할 수 있도록 정하고 있는 경우가 이에 해당한다.

판례

소방청장이 예외적으로 당사자능력과 원고적격을 가진다고 한 사례

국민권익위원회가 소방청장에게 인사와 관련하여 부당한 지시를 한 사실이 인정된다며 이를 취소할 것을 요구하기로 의결하고 그 내용을 통지하자 소방청장이 국민권익위원회 조치요구의 취소를 구하는 소송을 제기한 사안에서, 처분성이 인정되는 국민권익위원회의 조치요구에 불복하고자 하는 소방청장으로서는 조치요구의 취소를 구하는 항고소송을 제기하는 것이 유효·적절한 수단으로 볼 수 있으므로 소방청장은 예외적으로 당사자능력과 원고적격을 가진다(대판 2018.8.1. 2014두35379).

(2) 당사자적격

당사자적격은 구체적 소송사건에서 원고나 피고로서 소송을 수행하고 본안판결을 받을 수 있는 능력(자격)을 의미한다. 소의 대상인 처분의 존재여부·위법여부의 확인 등에 관하여 법률상 대립하는 이해관계를 갖는 자에게 인정된다. 당사자적격을 권한적인 측면에서 볼 때에는 소송수행권이라고 한다. 판례에 따르면 당사자가 누구인가는 소장에 기재된 표시 및 청구의 내용과 원인 사실 등 소장의 전취지를 합리적으로 해석하여 확정한다.

행정소송법 제13조 제1항은 "취소소송은 다른 법률에 특별한 규정이 없는 한 그 처분등을 행한 행정청을 피고로 한다."라고 규정하고, 이는 동법 제38조에 의하여 무효등 확인소송과 부작위위법확인소송에 준용된다. 이 규정은 행정청이 실체법상 권리능력이나 소송법상 당사자능력도 없는 행정기관에 불과함에도 불구하고 피고가 될 수 있도록 한 행정소송법의 특별규정이다. 다만, 행정청은 원고가 될 수 없으므로, 항고소송에서 행정청의 이름으로 반소를 제기할 수는 없다.

판례

도롱뇽의 당사자능력을 인정할 수 없음

도롱뇽은 천성산 일원에 서식하고 있는 도롱뇽목 도롱뇽과에 속하는 양서류로서 자연물인 도롱뇽 또는 그를 포함한 자연 그 자체로서는 이 사건을 수행할 당사자능력을 인정할 수 없다(대판 2006.6.2. 2004마1148,1149).

국가의 당사자 능력이 인정된 사례

관악구 보건소장이 서울대학교 보건진료소에 대해 한 직권폐업처분에 대한 무효등확인소송에서 법인격이 있는 국가에게 당사자능력을 인정하고 원고적격을 인정한 사례(서울행정법원 2009.6.5. 2009구합). ☞ 현재는 서울대학교가 법인이므로 이러한 사건에서 서울대학교에게 당사자능력이 있다.

지방자치단체는 건축물 소재지 관할 허가권자인 지방자치단체의 장을 상대로 건축협의취소의 취소를 구할 수 있음

건축협의 취소는 상대방이 다른 지방자치단체 등 행정주체라 하더라도 '행정청이 행하는 구체적 사실에 관한 법집행으로서의 공권력 행사'(행정소송법 제2조 제1항 제1호)로서 처분에 해당한다고 볼 수 있고, 지방자치단체인 원고가 이를 다툴 실효적 해결 수단이 없는 이상, 원고는 건축물 소재지 관할 허가권자인 지방자치단체의 장을 상대로 항고소송을 통해 건축협의 취소의 취소를 구할 수 있다(대판 2014.2.27. 2012두22980).

국가가 국토이용계획과 관련한 기관위임사무의 처리에 관하여 지방자치단체의 장을 상대로 취소소송을 제기할 수 없음

건설교통부장관은 지방자치단체의 장이 기관위임사무인 국토이용계획 사무를 처리함에 있어 자신과 의견이 다를 경우 행정협의조정위원회에 협의·조정 신청을 하여 그 협의·조정 결정에 따라 의견불일치를 해소할 수 있고, 법원에 의한 판결을 받지 않고서도 행정권한의 위임 및 위탁에 관한 규정이나 구 지방자치법에서 정하고 있는 지도·감독을 통하여 직접 지방자치단체의 장의 사무처리에 대하여 시정명령을 발하고 그 사무처리를 취소 또는 정지할 수 있으며, 지방자치단체의 장에게 기간을 정하여 직무이행명령을 하고 지방자치단체의 장이 이를 이행하지 아니할 때에는 직접 필요한 조치를 할 수도 있으므로, 국가가 국토이용계획과 관련한 지방자치단체의 장의 기관위임사무의 처리에 관하여 지방자치단체의 장을 상대로 취소소송을 제기하는 것은 허용되지 않는다(대판 2007.9.20. 2005두6935).

소송당사자 확정의 필요성과 그 방법 및 소장에 표시된 당사자에게 당사자능력이 인정되지 않는 경우 당사자표시를 정정케 하는 조치를 취함이 없이 바로 소를 각하할 수 있는지 여부(소극)

소송에 있어서 당사자가 누구인가는 당사자능력, 당사자적격 등에 관한 문제와 직결되는 중요한 사항이므로, 사건을 심리·판결하는 법원으로서는 직권으로 소송당사자가 누구인가를 확정하여 심리를 진행하여야 하는 것이며, 이 때 당사자가 누구인가는 소장에 기재된 표시 및 청구의 내용과 원인 사실 등 소장의 전취지를 합리적으로 해석하여 확정하여야 할 것이고, 소장에 표시된 원고에게 당사자능력이 인정되지 않는 경우에는 소장의 전취지를 합리적으로 해석한 결과 인정되는 올바른 당사자능력자로 그 표시를 정정하는 것은 허용되며, 소장에 표시된 당사자가 잘못된 경우에 당사자표시를 정정케 하는 조치를 취함이 없이 바로 소를 각하할 수는 없다(대판 2001.11.13. 99두2017).

02 원고적격

행정소송법 제12조 【원고적격】 취소소송은 처분등의 취소를 구할 법률상 이익이 있는 자가 제기할 수 있다. 처분등의 효과가 기간의 경과, 처분등의 집행 그 밖의 사유로 인하여 소멸된 뒤에도 그 처분등의 취소로 인하여 회복되는 법률상 이익이 있는 자의 경우에는 또한 같다.

1. 원고적격의 의의

(1) 취소소송에서 원고적격이란 구체적인 처분에 대하여 누가 원고로서 취소소송을 제기하여 본안판결을 받을 자격이 있는가의 문제를 말한다. 행정소송법 제12조는 「처분등의 취소를 구할 법률상 이익이 있는 자」가 취소소송을 제기할 수 있다고 규정하고 있다. 따라서 처분의 상대방이 아니더라도 처분 등의 취소를 구할 법률상 이익이 인정되는 자는 취소소송을 제기할 수 있다.

(2) 원고적격은 소송요건의 하나이므로 사실심변론종결시는 물론 상고심에서도 존속하여야 하고 이를 흠결하면 부적법한 소가 된다(대판 2007.4.12. 2004두7924). 그리고 해당 처분을 다툴 법률상 이익이 있는지 여부는 직권조사사항으로 이에 관한 당사자의 주장은 직권발동을 촉구하는 의미밖에 없으므로, 원심법원이 이에 관하여 판단하지 않았다고 하여 판단유탈의 상고이유로 삼을 수 없다(대판 2017.3.9. 2013두16852).

〈개인적 공권과 반사적 이익〉

1. 개인적 공권의 의의

공권은 독일의 옐리네크와 뷜러의 이론을 기초로 발전된 개념이다. 개인적 공권이란 개인이 공법상 이익을 추구하기 위해 국가 등 행정주체에 대하여 일정한 행위를 요구할 수 있는 법적인 힘을 말한다. 개인적 공권의 관념을 인정하게 되면 실질적 법치주의에 있어 개인은 더 이상 행정객체가 아니라 행정주체에 대하여 작위·부작위 등을 청구할 수 있는 권리주체로 격상되었음을 의미한다. 현대의 실질적 법치주의에서는 이 공권이 침해되는 경우에 소송 등을 통해 법적 구제가 가능하다. 특히 행정기관에 재량이 허용되는 경우에도 법치행정으로부터 자유로울 수 없으므로 하자 없는 내용으로의 발령이 요구되는바, 이는 오늘날 개인적 공권이 확대된 결과이다.

2. 반사적 이익의 의의

행정법규가 공익목적만을 위하여 행정주체에 대하여 일정한 작위·부작위 등을 명하고 있는 경우에 그 단순한 반사적인 효과로서 사실상 사인이 향유하는 이익을 반사적 이익이라 한다. 예를 들어, 국가가 A의 법규위반을 이유로 과징금을 부과할 수 있지만, 경쟁업자인 B가 국가에 대하여 A에게 과징금 부과할 것을 '자신의 권리'로서 요구할 수 없다. 또한 의료법상의 진료거부금지의무에 의하여 일반환자가 받는 이익, 특정지역개발계획의 고시로 인한 지가상승에 의한 토지소유자가 얻는 이익들은 반사적 이익이다.

3. 양자의 구별기준

양자의 구별은 법규의 해석, 즉 해당 법문의 보호목적을 기준으로 한다. 행정법규의 목적이 오로지 공익의 보호만을 목적으로 하고 있는 경우(예 공공의 안녕이나 질서유지, 건전한 재정의 유지, 국토의 균형된 발전)에는 반사적 이익이고, 개인이익의 보호도 목적으로 하고 있는 경우에는 개인적 공권에 해당한다(통설). 그러나 통설은 공권의 승인에 관하여 입법자의 판단에 전적으로 의존하고 있다는 점에서 문제점이 지적된다.

4. 양자의 구별실익

① 원고적격

법률상 이익이 있는 자만이 행정심판이나 행정소송을 제기할 수 있다는 점(행정소송법 제12조)에 비추어, 행정소송에서 원고적격의 인정문제와 관련하여 구별의 실익이 크다. 즉 반사적 이익의 침해의 경우 소송에 의하여 보호받지 못하는 점에서 공권과 구별된다.

② 국가배상에서의 손해의 발생

국가배상에서 단순한 반사적 이익이 침해된 경우는 '손해'가 발생하였다고 볼 수 없다.

5. 반사적 이익의 공권화 경향

통설에 의하는 경우에도 행정법규의 목적이 공익의 보호에만 있는가, 개인이익의 보호에도 있는가가 확연히 구별되는 예가 많지 않다. 그리고 오늘날 법규의 해석에 있어 공익뿐 아니라 사익도 함께 보호한다고 확대함으로써 종래의 반사적 이익이 점차 공권화 되어가고 있다. 예를 들어, 도로·공원 등 공물의 설치로 인한 인근주민의 이익이 그것이다.

2. 법률상 이익의 주체

(1) 자연인과 법인

법률상 이익이 있는 '자'에는 권리주체로서 자연인과 법인이 있다. 법인에는 공법인과 사법인이 있고, 지방자치단체도 이에 포함된다. 이 밖에 법인격 없는 단체도 대표자를 통해 단체의 이름으로 출소할 수 있다.

(2) 상대방과 제3자

처분의 상대방뿐만 아니라 법률상 이익이 침해된 제3자도 포함된다(예 경쟁자소송·경원자소송·이웃소송). 오늘날 행정소송의 원고적격은 종래 반사적 이익으로 논의되어 온 내용들이 점차 법률상 보호되는 이익으로 인정되는 추세에 있다.

판례

수익처분의 상대방이 그 취소를 구할 이익이 있는지 여부

행정처분에 있어서 불이익처분의 상대방은 직접 개인적 이익의 침해를 받은 자로서 원고적격이 인정되지만 수익처분의 상대방은 그의 권리나 법률상 보호되는 이익이 침해되었다고 볼 수 없으므로 달리 특별한 사정이 없는 한 취소를 구할 이익이 없다(대판 1995.8.22. 94누8129).

행정처분의 상대방이 아닌 제3자가 행정처분 취소를 구할 수 있는 경우

행정처분의 직접 상대방이 아닌 제3자라도 당해 행정처분의 취소를 구할 법률상의 이익이 있는 경우에는 원고적격이 인정되나 여기서 말하는 법률상의 이익은 당해 처분의 근거 법률에 의하여 보호되는 직접적이고 구체적인 이익이 있는 경우를 말하는 것이고 다만 간접적이거나 사실적·경제적 이해관계를 가지는 데 불과한 경우는 여기에 포함되지 않는다(대판 1995.8.22. 94누8129).

제3자효를 수반하는 행정행위에 대한 행정심판청구의 인용재결에 대하여 제3자가 재결취소를 구할 소의 이익이 있는지 여부

제3자효를 수반하는 행정행위에 대한 행정심판청구에 있어서 그 청구를 인용하는 내용의 재결로 인하여 비로소 권리이익을 침해받게 되는 자(예컨대, 제3자가 행정심판청구인인 경우의 행정처분 상대방 또는 행정처분 상대방이 행정심판청구인인 경우의 제3자)는 재결의 당사자가 아니라고 하더라도 그 인용재결의 취소를 구하는 소를 제기할 수 있으나, 그 인용재결로 인하여 새로이 어떠한 권리이익도 침해받지 아니하는 자인 경우에는 그 재결의 취소를 구할 소의 이익이 없다(대판 1995.6.13. 94누15592).

조합설립추진위원회의 구성에 동의하지 아니한 정비구역 내의 토지 등 소유자는 조합설립추진위원회 설립승인처분의 취소를 구할 원고적격이 인정됨

도시 및 주거환경정비법 제13조 제1항 및 제2항의 입법 경위와 취지에 비추어 하나의 정비구역 안에서 복수의 조합설립추진위원회에 대한 승인은 허용되지 않는 점, 조합설립추진위원회가 조합을 설립할 경우 같은 법 제15조 제4항에 의하여 조합설립추진위원회가 행한 업무와 관련된 권리와 의무는 조합이 포괄승계하며, 주택재개발사업의 경우 정비구역 내의 토지 등 소유자는 같은 법 제19조 제1항에 의하여 당연히 그 조합원으로 되는 점 등에 비추어 보면, 조합설립추진위원회의 구성에 동의하지 아니한 정비구역 내의 토지 등 소유자도 조합설립추진위원회 설립승인처분에 대하여 같은 법에 의하여 보호되는 직접적이고 구체적인 이익을 향유하므로 그 설립승인처분의 취소소송을 제기할 원고적격이 있다(대판 2007.1.25. 2006두12289).

집합건물 공용부분의 대수선과 관련한 행정청의 허가, 사용승인 등 일련의 처분에 관하여 해당 집합건물의 구분소유자에게도 취소를 구할 원고적격이 인정됨

건축법은 집합건물의 공용부분을 대수선하려는 자로 하여금 구분소유자 전원을 구성원으로 하는 관리단집회에서 구분소유자 2/3 이상 및 의결권 2/3 이상의 결의로써 그 대수선에 동의하였다는 사정을 증명해야 대수선에 관한 허가를 받을 수 있도록 규정하고 있다. 이와 같은 건축법 규정은 구분소유자들이 공유하고 각자 그 용도에 따라 사용할 수 있는 공용부분의 대수선으로 인하여 공용부분의 소유·사용에 제한을 받을 수 있는 구분소유자의 개별적 이익을 구체적이고 직접적으로 보호하는 규정으로 볼 수 있다. 따라서 집합건물 공용부분의 대수선과 관련한 행정청의 허가, 사용승인 등 일련의 처분에 관하여는 처분의 직접 상대방 외에 해당 집합건물의 구분소유자에게도 취소를 구할 원고적격이 인정된다(대판 2024.3.12. 2021두58998).

교육감이 사립학교 직원들의 호봉정정명령 등을 한 경우 직원들의 원고적격이 인정됨

교육감이 사립학교 직원 갑 등이 소속된 학교법인의 이사장 및 학교장에게 소속 직원들의 유사경력 호봉환산이 과다하게 반영되었다는 이유로 호봉이 과다하게 산정된 직원들의 호봉정정에 따른 급여를 5년의 범위 내에서 환수하도록 하고 미이행 시 해당 직원들에 대한 재정결함 보조금(인건비) 지원을 중단하겠다는 내용의 시정명령을 하고, 재차 정정된 호봉으로 호봉 재획정 처리를 하고 조치결과를 제출하라는 명령을 한 사안에서, 이로 인하여 갑 등은 급여가 실질적으로 삭감되거나 기지급된 급여를 반환하여야 하는 직접적이고 구체적인 손해를 입게 되므로, 갑 등은 이 사건 각 명령을 다툴 개별적·직접적·구체적 이해관계가 있다(대판 2023.1.12. 2022두56630).

교원소청심사위원회의 결정에 대하여 행정소송을 제기할 수 있는 자

학교의 장은 학교법인의 위임 등을 받아 교원에 대한 징계처분, 인사발령 등 각종 업무를 수행하는 등 독자적 기능을 수행하고 있어 이러한 경우 하나의 활동단위로 특정될 수 있는 점까지 아울러 고려하여 보면, 교원소청심사위원회의 결정에 대하여 행정소송을 제기할 수 있는 자에는 교원지위 향상을 위한 특별법 제10조 제3항에서 명시하고 있는 교원, 사립학교법 제2조에 의한 학교법인, 사립학교 경영자뿐 아니라 소청심사의 피청구인이 된 학교의 장도 포함된다고 보는 것이 타당하다(대판 2011.6.24. 2008두9317).

구속된 피고인이 미결수용중인 교도소장의 접견허가거부처분의 취소를 구할 원고적격을 가짐

행정처분의 상대방이 아닌 제3자도 그 행정처분의 취소에 관하여 법률상 구체적 이익이 있으면 행정소송법 제12조에 의하여 그 처분의 취소를 구하는 행정소송을 제기할 수 있는바, 구속된 피고인은 형사소송법 제89조의 규정에 따라 타인과 접견할 권리를 가지며 행형법 제62조, 제18조 제1항의 규정에 의하면 교도소에 미결수용된 자는 소장의 허가를 받아 타인과 접견할 수 있으므로(이와 같은 접견권은 헌법상 기본권의 범주에 속하는 것이다) 구속된 피고인이 사전에 접견신청한 자와의 접견을 원하지 않는다는 의사표시를 하였다는 등의 특별한 사정이 없는 한 구속된 피고인은 교도소장의 접견허가거부처분으로 인하여 자신의 접견권이 침해되었음을 주장하여 위 거부처분의 취소를 구할 원고적격을 가진다(대판 1992.5.8. 91누7552). ☞ 정형적 원고적격으로서 처분의 상대방이 아니라 그 상대방의 배후에 있는 실질적 이해관계인으로 "준상대방"으로 보아 원고적격을 인정한 사례

(3) 행정심판의 피청구인

판례는 인용재결이 있는 경우 피청구인인 행정청은 재결에 기속되어 재결의 취지에 따른 처분의무를 부담하게 되므로 이에 불복하여 행정소송을 제기할 수 없다는 입장이다

(대판 1998.5.8. 97누15432). 그러나 이 경우에도 허용하자는 견해가 있다(예 시·도 행정심판위원회가 시장·군수를 피청구인으로 하여 시·군의 자치사무에 관해 인용재결을 한 경우 피청구인이 항고소송으로 다툴 수 있어야 한다는 것).

(4) 행정주체가 아닌 행정기관

행정기관은 처분청의 경우 피고능력이 있지만, 권리능력이 없으므로 당사자능력이 없고 원칙상 항고소송을 제기할 원고적격이 인정되지 않는다. 그러나 대법원은 경기도선거관리위원회 위원장이 국민권익위원회를 상대로 불이익처분원상회복등요구처분취소를 구한 사건에서 원고적격을 인정한 예외적 사례가 있다.

판례

국가기관의 당사자능력, 원고적격을 인정한 사례

국민권익위원회법이 원고(註: 경기도선거관리위원회 위원장)에게 피고 국민권익위원회의 조치요구에 따라야 할 의무를 부담시키는 외에 별도로 그 의무를 이행하지 아니할 경우 과태료나 형사처벌의 제재까지 규정하고 있는데, 이와 같이 국가기관 일방의 조치요구에 불응한 상대방 국가기관에게 그와 같은 중대한 불이익을 직접적으로 규정한 다른 법령의 사례를 찾기 어려운 점, 그럼에도 원고가 피고 위원회의 조치요구(註: 선관위 직원에 대한 징계요구를 취소하고, 향후 신고로 인한 신분상 불이익처분 및 근무조건상의 차별을 하지 말 것을 요구')를 다툴 별다른 방법이 없는 점 등에 비추어 보면, 피고 위원회의 이 사건 조치요구의 처분성이 인정되는 이 사건에서 이에 불복하고자 하는 원고로서는 이 사건 조치요구의 취소를 구하는 항고소송을 제기하는 것이 유효·적절한 수단이라고 할 것이므로, 비록 원고가 국가기관에 불과하더라도 이 사건에서는 당사자능력 및 원고적격을 가진다(대판 2013.7.25. 2011두1214).

3. 법률상 이익의 의의

'법률상 이익'은 공권의 성립요건이라는 실체법적 의미뿐 아니라 행정소송법상 항고소송의 원고적격을 보유하는지에 관한 소송법적 의미가 있다. 행정소송법 제12조에서 규정하고 있는 법률상 이익이 무엇을 의미하는지에 대해서는 견해가 대립한다. 이러한 견해대립은 취소소송의 본질과 기능의 이해와 관련된다.

(1) 학설

① 권리구제설

이 견해는 취소소송의 본질이 위법한 처분으로 야기된 개인의 권리의 회복(=실체법상 권리의 보호)에 있다고 본다. 법률상 이익의 의미는 '권리'이다. 이에 대하여는 ㉠ 엄격한 의미의 권리가 침해된 자만 원고적격을 제기할 수 있다는 것은 재판을 받을 권리가 일반적으로 인정된 오늘날 부당하고, ㉡ 오늘날 권리와 법률상 보호된 이익을 동의어로 이해하므로 법률상 보호이익설과 동일하다는 지적이 있다.

② 법률상 보호이익설

취소소송의 본질이 '법률이 개인을 보호하고 있는 이익을 구제하기 위한 수단'에 있다고 보며, 법률상 이익이란 '법률상 보호되는 이익' 즉, 처분의 근거법 내지 관계법이 보호하는 개인의 이익이라고 본다. 이에 대하여는 ㉠ 행정소송법상 문언에 가깝고, 보호이익의 범위가 전통적 의미의 권리개념보다 넓어져 다수설이 지지하나, ㉡ 항고소송의 주된 기능이 권리구제가 아니라 행정의 적법성을 보장하는 기능이라고 보는 입장으로부터 비판을 받는다.

③ 보호가치 있는 이익설

이 견해는 취소소송이란 '행정의 법적합성 통제를 바탕으로 한 구체적인 분쟁의 해결'에 그 본질이 있다고 보며, 법률상 이익이란 소송법적 관점에서 실질적으로 보호가치 있는 이익(법률상 보호되는 이익+사실상의 이익)이라고 한다. 이에 대하여는 ㉠ 권리구제를 지나치게 강조하여 법원이 실정법의 해석을 경시할 위험이 있고, ㉡ 원고적격의 객관적 기준이 없고 법원이 구체적인 사안에 따라 결정하는 점에 문제점이 지적된다.

④ 적법성보장설

앞의 견해들이 개인의 주관적인 권리(법률상 이익)의 구제라는 행정소송의 기능에 바탕한다면, 이 견해는 행정행위의 적법성 보장 내지 행정통제가 취소소송의 본질이라고 본다. 이에 의하면 법률상 이익이란 당해 처분을 다툼에 있어 가장 적합한 이해관계를 가진 자가 갖는 정당한 이익이라고 본다. 이에 대하여는 ㉠ 항고소송의 주된 기능이 권리구제에 있음을 간과했고, ㉡ 원고적격이 과도하게 확대되어 법원의 업무가 과중해진다는 비판이 있다.

(2) 판례

구체적으로 어떠한 경우가 법률상 이익이 있는 경우에 해당하는지 여부는 근거법률의 내용과 구체적 사안에 따라 판단하여야 할 것이나, 대법원은 "행정소송법 제12조에서 말하는 '법률상 이익'이란 당해 행정처분의 근거 법률에 의하여 보호되는 직접적이고 구체적인 이익을 말하고, 당해 행정처분과 관련하여 간접적이거나 사실적·경제적 이해관계를 가지는 데 불과한 경우는 여기에 포함되지 않으나, 행정처분의 직접 상대방이 아닌 제3자라고 하더라도 당해 행정처분으로 인하여 법률상 보호되는 이익을 침해당한 경우에는 취소소송을 제기하여 그 당부의 판단을 받을 자격이 있다."(대판 2010.5.13. 2009두19168)라고 판시하여, 대체로 법률상 보호이익설을 취하고 있다고 평가된다.

(3) 검토

행정소송법 제12조가 "취소소송은 처분등의 취소를 구할 법률상 이익이 있는 자가 제기할 수 있다."라고 규정하고 있는데, 이는 법률상 보호이익설을 뒷받침한다고 볼 수 있다. 현행 행정소송법이 항고소송의 주된 기능을 권익구제로 보고 주관소송으로 규정하고 있으므로, 현행 행정소송법의 해석론으로는 법률상 보호이익설이 타당하다. 법률상 보호이익설에 의하면, 처분 등으로 인하여 권리뿐만 아니라 법률에 의하여 보호되는 이익을 침해받은 자도 원고적격을 가지게 된다.

여기에서 말하는 법률상 보호이익이란 당해 처분의 근거법률에 의하여 보호되는 직접적이고 구체적인 이익을 말하고, 당해 처분과 관련된 간접적이거나 사실적·경제적인 이익은 해당하지 않는다. 다만, 당해 처분의 근거법률이 공익 또는 공공의 이익을 보호하는 것을 주된 목적으로 하더라도 사익도 동시에 보호하는 것으로 해석되는 경우에는 취소를 구할 법률상 이익의 이익이 있는 것으로 파악하여 원고적격이 인정된다.

4. 법률상 이익의 판단근거(법률의 범위)

법률상 보호이익설을 취할 경우 그 법률의 범위를 어떻게 이해하는지에 따라 법률상 이익의 범위가 달라지게 된다.

(1) 학설

법률상 이익에 대하여 ① 당해 처분의 근거가 되는 법률에 의하여 보호되는 이익이라는 설과 ② 당해 처분의 근거가 되는 법률 이외의 법률에 의하여 보호되는 이익도 포함된다는 설로 나뉜다. 그리고 전자는 다시 ㉠ 당해 처분의 근거가 되는 실체법규에 의하여 보호되는 이익이라는 설, ㉡ 당해 처분의 근거가 되는 실체법규 및 절차법규에 의하여 보호되는 이익이라는 설, ㉢ 당해 처분의 근거가 되는 법률의 목적, 각 조문의 전체 취지에 의하여 보호되는 이익이라는 설로 나뉘며, 후자는 다시 ㉠ 헌법 규정에 의해 보호되는 이익도 포함된다는 설, ㉡ 다른 실정법에 의하여 보호되는 이익도 포함된다는 설, ㉢ 관습법 및 조리 등 법체계 전체에 비추어 보호되는 이익도 포함된다는 설로 나뉜다.

(2) 판례

대법원은 처분의 근거법규의 범위를 확대하여 원고적격을 넓혀가고 있는 것으로 보이는데, "당해 처분의 근거 법규 및 관련 법규에 의하여 보호되는 법률상 이익은 당해 처분의 근거 법규의 명문 규정에 의하여 보호받는 법률상 이익, 당해 처분의 근거 법규에 의하여 보호되지는 아니하나 당해 처분의 행정목적을 달성하기 위한 일련의 단계적인 관련 처분들의 근거 법규에 의하여 명시적으로 보호받는 법률상 이익, 당해 처분의 근거 법규 또는 관련 법규에서 명시적으로 당해 이익을 보호하는 명문의 규정이 없더라도 근거 법규 및 관련 법규의 합리적 해석상 그 법규에서 행정청을 제약하는 이유가 순수한 공익의 보호만이 아닌 개별적·직접적·구체적 이익을 보호하는 취지가 포함되어 있다고 해석되는 경우까지를 말한다."(대판 2015.7.23. 2012두19496)라고 판시하였다. 즉 판례는 처분의 직접적인 근거규정뿐만 아니라 처분시에 준용되는 규정을 근거법률에 포함시키거나, 관계법률의 취지를 목적론적으로 해석하거나, 처분을 할 때 적용되는 절차법 규정의 취지에 비추어서도 법률상 이익을 인정하는 등 법률상 이익의 판단근거가 되는 법률의 범위를 확대하는 경향이 있다.

헌법재판소는 "일반법규에서 경쟁자를 보호하는 규정을 별도로 두고 있지 않은 경우에도 기본권인 경쟁의 자유가 바로 행정청의 지정행위(註: 국세청장의 병마개 제조업자 지정)의 취소를 구할 법률상의 이익이 된다 할 것이다."(헌재 1998.4.30. 97헌마141)라고 하여 헌법상 기본권에 직접 근거하여 법률상 이익을 인정하기도 한다.

판례

납골당설치허가처분에 대한 관련 처분들의 근거 법규

납골당설치허가처분의 허가조건을 성취하거나 그 처분의 목적을 달성하기 위하여는 산림형질변경허가와 환경영향평가가 반드시 필요하므로 그 근거 법규인 구 산림법과 구 환경영향평가법은 납골당설치허가처분에 대한 관련 처분들의 근거 법규이고, 그 환경영향평가대상지역 내 주민들은 위 처분의 무효확인이나 취소를 구할 원고적격이 있다(대판 2004.12.9. 2003두12073).

생태·자연도 1등급으로 지정되었던 지역을 2등급 또는 3등급으로 변경하는 내용의 생태·자연도 수정·보완을 고시한 경우, 인근 주민은 등급변경처분의 무효 확인을 구할 원고적격이 없음

환경부장관이 생태·자연도 1등급으로 지정되었던 지역을 2등급 또는 3등급으로 변경하는 내용의 생태·자연도 수정·보완을 고시하자, 인근 주민 갑이 생태·자연도 등급변경처분의 무효 확인을 청구한 사안에서, 생태·자연도의 작성 및 등급변경의 근거가 되는 구 자연환경보전법 제34조 제1항 및 그 시행령 제27조 제1항, 제2항에 의하면, 생태·자연도는 토지이용 및 개발계획의 수립이나 시행에 활용하여 자연환경을 체계적으로 보전·관리하기 위한 것일 뿐, 1등급 권역의 인근 주민들이 가지는 생활상 이익을 직접적이고 구체적으로 보호하기 위한 것이 아님이 명백하고, 1등급 권역의 인근 주민들이 가지는 이익은 환경보호라는 공공의 이익이 달성됨에 따라 반사적으로 얻게 되는 이익에 불과하므로, 인근 주민에 불과한 갑은 생태·자연도 등급권역을 1등급에서 일부는 2등급으로, 일부는 3등급으로 변경한 결정의 무효 확인을 구할 원고적격이 없다고 본 원심판단을 수긍한 사례(대판 2014.2.21. 2011두29052).

제주 강정마을 해안변지역 일대가 절대보전지역으로 유지됨으로써 주민들이 가지는 주거 및 생활환경상 이익은 그 지역의 경관 등이 보호됨으로써 누리는 반사적 이익

이 사건 처분 대상인 서귀포시 강정동 해안변지역 105,295㎡가 절대보전지역으로 유지됨으로써 원고들이 가지는 주거 및 생활환경상 이익은 그 지역의 경관 등이 보호됨으로써 반사적으로 누리는 것일 뿐 근거 법규 또는 관련 법규에 의하여 보호되는 개별적·직접적·구체적 이익이라고 할 수 없다. … 나아가 원고들이 주장하는 헌법상의 생존권, 행복추구권, 환경권만으로는 그 권리의 주체·대상·내용·행사방법 등이 구체적으로 정립되어 있다고 볼 수 없으므로 이에 근거하여 이 사건 처분을 다툴 원고 적격이 있다고 할 수도 없다(대판 2012.7.5. 2011두13187등).

미얀마 국적의 원고가 위명(위조된 이름)으로 난민 신청을 하였으나 난민불인정 처분을 한 사안에서, 처분의 취소를 구할 법률상 이익이 있는지 여부

처분의 상대방은 허무인이 아니라 'ㅇㅇ'이라는 위명을 사용한 원고이므로, 원고는 처분의 취소를 구할 법률상 이익이 있다.…(중략)…난민은 국적국을 떠난 후 거주국에서 정치적 의견을 표명하는 것과 같은 행동의 결과로서 '박해를 받을 충분한 근거 있는 공포'가 발생한 경우에도 인정될 수 있고, 난민으로 보호받기 위해 박해의 원인을 제공하였다고 하여 달리 볼 것은 아니다. 원고는 미얀마 및 대한민국에서의 카렌족 지원 및 인권향상을 위한 여러 활동을 적극적으로 하여 왔는바, 원고가 이 사건 처분 당시 미얀마로 돌아갈 경우 특히 대한민국 내에서의 활동으로 인하여 미얀마 정부로부터 박해를 받을 충분한 근거 있는 공포가 있다고 인정되고 단순히 경제적 목적으로 난민신청을 한 것으로 보이지도 아니하므로, 원고에 대하여 난민인정을 거부한 이 사건 처분이 위법하다(대판 2017.3.9. 2013두16852).

교육부장관의 학교법인 이사선임처분의 취소를 구하는 소송의 원고적격

교육부장관이 사학분쟁조정위원회의 심의를 거쳐 갑 대학교를 설치·운영하는 을 학교법인의 이사 8인과 임시이사 1인을 선임한 데 대하여 갑 대학교 교수협의회와 총학생회 등이 이사선임처분의 취소를 구하는 소송을 제기한 사안에서, 임시이사제도의 취지, 교직원·학생 등의 학교운영에 참여할 기회를 부여하기 위한 개방이사 제도에 관한 법령의 규정 내용과 입법 취지 등을 종합하여 보면, 구 사립학교법과 구 사립학교법 시행령 및 을 법인 정관 규정은 헌법 제31조 제4항에 정한 교육의 자주성과 대학의 자율성에 근거한 갑 대학교 교수협의회와 총학생회의 학교운영참여권을 구체화하여 이를 보호하고 있다고 해석되므로, 갑 대학교 교수협의회와 총학생회는 이사선임처분을 다툴 법률상 이익을 가지지만, 고등교육법령은 교육받을 권리나 학문의 자유를 실현하는 수단으로서 학생회와 교수회와는 달리 학교의 직원으로 구성된 노동조합의 성립을 예정하고 있지 아니하고, 노동조합은 근로자가 주체가 되어 자주적으로 단결하여 근로조건의 유지·개선 기타 근로자의 경제적·사회적 지위의 향상을 도모하기 위하여 조직된 단체인 점 등을 고려할 때, 학교의 직원으로 구성된 노동조합이 교육받을 권리나 학문의 자유를 실현하는 수단으로서 직접 기능한다고 볼 수는 없으므로, 개방이사에 관한 구 사립학교법과 구 사립학교법 시행령 및 을 법인 정관 규정이 학교직원들로 구성된 전국대학노동조합 을 대학교지부의 법률상 이익까지 보호하고 있는 것으로 해석할 수는 없다(대판 2015.7.23. 2012두19496).

재단법인 한국연구재단이 대학교 총장에게 사업협약을 해지하고 연구팀장에 대한 국가연구개발사업의 3년간 참여제한을 명하는 통보를 한 경우, 연구팀장은 협약 해지 통보의 효력을 다툴 법률상 이익이 있음

재단법인 한국연구재단이 갑 대학교 총장에게 연구개발비의 부당집행을 이유로 '해양생물유래 고부가식품·향장·한약 기초소재 개발 인력양성사업에 대한 2단계 두뇌한국(BK)21 사업' 협약을 해지하고 연구팀장 을에 대한 국가연구개발사업의 3년간 참여제한 등을 명하는 통보를 하자 을이 통보의 취소를 청구한 사안에서, 학술진흥 및 학자금대출 신용보증 등에 관한 법률 등의 입법 취지 및 규정 내용 등과 아울러 위 법 등 해석상 국가가 두뇌한국(BK)21 사업의 주관연구기관인 대학에 연구개발비를 출연하는 것은 '연구 중심 대학'의 육성은 물론 그와 별도로 대학에 소속된 연구인력의 역량 강화에도 목적이 있다고 보이는 점, 기본적으로 국가연구개발사업에 대한 연구개발비의 지원은 대학에 소속된 일정한 연구단위별로 신청한 연구개발과제에 대한 것이지, 그 소속 대학을 기준으로 한 것은 아닌 점 등 제반 사정에 비추어 보면, 을은 위 사업에 관한 협약의 해지 통보의 효력을 다툴 법률상 이익이 있다고 한 사례(대판 2014.12.11. 2012두28704).

교육부장관이 대학의 산학협력단에 대하여 학술지원 사업비 전부 또는 일부에 대한 환수처분을 한 경우, 해당 비위를 저지른 것으로 지목된 참여교수는 환수처분의 취소를 구할 원고적격이 인정됨 / 학술지원 사업비 환수처분과 학술지원 대상자 선정제외처분을 하였다가 사후에 학술지원 사업비 환수처분만 취소된 경우, 학술지원 대상자 선정제외처분은 효력이 소멸함

[1] 구 학술진흥법 제1조, 제2조, 제4조, 제5조 제1항, 제6조 제1항, 제2항, 제19조 제1항, 제2항, 제20조와 「산업교육진흥 및 산학연협력촉진에 관한 법률」 제25조 제1항, 제27조 제1항의 내용을 종합하여 보면, 교육부장관이 대학의 산학협력단을 학술지원 대상자로 선정하고 학술지원 사업비를 지원하였다가, 참여교수가 그 사업비를 용도 외로 사용하였다는 이유로 산학협력단에 대하여 학술지원 사업비 전부 또는 일부에 대한 환수처분을 한 경우, 해당 비위를 저지른 것으로 지목된 참여교수는 학술지원 사업비 환수처분의 상대방이 아니라고 하더라도, 그 환수처분으로 인하여 구 학술진흥법에서 보호하는 개별적·직접적·구체적 이익을 침해받았다고 봄이 타당하다.

[2] 구 학술진흥법 제20조 제1항은 "구 학술진흥법 제19조 제1항 각 호 또는 제2항 각 호의 어느 하나에 해당하여 사업비 지급이 중지되거나 지급한 사업비의 전부 또는 일부가 환수된 경우에 학술지원 대상자 선정에서 제외하여야 한다"라고 규정하고 있으므로, 학술지원 대상자 선정제외처분은 학술지원 사업비 환수처분의 존재를 그 발령요건 내지 처분사유로 하고 있다고 해석된다. 따라서 행정청이 학술지원 사업비 환수처분과 아울러 학술지원 대상자 선정제외처분을 하였는데, 사후적으로 학술지원 사업비 환수처분만이 취소된 경우, 학술지원 대상자 선정제외처분은 그 발령요건 내지 처분사유를 상실하게 되어 더 이상 그 효력을 유지할 수 없다(대판 2025.2.13. 2024두57996).

제약회사는 보건복지부 고시인 약제급여·비급여목록 및 급여상한금액표의 취소를 구할 원고적격이 있음

제약회사가 자신이 공급하는 약제에 관하여 국민건강보험법, 같은 법 시행령, 국민건강보험 요양급여의 기준에 관한 규칙 등 약제상한금액고시의 근거 법령에 의하여 보호되는 직접적이고 구체적인 이익을 향유하는데, 보건복지부 고시인 약제급여·비급여목록 및 급여상한금액표로 인하여 자신이 제조·공급하는 약제의 상한금액이 인하됨에 따라 위와 같이 보호되는 법률상 이익이 침해당할 경우, 제약회사는 위 고시의 취소를 구할 원고적격이 있다(대판 2006.9.22. 2005두2506).

재단법인 갑 수녀원의 원고적격을 부정한 사례

재단법인 갑 수녀원이, 매립목적을 택지조성에서 조선시설용지로 변경하는 내용의 공유수면매립목적 변경 승인처분으로 인하여 법률상 보호되는 환경상 이익을 침해받았다면서 행정청을 상대로 처분의 무효 확인을 구하는 소송을 제기한 사안에서, 공유수면매립목적 변경 승인처분으로 갑 수녀원에 소속된 수녀 등이 쾌적한 환경에서 생활할 수 있는 환경상 이익을 침해받는다고 하더라도 이를 가리켜 곧바로 갑 수녀원의 법률상 이익이 침해된다고 볼 수 없고, 자연인이 아닌 갑 수녀원은 쾌적한 환경에서 생활할 수 있는 이익을 향수할 수 있는 주체가 아니므로 위 처분으로 위와 같은 생활상의 이익이 직접적으로 침해되는 관계에 있다고 볼 수도 없으며, 위 처분으로 환경에 영향을 주어 갑 수녀원이 운영하는 쨈 공장에 직접적이고 구체적인 재산적 피해가 발생한다거나 갑 수녀원이 폐쇄되고 이전해야 하는 등의 피해를 받거나 받을 우려가 있다는 점 등에 관한 증명도 부족하다는 이유로, 갑 수녀원에 처분의 무효 확인을 구할 원고적격이 없다(대판 2012.6.28. 2010두2005).

근거법률의 범위를 확대한 사례

조성면적 10만m^2 이상이어서 환경영향평가대상사업에 해당하는 당해 국립공원 집단시설지구 개발사업에 관하여 당해 변경승인 및 허가처분을 함에 있어서는 반드시 자연공원법령 및 환경영향평가법령 소정의 환경영향평가를 거쳐서 그 환경영향평가의 협의내용을 사업계획에 반영시키도록 하여야 하는 것이니 만큼 자연공원법령뿐 아니라 환경영향평가법령도 당해 변경승인 및 허가처분에 직접적인 영향을 미치는 근거 법률이 된다(대판 1998.4.24. 97누3286).

헌법상 기본권에 직접 근거하여 법률상 이익을 인정한 경우

설사 국세청장의 지정행위의 근거규범인 이 사건 조항들이 단지 공익만을 추구할 뿐 청구인 개인의 이익을 보호하려는 것이 아니라는 이유로 청구인에게 취소소송을 제기할 법률상 이익을 부정한다고 하더라도, 국세청장의 지정행위는 행정청이 병마개 제조업자들 사이에 특혜에 따른 차별을 통하여 사경제 주체간의 경쟁조건에 영향을 미치고 이로써 기업의 경쟁의 자유를 제한하는 것임이 명백한 경우에는 국세청장의 지정행위로 말미암아 기업의 경쟁의 자유를 제한받게 된 자들은 적어도 보충적으로 기본권에 의한 보호가 필요하다. 따라서 일반법규에서 경쟁자를 보호하는 규정을 별도로 두고 있지 않은 경우에도 기본권인 경쟁의 자유가 바로 행정청의 지정행위의 취소를 구할 법률상의 이익이 된다 할 것이다(헌재 1998.4.30. 97헌마141).

'자동차운수사업 인·면허사무처리요령'의 법적 성격 및 그 규정에 근거한 기존 사업자의 기대이익이 법률상 보호되는 이익인지 여부(소극)

자동차운송사업자가 운행계통 등 사업계획을 변경하거나 자동차운송사업을 양도·양수할 때에는 관할관청의 인가 등을 받도록 하고 있는데, 행정관청의 인가·면허 등의 처분 기준 및 절차를 규정한 자동차운수사업인·면허사무처리요령은 행정처분 등에 관한 사무처리기준과 처분절차를 정한 것으로서 그 규정의 형식 및 내용 등에 비추어 볼 때 행정조직 내부에 있어서의 행정명령의 성격을 지닐 뿐 대외적으로 국민이나 법원을 구속하는 힘이 없다 할 것이고, 위 사무처리 요령에서 당해 운행계통에 대한 연고 등에 따라 운행횟수 증회, 운행계통 신설, 변경 등에 관한 인가나 면허를 하도록 규정하고 있다 하더라도 이러한 규정에 의하여 기존의 자동차운송사업자가 장래 운행횟수의 증회, 운행계통의 신설, 변경 등에 관하여 얻을 수 있는 기대이익은 법률상 보호되는 직접적이고 구체적인 이익이라고 볼 수 없다(대판 1997.4.25. 96누14906).

학교법인의 임원취임승인신청 반려처분에 대하여, 임원으로 선임된 사람은 이를 다툴 수 있는 원고적격이 있음

구 사립학교법 제20조 제1항, 제2항은 학교법인의 이사장·이사·감사 등의 임원은 이사회의 선임을 거쳐 관할청의 승인을 받아 취임하도록 규정하고 있는바, 관할청의 임원취임승인행위는 학교법인의 임원선임행위의 법률상 효력을 완성케 하는 보충적 법률행위이다. 따라서 관할청이 학교법인의 임원취임승인신청에 대하여 이를 반려하거나 거부하는 경우 학교법인에 의하여 임원으로 선임된 사람은 학교법인의 임원으로 취임할 수 없게 되는 불이익을 입게 되는바, 이와 같은 불이익은 간접적이거나 사실상의 불이익이 아니라 직접적이고도 구체적인 법률상의 불이익이라 할 것이므로 학교법인에 의하여 임원으로 선임된 사람에게는 관할청의 임원취임승인신청 반려처분을 다툴 수 있는 원고적격이 있다(대판 2007.12.27. 2005두9651).

외국인에게 사증발급 거부처분의 취소를 구할 법률상 이익이 인정되는지 여부

[1] 외국인에게는 입국의 자유를 인정하지 않는 것이 세계 각국의 일반적인 입법 태도이다. 그리고 우리 출입국관리법의 입법 목적은 "대한민국에 입국하거나 대한민국에서 출국하는 모든 국민 및 외국인의 출입국관리를 통한 안전한 국경관리와 대한민국에 체류하는 외국인의 체류관리 및 난민(난민)의 인정절차 등에 관한 사항을 규정"하는 것이다(제1조). 체류자격 및 사증발급의 기준과 절차에 관한 출입국관리법과 그 하위법령의 위와 같은 규정들은, 대한민국의 출입국 질서와 국경관리라는 공익을 보호하려는 취지일 뿐, 외국인에게 대한민국에 입국할 권리를 보장하거나 대한민국에 입국하고자 하는 외국인의 사익까지 보호하려는 취지로 해석하기는 어렵다. 사증발급 거부처분을 다투는 외국인은, 아직 대한민국에 입국하지 않은 상태에서 대한민국에 입국하게 해달라고 주장하는 것으로, 대한민국과의 실질적 관련성 내지 대한민국에서 법적으로 보호가치 있는 이해관계를 형성한 경우는 아니어서, 해당 처분의 취소를 구할 법률상 이익을 인정하여야 할 법정책적 필요성도 크지 않다.

[2] 반면, 국적법상 귀화불허가처분이나 출입국관리법상 체류자격변경 불허가처분, 강제퇴거명령 등을 다투는 외국인은 대한민국에 적법하게 입국하여 상당한 기간을 체류한 사람이므로, 이미 대한민국과의 실질적 관련성 내지 대한민국에서 법적으로 보호가치 있는 이해관계를 형성한 경우이어서, 해당 처분의 취소를 구할 법률상 이익이 인정된다고 보아야 한다. 나아가 중화인민공화국(이하 '중국') 출입경관리법 제36조 등은 외국인이 사증발급 거부 등 출입국 관련 제반 결정에 대하여 불복하지 못하도록 명문의 규정을 두고 있으므로, 국제법의 상호주의원칙상 대한민국이 중국 국적자에게 우리 출입국관리 행정청의 사증발급 거부에 대하여 행정소송 제기를 허용할 책무를 부담한다고 볼 수는 없다. 이와 같은 사증발급의 법적 성질, 출입국관리법의 입법 목적, 사증발급 신청인의 대한민국과의 실질적 관련성, 상호주의원칙 등을 고려하면, 우리 출입국관리법의 해석상 외국인에게는 사증발급 거부처분의 취소를 구할 법률상 이익이 인정되지 않는다고 봄이 타당하다(대판 2018.5.15. 2014두42506).

재외동포에게 사증발급 거부처분의 취소를 구할 법률상 이익이 인정되는지 여부
원고는 대한민국에서 출생하여 오랜 기간 대한민국 국적을 보유하면서 거주한 사람이므로 이미 대한민국과 실질적 관련성이 있거나 대한민국에서 법적으로 보호가치 있는 이해관계를 형성하였다고 볼 수 있다. 또한 재외동포의 대한민국 출입국과 대한민국 안에서의 법적 지위를 보장함을 목적으로 「재외동포의 출입국과 법적 지위에 관한 법률」이 특별히 제정되어 시행 중이다. 따라서 원고는 이 사건 사증발급 거부처분의 취소를 구할 법률상 이익이 인정된다(대판 2019.7.11. 2017두38874).

5. 법률상 이익의 '구체적 침해' 또는 '침해의 확실한 예견'

(1) 계쟁처분에 의해 법률상 이익이 현실적으로 침해된 경우(예 영업허가의 취소)뿐 아니라 침해의 발생이 확실히 예견되는 경우(예 공장 건축허가)에도 원고적격이 인정된다.

(2) 다만, 법률상 이익에 대한 침해는 계쟁처분에 의해 직접 침해되었거나 침해될 것이어야 하며 그 침해가 간접적이어서는 안된다. 판례에 의하면 '법률상 이익'은 처분의 근거 법률에 의하여 보호되는 직접적이고 구체적인 이익이 있는 경우를 말하고 단지 간접적이거나 사실적, 경제적 이해관계를 가지는 데 불과한 경우는 여기에 포함되지 않는다(대판 2005.5.12. 2004두14229).

판례

공장 설립으로 수질오염 등이 발생할 우려가 있는 주변 지역의 주민은 원고적격이 있음
김해시장이 소감천을 통해 낙동강에 합류하는 하천수 주변의 토지에 구 산업집적활성화 및 공장설립에 관한 법률 제13조에 따라 공장설립을 승인하는 처분을 한 사안에서, 상수원인 물금취수장이 소감천이 흘러 내려 낙동강 본류와 합류하는 지점 근처에 위치하고 있는 점, 수돗물은 수도관 등 급수시설에 의해 공급되는 것이어서 거주지역이 물금취수장으로부터 다소 떨어진 곳이라고 하더라도 수돗물의 수질악화 등으로 주민들이 갖게 되는 환경상 이익의 침해나 그 우려는 그 수돗물을 공급하는 취수시설이 입게 되는 수질오염 등의 피해나 그 우려와 동일하게 평가될 수 있는 점 등에 비추어, 공장설립으로 수질오염 등이 발생할 우려가 있는 물금취수장에서 취수된 물을 공급받는 부산광역시 또는 양산시에 거주하는 주민들도 위 처분의 근거 법규 및 관련 법규에 의하여 개별적·구체적·직접적으로 보호되는 환경상 이익, 즉 법률상 보호되는 이익이 침해되거나 침해될 우려가 있는 주민으로서 원고적격이 인정된다(대판 2010.4.15. 2007두16127).

행정처분의 근거 법규 등에 의하여 환경상 이익에 대한 침해 또는 침해 우려가 있는 것으로 사실상 추정되어 원고적격이 인정되는 사람의 범위
환경상 이익에 대한 침해 또는 침해 우려가 있는 것으로 사실상 추정되어 원고적격이 인정되는 사람에는 환경상 침해를 받으리라고 예상되는 영향권 내의 주민들을 비롯하여 그 영향권 내에서 농작물을 경작하는 등 현실적으로 환경상 이익을 향유하는 사람도 포함된다. 그러나 단지 그 영향권 내의 건물·토지를 소유하거나 환경상 이익을 일시적으로 향유하는 데 그치는 사람은 포함되지 않는다(대판 2009.9.24. 2009두2825).

자신의 이익과 전혀 관계가 없는 처분에 관하여는 취소를 구할 수 없는 사례

2종 교과용 도서에 대하여 검정신청을 하였다가 불합격결정처분을 받은 뒤 그 처분이 위법하다 하여 이의 취소를 구하면서 위 처분 당시 시행중이던 구 교과용 도서에관한규정 제19조에 "2종 도서의 합격종수는 교과목 당 5종류 이내로 한다"고 규정되어 있음을 들어 위 처분과 같은 때에 행하여진 수학, 음악, 미술, 한문, 영어과목의 교과용 도서에 대한 합격결정처분의 취소를 구하고 있으나 원고들은 각 한문, 영어, 음악과목에 관한 교과용 도서에 대하여 검정신청을 하였던 자들이므로 자신들이 검정신청한 교과서의 과목과 전혀 관계가 없는 수학, 미술과목의 교과용 도서에 대한 합격결정처분에 대하여는 그 취소를 구할 법률상의 이익이 없다(대판 1992.4.24. 91누6634).

정보공개거부처분을 받은 청구인은 그 거부처분의 취소를 구할 법률상의 이익이 있음

정보공개청구권은 법률상 보호되는 구체적인 권리이므로 청구인이 공공기관에 대하여 정보공개를 청구하였다가 거부처분을 받은 것 자체가 법률상 이익의 침해에 해당한다고 할 것이고, 거부처분을 받은 것 이외에 추가로 어떤 법률상의 이익을 가질 것을 요구하는 것은 아니다(대판 2004.9.23. 2003두1370).

예탁금회원제 골프장의 기존회원이, 체육시설업자 등이 제출한 회원모집계획서에 대한 시·도지사의 검토결과 통보의 취소를 구할 법률상의 이익이 있음

체육시설업자 또는 그 사업계획의 승인을 얻은 자가 회원모집계획서를 제출하면서 허위의 사업시설 설치공정확인서를 첨부하거나 사업계획의 승인을 받을 때 정한 예정인원을 초과하여 회원을 모집하는 내용의 회원모집계획서를 제출하여 그에 대한 시·도지사 등의 검토결과 통보를 받는다면 이는 기존회원의 골프장에 대한 법률상의 지위에 영향을 미치게 되므로, 이러한 경우 기존회원은 위와 같은 회원모집계획서에 대한 시·도지사의 검토결과 통보의 취소를 구할 법률상의 이익이 있다(대판 2009.2.26. 2006두16243).

우선 분양전환 대상자인 임차인들이 분양전환승인처분의 취소를 구하는 경우, 다른 세대에 대한 부분까지 취소를 구할 법률상 이익이 없음

구 임대주택법의 임대사업자가 여러 세대의 임대주택에 대해 분양전환승인신청을 하여 외형상 하나의 행정처분으로 그 승인을 받았다고 하더라도 이는 승인된 개개 세대에 대한 처분으로 구성되고 각 세대별로 가분될 수 있으므로 임대주택에 대한 분양전환승인처분 중 일부 세대에 대한 부분만 취소하는 것이 가능하다. 따라서 우선 분양전환 대상자인 임차인들이 분양전환승인처분의 취소를 구하는 경우, 특별한 사정이 없는 한 그 취소를 구하는 임차인이 분양전환 받을 세대가 아닌 다른 세대에 대한 부분까지 취소를 구할 법률상 이익(원고적격)은 인정되지 않는다(대판 2020.7.23. 2015두48129).

해기사 또는 도선사 외의 자로서 해양사고의 원인에 관계있는 자는 해양안전심판원이 자신에 대하여 한 '시정 등 권고 재결'의 취소를 구할 원고적격이 있음

해기사 또는 도선사 외의 자로서 해양사고의 원인에 관계있는 자에 대하여 해양사고의 조사 및 심판에 관한 법률 제5조 제3항의 '시정 등 권고 재결'을 한 때에도 그 내용이 관보에 공고되는 등 개선조치의 권고를 받은 자의 명예와 신용에 영향을 미치고, 개선조치의 권고를 받은 자는 그 취지에 따라 필요한 조치를 취한 다음 조치내용을 지체 없이 통보하여야 하며, 개선조치의 권고를 한 사항에 대한 조치가 미흡하다고 인정될 때에는 그 이행을 요구받을 수 있는 등의 법률상 의무를 지게 되므로, 비록 개선조치에 따를 의무를 이행하지 아니할 경우 제재가 따르는 것은 아닐지라도 위 시정 등 권고 재결은 그 상대방의 권리의무를 형성 또는 제한하는 효력을 가지는 것으로서 그 처분을 받은 상대방은 같은 법 제74조 제1항에 의하여 그 권고 재결의 취소를 구할 법률상 이익과 원고적격이 있다(대판 2006.10.26. 2004추58).

6. 구체적 사례

(1) 경쟁자소송(경업자소송)

① 의의

경쟁자소송이란 서로 경쟁관계에 있는 자들 사이에서 특정인에게 주어지는 처분 또는 부작위가 타인에게는 법률상 불이익을 초래하는 경우에 그 타인이 자기의 법률상 이익의 침해를 이유로 수익을 받는 특정인에 대한 행위를 다투는 소송을 말한다.

② 구체적 판단

판례는 일반적으로 경쟁자소송에서 그 타인(기존업자)이 영위하는 사업이 특허업인 경우는 원고적격을 인정하지만, 허가업인 경우는 반사적 이익 내지 사실상 이익으로 보아서 원고적격을 인정하지 않는 경향이 있다. 다만, 판례들은 당해 사업이 특허에 해당하는지 여부를 명시적으로 밝히지 아니하고, 처분의 근거법률이 당해 업종의 건전한 발전을 도모하여 공공의 복리를 증진함을 목적으로 할 뿐 아니라 동시에 업자간의 과다한 경쟁으로 인한 경영상의 불합리를 방지하는 것이 공공의 복리를 위하여 필요하므로 면허, 인·허가 등의 조건을 제한하여 기존업자의 경영의 합리화를 보호하는 것도 목적으로 하고 있는지의 여부를 원고적격 유무를 판단하는 기준으로 삼고 있다고 할 수 있다. 따라서 허가요건으로 거리제한 또는 영업허가구역 규정이 있고 당해 규정이 기존업자의 개인적 이익도 보호하고 있는 것으로 볼 수 있다면 기존업자에게 원고적격을 인정할 수 있다.

판례

노선연장인가 처분에 대하여 당해 노선에 관한 기존의 자동차 운송사업자가 그 취소를 구할 소의 이익이 있음

자동차 운수사업법 제6조 제1호에서 당해 사업계획이 당해 노선 또는 사업구역의 수송수요와 수송력 공급에 적합할 것을 면허의 기준으로 한 것은 주로 자동차 운수사업에 관한 질서를 확립하고 자동차운수의 종합적인 발달을 도모하여 공공복리의 증진을 목적으로 하고 있으며, 동시에, 한편으로는 업자간의 경쟁으로 인한 경영의 불합리를 미리 방지하는 것이 공공의 복리를 위하여 필요하므로 면허조건을 제한하여 기존업자의 경영의 합리화를 보호하자는 데도 그 목적이 있다할 것이다. 따라서 이러한 기존업자의 이익은 단순한 사실상의 이익이 아니고, 법에 의하여 보호되는 이익이라고 해석된다. 원심이, 당해 노선에 관한 기존업자인 원고에게 본건 행정처분의 취소를 구할 법률상의 이익이 있다(대판 1974.4.9. 73누173).

무권한의 지방자치단체가 해 준 직행버스정류장의 설치인가로 말미암아 자동차정류장을 설치한 기존업자의 이익이 침해된 경우에 그 설치인가의 취소를 구할 이익이 있음

자동차정류장법이 공포시행되자 원고는 동법부칙에 따른 기존정류장의 신고를 하고 동법 소정의 정류장으로서의 효력보전을 위하여 피고를 경유하여 교통부장관에게 동법에 따른 새로운 자동차정류장의 인가신청을 한 사실과 피고는 자동차정류장법에 의한 정류장설치에 관한 권한도 없이 소외 신흥여객자동차 주식회사에 대하여 원고회사의 정류장이 속해 있는 위 시외버스 공동정류장에서 불과 70미터 밖에 떨어져 있지 않은 인접길목에 따로 이건 직행버스 정류장의 설치인가를 해주어서 원고회사를 비롯한 업자들은 영업상 막대한 손실을 입게 된 사실을 인정한 다음 이렇다면 원고는 적법한 자동차정류장을 설치하고 있고 기존업자로서 피고의 이건 행정처분으로 인하여 사실상의 이익을 침해 당하는 것만이 아니고 법에 의하여 마땅히 보호되어야 할 이익도 침해받는 것이라 할 것이어서 원고회사는 이건 행정처분의 위법임을 이유로 그 취소를 구할 법률상의 이익이 있다(대판 1975.7.22. 75누12).

분뇨와 축산폐수 수집·운반업 및 정화조청소업으로 하여 분뇨 등 관련 영업허가를 받아 영업을 하고 있는 기존 업자의 이익은 법률상 보호되는 이익

구 오수·분뇨 및 축산폐수의 처리에 관한 법률과 시행령의 관계 규정이 당해 지방자치단체 내의 분뇨등의 발생량에 비하여 기존 업체의 시설이 과다한 경우 일정한 범위 내에서 분뇨등 수집·운반업 및 정화조청소업에 대한 허가를 제한할 수 있도록 하고 있는 것은 분뇨등을 적정하게 처리하여 자연환경과 생활환경을 청결히 하고 수질오염을 감소시킴으로써 국민보건의 향상과 환경보전에 이바지한다는 공익목적을 달성하고자 함과 동시에 업자 간의 과당경쟁으로 인한 경영의 불합리를 미리 방지하자는 데 그 목적이 있는 점 등 제반 사정에 비추어 보면, 업종을 분뇨등 수집·운반업 및 정화조청소업으로 하여 분뇨등 관련 영업허가를 받아 영업을 하고 있는 기존업자의 이익은 단순한 사실상의 반사적 이익이 아니고 법률상 보호되는 이익이다(대판 2006.7.28. 2004두6716).

신문 등의 진흥에 관한 법률상 등록에 따라 인정되는 신문사업자의 지위는 사법상 권리인 '특정 명칭의 사용권'과 구별되는 직접적·구체적인 이익

甲 주식회사로부터 '제주일보' 명칭 사용을 허락받아 신문 등의 진흥에 관한 법률(이하 '신문법')에 따라 등록관청인 도지사에게 신문의 명칭 등을 등록하고 제주일보를 발행하고 있던 乙 주식회사가, 丙 주식회사가 甲 회사의 사업을 양수하였음을 원인으로 하여 사업자 지위승계신고 및 그에 따른 발행인·편집인 등의 등록사항 변경을 신청한 데 대하여 도지사가 이를 수리하고 변경등록을 하자, 사업자 지위승계신고 수리와 신문사업변경등록에 대한 무효확인 또는 취소를 구하는 소를 제기한 사안에서, 신문사업자의 지위는 신문법상 등록에 따라 보호되는 직접적·구체적인 이익으로 사법상 '특정 명칭의 사용권'과 구별되고, 甲 회사와 乙 회사 사이에 신문의 명칭 사용 허락과 관련하여 민사상 분쟁이 있더라도 법원의 판단이 있기 전까지 을 회사의 신문법상 지위는 존재하기 때문에, 위 처분은 乙 회사가 '제주일보' 명칭으로 신문을 발행할 수 있는 신문법상 지위를 불안정하게 만드는 것이므로, 乙 회사에는 무효확인 또는 취소를 구할 법률상 이익이 인정된다(대판 2019.8.30. 2018두47189).

선박운항 사업면허 처분에 대하여 기존업자는 행정처분 취소를 구할 법률상 이익이 있음

해상운송사업법 제4조 제1호에서 당해사업의 개시로 인하여 당해항로에서 전공급수송력이 전수송수요량에 대하여 현저하게 공급 과잉이 되지 아니하도록 규정하여 허가의 요건으로 하고 있는 것은 주로 해상운송의 질서를 유지하고 해상운송사업의 건전한 발전을 도모하여 공공의 복리를 증진함을 목적으로 하고 있으며 동시에 한편으로는 업자간의 경쟁으로 인하여 경영의 불합리를 방지하는 것이 공공의 복리를 위하여 필요하므로 허가조건을 제한하여 기존업자의 경영의 합리화를 보호하자는 데도 목적이 있다. 이러한 기존업자의 이익은 단순한 사실상의 이익이 아니고 법에 의하여 보호되는 이익이라고 해석된다(대판 1969.12.30. 69누106).

기존의 고속형 시외버스운송사업자에게 직행형 시외버스운송사업자에 대한 사업계획변경인가 처분의 취소를 구할 법률상의 이익이 있음

일반적으로 면허나 인·허가 등의 수익적 행정처분의 근거가 되는 법률이 해당 업자들 사이의 과당경쟁으로 인한 경영의 불합리를 방지하는 것도 그 목적으로 하고 있는 경우, 다른 업자에 대한 면허나 인·허가 등의 수익적 행정처분에 대하여 미리 같은 종류의 면허나 인·허가 등의 수익적 행정처분을 받아 영업을 하고 있는 기존의 업자는 경업자에 대하여 이루어진 면허나 인·허가 등 행정처분의 상대방이 아니라 하더라도 당해 행정처분의 취소를 구할 당사자적격이 있다–기존의 고속형 시외버스운송사업자에게 직행형 시외버스운송사업자에 대한 사업계획변경인가처분의 취소를 구할 법률상의 이익을 인정한 사례(대판 2010.11.11. 2010두4179).

종전 노선 및 운행계통이나 그에 따른 차량수 및 운행횟수 등에 변동이 없는 경우

전주고속과 참가인(註: 호남고속) 사이의 위 시외버스운송사업 양도·양수는 전주고속이 운행하던 일부 노선에 관한 운행계통, 차량 및 부대시설 등을 일체로 참가인에게 양도한 것이어서, 이로 인하여 종전 노선 및 운행계통이나 그에 따른 차량수 및 운행횟수 등에 변동이 있는 것은 아님을 알 수 있으므로 위 양도·양수로 인하여 원고(註: 전북고속)의 법률상 이익이 침해된다고 볼 수는 없고, 그 밖에 이 사건 인가처분으로 인하여 원고의 어떠한 법률상 이익이 침해되고 있다고 볼 만한 아무런 자료도 없으므로, 원고로서는 이 사건 인가처분의 취소를 구할 원고적격 내지 소의 이익이 없어 이 사건 소는 부적법하다(대판 1997.4.25. 96누14906).

석탄가공업에 관한 허가의 성질

석탄수급조정에 관한 임시조치법 소정의 석탄가공업에 관한 허가는 사업경영의 권리를 설정하는 형성적 행정행위가 아니라 질서유지와 공공복리를 위한 금지를 해제하는 명령적 행정행위여서 그 허가를 받은 자는 영업자유를 회복하는데 불과하고 독점적 영업권을 부여받은 것이 아니기 때문에 기존허가를 받은 원고들이 신규허가로 인하여 영업상 이익이 감소된다 하더라도 이는 원고들의 반사적 이익을 침해하는 것에 지나지 아니하므로 원고들은 신규허가 처분에 대하여 행정소송을 제기할 법률상 이익이 없다(대판 1980.7.22. 80누33,34).

담배소매인의 거리제한에 따른 이익

[1] 담배 일반소매인의 지정기준으로서 일반소매인의 영업소 간에 일정한 거리제한을 두고 있는 것은 담배유통구조의 확립을 통하여 국민의 건강과 관련되고 국가 등의 주요 세원이 되는 담배산업 전반의 건전한 발전 도모 및 국민경제에의 이바지라는 공익목적을 달성하고자 함과 동시에 일반소매인 간의 과당경쟁으로 인한 불합리한 경영을 방지함으로써 일반소매인의 경영상 이익을 보호하는 데에도 그 목적이 있다고 보이므로, 일반소매인으로 지정되어 영업을 하고 있는 기존업자의 신규 일반소매인에 대한 이익은 단순한 사실상의 반사적 이익이 아니라 법률상 보호되는 이익이라고 해석함이 상당하다(대판 2008.3.27. 2007두23811).

[2] 일반소매인으로 지정되어 영업을 하고 있는 기존업자의 신규 구내소매인에 대한 이익은 법률상 보호되는 이익이 아니라 단순한 사실상의 반사적 이익이라고 해석함이 상당하므로, 기존 일반소매인은 신규 구내소매인 지정처분의 취소를 구할 원고적격이 없다(대판 2008.4.10. 2008두402).

의원으로서의 인근생활시설로 용도변경된 건물과 가까운 곳에서 치과의원을 경영하는 자는 그 용도변경처분의 취소를 구할 원고적격이 없음

의료법상 의료인은 신고만으로 의원이나 치과의원을 개설할 수 있고 건축법 기타 건축관계법령상 의원 상호간의 거리나 개소에 아무런 제한을 두고 있지 아니하므로 치과의원을 경영하는 원고로서는 그 치과의원과 같은 아파트단지내에서 30미터 정도의 거리에 있는 건물에 대하여 당초에 상품매도점포로서의 근린생활시설로 되어 있던 용도를 원고와 경합관계에 있는 치과의원을 개설 할 수 있도록 의원으로서의 근린생활시설로 변경한 서울특별시장의 용도변경처분으로 인하여 받게 될 불이익은 간접적이거나 사실적, 경제적인 불이익에 지나지 아니하여 그것만으로는 원고에게 위 용도변경처분의 취소를 구할 소익이 있다고 할 수 없다(대판 1990.5.22. 90누813).

숙박업구조변경허가처분을 받은 건물의 인근에서 여관을 경영하는 자들에게 그 처분의 무효확인 또는 취소를 구할 소익이 없음

이 사건 건물의 4, 5층 일부에 객실을 설비할 수 있도록 숙박업구조변경허가를 함으로써 그곳으로부터 50미터 내지 700미터 정도의 거리에서 여관을 경영하는 원고들이 받게 될 불이익은 간접적이거나 사실적, 경제적인 불이익에 지나지 아니하므로 그것만으로는 원고들에게 위 숙박업구조변경허가처분의 무효확인 또는 취소를 구할 소익이 있다고 할 수 없다(대판 1990.8.14. 89누7900).

(2) 경원자소송

① 의의

경원자소송이란 수인의 신청을 받아 일부에 대하여만 인·허가 등의 수익적 행정처분을 할 수 있는 경우에 인·허가 등을 받지 못한 자가 인·허가처분에 대하여 제기하는 항고소송을 말한다.

② 구체적 판단

일반적으로 각 경원자에 대한 인·허가 등이 배타적 관계에 있으므로 경원관계의 존재만으로 타인에 대한 인·허가 등을 취소할 법률상 이익을 갖는다고 본다. 판례도 취소판결이 확정되는 경우 판결의 직접적인 효과로 경원자에 대한 허가 등 처분이 취소되거나 효력이 소멸되는 것은 아니더라도 행정청은 취소판결의 기속력에 따라 판결에서 확인된 위법사유를 배제한 상태에서 취소판결의 원고와 경원자의 각 신청에 관하여 처분요건의 구비 여부와 우열을 다시 심사하여야 할 의무가 있으며, 재심사 결과 경원자에 대한 수익적 처분이 직권취소되고 취소판결의 원고에게 수익적 처분이 이루어질 가능성을 완전히 배제할 수는 없으므로, 특별한 사정이 없는 한 경원관계에서 허가 등 처분을 받지 못한 사람은 자신에 대한 거부처분의 취소를 구할 소의 이익이 있다고 본다(대판 2015.10.29. 2013두27517). 다만, 명백한 법적 장애로 인하여 원고 자신의 신청이 인용될 가능성이 처음부터 배제되어 있는 경우에는 당해 처분의 취소를 구할 정당한 이익이 없다. 경원관계에 있는 자는 자신에 대한 불허가처분의 취소를 구하거나 타인에 대한 허가처분의 취소를 구할 수 있고, 또한 양자를 관련청구소송으로 병합하여 제기할 수도 있다.

판례

경원관계에 있어서 경원자에 대하여 이루어진 허가 등 처분의 상대방이 아닌 자가 그 처분의 취소를 구할 당사자적격이 있는지 여부

인·허가 등의 수익적 행정처분을 신청한 수인이 서로 경쟁관계에 있어서 일방에 대한 허가 등의 처분이 타방에 대한 불허가 등으로 귀결될 수밖에 없는 때 허가 등의 처분을 받지 못한 자는 비록 경원자에 대하여 이루어진 허가 등 처분의 상대방이 아니라 하더라도 당해 처분의 취소를 구할 당사자적격이 있다 할 것이고, 다만, 구체적인 경우에 있어서 그 처분이 취소된다 하더라도 허가 등의 처분을 받지 못한 불이익이 회복된다고 볼 수 없을 때에는 당해 처분의 취소를 구할 정당한 이익이 없다고 할 것이다. … 액화석유가스충전사업의 허가기준을 정한 전라남도 고시에 의하여 고흥군 내에는 당시 1개소에 한하여 L.P.G. 충전사업의 신규허가가 가능하였는데, 원고가 한 허가신청은 관계 법령과 위 고시에서 정한 허가요건을 갖춘 것이고, 피고보조참가인(이하 참가인이라 부른다)들의 그것은 그 요건을 갖추지 못한 것임에도 피고는 이와 반대로 보아 원고의 허가신청을 반려하는 한편, 참가인들에 대하여는 이를 허가하는 이 사건 처분을 하였다는 것인 바, 그렇다면 원고와 참가인들은 경원관계에 있다 할 것이므로 원고에게는 이

사건 처분의 취소를 구할 당사자적격이 있다고 하여야 함은 물론 나아가 이 사건 처분이 취소된다면 원고가 허가를 받을 수 있는 지위에 있음에 비추어 처분의 취소를 구할 정당한 이익도 있다고 하여야 할 것이다(대판 1992.5.8. 91누13274).

제3자에게 경원자에 대한 수익적 행정처분의 취소를 구할 당사자 적격이 있는 경우

인, 허가 등의 수익적 행정처분을 신청한 수인이 서로 경쟁관계에 있어서 일방에 대한 허가 등의 처분이 타방에 대한 불허가 등으로 귀결될 수밖에 없는 때 허가 등의 처분을 받지 못한 자는 비록 경원자에 대하여 이루어진 허가 등 처분의 상대방이 아니라 하더라도 당해 처분의 취소를 구할 원고 적격이 있다고 할 것이고, 다만 명백한 법적 장애로 인하여 원고 자신의 신청이 인용될 가능성이 처음부터 배제되어 있는 경우에는 당해 처분의 취소를 구할 정당한 이익이 없다고 할 것이다.

원심은 원고를 포함하여 법학전문대학원 설치인가 신청을 한 41개 대학들은 2,000명이라는 총 입학정원을 두고 그 설치인가 여부 및 개별 입학정원의 배정에 관하여 서로 경쟁관계에 있고 이 사건 각 처분이 취소될 경우 원고의 신청이 인용될 가능성도 배제할 수 없으므로, 원고가 이 사건 각 처분의 상대방이 아니라도 그 처분의 취소 등을 구할 당사자적격이 있다고 판단하였다. 위 법리에 비추어 보면, 이러한 원심의 판단은 정당하고 거기에 상고이유 주장과 같은 원고적격에 관한 법리오해 등의 위법이 없다(대판 2009.12.10. 2009두8359).

경원자 관계가 아니어서 원고적격을 부정한 사례(=절대평가제 적용)

이 사건(註: 담양군수가 '2019년도 원예·특작·과수분야 지원사업'을 시행하면서 사업대상자(농가)를 선정하여 보조금을 교부) 선정결과 공고 중 원고들(註: 2개 업체)에 대한 선정제외결정 부분은 불이익처분의 직접 상대방으로서 그 취소를 구할 원고적격이 인정되지만, 나머지 16개 업체에 대한 선정결정, 2개 업체(註: 원고들 이외의 탈락업체)에 대한 선정제외결정 부분은 그 취소를 구할 원고적격이 인정되지 않는다. 그 이유는 다음과 같다. (1) 피고는 응모한 20개 업체에 대하여 절대평가제를 적용하여 평가점수 70점을 기준으로 선정 여부를 결정하였을 뿐이고, 응모한 업체들은 선정에 관한 상호 경쟁관계 또는 경원자 관계가 아니었다. (2) 16개 업체에 대한 선정결정으로 인하여 원고들의 계약체결의 자유와 영업의 자유가 직접적으로 제한된다고 볼 수 없다. 선정된 16개 업체가 사업대상자(농가)들과 시공계약을 체결할 가능성이 높아지고, 그로 인하여 원고들의 영업기회가 줄어들 수 있을 터이지만 이는 간접적·사실적·경제적 불이익에 불과하다. 또한 원고들은 이 사건 사업의 6개 분야 중 농업에너지절감시설(다겹보온커튼) 사업 분야에 응모하였을 뿐이므로, 이와 무관한 5개 분야에서의 시공업체 선정을 다툴 이유도 없다. (3) 다른 2개 업체에 대한 선정제외결정도 원고들과는 직접 관련이 없으며, 설령 이를 취소한다고 하더라도 원고들의 불이익이 회복되지도 않는다(대판 2021.2.4. 2020두48772).
☞ 한편, 선정결과 공고는 항고소송의 대상인 '처분'에 해당

비법인 사단의 구성원은 그 비법인 사단의 경원자에 대하여 이루어진 허가 등 처분의 취소를 구할 당사자적격이 없음

허가 등의 처분을 받지 못한 자가 비법인 사단일 경우 그 구성원에 불과한 자는 경원자에 대하여 이루어진 처분에 의하여 법률상 직접적이고 구체적인 이익을 침해당하였다 할 수 없으므로 당해 처분의 취소를 구할 당사자적격이 없다(대판 1996.6.28. 96누3630).

(3) 이웃소송(隣人訴訟)

① 의의

이웃소송이라 함은 어떠한 시설의 허가처분이 이웃하는 주민에게는 불이익하게 되는 경우, 이로 인해 침해를 받는 인근주민이 그 침해를 다투는 소송을 말한다. 이웃소송은 특히 건축법·환경법분야에서 문제된다.

② 근거법률의 범위 확대

이웃소송에 있어서 원고적격의 판단기준은 근거법률의 사익보호성 여부이다. 그러나 입법자가 근거법률을 불충분하게 규율한다든지 또는 아예 근거법률을 규정하지 않는 경우가 간혹 발생한다. 이에 대하여 대법원은 인근주민에게 원고적격이 있는지는 당해 허가처분의 근거법규 및 관계법규의 보호목적에 따라 결정된다고 하여 근거법률의 범위를 확대하였다. 즉, 당해 근거법규 및 관계법규가 공익뿐 아니라 인근주민의 사적 이익도 보호한다고 해석되는 경우에 인근주민에게 원고적격이 인정된다.

③ 환경상 이익을 고려한 판례의 태도

㉠ 판례는 환경영향평가 대상지역 안의 주민들이 대상사업과 관련하여 갖고 있는 환경상의 이익은 주민 개개인에 대하여 개별적으로 보호되는 직접적·구체적 이익이라고 하면서 당해 허가 또는 승인처분의 취소를 구할 원고적격을 인정하고 있다.

㉡ 한편, 환경영향평가 대상지역 밖의 주민이라 할지라도 환경상 이익에 대한 침해 또는 침해 우려가 있다는 점을 입증함으로써 원고적격을 인정받을 수 있다고 하였다.

㉢ 그러나 판례는 환경상 기본권이 구체적 권리가 아닌 경우에는 기본권에 근거하여 원고적격을 인정할 수 없다는 입장이다.

판례

행정처분의 근거 법규 등에 의하여 환경상 이익에 대한 침해 또는 침해 우려가 있는 것으로 사실상 추정되어 원고적격이 인정되는 사람의 범위

행정처분의 직접 상대방이 아닌 자로서 그 처분에 의하여 자신의 환경상 이익이 침해받거나 침해받을 우려가 있다는 이유로 취소나 무효확인을 구하는 제3자는, 자신의 환경상 이익이 그 처분의 근거 법규 또는 관련 법규에 의하여 개별적·직접적·구체적으로 보호되는 이익, 즉 법률상 보호되는 이익임을 입증하여야 원고적격이 인정된다고 할 것이며, 다만 그 행정처분의 근거 법규 또는 관련 법규에 그 처분으로써 이루어지는 행위 등 사업으로 인하여 환경상 침해를 받으리라고 예상되는 영향권의 범위가 구체적으로 규정되어 있는 경우에는, 그 영향권 내의 주민들에 대하여는 당해 처분으로 인하여 직접적이고 중대한 환경피해를 입으리라고 예상할 수 있고, 이와 같은 환경상의 이익은 주민 개개인에 대하여 개별적으로 보호되는 직접적·구체적 이익으로서 그들에 대하여는 특단의 사정이 없는 한 환경상 이익에 대한 침해 또는 침해 우려가 있는 것으로 사실상 추정되어 법률상 보호되는 이익으로 인정됨으로써 원고적격이 인정된다고 할 것이며, 그 영향권 밖의 주민들은 당해 처분으로 인하여 그 처분 전과 비교하여 수인한도를 넘는 환경피해를 받거나 받을 우려가 있다는 자신의 환경상 이익에 대한 침해 또는 침해 우려가 있음을 입증하여야만 법률상 보호되는 이익으로 인정되어 원고적격이 인정된다고 볼 것이다. 그리고 환경상 이익에 대한 침해 또는 침해 우려가 있는 것으로 사실상 추정되어 원고적격이 인정되는 자는 환경상 침해를 받으리라고 예상되는 영향권 내의 주민들을 비롯하여 그 영향권 내에서 농작물을 경작하는 등 현실적으로 환경상 이익을 향유하는 자도 포함된다고 할 것이나, 단지 그 영향권 내의 건물·토지를 소유하거나 환경상 이익을 일시적으로 향유하는 데 그치는 자는 포함되지 않는다(대판 2009.9.24. 2009두2825).

환경정책기본법령상 사전환경성검토협의 대상지역 내에 포함될 개연성이 충분하다고 보이는 주민들에게 그 협의대상에 해당하는 창업사업계획승인처분과 공장설립승인처분의 취소를 구할 원고적격이 인정됨

원고들이 거주하는 ○○아파트의 부지와 이 사건 각 임야의 경계를 기준으로 가장 가까운 거리는 71m에 불과하고, 실제 공장시설과 가장 근접한 ○○아파트 제104동의 각 직선거리 및 사거리 역시 최소 144m 내지 최대 301m에 불과한 사실 또한 알 수 있으므로, … 위와 같은 지형적 사실에 앞에서 살핀 참가인들의 각 공장 업종, 그리고 최근 이루어지고 있는 사전환경성검토협의 대상지역의 통상적 범위 등의 사정을 더하여 보면, 원고들이 거주하는 ○○아파트는 사전환경성검토협의 대상지역 내에 포함될 개연성이 충분하다고 할 것이다. 그렇다면 위 사전환경성검토협의 대상지역 내에 포함될 개연성이 충분하다고 보이는 주민들인 원고들에 대하여는 그 환경상 이익에 대한 침해 또는 침해 우려가 있는 것으로 추정할 수 있고 이는 법률상 보호되는 이익에 해당한다(대판 2006.12.22. 2006두14001).

원자로 시설부지 인근 주민들에게 방사성물질 등에 의한 생명·신체의 안전침해를 이유로 부지사전승인처분의 취소를 구할 원고적격이 있음

원자력법 제12조 제2호(발전용 원자로 및 관계 시설의 위치·구조 및 설비가 대통령령이 정하는 기술수준에 적합하여 방사성물질 등에 의한 인체·물체·공공의 재해방지에 지장이 없을 것)의 취지는 원자로 등 건설사업이 방사성물질 및 그에 의하여 오염된 물질에 의한 인체·물체·공공의 재해를 발생시키지 아니하는 방법으로 시행되도록 함으로써 방사성물질 등에 의한 생명·건강상의 위해를 받지 아니할 이익을 일반적 공익으로서 보호하려는 데 그치는 것이 아니라 방사성물질에 의하여 보다 직접적이고 중대한 피해를 입으리라고 예상되는 지역 내의 주민들의 위와 같은 이익을 직접적·구체적 이익으로서도 보호하려는 데에 있다 할 것이므로, 위와 같은 지역 내의 주민들에게는 방사성물질 등에 의한 생명·신체의 안전침해를 이유로 부지사전승인처분의 취소를 구할 원고적격이 있다(대판 1998.9.4. 97누19588).

공장입지지정승인처분이 취소됨으로 인하여 그 공장설립예정지에 인접한 마을과 주위 토지 및 그 지상의 묘소가 분진, 소음, 수질오염 등의 해를 입을 우려에서 벗어나는 것과 같은 이익은 법률상 이익이라고 할 수 없음

콘크리트제조업종의 공장입지지정승인처분이취소됨으로 인하여 그 공장설립예정지에 인접한 마을과 주위 토지 및 그 지상의 묘소가 분진, 소음, 수질오염 등의 해를 입을 우려에서 벗어나는 것과 같은 이익은 그 입지지정승인처분의 근거법률에 의하여 보호되는 직접적이고 구체적인 이익이라고 할 수 없고, …(중략)… 서울에 거주하며 그 공장설립예정지에 인접한 곳에 2필지의 토지를 공유하여 그 지상에 선대의 묘 4기를 두고 있는 자나 공장설립예정지로부터 약 500m 떨어진 곳에서 살고 있는 주민 등은 그 지정승인처분의 취소를 구할 원고적격이 없다(대판 1995.2.28. 94누3964).

인접주택 소유자, 입주자, 입주예정자가 건축물 사용검사처분의 취소를 구할 이익

[1] 당해 건축물을 건축하는 과정에서 인접주택 소유자가 자신의 주택에 대하여 손해를 입었다 하더라도 그러한 손해는 금전적인 배상으로 회복될 수 있고, 일조권의 침해 등 생활환경상 이익침해는 실제로 위 건물의 전부 또는 일부가 철거됨으로써 회복되거나 보호받을 수 있는 것인데, 위 건물에 대한 사용승인처분의 취소를 받는다 하더라도 그로 인하여 건축주는 위 건물을 적법하게 사용할 수 없게 되어 사용승인 이전의 상태로 돌아가게 되는 것에 그칠 뿐이고, 위반건물에 대한 시정명령을 할 것인지 여부, 그 시기 및 명령의 내용 등은 행정청의 합리적 판단에 의하여 결정되는 것이므로, 건물이 이격거리를 유지하지 못하고 있고, 건축과정에서 인접주택 소유자에게 피해를 입혔다 하더라도 인접주택의 소유자로서는 위 건물에 대한 사용승인처분의 취소를 구할 법률상 이익이 있다고 볼 수 없다(대판 2007.4.26. 2006두18409).

[2] 사용검사처분은 건축물을 사용·수익할 수 있게 하는 데 그치므로 건축물에 대하여 사용검사처분이 이루어졌다고 하더라도 그 사정만으로는 건축물에 있는 하자나 건축법 등 관계 법령에 위배되는 사실이 정당화되지는 아니하며, 또한 건축물에 대한 사용검사처분의 무효확인을 받거나 처분이 취소된다고 하더라도 사용검사 전의 상태로 돌아가 건축물을 사용할 수 없게 되는 것에 그칠 뿐 곧바로 건축물의 하자 상태 등이 제거되거나 보완되는 것도 아니다. … 입주자나 입주예정자는 사용검사처분의 무효확인 또는 취소를 구할 법률상 이익이 없다(대판 2015.1.29. 2013두24976).

(4) 단체와 그 구성원

① 원칙

법인의 주주 또는 이사, 종업원 등은 법인에 대한 행정처분(주류제조면허취소처분, 자동차운송사업면허취소처분 등과 같은 법인 자체에 대한 각종 침익적 행정처분)에 관하여 사실상이나 간접적인 이해관계를 가질 뿐이어서, 처분의 상대방이 법인일 경우에는 그 법인이 당해 처분의 취소 등을 구할 원고적격이 있을 뿐 주주 등이 스스로 그 처분의 취소를 구할 원고적격이 없는 것이 원칙이다(대판 1999.6.11. 96누10614등).

대법원은 "회사의 노사 간에 임금협정을 체결함에 있어 운전기사의 합승행위 등으로 회사에 대하여 과징금이 부과되면 당해 운전기사에 대한 상여금지급시 그 금액상당을 공제하기로 함으로써 과징금의 부담을 당해 운전기사에게 전가하도록 규정하고 있고 이에 따라 당해 운전기사의 합승행위를 이유로 회사에 대하여 한 과징금부과처분으로 말미암아 당해 운전기사의 상여금지급이 제한되었다고 하더라도, 과징금부과처분의 직접 당사자 아닌 당해 운전기사로서는 그 처분의 취소를 구할 직접적이고 구체적인 이익이 있다고 볼 수 없다."(대판 1994.4.12. 93누24247)고 하였다.

② 예외

판례는 ㉠ 해당 처분으로 인하여 법인이 더 이상 영업 전부를 행할 수 없게 되고, 영업에 대한 인·허가의 취소 등을 거쳐 해산·청산되는 절차 또한 처분 당시 이미 예정되어 있으며, 그 후속절차가 취소되더라도 그 처분의 효력이 유지되는 한 당해 법인이 종전에 행하던 영업을 다시 행할 수 없는 예외적인 경우(대판 2005.1.27. 2002두5313), ㉡ 해당 처분으로 인하여 궁극적으로 주식이 소각되거나 주주의 법인에 대한 권리가 소멸하는 등 주주의 지위에 중대한 영향을 초래하게 되는데도 그 처분의 성질상 당해 법인이 이를 다툴 것을 기대할 수 없고 달리 주주의 지위를 보전할 구제방법이 없는 경우(대판 2004.12.23. 2000두2648)에는 주주도 그 처분에 관하여 직접적이고 구체적인 법률상 이해관계를 가진다고 보이므로 그 취소를 구할 원고적격이 있다고 하였다.

(5) 승계·상속

① 권리의 승계인

대법원은 석유판매시설 및 허가권을 양도받았으나 지위승계신고를 하지 아니하여 석유판매업허가자도 아닌 원고가 허가명의인에 대하여 행하여진 석유판매업허가취소처분의 취소를 구하거나(대법원 1998.2.27. 97누17193), 일반유흥음식점 영업을 사실상 양수하여 경영하고 있는 원고가 허가명의인에 대하여 행하여진 영업허가취소처분의 취소를 구하는 경우(대판 1995.2.24. 94누9146) 등 법령상 허가권의 지위승계가 인정되는 경우 사실상 허가권을 양수한 자에게 원고적격이 있음을 전제로 하여 판단하여 왔다.

그리고 주택건설사업에 있어서 사업주체의 변경승인신청이 된 이후에 행정청이 양도인에 대하여 그 사업계획변경승인의 전제로 되는 사업계획승인을 취소하는 처분을 하였다면 양수인은 그 처분 이전에 양도인으로부터 토지와 사업승인권을 사실상 양수받아 사업주체의 변경승인신청을 한 자로서 그 취소를 구할 법률상의 이익을 가지며(대판 2000.9.26. 99두646), 채석허가를 받은 자에 대한 관할 행정청의 채석허가 취소처분에 대하여 수허가자의 지위를 양수한 양수인이 그 취소처분의 취소를 구하는 경우(대판 2003.7.11. 2001두6289) 원고적격이 있다.

반면 판례는 사설묘지설치허가는 단순한 대물적 허가로만 볼 수 없어 그 허가의 효과는 위 임야를 양수한 자에게 당연히 이전될 수 없으므로 위 양수인은 사설묘지허가취소처분에 대하여 행정소송을 제기할 이익이 없고(대판 1979.10.16. 79누175), 토지를 매수한 후 소유권을 이전하지 않은 상태에서 고도제한을 내용으로 하는 도시계획용도지구변경결정이 이루어진 경우 위 매수인은 그 결정에 대한 취소를 구할 원고적격이 없다고 한다(대판 2000.2.8. 97누13337).

② 상속인

피상속인에 대한 과징금부과처분, 과세처분이나 건물철거명령 등 일신전속적이지 않은 처분에 대하여 그 상속인에게 원고적격이 인정될 수 있다.

대법원은 산림을 무단형질변경한 자가 사망한 경우 당해 토지의 소유권 또는 점유권을 승계한 상속인은 그 복구의무를 부담하므로 관할 행정청은 그 상속인에 대하여 복구명령을 할 수 있다고 하였고(대판 2005.8.19. 2003두9817), 잘못된 상속신고에 의하여 진정한 상속인 아닌 사람 명의로 주세법에 따른 주류제조면허변경처분이 된 경우 진정한 상속인으로서는 정당한 상속신고를 하기 위하여 그 처분의 무효확인을 구할 원고적격이 있다(대판 1985.7.23. 84누419)고 한다.

대법원은 공무상 요양불승인처분 취소소송 도중 원고인 공무원이 사망한 경우에 민법상의 재산상속인이 소송수계를 하는 것으로 해석한 사례가 있으나(대판 2001.3.27. 2000두10205), 산업재해보상보험법의 규정에 의한 보험급여의 수급권자가 사망한 경우 그에게 지급하여야 할 보험급여로서 아직 지급되지 아니한 보험급여의 수급권은 민법에 정한 상속순위에 따라 상속인들이 상속하는 것이 아니라 산업재해보상보험법에 정한 순위에 따라 우선순위에 있는 유족이 이를 승계하는 것이므로, 보험급여를 지급하지 않기로 하는 내용의 처분에 대한 취소를 구하는 소송에 있어서는 그 보험급여의 수급권을 승계한 유족이 그 소송을 수계한다고 보았다(대판 2006.3.9. 2005두13841).

반면 판례는 「국가유공자등 예우 및 지원에 관한 법률」에 의하여 국가유공자와 유족으로 등록되어 보상금을 받고, 교육보호 등 각종 보호를 받을 수 있는 권리는 국가유공자와 유족에 대한 응분의 예우와 국가유공자에 준하는 군경 등에 대한 지원을 행함으로써 이들의 생활안정과 복지향상을 도모하기 위하여 당해 개인에게 부여되어진 일신전속적인 권리이어서, 같은 법 규정에 비추어 상속의 대상으로도 될 수 없다고 할 것이므로 전상군경등록거부처분취소청구소송은 원고의 사망과 동시에 종료하였고, 원고의 상속인들에 의하여 승계될 여지는 없다고 한다(대판 2003.8.19. 2003두5037).

(6) 체납자 등

판례에 따르면, 과세관청이 조세의 징수를 위하여 체납자가 점유하고 있는 제3자의 소유 동산을 압류한 경우, 그 체납자는 그 압류처분에 의하여 당해 동산에 대한 점유권의 침해를 받은 자로서 그 압류처분에 대하여 법률상 직접적이고 구체적인 이익을 가지는 것이어서 그 압류처분의 취소나 무효확인을 구할 원고적격이 있고(대판 2006.4.13. 2005두15151), 다른 공동상속인들의 상속세에 대한 연대납부의무를 지는 상속인의 경우에는 다른 공동상속인들에 대한 과세처분 자체의 취소를 구함에 있어서 법률상 직접적이고 구체적인 이익을 가진다(대판 2001.11.27. 98두9530).

(7) 근로사건

노동조합설립신고와 관련하여, 대법원은 회사가 그 수리처분을 다툴 원고적격이 없고(96누9829), 기존 노동조합의 경우는 신설 노동조합이 복수 노동조합에 해당하는지 여부에 따라 원고적격 인정여부를 판단한 사례(대판 2003.12.12. 2002두7975)가 있다. 대법원은 중앙노동위원회의 중재재심결정에 대하여 행정소송을 제기할 원고적격이 있는 관계 당사자는 당해 중재재심절차의 당사자로 되었던 노동조합과 사용자이며(대판 1997.6.27. 97누1273), 지방노동위원회의 휴업지불 예외 승인처분의 상대방은 그 승인신청을 한 사용자이기는 하지만 그 처분은 근로자들의 수당지급채권의 발생 여부에 직접 영향을 미치므로 근로자들은 그 처분에 대하여 이해관계를 가진 자로서 중앙노동위원회에 재심을 신청할 수 있는 법률상 이익이 있는 자라고 하였다(대판 1995.6.30. 94누9955).

판례

노동조합설립신고증교부처분취소소송에 있어서 사용자의 원고 적격

노동조합의 설립에 관한 구 노동조합법의 규정이 기본적으로 노동조합의 설립의 자유를 보장하면서 위와 같은 노동정책적 목적을 달성하기 위해 설립신고주의를 택하여 조합이 자주성과 민주성을 갖추도록 행정관청으로 하여금 지도·감독하도록 하게 함으로써, 사용자는 무자격조합이 생기지 않는다는 이익을 받고 있다고 볼 수 있을지라도 그러한 이익이 노동조합의 설립에 관한 구 노동조합법 규정에 의하여 직접적이고 구체적으로 보호되는 이익이라고 볼 수는 없고, 노동조합 설립신고의 수리 그 자체에 의하여 사용자에게 어떤 공적 의무가 부과되는 것도 아니라고 할 것이어서 당해 사안에서 지방자치단체장이 노동조합의 설립신고를 수리한 것만으로는 당해 회사의 어떤 법률상의 이익이 침해되었다고 할 수 없으므로 당해 회사는 신고증을 교부받은 노동조합이 부당노동행위구제신청을 하는 등으로 법이 허용하는 절차에 구체적으로 참가한 경우에 그 절차에서 노동조합의 무자격을 주장하여 다툴 수 있을 뿐 노동조합 설립신고의 수리처분 그 자체만을 다툴 당사자 적격은 없다(대판 1997.10.14. 96누9829).

노동조합설립신고증교부처분취소소송에 있어서 기존 노동조합의 원고 적격

기존 노동조합은 신설 노동조합이 복수 노동조합에 해당하는 경우에는 구 노동조합및노동관계조정법 부칙 제5조 제1항에 의하여 직접적이고 구체적으로 보호되는 법률상 이익을 침해받게 된다고 할 것이나, 복수 노동조합에 해당하지 않는 경우에는 설령 동일한 기업 내의 기존 노동조합으로서 간접적이거나 사실적·경제적 이해관계를 가진다 하더라도, 설립신고주의를 취하는 현행법하에서는 신설 노동조합의 설립 여부에 의하여 침해될 법률상 이익을 가지지 않는다고 할 것이므로, 원고에게 이 사건 처분의 취소를 구할 법률상의 이익이 있는지 여부는 참가인 노조가 원고에 대한 관계에서 법 부칙 제5조 제1항에서 규정한 복수 노동조합에 해당하는지의 점에 달려있다(대판 2003.12.12. 2002두7975).

노동조합설립 신고서 반려처분의 취소를 구하는 당사자

노동조합설립신고서가 반려되어 신고증을 교부받지 못한 원고 노동조합 한국일보 지부는 노동조합으로서 성립되지 아니하고 노동조합의 명칭도 사용할 수 없으나 그 이름으로 노동조합설립신고서를 소관 관청에 제출하고 그것이 반려되자 동 반려가 위법하다고 본건 행정소송을 제기한 당사자는 노동조합으로서가 아니라 바로 노동조합설립신고서를 제출하였다가 반려받은 한국일보사 기자 31명이 노동조합법에 따라 제정한 규약에 의하여 전국출판노동조합 한국일보 지부의 명칭으로 조직된 인적 집합체이므로 당사자 적격이 있다(대판 1979.12.11. 76누189).

당사자능력이 없는 사회복지시설 명의로 제기된 소를 각하한 사례

부당해고나 부당노동행위에 대하여 지방노동위원회 또는 특별노동위원회의 구제명령이 발하여진 경우 그 명령에 따라 이를 시정할 주체는 사업주인 사용자가 되어야 한다. 그러므로 그 구제명령이 사업주인 사용자의 일부조직이나 업무집행기관 또는 업무담당자에 대하여 행하여진 경우에는 사업주인 사용자에 대하여 행하여진 것으로 보아야 한다. 따라서 이에 대한 중앙노동위원회에의 재심 신청이나 그 재심판정 취소소송 역시 당사자능력이 있는 당해 사업주만이 원고적격자로서 소송을 제기할 수 있다(대판 2006.2.24. 2005두5673).

03 협의의 소의 이익

1. 의의

(1) 개념

취소소송은 처분 등의 취소를 구할 자격(원고적격)을 가진 자가 소를 제기할 수 있다. 그러나 취소소송도 재판의 일종이므로 분쟁을 재판에 의하여 해결할 만한 현실적 필요성이 있어야 하는데, 이를 '협의의 소의 이익' 또는 '권리보호의 필요'라고 한다. "이익 없으면 소 없다."라는 법언이 이를 대변한다. 광의의 소의 이익은 취소소송의 원고적격, 대상적격, 권리보호의 필요성을 모두 아우르는 개념이다.

(2) 근거

'권리보호의 필요'가 소송요건이라는 명문의 규정은 없다. 그러나 유용성이 없는 과도한 재판청구를 금지하여 법원·행정청의 부담을 완화하고 원활한 행정작용을 위한 것으로서 신의성실의 원칙으로부터 나온다.

2. 행정소송법 제12조 후문의 해석

행정소송법 제12조 후문은 "처분 등의 효과가 기간의 경과, 처분 등의 집행 그 밖의 사유로 인하여 소멸된 뒤에도 그 처분 등의 취소로 인하여 회복되는 법률상 이익이 있는 자의 경우에는 또한 같다."라고 규정하고 있다.

이에 관하여 ① 제12조 전문처럼 원고적격에 관한 조항으로 보는 견해가 있으나, ② 전문은 취소소송의 원고적격을 규정하고 있고, 후문은 취소소송에서의 협의의 소익을 규정한 것이라고 보는 견해가 다수설이다. 판례도 "행정소송법 제12조 제2문에서 정한 법률상 이익, 즉 행정처분을 다툴 협의의 소의 이익은 개별·구체적 사정을 고려하여 판단하여야 한다."(대판 2020.12.24. 2020두30450)고 하여 협의의 소익에 관한 규정으로 본다.

3. 법률상 이익의 의미

취소소송(무효확인소송)에서 소의 이익은 계쟁처분의 취소(무효확인)을 구할 현실적인 법률상 이익이 있는지 여부를 기준으로 판단된다.

(1) 소의 이익에서의 '법률상 이익'

① 학설

학설은 ㉠ 법률상 이익은 법률상 보호이익을 의미하는 것으로서 '법률상 위험'이 존재하는 경우에만 인정될 수 있다고 보는 법률상 보호이익설, ㉡ 위법확인의 정당한 이익을 의미하는 것으로서 '법률상 위험'이 존재하는 경우뿐만 아니라 '위험성 확인의 이익'에 대해서도 인정된다는 위법확인의 정당한 이익설이 대립한다.

'법률상 이익'은 원고적격에서의 법률상 이익보다 넓은 개념이며 부수적 이익도 포함한다는 것이 다수설이다. 그런데 그 부수적 이익에 어떠한 이익이 포함될 것인지에 관하여는 ㉠ 명예·신용 등은 법률상 이익에 포함되지 않는다는 견해(동일설·소극설), ㉡ 명예·신용 등의 인격적 이익, 보수청구와 같은 재산적 이익 및 불이익 제거와 같은 사회적 이익도 인정될 수 있다는 견해(광의설·적극설)로 나뉜다.

② 판례

대법원은 행정소송법 제12조 소정의 법률상 이익을 전문(원고적격)의 그것과 후문(협의의 소의 이익)의 그것을 구별하지 않고 모두 "당해 처분의 근거 법률에 의하여 보호되는 직접적이고 구체적인 이익과 관련된 것을 말하는 것이고 단지 간접적이거나 사실적·경제적 이해관계를 가지는 데 불과한 경우는 여기에 포함되지 않는다."라고 보고 있다(대결 2000.10.10. 2000무17).

따라서 종래 판례는 법률상 보호이익설을 취하는 것으로 평가되었다. 즉, 처분의 효력이 제재기간의 경과로 인하여 소멸하였으나 제재적 가중처분이 시행규칙의 형식으로 예정되어 있어 선행처분에 대해 취소소송을 제기한 사안에서 판례는 "위반횟수에 따른 가중요건 규정은 내부 행정명령에 불과할 뿐, 행정처분의 기간의 경과로 그 효력이 상실된 후에 가중적인 제재처분의 불이익은 직접적·구체적·현실적인 것이 아니어서 법률상 이익이 없다."(대판 1997.9.30. 97누7790)고 하였다.

그러나 최근 판례는 "법령이 아니라 규칙의 형식으로 되어 있다고 하더라도, 그러한 규칙이 법령에 근거를 두고 있는 이상 그 법적 성질이 대외적·일반적 구속력을 갖는 법규명령인지 여부와는 상관없이 공무원의 법령준수의무를 고려할 때 그 처분의 존재로 인한 장래 불이익은 구체적이고 현실적인 것이므로 법률상 이익이 있다."(대판 2006.6.22. 2003두1684)고 하여 제12조 제2문의 법률상 이익의 범위를 넓혀가는 것으로 보인다.

대법원은 자격정지처분의 취소청구에서 "자격정지처분의 취소청구에 있어 그 정지기간이 경과된 이상 그 처분의 취소를 구할 이익이 없고 설사 그 처분으로 인하여 명예, 신용 등 인격적인 이익이 침해되어 그 침해상태가 자격정지기간 경과 후까지 잔존하더라도 이와 같은 불이익은 동 처분의 직접적인 효과라고 할 수 없다."(대판 1978.5.23. 78누72)고 하여 처분의 기간이 경과하여 소멸한 후에는 명예·신용 등의 인격적 이익을 회복하기 위한 소송을 허용하지 않는가 하면, 예외적으로 인정한 사례도 있다(대판 1992.7.14. 91누4737-고등학교 퇴학처분사건).

③ 검토

취소소송에 있어서 소의 이익의 유무는 사인이 취소소송을 통하여 보호받아야 할 현실적인 필요가 있는 관점에서 해결되어야 하므로, 당해 처분의 근거법규에 의하여 보호되는 직접적이고 구체적인 이익에 해당하는지 여부에 따라 정해질 문제이다. 따라서 인격적 이익, 경제적·사회적 이익도 구체적인 경우에 개별적으로 판단하여 법률상 이익으로 인정할 수 있다고 봄이 타당하다.

예컨대, 이전 처분의 외형이 잔존함으로 인해 가중된 후행 제재처분을 받을 것이 당연히 예견되는 경우에는 그러한 장래의 불이익을 회피할 이익을 인정하는 것이 실질적 권리구제에 부합하다는 점에서, 위법확인의 정당한 이익설과 같이 법률상 이익을 적극적으로 해석하는 것이 타당하다.

(2) 일반적인 판단기준

본안판단의 전제요건을 모두 구비하게 되면 일반적으로 소의 이익을 갖춘 것이 된다(다수설). 그러나 ① 당해 취소소송보다 실효적인(직접적인) 권리구제절차가 있는 경우, ② 원고가 추구하는 권리보호가 오로지 이론상으로만 의미 있는 경우(예 국가시험에 불합격처분을 받고 다음해 동일한 국가시험에 합격한 후 종전의 불합격처분의 취소를 구하는 소송을 제기), ③ 원고가 청구를 통해 피고에게 불필요한 손해를 끼치려는 의도와 같이 특별히 비난받을 목적을 추구하는 경우(예 원고의 소송이 오로지 행정청에게 압력을 행사하거나 불편을 끼치려는 것을 목적으로 하는 경우, 신의성실의 원칙을 위반하여 소권을 남용하는 경우), ④ 원상회복이 불가능한 경우, ⑤ 소송목적이 실현된 경우(예 처분의 효력 소멸, 권익침해의 해소), ⑥ 유리한 결과를 가져오는 처분(예 수익적 행정행위), ⑦ 막연한 이익이나 추상적인 이익 또는 과거의 이익만이 있는 경우 등에는 그 취소를 구할 소의 이익이 없다.

판례

앞의 판결에서 배척되어 법률상 받아들여질 수 없음이 명백한 이유를 들어 실질적으로 같은 내용의 선거소송을 거듭 제기하는 것이 허용되는지 여부(원칙적 소극)

재판청구권의 행사도 상대방의 보호 및 사법기능의 확보를 위하여 신의성실의 원칙에 의하여 제한될 수 있다. 선거관리위원회의 특정한 선거사무 집행 방식이 위법함을 들어 선거소송을 제기하는 경우, 이미 법원에서 특정한 선거사무 집행 방식이 위법하지 아니하다는 분명한 판단이 내려졌음에도 앞서 배척되어 법률상 받아들여질 수 없음이 명백한 이유를 들어 실질적으로 같은 내용의 선거소송을 거듭 제기하는 것은 상대방인 선거관리위원회의 업무를 방해하는 결과가 되고, 나아가 사법자원을 불필요하게 소모시키는 결과로도 되므로, 그러한 제소는 특별한 사정이 없는 한 신의성실의 원칙을 위반하여 소권을 남용하는 것으로서 허용될 수 없다(대판 2016.11.24. 2016수64).

사업의 양도행위가 무효라고 주장하는 양도자가 양도·양수행위의 무효를 구함이 없이 지위승계 신고수리처분의 무효확인을 구할 법률상 이익이 있음

사업양도·양수에 따른 허가관청의 지위승계신고의 수리는 적법한 사업의 양도·양수가 있었음을 전제로 하는 것이므로 그 수리대상인 사업양도·양수가 존재하지 아니하거나 무효인 때에는 수리를 하였다 하더라도 그 수리는 유효한 대상이 없는 것으로서 당연히 무효라 할 것이고, 사업의 양도행위가 무효라고 주장하는 양도자는 민사쟁송으로 양도·양수행위의 무효를 구함이 없이 막바로 허가관청을 상대로 하여 행정소송으로 위 신고수리처분의 무효확인을 구할 법률상 이익이 있다(대판 2005.12.23. 2005두3554).

취소소송에서 패소한 후 민사소송에서의 소의 이익

노동위원회의 구제명령은 사용자에게 구제명령에 복종하여야 할 공법상 의무를 부담시킬 뿐 직접 근로자와 사용자 간의 사법상 법률관계를 발생 또는 변경시키는 것은 아니므로, 설령 근로자가 부당해고 구제신청을 기각한 재심판정의 취소를 구하는 행정소송을 제기하였다가 패소판결을 선고받아 그 판결이 확정되었다 하더라도, 이는 재심판정이 적법하여 사용자가 구제명령에 따른 공법상 의무를 부담하지 않는다는 점을 확정하는 것일 뿐 해고가 유효하다거나 근로자와 사용자 간의 사법상 법률관계에 변동을 가져오는 것은 아니어서, 근로자는 그와 별도로 민사소송을 제기하여 해고의 무효 확인을 구할 이익이 있다(대판 2011.3.24. 2010다21962).

임대주택에 대한 분양전환승인처분 이후 진행된 분양전환절차에서 분양계약을 체결하지 아니한 채 임대주택에서 퇴거한 임차인에게 분양전환승인처분의 취소를 구할 법률상 이익이 인정되는지 여부(원칙적 소극)

구 임대주택법 제21조 제7항이 우선분양권자인 임차인의 계약 체결기간을 6개월로 정한 것은 분양전환을 둘러싼 법률관계를 조속히 확정하는 데 그 취지가 있고, 임대사업자가 유효한 분양전환승인처분을 받은 이후에도 임차인이 6개월 이상 분양전환에 응하지 않아 해당 임대주택을 제3자에게 매각하였다면 이를 매수한 제3자의 거래의 효력에 관한 신뢰와 주거의 안정도 법질서가 보호하여야 하는 정당한 이익에 해당한다. 그런데 해당 임차인이 사후적으로 분양전환가격을 다투는 취소소송에서 승소하였다는 이유만으로 임대사업자가 다시 적법하게 산정된 분양전환가격으로 분양전환절차를 이행할 의무가 있다고 보는 것은 제3자의 법적 이익을 중대하게 침해하는 것으로 볼 수 있다. 따라서 분양전환승인처분 이후 진행된 분양전환절차에서 분양계약을 체결하지 아니한 채 임대주택에서 퇴거한 임차인은, 분양전환승인처분에 관하여 효력정지 결정이 이루어져 임대사업자가 제3자에게 해당 임대주택을 매각하지 않았다는 등의 특별한 사정이 없는 한, 분양전환승인처분의 취소를 구할 법률상 이익(협의의 소의 이익)이 인정되지 않는다(대판 2020.7.23. 2015두48129).

경업자에 대한 행정처분이 경업자에게 불리한 내용인 경우, 기존의 업자가 행정처분의 무효확인 또는 취소를 구할 이익이 없음

경업자에 대한 행정처분이 경업자에게 불리한 내용이라면 그와 경쟁관계에 있는 기존의 업자에게는 특별한 사정이 없는 한 유리할 것이므로 기존의 업자가 그 행정처분의 무효확인 또는 취소를 구할 이익은 없다고 보아야 한다(대판 2020.4.9. 2019두49953).

소음·진동배출시설에 대한 설치허가가 취소된 후 그 배출시설이 철거된 경우, 취소처분의 취소를 구할 소의 이익이 없음

처분을 취소하여도 위 배출시설을 재가동하는 것이 불가능하여 이 사건 처분 이전의 상태로 원상회복할 수 없게 되었고, 설령 원고가 이 사건 처분이 위법하다는 점에 대한 판결을 받아 피고에 대한 손해배상청구소송에서 이를 원용할 수 있다거나 위 배출시설을 다른 지역으로 이전하는 경우 행정상의 편의를 제공받을 수 있는 이익이 있다 하더라도, 그러한 이익은 사실적·경제적 이익에 불과하여 이 사건 처분의 취소를 구할 법률상 이익에 해당하지 않는다(대판 2002.1.11. 2000두2457).

재단법인의 정관변경 결의의 하자를 이유로 정관변경 인가처분의 취소·무효 확인을 소구할 수 없음

인가는 기본행위인 재단법인의 정관변경에 대한 법률상의 효력을 완성시키는 보충행위로서, 그 기본이 되는 정관변경 결의에 하자가 있을 때에는 그에 대한 인가가 있었다 하여도 기본행위인 정관변경 결의가 유효한 것으로 될 수 없으므로 기본행위인 정관변경 결의가 적법 유효하고 보충행위인 인가처분 자체에만 하자가 있다면 그 인가처분의 무효나 취소를 주장할 수 있지만, 인가처분에 하자가 없다면 기본행위에 하자가 있다 하더라도 따로 그 기본행위의 하자를 다투는 것은 별론으로 하고 기본행위의 무효를 내세워 바로 그에 대한 행정청의 인가처분의 취소 또는 무효확인을 소구할 법률상의 이익이 없다(대판 1996.5.16. 95누4810).

조합설립추진위원회 구성승인처분의 하자와 조합설립인가처분의 위법

[1] 추진위원회 구성승인처분을 다투는 소송 계속 중에 조합설립인가처분이 이루어진 경우에는, 추진위원회 구성승인처분에 위법이 존재하여 조합설립인가 신청행위가 무효라는 점 등을 들어 직접 조합설립인가처분을 다툼으로써 정비사업의 진행을 저지하여야 하고, 이와는 별도로 추진위원회 구성승인처분에 대하여 취소 또는 무효확인을 구할 법률상의 이익은 없다(대판 2013.1.31. 2011두11112등).

[2] 조합설립인가처분은 추진위원회구성승인처분이 적법·유효할 것을 전제로 한다고 볼 것은 아니므로, 구 도시정비법령이 정한 동의요건을 갖추고 창립총회를 거쳐 주택재개발조합이 성립한 이상, 이미 소멸한 추진위원회구성승인처분의 하자를 들어 조합설립인가처분이 위법하다고 볼 수 없다. 다만, 추진위원회구성승인처분의 위법으로 그 추진위원회의 조합설립인가 신청행위가 무효라고 평가될 수 있는 특별한 사정이 있는 경우라면, 그 신청행위에 기초한 조합설립인가처분이 위법하다고 볼 수 있다(대판 2013.12.26. 2011두8291).

이전고시의 효력이 발생한 후 조합원 등이 정비사업을 위하여 이루어진 수용재결이나 이의재결의 취소 또는 무효확인을 구할 법률상 이익이 있는지 여부

대지 또는 건축물의 소유권 이전에 관한 고시의 효력이 발생하면 조합원 등이 관리처분계획에 따라 분양받을 대지 또는 건축물에 관한 권리의 귀속이 확정되고 조합원 등은 이를 토대로 다시 새로운 법률관계를 형성하게 되는데, 이전고시의 효력 발생으로 대다수 조합원 등에 대하여 권리귀속 관계가 획일적·일률적으로 처리되는 이상 그 후 일부 내용만을 분리하여 변경할 수 없고, 그렇다고 하여 전체 이전고시를 모두 무효화시켜 처음부터 다시 관리처분계획을 수립하여 이전고시 절차를 거치도록 하는 것도 정비사업의 공익적·단체법적 성격에 배치되어 허용될 수 없다. 위와 같은 정비사업의 공익적·단체법적 성격과 이전고시에 따라 이미 형성된 법률관계를 유지하여 법적 안정성을 보호할 필요성이 현저한 점 등을 고려할 때, 이전고시의 효력이 발생한 이후에는 조합원 등이 해당 정비사업을 위하여 이루어진 수용재결이나 이의재결의 취소 또는 무효확인을 구할 법률상 이익이 없다(대판 2017.3.16. 2013두11536).

4. 구체적 사례에서의 소의 이익의 유무

(1) 원상회복이 불가능한 경우

예컨대, ① 건물의 철거명령에 대해 취소소송이 제기된 경우에도 당해 건물이 이미 철거되었거나, ② 집회불허가처분에 대하여 그 행사일자가 지난 후에는 각 처분의 취소를 구할 소익은 인정되지 않는다. 그러나 원상회복이 불가능하더라도 무효확인 또는 취소로써 회복할 수 있는 다른 권리나 이익이 남아 있는 경우 예외적으로 법률상 이익이 인정될 수 있다(대판 2016.6.10. 2013두1638). 경우에 따라서는 사정판결(본안심리후 위법성을 확인하고 기각판결)에 의함이 타당한 사례도 있다.

판례

건축법 소정의 이격거리를 두지 않고 건축물이 완료된 경우에 건축허가의 취소를 구할 법률상 이익이 없음

건축허가가 건축법 소정의 이격거리를 두지 아니하고 건축물을 건축하도록 되어 있어 위법하다 하더라도 그 건축허가에 기하여 건축공사가 완료되었다면 그 건축허가를 받은 대지와 접한 대지의 소유자인 원고가 위 건축허가처분의 취소를 받아 이격거리를 확보할 단계는 지났으며 민사소송으로 위 건축물 등의 철거를 구하는 데 있어서도 위 처분의 취소가 필요한 것이 아니므로 원고로서는 위 처분의 취소를 구할 법률상의 이익이 없다(대판 1992.4.24. 91누11131).

근로자가 부당해고 구제신청을 하여 해고의 효력을 다투던 중 정년에 이른 사례

〈종래 판례〉 근로자가 부당해고 구제신청을 기각한 재심판정에 대해 소를 제기하여 해고의 효력을 다투던 중 사직하거나 정년에 도달하거나 근로계약기간이 만료하는 등의 이유로 근로관계가 종료한 경우, 근로자가 구제명령을 얻는다고 하더라도 객관적으로 보아 원직에 복직하는 것이 불가능하고, 해고기간 중에 지급받지 못한 임금을 지급받기 위한 필요가 있다고 하더라도 이는 민사소송절차를 통하여 해결할 수 있다는 등의 이유를 들어 소의 이익을 부정(대판 1995.12.5. 95누12347등) ⇨ 〈판례 변경〉 부당해고 구제명령제도에 관한 근로기준법의 규정 내용과 목적 및 취지, 임금 상당액 구제명령의 의의 및 법적 효과 등을 종합적으로 고려하면, 근로자가 부당해고 구제신청을 하여 해고의 효력을 다투던 중 정년에 이르거나 근로계약기간이 만료하는 등의 사유로 원직에 복직하는 것이 불가능하게 된 경우에도 해고기간 중의 임금 상당액을 지급받을 필요가 있다면 임금 상당액 지급의 구제명령을 받을 이익이 유지되므로 구제신청을 기각한 중앙노동위원회의 재심판정을 다툴 소의 이익이 있다고 보아야 한다.…(중략)…위와 같은 법리는 근로자가 근로기준법 제30조 제3항에 따라 금품지급명령을 신청한 경우에도 마찬가지로 적용된다(대판 2020.2.20. 2019두52386 전합).

계고처분에 기한 대집행의 실행이 사실행위로서 완료된 경우 소의 이익이 없음

계고처분에 기한 대집행의 실행이 이미 사실행위로서 완료되었다면, 계고처분이나 대집행의 실행행위 자체의 무효확인 또는 취소를 구할 법률상 이익은 없다(대판 1995.7.28. 95누2623).

파면처분이 있은 후에 금고 이상의 형을 선고받아 당연퇴직된 경우, 소의 이익을 인정

파면처분취소소송의 사실심변론종결전에 동원고가 허위공문서등작성 죄로 징역 8월에 2년간 집행유예의 형을 선고받아 확정되었다면 원고는 지방공무원법 제61조의 규정에 따라 위 판결이 확정된 날 당연퇴직되어 그 공무원의 신분을 상실하고, 당연퇴직이나 파면이 퇴직급여에 관한 불이익의 점에 있어 동일하다 하더라도 최소한도 이 사건 파면처분이 있은 때부터 위 법규정에 의한 당연퇴직일자까지의 기간에 있어서는 파면처분의 취소를 구하여 그로 인해 박탈당한 이익의 회복을 구할 소의 이익이 있다 할 것이다(대판 1985.6.25. 85누39).

지방의회 의원에 대한 제명의결 취소소송 계속중 의원의 임기가 만료된 사안에서, 제명의결의 취소를 구할 법률상 이익이 있다고 본 사례

구 지방자치법은 지방의회 의원에게 지급하는 비용으로 의정활동비와 여비 외에 월정수당을 규정하고 있는바, 이 규정의 입법연혁과 함께 특히 월정수당은 지방의회 의원의 직무활동에 대하여 매월 지급되는 것으로서, 지방의회 의원이 전문성을 가지고 의정활동에 전념할 수 있도록 하는 기틀을 마련하고자 하는 데에 그 입법 취지가 있다는 점을 고려해 보면, 지방의회 의원에게 지급되는 비용 중 적어도 월정수당은 지방의회 의원의 직무활동에 대한 대가로 지급되는 보수의 일종으로 봄이 상당하다. 따라서 원고가 이 사건 제명의결 취소소송 계속중 임기가 만료되어 제명의결의 취소로 지방의회 의원으로서의 지위를 회복할 수는 없다 할지라도, 그 취소로 인하여 최소한 제명의결시부터 임기만료일까지의 기간에 대해 월정수당의 지급을 구할 수 있는 등 여전히 그 제명의결의 취소를 구할 법률상 이익은 남아 있다고 보아야 한다(대판 2009.1.30. 2007두13487).

사립학교 교원이 소청심사청구를 하여 해임처분의 효력을 다투던 중 형사판결 확정 등 당연퇴직사유가 발생한 사안에서, 소청심사청구를 기각한 교원소청심사위원회 결정의 취소를 구할 법률상 이익이 있다고 본 사례

교원소청심사제도에 관한 「교원의 지위 향상 및 교육활동 보호를 위한 특별법」의 규정 내용과 목적 및 취지 등을 종합적으로 고려하면, 사립학교 교원이 소청심사청구를 하여 해임처분의 효력을 다투던 중 형사판결 확정 등 당연퇴직사유가 발생하여 교원의 지위를 회복할 수 없다고 할지라도, 해임처분이 취소되거나 변경되면 해임처분일부터 당연퇴직사유 발생일까지의 기간에 대한 보수 지급을 구할 수 있는 경우에는 소청심사청구를 기각한 교원소청심사위원회 결정의 취소를 구할 법률상 이익이 있다고 보아야 한다(대판 2024.2.8. 2022두50571).

처분으로 발생한 위법상태를 원상으로 회복시킬 수 없는 경우

세무사 자격 보유 변호사 甲이 관할 지방국세청장에게 조정반 지정 신청을 하였으나 지방국세청장이 '甲의 경우 세무사등록부에 등록되지 않았기 때문에 2015년도 조정반 구성원으로 지정할 수 없다'는 이유로 거부처분을 하자, 甲이 거부처분의 취소를 구하는 소를 제기한 사안에서, 2015년도 조정반 지정의 효력기간이 지났으므로 거부처분을 취소하더라도 甲이 2015년도 조정반으로 지정되고자 하는 목적을 달성할 수 없고 장래의 조정반 지정 신청에 대하여 동일한 사유로 위법한 처분이 반복될 위험성이 있다거나 행정처분의 위법성 확인 또는 불분명한 법률문제에 대한 해명이 필요한 경우도 아니어서 소의 이익을 예외적으로 인정할 필요도 없다(대판 2020.2.27. 2018두67152).

도시개발사업의 공사 등이 완료되고 원상회복이 사회통념상 불가능하게 된 경우, 도시개발사업의 시행에 따른 도시계획변경결정처분과 도시개발구역지정처분 및 도시개발사업실시계획인가처분의 취소를 구할 법률상 이익이 있는지 여부(적극)

도시개발사업의 시행에 따른 도시계획변경결정처분과 도시개발구역지정처분 및 도시개발사업실시계획인가처분은 도시개발사업의 시행자에게 단순히 도시개발에 관련된 공사의 시공권한을 부여하는 데 그치지 않고 당해 도시개발사업을 시행할 수 있는 권한을 설정하여 주는 처분으로서 위 각 처분 자체로 그 처분의 목적이 종료되는 것이 아니고 위 각 처분이 유효하게 존재하는 것을 전제로 하여 당해 도시개발사업에 따른 일련의 절차 및 처분이 행해지기 때문에 위 각 처분이 취소된다면 그것이 유효하게 존재하는 것을 전제로 하여 이루어진 토지수용이나 환지 등에 따른 각종의 처분이나 공공시설의 귀속 등에 관한 법적 효력은 영향을 받게 되므로, 도시개발사업의 공사 등이 완료되고 원상회복이 사회통념상 불가능하게 되었더라도 위 각 처분의 취소를 구할 법률상 이익은 소멸한다고 할 수 없다(대판 2005.9.9. 2003두5402등).

관계법령이 계폐되어 소의 이익이 없는 경우

[1] 해저광물자원개발법이 시행된 후에 있어서 해저광업권은 정부만이 가질 수 있게 되었는 만큼 피고의 광업권설정 출원을 반려한 처분이 취소된다 한들 원고에게 해저석유광업권이 설정허가 될 여지가 없으니 원고의 소는 소의 이익이 없다(대판 1972.4.11. 71누98).

[2] 구 주택건설촉진법은 제32조의4에서 주택건설사업계획의 사전결정제도에 관하여 규정하고 있었으나 위 법률이 1999. 2. 8. 법률 제5908호로 개정되면서 위 제32조의4가 삭제되었고, 그 부칙 규정에 의하면 개정 후 법은 1999. 3. 1.부터 시행되며(부칙 제1조), 개정 후 법의 시행 당시 종전의 제32조의4의 규정에 의하여 사전결정을 한 주택건설사업은 종전의 규정에 따라 주택건설사업을 시행할 수 있다고 규정되어 있을 뿐(부칙 제2조), 개정 후 법의 시행 전에 사전결정의 신청이 있었으나 그 시행 당시 아직 사전결정이 되지 않은 경우에도 종전의 규정에 의한다는 취지의 규정을 두지 아니하고 있고, 따라서 개정 전의 법에 기한 주택건설사업계획 사전결정반려처분의 취소를 구하는 소송에서 승소한다고 하더라도 위 반려처분이 취소됨으로써 사전결정신청을 한 상태로 돌아갈 뿐이므로, 개정 후 법이 시행된 1999. 3. 1. 이후에는 사전결정신청에 기하여 행정청으부터 개정 전 법 제32조의4 소정의 사전결정을 받을 여지가 없게 되었다고 할 것이어서 더 이상 소를 유지할 법률상의 이익이 없게 되었다(대판 1999.6.11. 97누379).

[3] 갑 주식회사가 제주특별자치도개발공사(이하 '개발공사')와 먹는샘물에 관하여 협약기간 자동연장조항이 포함된 판매협약을 체결하였는데, 제주특별자치도지사가 개발공사 설치조례를 개정·공포하면서 '먹는샘물 민간위탁 사업자의 선정은 일반입찰에 의한다'는 규정을 신설하고, '종전 먹는샘물 국내판매 사업자는 2012. 3. 14.까지 이 조례에 따른 먹는샘물 국내판매 사업자로 본다'는 내용의 부칙조항을 둠에 따라 개발공사가 협약 해지 통지를 하자, 갑 회사가 부칙조항의 무효확인을 구한 사안에서, 협약기간 자동연장조항에 따라 협약기간이 일정 시점 이후까지 자동연장되었다고 보기 어렵다는 등의 사유로 갑 회사가 먹는샘물 판매사업자의 지위를 상실하였다면 지위 상실의 원인이 부칙조항에 의한 것이라고 보기 어려워 부칙조항의 무효확인 판결을 받더라도 판매사업자의 지위를 회복할 수 없으므로, 무효확인을 구할 법률상 이익이 없다(대판 2016.6.10. 2013두1638).

[4] 폐업결정 후 乙 지방의료원을 해산한다는 내용의 조례가 제정·시행되었고 조례가 무효라고 볼 사정도 없어 乙 지방의료원을 폐업 전의 상태로 되돌리는 원상회복은 불가능하므로 법원이 폐업결정을 취소하더라도 단지 폐업결정이 위법함을 확인하는 의미밖에 없고, 폐업결정의 취소로 회복할 수 있는 다른 권리나 이익이 남아있다고 보기도 어려우므로, 甲 도지사의 폐업결정이 법적으로 권한 없는 자에 의하여 이루어진 것으로서 위법하더라도 취소를 구할 소의 이익을 인정하기 어렵다(대판 2016.8.30. 2015두60617).

수익적 처분의 유효기간 경과로 소의 이익이 없는 경우

[1] 원고가 이 사건 공유수면에 대한 점용허가를 최종적으로 연장받은 기간은 1980.1.1.부터 1982.12.31.까지이고 원심법원에 의하여 1981.10.21. 이 사건 행정처분의 집행정지결정이 있어 원고의 이 사건 공유수면점용허가기간은 그 취소처분에 불구하고 계속 진행되어 원심변론종결일 현재 이미 만료되었다는 것이므로 이 사건 취소처분이 취소된다고 하더라도 원상회복이 불가능하여 이의 취소를 구할 이익이 없다(대판 1985.5.28. 85누32).

[2] 공유수면점용허가기간 중에 그 허가를 취소하는 처분이 있었다고 하여도 그 취소처분에 대한 법원의 집행정지결정으로 허가기간이 진행되어 허가기간이 경과하였다면 이로써 그 허가처분은 실효된 것이고 그 후 위 취소처분을 취소하더라도 허가된 상태로의 원상회복은 불가능하므로, 위 취소처분이 외형상 잔존함으로 말미암아 어떠한 법률상 불이익이 있다고 볼 만한 특별한 사정이 없는 한 위 취소처분의 취소를 구할 이익이 없다(대판 1991.7.23. 90누6651).

[3] 사행행위영업허가의 효력은 유효기간 만료 후에도 재허가신청에 대한 불허가처분을 받을 때까지 당초 허가의 효력이 지속된다고 볼 수 없으므로 허가갱신신청을 거부한 불허처분의 효력을 정지하더라도 이로 인하여 유효기간이 만료된 허가의 효력이 회복되거나 행정청에게 허가를 갱신할 의무가 생기는 것도 아니라 할 것이니 투전기업소갱신허가불허처분의 효력을 정지하더라도 불허처분으로 입게 될 손해를 방지하는 데에 아무런 소용이 없고 따라서 불허처분의 효력정지를 구하는 신청은 이익이 없어 부적법하다(대판 1993.2.10. 92두72).

[4] 사실심 변론종결일 현재 토석채취 허가기간이 경과하였다면 그 허가는 이미 실효되었다고 할 것이어서 새로 토석채취허가를 받지 아니하고는 채석을 계속할 수 없고, 나아가 토석채취허가 취소처분이 외형상 잔존함으로 말미암아 어떠한 법률상 불이익이 있다고 볼 만한 특별한 사정도 없다면 위 취소처분의 취소를 구하는 소는 소의 이익이 없다(대판 1993.7.27. 93누3899).

(2) 처분 후의 사정변경에 의하여 권익침해가 해소된 경우

예컨대, 국가시험의 불합격처분 이후 새로 실시된 국가시험에 합격한 자들로서는 더 이상 불합격처분의 취소를 구할 법률상 이익이 없고(대판 1993.11.9. 93누6867), 처분의 무효확인소송 계속 중에 당해 처분이 취소된 경우에도 소의 이익을 상실한다. 그러나 처분 후에 사정변경이 있더라도 권리침해가 해소되지 않은 경우에는 소의 이익이 있다.

판례

권익침해가 해소된 경우

[1] 위법한 행정처분의 취소를 구하는 소는 위법한 처분에 의하여 발생한 위법상태를 배제하여 원상으로 회복시키고, 그 처분으로 침해되거나 방해받은 권리와 이익을 보호·구제하고자 하는 소송이므로, 처분 후의 사정에 의하여 권리와 이익의 침해 등이 해소된 경우에는 그 처분의 취소를 구할 소의 이익이 없다 할 것이고, 설령 그 처분이 위법함을 이유로 손해배상청구를 할 예정이라고 하더라도 달리 볼 것이 아니다. 공익근무요원 소집해제신청을 거부한 후에 원고가 계속하여 공익근무요원으로 복무함에 따라 복무기간 만료를 이유로 소집해제처분을 한 경우, 원고가 입게 되는 권리와 이익의 침해는 소집해제처분으로 해소되었으므로 위 거부처분의 취소를 구할 소의 이익이 없다(대판 2005.5.13. 2004두4369).

[2] 절차상 또는 형식상 하자로 무효인 행정처분에 대하여 행정청이 적법한 절차 또는 형식을 갖추어 다시 동일한 행정처분을 하였다면, 종전의 무효인 행정처분에 대한 무효확인 청구는 과거의 법률관계의 효력을 다투는 것에 불과하므로 무효확인을 구할 법률상 이익이 없다(대판 2010.4.29. 2009두16879).

사정변경에 의해서도 권익침해가 해소되지 않은 경우

[1] 고등학교졸업이 대학입학자격이나 학력인정으로서의 의미밖에 없다고 할 수 없으므로 고등학교졸업학력검정고시에 합격하였다 하여 고등학교 학생으로서의 신분과 명예가 회복될 수 없는 것이니 퇴학처분을 받은 자로서는 퇴학처분의 위법을 주장하여 그 취소를 구할 소송상의 이익이 있다(대판 1992.7.14. 91누4737).

[2] 사업시행계획의 경우 그 인가처분의 유효를 전제로 분양공고 및 분양신청 절차, 분양신청을 하지 않은 조합원에 대한 수용절차, 관리처분계획의 수립 및 그에 대한 인가 등 후속행위가 있었다면, 당초 사업시행계획이 무효로 확인되거나 취소될 경우 그것이 유효하게 존재하는 것을 전제로 이루어진 위와 같은 일련의 후속 행위 역시 소급하여 효력을 상실하게 되므로, 당초 사업시행계획을 실질적으로 변경하는 내용으로 새로운 사업시행계획이 수립되어 시장·군수로부터 인가를 받았다는 사정만으로 일률적으로 당초 사업시행계획의 무효확인을 구할 소의 이익이 소멸된다고 볼 수는 없고, 위와 같은 후속 행위로 토지 등 소유자의 권리·의무에 영향을 미칠 정도의 공법상의 법률관계를 형성시키는 외관이 만들어졌는지 또는 존속되고 있는지 등을 개별적으로 따져 보아야 한다(대판 2013.11.28. 2011두30199).

[3] 공무원이었던 원고가 파면처분을 받은 후 사면되었으나, 사면법의 규정에 의하면 징계처분에 의한 기성의 효과는 사면으로 인하여 변경되지 않는다고 되어 있고 이는 사면의 효과가 소급하지 않음을 의미하는 것이므로, 이와같은 일반사면이 있었다고 할지라도 파면처분으로 이미 상실된 원고의 공무원 지위가 회복될 수는 없는 것이니 원고로서는 이 사건 파면처분의 위법을 주장하여 그 취소를 구할 소송상 이익이 있다(대판 1983.2.8. 81누121).

(3) 처분의 효력이 소멸된 경우

① 원칙

처분 등이 소멸하면 권리보호의 필요는 없게 됨이 원칙이다. 예컨대, 인·허가처분의 효력을 일정기간 정지하는 처분에 있어서 효력정지기간이 경과되면 그 처분이 외형상 잔존함으로 인하여 어떠한 법률상 이익이 침해되었다고 볼 만한 별다른 사정이 없는 한 그 처분의 취소를 구할 소의 이익이 없으며(대판 2004.7.8. 2002두1946), 행정처분이 취소되면 그 처분은 효력을 상실하여 더 이상 존재하지 않으므로 존재하지 않는 행정처분을 대상으로 한 취소소송은 소의 이익이 없어 부적법하다(대판 2023.4.27. 2018두62928). 그러나 처분의 효력이 일부만 소멸한 경우에는 취소를 구할 소의 이익이 있다(예 금전부과처분을 감액하는 처분을 한 경우 감액되고 남은 부분에 대한 취소를 구할 소의 이익).

판례

행정소송법 제18조 제2항에 의한 행정소송 제기 후 판결선고 전에 형성적 재결이 이루어진 경우의 소의 이익이 없음

행정처분에 대하여 그 취소를 구하는 행정심판을 제기하는 한편, 그 처분의 집행으로 생길 중대한 손해를 예방하여야 할 긴급한 필요가 있는 때에 해당한다 하여 행정소송법 제18조 제2항 제2호에 의하여 행정심판의 재결을 거치지 아니하고 그 처분의 취소를 구하는 소를 제기하였는데, 판결선고 이전에 그 행정심판절차에서 '처분청의 당해 처분을 취소한다'는 형성적 재결이 이루어졌다면, 그 취소의 재결로써 당해 처분은 소급하여 그 효력을 잃게 되므로 더 이상 당해 처분의 효력을 다툴 법률상의 이익이 없게 된다(대판 1997.5.30. 96누18632).

공무원에 대하여 새로운 직위해제사유에 기한 직위해제처분을 한 경우, 그 이전 처분의 취소를 구할 소의 이익이 없음

행정청이 공무원에 대하여 새로운 직위해제사유에 기한 직위해제처분을 한 경우 그 이전에 한 직위해제처분은 이를 묵시적으로 철회하였다고 봄이 상당하므로, 그 이전 처분의 취소를 구하는 부분은 존재하지 않는 행정처분을 대상으로 한 것으로서 그 소의 이익이 없어 부적법하다(대판 2003.10.10. 2003두5945).

파면처분 취소결정에 대한 취소소송 계속 중 파면에서 해임으로 변경한 경우에 파면에 대한 소송은 소의 이익이 없음

교원소청심사위원회의 파면처분 취소결정에 대한 취소소송 계속 중 학교법인이 교원에 대한 징계처분을 파면에서 해임으로 변경한 경우, 종전의 파면처분은 소급하여 실효되고 해임만 효력을 발생하므로, 소급하여 효력을 잃은 파면처분을 취소한다는 내용의 교원소청심사결정의 취소를 구하는 것은 법률상 이익이 없다(대판 2010.2.25. 2008두20765).

소송계속중 사정변경을 이유로 반려처분을 직권취소함과 동시에 신청을 재반려하는 내용의 재처분을 한 경우 당초의 반려처분의 취소를 구하는 소는 더 이상 소의 이익이 없음

행정청이 당초의 분뇨 등 관련영업 허가신청 반려처분의 취소를 구하는 소의 계속중, 사정변경을 이유로 위 반려처분을 직권취소함과 동시에 위 신청을 재반려하는 내용의 재처분을 한 경우, 당초의 반려처분의 취소를 구하는 소는 더 이상 소의 이익이 없게 되었다(대판 2006.9.28. 2004두5317).

과징금 부과처분(선행처분)을 한 뒤, 다시 자진신고 등을 이유로 과징금 감면처분(후행처분)을 한 경우, 선행처분의 취소를 구할 소의 이익이 없음

공정거래위원회가 부당한 공동행위를 행한 사업자로서 구 독점규제 및 공정거래에 관한 법률 제22조의2에서 정한 자진신고자나 조사협조자에 대하여 과징금 부과처분(이하 '선행처분')을 한 뒤, 독점규제 및 공정거래에 관한 법률 시행령 제35조 제3항에 따라 다시 자진신고자 등에 대한 사건을 분리하여 자진신고 등을 이유로 한 과징금 감면처분(이하 '후행처분')을 하였다면, 후행처분은 자진신고 감면까지 포함하여 처분 상대방이 실제로 납부하여야 할 최종적인 과징금액을 결정하는 종국적 처분이고, 선행처분은 이러한 종국적 처분을 예정하고 있는 일종의 잠정적 처분으로서 후행처분이 있을 경우 선행처분은 후행처분에 흡수되어 소멸한다. 따라서 위와 같은 경우에 선행처분의 취소를 구하는 소는 이미 효력을 잃은 처분의 취소를 구하는 것으로 부적법하다(대판 2015.2.12. 2013두987).

근로자를 직위해제한 후 동일한 사유를 이유로 징계처분을 한 경우, 근로자가 직위해제처분에 대한 구제를 신청할 이익이 있는지 여부(한정 적극)

직위해제처분은 근로자로서의 지위를 그대로 존속시키면서 다만 그 직위만을 부여하지 아니하는 처분이므로 만일 어떤 사유에 기하여 근로자를 직위해제한 후 그 직위해제 사유와 동일한 사유를 이유로 징계처분을 하였다면 뒤에 이루어진 징계처분에 의하여 그 전에 있었던 직위해제처분은 그 효력을 상실한다. 여기서 직위해제처분이 효력을 상실한다는 것은 직위해제처분이 소급적으로 소멸하여 처음부터 직위해제처분이 없었던 것과 같은 상태로 되는 것이 아니라 사후적으로 그 효력이 소멸한다는 의미이다. 따라서 직위해제처분에 기하여 발생한 효과는 당해 직위해제처분이 실효되더라도 소급하여 소멸하는 것이 아니므로, 인사규정 등에서 직위해제처분에 따른 효과로 승진·승급에 제한을 가하는 등의 법률상 불이익을 규정하고 있는 경우에는 직위해제처분을 받은 근로자는 이러한 법률상 불이익을 제거하기 위하여 그 실효된 직위해제처분에 대한 구제를 신청할 이익이 있다(대판 2010.7.29. 2007두18406).

과징금 등 처분과 감면기각처분의 취소를 구하는 소를 함께 제기한 경우, 감면기각처분의 취소를 구할 소의 이익이 있음

시정명령 및 과징금 부과와 감면 여부를 분리 심리하여 별개로 의결한 후 과징금 등 처분과 별도의 처분서로 감면기각처분을 하였다면, 원칙적으로 2개의 처분, 즉 과징금 등 처분과 감면기각처분이 각각 성립한 것으로 보아야 하고, 처분의 상대방으로서는 각각의 처분에 대하여 함께 또는 별도로 불복할 수 있다. 따라서 과징금 등 처분과 동시에 감면기각처분의 취소를 구하는 소를 함께 제기했다 하더라도, 특별한 사정이 없는 한 감면기각처분의 취소를 구할 소의 이익이 부정된다고 볼 수 없다(대판 2016.12.27. 2016두43282).

> **환지처분 공고 후에 환지예정지지정처분의 취소를 구할 법률상 이익이 없음**
> 토지구획정리사업법에 의한 토지구획정리는 환지처분을 기본적 요소로 하는 것으로서 환지예정지지정처분은 사업시행자가 사업시행지구 내의 종전 토지 소유자로 하여금 환지예정지지정처분의 효력발생일로부터 환지처분의 공고가 있는 날까지 당해 환지예정지를 사용수익할 수 있게 하는 한편 종전의 토지에 대하여는 사용수익을 할 수 없게 하는 처분에 불과하고 환지처분이 일단 공고되어 효력을 발생하게 되면 환지예정지지정처분은 그 효력이 소멸되는 것이므로, 환지처분이 공고된 후에는 환지예정지지정처분에 대하여 그 취소를 구할 법률상 이익은 없다(대판 1999.10.8. 99두6873).

② 예외

처분의 효력이 소멸된 후에도 당해 처분을 취소할 현실적 이익이 있는 경우에는 그 처분의 취소를 구할 소의 이익이 인정되는 사례도 있다.

㉠ **위법한 처분이 반복될 위험성이 있는 경우**: 예컨대, 소를 각하하면 무익한 처분과 소송이 반복될 가능성이 있는 경우에는 소의 이익이 있다(대판 2007.7.19. 2006두19297 전합). 다만, 반복의 위험은 추상적인 것이 아니라 구체적인 것이어야 한다.

㉡ **회복하여야 할 불가피한 이익이 있는 경우**: 예컨대, 공장등록이 취소되었어도 위법한 취소처분이 없었으면 누렸을 세제상의 혜택이 있는 경우는 취소를 다툴 소의 이익이 있다(대판 2002.1.11. 2000두3306).

㉢ **가중적 제재처분이 따르는 경우**

제재적 처분이 장래의 제재적 처분의 가중요건 또는 전제요건으로 되어 있는 경우에 소의 이익 인정여부가 문제된다. 예컨대, 영업정지처분을 연 2회 이상 받고 그 합산기간이 8월 이상이면 허가취소사유라고 규정한 경우, 1차 영업정지처분의 효력이 소멸한 후에도 그 취소를 구할 소의 이익이 있는가이다.

ⓐ **법적 구속력 있는 법령으로 규정되어 있는 경우**

판례는 가중요건이 법률 또는 대통령령(시행령)에 규정된 경우에는 가중된 제재처분을 받을 불이익이 현실적이므로 그 불이익을 제거하기 위하여 정지기간이 지난 정지처분의 취소를 구할 이익을 인정한다. 다만, 업무정지처분을 받았더라도 새로운 업무정지처분을 받음이 없이 일정기간이 경과하는 등으로 가중된 제재처분을 받을 우려가 없어졌다면 소의 이익을 부인한다(대판 2000.4.21. 98두10080).

ⓑ **부령(시행규칙) 또는 지방자치단체의 규칙으로 규정되어 있는 경우**

종전 판례는 가중요건이 부령에 정해진 경우 행정규칙에 불과하여 구속력이 없어서 가중적 제재처분을 받을 불이익은 직접적·구체적·현실적인 것이 아니라는 이유로 소의 이익을 부인하여 왔다. 그러나 변경된 판례는 부령이나 지방자치단체의 규칙으로 규정된 경우에도 후행처분의 위험은 구체적이고 현실적인 것이어서 취소를 구할 법률상 이익이 있는 것으로 본다.

판례

'그 행정처분과 동일한 사유로 위법한 처분이 반복될 위험성이 있는 경우'의 의미

행정처분의 무효확인 또는 취소를 구하는 소가 제소 당시에는 소의 이익이 있어 적법했는데, 소송계속 중 해당 행정처분이 기간의 경과 등으로 그 효과가 소멸한 때에 처분이 취소되어도 원상회복이 불가능하다고 보이는 경우라도, 무효확인 또는 취소로써 회복할 수 있는 다른 권리나 이익이 남아 있거나 또는 그 행정처분과 동일한 사유로 위법한 처분이 반복될 위험성이 있어 행정처분의 위법성 확인 내지 불분명한 법률문제에 대한 해명이 필요한 경우에는 행정의 적법성 확보와 그에 대한 사법통제, 국민의 권리구제 확대 등의 측면에서 예외적으로 그 처분의 취소를 구할 소의 이익을 인정할 수 있다. 여기에서 '그 행정처분과 동일한 사유로 위법한 처분이 반복될 위험성이 있는 경우'란 불분명한 법률문제에 대한 해명이 필요한 상황에 관한 대표적인 예시일 뿐이며, 반드시 '해당 사건의 동일한 소송 당사자 사이에서' 반복될 위험이 있는 경우만을 의미하는 것은 아니다. 이러한 법리는 행정처분의 일종인 중재재정에 대한 무효확인 또는 취소를 구하는 소의 경우에도 마찬가지로 적용된다(대판 2024.4.16. 2022두57138).

국립대학교 법학전문대학원 입학전형이의신청거부처분 및 불합격처분취소의 소 사례

2021학년도 국립○○대 법전원 입학시험에 원서를 제출한 제칠일안식일예수재림교 신자 甲이 1단계 서류전형 평가 합격 통지와 함께 토요일 오전반으로 면접고사 일정이 지정되자, 토요일 일몰 전에 세속적 행위를 금지하는 안식일에 관한 종교적 신념을 지키기 위해 면접 일정을 토요일 오후 마지막 순번으로 변경해 달라는 취지의 이의신청서를 제출했으나, 총장이 이를 거부하고 면접평가에 응시하지 않은 갑에게 불합격 통지를 하였고 甲이 입학전형이의신청거부처분 및 불합격처분취소의 소를 제기한 사안에서, ① 불합격처분이 이루어짐으로써 면접시간 지정행위와 거부행위는 모두 불합격처분에 흡수되어 독립된 존재가치를 상실하였으므로, 불합격처분만이 쟁송의 대상이 되고 거부행위의 취소를 구하는 부분은 불합격처분으로 인해 소의 이익이 없어 부적법하게 된다. ② 불합격처분이 취소된다 하더라도 甲이 2021학년도 ○○대 법전원 입학시험에 다시 응시할 기회를 갖게 되는 것은 아니다. 그러나 甲이 장래에 ○○대 법전원 입학시험에 다시 응시할 경우 1단계 평가를 별도로 거치지 않고 곧바로 면접평가와 논술평가만을 받을 여지가 있어 이 사건 불합격처분의 취소를 통해 甲에게 회복되는 이익이 없다고 단정할 수 없다. 따라서 甲에게는 예외적으로 이 사건 불합격처분의 취소를 구할 법률상 이익이 인정된다(대판 2024.4.4. 2022두56661).

학교법인 임원취임승인의 취소처분에 대한 취소소송 제기 후 새로운 임시이사가 선임된 경우, 위 취임승인취소처분 및 임시이사선임처분의 취소를 구할 소의 이익이 있음

임시이사 선임처분에 대하여 취소를 구하는 소송의 계속중 임기만료 등의 사유로 새로운 임시이사들로 교체된 경우, 선행 임시이사 선임처분의 효과가 소멸하였다는 이유로 그 취소를 구할 법률상 이익이 없다고 보게 되면, 원래의 정식이사들로서는 계속중인 소를 취하하고 후행 임시이사 선임처분을 별개의 소로 다툴 수밖에 없게 되며, 그 별소 진행 도중 다시 임시이사가 교체되면 또 새로운 별소를 제기하여야 하는 등 무익한 처분과 소송이 반복될 가능성이 있으므로, 이러한 경우…(중략)…취임승인이 취소된 학교법인의 정식이사들로서는 그 취임승인취소처분 및 임시이사 선임처분에 대한 각 취소를 구할 법률상 이익이 있고, 나아가 선행 임시이사 선임처분의 취소를 구하는 소송 도중에 선행 임시이사가 후행 임시이사로 교체되었다고 하더라도 여전히 선행 임시이사 선임처분의 취소를 구할 법률상 이익이 있다(대판 2007.7.19. 2006두19297 전합).

건축사업무정지명령의 정지기간이 지났으나, 그 명령이 전제가 되어 건축사사무소 등록이 취소된 경우 그 업무정지명령의 취소를 구할 소의 이익이 있음

연 2회이상 건축사의 업무정지명령을 받은 경우 그 정지기간이 통산하여 12월 이상이 된 때를 건축사사무소의 등록을 취소할 경우의 하나로 규정하고 있는 건축사법 제28조 제1항 제5호의 규정은 제재적인 행정처분의 법정가중요건을 규정해 놓은 것으로 보아야 하고, 원고가 변론재개신청과 함께 이 사건 건축사업무정지명령이 전제가 되어 원고의 건축사사무소 등록이 취소되었음을 알 수 있는 소명자료까지 제출하고 있다면, 이 사건 건축사업무정지명령에서 정한 정지기간이 도과하였다고 하더라도 그 처분으로 인하여 원고에게는 건축사사무소등록취소라는 법률상의 이익이 침해되고 있다는 사정을 나타내 보인 것이라고 할 것이다(대판 1990.10.23. 90누3119).

업무정지처분 이후 일정 기간이 경과하여 실제로 가중된 제재처분을 받을 우려가 없게 된 경우, 업무정지기간이 경과한 후에 업무정지처분의 취소를 구할 법률상 이익이 없음

건축사법 제28조 제1항이 건축사 업무정지처분을 연 2회 이상 받고 그 정지기간이 통산하여 12월 이상이 될 경우에는 가중된 제재처분인 건축사사무소 등록취소처분을 받게 되도록 규정하여…(중략)…위 처분에서 정한 기간이 경과하였다 하더라도 위 처분을 그대로 방치하여 둠으로써 장래 건축사사무소 등록취소라는 가중된 제재처분을 받을 우려가 있어 건축사로서 업무를 행할 수 있는 법률상 지위에 대한 위험이나 불안을 제거하기 위하여 건축사 업무정지처분의 취소를 구할 이익이 있으나, 업무정지처분을 받은 후 새로운 업무정지처분을 받음이 없이 1년이 경과하여 실제로 가중된 제재처분을 받을 우려가 없어졌다면 위 처분에서 정한 정지기간이 경과한 이상 특별한 사정이 없는 한 그 처분의 취소를 구할 법률상 이익이 없다(대판 2000.4.21. 98두10080).

부령이나 규칙으로 정한 처분기준에 따른 제재적 행정처분이 제재기간의 경과로 인하여 그 효과가 소멸된 경우, 그 처분의 취소를 구할 법률상 이익이 있음

제재적 행정처분이 그 처분에서 정한 제재기간의 경과로 인하여 그 효과가 소멸되었으나, 부령인 시행규칙 또는 지방자치단체의 규칙의 형식으로 정한 처분기준에서 제재적 행정처분을 받은 것을 가중사유나 전제요건으로 삼아 장래의 제재적 행정처분을 하도록 정하고 있는 경우, 제재적 행정처분의 가중사유나 전제요건에 관한 규정이 법령이 아니라 규칙의 형식으로 되어 있다고 하더라도, 그러한 규칙이 법령에 근거를 두고 있는 이상 그 법적 성질이 대외적·일반적 구속력을 갖는 법규명령인지 여부와는 상관없이, 관할 행정청이나 담당공무원은 이를 준수할 의무가 있으므로 이들이 그 규칙에 정해진 바에 따라 행정작용을 할 것이 당연히 예견되고, 그 결과 행정작용의 상대방인 국민으로서는 그 규칙의 영향을 받을 수밖에 없다. 따라서 그러한 규칙이 정한 바에 따라 선행처분을 받은 상대방이 그 처분의 존재로 인하여 장래에 받을 불이익, 즉 후행처분의 위험은 구체적이고 현실적인 것이므로, 상대방에게는 선행처분의 취소소송을 통하여 그 불이익을 제거할 필요가 있다(대판 2006.6.22. 2003두1684 전합).

수형자의 영치품에 대한 사용신청 불허처분 후 수형자가 다른 교도소로 이송되었다 하더라도 영치품 사용신청 불허처분의 취소를 구할 이익이 있다고 본 사례

원고의 긴 팔 티셔츠 2개(이하 '이 사건 영치품')에 대한 사용신청 불허처분(이하 '이 사건 처분') 이후 이루어진 원고의 다른 교도소로의 이송이라는 사정에 의하여 원고의 권리와 이익의 침해 등이 해소되지 아니한 점, 원고의 형기가 만료되기까지는 아직 상당한 기간이 남아 있을 뿐만 아니라, 진주교도소가 전국 교정시설의 결핵 및 정신질환 수형자들을 수용·관리하는 의료교도소인 사정을 감안할 때 원고의 진주교도소로의 재이송 가능성이 소멸하였다고 단정하기 어려운 점 등을 종합하면, 원고로서는 이 사건 처분의 취소를 구할 이익이 있다(대판 2008.2.14. 2007두13203).

건축물이 준공된 후 건축허가취소 처분을 다투는 것의 소의 이익 유무

건축허가가 있으면 그 허가 자체가 허가받은 사람에게는 일종의 이익으로 받아들여지게 되며, 허가받은 자는 그 허가를 기초로 건물을 건축하고 준공검사를 받으며 관계법령에 따른 그 건축물의 유지관리의무를 지는 것이므로 건축물이 준공된 후에도 그 허가의 효력이 지속된다고 볼 것이므로 이미 건축물이 준공된 후라도 건축허가취소처분을 다투는 것은 소의 이익이 있다(대판 1984.12.11. 83누147).

〈재개발·재건축 인가의 특수문제〉

1. 조합설립행위의 하자를 다투는 방법

(1) 조합설립인가 前

조합설립인가 전에는 추진위원회가 사법상 단체 불과하므로 주민은 추진위원회를 상대로 조합설립결의의 무효확인소송(민사소송)을 제기하여야 한다.

(2) 조합설립인가 後

행정청이 도시 및 주거환경정비법 등 관련 법령에 근거하여 행하는 조합설립인가처분은 단순히 사인들의 조합설립행위에 대한 보충행위로서의 성질을 갖는 것에 그치는 것이 아니라 법령상 요건을 갖출 경우 도시 및 주거환경정비법상 주택재건축사업을 시행할 수 있는 권한을 갖는 행정주체(공법인)로서의 지위를 부여하는 일종의 설권적 처분의 성격을 갖는다고 보아야 한다. 그리고 그와 같이 보는 이상 조합설립결의는 조합설립인가처분이라는 행정처분을 하는 데 필요한 요건 중 하나에 불과한 것이어서, 조합설립결의에 하자가 있다면 그 하자를 이유로 직접 항고소송의 방법으로 조합설립인가처분의 취소 또는 무효확인을 구하여야 하고, 이와는 별도로 조합설립결의 부분만을 따로 떼어내어 그 효력 유무를 다투는 확인의 소를 제기하는 것은 원고의 권리 또는 법률상의 지위에 현존하는 불안·위험을 제거하는 데 가장 유효·적절한 수단이라 할 수 없어 특별한 사정이 없는 한 확인의 이익은 인정되지 아니한다(대판 2009.9.24. 2008다60568).

2. 관리처분계획을 다투는 방법

(1) 인가 전 관리처분계획안에 대한 조합총회의 의결

도시 및 주거환경정비법상 행정주체인 주택재건축정비사업조합을 상대로 관리처분계획안에 대한 조합 총회결의의 효력 등을 다투는 소송은 행정처분에 이르는 절차적 요건의 존부나 효력 유무에 관한 소송으로서 그 소송결과에 따라 행정처분의 위법 여부에 직접 영향을 미치는 공법상 법률관계에 관한 것이므로, 이는 행정소송법상의 당사자소송에 해당한다(대판 2009.9.17, 2007다2428).

(2) 인가를 통하여 확정된 관리처분계획의 성질

관리처분계획에 대한 관할 행정청의 인가·고시까지 있게 되면 관리처분계획은 행정처분으로서 효력이 발생한다(대판 2009.9.17. 2007다2428).

(3) 인가 후 관리처분계획을 다투는 방법

총회결의의 하자를 이유로 하여 행정처분의 효력을 다투는 항고소송의 방법으로 관리처분계획의 취소 또는 무효확인을 구하여야 하고, 그와 별도로 행정처분에 이르는 절차적 요건 중 하나에 불과한 총회결의 부분만을 따로 떼어내어 효력 유무를 다투는 확인의 소를 제기하는 것은 특별한 사정이 없는 한 허용되지 않는다(대판 2009.9.17. 2007다2428). 기본행위인 관리처분계획이 적법유효하고 보충행위인 인가처분 자체에만 하자가 있다면 그 인가처분의 무효나 취소를 주장할 수 있다고 할 것이지만, 인가처분에 하자가 없다면 기본행위에 하자가 있다 하더라도 따로 그 기본행위의 하자를 다투는 것은 별론으로 하고 기본행위의 무효를 내세워 바로 그에 대한 피고 행정청의 인가처분의 취소 또는 무효확인을 소구할 법률상의 이익이 있다고 할 수 없다(대판 1994.10.14. 93누22753).

(4) 재결 취소소송에서의 소의 이익

행정심판의 재결 자체에 고유한 위법이 있어 원처분의 취소소송과 재결 취소소송을 함께 제기하였는데 원처분에 대한 취소판결이 먼저 확정된 경우 재결 취소소송은 소의 이익이 없게 된다.

그러나 원처분이 적법하여 그 취소의 소가 원고패소로 확정된 경우에는, 법원이 재결 자체에 고유한 하자가 있다는 이유로 재결에 대한 취소판결이 확정되면 그 판결에 따라 다시 진행된 재결절차에서 원처분이 적법하지만 부당하다는 이유로 원처분을 취소할 여지가 있기 때문에 재결 취소소송의 소익이 반드시 소멸된다고 단정할 수 없다.

5. 소의 이익의 판단기준 시기

대법원은 소의 이익은 직권조사사항으로서 사실심 변론종결시는 물론 상고심에서도 존속하여야 하며, 상고심 계속 중 소의 이익이 없게 되면 부적법한 소가 되어 각하사유가 되는 것으로 본다. 따라서 노조에 대한 노동조합설립신고취소를 구하던 노조원이 소송계속 중 퇴사한 경우(대판 2000.11.10. 2000두7155), 채석허가취소처분에 대한 취소소송이 상고심 계속 중에 채석허가기간이 만료한 경우(대판 2006.1.26. 2004두2196), 보충역편입처분에 대한 취소소송이 상고심 계속 중 제2국민역편입처분으로 변경된 경우(대판 2005.12.9. 2004두6563)에는 소의 이익이 없다.

04 피고적격

행정소송법 제13조 【피고적격】 ① 취소소송은 다른 법률에 특별한 규정이 없는 한 그 처분등을 행한 행정청을 피고로 한다. 다만, 처분등이 있은 뒤에 그 처분등에 관계되는 권한이 다른 행정청에 승계된 때에는 이를 승계한 행정청을 피고로 한다.
② 제1항의 규정에 의한 행정청이 없게 된 때에는 그 처분등에 관한 사무가 귀속되는 국가 또는 공공단체를 피고로 한다.

제2조 【정의】 ① 이 법에서 사용하는 용어의 정의는 다음과 같다.
1. "처분등"이라 함은 행정청이 행하는 구체적 사실에 관한 법집행으로서의 공권력의 행사 또는 그 거부와 그 밖에 이에 준하는 행정작용(이하 "처분"이라 한다) 및 행정심판에 대한 재결을 말한다.
② 이 법을 적용함에 있어서 행정청에는 법령에 의하여 행정권한의 위임 또는 위탁을 받은 행정기관, 공공단체 및 그 기관 또는 사인이 포함된다.

1. 원칙: 처분 행정청

(1) 의의

취소소송은 다른 법률에 특별한 규정이 없는 한 그 처분 등을 행한 행정청을 피고로 한다(행정소송법 제13조 제1항). 권리주체인 국가나 지방자치단체가 아니라 행정청을 피고로 한 이유는 행정소송수행의 편의를 위해서이다. 피고인 행정청은 그가 속한 행정주체를 대표하여 소송수행을 하며 판결의 효력인 기판력은 피고인 행정청이 속한 법주체인 행정주체에 미치게 된다. 피고가 잘못 지정된 경우에는 소송이 각하되나, 예외적으로 피고경정의 절차를 통하여 바로잡을 수 있다.

판례

행정처분의 성립요건 및 항고소송의 피고적격(=처분을 외부적으로 표시한 행정청)

일반적으로 행정처분이 주체·내용·절차 및 형식이라는 내부적 성립요건과 외부에의 표시라는 외부적 성립요건을 모두 갖춘 경우에는 행정처분이 존재한다고 볼 수 있다. 나아가 항고소송은 원칙적으로 소송의 대상인 행정처분 등을 외부적으로 그의 명의로 행한 행정청을 피고로 하여야 하는 것으로서, 그 행정처분을 하게 된 연유가 상급행정청이나 타 행정청의 지시나 통보에 의한 것이라 하여 다르지 않고, 권한의 위임이나 위탁을 받아 수임행정청이 정당한 권한에 기하여 수임행정청 명의로 한 처분에 대하여도 마찬가지이다.(대판 2018.9.13. 2014두5576).

(2) 행정청의 유형

① 행정청에는 단독기관(예 장관)과 합의제기관(예 토지수용위원회·공정거래위원회·감사원)을 포함한다. 단, 법률이 달리 정하고 있으면 그에 따른다(예 노동위원회법 제27조는 중앙노동위원회의 처분에 대한 소는 중앙노동위원회 위원장을 피고로 한다고 규정).

② 행정청에는 법령에 의하여 행정권한의 위임 또는 위탁을 받은 행정기관, 공공단체 및 그 기관 또는 사인이 포함된다(행정소송법 제2조 제2항). 공무수탁사인이 자신의 이름으로 처분한 경우에 공무수탁사인이 피고가 된다.

③ 국회나 법원의 기관도 행정청에 해당될 수 있다(예 국회사무처법 제4조에 의한 국회사무총장, 법원조직법 제70조에 의한 법원행정처장, 헌법재판소법 제17조에 의한 헌법재판소사무처장).

④ 지방의회는 의장에 대한 불신임의결, 의원에 대한 제명징계의결, 지방의회의장선거의 처분청이어서 피고가 된다(대판 1993.11.26. 93누7341; 1995.1.12. 94누2602). 그러나 조례에 대한 항고소송의 경우는 지방자치단체의 집행기관으로서 조례로서의 효력을 발생시키는 공포권이 있는 지방자치단체의 장(교육조례의 경우는 교육감)이 피고이다(대판 1996.9.20. 95누8003).

⑤ 재결이 항고소송의 대상이 되는 경우에는 재결을 한 행정심판위원회가 피고가 된다.

2. 예외

(1) 권한의 위임(위탁)의 경우

① 의의

행정권한의 위임이란 행정관청이 법령에 따라 그의 권한의 일부를 다른 행정기관에 실질적으로 이전하여, 그 다른 기관(수임기관)의 권한으로 행사하게 하는 것을 말한다. 지휘·감독관계에 있는 자 사이의 이전과 대등관계에 있는 자 사이의 이전을 구분하여, 전자의 경우를 좁은 의미의 위임이라 하고, 후자의 경우를 위탁이라고 한다.

② 피고적격

권한의 위임이 있으면 위임기관은 권한을 상실하며 수임기관이 처분권한을 갖게 되므로 그 수임기관이 처분청으로서 피고가 된다. 권한의 위탁을 받은 공공단체 또는 사인도 그의 이름으로 처분을 한 경우에 피고가 된다.

판례

권한이 위임된 경우 피고는 수임청

에스에이치공사가 택지개발사업 시행자인 서울특별시장으로부터 이주대책 수립권한을 포함한 택지개발사업에 따른 권한을 위임 또는 위탁받은 경우, 이주대책 대상자들이 에스에이치공사 명의로 이루어진 이주대책에 관한 처분에 대한 취소소송을 제기함에 있어 정당한 피고는 에스에이치공사가 된다(대판 2007.8.23. 2005두3776).

성업공사(구 한국자산관리공사)가 한 공매처분에 대한 취소소송의 피고는 성업공사

성업공사가 체납압류된 재산을 공매하는 것은 세무서장의 공매권한 위임에 의한 것으로 보아야 할 것이므로, 성업공사가 한 그 공매처분에 대한 취소 등의 항고소송을 제기함에 있어서는 수임청으로서 실제로 공매를 행한 성업공사를 피고로 하여야 하고, 위임청인 세무서장은 피고적격이 없다. 피고 지정을 잘못하여 피고적격이 없는 세무서장을 상대로 그 공매처분의 취소를 구하는 소송이 제기된 경우, 법원으로서는 석명권을 행사하여 피고를 성업공사로 경정하게 하여 소송을 진행하여야 한다(대판 1997.2.28. 96누1757).

(2) 내부위임이 있는 경우

① 문제점

행정권한의 내부위임은 행정청의 내부적인 사무처리의 편의를 도모하기 위하여 보조기관 또는 하급 행정관청으로 하여금 권한을 사실상 행사하게 하는 것이므로, 법률이 위임을 허용하고 있지 않은 경우에도 인정된다. 내부위임은 위임자 명의로 권한이 행사되기 때문에 위임 행정관청이 피고가 된다. 그런데 무권한자의 행위(수임기관 명의의 행위)에 대한 항고소송상 피고적격과 관련하여 행정소송법 제13조 제1항의 '처분 등을 행한 행정청'을 어떻게 해석해야 하는지 문제된다.

② 학설

㉠ 정당한 권한 있는 자를 상대로 해야 한다는 견해(실질설), ㉡ 외부적 명의자를 상대로 해야 한다는 견해(형식설)가 대립한다.

③ 판례

판례는 경우를 나누어서, 내부위임의 경우 위임기관의 명의로 처분했으면 위임기관이 피고가 되나, 위법하게 수임기관의 명의로 처분했으면 수임기관이 피고가 된다고 하여 형식설의 입장을 취하는 것으로 보인다.

④ 검토

법문상 정당한 권한을 요건으로 두고 있지 않다는 점, 만일 정당한 권한자를 피고로 한다면 무권한자가 위법한 처분을 발령한 후 정당한 권한자를 찾아야 하는 부담을 원고인 사인에게 지우는 결과가 된다는 점, 정당한 권한유무는 본안판단의 사항에 해당한다는 점에서, 형식설이 타당하다.

〈권한행사방식 위반의 효과〉

1. 문제점

내부위임을 받은 자의 자신의 명의로 행한 처분의 위법성의 정도가 문제된다. 이는 처분에 대하여 제기할 소송의 형태와도 관련된다.

2. 학설

학설은 ① 정당한 권한 없는 자의 행위는 무효라고 보는 견해(무효사유설), ② 단순한 형식의 하자에 불과하다고 보는 견해(취소사유설)이 대립한다.

3. 판례

판례는 "체납취득세에 대한 압류처분권한은 경상남도지사로부터 울산시장에게 권한위임된 것이고, 울산시장으로부터 압류처분권한을 내부위임을 받은 데 불과한 울산시남구청장으로서는 울산시장명의로 압류처분을 대행처리할 수 있을 뿐이고 자신의 명의로 이를 할 수 없다 할 것이므로 이 사건 압류처분은 권한없는 자에 의하여 행하여진 위법무효의 처분이다" (대판 1993.5.27. 93누6621)라고 판시하여, 무효사유설의 입장을 취하는 것으로 보인다.

4. 검토

일반적인 경우에 있어서 내부위임을 받은 자가 자신의 명의로 처분을 하는 것은 무권한자의 행위(주체상의 하자)로서 적법요건의 중대한 위반이면서 외관상으로도 명백한 하자하고 봄이 타당하다. 즉 처분의 효력은 무효이므로 무효확인소송을 제기하면 승소할 수 있다.

판례

수임관청이 내부위임에 따라 위임관청의 이름으로 행한 처분의 취소나 무효확인을 구하는 소송의 피고적격(=위임관청)

행정관청이 특정한 권한을 법률에 따라 다른 행정관청에 이관한 경우와 달리 내부적인 사무처리의 편의를 도모하기 위하여 그의 보조기관 또는 하급행정관청으로 하여금 그의 권한을 사실상 행하도록 하는 내부위임의 경우에는 수임관청이 그 위임된 바에 따라 위임관청의 이름으로 권한을 행사하였다면 그 처분청은 위임관청이므로 그 처분의 취소나 무효확인을 구하는 소송의 피고는 위임관청으로 삼아야 한다(대판 1991.10.8. 91누520).

상급행정청으로부터 내부위임을 받은 데 불과한 하급행정청이 권한없이 한 행정처분에 대한 행정소송의 피고적격(= 하급행정청)

행정처분의 취소 또는 무효확인을 구하는 행정소송은 다른 법률에 특별한 규정이 없는 한 그 처분을 행한 행정청을 피고로 하여야 하며, 행정처분을 행할 적법한 권한 있는 상급행정청으로부터 내부위임을 받은데 불과한 하급행정청이 권한 없이 행정처분을 한 경우에도 실제로 그 처분을 행한 하급행정청을 피고로 하여야 할 것이지 그 처분을 행할 적법한 권한 있는 상급행정청을 피고로 할 것이 아니므로 부산직할시장의 산하기관인 부산직할시 금강공원 관리사업소장이 한 공단사용료 부과처분에 대하여 가사 위 사업소장이 부산직할시로부터 단순히 내부위임만을 받은 경우라 하더라도 이의 취소를 구하는 소송은 위 금강공원 관리사업소장을 피고로 하여야 한다(대판 1991.2.22. 90누5641).

(3) 처분청과 통지한 자가 다른 경우

처분청과 통지한 자가 다른 경우에는 처분청이 피고가 된다.

판례

처분청과 통지한 자가 다른 경우에는 처분청이 피고

피고인 인천직할시 북구청장이 인천직할시장으로부터 환경보전법상의 위법시설에 대한 폐쇄 등 명령권한의 사무처리에 관한 내부위임을 받아, 원고들이 공동으로 경영하는 공장에서 같은 법 제15조의 규정에 의한 허가를 받지 아니하고 배출시설을 설치하여 조업하고 있는 것을 적발하고, 인천직할시장 명의의 폐쇄명령서를 발부받아 '환경보전법 위반사업장 고발 및 폐쇄명령'이란 제목으로 위 폐쇄명령서를 첨부하여 위 무허가배출시설에 대한 폐쇄명령통지를 하였다면 위 폐쇄명령처분을 한 행정청은 어디까지나 인천직할시장이고, 피고는 인천직할시장의 위 폐쇄명령처분에 관한 사무처리를 대행하면서 이를 통지하였음에 지나지 않으므로 피고적격이 없다(대판 1990.4.27. 90누233).

(4) 권한의 대리의 경우

① 의의

일정한 사유에 의거하여 행정관청이 자신의 권한의 전부 또는 일부를 타기관으로 하여금 행사하게 하는 경우로서, 이 때 그 다른 기관인 대리관청은 피대리관청을 위한 것임을 표시하고 자기의 이름으로 행위하되, 그 행위의 효과는 직접 피대리관청에 나타나는 제도를 행정관청의 대리라고 한다.

② 피고적격

권한의 대리가 있는 경우에 피대리관청이 피고가 된다. 다만, 대리권을 수여받은 행정청이 대리관계를 밝힘이 없이 자신의 명의로 행정처분을 한 경우에는 당해 처분행정청이 피고가 됨이 원칙이다(대결 2006.2.23. 2005부4). 그러나 대법원은 이 경우에도 처분명의자가 피대리행정청 산하의 행정기관으로서 실제로 피대리행정청으로부터 대리권한을 수여받아 피대리행정청을 대리한다는 의사로 행정처분을 하였고 처분명의자는 물론 그 상대방도 그 행정처분이 피대리행정청을 대리하여 한 것임을 알고서 이를 받아들인 예외적인 경우에는 피대리행정청이 피고(대결 2006.2.23. 2005부4)라고 판시하였다.

(5) 승계행정청 등

① 문제점

행정기관의 명칭, 관할의 변경, 행정조직상의 권한분장의 변경에 의하여 처분 등을 행할 당시의 행정청이 다른 행정청으로 명칭이 바뀌거나 처분 등을 할 권한이 다른 행정청에 이전된 경우 당해 처분에 대한 소의 피고가 누구인지 문제된다.

② 피고적격

㉠ 처분등이 있은 뒤에 그 처분등에 관계되는 권한이 다른 행정청에 승계된 때에는 이를 승계한 행정청을 피고로 한다(행정소송법 제13조 제1항 단서).

㉡ 처분을 한 행정청이 없게 된 때에는 그 처분등에 관한 사무가 귀속되는 국가 또는 공공단체를 피고로 한다(제13조 제2항). 예컨대, 지방자치단체에 소속한 기관이 국가로부터 기관위임을 받아 사무처리를 하다가 그 권한이 폐지된 경우 그 사무는 국가에 귀속되므로 지방자치단체가 아닌 국가가 피고가 된다.

㉢ 취소소송이 제기된 후에 그 처분등에 관계되는 권한이 다른 행정청에 승계되거나 처분을 한 행정청이 없게 된 때에는 법원은 당사자의 신청 또는 직권에 의하여 피고를 경정한다(제14조 제6항).

판례

무효등확인소송에 준용되는 행정소송법 제13조 제1항 소정의 '그 처분 등에 관계되는 권한이 다른 행정청에 승계된 때'의 의미

행정소송법 제13조 제1항의 '그 처분 등에 관계되는 권한이 다른 행정청에 승계된 때'라고 함은 처분 등이 있은 뒤에 행정기구의 개혁, 행정주체의 합병·분리 등에 의하여 처분청의 당해 권한이 타 행정청에 승계된 경우뿐만 아니라 처분 등의 상대방인 사인의 지위나 주소의 변경 등에 의하여 변경 전의 처분 등에 관한 행정청의 관할이 이전된 경우 등을 말한다(대판 2000.11.14. 99두5481).

고용보험료 부과고지권자와 항고소송의 피고적격

근로복지공단이 갑 지방자치단체에 대하여 고용보험료를 부과·고지하는 처분을 한 후, 국민건강보험공단이 고용보험 및 산업재해보상보험의 보험료징수 등에 관한 법률 제4조에 따라 종전 근로복지공단이 수행하던 보험료의 고지 및 수납 등의 업무를 수행하게 되었고, 위 법 부칙 제5조가 '위 법 시행 전에 종전의 규정에 따른 근로복지공단의 행위는 국민건강보험공단의 행위로 본다'고 규정하고 있어, 갑 지방자치단체에 대한 근로복지공단의 고용보험료 부과처분에 관계되는 권한 중 적어도 보험료의 고지에 관한 업무는 국민건강보험공단이 그 명의로 고용노동부장관의 위탁을 받아서 한 것으로 보아야 하므로, 위 처분의 무효확인 및 취소 소송의 피고는 국민건강보험공단이 되어야 한다(대판 2013.2.28. 2012두22904).

관할 세무서장이 종합소득세 부과고지를 하면서 개인지방소득세 부과고지를 함께 한 경우

피고(註: 남양주세무서장)가 원고에게 종합소득세 부과고지를 하면서 개인지방소득세 부과고지를 함께 한 것은 그에 관한 처분권한을 위임·위탁받아 자기의 권한에 기하여 한 것이 아니라 구 지방세법 부칙 제13조 제2항 등에 따라 단순히 그 부과고지 업무만을 대행한 것에 불과하다. 따라서 개인지방소득세 부과처분의 취소를 구하는 항고소송의 피고는 원고의 소득세 납세지를 관할하는 남양주시장이 되어야 할 것이지만, 특별한 사정이 없는 한 원고로서는 피고를 상대로 한 소송에서 종합소득세 부과처분의 취소판결을 받으면 족하고, 이와 별도로 개인지방소득세 부과처분의 취소를 구하는 소를 제기할 필요도 없다. 결국 개인지방소득세 부과처분의 취소를 구하는 부분은 피고적격이 없는 자를 상대로 한 것이거나 그 취소를 구할 소의 이익이 없어 부적법하다(대판 2023.8.18. 2023두40588).

(6) 다른 법률에 특별한 규정이 있는 경우

국가공무원법 등 각종 공무원법에서는 공무원에 대한 징계, 기타 본인의 의사에 반하는 불리한 처분이 대통령, 국회의장 또는 중앙선거관리위원장에 의한 경우에는 특례를 인정하여, 처분청이 대통령인 경우에는 소속장관(경찰공무원의 경우에는 경찰청장 또는 해양경찰청장, 소방공무원의 경우에는 소방청장), 국회의장인 경우에는 국회규칙이 정하는 소속기관장, 중앙선거관리위원장인 경우에는 사무총장이 피고가 되도록 하였다(국가공무원법 제16조, 경찰공무원법 제28조, 소방공무원법 제25조 등). 대법원장, 헌법재판소장 또는 국회의장이 행한 처분에 대한 행정소송의 피고는 각각 법원행정처장, 헌법재판소사무처장 또는 국회사무총장으로 한다(법원조직법 제70조, 헌법재판소법 제17조, 국회사무처법 제4조).

판례

검사임용거부처분에 대한 취소소송의 피고적격

검찰청법 제34조에 의하면, 검사의 임명 및 보직은 법무부장관의 제청으로 대통령이 행하고, 국가공무원법 제16조에 의하면 공무원에 대한 징계, 강임, 휴직, 직위해제, 면직 기타 본인의 의사에 반한 불리한 처분 중 대통령이 행한 처분에 대한 행정소송의 피고는 소속장관으로 하고, 같은 법 제3조 제2항 제2호에 의하면 검사는 그 법의 적용을 받는 특정직 공무원에 해당하며, 행정심판법 제3조 제2항에 의하면 대통령의 처분 또는 부작위에 대하여는 다른 법률에 특별한 규정이 있는 경우를 제외하고는 행정심판을 제기할 수 없도록 규정하고 있는바, 위 규정들의 취지를 종합하여 보면, 이 사건에서와 같은 검사임용거부처분에 대한 취소소송의 피고는 법무부장관으로 함이 상당하다(대결 1990.3.14. 90두4).

05 당사자의 변경

1. 당사자표시정정과 당사자변경

소송사건에서 원고가 누구이고 피고가 누구인지를 명확히 하여야 하는데, 이를 '당사자의 확정'이라고 한다. 보통은 소장의 당사자란에 원고와 피고로 기재된 이가 당사자로 확정될 것이나, 소제기 당시 확정된 당사자의 표시에 의문이 있거나 당사자가 정확히 표시되지 않은 경우가 있을 수 있다. 대법원은 당사자의 확정의 기준에 관하여 소장의 당사자란의 기재뿐만 아니라 청구의 취지·원인 그 밖의 일체의 기재사항 등 소장 전체를 기준으로 합리적으로 해석·판단하여야 한다는 실질적 기준설의 입장이다(대판 1996.3.22. 94다61243). 소송계속이 발생하여 당사자가 확정된 다음에는 당사자의 동일성이 유지되는 한도에서만 표시정정이 허용되고, 동일성이 바뀌는 경우에는 당사자 변경으로 규율하게 된다. 당사자의 변경은 '소송승계'와 '임의적 당사자 변경'으로 나누어진다.

2. 소송승계

소송계속중에 원고의 사망, 법인의 합병 등으로 인하여 소송물인 권리 또는 법률관계에 변동이 생기게 되면 당사자적격이 제3자에게 이전하여 그가 이미 발전되어 온 구당사자의 소송상의 지위를 그대로 승계하는 것을 소송승계라 한다(민사소송법 제233조등). 즉 소송승계는 소송 중에 분쟁주체로서의 지위가 제3자로 이전됨에 따라 새롭게 주체가 된 제3자가 당사자가 되어 종래의 소송을 속행하는 경우를 말한다. 예컨대, 과세처분의 취소소송

계속중에 원고가 사망하면, 당사자적격이 상속인들에게 이전되어 상속인들이 소송을 승계하게 된다.

3. 임의적 당사자변경

(1) 의의

임의적 당사자변경은 기존 당사자의 실체법상 지위의 승계 없이 당사자의 의사에 따라 기존의 당사자를 새로운 당사자와 교체하거나 새로운 당사자를 추가하는 경우이다. 민사소송에서 임의적 당사자변경은 절차를 불안정하게 하므로 원칙적으로 허용되지 않는다. 다만, 민사소송법은 예외적으로 필수적 공동소송인의 추가(제68조), 예비적·선택적 공동소송인의 추가(제70조), 피고의 경정(제260조)을 허용하고 있다.

(2) 원고의 변경

예컨대, 대표이사 개인이 원고로 제소한 이후에 원고 표시를 법인으로 변경신청함은 실질적인 당사자의 변경을 가져오는 것으로 허용되지 않는다. 다만, 민사소송법이 인정하는 필수적 공동소송인의 추가(민사소송법 제68조)의 경우처럼 공동소송인이 될 당사자를 누락시킨 경우에는 원고의 추가도 가능한 것으로 해석된다. 이때 추가될 사람의 동의가 있어야 한다(제68조 제1항 단서). 공동소송인의 추가가 있는 경우 민사소송법 제68조 제3항에 따라 처음의 소가 제기된 때에 추가된 당사자와의 사이에 소가 제기된 것으로 보므로, 제소기간 준수여부 등도 처음 소제기 당시를 기준으로 한다.

판례

상속인이 전치절차 중 사망한 피상속인 명의로 조세부과처분취소소송을 제기한 후 상속인 명의로 소송수계신청을 한 경우, 법원의 처리 방법

피상속인이 양도소득세부과처분에 대하여 이의신청, 심사청구를 거쳐 국세심판소장에게 심판청구를 한 후 사망하였고 그 사망 사실을 모르는 국세심판소장은 심판청구를 기각하는 결정을 하면서 그 결정문에 사망한 피상속인을 청구인으로 표시하였으며 그 상속인들이 기각결정에 승복하지 아니하고 망인 명의로 양도소득세부과처분 취소청구소송을 제기한 후 상속인들 명의로 소송수계신청을 하였다면, 비록 전치절차 중에 사망한 피상속인의 명의로 소가 제기되었다고 하더라도 실제 그 소를 제기한 사람들은 망인의 상속인들이고 다만, 그 표시를 그릇한 것에 불과하다고 보아야 할 것이므로, 법원으로서는 그 소송수계신청을 당사자표시정정신청으로 보아 이를 받아들여 그 청구를 심리판단하여야 한다(대판 1994.12.2. 93누12206).

(3) 피고의 경정

행정소송법 제14조 【피고경정】 ① 원고가 피고를 잘못 지정한 때에는 법원은 원고의 신청에 의하여 결정으로써 피고의 경정을 허가할 수 있다.

① 의의

피고경정은 소송이 계속되는 경우 피고로 지정된 자를 다른 자로 변경하는 것을 말한다(행정소송법 제14조, 제21조). 행정소송에 있어서 권리주체가 아닌 행정청을 피고로 하고 있는바, 행정법규나 행정조직은 복잡하고 수시로 변경되기 때문에 피고를 잘못 지정하는 경우가 발생할 가능성이 큰 까닭에 마련된 제도이다.

② 피고경정이 허용되는 경우

㉠ 피고를 잘못 지정한 때

행정소송법 제14조 제1항의 경우로서, 당해 취소소송의 피고로 지정된 자가 행정소송법 제13조 또는 다른 법률의 특별한 규정에 의한 정당한 피고적격을 객관적으로 갖지 않은 경우이다.

㉡ 행정청의 권한변경이 있을 때

소를 제기한 후에 행정청의 권한변경 또는 행정조직상의 변경으로 권한이 다른 기관에 승계된 경우에는 당해 처분권한을 승계한 행정청으로 피고를 변경하고, 행정조직상의 개편으로 행정청이 없어지게 된 때에는 그 처분 등에 관한 사무가 귀속되는 국가나 공공단체로 피고를 변경한다(행정소송법 제13조 제1항 단서 및 제2항, 제14조 제6항).

㉢ 소의 변경이 있을 때

취소소송을 당사자소송으로 변경하거나, 당사자소송을 항고소송으로 변경하면 피고가 달라지기 때문에 피고의 경정이 필요하다. 법원이 소의 변경을 허가함으로써 피고를 달리하게 될 때에는 법원은 새로이 피고로 될 자의 의견을 들어야 한다(제21조 제2항).

판례

저작권 등록처분에 대한 무효확인소송에서 피고적격자(=저작권심의조정위원회)

구 저작권법 제97조의3 제2호는 '문화관광부장관은 대통령령이 정하는 바에 의하여 법 제53조에 규정한 저작권 등록업무에 관한 권한을 저작권심의조정위원회에 위탁할 수 있다'고 규정하고, 같은 법 시행령 제42조는 '문화관광부장관은 법 제97조의3의 규정에 의하여 저작권 등록업무에 관한 권한을 저작권심의조정위원회에 위탁한다'고 규정하고 있으므로, '저작권심의조정위원회'가 저작권 등록업무의 처분청으로서 그 등록처분에 대한 무효확인소송에서 피고적격을 가진다. '저작권심의조정위원회 위원장'을 피고로 저작권 등록처분의 무효확인을 구하는 소는 피고적격이 없는 자를 상대로 한 부적법한 것이고, 피고적격에 관하여 석명에 응할 기회를 충분히 제공하였음에도 피고경정을 하지 않은 사정에 비추어, 부적법하여 각하되어야 한다(대판 2009.7.9. 2007두16608).

조세소송에서 피고 지정이 잘못된 경우, 법원이 석명권을 행사하여 피고를 경정하게 하지 않고 바로 소를 각하한 것이 위법하다고 한 사례

원심은, 원고가 전주시 완산구청장으로부터 이 사건 주민세부과처분을 받았으면 그 부과처분의 취소를 구하는 소송은 그 처분청인 전주시 완산구청장을 상대로 제기하여야 하는데도 피고 적격이 없는 전주시장을 피고로 한 이 사건 소는 부적법하다고 하여 이를 각하하였다. 그런데 원고가 피고를 잘못 지정하였다면 원심으로서는 당연히 석명권을 행사하여 원고로 하여금 피고를 처분청인 전주시 완산구청장으로 경정하게 하여 소송을 진행케 하였어야 할 것임에도 불구하고, 이러한 조치를 취하지 아니한 채 피고의 지정이 잘못되었다는 이유로 피고 전주시장에 대한 이 사건 소를 각하한 원심판결에는 심리를 다하지 아니하여 판결 결과에 영향을 미친 위법이 있다(대판 2004.7.8. 2002두7852).

③ 요건(행정소송법 제14조 제1항의 경우)

㉠ 사실심 계속 중

제1심 변론 종결할 때까지 피고경정을 할 수 있는 민사소송과 달리(민사소송법 제260조 제1항), 행정소송에서의 피고경정은 사실심 변론을 종결할 때까지 할 수 있다(행정소송규칙 제6조). 종래 판례도 피고경정제도는 흠 없는 소와 관련한 원고의 불이익을 구제하기 위한 것임을 고려하여 "행정소송법 제14조에 의한 피고경정은 사실심 변론종결에 이르기까지 허용되는 것으로 해석하여야 할 것이고, 굳이 제1심 단계에서만 허용되는 것으로 해석할 근거는 없다."고 하였다(대결 2006.2.23. 2005부4).

㉡ 잘못된 피고의 지정

피고로 삼아야 할 자를 잘못 지정하였어야 한다(제14조 제1항의 경우). 피고로 삼아야 할 자는 행정소송법 제13조 소정의 피고적격을 갖는 정당한 피고를 말한다. 예컨대, 구청장을 피고로 할 것을 광역시장을 상대로 한 경우 또는 세무서장을 피고로 하여야 하는데 세무서를 피고로 한 경우 등이다.

피고를 잘못 지정했는지 여부는 제소시를 기준으로 판단한다. 제소 후에 권한의 변동이 있거나 청구의 변경에 따라 피고적격을 가지는 자가 달라짐으로써 피고경정을 하여야 할 경우는 포함되지 아니한다.

잘못 지정되었는지 여부는 법원이 당사자의 주장에 구애됨이 없이 객관적으로 판단할 사항이다. 따라서 원고가 피고를 잘못 지정하였음을 이유로 피고경정신청을 하더라도 법원이 원래의 피고가 정당하다고 인정하면 피고경정신청을 배척하는 것이 법원의 실무이다. 판례는 검사임용거부처분에 대한 취소소송의 피고는 법무부장관이므로 피고를 대통령으로 경정하여 줄 것을 구하는 신청을 각하하였다(대결 1990.3.14. 90두4).

㉢ 새로운 피고의 정당성 여부

이에 대하여는 ⓐ 피고를 정하는 것은 원칙적으로 원고의 권한 및 책임에 속하므로, 새로운 피고가 정당한 피고적격자인지 여부와 관계없이 법원은 원고의 신청에 따라 피고경정을 허가할 수도 있다는 견해, ⓑ 피고경정제도 자체가 법에 의하여 피고를 잘못 지정한 원고의 구제를 위한 제도이므로 정당한 피고적격만을 허가해야 한다는 견해가 있다. 전자의 견해에서도 법원은 정당한 피고로 경정될 수 있도록 석명권을 적절히 행사하여야 할 것이라고 한다. 판례도 "행정소송에서 원고가 처분청이 아닌 행정관청을 피고로 잘못 지정하였다면 법원으로서는 석명권을 행사하여 원고로 하여금 피고를 처분청으로 경정하게 하여 소송을 진행케 하여야 할 것이다."(대판 1990.1.12. 89누1032)라고 한다.

※ 석명권

석명권이란 당사자가 제출한 소송자료의 내용이 분명하지 않은 경우에 법원이 당사자들이 제대로 소송을 수행하여 사실관계와 법률관계가 분명하게 되도록 법관이 영향력을 행사하는 것을 석명이라고 한다. 이러한 법원의 권한을 석명권이라고 하고, 이를 의무라는 관점에서 파악하면 동시에 석명의무가 된다. 석명권은 사건을 심판하는 법관에게 부여된 권한이므로, 원칙적으로 소송지휘를 하는 재판장이 대표하여 행사한다(민사소송법 제136조 제1항, 행정소송법 제8조 제2항).

㉣ 원고의 고의·과실이 없어야 하는지 여부

행정소송법은 피고를 지정함에 있어서 원고의 고의나 과실이 없을 것을 요건으로 하지 않으므로 고의·과실이 있는지 여부는 불문한다. 다만, 소송지연 등을 목적으로 피고를 다르게 지정하는 경우 피고경정을 허가하지 않을 수도 있는 것으로 해석된다.

㉤ 피고의 동의 요부(要否)

민사소송에서 피고경정은 종전 피고에 대한 소취하의 성질을 가지므로, 피고가 본안에 관하여 준비서면을 제출하거나, 변론준비기일에서 진술하거나 변론을 한 뒤에는 그의 동의를 받아야 한다(민사소송법 제260조 제1항 단서). 그러나 행정소송법에는 그러한 제한이 없으므로 피고의 동의를 요하지 않는다(다수설).

④ 절차

㉠ 원고의 신청

피고경정은 원고의 신청에 의한다(행정소송법 제14조 제1항). 취소소송이 제기된 후에 그 처분등에 관계되는 권한이 다른 행정청에 승계되거나 처분을 한 행정청이 없게 된 때에는 법원의 직권으로도 피고경정이 가능하지만(제14조 제6항), 원고가 피고를 잘못 지정한 때에는 원고의 신청에 의하여만 피고경정이 가능하다. 신청은 구술 또는 서면으로 가능하다.

㉡ 피고경정의 촉구

원고가 피고를 잘못 지정하였다면 법원으로서는 당연히 석명권을 행사하여 원고로 하여금 피고를 경정하게 하여 소송을 진행케 하였어야 할 것임에도 불구하고 이러한 조치를 취하지 아니한 채 피고의 지정이 잘못되었다는 이유로 소를 각하한 것이 위법하다(대판 2004.7.8. 2002두7852).

판례

법원의 석명권 행사

국무회의에서 건국훈장 독립장이 수여된 망인에 대한 서훈취소를 의결하고 대통령이 결재함으로써 서훈취소가 결정된 후 국가보훈처장이 망인의 유족 갑에게 '독립유공자 서훈취소결정 통보'를 하자 갑이 국가보훈처장을 상대로 서훈취소결정의 무효 확인 등의 소를 제기한 사안에서, 갑이 서훈취소 처분을 행한 행정청(대통령)이 아니라 국가보훈처장을 상대로 제기한 위 소는 피고를 잘못 지정한 경우에 해당하므로, 법원으로서는 석명권을 행사하여 정당한 피고로 경정하게 하여 소송을 진행해야 함에도 국가보훈처장이 서훈취소 처분을 한 것을 전제로 처분의 적법 여부를 판단한 원심판결에 법리오해 등의 잘못이 있다고 한 사례(대판 2014.9.26. 2013두2518).

㉢ 결정

법원은 심리의 결과 피고경정의 요건을 충족하였다고 판단되면 피고경정허가결정을 한다(제14조 제1항). 피고경정의 허가결정은 서면으로 하여야 하고, 법원은 결정의 정본을 새로운 피고에게 송달하여야 한다(제2항).

㉣ 불복

피고경정신청을 각하하는 결정에 대하여는 즉시항고할 수 있다(제14조 제3항). 경정허가결정에 대하여 신청인은 불복할 수 없고, 경정 전의 피고는 민사소송법 제44조 제1항 소정의 특별항고만이 허용된다. 경정허가결정에 대하여 새로운 피고는 자신에게 피고적격이 없다고 생각하더라도 본안에서 다투면 되고 특별항고 등으로 불복할 수 없다(대결 1994.6.29. 93프3).

⑤ 피고경정허가의 효과

㉠ 신소의 제기, 구소의 취하

피고경정허가결정이 있은 때에는 새로운 피고에 대한 소송은 처음에 소를 제기한 때에 제기된 것으로 보며(제4항), 종전의 피고에 대한 소송은 취하된 것으로 본다(제5항). 따라서 허가결정 당시에 이미 제소기간이 경과하고 있는 경우에도 제소기간은 준수된 것으로 본다. 제소기간의 기산점을 당초의 소제기시로 간주하는 것은 제소기간 경과에 대한 불이익을 배제하기 위함이다.

㉡ 종전 소송자료 등의 효력

새로운 피고가 종전 피고의 소에 구속될 이유가 없으므로 종전 소송자료 등을 신소에서 그대로 활용하기 위해서는 당사자의 원용이 필요하다. 다만, 행정청의 권한변경에 의한 피고경정의 경우처럼 종전 피고와 새로운 피고가 실질적으로 동일한 때에는 종전 소송자료 등에 대한 원용이 필요 없다(다수설).

06 소송참가

행정소송법 제16조 【제3자의 소송참가】 ① 법원은 소송의 결과에 따라 권리 또는 이익의 침해를 받을 제3자가 있는 경우에는 당사자 또는 제3자의 신청 또는 직권에 의하여 결정으로써 그 제3자를 소송에 참가시킬 수 있다.
② 법원이 제1항의 규정에 의한 결정을 하고자 할 때에는 미리 당사자 및 제3자의 의견을 들어야 한다.
③ 제1항의 규정에 의한 신청을 한 제3자는 그 신청을 각하한 결정에 대하여 즉시항고할 수 있다.
④ 제1항의 규정에 의하여 소송에 참가한 제3자에 대하여는 민사소송법 제67조의 규정을 준용한다.

제17조 【행정청의 소송참가】 ① 법원은 다른 행정청을 소송에 참가시킬 필요가 있다고 인정할 때에는 당사자 또는 당해 행정청의 신청 또는 직권에 의하여 결정으로써 그 행정청을 소송에 참가시킬 수 있다.
② 법원은 제1항의 규정에 의한 결정을 하고자 할 때에는 당사자 및 당해 행정청의 의견을 들어야 한다.
③ 제1항의 규정에 의하여 소송에 참가한 행정청에 대하여는 민사소송법 제76조의 규정을 준용한다

1. 의의

(1) 소송참가는 소송 외의 제3자가 자기의 이익을 옹호하기 위하여 계속중인 타인간의 소송에 참가하는 것이다. 소송참가제도는 소송의 공정한 해결, 이해관계자의 이익의 보호 및 충분한 소송자료의 확보를 위한 것이다.

(2) 행정소송법은 취소소송에 대한 참가제도로서, 소송의 결과에 의하여 그 권리가 침해되는 제3자가 계속중인 소송절차에 참가하는 제3자의 소송참가와, 피고 이외의 행정청이 소송절차에 참가하는 행정청의 소송참가의 두 가지를 규정하고 있다.

2. 제3자의 소송참가

(1) 의의

① 법원은 소송의 결과에 따라 권리 또는 이익의 침해를 받을 제3자가 있는 경우에는 당사자 또는 제3자의 신청 또는 직권에 의하여 결정으로써 그 제3자를 소송에 참가시킬 수 있다(행정소송법 제16조 제1항). 제3자의 소송참가를 인정하는 것은 취소판결의 효력이 제3자에게도 미치기 때문에(제29조 제1항) 제3자에게도 소송에

있어 공격·방어방법을 제출할 기회를 제공하려는 것이다. 제3자의 소송참가가 인정되는 경우는 대체로 제3자효 행정행위에 대한 취소소송의 경우이다. 예를 들면, 기존업자가 주유소설치허가의 위법을 이유로 취소소송을 제기하여 승소하면, 당해 수익적 처분의 상대방(여기서의 제3자)은 원고와의 관계에서 당해 처분이 취소되었음을 부인할 수 없게 되므로, 수익적 처분의 상대방을 소송에 참가시켜 자신의 권리를 옹호할 수 있도록 할 필요가 있다.

② 소송참가 규정은 무효등확인소송, 부작위위법확인소송, 당사자소송에 준용하고 있고, 민중소송 및 기관소송에는 그 성질에 반하지 않는 한 준용되는 것으로 하고 있다(제38조 제1항·제2항, 제38조, 제44조, 제46조 제1항).

(2) 참가의 요건

① 타인 간의 행정소송이 계속 중일 것

적법한 소송이 계속되어 있는 한 심급을 묻지 않는다. 상고심에서도 가능하다.

② 제3자가 참가인이 될 것

참가인은 소송당사자 이외의 제3자이어야 한다. 국가 또는 공공단체도 가능하나, 당사자능력이 없는 행정청은 행정소송법 제17조가 정한 행정청의 소송참가 규정에 의한 참가만이 가능하다.

③ 소송의 결과로 권리 또는 이익을 침해받을 제3자일 것

제3자가 소송의 결과에 따라 법률상 권리 또는 이익의 침해를 받게 되거나, 이에 해당하지 않는 경우에도 소송의 결과에 '이해관계'가 있으면 참가를 할 수 있다. 여기서 '이해관계'란 사실상·경제상 또는 감정상의 이해관계가 아니라 법률상의 이해관계를 말한다.

㉠ 판결의 형성력에 의해 직접 권리나 이익을 침해받는 경우

'소송의 결과에 따라 권리 또는 이익을 침해 받는다'라는 것은 일반적으로 취소판결의 형성력 그 자체에 의해 직접 권리 또는 이익을 침해당하는 경우를 말한다. 예를 들어 판례는 "임원취임승인취소처분이 취소되어 원고가 학교법인의 이사 및 이사장으로서의 지위를 회복하게 되면 학교법인으로서는 이사회의 구성원이나 대표자가 변경되는 관계에 있으므로 취소소송의 결과에 의하여 그 법률상의 지위가 결정되는 관계"(대판 2003.5.30. 2002두11073)라고 하였다.

㉡ 판결의 기속력에 따른 새로운 처분에 의해 권리나 이익을 침해받는 경우

'소송의 결과에 따라 권리 또는 이익의 침해를 받는다'라는 것에는 판결의 행정청에 대한 기속력에 따른 행정청의 새로운 처분에 의해 권리 또는 이익의 침해를 받는 경우를 포함한다. 예를 들어 경원자소송에서 처분을 받지 못한 자가 본

인에 대한 거부처분취소소송을 제기한 경우 소송의 결과(처분을 받지 못한 자가 승소한 경우 판결의 기속력에 따라 처분을 받았던 자의 처분이 취소될 수 있으므로)에 따라 처분을 받았던 자는 권리나 이익을 침해당할 수 있으므로 이러한 자는 소송에 참가할 수 있다.

④ 당사자 중 누구에 대하여도 참가할 수 있음

소송의 결과에 따라 권리 또는 이익을 침해받을 제3자이기만 하면, 원고나 피고 중 누구를 위하여도 참가할 수 있다. 이 점에서 피고인 행정청만을 위하여 참가가 가능한 행정소송법 제17조의 참가(행정청의 소송참가)와 다르다.

판례

행정소송법 제16조에 정한 제3자의 소송참가의 요건

[1] 행정소송 사건에서 당사자가 아닌 제3자가 소송의 결과에 따라 법률상 권리 또는 이익의 침해를 받게 된다면 행정소송법 제16조에 따라 소송참가를 할 수 있고, 이에 해당하지 않는 경우에도 소송의 결과에 '이해관계'가 있으면 민사소송법에 따라 보조참가를 할 수 있다. 여기서 '이해관계'란 사실상·경제상 또는 감정상의 이해관계가 아니라 법률상의 이해관계를 말하는 것으로, 판결의 기판력이나 집행력을 당연히 받는 경우 또는 적어도 그 판결을 전제로 하여 보조참가를 하려는 자의 법률상 지위가 결정되는 관계에 있는 경우를 의미한다(대결 2023.4.27. 2023무547).

[2] 행정소송법 제16조 소정의 제3자의 소송참가가 허용되기 위하여는 당해 소송의 결과에 따라 제3자의 권리 또는 이익이 침해되어야 하고, 이때의 이익은 법률상 이익을 말하며 단순한 사실상의 이익이나 경제상의 이익은 포함되지 않는데, 원고들이 참가를 구하는 제3자들은 원고들이 속한 관련 지방자치단체들로서 이 사건의 쟁점은 단순히 신설되는 항만을 어떻게 호칭하고 다른 항만과 구별하여 특정할 것인가의 문제에 불과할 뿐이고 그 항만에 부여되는 지리적 명칭에 따라 그 항만의 배후부지가 관련 자치단체의 관할구역에 편입되는 법적 효력이 생긴다거나 관련 자치단체인 참가인들이 그 지리적 명칭으로 인하여 권리관계나 법적 지위에 어떠한 영향을 받는다고 인정되지도 아니하므로 이 사건 소송의 결과에 의하여 위 제3자들의 법률상 이익이 침해된다고 할 수 없고, 따라서 원고들의 이 사건 제3자 소송참가신청은 부적법하다(대판 2008.5.29. 2007두23873).

소청심사의 피청구인이었던 사립학교의 장이 피고보조참가인으로서 소송에 참여할 수 있음

구 교원지위향상을 위한 특별법 제10조 제1항에 따른 교원소청심사위원회의 소청심사 기각결정에 불복하려는 교원은 같은 조 제3항에 따라 행정소송을 제기할 수 있다. 국공립학교의 교원은 소청심사 결정의 고유한 위법을 주장하는 경우가 아닌 한 불리한 처분을 한 인사권자를 피고로 하여 행정소송을 제기해야 하므로 그 인사권자는 피고로서 소송에 참여한다. 사립학교의 교원은 교원소청심사위원회를 피고로 하여 행정소송을 제기해야 하는데, 사립학교의 장은 학교법인의 위임 등을 받아 교원에 대한 인사 관련 업무에 대해 독자적 기능을 수행하고 있고, 소청심사의 피청구인이었다면 피고보조참가인으로서 소송에 참여할 수 있다(대판 2023.10.26. 2018두55272).

(3) 참가의 절차

① 제3자의 소송참가는 당사자 또는 제3자의 신청 또는 직권에 의한다.

② 법원이 참가결정을 하고자 할 때에는 미리 당사자 및 제3자의 의견을 들어야 하고(제16조 제2항), 신청을 한 제3자는 그 신청을 각하한 결정에 대하여 즉시항고할 수 있다(제3항).

③ 제1심에서 소송참가 하지 않은 자라도 제2심에서 소송참가 할 수 있다.

(4) 참가인의 지위

① 참가결정 전의 지위

소송참가를 신청한 제3자가 그 신청을 각하하는 결정이 있을 때까지 참가인으로서의 소송행위를 할 수 있는지에 대하여는 적극설과 소극설의 대립이 있다. 적극설에 의하더라도 각하결정이 있게 되면 그때까지 행한 제3자의 소송행위는 효력은 상실된다. 다만, 당사자가 이것을 원용하게 되면 효력이 유지된다(민사소송법 제75조 참고).

② 참가결정 후의 지위

㉠ 소송참가인에 대해서는 민사소송법 제67조의 규정이 준용되므로(제16조 제4항) 참가인은 피참가인과의 사이에 필수적 공동소송에 있어서의 공동소송인에 준하는 지위에 서게 되나, 당사자에 대하여 독자적인 청구를 하는 것이 아니므로 강학상 공동소송적 보조참가인의 지위와 유사한 것으로 보는 것이 통설이다. 그리고 판례는 민사소송과 달리 독립당사자참가는 허용되지 않는다고 한다(대판 1970.8.31. 70누70·71).

㉡ 소송행위중 참가인과 피참가인에게 유리한 행위(예 기일 출석)는 1인이 하여도 전원에 대하여 효력이 생기는 반면 불리한 행위(예 청구의 포기, 자백)는 전원이 함께 하지 않는 한 효력이 없다. 그러나 참가인 등 공동소송인 1인에 대한 상대방의 소송행위는 이익·불이익을 불문하고 전원에 대하여 효력이 있다(예 불출석자에게도 예고없는 사실 주장 가능). 그리고 참가인에게 소송절차의 중단, 중지의 사유가 발생해도 절차가 중단, 중지된다. 참가인은 집행정지결정의 취소를 청구할 수 있고 독립하여 상소할 수 있으며, 참가인의 상소기간은 피참가인의 그것과 독립하여 기산된다.

㉢ 참가인은 현실적으로 소송행위를 하였는지 여부에 관계없이 참가한 소송의 판결의 효력을 받는다. 참가인은 판결확정 후 행정소송법 제31조에 의한 재심의 소를 제기할 수 없다.

3. 민사소송법상 보조참가

행정소송 사건에서 참가인이 한 보조참가가 행정소송법 제16조가 규정한 제3자의 소송참가에 해당하지 않는 경우에도, 판결의 효력이 참가인에게까지 미치는 점 등 행정소송의 성질에 비추어 보면 그 참가는 민사소송법 제78조에 규정된 공동소송적 보조참가이다(대판 2013.3.28. 2011두13729). 공동소송적 보조참가인은 통상의 보조참가보다 독자성이 강하고 필수적 공동소송인에 준하는 지위를 가지므로, 피참가인의 행위와 저촉되는 행위를 할 수 있다(예 피참가인이 한 사실 주장과 모순되는 주장, 피참가인이 상소권을 포기한 뒤에 상소). 그러나 참가인은 한편, 보조참가인의 지위에도 있으므로 참가할 때의 소송의 진행 정도에 따라 할 수 없는 소송행위(예 실기한 공격방어방법의 제출)를 할 수 없다(민사소송법 제76조 제1항 단서).

판례

피참가인이 공동소송적 보조참가인의 동의 없이 한 소 취하의 효력(= 유효)

공동소송적 보조참가는 그 성질상 필수적 공동소송 중에서는 이른바 유사필수적 공동소송에 준한다 할 것인데, 유사필수적 공동소송에서는 원고들 중 일부가 소를 취하하는 경우에 다른 공동소송인의 동의를 받을 필요가 없다. 또한 소취하는 판결이 확정될 때까지 할 수 있고 취하된 부분에 대해서는 소가 처음부터 계속되지 아니한 것으로 간주되며(민사소송법 제267조), 본안에 관한 종국판결이 선고된 경우에도 그 판결 역시 처음부터 존재하지 아니한 것으로 간주되므로, 이는 재판의 효력과는 직접적인 관련이 없는 소송행위로서 공동소송적 보조참가인에게 불이익이 된다고 할 것도 아니다. 따라서 피참가인이 공동소송적 보조참가인의 동의 없이 소를 취하하였다 하더라도 이는 유효하다. 그리고 이러한 법리는 행정소송법 제16조에 의한 제3자 참가가 아니라 민사소송법의 준용에 의하여 보조참가를 한 경우에도 마찬가지로 적용된다(대판 2013.3.28. 2011두13729).

4. 다른 행정청의 소송참가

(1) 의의

법원은 다른 행정청을 소송에 참가시킬 필요가 있다고 인정할 때에는 당사자 또는 당해 행정청의 신청 또는 직권에 의하여 결정으로써 그 행정청을 소송에 참가시킬 수 있다(행정소송법 제17조 제1항). 다른 행정청의 참가제도를 둔 것은 취소판결의 효력이 다른 관계 행정청에게도 미치고(제30조 제1항), 처분청 또는 재결청 이외의 행정청이 중요한 공격·방어방법을 가지고 있는 경우에 이를 참여시켜 적정한 심리·재판을 도모하기 위함이다.

행정청의 소송참가 규정은 취소소송 이외의 다른 항고소송, 당사자소송 및 성질에 반하지 않는 범위에서 객관적 소송에도 준용된다(제 38조 제1항, 제44조 제1항, 제46조).

판례는 당사자능력 및 소송능력이 없는 행정청으로서는 민사소송법상의 보조참가를 할 수는 없고, 행정소송법 제17조 제1항에 의한 소송참가를 할 수 있을 뿐(행정청에 불과한 서울특별시장의 보조참가신청을 부적법하다고 한 사례)이라고 한다(대판 2002.9.24. 99두1519).

(2) 요건

① 타인 사이에 소송이 계속중일 것

사실심뿐 아니라 상고심 및 재심절차에서도 행정청의 소송참가가 가능하다.

② 다른 행정청이 참가할 것

참가행정청은 피고행정청 이외의 행정청으로 다툼이 있는 처분에 관계있는 행정청을 말한다(예 구청장을 피고로 한 건축불허가처분취소소송에서 소방서장의 참가). 계쟁처분 또는 재결에 관하여 피고인 행정청을 지휘·감독하는 상급청, 재결이 행해진 경우의 원처분청 등이 해당된다.

③ 피고 행정청을 위한 참가일 것

행정청의 소송참가의 제도적 취지나 행정의사의 분열을 초래하는 것이 허용되지 않는다는 점에서, 행정청의 소송참가는 그 성질상 피고 행정청을 위하여 참가할 수 있을 뿐, 원고측에 참가하는 것은 허용되지 않는다. 예컨대, 지방노동위원회가 구제명령을 발하였으나 중앙노동위원회가 구제명령을 취소하는 재결을 한 경우 원고가 중앙노동위원회위원장을 상대로 한 재결의 취소소송에서 지방노동위원회가 중앙노동위원회의 재결이 위법하다고 주장하면서 원고를 위하여 참가할 수 없다.

④ 참가의 필요성이 있을 것

'참가시킬 필요가 있다고 인정할 때'란 법원이 판단할 문제이다. 여기서 필요성은 사건의 적정한 심리·재판을 실현하기 위한 것인지를 의미한다. 판례는 "참가의 필요성은 관계되는 다른 행정청을 소송에 참가시킴으로써 소송자료 및 증거자료가 풍부하게 되어 그 결과 사건의 적정한 심리와 재판을 하기 위하여 필요한 경우를 가리킨다."(대판 2002.9.24. 99두1519)고 하였다

(3) 절차

법원은 참가결정을 하고자 할 때에는 당사자 및 당해 행정청의 의견을 들어야 한다(제17조 제2항). 법원의 참가 결정에 대하여는 불복할 수 없다고 해석된다.

(4) 소송참가인의 지위

① 참가행정청은 보조참가인에 준하는 지위에서 소송을 한다. 이에 따라 참가행정청은 소송정도에 따라서 공격·방어, 이의, 상소 기타 모든 소송행위를 할 수 있으나

(민사소송법 제76조 제1항), 이러한 소송행위가 피참가인의 소송행위와 저촉되는 때에는 효력을 상실한다(제2항).

② 참가인은 보조참가인에 준하는 지위에 있기 때문에 참가적 효력(참가인이 피참가인에 대한 관계에서 판결 후 판결내용이 부당하다고 주장할 수 없는 구속력)만 받고, 판결의 효력(기판력)은 받지 않는다.\

07 그 밖의 사항

1. 국가를 당사자로 하는 소송에 관한 법률

(1) 국가의 대표자

국가를 당사자 또는 참가인으로 하는 소송(이하 "국가소송")에서는 법무부장관이 국가를 대표한다(제2조).

(2) 국가소송 수행자의 지정 및 소송대리인의 선임

① 법무부장관은 법무부의 직원, 각급 검찰청의 검사(이하 "검사") 또는 「공익법무관에 관한 법률」에서 정한 공익법무관(이하 "공익법무관")을 지정하여 국가소송을 수행하게 할 수 있다(제3조 제1항).

② 법무부장관은 행정청의 소관사무나 감독사무에 관한 국가소송에서 필요하다고 인정하면 해당 행정청의 장의 의견을 들은 후 행정청의 직원을 지정하여 그 소송을 수행하게 할 수 있다(제2항).

③ 제2항의 지정을 받은 사람은 해당 소송에 관하여 법무부장관의 지휘를 받아야 한다(제3항).

④ 법무부장관은 변호사를 소송대리인으로 선임하여 국가소송을 수행하게 할 수 있다(제4항).

(3) 의견의 제출

법무부장관은 국가 이익 또는 공공복리와 중대한 관계가 있는 국가소송 및 행정소송에 관하여는 법원의 허가를 받아 법원에 법률적 의견을 제출하거나 법무부의 직원, 검사 또는 공익법무관을 지정하여 의견을 제출하게 할 수 있다(제4조).

(4) 행정소송 수행자의 지정 및 소송대리인의 선임

① 행정청의 장은 그 행정청의 직원 또는 상급 행정청의 직원(이 경우에는 미리 해당 상급 행정청의 장의 승인을 받아야 한다)을 지정하여 행정소송을 수행하게 할 수 있다(제5조 제1항).

② 행정청의 장은 변호사를 소송대리인으로 선임하여 행정소송을 수행하게 할 수 있다(제2항).

(5) 행정청의 장에 대한 법무부장관의 지휘 등

① 행정소송을 수행할 때 행정청의 장은 법무부장관의 지휘를 받아야 한다(제6조 제1항).

② 법무부장관은 행정소송에 관하여 필요하다고 인정되면 법무부의 직원, 검사 또는 공익법무관을 지정하여 그 소송을 수행하게 할 수 있으며, 제5조 제1항 또는 제2항에 따라 행정청의 장이 지정하거나 선임한 사람을 해임하게 할 수 있다(제2항).

2. 공동소송

수인의 청구 또는 수인에 대한 청구가 처분등의 취소청구와 관련되는 청구인 경우에 한하여 그 수인은 공동소송인이 될 수 있다(행정소송법 제15조). 예컨대, 처분청을 상대로 하는 취소소송과 그와 관련하여 국가를 상대로 하는 손해배상청구소송에 있어서 관계되는 수인의 원고 또는 피고는 공동소송인이 될 수 있다. 이는 일종의 주관적 병합의 제도이다. 행정소송법은 이에 관하여 자세한 규정을 두고 있지 아니하므로, 민사소송법의 관련규정이 행정소송법상 공동소송에 준용된다(민사소송법 제65조 등).

제5장 취소소송의 대상

01 취소소송의 대상으로서 '처분등'

행정소송법 제19조 【취소소송의 대상】 취소소송은 처분등을 대상으로 한다. 다만, 재결취소소송의 경우에는 재결 자체에 고유한 위법이 있음을 이유로 하는 경우에 한한다.

1. 의의

행정소송법은 취소소송의 대상을 처분등으로 명시하고 있다(제4조 제1호). 여기에서 처분등이란 '행정청이 행하는 구체적 사실에 관한 법집행으로서의 공권력의 행사 또는 그 거부와 그 밖에 이에 준하는 행정작용 및 행정심판에 대한 재결'을 말한다(제2조 제1항 제1호). 따라서 취소소송의 대상은 적극적인 공권력 행사, 소극적인 거부처분, 이에 준하는 행정작용, 그리고 행정심판에 대한 재결이 된다.

2. 행정행위와 처분의 관계

(1) 문제점

위와 같이 행정소송법은 처분 개념을 광의로 정의하고 있어 행정소송법상 처분 개념이 실체법적 개념인 학문상의 행정행위 개념과 동일한지에 대해 견해가 대립한다.

(2) 학설

1) 일원설(실체법적 개념설)

① 의의

강학상 행정행위와 쟁송법상 처분을 같은 것으로 보면서 그들과 다른 행정작용과의 구별의 징표를 철저히 탐구하려는 입장이다.

② 논거

이 견해는 ㉠ 취소소송의 목적이 공정력을 가진 행정행위를 매개로 하여 생긴 위법상태를 제거하여 상대방의 권익을 구제하는 데 있으므로 공정력을 가진 행정행위에 대하여만 처분성을 인정해야 하고, ㉡ 행위형식의 다양성을 인정하고 다양한 행위형식에 상응하는 소송유형을 통한 권리구제를 도모하는 것이 국민의 권리구제의 폭을 넓히는 것이 된다는 점, ㉢ 다양한 행정작용을 묶어 하나의 새로운 개념으로 구성하는 것이 타당하지 않은 점을 논거로 한다.

2) 이원설(쟁송법적 개념설)

① 의의

행정쟁송법상 처분 개념을 실체법상 행정행위 개념과는 별도로 정립하고자 하며, 처분의 내포를 확대하려고 노력하는 입장이다.

② 논거

이 견해는 ㉠ 행정소송법상 처분개념의 정의규정의 문언 및 항고소송의 대상을 넓힘으로써 국민의 권리구제의 기회를 확대하려는 입법취지에 부응해야 하고, ㉡ 소송형식이 다양한 경우 국민이 소송형식을 선택하는 데 어려움이 있으므로 항고소송의 대상을 넓히는 것이 바람직하며, ㉢ 행정소송법상 취소는 위법상태를 시정하는 것 또는 위법성을 확인하는 것이므로 사실행위의 취소도 가능하다고 본다.

(3) 판례

판례는 "항고소송의 대상이 되는 행정처분이라 함은 행정청의 공법상의 행위로서 특정사항에 대하여 법규에 의한 권리의 설정 또는 의무의 부담을 명하거나 기타 법률상 효과를 발생하게 하는 등 국민의 권리의무에 직접 관계가 있는 행위를 가리키는 것이고, 행정권 내부에서의 행위나 알선, 권유, 사실상의 통지 등과 같이 상대방 또는 기타 관계자들의 법률상 지위에 직접적인 법률적 변동을 일으키지 아니하는 행위 등은 항고소송의 대상이 되는 행정처분이 아니다."(대판 1996.3.22. 96누433)라고 하여 실체법적 개념설에 가까운 태도를 유지하고 있었다.

그러면서도 "어떤 행정청의 행위가 행정소송의 대상이 되는 행정처분에 해당하는가는 그 행위의 성질, 효과 외에 행정소송 제도의 목적 또는 사법권에 의한 국민의 권리보호의 기능도 충분히 고려하여 합목적적으로 판단되어어야 한다."(대판 1984.2.14. 82누370)거나, "행정청의 어떤 행위를 행정처분으로 볼 것이냐의 문제는 추상적 일반적으로 결정할 수 없고, 구체적인 경우 행정처분은 행정청이 공권력의 주체로서 행하는 구체적 사실에 관한 법집행으로서 국민의 권리의무에 직접 영향을 미치는 행위라는 점을 고려하고 행정처분이 그 주체, 내용, 절차, 형식에 있어서 어느 정도 성립 내지 효력요건을 충족하느냐에 따라 개별적으로 결정하여야 하며, 행정청의 어떤 행위가 법적 근거도 없이 객관적으로 국민에게 불이익을 주는 행정처분과 같은 외형을 갖추고 있고, 그 행위의 상대방이 이를 행정처분으로 인식할 정도라면 그로 인하여 파생되는 국민의 불이익 내지 불안감을 제거시켜 주기 위한 구제수단이 필요한 점에 비추어 볼 때 행정청의 행위로 인하여 그 상대방이 입는 불이익 내지 불안이 있는지 여부도 그 당시에 있어서의 법치행정의 정도와 국민의 권리의식 수준 등은 물론 행위에 관련한 당해 행정청의 태도 등도 고려하여 판단하여야 한다."(대판 2020.4.29. 2017두31064)고 하여 처분개념이 실체법상의 행정행위보다 확대될 수 있음을 나타내 주고 있다.

결국 판례가 파악하는 처분관념은 기본적으로 ① 공권력발동으로서의 행위일 것, ② 그 자체가 국민에 대하여 권리설정 또는 의무의 부담을 명하거나 기타 법률상의 효과를 발생케 하는 것임을 요구하며, 처분의 해당 여부를 개별적으로 결정하여야 한다는 입장이다. 판례는 권력적 사실행위로 볼 수 있는 단수처분, 교도소재소자의 이송조치, 교도관 참여대상자의 지정행위를 처분으로 보았고, 비권력적 사실행위로서 국민의 권익에 사실상 지배력을 미치는 국가인권위원회의 성희롱결정 및 시정조치권고를 처분으로 보았으며, 그 자체로는 국민의 권리의무에 변동을 초래하지 않는 공시지가결정의 처분성을 인정하는 등 행정행위가 아닌 공권력 행사도 항고소송의 대상이 될 수 있는 여지를 남겨두고 있다.

판례

행정소송에 있어서 행정처분의 존부가 직권조사사항인지 여부(적극)

행정소송에서 쟁송의 대상이 되는 행정처분의 존부는 소송요건으로서 직권조사사항이고, 자백의 대상이 될 수 없는 것이므로, 설사 그 존재를 당사자들이 다투지 아니한다 하더라도 그 존부에 관하여 의심이 있는 경우에는 이를 직권으로 밝혀 보아야 할 것이고, 사실심에서 변론종결시까지 당사자가 주장하지 않던 직권조사사항에 해당하는 사항을 상고심에서 비로소 주장하는 경우 그 직권조사사항에 해당하는 사항은 상고심의 심판범위에 해당한다(대판 2004.12.24. 2003두15195).

3. 취소소송의 대상인 처분의 개념요소

일반적으로 행정쟁송법상의 처분의 요건을 분설함에 있어서 ① 행정청의 행위, ② 공권력적 행위, ③ 구체적 집행행위, ④ 국민의 권리의무에 직접 영향이 있는 법적용 행위, ⑤ 처분으로서의 외형 존재, ⑥ 행정소송 이외의 특별불복절차가 따로 마련되어 있지 않을 것이라는 내용을 들고 있으며, 판례도 이러한 요건을 충족하지 못하는 경우 대체적으로 처분성을 부인하고 있다.

(1) 행정청의 구체적 사실에 관한 법집행으로서의 공권력의 행사와 그 거부

① 행정청의 행정작용

처분은 행정청이 행하는 공권력행사이다. 행정청이란 국가·지방자치단체·기타 공공단체·공무수탁사인 등 행정주체의 의사를 결정하여 외부에 표시할 수 있는 권한을 가진 행정기관을 말한다. 행정청에는 단독제기관 외에 합의제기관(예 노동위원회·토지수용위원회)도 포함된다.

행정청에는 법령에 의하여 행정권한의 위임 또는 위탁을 받은 행정기관, 공공단체 및 그 기관 또는 사인이 포함된다(행정소송법 제2조 제2항). 그런데 여기에서의 행정청은 행정조직법상의 그것이 아니라, 실질적·기능적 의미로 파악하여야 한다. 따라서 보조기관(예 관리사업소장)도 때로는 행정청이 될 수 있고, 국회나 법원의 기관이 행하는 실질적 의미의 행정에 속하는 구체적인 사실에 관한 법집행으로서의 공권력 행사도 처분에 해당한다.

공법인은 법령에 의하여 국가 또는 지방자치단체의 사무를 위임받아 행정객체인 제3자에게 행정권을 행사하고 그 법적 효과가 궁극적으로 귀속되는 관계에서 행정청으로서의 지위를 가진다. 판례는 토지구획정리조합(대판 1965.6.22. 64누106), 한국토지공사(대판 1997.3.28. 96누18014), 국민건강보험공단(대판 2006.11.9. 2004두7467), 부산제3지구의료보험조합(대판 1988.3.22. 87다카1509), 도시재개발법에 의한 재개발조합(2002.12.10. 2001두6333) 등 각종 공법인이나 공공단체가 행하는 공권력적 작용은 항고소송의 대상이 된다고 보았다.

그러나 국가 또는 지방자치단체의 사무가 아닌 공법인과 그 임직원 사이의 내부관계에서는 법령에 명시적인 규정이 없는 한 행정주체의 지위에 있다고 할 수 없다. 판례는 한국조폐공사 직원의 근무관계는 사법관계에 속하고 그 직원의 파면행위도 사법상의 행위이며(대판 1978.4.25. 78다414), 서울특별시지하철공사의 임원과 직원의 근무관계는 사법관계에 속하고 지하철공사 사장이 소속직원에 대한 징계처분을 한 경우 이에 대한 불복절차는 민사소송에 의하여야 하며(대판 1989.9.12. 89누2103), 한국마사회가 조교사 또는 기수의 면허를 부여하거나 취소하는 것은 사법상의 법률관계에서 이루어지는 단체 내부에서의 징계 또는 제재(대판 2008.1.31. 2005두8269)이고, 공무원 및 사립학교 교직원 의료보험관리공단 직원의 근무관계는 사법관계(대판 1993.11.23. 93누15212)라고 하였다.

판례

징병검사시의 신체등위판정은 행정처분이 아님

병역법상 신체등위판정은 행정청이라고 볼 수 없는 군의관이 하도록 되어 있으며, 그 자체만으로 바로 병역법상의 권리의무가 정하여지는 것이 아니라 그에 따라 지방병무청장이 병역처분을 함으로써 비로소 병역의무의 종류가 정하여지는 것이므로 항고소송의 대상이 되는 행정처분이라 보기 어렵다(대판 1993.8.27. 93누3356).

지방의회 의장에 대한 불신임의결은 행정처분의 일종

지방의회를 대표하고 의사를 정리하며 회의장 내의 질서를 유지하고 의회의 사무를 감독하며 위원회에 출석하여 발언할 수 있는 등의 직무권한을 가지는 지방의회 의장에 대한 불신임의결은 의장으로서의 권한을 박탈하는 행정처분의 일종으로서 항고소송의 대상이 된다(대결 1994.10.11. 94두23).

서울특별시학교안전공제회의 보상심사청구 기각결정은 항고소송의 대상인 행정처분이 아님

서울특별시학교안전공제회는 행정청 또는 그 소속기관이나 법령에 의하여 행정권한을 위임받은 공공단체가 아닐 뿐만 아니라, 학교안전공제보상심사청구를 기각한 결정을 을(사망한 학생의 아버지)의 권리·의무에 관계되는 사항에 관하여 직접 효력을 미치는 공권력의 발동으로서 하는 공법상의 행위로 볼 수도 없다는 이유로, 공제회가 한 보상심사청구 기각결정은 항고소송의 대상인 행정처분이 아니라고 본 원심판단을 정당하다고 한 사례(대판 2012.12.13. 2010두20874).

② 구체적 사실에 관한 법집행으로서의 행정작용

처분은 구체적 사실에 관한 공권력의 행사이다. 구체적 사실이란 관련자가 개별적이고 규율대상이 구체적인 것을 의미한다. 즉 ㉠ 처분의 발령시점에 수명자의 범위가 객관적으로 확정되는가(개별적)와 ㉡ 1회적인가(구체적)에 따라 판단된다. 관련자가 일반적이고 규율사건이 구체적인 경우의 규율인 '일반처분' 역시 처분에 해당한다.

일반적·추상적인 행정입법이나 조례·규칙 등은 불특정다수의 사람과 불특정다수의 사안에 대한 규율로서 행정행위가 아니다. 그러나 처분법규(처분적 법령), 즉 그 효력이 다른 집행행위의 매개 없이 그 자체로서 직접 국민의 구체적인 권리의무나 법률관계를 규율하는 성격을 가질 때에는 행정소송법상의 처분에 해당하고(대판 1996.9.20. 95누8003), 고시가 일반적·추상적 성격을 가질 때에는 법규명령 또는 행정규칙에 해당할 것이지만, 다른 집행행위의 매개 없이 그 자체로서 직접 국민의 구체적인 권리의무나 법률관계를 규율하는 성격을 가질 때에는 항고소송의 대상이 되는 행정처분에 해당한다(대결 2003.10.9. 2003무23).

판례

청소년유해매체물 결정·고시의 법적 성격은 행정처분

청소년유해매체물 결정 및 고시처분은 당해 유해매체물의 소유자 등 특정인만을 대상으로 한 행정처분이 아니라 일반 불특정 다수인을 상대방으로 하여 일률적으로 표시의무, 포장의무, 청소년에 대한 판매·대여 등의 금지의무 등 각종 의무를 발생시키는 행정처분이다(대판 2007.6.14. 2004두619).

항정신병 치료제의 요양급여에 관한 보건복지부 고시는 항고소송의 대상이 되는 행정처분

항정신병 치료제의 요양급여 인정기준에 관한 보건복지부 고시가 다른 집행행위의 매개 없이 그 자체로서 제약회사, 요양기관, 환자 및 국민건강보험공단 사이의 법률관계를 직접 규율한다는 이유로 항고소송의 대상이 되는 행정처분에 해당한다(대결 2003.10.9. 2003무23).

관할 행정청이 여객자동차운송사업자에 대한 면허 발급 이후 내린 감차명령은 처분에 해당

관할 행정청은 면허 발급 이후에도 운송사업자의 동의하에 여객자동차운송사업의 질서 확립을 위하여 운송사업자가 준수할 의무를 정하고 이를 위반할 경우 감차명령을 할 수 있다는 내용의 면허 조건을 붙일 수 있고, 운송사업자가 조건을 위반하였다면 여객자동차법 제85조 제1항 제38호에 따라 감차명령을 할 수 있으며, 감차명령은 행정소송법 제2조 제1항 제1호가 정한 처분으로서 항고소송의 대상이 된다(대판 2016.11.24. 2016두45028).

지방법무사회가 법무사의 사무원 '채용승인을 거부'하거나 '채용승인을 취소'하는 조치는 행정처분

법무사의 사무원 채용승인 신청에 대하여 소속 지방법무사회가 '채용승인을 거부'하는 조치 또는 일단 채용승인을 하였으나 법무사규칙 제37조 제6항을 근거로 '채용승인을 취소'하는 조치는 공법인인 지방법무사회가 행하는 구체적 사실에 관한 법집행으로서 공권력의 행사 또는 그 거부에 해당하므로 항고소송의 대상인 '처분'이라고 보아야 한다(대판 2020.4.9. 2015다34444).

의제된 인허가가 주택건설사업계획 승인처분과 별도로 항고소송의 대상이 되는 처분에 해당

의제된 인허가는 통상적인 인허가와 동일한 효력을 가지므로, 적어도 '부분 인허가 의제'가 허용되는 경우에는 그 효력을 제거하기 위한 법적 수단으로 의제된 인허가의 취소나 철회가 허용될 수 있고, 이러한 직권 취소·철회가 가능한 이상 그 의제된 인허가에 대한 쟁송취소 역시 허용된다. 따라서 주택건설사업계획 승인처분에 따라 의제된 인허가가 위법함을 다투고자 하는 이해관계인은, 주택건설사업계획 승인처분의 취소를 구할 것이 아니라 의제된 인허가의 취소를 구하여야 하며, 의제된 인허가는 주택건설사업계획 승인처분과 별도로 항고소송의 대상이 되는 처분에 해당한다(대판 2018.11.29. 2016두38792).

③ 공권력 행사와 그 거부

처분은 행정청의 공권력행사작용이다. 공권력행사란 공법에 근거하여 행정청이 상대방에 대하여 우월한 지위에서 일방적으로 행하는 일체의 행정작용을 의미한다. 따라서 공법상 계약·공법상 합동행위는 처분이 아니다. 공권력행사에는 실체적 행정행위가 전형적으로 해당하나, 권력적 사실행위도 여기에 포함되는 것으로 해석된다.

그리고 공권력행사의 거부는 실체적 행정행위의 거부 또는 권력적 사실행위의 거부로서 거부처분을 의미한다. 다만, 행정소송법상 거부처분이 되기 위하여는 신청이 있어야 하고, 공권력 행사를 신청한 개인에게 당해 공권력 행사를 신청할 법규상 또는 조리상의 권리가 있어야 한다는 것이 판례의 입장이다.

행정청의 행위가 공권력적 행위에 해당하는지 여부를 가리는 것은 쉽지 않다. 행정청의 행위의 근거가 된 법령의 규정내용과 취지, 목적, 다른 구제수단의 존재 여부 등을 종합적으로 고려하여 개별적으로 판단할 수밖에 없다. 예컨대, 국·공유재산이라고 하더라도 일반재산의 대부, 매각 등은 사법상의 행위이나(대판 2000.2.11. 99다61675), 행정재산의 목적 외 사용허가는 처분이고 그 신청에 대한 거부행위도 처분이다(대판 2006.3.9. 2004다31074). 관리청이 행정재산의 사용·수익을 허가한 다음 그 사용·수익을 하는 자에 대한 사용료 부과행위(대판 1996.2.13. 95누11023), 관리청이 국유재산법에 따라 무단점유자에 대하여 부과하는 변상금 부과행위(대판 2000.11.24. 2000다28568)도 처분이다.

국가나 지방자치단체가 국가계약법이나 지방계약법에 따라 당사자가 되어 체결하는 계약은 사법상의 계약일뿐 공권력을 행사하는 것이거나 공권력 작용과 일체성을 가진 것이 아니므로, 이에 관한 분쟁은 행정소송의 대상이 될 수 없다(대판 1996.12.20. 96누14708). 그러나 행정청이 국가나 지방자치단체와의 계약을 위반한 사업자들에 대하여 「국가를 당사자로 하는 계약에 관한 법률」에 따라 행한 입찰참가자격제한조치는 항고소송의 대상인 처분으로 본다(대판 2015.12.24. 2015두264).

판례

행정청이 일방적인 의사표시로 자신과 상대방 사이의 근로관계를 종료시킨 경우, 그 의사표시가 행정처분인지 판단하는 방법

행정청이 자신과 상대방 사이의 근로관계를 일방적인 의사표시로 종료시켰다고 하더라도 곧바로 그 의사표시가 행정청으로서 공권력을 행사하여 행하는 행정처분이라고 단정할 수는 없고, 관계 법령이 상대방의 근무관계에 관하여 구체적으로 어떻게 규정하고 있는지에 따라 그 의사표시가 항고소송의 대상이 되는 행정처분에 해당하는 것인지 아니면 공법상 계약관계의 일방 당사자로서 대등한 지위에서 행하는 의사표시인지 여부를 개별적으로 판단하여야 한다. 이러한 법리는 공법상 근무관계의 형성을 목적으로 하는 채용계약의 체결 과정에서 행정청의 일방적인 의사표시로 계약이 성립하지 아니하게 된 경우에도 마찬가지이다(대판 2014.4.24. 2013두6244).

(2) 국민의 권리의무에 직접 영향이 있는 법적 행위

① 외부적 행위

㉠ 처분은 행정조직 내부영역을 능가하여 개인에 대해 직접적인 권리·의무의 발생·변경·소멸 등의 법적 효과를 가져오는 행위를 말한다. 따라서 종국적 행정행위의 발급에 있어서의 그 준비행위나 행정기관 상호간의 행위 또는 조사·보고, 훈령 및 통첩 등의 일반적·추상적 행정규칙, 상관의 부하공무원에 대한 개별적인 직무명령 등은 내부적 효과만 갖고 있기 때문에 처분이 아니다. 처분이 있다고 하기 위해서는 그 처분을 위한 의사결정이 어떠한 형식으로는 행정청의 권한 있는 자에 의하여 외부로 표시되고 그 신청이 거부 내지 각하되었다는 취지가 신청자에게 오해없이 정확하게 전달되어 이를 알 수 있는 상태에 놓여진 경우라야 한다(대판 1990.9.25. 89누4758).

㉡ 그러나 행정내부영역인 특별신분관계에 있어서 구성원의 법적 지위에 관한 개별적·구체적 규율(예 해임, 파면, 감봉조치, 전직명령, 퇴학, 유급조치)은 외부적 효력을 갖는 처분에 해당한다.

② 직접적인 법적 효과

㉠ 처분은 당해 행위로써 직접 법적 효과를 가져오는 행위를 말한다. 행정지도나 도로관리처럼 법적 효과 없는 행위는 행정청의 행위일지라도 처분이 아니다. 그리고 고도의 국가적 이익이나 정치적 성격으로 인해 재판통제에서 제외되는 통치행위도 처분 개념에서 제외된다.

㉡ 법적 효과를 가져오는 처분의 징표로는 ⓐ 부작위를 요구하는 행위(예 주차금지, 통행금지), ⓑ 작위를 요구하는 행위(예 과세행위, 위법건축물 철거명령), ⓒ 상대방에게 일정한 권리를 설정·변경·박탈하는 행위(예 허가, 취소), ⓓ 특정사실을 공적으로 증명하는 행위(예 합격증서 발급) 등이 있다.

㉢ 어떠한 처분의 근거가 행정규칙에 규정되어 있다고 하더라도, 그 처분이 상대방에게 권리 설정 또는 의무 부담을 명하거나 기타 법적인 효과를 발생하게 하는 등으로 상대방의 권리의무에 직접 영향을 미치는 행위라면, 이 경우에도 항고소송의 대상이 되는 행정처분에 해당한다(대판 2012.9.27. 2010두3541).

㉣ 행정청의 행위가 항고소송의 대상이 될 수 있는지는 추상적·일반적으로 결정할 수 없고, 구체적인 경우에 관련 법령의 내용과 취지, 그 행위의 주체·내용·형식·절차, 그 행위와 상대방 등 이해관계인이 입는 불이익 사이의 실질적 견련성, 법치행정의 원리와 그 행위에 관련된 행정청이나 이해관계인의 태도 등을 고려하여 개별적으로 결정하여야 한다. 행정청의 행위가 '처분'에 해당하는지가 불분명한 경우에는 그에 대한 불복방법 선택에 중대한 이해관계를 가지는

상대방의 인식가능성과 예측가능성을 중요하게 고려하여 규범적으로 판단하여야 한다(대판 2022.7.28. 2021두60748). 어떠한 처분에 법령상 근거가 있는지, 행정절차법에서 정한 처분절차를 준수하였는지는 본안에서 당해 처분이 적법한가를 판단하는 단계에서 고려할 요소이지, 소송요건 심사단계에서 고려할 요소가 아니다(대판 2020.1.16. 2019다264700).

ⓜ 최근 대법원은 직접적으로 법적 효과를 발생시키는 행위인지 의문이 있으나 권리의무에 직접 영향을 미치는 행위라고 하여 처분성을 인정함으로써 국민의 권리구제의 기회를 확대하는 경향이 있다. 예컨대, 과세관청의 세무조사결정(대판 2011.3.10. 2009두23617등), 공정거래위원회의 부당한 공동행위 자진신고자 등의 시정조치 또는 과징금 감면신청에 대한 감면불인정 통지(대판 2012.9.27. 2010두3541), 교육공무원법상 승진후보자명부에 의한 승진심사방식으로 행해지는 승진임용에서 승진후보자명부에 포함되어 있던 후보자에 대한 승진임용 제외행위(대판 2018.3.27. 2015두47492), 근로복지공단의 사업주에 대한 개별 사업장의 사업종류 변경결정(대판 2020.4.9. 2019두61137), 친일반민족행위자재산조사위원회의 재산조사개시결정(대판 2009.10.15. 2009두6513), 요양급여의 적정성 평가 결과 전체 하위 20% 이하에 해당하는 요양기관이 건강보험심사평가원으로부터 받은 입원료 가산 및 별도 보상 적용 제외 통보(대판 2013.11.14. 2013두13631) 등의 처분성이 인정되었다.

판례

행정청의 내부적인 의사결정 등과 같이 상대방 또는 관계자들의 법률상 지위에 직접적인 법률적 변동을 일으키지 않는 행위는 항고소송의 대상이 되는 행정청의 처분에 해당하지 아니함

보건복지부장관이 2024. 2. 6. 의과대학 입학정원 확대방안에 관하여 2025학년도부터 2,000명 증원할 것이라고 발표(이하 '증원발표')한 후 교육부장관이 의과대학을 보유한 각 대학의 장으로부터 의대정원 증원 신청을 받아 2024. 3. 20. 2025학년도 전체 의대정원을 2,000명 증원하여 각 대학별로 배정(이하 '증원배정')하자, 의과대학 교수, 전공의, 의과대학에 재학 중인 학생, 의과대학에 입학하기를 희망하는 수험생들이 보건복지부장관의 증원발표 및 교육부장관의 증원배정에 대한 효력정지 및 집행정지신청을 한 사안에서, 보건복지부장관의 증원발표는 행정청의 내부적인 의사결정을 대외적으로 공표한 것에 그칠 뿐 국민의 권리의무에 영향을 미친다고 볼 수 없고 각 의과대학별 정원 증원이라는 구체적인 법적 효과는 교육부장관의 증원배정에 따라 비로소 발생한 것이므로 교육부장관의 증원배정은 항고소송의 대상이 되는 처분으로 볼 여지가 큰 반면, 보건복지부장관의 증원발표는 항고소송의 대상이 되는 처분으로 보기 어려우므로 증원발표의 효력정지를 구하는 신청은 부적법하다고 본 사례(대결 2024.6.19. 2024무689).

근로복지공단이 사업주에 대하여 하는 '개별 사업장의 사업종류 변경결정'은 '처분'에 해당

근로복지공단이 사업종류 변경결정을 하면서 개별 사업주에 대하여 사전통지 및 의견청취, 이유제시 및 불복방법 고지가 포함된 처분서를 작성하여 교부하는 등 실질적으로 행정절차법에서 정한 처분절차를 준수함으로써 사업주에게 방어권행사 및 불복의 기회가 보장된 경우에는, 그 사업종류 변경결정은 그 내용·형식·절차의 측면에서 단순히 조기의 권리구제를 가능하게 하기 위하여 행정소송법상 처분으로 인정되는 소위 '쟁송법적 처분'이 아니라, 개별·구체적 사안에 대한 규율로서 외부에 대하여 직접적 법적 효과를 갖는 행정청의 의사표시인 소위 '실체법적 처분'에 해당하는 것으로 보아야 한다. 이 경우 사업주가 행정심판법 및 행정소송법에서 정한 기간 내에 불복하지 않아 불가쟁력이 발생한 때에는 그 사업종류 변경결정이 중대·명백한 하자가 있어 당연무효가 아닌 한, 사업주는 그 사업종류 변경결정에 기초하여 이루어진 각각의 산재보험료 부과처분에 대한 쟁송절차에서는 선행처분인 사업종류 변경결정의 위법성을 주장할 수 없다고 봄이 타당하다. 이 경우 근로복지공단의 사업종류 변경결정을 항고소송의 대상인 처분으로 인정하여 행정소송법에 따른 불복기회를 보장하는 것은 '행정법관계의 조기 확정'이라는 단기의 제소기간 제도의 취지에도 부합한다. 다만 근로복지공단이 사업종류 변경결정을 하면서 실질적으로 행정절차법에서 정한 처분절차를 준수하지 않아 사업주에게 방어권행사 및 불복의 기회가 보장되지 않은 경우에는 이를 항고소송의 대상인 처분으로 인정하는 것은 사업주에게 조기의 권리구제기회를 보장하기 위한 것일 뿐이므로, 이 경우에는 사업주가 사업종류 변경결정에 대해 제소기간 내에 취소소송을 제기하지 않았다고 하더라도 후행처분인 각각의 산재보험료 부과처분에 대한 쟁송절차에서 비로소 선행처분인 사업종류 변경결정의 위법성을 다투는 것이 허용되어야 한다(대판 2020.4.9. 2019두61137).

원천징수의무자인 행정청의 원천징수행위는 행정처분이 아님

원천징수하는 소득세에 있어서는 납세의무자의 신고나 과세관청의 부과결정이 없이 법령이 정하는 바에 따라 그 세액이 자동적으로 확정되고, 원천징수의무자는 소득세법 제142조 및 제143조의 규정에 의하여 이와 같이 자동적으로 확정되는 세액을 수급자로부터 징수하여 과세관청에 납부하여야 할 의무를 부담하고 있으므로, 원천징수의무자가 비록 과세관청과 같은 행정청이더라도 그의 원천징수행위는 법령에서 규정된 징수 및 납부의무를 이행하기 위한 것에 불과한 것이지, 공권력의 행사로서의 행정처분을 한 경우에 해당되지 아니한다(대판 1990.3.23. 89누4789).

이주자의 이주대책대상자 선정신청에 대한 사업시행자의 확인·결정 및 사업시행자의 이주대책에 관한 처분의 법적 성질과 이에 대한 쟁송방법

[1] 공공용지의취득및손실보상에관한특례법 제8조 제1항이 사업시행자에게 이주대책의 수립·실시의무를 부과하고 있다고 하여 그 규정 자체만에 의하여 이주자에게 사업시행자가 수립한 이주대책상의 택지분양권이나 아파트 입주권 등을 받을 수 있는 구체적인 권리(수분양권)가 직접 발생하는 것이라고는 도저히 볼 수 없으며, 사업시행자가 이주대책에 관한 구체적인 계획을 수립하여 이를 해당자에게 통지 내지 공고한 후, 이주자가 수분양권을 취득하기를 희망하여 이주대책에 정한 절차에 따라 사업시행자에게 이주대책대상자 선정신청을 하고 사업시행자가 이를 받아들여 이주대책대상자로 확인.결정하여야만 비로소 구체적인 수분양권이 발생하게 된다.

[2] 위와 같은 사업시행자가 하는 확인·결정은 곧 구체적인 이주대책상의 수분양권을 취득하기 위한 요건이 되는 행정작용으로서의 처분인 것이지, 결코 이를 단순히 절차상의 필요에 따른 사실행위에 불과한 것으로 평가할 수는 없다. 따라서 수분양권의 취득을 희망하는 이주자가 소정의 절차에 따라 이주대책대상자 선정신청을 한 데 대하여 사업시행자가 이주대책대상자가 아니라고 하여 위 확인·결정 등의 처분을 하지 않고 이를 제외시키거나 또는 거부조치한 경우에는, 이주자로서는 당연히 사업시행자를 상대로 항고소송에 의하여 그 제외처분 또는 거부처분의 취소를 구할 수 있다고 보아야 한다(대판 1994.5.24. 92다35783 전합).

신문 등의 진흥에 관한 법률상 관할 시·도지사가 하는 신문 등록은 행정처분

신문을 발행하려는 자는 신문의 명칭('제호') 등을 주사무소 소재지를 관할하는 시·도지사에게 등록하여야 하고, 등록을 하지 않고 신문을 발행한 자에게는 2천만 원 이하의 과태료가 부과된다. 따라서 등록관청이 하는 신문의 등록은 신문을 적법하게 발행할 수 있도록 하는 행정처분에 해당한다(대판 2019.8.30. 2018두47189).

연구개발 중단 조치 및 연구비 집행중지 조치 사례

한국환경산업기술원장이 환경기술개발사업 협약을 체결한 갑 주식회사 등에게 연차평가 실시 결과 절대평가 60점 미만으로 평가되었다는 이유로 연구개발 중단 조치 및 연구비 집행중지 조치(이하 '각 조치')를 한 사안에서, 각 조치는 갑 회사 등에게 연구개발을 중단하고 이미 지급된 연구비를 더 이상 사용하지 말아야 할 공법상 의무를 부과하는 것이고, 연구개발 중단 조치는 협약의 해약 요건에도 해당하며, 조치가 있은 후에는 주관연구기관이 연구개발을 계속하더라도 그에 사용된 연구비는 환수 또는 반환 대상이 되므로, 각 조치는 갑 회사 등의 권리·의무에 직접적인 영향을 미치는 행위로서 항고소송의 대상이 되는 행정처분에 해당한다(대판 2015.12.24. 2015두264).

진실·화해를 위한 과거사정리위원회의 진실규명결정은 행정처분

피해자 등에게 명문으로 진실규명 신청권, 진실규명결정 통지 수령권 및 진실규명결정에 대한 이의신청권 등이 부여된 점, 진실규명결정이 이루어지면 그 결정에서 규명된 진실에 따라 국가가 피해자 등에 대하여 피해 및 명예회복 조치를 취할 법률상 의무를 부담하게 되는 점, 진실·화해를 위한 과거사정리위원회가 위와 같은 법률상 의무를 부담하는 국가에 대하여 피해자 등의 피해 및 명예 회복을 위한 조치로 권고한 사항에 대한 이행의 실효성이 법적·제도적으로 확보되고 있는 점 등 여러 사정을 종합하여 보면, 법이 규정하는 진실규명결정은 국민의 권리의무에 직접적으로 영향을 미치는 행위로서 항고소송의 대상이 되는 행정처분이다(대판 2013.1.16. 2010두22856).

공정거래위원회의 '표준약관 사용권장행위'는 행정처분

공정거래위원회의 '표준약관 사용권장행위'는 그 통지를 받은 해당 사업자 등에게 표준약관과 다른 약관을 사용할 경우 표준약관과 다르게 정한 주요내용을 고객이 알기 쉽게 표시하여야 할 의무를 부과하고, 그 불이행에 대해서는 과태료에 처하도록 되어 있으므로, 이는 사업자 등의 권리·의무에 직접 영향을 미치는 행정처분으로서 항고소송의 대상이 된다(대판 2010.10.14. 2008두23184).

근로복지공단의 평균임금 정정 불승인은 행정처분

산업재해보상보험법 제96조 제1항이 "이 법에 의한 보험급여를 받을 권리는 3년간 행사하지 아니하면 소멸시효가 완성된다."고 규정하고 있고, 원고가 비록 1994. 3. 9. 이미 평균임금 정정신청을 한 바가 있기는 하나, 연금의 개별적인 수급청구권이 계속 발생하는 이상 평균임금 정정신청에 대하여 어떤 시간적 제약이 있는 것은 아니며, 또한 그 정정신청이 거부되거나 일부 받아들여진 후 다시 정정신청을 하지 못한다고 볼 수도 없을 뿐더러, 원고의 구체적인 보험급여 권리가 모두 시효로 소멸하였다고 볼 수도 없고, 한편 피고가 1999. 7. 1. 원고의 정정신청을 거부한 것은 그 형식이 '진정서에 대한 회신'으로 되어 있음에도 불구하고 그 내용과 전후 사정을 종합해 보면 원고의 권리의무나 법률상 이익에 영향을 미치는 행정소송법상 처분에 해당한다(대법원 2002.10.25. 선고 2000두9717).

(3) 행정처분으로서의 외형 존재

처분으로서 외형을 갖춘 행위만 항고소송의 대상이 된다. 처분이 그 성립요건의 중요한 요소를 결여함으로써 외관상 명백히 행정청의 행위로 볼 수 없는 '처분의 부존재'는 부존재확인소송의 대상이 될 뿐 취소소송이나 무효확인소송의 대상이 될 수 없다. 이러한 부존재에 해당하는 것으로는 ① 명백히 행정기관이 아닌 사인의 행위, ② 행정권 발동으로 볼 수 없는 행위(예 행정청의 私法上의 행위, 지도·권유·알선), ③ 행정기관의 내부적 의사결정만 있었을 뿐 외부로 표시되지 않은 행위, ④ 행정행위가 해제조건의 성취, 기한의 도래, 취소·철회 등에 의해 실효된 경우 등이 있다.

판례가 외부에 표시되지 아니하여 처분이라 볼 수 없다고 한 사례로서 "납세의 부과처분은 납세의무자에게 적법하게 고지됨으로써 그 효력이 발생한다 할 것이고 송달의 효력이 발생하지 아니한 이상 과세처분은 효력이 발생할 수 없으므로, 국세환급금 충당통지서로써 부과처분의 존재를 알 수 있었다 하더라도 이같은 사실로써 납세고지서의 송달에 대신하거나 그 하자가 치유된다고 할 수 없다."(대판 1983.4.26. 80누527)고 하였다. 다만, 감액경정처분은 새로이 잔액에 대하여 구체적인 조세채무를 확정시키는 것이 아니라 당초 처분의 일부를 취소하는 효력을 갖는 것에 불과한 것이므로 감액경정처분의 경우에도 특별한 사정이 없는 한 납세고지서뿐만 아니라 감액경정의 뜻을 객관적으로 알 수 있는 방법에 의하여 이를 납세의무자에게 통지를 하면 그 효력이 발생한다(대판 2003.4.11. 2001다9137).

(4) 행정소송 외에 다른 불복절차가 마련되어 있지 않을 것

행정청의 행위가 처분에 해당한다고 하더라도 그 처분의 근거법률에서 행정소송 이외의 다른 불복절차를 예정하고 있는 경우에는 당해 처분은 항고소송의 대상이 될 수 없다. 통고처분, 검사의 불기소처분 또는 공소제기, 형집행정지취소처분, 질서위반행위

규제법에 의해 부과되는 과태료부과처분, 공탁공무원의 처분 등은 다른 불복절차에서 다투도록 규정되어 있으므로 항고소송의 대상이 되는 처분이 아니다.
광주민주화운동관련자보상등에관한법률 제15조 본문의 규정에서 말하는 광주민주화운동관련자보상심의위원회의 결정을 거치는 것은 보상금 지급에 관한 소송을 제기하기 위한 전치요건에 불과하다고 할 것이므로 위 보상심의위원회의 결정은 취소소송의 대상이 되는 행정처분이라고 할 수 없다(대판 1992.12.24. 92누3335). 그러나 「독점규제 및 공정거래에 관한 법률」 제17조의3 소정의 이행강제금부과처분이나 동법 제6조 소정의 과징금부과처분은 별도의 불복절차가 마련되어 있지 아니하므로 항고소송의 대상이 된다.

판례

도로교통법상 통고처분의 취소를 구하는 행정소송은 부적법

도로교통법 제118조에서 규정하는 경찰서장의 통고처분은 행정소송의 대상이되는 행정처분이 아니므로 그 처분의 취소를 구하는 소송은 부적법하고, 도로교통법상의 통고처분을 받은 자가 그 처분에 대하여 이의가 있는 경우에는 통고처분에 따른 범칙금의 납부를 이행하지 아니함으로써 경찰서장의 즉결심판청구에 의하여 법원의 심판을 받을 수 있게 될 뿐이다(대판 1995.6.29. 95누4674).

상수도 과태료 부과처분은 행정소송의 대상이 되는 행정처분이 아님

「서울특별시 수도조례」 제44조 제4항, 「서울특별시 하수도사용조례」 제42조는 위 각 조례에 기한 과태료에 관하여 그 부과·징수 및 이의신청 등에 관한 사항은 질서위반행위규제법을 따른다고 규정하고 있다. 질서위반행위규제법 관련 규정은 행정청의 과태료 부과에 불복하는 당사자는 과태료 부과 통지를 받은 날부터 60일 이내에 해당 행정청에 서면으로 이의제기를 할 수 있고, 이의제기가 있는 경우에는 그 과태료 부과처분은 효력을 상실하며, 이의제기를 받은 행정청은 이의제기를 받은 날부터 14일 이내에 이에 대한 의견 및 증빙서류를 첨부하여 관할 법원에 통보하여야 하고, 그 통보를 받은 관할 법원은 이유를 붙인 결정으로써 과태료 재판을 하며, 당사자와 검사는 과태료 재판에 대하여 즉시항고를 할 수 있다고 규정하고 있다(대판 2012.10.11. 2011두19369).

공소제기 또는 불기소결정의 통지는 행정처분이 아님

형사소송법 제258조 제1항(註: 검사는 고소·고발사건에 관하여 공소제기 또는 불기소결정 등의 처분을 한 때에는 그 처분한 날로부터 7일 이내에 서면으로 고소인 또는 고발인에게 그 취지를 통지)의 처분결과 통지는 불기소결정에 대한 항고기간의 기산점이 되며, 형사소송법 제259조의 공소불제기이유고지 제도는 고소인 등으로 하여금 항고 등으로 불복할지 여부를 결정하는데 도움을 주도록 하기 위한 것이므로, 이러한 통지 내지 고지는 불기소결정이라는 검사의 처분이 있은 후 그에 대한 불복과 관련한 절차일 뿐 별도의 독립한 처분이 된다고는 볼 수 없다(대판 2018.9.28. 2017두47465).

농지법 제62조에 따른 이행강제금 부과처분은 행정소송법상 항고소송의 대상이 아님

농지법은 농지 처분명령에 대한 이행강제금 부과처분에 불복하는 자가 그 처분을 고지받은 날부터 30일 이내에 부과권자에게 이의를 제기할 수 있고, 이의를 받은 부과권자는 지체 없이 관할 법원에 그 사실을 통보하여야 하며, 그 통보를 받은 관할 법원은 비송사건절차법에 따른 과태료 재판에 준하여 재판을 하도록 정하고 있다. 따라서 농지법 제62조 제1항에 따른 이행강제금 부과처분에 불복하는 경우에는 비송사건절차법에 따른 재판절차가 적용되어야 하고, 행정소송법상 항고소송의 대상은 될 수 없다. … 설령 관할청이 이행강제금 부과처분을 하면서 재결청에 행정심판을 청구하거나 관할 행정법원에 행정소송을 할 수 있다고 잘못 안내하거나 관할 행정심판위원회가 각하재결이 아닌 기각재결을 하면서 관할 법원에 행정소송을 할 수 있다고 잘못 안내하였다고 하더라도, 그러한 잘못된 안내로 행정법원의 항고소송 재판관할이 생긴다고 볼 수도 없다(대판 2019.4.11. 2018두42955).

(5) 그 밖에 이에 준하는 행정작용

'그 밖에 이에 준하는 행정작용'이라 함은 '행정청이 행하는 구체적 사실에 관한 법집행으로서의 공권력의 행사나 그 거부'에 준하는 행정작용으로서 항고소송에 의한 권리구제의 기회를 줄 필요가 있는 행정작용을 말한다.

따라서 비권력적 공행정작용이지만, 실질적으로 개인의 권익에 일방적인 영향(지배력)을 미치는 작용은 처분에 해당한다. 여기에는 권력적 성격을 갖는 행정지도(판례는 원칙상 행정지도의 처분성 부정), 처분적 성질을 갖는 처분적 명령, 구속적 행정계획 등이 포함된다. ⇨ 상세 내용은 〈03 처분성이 문제되는 특수한 경우〉 참고

판례

노동조합법 제16조에 따른 노동조합규약의 변경보완시정명령이 행정처분에 해당하는지 여부(적극)

노동조합규약의 변경보완시정명령은 조합규약의 내용이 노동조합법에 위반된다고 보아 구체적 사실에 관한 법집행으로서 노동조합법 제16조 소정의 명령권을 발동하여 조합규약의 해당 조항을 지적된 법률조항에 위반되지 않도록 적절히 변경보완할 것을 명하는 노동행정에 관한 행정관청의 의사를 조합에게 직접 표시한 것이므로 행정소송법 제2조 제1항에서 규정하고 있는 행정처분에 해당된다(대판 1993.5.11. 91누10787).

세무조사결정이 항고소송의 대상이 되는 행정처분에 해당하는지 여부(적극)

부과처분을 위한 과세관청의 질문조사권이 행해지는 세무조사결정이 있는 경우 납세의무자는 세무공무원의 과세자료 수집을 위한 질문에 대답하고 검사를 수인하여야 할 법적 의무를 부담하게 되는 점, …(중략)… 납세의무자로 하여금 개개의 과태료 처분에 대하여 불복하거나 조사종료 후의 과세처분에 대하여만 다툴 수 있도록 하는 것보다는 그에 앞서 세무조사결정에 대하여 다툼으로써 분쟁을 조기에 근본적으로 해결할 수 있는 점 등을 종합하면, 세무조사결정은

납세의무자의 권리·의무에 직접 영향을 미치는 공권력의 행사에 따른 행정작용으로서 항고소송의 대상이 된다(대판 2011.3.10. 2009두23617).

행정처분의 성립 시점 및 그 성립 여부를 판단하는 기준

일반적으로 처분이 주체·내용·절차와 형식의 요건을 모두 갖추고 외부에 표시된 경우에는 처분의 존재가 인정된다. 행정의사가 외부에 표시되어 행정청이 자유롭게 취소·철회할 수 없는 구속을 받게 되는 시점에 처분이 성립하고, 그 성립 여부는 행정청이 행정의사를 공식적인 방법으로 외부에 표시하였는지를 기준으로 판단해야 한다.…(중략)…이 사건 입국금지결정은 법무부장관의 의사가 공식적인 방법으로 외부에 표시된 것이 아니라 단지 그 정보를 내부전산망인 '출입국관리정보시스템'에 입력하여 관리한 것에 지나지 않으므로, 항고소송의 대상이 될 수 있는 '처분'에 해당하지 않는다(대판 2019.7.11. 2017두38874).

(6) 취소소송의 대상으로서 재결

취소소송은 원칙적으로 원처분을 대상으로 하며, 재결은 재결 자체에 고유한 위법이 있는 경우에 한한다(행정소송법 제19조). ⇨ 상세 내용은 〈04 재결소송〉 참고

02 취소소송의 대상으로서 '거부처분'

1. 의의

거부처분이란 개인이 행정청에 대하여 공권력을 행사하여 줄 것을 신청한 경우 그 신청에 따른 공권력 행사를 거부하는 것을 내용으로 하는 소극적 행정처분이다. 이러한 거부행위는 그 자체로 법률관계를 변동시키는 것이 아니기 때문에 항고소송의 대상이 되는 처분에 해당하는지 의문이 생길 수 있다.

대법원은 거부처분이 처분성을 갖는 이유를 "그로 인하여 현재의 법 상태에 직접적인 변동을 초래하는 것은 아니지만 때로는 그 거부행위가 법령에 규정된 신청권을 침해하고, 또 때로는 신청의 실체에 관하여 적법여부의 판단이 내려져 신청인으로서는 동일한 조건하에서는 자기가 의도한 처분을 받을 수 없는 등 불이익을 끼치기 때문"(대판 1984.10.23. 84누227)이라는 점에서 찾고 있다.

〈거부처분과 부작위의 구별〉

1. 구별의 필요성

거부처분으로 판단될 경우에는 취소소송을, 부작위로 판단되는 경우에는 부작위위법확인소송을 제기해야 하므로 소송형태의 선택을 위해 구별이 필요하다.

2. 구별의 기준

"거부처분"이란 기존의 법률상태의 변동을 발생시키지 않겠다는 의사를 표시하는 행정행위를 말한다. 이에 반하여 "부작위"라 함은 행정청이 당사자의 신청에 대하여 상당한 기간 내에 일정한 처분을 하여야 할 법률상 의무가 있음에도 불구하고 이를 하지 아니하는 것을 말한다(행정소송법 제2조 제1항 제2호).

일반적으로 신청에 대응한 처분을 하지 않고 방치한 경우에는 부작위에 해당하나, 법령에서 신청에 대해 일정 기간 내에 처분이 없으면 거부처분으로 간주한다고 규정하고 있는 경우이거나, 경원관계에 있는 자 가운데 1인에 대해 인용처분을 발한 경우에는 경원관계의 제3자에게 거부처분이 있는 것으로 본다.

2. 거부처분의 성립요건

(1) 공권력 행사의 거부

거부된 공권력 행사가 처분성을 가져야 한다. 즉 처분인 공권력 행사의 거부이어야 한다. 따라서 사실행위의 거부, 계약의 청약에 대한 거부 등 행정행위에 해당되지 않는 행정작용에 대한 거부는 여기에서 말하는 거부처분에 해당되지 않는다. 예컨대, 국·공유 일반재산의 매각·대부·임대기간의 연장요청 등 사경제적 행위에 대한 요청의 거부는 거부처분이 아니다.

판례

지방자치단체장이 국유 잡종재산 대부신청을 거부한 것이 행정처분인지 여부(소극)

지방자치단체장이 국유 잡종재산을 대부하여 달라는 신청을 거부한 것은 항고소송의 대상이 되는 행정처분이 아니므로 행정소송으로 그 취소를 구할 수 없다(대판 1998.9.22. 98두7602).

(2) 거부행위가 신청인의 권익에 직접적 영향을 미칠 것(= 법적 행위일 것)

'법적 행위'란 외부적 행위이며 국민의 권리나 법적 이익과 직접 관련되는 행위를 말한다. 판례도 '신청인의 법률관계에 어떤 변동을 일으키는 것'을 성립요건으로 보고 있다. 그리고 여기에서 '신청인의 법률관계에 변동을 일으키는 것'이라는 의미는 신청인의 실체상의 권리관계에 직접적인 변동을 일으키는 것은 물론 그렇지 않다 하더라도 신청인이 실체상의 권리자로서 권리를 행사함에 중대한 지장을 초래하는 것도 포함한다고 해석된다(대판 2002.11.22. 2000두9229).

판례

교육공무원법상 승진후보자 명부에 의한 승진심사 방식으로 행해지는 승진임용에서 승진후보자 명부에 포함되어 있던 후보자를 승진임용인사발령에서 제외하는 행위는 행정처분

교육공무원법령에 따르면 임용권자는 3배수의 범위 안에 들어간 후보자들을 대상으로 승진임용 여부를 심사하여야 하고, 이에 따라 승진후보자 명부에 포함된 후보자는 임용권자로부터 정당한 심사를 받게 될 것에 관한 절차적 기대를 하게 된다. 그런데 임용권자 등이 자의적인 이유로 승진후보자 명부에 포함된 후보자를 승진임용에서 제외하는 처분을 한 경우에, 이러한 승진임용제외처분을 항고소송의 대상이 되는 처분으로 보지 않는다면, 달리 이에 대하여는 불복하여 침해된 권리 또는 법률상 이익을 구제받을 방법이 없다. 따라서 교육공무원법상 승진후보자 명부에 의한 승진심사 방식으로 행해지는 승진임용에서 승진후보자 명부에 포함되어 있던 후보자를 승진임용인사발령에서 제외하는 행위는 불이익처분으로서 항고소송의 대상인 처분에 해당한다(대판 2018.3.27. 2015두47492).

교육부장관이 대학에서 추천한 복수의 총장 후보자들 전부 또는 일부를 임용제청에서 제외하는 행위는 항고소송의 대상이 되는 처분에 해당

대학의 장 임용에 관하여 교육부장관의 임용제청권을 인정한 취지는 대학의 자율성과 대통령의 실질적인 임용권 행사를 조화시키기 위하여 대통령의 최종적인 임용권 행사에 앞서 해당 대학의 추천을 받은 총장 후보자들의 적격성을 일차적으로 심사하여 대통령의 임용권 행사가 적정하게 이루어질 수 있도록 보좌하기 위한 것이다. 교육부장관의 임용제청권 행사는 이러한 제도의 취지에 따라 이루어져야 하며, 해당 대학의 추천을 받은 총장 후보자는 교육부장관으로부터 정당한 심사를 받게 될 것으로 절차적 기대를 하게 된다. 그런데 교육부장관이 자의적인 이유로 해당 대학에서 추천한 복수의 총장 후보자들 전부 또는 일부를 임용 제청하지 않는 경우에는 대통령에 의한 심사와 임용을 받을 기회를 박탈하는 효과가 있으므로, 이를 항고소송의 대상이 되는 처분으로 보지 않는다면, 달리 이에 대하여는 불복하여 침해된 권리 또는 법률상 이익을 구제받을 방법이 없다. 따라서 교육부장관이 대학에서 추천한 복수의 총장 후보자들 전부 또는 일부를 임용제청에서 제외하는 행위는 제외된 후보자들에 대한 불이익처분으로서 항고소송의 대상이 되는 처분에 해당한다고 보아야 한다(대판 2018.6.15. 2015두50092).

행정청이 토지대장의 소유자명의변경신청을 거부한 행위는 행정처분이 아님

토지대장에 기재된 일정한 사항을 변경하는 행위는, 그것이 지목의 변경이나 정정 등과 같이 토지소유권 행사의 전제요건으로서 토지소유자의 실체적 권리관계에 영향을 미치는 사항에 관한 것이 아닌 한 행정사무집행의 편의와 사실증명의 자료로 삼기 위한 것일 뿐이어서, 그 소유자 명의가 변경된다고 하여도 이로 인하여 당해 토지에 대한 실체상의 권리관계에 변동을 가져올 수 없고 토지 소유권이 지적공부의 기재만에 의하여 증명되는 것도 아니다. 따라서 소관청이 토지대장상의 소유자명의변경신청을 거부한 행위는 이를 항고소송의 대상이 되는 행정처분이라고 할 수 없다(대판 2012.1.12. 2010두12354).

행정청이 건축물대장의 용도변경신청을 거부한 행위는 행정처분

구 건축법 제14조 제4항의 규정은 건축물의 소유자에게 건축물대장의 용도변경신청권을 부여한 것이고, 한편, 건축물의 용도는 토지의 지목에 대응하는 것으로서 건물의 이용에 대한 공법상의 규제, 건축법상의 시정명령, 지방세 등의 과세대상 등 공법상 법률관계에 영향을 미치고, 건물소유자는 용도를 토대로 건물의 사용·수익·처분에 일정한 영향을 받게 된다. 이러한 점 등을 고려해 보면, 건축물대장의 용도는 건축물의 소유권을 제대로 행사하기 위한 전제요건으로서 건축물 소유자의 실체적 권리관계에 밀접하게 관련되어 있으므로, 건축물대장 소관청의 용도변경신청 거부행위는 국민의 권리관계에 영향을 미치는 것으로서 항고소송의 대상이 되는 행정처분에 해당한다(대판 2009.1.30. 2007두7277).

국세환급결정이나 그 결정을 구하는 신청에 대한 환급거부결정 등은 행정처분이 아님

원천징수의무자가 원천납세의무자로부터 원천징수대상이 아닌 소득에 대하여 세액을 징수·납부하였거나 징수하여야 할 세액을 초과하여 징수·납부하였다면, 국가는 원천징수의무자로부터 이를 납부받는 순간 아무런 법률상의 원인 없이 부당이득한 것이 되고, 구 국세기본법 제51조 제1항, 제52조 등의 규정은 환급청구권이 확정된 국세환급금 및 가산금에 대한 내부적 사무처리절차로서 과세관청의 환급절차를 규정한 것일 뿐 그 규정에 의한 국세환급금(가산금 포함) 결정에 의하여 비로소 환급청구권이 확정되는 것이 아니므로, 국세환급결정이나 이 결정을 구하는 신청에 대한 환급거부결정 등은 납세의무자가 갖는 환급청구권의 존부나 범위에 구체적이고 직접적인 영향을 미치는 처분이 아니어서 항고소송의 대상이 되는 처분으로 볼 수 없다(대법원 2010.2.25. 2007두18284).

건축계획심의신청에 대한 반려처분은 항고소송의 대상이 되는 행정처분

건축계획심의를 거치지 아니한 상태에서는 비록 원고가 이 사건 건축물에 대한 건축허가를 받는다 하더라도 이는 하자 있는 행정행위라 할 것이니, 원고로서는 피고의 이 사건 반려처분으로 인하여 적법한 건축허가를 받기 어려운 불안한 법적 지위에 놓이게 된 점, 피고는 건축위원회의 심의대상이 되는 건축물에 대한 건축허가를 신청하려는 사람으로 하여금 그 신청에 앞서 건축계획심의신청을 하도록 하고, 그 절차를 거치지 아니한 경우 건축허가를 접수하지 아니하고 있어 원고로서는 이 사건 건축물의 건축허가신청에 중대한 지장이 초래된 점 등에 비추어 보면, 피고의 이 사건 반려처분은 원고의 권리·의무나 법률관계에 직접 영향을 미쳤다(대판 2007.10.11. 2007두1316).

매수 거부행위가 항고소송의 대상이 되는 행정처분이 될 수 있는 경우

금강수계 중 상수원 수질보전을 위하여 필요한 지역의 토지 등의 소유자가 국가에 그 토지 등을 매도하기 위하여 매수신청을 하였으나 유역환경청장 등이 매수거절의 결정을 한 사안에서, 위 매수거절을 항고소송의 대상이 되는 행정처분으로 보지 않는다면 토지 등의 소유자로서는 재산권의 제한에 대하여 달리 다툴 방법이 없게 되는 점 등에 비추어, 그 매수 거부행위가 공권력의 행사 또는 이에 준하는 행정작용으로서 항고소송의 대상이 되는 행정처분에 해당한다(대판 2009.9.10. 2007두20638).

행정청의 착공신고 반려행위는 항고소송의 대상

건축주 등으로서는 착공신고가 반려될 경우, 당해 건축물의 착공을 개시하면 시정명령, 이행강제금, 벌금의 대상이 되거나 당해 건축물을 사용하여 행할 행위의 허가가 거부될 우려가 있어 불안정한 지위에 놓이게 된다. 따라서 착공신고 반려행위가 이루어진 단계에서 당사자로 하여금 반려행위의 적법성을 다투어 법적 불안을 해소한 다음 건축행위에 나아가도록 함으로써 장차 있을지도 모르는 위험에서 미리 벗어날 수 있도록 길을 열어 주고, 위법한 건축물의 양산과 철거를 둘러싼 분쟁을 조기에 근본적으로 해결할 수 있게 하는 것이 법치행정의 원리에 부합한다. 그러므로 행정청의 착공신고 반려행위는 항고소송의 대상이 된다(대판 2011.6.10. 2010두7321).

행정관청이 노동조합원들의 회의소집권자지명 요구를 거부한 조치는 행정처분이 아님

일정수 이상의 조합원이 행정관청에 회의의 소집권자지명을 요구하는 것은 회의를 개최하기 위한 일련의 절차 중의 하나를 이루는 것에 불과하여 행정관청이 이를 거부하는 조치를 하였더라도 그 자체로써 조합원에게 어떤 권리의무를 설정하거나 법률상의 이득에 직접적인 변동을 초래케 하는 처분이라고는 할 수 없으므로 이는 행정소송의 대상이 되는 행정처분이라고 할 수 없다(대판 1989.11.28. 89누3892).

과거에 법률에 의하여 당연퇴직된 공무원의 복직 또는 재임용신청에 대한 행정청의 거부행위는 행정처분 아님

과거에 법률에 의하여 당연퇴직된 공무원이 자신을 복직 또는 재임용시켜 줄 것을 요구하는 신청에 대하여 그와 같은 조치가 불가능하다는 행정청의 거부행위는 당연퇴직의 효과가 계속하여 존재한다는 것을 알려주는 일종의 안내에 불과하므로 원고의 실체상의 권리관계에 직접적인 변동을 일으키는 것으로 볼 수 없고, 당연퇴직의 근거 법률이 헌법재판소의 위헌결정으로 효력을 잃게 되었다고 하더라도 당연퇴직된 이후 헌법소원 등의 청구기간이 도과한 경우에는 당연퇴직의 내용과 상반되는 처분을 요구할 수 있는 조리상의 신청권을 인정할 수도 없다(대판 2006.3.10. 2005두562).

부당한 공동행위 자진신고자 등에 대한 시정조치 등 감면신청에 대한 감면불인정 통지는 행정처분

부당한 공동행위 자진신고자 등에 대한 시정조치 또는 과징금 감면 신청인이 고시 제11조 제1항에 따라 자진신고자 등 지위확인을 받는 경우에는 시정조치 및 과징금 감경 또는 면제, 형사고발 면제 등의 법률상 이익을 누리게 되지만, 그 지위확인을 받지 못하고 고시 제14조 제1항에 따라 감면불인정 통지를 받는 경우에는 위와 같은 법률상 이익을 누릴 수 없게 되므로, 감면불인정 통지가 이루어진 단계에서 신청인에게 그 적법성을 다투어 법적 불안을 해소한 다음 조사협조행위에 나아가도록 함으로써 장차 있을지도 모르는 위험에서 벗어날 수 있도록 하는 것이 법치행정의 원리에도 부합한다. 따라서 부당한 공동행위 자진신고자 등의 시정조치 또는 과징금 감면신청에 대한 감면불인정 통지는 항고소송의 대상이 되는 행정처분에 해당한다(대판 2012.9.27. 2010두3541).

국방전력발전업무훈령에 따른 연구개발확인서 발급 및 그 거부는 행정처분

국방전력발전업무훈령 제113조의5 제1항에 의한 연구개발확인서 발급은 개발업체가 '업체투자 연구개발' 방식 또는 '정부·업체공동투자연구개발' 방식으로 전력지원체계 연구개발사업을 성공적으로 수행하여 군사용 적합판정을 받고 국방규격이 제·개정된 경우에 사업관리기관이 개발업체에게 해당 품목의 양산과 관련하여 경쟁입찰에 부치지 않고 수의계약의 방식으로 국방조달계약을 체결할 수 있는 지위(경쟁입찰의 예외사유)가 있음을 인정해 주는 '확인적 행정행위'로서 공권력의 행사인 '처분'에 해당하고, 연구개발확인서 발급 거부는 신청에 따른 처분 발급을 거부하는 '거부처분'에 해당한다(대판 2020.1.16. 2019다264700).

(3) 거부의 의사표시

거부의 의사표시가 있어야 한다. 거부의 의사표시는 묵시적일 수도 있다. 법령상 일정한 기간이 지났음에도 가부간의 처분이 없는 경우 거부가 의제되는 경우도 있다.

판례

거부처분이 있었다고 하기 위하여 필요한 의사결정의 표시

행정청의 부작위상태를 소멸시키는 행정청으로부터의 일정한 처분, 특히 거부처분이 있었다고 하기 위하여는 그 처분을 위한 의사결정이 어떠한 형식으로든 행정청의 권한 있는자에 의하여 외부로 표시되고 그 신청이 거부 내지 각하되었다는 취지가 신청자에게 오해없이 정확하게 전달되어 이를 알 수 있는 상태에 놓여진 경우에 한하는 것이다(대판 1990.9.25. 89누4758).

임용거부의 소극적 의사표시를 한 것으로 본 사례

검사 지원자 중 한정된 수의 임용대상자에 대한 임용 결정은 한편으로는 그 임용대상에서 제외한 자에 대한 임용거부결정이라는 양면성을 지니는 것이므로 임용대상자에 대한 임용의 의사표시는 동시에 임용대상에서 제외한 자에 대한 임용거부의 의사표시를 포함한 것으로 볼 수 있고, 이러한 임용 거부의 의사 표시는 본인에게 직접 고지되지 않았다고 하여도 본인이 이를 알았거나 알 수 있었을 때에 그 효력이 발생한 것으로 보아야 한다(대판 1991.2.12. 90누5825).

(4) 거부처분의 성립에 신청권이 필요한지 여부

① 학설

㉠ 소송요건설

ⓐ 거부행위 요건설: 신청권을 거부행위의 요건으로 보고, 신청권이 있는 자에게는 당연히 거부처분을 다툴 원고적격을 인정하는 견해이다. 그 논거는 ⅰ) 신청권은 신청에 대한 응답의무에 대응하는 형식적 또는 절차적 권리이고, ⅱ) 신청권이 없는 경우에는 본안심리를 함이 없이 각하판결을 할 수 있어 법원의 소송부담을 경감할 수 있다는 점을 들고 있다.

ⓑ **원고적격 문제설**: 신청권은 원고적격의 문제로 보아야 하며, 거부행위가 처분에 해당하는가의 여부는 행정소송법 제2조에서 정의한 '처분'에 해당하는가의 여부에 따라 판단해야 한다는 견해이다.

㉡ **본안문제설**

신청권의 존재를 소송대상의 문제로 보면 행정소송법상의 처분개념을 부당하게 제한함으로써 국민의 권익구제의 길을 축소시키는 결과를 가져오고, 본안문제를 소송요건에서 판단하게 되는 문제가 있으므로 본안문제로 보자는 견해이다.

② **판례**

판례는 거부가 항고소송의 대상이 되는 행정처분에 해당되려면, "㉠ 그 신청한 행위가 공권력의 행사 또는 이에 준하는 행정작용이어야 하고, ㉡ 그 거부행위가 신청인의 법률관계에 어떤 변동을 일으키는 것이어야 하며, ㉢ 그 국민에게 그 행위발동을 요구할 법규상 또는 조리상의 신청권이 있어야 한다."(대판 2002.11.22. 2000두9229)고 하여 신청권을 거부처분취소소송의 소송요건(특히 거부행위요건설)으로 본다. 즉 법규상 또는 조리상 신청권이 없는 경우 거부행위의 처분성을 인정하지 않고, 부작위를 인정하지 않는다.

여기에서 신청권의 존부는 구체적 사건에서 신청인이 누구인가를 고려하지 않고 관계 법규의 해석에 의하여 일반 국민에게 그러한 신청권을 인정하고 있는가를 살펴 추상적으로 결정되는 것이고, 신청인이 그 신청에 따른 단순한 응답을 받을 권리를 넘어서 신청의 인용이라는 만족적 결과를 얻을 권리를 의미하는 것은 아니므로, 국민이 어떤 신청을 한 경우에 그 신청의 근거가 된 조항의 해석상 행정발동에 대한 개인의 신청권을 인정하고 있다고 보이면 그 거부행위는 항고소송의 대상이 되는 처분으로 보아야 하고, 구체적으로 그 신청이 인용될 수 있는가 하는 점은 본안에서 판단하여야 할 사항이다(대판 2009.9.10. 2007두20638).

판례가 언급하는 '조리상 신청권'의 인정기준으로 학설은 ㉠ 거부행위에 대하여 항고소송으로 다투는 이외에 다른 권리구제방법이 없는 경우, ㉡ 관계법규의 해석상 행정청이 그 처분을 하여야 할 의무가 있다는 것이 명백한 경우, ㉢ 행정청이 그러한 권한을 행사하지 않음으로써 국민이 입는 불이익이 부득이한 것으로 용인될 수 없을 정도로 매우 큰 점 등을 종합적으로 참작할 것이라고 한다(하명호).

판례는 최근 국토이용계획변경승인거부처분 사건(대판 2003.9.23. 2001두10936), 국공립대학 교수재임용거부처분 사건(대판 2004.4.22. 2000두7755), 주민등록번호변경신청거부처분 사건(대판 2017.6.15. 2013두2945), 학교용지부담금 환급신청 사건(대판 2016.1.28. 2013두2938), 공사중지명령의 해제신청 사건(2007.5.11. 2007두1811) 등 다수의 사례에서 신청권의 범위를 점차 확대하고 있다.

③ 검토

판례의 입장을 대상적격과 원고적격의 구분을 무시한 것이라고 비판하는 견해도 있으나, 부작위의 개념에 관하여 행정소송법이 "행정청이 당사자의 신청에 대하여 상당한 기간내에 일정한 처분을 하여야 할 법률상 의무가 있음에도 불구하고 이를 하지 아니하는 것"이라고 하여 신청권에 대응하는 처분 의무를 부작위의 요소로 규정하고 있고, 거부처분 개념은 부작위개념과 연결되어 있으므로 현행 행정소송법 하에서는 신청권을 거부처분의 요건으로 보는 판례의 입장이 타당하다.

판례

피해자의 의사와 무관하게 주민등록번호가 유출된 경우에는 조리상 주민등록번호의 변경을 요구할 신청권을 인정

갑 등이 인터넷 포털사이트 등의 개인정보 유출사고로 자신들의 주민등록번호 등 개인정보가 불법 유출되자 이를 이유로 관할 구청장에게 주민등록번호를 변경해 줄 것을 신청하였으나 구청장이 '주민등록번호가 불법 유출된 경우 주민등록법상 변경이 허용되지 않는다'는 이유로 주민등록번호 변경을 거부하는 취지의 통지를 한 경우, 피해자의 의사와 무관하게 주민등록번호가 유출된 경우에는 조리상 주민등록번호의 변경을 요구할 신청권을 인정함이 타당하고, 구청장의 주민등록번호 변경신청 거부행위는 항고소송의 대상이 되는 행정처분에 해당한다(대판 2017.6.15. 2013두2945).

문화재보호구역 내 토지 소유자의 문화재보호구역 지정해제 신청에 대한 행정청의 거부행위는 항고소송의 대상이 되는 행정처분

문화재보호법은 문화재를 보존하여 이를 활용함으로써 국민의 문화적 생활의 향상을 도모함과 아울러 인류문화의 발전에 기여함을 목적으로 하면서도, 문화재보호구역의 지정에 따른 재산권 행사의 제한을 줄이기 위하여, 행정청에게 보호구역을 지정한 경우에 일정한 기간마다 적정성 여부를 검토할 의무를 부과하고, 그 검토사항 등에 관한 사항은 문화관광부령으로 정하도록 위임하였으며, 검토 결과 보호구역의 지정이 적정하지 아니하거나 기타 특별한 사유가 있는 때에는 보호구역의 지정을 해제하거나 그 범위를 조정하여야 한다고 규정하고 있는 점, 같은 법 제8조 제3항의 위임에 의한 같은법시행규칙 제3조의2 제1항은 그 적정성 여부의 검토에 있어서 당해 문화재의 보존 가치 외에도 보호구역의 지정이 재산권 행사에 미치는 영향 등을 고려하도록 규정하고 있는 점 등과 헌법상 개인의 재산권 보장의 취지에 비추어 보면, 문화재보호구역 내에 있는 토지소유자 등으로서는 위 보호구역의 지정해제를 요구할 수 있는 법규상 또는 조리상의 신청권이 있다고 할 것이고, 이러한 신청에 대한 거부행위는 항고소송의 대상이 되는 행정처분에 해당한다(대판 2004.4.27. 2003두8821).

납세의무자의 세법에 근거하지 않은 경정청구에 대한 과세관청의 거부 회신을 항고소송의 대상이 되는 거부처분으로 볼 수 있는지 여부(소극)

국세기본법 또는 개별 세법에 경정청구권을 인정하는 명문의 규정이 없는 이상 조리에 의한 경정청구권을 인정할 수 없으므로, 납부의무자의 세법에 근거하지 아니한 경정청구에 대하여 과세관청이 이를 거부하는 회신을 하였다고 하더라도 이를 가리켜 항고소송의 대상이 되는 거부처분으로 볼 수 없다(대판 2010.2.25. 2007두18284).

대학교원의 신규채용에 있어서 유일한 면접심사 대상자로 선정된 임용지원자에 대한 교원신규채용 중단조치는 항고소송의 대상인 행정처분

임용지원자가 당해 대학의 교원임용규정 등에 정한 심사단계 중 중요한 대부분의 단계를 통과하여 다수의 임용지원자 중 유일한 면접심사 대상자로 선정되는 등으로 장차 나머지 일부의 심사단계를 거쳐 대학교원으로 임용될 것을 상당한 정도로 기대할 수 있는 지위에 이르렀다면, 그러한 임용지원자는 임용에 관한 법률상 이익을 가진 자로서 임용권자에 대하여 나머지 심사를 공정하게 진행하여 그 심사에서 통과되면 대학교원으로 임용해 줄 것을 신청할 조리상의 권리가 있다(대판 2004.6.11. 2001두7053).

사립대학에서 공립대학으로 설립자변경 과정에서 조리상 임용신청권이 인정된 사례

[1] 새로운 대학 설립자인 광역시의 집행기관인 지방자치단체장이 종전 사립대학 소속 교원의 신분에 대하여 "교육공무원으로의 임용결격사유가 없는 한 전원 교육공무원으로 임용한다."고 약정하였고, 그 후 교육행정의 최고 감독관청인 교육부장관이 위와 같은 약정을 한 지방자치단체장을 개교사무처리취급 책임자로 임명하였으며, 교육부장관 스스로도 학교법인에 대하여 설립자변경과 관련하여 교원의 신분보장에 문제점이 있으니 이를 보완하도록 지시까지 하였다면, 대학의 설립자변경 과정에서 지방자치단체장과 교육부장관이 차지하는 지위 및 임무 등에 비추어 볼 때, 위 약정과 지시에 의하여 종전 사립대학 소속 교원들은 임용권자에 대하여 조리상 교육공무원으로의 임용을 신청할 권리가 있다.

[2] 지방자치단체장의 임용약정과 교육부장관의 보완지시는 설립자변경 인가처분의 효력발생일을 기준으로 하여 아직 사립인 학교법인에서의 임용기간이 남아 있던 교원에게만 적용되는 것일 뿐이고, 그 이전에 임용기간이 만료된 교원에게는 적용되지 않는다고 할 것이므로, 설립자변경 인가처분의 효력발생일 이전에 임용기간이 만료된 교원들로서는 위 임용약정과 보완지시가 있더라도 임용권자에 대하여 교육공무원으로의 임용을 신청할 권리가 없다 할 것이어서 임용권자가 위 교원들의 임용을 거부하였다고 하더라도 그 거부는 행정소송의 대상이 되는 거부처분이라고 할 수 없다(대판 1997.10.10. 96누4046).

사업시행자가 별다른 이유 없이 환지등기의 촉탁을 장기간 지체하는 경우, 토지의 소유자에게 사업시행자에 대하여 환지등기의 촉탁을 신청할 수 있는 조리상의 권리가 있음

구 토지구획정리사업법 제65조 제2항은 구획정리사업 또는 환지처분으로 인하여 시행지구 안의 토지 또는 건축물에 관한 권리의 변동이 있는 때에는 시행자는 환지처분의 공고가 있은 후 지체 없이 대법원규칙이 정하는 바에 의하여 이에 관한 등기를 신청 또는 촉탁하여야 한다고 규정하고 있는바, 이는 종전토지의 소유자가 환지 후 토지의 소유자로 됨에도 불구하고 같은 조 제3항에 의하여 다른 등기를 경료하지 못함으로써 그 재산을 처분함에 있어 받는 제약을 최소화하기 위하여 사업시행자에게 환지처분의 공고가 있은 후 지체 없이 환지등기를 촉탁하도록 의무를 부과하고 있는 것이라고 할 것이므로, 사업시행자가 별다른 이유 없이 환지등기의 촉탁을 장기간 지체하는 경우 토지의 소유자로서는 사업시행자에 대하여 환지등기의 촉탁을 신청할 수 있는 조리상의 권리가 있다고 할 것이고, 사업시행자가 이를 거부하였다면 위법한 처분이 된다(대판 2000.12.22. 99두11349).

학교용지부담금에 대하여 조리상 환급에 필요한 처분을 신청할 권리가 인정됨

개발사업시행자가 납부한 개발부담금 중 부과처분 후에 납부한 학교용지부담금에 해당하는 금액에 대하여는 조리상 개발부담금 부과처분의 취소나 변경 등 개발부담금의 환급에 필요한 처분을 신청할 권리를 인정함이 타당하다(대판 2016.1.28. 2013두2938).

학력인정 학교형태의 평생교육시설의 설치자 명의변경 신청에 대한 행정청의 거부처분은 항고소송의 대상이 됨

평생교육법은 평생교육시설 설치자의 지위승계를 명문으로 금지하지 아니하고 있고 그 지위승계를 금지하여야 할 합리적인 필요성도 인정된다고 할 수 없으므로, 같은 법이 설치자의 지위승계절차에 관한 명문규정을 두지 않고 있다고 하여 그 지위의 승계를 금지하는 취지라고 해석되지는 아니하고, … 법규에 따른 적법성과 타당성의 요건을 구비하는 한 설치자의 지위승계가 허용된다고 보아야 할 것이고, 따라서 법규상 내지 조리상으로 신청인에게 학력인정 학교형태의 평생교육시설 설치자 명의의 변경을 요구할 권리가 있다(대판 2003.4.11. 2001두9929).

생활대책대상자 선정기준에 해당하는 자가 자신을 생활대책대상자에서 제외하거나 선정을 거부한 사업시행자를 상대로 항고소송을 제기할 수 있다고 본 사례

공익사업을 위한 토지 등의 취득 및 보상에 관한 법률은 제78조 제1항에서 "사업시행자는 공익사업의 시행으로 인하여 주거용 건축물을 제공함에 따라 생활의 근거를 상실하게 되는 자(이하 '이주대책대상자'라 한다)를 위하여 대통령령으로 정하는 바에 따라 이주대책을 수립·실시하거나 이주정착금을 지급하여야 한다."고 규정하고 있을 뿐, 생활대책용지의 공급과 같이 공익사업 시행 이전과 같은 경제수준을 유지할 수 있도록 하는 내용의 생활대책에 관한 분명한 근거 규정을 두고 있지는 않으나, 사업시행자 스스로 공익사업의 원활한 시행을 위하여 필요하다고 인정함으로써 생활대책을 수립·실시할 수 있도록 하는 내부규정을 두고 있고 내부규정에 따라 생활대책대상자 선정기준을 마련하여 생활대책을 수립·실시하는 경우에는, 이러한 생활대책 역시 "공공필요에 의한 재산권의 수용·사용 또는 제한 및 그에 대한 보상은 법률로써 하되, 정당한 보상을 지급하여야 한다."고 규정하고 있는 헌법 제23조 제3항에 따른 정당한 보상에 포함되는 것으로 보아야 한다. 따라서 이러한 생활대책대상자 선정기준에 해당하는 자는 사업시행자에게 생활대책대상자 선정 여부의 확인·결정을 신청할 수 있는 권리를 가지는 것이어서, 만일 사업시행자가 그러한 자를 생활대책대상자에서 제외하거나 선정을 거부하면, 이러한 생활대책대상자 선정기준에 해당하는 자는 사업시행자를 상대로 항고소송을 제기할 수 있다고 보는 것이 타당하다(대판 2011.10.13. 2008두17905).

실용신안권이 불법 또는 착오로 소멸등록된 경우, 실용신안권자에게 그 회복등록을 신청할 권리가 있음

실용신안권이 소멸등록된 상태에서는 실용신안권자로서는 자신의 권리를 실용신안등록원부에 표창하지 못하고, 나아가 실용신안권을 처분하거나 담보로 제공하는 등 등록을 필요로 하는 일체의 행위를 할 수 없게 되어 권리행사에 중대한 지장을 받게 되므로, 실용신안권의 소멸등록의 회복은 실용신안권자의 권리관계에 직접 변동을 일으키는 행위라고 할 것이어서 실용신안권자는 이해상대방을 상대로 그의 신청에 의하여 불법 또는 착오로 말소된 실용신안권 등록의 회복을 청구할 수 있는 외에, 실용신안권이 특허청장의 직권에 의하여 불법 또는 착오로 소멸등록된 경우에 특허청장에 대하여 그 소멸등록된 실용신안권의 회복등록을 신청할 권리가 있다(대판 2002.11.22. 2000두9229).

산업재해보상보험 가입자인 사업주의 사업종류변경신청에 대한 근로복지공단의 반려행위는 항고소송의 대상이 되는 행정처분

피고 근로복지공단이 사업주에게 통지한 사업종류에 대하여 사업주가 사업장의 사업실태 내지 현황에 대한 피고의 평가 잘못 등을 이유로 피고에게 사업종류의 변경을 신청하였으나 피고가 이를 거부한 상황에서, 사업주가 자신이 적정하다고 보는 사업종류의 적용을 주장하면서 피고가 통지한 사업종류에 기초한 산재보험료를 납부하지 아니한 경우, 사업주는 연체금이나 가산금을 징수당하게 됨은 물론, 체납처분도 받게 되고, 산재보험료를 납부하지 아니한 기간 중에 재해가 발생한 경우 그 보험급여의 전부 또는 일부를 징수당할 수 있는 등의 불이익이 있는 점을 감안해 보면, 사업주의 사업종류변경신청을 받아들이지 않는 피고의 거부행위는 사업주의 권리의무에 직접 영향을 미치는 행위라고 할 것이다. 나아가 보험가입자인 사업주가 사업종류의 변경을 통하여 보험료율의 시정을 구하고자 하는 경우, 사업주는 피고가 통지한 사업종류에 따른 개산보험료나 확정보험료를 신고납부하지 아니한 후 피고가 소정 절차에 따라 산정한 보험료 또는 차액의 납부를 명하는 징수통지를 받을 때까지 기다렸다가 비로소 그 징수처분에 불복하여 그 절차에서 사업종류의 변경 여부를 다툴 수 있다고 하면 앞서 본 바와 같은 불이익을 입을 수 있는 등 산재보험관계상의 불안정한 법률상 지위에 놓이게 되는데 이는 사업주의 권리보호에 미흡하며, 사업종류는 보험가입자인 사업주가 매 보험연도마다 계속 납부하여야 하는 산재보험료 산정에 있어 필수불가결한 기초가 되는 것이므로 사업종류 변경신청에 대한 거부행위가 있을 경우 바로 사업주로 하여금 이를 다툴 수 있게 하는 것이 분쟁을 조기에 발본적으로 해결할 수 있는 방안이기도 하다. 이와 같은 사정을 모두 고려하여 보면, 보험가입자인 사업주에게 보험료율의 산정의 기초가 되는 사업종류의 변경에 대한 조리상 신청권이 있다고 봄이 상당하다(대판 2008.5.8. 2007두10488).

건축회사에게 조리상 공사중지명령의 해제를 요구할 수 있는 권리가 인정된다고 한 사례

지방자치단체장이 건축회사에 대하여 당해 신축공사와 관련하여 인근 주택에 공사로 인한 피해를 주지 않는 공법을 선정하고 이에 대하여 안전하다는 전문가의 검토의견서를 제출할 때까지 신축공사를 중지하라는 당해 공사중지명령에 있어서는 그 명령의 내용 자체로 또는 그 성질상으로 명령 이후에 그 원인사유가 해소되는 경우에는 잠정적으로 내린 당해 공사중지명령의 해제를 요구할 수 있는 권리를 위 명령의 상대방에게 인정하고 있다고 할 것이므로, 위 회사에게는 조리상으로 그 해제를 요구할 수 있는 권리가 인정된다(대판 1997.12.26. 96누17745).

행정재산의 사용·수익 허가 및 그 거부와 취소의 법적 성질

[1] 국립의료원 부설주차장에 관한 위탁관리용역운영계약의 실질은 행정재산인 부설주차장에 대한 국유재산법 제24조 제1항에 의한 사용·수익 허가로서 …(중략)… 이는 국립의료원이 원고의 신청에 의하여 공권력을 가진 우월적 지위에서 행한 행정처분으로서 특정인에게 행정재산을 사용할 수 있는 권리를 설정하여 주는 강학상 특허에 해당한다 할 것이고 순전히 사경제주체로서 원고와 대등한 위치에서 행한 사법상의 계약으로 보기 어렵다(대판 2006.3.9. 2004다31074).

[2] 행정재산의 사용·수익허가처분의 성질에 비추어 국민에게는 행정재산의 사용·수익허가를 신청할 법규상 또는 조리상의 권리가 있다고 할 것이므로 공유재산의 관리청이 행정재산의 사용·수익에 대한 허가 신청을 거부한 행위 역시 행정처분에 해당한다(대판 1998.2.27. 97누1105).

[3] 국·공유재산의 관리청이 행정재산의 사용·수익을 허가한 다음 그 사용·수익하는 자에 대하여 하는 사용·수익허가취소는 순전히 사경제주체로서 행하는 사법상의 행위라 할 수 없고, 이는 관리청이 공권력을 가진 우월적 지위에서 행한 것으로서 항고소송의 대상이 되는 행정처분이다(대판 1997.4.11. 96누17325).

토지 소유자가 건축허가의 철회를 신청할 수 있다고 한 사례

건축허가는 대물적 성질을 갖는 것이어서 행정청으로서는 허가를 할 때에 건축주 또는 토지 소유자가 누구인지 등 인적 요소에 관하여는 형식적 심사만 한다. 건축주가 토지 소유자로부터 토지사용승낙서를 받아 그 토지 위에 건축물을 건축하는 대물적 성질의 건축허가를 받았다가 착공에 앞서 건축주의 귀책사유로 해당 토지를 사용할 권리를 상실한 경우, 건축허가의 존재로 말미암아 토지에 대한 소유권 행사에 지장을 받을 수 있는 토지 소유자로서는 건축허가의 철회를 신청할 수 있다(대판 2017.3.15. 2014두41190).

불가쟁력이 생긴 행정처분에 대해 변경을 요구할 신청권은 없음

제소기간이 이미 도과하여 불가쟁력이 생긴 행정처분에 대하여는 개별 법규에서 변경을 요구할 신청권을 규정하고 있거나 관계 법령의 해석상 그러한 신청권이 인정될 수 있는 등 특별한 사정이 없는 한 국민에게 행정처분의 변경을 구할 신청권이 있다고 할 수 없다(대판 2017.2.9. 2014두43264).

요양승인 과정에서 사업주 변경신청에 대한 공단의 거부가 행정처분이 아니라고 한 사례

업무상 재해를 당한 甲의 요양급여 신청에 대하여 근로복지공단이 요양승인 처분을 하면서 사업주를 乙 주식회사로 보아 요양승인 사실을 통지하자, 乙 회사가 甲이 자신의 근로자가 아니라고 주장하면서 사업주 변경신청을 하였으나 근로복지공단이 거부 통지를 한 사안에서, 산업재해보상보험법, 고용보험 및 산업재해보상보험의 보험료징수 등에 관한 법률 등 관련 법령은 사업주가 이미 발생한 업무상 재해와 관련하여 당시 재해근로자의 사용자가 자신이 아니라 제3자임을 근거로 사업주 변경신청을 할 수 있도록 하는 규정을 두고 있지 않으므로 법규상으로 신청권이 인정된다고 볼 수 없고, 산업재해보상보험에서 보험가입자인 사업주와 보험급여를 받을 근로자에 해당하는지는 해당 사실의 실질에 의하여 결정되는 것일 뿐이고 근로복지공단의 결정에 따라 보험가입자(당연가입자) 지위가 발생하는 것은 아닌 점 등을 종합하면, 사업주 변경신청과 같은 내용의 조리상 신청권이 인정된다고 볼 수도 없으므로, 근로복지공단이 신청을 거부하였더라도 乙 회사의 권리나 법적 이익에 어떤 영향을 미치는 것은 아니어서, 위 통지는 항고소송의 대상이 되는 행정처분이 되지 않는다(대판 2016.7.14. 2014두47426).

국민이 행정청에 대하여 제3자에 대한 건축허가와 준공검사의 취소 및 제3자 소유의 건축물에 대한 철거명령을 요구할 수 있는 법규상 또는 조리상 권리가 없음

건축법 및 기타 관계 법령에 국민이 행정청에 대하여 제3자에 대한 건축허가의 취소나 준공검사의 취소 또는 제3자 소유의 건축물에 대한 철거 등의 조치를 요구할 수 있다는 취지의 규정이 없고, 건축법 제69조 제1항 및 제70조 제1항은 각 조항 소정의 사유가 있는 경우에 시장·군수·구청장에게 건축허가 등을 취소하거나 건축물의 철거 등 필요한 조치를 명할 수 있는 권한 내지 권능을 부여한 것에 불과할 뿐, 시장·군수·구청장에게 그러한 의무가 있음을 규정한 것은 아니므로 위 조항들도 그 근거 규정이 될 수 없으며, 그 밖에 조리상 이러한 권리가 인정된다고 볼 수도 없다. 원심이 같은 취지에서, 원고가 피고에 대하여 이 사건 공동주택에 대한 건축허가와 준공검사를 취소하여 달라거나 철거명령을 하여 달라고 요구할 수 있는 법규상 또는 조리상 권리가 없다는 이유로, 이 사건 회신이 행정처분에 해당함을 전제로 이 사건 회신의 취소를 구하는 이 사건 주위적 청구의 소와 이 사건 공동주택에 대한 건축허가 및 준공검사를 취소하지 아니하고 철거명령을 하지 아니하는 피고의 부작위에 대한 위법확인을 구하는 이 사건 예비적 청구의 소는 모두 부적법하다고 판단한 것은 정당하다(대판 1999.12.7. 97누17568).

시외완행버스업체들이 구청장에게 시외버스 공용정류장 운영 회사에 대하여 사업개선명령을 내리도록 신청한 것을 거부한 것은 행정처분 아님

시외완행버스업체들이 시외버스 공용정류장 운영회사의 정류장 사용 요금체계가 부당할뿐만 아니라 사용요금 책정 후 사정 변경이 있다는 이유로 구청장에게 자동차정류장법 제20조에 따른 사업개선명령신청서를 제출한 것은 구청장으로 하여금 위 회사에게 사업개선명령을 내리도록 감독권의 발동을 촉구한 것에 지나지 아니할 뿐 그 신청에 따른 행위를 요구 할 법규상 또는 조리상의 권리에 터잡은 것이 아니어서 구청장이 위 신청을 거부한 것만으로는 항고소송의 대상이 되는 행정처분에 해당하지 아니한다(대판 1991.2.26. 90누5597).

구「행정규제 및 민원사무기본법」상 민원인에게 민원에서 요구하는 행정기관의 행위에 대한 실체적 신청권이 인정되지 아니함

구 행정규제 및 민원사무기본법 제2조 제3호와 제9조 제3항 및 같은법시행령 제2조 제3호 (바)목의 규정은, 행정기관에 대하여 특정한 행위를 요구하는 행위도 민원사항의 하나로 규정하면서 그에 관한 신청이 있을 경우 행정기관은 그 접수를 보류 또는 거부하거나 혹은 접수된 서류를 부당하게 되돌려 보낼 수 없도록 규정하고 있으나, 위 법이 민원사무의 처리에 관한 기본적인 사항을 정하는 것을 그 입법목적으로 하여 주로 절차적인 사항을 정하고 있는 점에 비추어 볼 때, 위 각 규정에서 위와 같이 민원사항의 신청에 대한 행정기관의 절차적인 접수의무를 규정하고 있다고 하더라도 그로써 바로 민원인에게 그 민원에서 요구하는 행정기관의 행위에 대한 실체적인 신청권까지 인정되는 것이라고 볼 수는 없다(대판 1999.8.24. 97누7004).

서울특별시의 시영아파트에 대한 분양불허 의사표시는 행정처분이 아님

서울특별시의 "철거민에 대한 시영아파트 특별분양개선지침"은 서울특별시 내부에 있어서의 행정지침에 불과하고 지침 소정의 사람에게 공법상의 분양신청권이 부여되는 것이 아니라 할 것이므로 서울특별시의 시영아파트에 대한 분양불허의 의사표시는 항고소송의 대상이 되는 행정처분으로 볼 수 없다(대판 1993.5.11. 93누2247).

중요무형문화재 보유자의 추가인정 여부가 문화재청장의 재량에 속하는지 여부(적극) 및 법규상 개인에게 신청권이 있는지 여부(소극)

중요무형문화재 보유자의 추가인정 여부는 피고의 재량에 속하고, 특정 개인이 자신을 보유자로 인정해 달라고 신청할 수 있다는 근거 규정을 별도로 두고 있지 아니하므로 법규상으로 개인에게 그러한 신청권이 있다고 할 수 없다. 그리고 구 문화재보호법 및 그 시행령이 위와 같이 개인에게 신청권을 부여하고 있지 아니한 취지는 피고로 하여금 개인의 신청에 구애되지 않고 중요무형문화재의 보존과 전승이라는 공익적 관점에서 객관적으로 보유자 추가인정의 필요성 또는 타당성 유무를 판단하도록 함에 있다. … 이상과 같은 여러 사정을 앞에서 본 법리에 비추어 살펴보면, 원고가 전수교육 조교로서 이 사건 조사를 받았다는 사정만으로는 원고에게 중요무형문화재 보유자의 추가인정에 관한 법규상 또는 조리상 신청권이 있다고 볼 수 없고, 피고가 원고를 경기민요 보유자로 추가인정하지 않았다고 하더라도 그로 인하여 원고의 권리나 법적 이익에 어떤 영향을 준다고 할 수 없으므로, 이 사건 통지는 항고소송의 대상이 되는 거부처분에 해당하지 아니한다(대판 2015.12.10. 2013두20585).

문화재 지정처분의 취소 등을 요구할 신청권이 없다고 한 사례

구 문화재보호법 제55조 제5항의 위임에 기하여 도지정문화재의 지정해제에 관한 사항을 정하고 있는 구 경상남도문화재보호조례 제15조는, 도지사는 도지정문화재가 문화재로서의 가치를 상실하거나 기타 특별한 사유가 있는 때에 위원회의 심의를 거쳐 그 지정을 해제한다고 규정하고 있을 뿐이고, 같은 법과 같은 조례에서 개인이 도지사에 대하여 그 지정의 취소 또는 해제를 신청할 수 있다는 근거 규정을 별도로 두고 있지 아니하므로, 법규상으로 개인에게 그러한 신청권이 있다고 할 수 없고, 같은 법과 같은 조례가 이와 같이 개인에게 그러한 신청권을 부여하고 있지 아니한 취지는, 도지사로 하여금 개인의 신청에 구애됨이 없이 문화재의 보존이라는 공익적인 견지에서 객관적으로 지정해제사유 해당 여부를 판정하도록 함에 있다고 할 것이므로, 어느 개인이 문화재 지정처분으로 인하여 불이익을 입거나 입을 우려가 있다고 하더라도, 그러한 개인적인 사정만을 이유로 그에게 문화재 지정처분의 취소 또는 해제를 요구할 수 있는 조리상의 신청권이 있다고도 할 수 없다(대판 2001.9.28. 99두8565).

산림 복구설계승인 및 복구준공통보에 대한 이해관계인의 취소신청을 거부한 행위는 행정처분이 아님

산림법령에는 채석허가처분을 한 처분청이 산림을 복구한 자에 대하여 복구설계서승인 및 복구준공통보를 한 경우 그 취소신청과 관련하여 아무런 규정을 두고 있지 않고, 원래 행정처분을 한 처분청은 그 처분에 하자가 있는 경우에는 원칙적으로 별도의 법적 근거가 없더라도 스스로 이를 직권으로 취소할 수 있지만, 그와 같이 직권취소를 할 수 있다는 사정만으로 이해관계인에게 처분청에 대하여 그 취소를 요구할 신청권이 부여된 것으로 볼 수는 없으므로, 처분청이 위와 같이 법규상 또는 조리상의 신청권이 없이 한 이해관계인의 복구준공통보 등의 취소신청을 거부하더라도, 그 거부행위는 항고소송의 대상이 되는 처분에 해당하지 않는다(대판 2006.6.30. 2004두701).

03 처분성이 문제되는 특수한 경우

1. 의의

(1) 행정소송법은 취소소송의 대상을 처분 등으로 명시하고 있다(제4조 제1호). 여기에서 처분 등이란 '행정청이 행하는 구체적 사실에 관한 법집행으로서의 공권력의 행사 또는 그 거부와 그 밖에 이에 준하는 행정작용 및 행정심판에 대한 재결'을 말한다(제2조 제1항 제1호).

(2) '그 밖에 이에 준하는 행정작용'이란 공권력행사작용 또는 거부처분은 아니라도, 행정청의 대외적 작용으로서 개인의 권익에 구체적으로 영향을 미치는 작용을 말한다. 어떠한 행정작용이 여기에 해당되는가는 학설과 판례에 맡겨져 있다. 실무상 처분성 여부와 관련하여 문제가 되고 있는 것들은 다음과 같다.

2. 사실행위

(1) 사실행위의 의의

① 개념

공법상 사실행위란 ㉠ 행정주체의 행위가 일정한 법률효과를 지향하는 것이 아니라 직접 어떠한 사실상의 효과·결과의 실현을 목적으로 하는 행정작용, 또는 ㉡ 법률적 효과의 발생을 직접적으로 목적하지 않는 행위로서 주로 공법영역에서 행정기관의 활동에 관련되고 그로 인하여 시민의 법적 영역과 관련되는 행위로 설명된다(예 교량의 건설, 도로의 청소, 범인체포).

② 중요성

공법상 사실행위는 아무런 직접적인 법효과를 갖는 것이 아니기 때문에 행정법학계에서 관심의 대상이 된 것은 최근의 일이다. 그러나 공법상 사실행위도 법질서에 부합해야 하고, 사실행위가 위법한 경우에 그에 대한 권리구제 문제는 중요한 의미를 갖는다.

(2) 권력적 사실행위와 비권력적 사실행위

공권력의 행사인 실력행사인지의 여부를 기준으로 한 분류이다. 전자는 공권력의 행사로서 하는 행위(예 영업소폐쇄, 행정대집행의 실행, 전염병환자의 강제격리)이고, 후자는 공권력의 행사와 관계없는 사실행위(예 정보제공수단으로서의 공표, 행정지도, 비공식적 사실행위)이다. 권력적 사실행위는 처분의 개념에 해당하므로 행정쟁송으로 다툴 수 있다.

(3) 공법상 사실행위의 법적 근거와 한계

① 법적 근거

공법상 사실행위도 다른 행정작용과 마찬가지로 법률의 우위의 원칙과 법률의 유보의 원칙하에 놓인다. 따라서 조직규범의 범위 내에서 이루어져야 함은 당연하다. 그 외에 작용법적 근거를 필요로 하는가의 문제가 있는데, 개인의 신체·자유·재산에 직접 침해를 야기할 수 있는 사실행위는 작용법적 근거가 필요하다고 볼 것이다(침해유보설). 그 밖에도 현실적으로 당사자에게 불이익을 발생하게 하는 사실행위(예 행정지도나 비공식적 행정작용으로서 불이익 발생)는 작용법적 근거를 요한다.

② 한계

행정행위의 경우와 다르지 않다. 공법상 사실행위는 ① 법령의 실체적·절차적 내용에 위반되어서는 아니되며, ② 행정목적을 위해 필요한 범위 내에서, ③ 공익원칙·신뢰보호원칙·평등원칙·등의 준수하에 이루어져야 한다.

(4) 사실행위의 처분성

① 학설

㉠ 긍정설: 취소소송중심주의하에서, 그리고 사실행위에 대한 당사자소송을 인정하지 않고 있는 현행법하에서 실효적인 권익구제를 위하여, 권력적 사실행위 및 사실상 강제력을 미치는 비권력적 사실행위는 그 자체가 행정쟁송법 및 행정심판법상의 처분에 해당한다고 본다.

㉡ 수인하명설: 권력적 사실행위 자체가 아니라 권력적 사실행위에 결합되어 있는 행정행위인 수인하명이 항고쟁송의 대상이 된다고 한다. 따라서 수인하명을 수반하지 않는 권력적 사실행위(예 경찰의 불법적 미행행위)나 비권력적 사실행위는 처분성을 인정하지 않는다.

㉢ 부정설: 사실행위에 대하여는 취소를 생각할 수 없다는 전제하에, 사실행위에 대한 권익구제는 당사자소송인 이행소송, 예방적 금지소송 또는 공법상 결과제거청구소송으로 도모하여야 한다고 한다.

② 판례

수인하명을 내포하는 공권력행사(예 전염병환자의 격리수용·공공시설의 설치)는 처분에 해당한다. 대법원은 재산압류처분(대판 1969.4.29. 69누12), 공매처분(대판 1984.9.25. 84누201), 단수처분(대판 1979.12.28. 79누218) 등에 대하여 처분성을 인정한다.

판례는 주의·권고·호의적 중재·조정·희망의 표시·알선·지도 등과 같은 사실행위는 처분성을 인정하지 않는다. 다만, 국가인권위원회의 성희롱결정 및 시정조치

권고처럼 예외적으로 처분으로 본 사례도 있다(대판 2005.7.8. 2005두487).

그러나 관념의 통지 등 단순한 사실행위, 즉 기존의 권리의무관계를 단순히 확인, 통지하는 사실행위는 처분이 아니다.

헌법재판소는 권력적 사실행위를 행정소송법상의 처분으로 보면서도 보충성원칙에 대한 예외에 해당하는 경우 헌법소원의 대상이 된다고 보고 있다. 독일과 달리 사실행위에 대하여 일반적 이행소송이 인정되지 않은 현실에서 헌법소원이 실효성 있는 권리구제수단이 될 수 있다.

③ 검토

권력적 사실행위는 행정행위로서 '수인하명'과 사실행위로서 '집행행위'가 결합된 합성행위로서, 수인의무를 부과하고 있다는 점에서 수인하명설이 타당하다.

판례

수형자의 서신을 교도소장이 검열하는 행위는 권력적 사실행위로서 행정소송의 대상

수형자의 서신을 교도소장이 검열하는 행위는 이른바 권력적 사실행위로서 행정심판이나 행정소송의 대상이 되는 행정처분으로 볼 수 있으나, 위 검열행위가 이미 완료되어 행정심판이나 행정소송을 제기하더라도 소의 이익이 부정될 수 밖에 없으므로 헌법소원심판을 청구하는 외에 다른 효과적인 구제방법이 있다고 보기 어렵기 때문에 보충성의 원칙에 대한 예외에 해당한다(헌재 1998.8.27. 96헌마398).

교도소장이 수형자를 '접견내용 녹음·녹화 및 접견 시 교도관 참여대상자'로 지정한 것의 처분성

피고가 위와 같은 지정행위를 함으로써 원고의 접견 시마다 사생활의 비밀 등 권리에 제한을 가하는 교도관의 참여, 접견내용의 청취·기록·녹음·녹화가 이루어졌으므로 이는 피고가 그 우월적 지위에서 수형자인 원고에게 일방적으로 강제하는 성격을 가진 공권력적 사실행위의 성격을 갖고 있는 점, 위 지정행위는 그 효과가 일회적인 것이 아니라 이 사건 제1심판결이 선고된 이후인 2013. 2. 13.까지 오랜 기간 동안 지속되어 왔으며, 원고로 하여금 이를 수인할 것을 강제하는 성격도 아울러 가지고 있는 점, 위와 같이 계속성을 갖는 공권력적 사실행위를 취소할 경우 장래에 이루어질지도 모르는 기본권의 침해로부터 수형자들의 기본적 권리를 구제할 실익이 있는 것으로 보이는 점 등을 종합하면, 위와 같은 지정행위는 수형자의 구체적 권리의무에 직접적 변동을 초래하는 행정청의 공법상 행위로서 항고소송의 대상이 되는 '처분'에 해당한다(대판 2014.2.13. 2013두20899).

당연퇴직처분은 행정소송의 대상인 행정처분이 아님

국가공무원법 제69조에 의하면 공무원이 제33조 각 호의 1에 해당할 때에는 당연히 퇴직한다고 규정하고 있으므로, 국가공무원법상 당연퇴직은 결격사유가 있을 때 법률상 당연히 퇴직하는 것이지 공무원관계를 소멸시키기 위한 별도의 행정처분을 요하는 것이 아니며, 당연퇴직의 인사발령은 법률상 당연히 발생하는 퇴직사유를 공적으로 확인하여 알려주는 이른바 관념의 통지에 불과하고 공무원의 신분을 상실시키는 새로운 형성적 행위가 아니므로 행정소송의 대상이 되는 독립한 행정처분이라고 할 수 없다(대판 1995.11.14. 95누2036).

공원관리청이 행한 경계측량 및 표지의 설치는 행정처분이 아님

건설부장관이 행한 국립공원지정처분은 그 결정 및 첨부된 도면의 공고로써 그 경계가 확정되는 것이고, 시장이 행한 경계측량 및 표지의 설치 등은 공원관리청이 공원구역의 효율적인 보호, 관리를 위하여 이미 확정된 경계를 인식, 파악하는 사실상의 행위로 봄이 상당하며, 위와 같은 사실상의 행위를 가리켜 공권력행사로서의 행정처분의 일부라고 볼 수 없고, 이로 인하여 건설부장관이 행한 공원지정처분이나 그 경계에 변동을 가져온다고 할 수 없다(대판 1992.10.13. 92누2325).

재단법인 한국연구재단이 대학교 총장에게 연구팀장에 대한 대학 자체 징계 요구 등을 통보한 것은 행정처분이 아님

재단법인 한국연구재단이 갑 대학교 총장에게 연구개발비의 부당집행을 이유로 '해양생물유래 고부가식품·향장·한약 기초소재 개발 인력양성사업에 대한 2단계 두뇌한국(BK)21 사업' 협약을 해지하고 연구팀장 을에 대한 대학 자체 징계 요구 등을 통보한 경우, 재단법인 한국연구재단이 갑대학교 총장에게 을에 대한 대학 자체징계를 요구한 것은 법률상 구속력이 없는 권유 또는 사실상의 통지로서 을의 권리, 의무 등 법률상 지위에 직접적인 법률적 변동을 일으키지 않는 행위에 해당하므로, 항고소송의 대상인 행정처분에 해당하지 않는다(대판 2014.12.11. 2012두28704).

국민건강보험공단이 통보한 '직장가입자 자격상실 및 자격변동 안내' 및 '사업장 직권탈퇴에 따른 가입자 자격상실 안내' 는 처분이 아님

국민건강보험공단이 갑 등에게 '직장가입자 자격상실 및 자격변동 안내' 통보 및 '사업장 직권탈퇴에 따른 가입자 자격상실 안내' 통보를 한 사안에서, 국민건강보험 직장가입자 또는 지역가입자 자격 변동은 법령이 정하는 사유가 생기면 별도 처분 등의 개입 없이 사유가 발생한 날부터 변동의 효력이 당연히 발생하므로, 국민건강보험공단이 갑 등에 대하여 가입자 자격이 변동되었다는 취지의 '직장가입자 자격상실 및 자격변동 안내' 통보를 하였거나, 그로 인하여 사업장이 국민건강보험법상의 적용대상사업장에서 제외되었다는 취지의 '사업장 직권탈퇴에 따른 가입자 자격상실 안내' 통보를 하였더라도, 이는 갑 등의 , 또한 가입자 자격의 변동 여부 및 시기를 확인하는 의미에서 한 사실상 통지행위에 불과할 뿐, 위 각 통보에 의하여 가입자 자격이 변동되는 효력이 발생한다고 볼 수 없고 위 각 통보로 갑 등에게 지역가입자로서의 건강보험료를 납부하여야 하는 의무가 발생함으로써 갑 등의 권리의무에 직접적 변동을 초래하는 것도 아니므로, 위 각 통보의 처분성이 인정되지 않는다(대판 2019.2.14. 2016두41729).

수도사업자의 급수공사 신청자에 대한 급수공사비 납부통지는 행정처분이 아님

수도사업자가 급수공사 신청자에 대하여 급수공사비 내역과 이를 지정기일 내에 선납하라는 취지로 한 납부통지는 수도사업자가 급수공사를 승인하면서 급수공사비를 계산하여 급수공사 신청자에게 이를 알려 주고 위 신청자가 이에 따라 공사비를 납부하면 급수공사를 하여 주겠다는 취지의 강제성이 없는 의사 또는 사실상의 통지행위라고 풀이함이 상당하고, 이를 가리켜 항고소송의 대상이 되는 행정처분이라고 볼 수 없다(대판 1993.10.26. 93누6331).

서훈취소결정은 처분에 해당하나, 유족에 대한 서훈취소통보는 처분이 아님

피고 대통령은 2011. 4. 5. 국무회의의 의결을 거쳐 2011. 4. 6. 원고의 조부인 망 소외인에 대한 서훈취소 서류에 결재하고, 국무총리 및 행정안전부장관이 부서하는 방식으로 망인에 대한 서훈취소를 결정하였으므로, 피고 대통령의 망인에 대한 이 사건 서훈취소결정은 헌법과 법률이 정한 절차와 방식에 따른 행위로 적법하고, 이로써 망인이 서훈대상자의 지위에서 제외되는 효과가 확정적으로 발생하고 … 피고 국가보훈처장의 원고에 대한 이 사건 서훈취소통보는 상대방 또는 기타 관계자들의 법률상 지위에 직접적인 법률적 변동을 일으키지 아니하는 행위로 항고소송의 대상이 될 수 없는 사실상의 통지에 해당한다(대판 2015.4.23. 2012두26920).

구 민원사무처리법에서 정한 사전심사결과 통보는 행정처분이 아님

행정청은 사전심사결과 불가능하다고 통보하였더라도 사전심사결과에 구애되지 않고 민원사항을 처리할 수 있으므로 불가능하다는 통보가 민원인의 권리의무에 직접적 영향을 미친다고 볼 수 없고, 통보로 인하여 민원인에게 어떠한 법적 불이익이 발생할 가능성도 없는 점 등 여러 사정을 종합해 보면, 구 민원사무처리법이 규정하는 사전심사결과 통보는 항고소송의 대상이 되는 행정처분에 해당하지 아니한다(대판 2014.4.24. 2013두7834).

행정 각 부처의 장 등이 소관 법령의 해석에 관한 질의에 대하여 하는 회신은 행정처분이 아님

행정 각 부처의 장 등이 일반 국민의 소관 법령의 해석에 관한 질의에 대하여 하는 회신은 법원을 구속하지 못함은 물론 그 상대방이나 기타 관계자들의 법률상의 지위에 직접적으로 변동을 가져 오게 하는 것이 아니므로 특별한 사정이 없는 한 그 자체로서 항고소송의 대상이 될 수는 없다(대판 1992.10.13. 91누2441).

(5) 행정지도의 처분성 문제

① 행정지도의 개념

행정지도는 '행정기관이 그 소관사무의 범위 안에서 일정한 행정목적을 실현하기 위하여 특정인에게 일정한 행위를 하거나 하지 아니하도록 지도·권고·조언 등을 하는 행정작용'(행정절차법 제2조 제3호) 또는 '행정주체가 일정한 행정목적의 실현을 위하여 상대방의 임의적인 협력을 기대하며 행하는 비권력적 사실행위'로 정의된다(예 특정산업의 불황을 타개하기 위하여 관계기업에 조업단축을 권고). 개별법에서는 「권고」로 불리우기도 한다.

② 행정지도의 처분성

행정지도는 국민의 임의적 협력에 의하여 행정목적을 달성하려는 비권력적·비구속적 사실행위라는 점에서, 그것은 '처분'에 해당하지 않으므로 취소소송의 제기는 원칙적으로 인정되지 않는다(다수설, 판례). 그러나 ㉠ 규제적 행정지도의 경우 강제성과 계속성을 띠고 있는 행정작용으로서 취소·변경할 실익이 있으므로 행정쟁송의 대상이 된다는 견해가 있고, ㉡ 처분성 개념을 확대하여 이른바 형식적 행정행위 개념을 인정함으로써 행정지도의 처분성과 취소소송의 대상을 인정하려는 시도가 있다.

판례

남녀차별금지및구제에관한법률상 국가인권위원회의 성희롱결정 및 시정조치권고가 행정소송의 대상이 되는 행정처분에 해당

남녀차별금지및구제에관한법률 제28조에 의하면, 국가인권위원회의 성희롱결정과 이에 따른 시정조치의 권고는 불가분의 일체로 행하여지는 것인데 국가인권위원회의 이러한 결정과 시정조치의 권고는 성희롱 행위자로 결정된 자의 인격권에 영향을 미침과 동시에 공공기관의 장 또는 사용자에게 일정한 법률상의 의무를 부담시키는 것이므로 국가인권위원회의 성희롱결정 및 시정조치권고는 행정소송의 대상이 되는 행정처분에 해당한다고 보지 않을 수 없다(대판 2005. 7.8. 2005두487).

구청장이 도시재개발구역내의 건물소유자에게 건물의 자진철거를 요청하는 내용의 공문을 보낸 행위는 행정소송의 대상인 행정처분이 아님

구청장이 도시재개발구역내의 건물소유자 갑에게 건물의 자진철거를 요청하는 내용의 공문을 보냈다고 하더라도 그 공문의 제목이 지장물철거촉구로 되어 있어서 철거명령이 아님이 분명하고, 행위의 주체면에서 구청장은 재개발구역내 지장물의 철거를 요구할 아무런 법적 근거가 없으며, 공문의 내용도 갑에게 재개발사업에의 협조를 요청함과 아울러 자발적으로 협조하지 아니하여 법에 따른 강제집행이 행하여짐으로써 갑이 입을지도 모를 불이익에 대한 안내로 되어 있고 구청장이 위 공문을 발송한 후 갑으로부터 취소요청을 받고 위 공문이 도시재개발법 제36조의 지장물이전요구나 동 제35조 제2항에 따른 행정대집행법상의 강제철거지시가 아니고 자진철거의 협조를 요청한 것이라고 회신한 바 있다면 이러한 회신내용과 법치행정의 현실 및 일반적인 법의식수준에 비추어 볼 때 외형상 행정처분으로 오인될 염려가 있는 행정청의 행위가 존재함으로써 상대방이 입게 될 불이익 내지 법적 불안도 존재하지 않는다고 볼 것이므로 이를 행정소송의 대상이 되는 처분이라고 볼 수 없다(대판 1989.9.12. 88누8883).

구청장이 사회복지법인에 특별감사 결과 지적사항에 대한 시정지시와 그 결과를 관계서류와 함께 보고하도록 지시한 행위는 행정처분에 해당

원고로서는 위 보고명령 및 관련서류 제출명령을 이행하기 위하여 위 시정지시에 따른 시정조치의 이행이 사실상 강제되어 있다고 할 것이고, 만일 피고의 위 명령을 이행하지 않는 경우 시정명령을 받거나 법인설립허가가 취소될 수 있고, 자신이 운영하는 사회복지시설에 대한 개선 또는 사업정지 명령을 받거나 그 시설의 장의 교체 또는 시설의 폐쇄와 같은 불이익을 받을 위험이 있으며,…(중략)… 위 시정지시는 단순한 권고적 효력만을 가지는 비권력적 사실행위에 불과하다고 볼 수는 없고, 원고에 대하여 의무의 부담을 명하거나 기타 법률상 효과를 발생하게 하는 것으로서 항고소송의 대상이 되는 행정처분에 해당한다고 해석함이 상당하다고 할 것이다(대판 2008.4.24. 2008두3500).

초등학교장이 학부모에게 "교육활동 침해행위인 반복적 부당한 간섭을 중단하도록 권고"하는 조치는 항고소송의 대상이 되는 행정처분임

교육활동 침해행위로 피해를 입은 교원의 보호조치에 필요한 비용은 침해행위자 등이 부담하여야 하고, 경우에 따라 그 비용을 관할청이 부담한 후 침해행위자에 대하여 구상권을 행사할 수 있는 점, 피고에 의하여 침해행위자로 인정된 자는 그 손해배상의 청구를 당할 수 있다는 압박감에 의하여 침해행위로 인정된 행위를 중단하게 되어 그 권고사항의 이행이 사실상 강제될 수 있는 점, 피고의 권고 조치는 교육활동 침해행위에 대한 사실 인정과 불가분의 일체로 행하여지는 것인데, 교육활동 침해행위에 대한 사실 인정은 피고에 의하여 그러한 행위를 한 자로 결정된 자의 명예감정뿐만 아니라 품성, 덕행, 명성, 신용 등 인격적 가치에 관하여 사회로부터 받는 객관적인 평가인 명예에 영향을 미치는 행위라고 할 것인 점, 보호조치를 한 학교의 장은 관할청에 교육활동 침해행위의 내용과 보호조치 결과를 보고하여야 하며, 보고받은 관할청은 교육활동 침해행위로 피해를 입은 교원이 요청하는 경우 수사기관에 교육활동 침해행위자를 고발할 수도 있는 점, 학교의 장에 의하여 교육활동 침해행위자로 인정되는 경우 이와 같은 법적인 불이익이 발생하므로 원고에게 교육활동 침해행위가 인정됨을 전제로 하는 이 사건 조치에 대한 불복절차를 마련하여 권리구제의 기회를 부여할 필요가 있는 점 등에 비추어 보면, 이 사건 조치는 원고의 구체적인 권리의무에 직접적 변동을 초래하는 행위로서 항고소송의 대상이 되는 행정처분에 해당한다(대판 2023.9.14. 2023두37858).

3. 법규명령, 행정규칙, 고시, 조례

(1) 개설

판례는 일반적·추상적 법규명령 그 자체로서는 국민의 구체적인 권리의무에 직접적인 변동을 초래하는 것이 아니어서 행정소송법상의 처분이 아니고, 행정청의 내부적 지시·지침인 행정규칙 그 자체에 대하여도 직접 행정쟁송을 제기할 수 없다고 한다. 그러나 '처분적 법규명령'과 '처분성이 있는 법규명령의 효력이 있는 행정규칙'은 항고소송의 대상이 된다. 고시와 조례도 구체적 성격에 따라 처분성 인정 여부가 달라진다.

〈법규명령, 행정규칙, 고시, 조례의 행정쟁송법상 의의〉

1. 법규명령

① 의의

법규명령이란 법률상의 수권에 근거하여 정립하는 추상적·일반적 규정으로서 「법규성」을 가진 것을 말한다. 여기서 「법규」란 일반적·추상적 규정으로서 국민과 행정권을 구속하는 재판규범이 되는 법규범을 의미한다는 것이 오늘날의 통설적 견해이다. 법규명령은 국민생활을 일방적·고권적으로 규율한다는 점에서 행정행위와 상통하는 점이 있다.

② 종류

법률과 같은 효력을 가지는 법률대위명령(예 긴급명령, 긴급재정명령)과 법률보다 하위의 효력을 가지는 법률종속명령이 있다. 법률종속명령은 다음과 같이 구분된다.

위임명령	㉠ 법률 또는 상위명령의 개별적 위임에 의하여 일정한 새로운 법규사항, 즉 국민의 권리·의무에 관한 사항을 규정할 수 있는 법규명령 ㉡ 우리의 헌법상 대통령령('법률에서 위임받은 사항에 관하여', 제75조), 총리령 또는 부령('법률이나 대통령령의 위임으로', 제95조)이 여기에 해당
집행명령	㉠ 국민의 권리·의무관계의 내용 그 자체를 정하는 것이 아니라 법률 또는 상위 명령으로 정하여진 내용을 실현하기 위한 세칙을 정하는 법규명령 ㉡ 우리의 헌법상 대통령령('법률을 집행하기 위하여', 제75조), 총리령 또는 부령('소관사무에 관하여 직권으로', 제95조)이 여기에 해당

2. 행정규칙

① 의의

행정규칙이란 행정기관이 법조의 형식으로 정립하는 일반적·추상적 규범으로서 내부효과만을 가질 뿐 대외적으로 구속력을 가지는 법규로서의 성질을 가지지 아니하는 행정입법을 말한다.

② 종류

행정규칙의 종류로 조직규칙(예 사무분장규정, 위임전결규정), 근무규칙(예 행정절차운영지침, 사무관리규정, 근무시간 조정에 관한 규정), 영조물규칙(예 학칙, 교도소규칙), 규범해석적 행정규칙(예 '야간쓰레기'의 범위에 관한 기준), 재량준칙(예 국토교통부장관이 지방자치단체장에 대하여 위법건축물의 기준을 정해주는 경우), 규범구체화 행정규칙(예 전문가들의 의견을 반영하여 환경기준을 행정규칙으로 정하는 경우) 등이 있다.

③ 법규명령 형식의 행정규칙

행정규칙은 일반적으로 고시·훈령·예규의 형식으로 정립되나 때로는 상위법령의 위임 없이 법규명령의 형식으로 제정되거나(예 대통령령인 사무관리규정) 제재처분의 기준처럼 상위법령의 수권을 받아 법규명령의 형식으로 제정된 경우가 있다(예 택시운전자격의 취소·정지처분기준). 이 경우 만약 법규성이 인정된다면 이에 위반하는 처분은 위법한 것이 되어 행정소송(특히 항고소송)으로 다툴 수 있게 된다. **판례는 ㉠ 대통령령의 형식으로 제정된 경우** 이러한 행정처분의 기준은 대외적으로 국민이나 법원을 구속하는 힘이 있는 법규명령이고, **㉡ 부령 또는 지방자치단체규칙의 형식으로 제정된 경우는** 행정청 내의 사무처리기준을 정한 것에 불과하다고 본다.

④ 행정규칙 형식의 법규명령(법령보충적 행정규칙)

판례는 고시·훈령·예규 등의 형식을 갖추고 있으나, 그 내용이 당해 행정입법의 근거가 되는 법령의 규정과 결합하여 법규의 내용을 보충하는 것으로서 실질에 있어서는 법규적 성질을 갖는 경우 대외적 효력을 발생하는 것으로 본다(예 석유판매업허가기준고시, 식품영업허가기준고시, 대외무역법 제19조 제2항에 의한 수출제한 물품의 공고).

3. 고시

① 의의

행정청이 결정한 사항 및 기타 일정한 사항을 일반인에게 알리는 통지행위로서의 성질을 갖는다. '공고' 또는 '공시' 등으로 표현되는 경우도 있다.

② 법적 성질

㉠ 행정청이 결정한 사항 기타 일정한 사항을 단순히 국민에게 알리는 고시는 일반적으로 행정규칙의 성질을 갖는다.

㉡ 고시가 일반적·구체적 규율의 성질을 가지면 일반처분(예 특정도로의 통행금지에 대한 고시)에 해당하며, 고시의 내용이 어떤 물건의 성질 또는 상태를 규율하는 내용을 담고 있을 때에는 물적 행정행위라고 볼 수 있다.

㉢ 고시가 법령의 수권에 의해 법령을 보충하는 사항을 정하는 경우(행정규제기본법 제4조 제2항)에는 법령보충적 고시로서 근거법령규정과 결합하여 대외적으로 구속력 있는 법규명령의 효력을 갖는다(대판 1999.11.26. 97누13474).

㉣ 일반법률에 근거해 발해지는 '최고가격고시'(물가안정에 관한 법률)나 '물품수출입공고'(대외무역법)는 실질적으로 법규명령의 성격을 갖는다.

4. 조례

① 의의

조례는 지방자치단체가 법령의 범위 내에서 지방의회의 의결을 거쳐 그 사무에 관하여 제정하는 법형식이다. 조례는 그 제정에 있어 법률의 수권을 요하는 경우 이외에는, 법령의 근거가 없더라도 당해 지방자치단체의 모든 사무에 관하여 제정할 수 있다(지방자치법 제28조). 조례는 주민에 대하여 발하는 일반·추상적인 규율이지만, 구체적인 사항을 규정할 수도 있다.

② 성질

조례는 기본적으로 불특정다수인에 대해 구속력을 갖는 법규이다. 조례의 구속력은 당해 지방자치단체의 모든 주민과 지방자치단체 그리고 감독청과 법원에도 미친다. 조례는 보통 법규적 성질을 갖고 있지만, 예외적으로 내부적인 관계를 규율하기도 한다. 조례는 일정구역에서만 효력을 갖는다는 의미에서 지역법이고, 지방자치단체 스스로의 의사에 기한 자주법이다.

(2) 처분적 법규명령의 인정기준

법규명령(법령보충적 행정규칙 포함) 중 처분적 성질을 갖는 법규명령(처분적 법규명령)은 항고소송의 대상이 된다는 것이 판례 및 일반적 견해이다. 따라서 항고소송의 대상인 '처분적 법규명령'의 범위가 문제된다.

① 학설

㉠ **협의설:** 법규명령이 별도의 집행행위 없이도 국민에 대하여 직접적이고 구체적인 법적 효과를 미치는 경우, 즉 국민의 권리의무에 직접 변동을 야기하는 경우에 한하여 처분적 법규명령으로 본다(예 두밀분교폐지조례). 판례의 원칙적인 입장이다.

㉡ **광의설**: 협의의 처분적 법규명령뿐만 아니라, 일반적·추상적 규범이지만 집행행위의 매개없이 직접 국민의 권리의무를 규율하는 법규명령, 즉 집행적 법규명령(예 일정 영업장소에서의 미성년자의 출입금지의무 규정)도 항고소송의 대상이 되는 처분적 법규명령으로 본다. 이 견해에 대하여, 집행적 법규명령 대한 직접적 규범통제제도는 현행법상 인정되고 있지 않으므로 이들에 의하여 권리를 침해받은 국민은 항고소송이 아니라 헌법소원을 통하여 구제를 받을 수 있을 뿐이라는 비판이 있다.

② 판례

판례는 법규명령이 "그 자체로서 국민의 구체적인 권리의무에 직접적인 변동을 초래하는 것"인 경우에 한하여 항고소송의 대상이 된다(대판 2007.4.12. 2005두15168)고 하여 원칙상 협의설을 취하고 있다. 다만, 판례는 위 '고시'의 사례처럼 일반적·추상적 성격을 가지는 경우에도 다른 집행행위의 매개 없이 그 자체로서 직접 국민의 구체적인 권리의무나 법률관계를 규율하는 성격을 가질 때에는 행정처분에 해당한다고 본다.

③ 검토

협의설에서 말하는 법규명령 이외의 경우는 그것에 근거한 행정처분에 대하여 상대방은 소를 제기하고 위헌위법명령심사로 다투면 되므로 협의설이 타당하다.

판례

대학입시기본계획 내의 내신성적산정지침은 항고소송의 대상인 행정처분성을 갖지 아니함

교육부장관이 내신성적 산정기준의 통일을 기하기 위해 대학입시기본계획의 내용에서 내신성적 산정기준에 관한 시행지침을 마련하여 시·도 교육감에서 통보한 것은 행정조직 내부에서 내신성적 평가에 관한 내부적 심사기준을 시달한 것에 불과하며, 각 고등학교에서 위 지침에 일률적으로 기속되어 내신성적을 산정할 수밖에 없고 또 대학에서도 이를 그대로 내신성적으로 인정하여 입학생을 선발할 수밖에 없는 관계로 장차 일부 수험생들이 위 지침으로 인해 어떤 불이익을 입을 개연성이 없지는 아니하나, 그러한 사정만으로서 위 지침에 의하여 곧바로 개별적이고 구체적인 권리의 침해를 받은 것으로는 도저히 인정할 수 없으므로, 그것만으로는 현실적으로 특정인의 구체적인 권리의무에 직접적으로 변동을 초래케 하는 것은 아니라 할 것이어서 내신성적 산정지침을 항고소송의 대상이 되는 행정처분으로 볼 수 없다(대판 1994.9.10. 94두33).

약제급여·비급여목록 및 급여상한금액표(고시)는 항고소송의 대상이 되는 행정처분

보건복지부 고시인 약제급여·비급여목록 및 급여상한금액표는 다른 집행행위의 매개 없이 그 자체로서 국민건강보험가입자, 국민건강보험공단, 요양기관 등의 법률관계를 직접 규율하는 성격을 가지므로 항고소송의 대상이 되는 행정처분에 해당한다(대판 2006.9.22. 2005두2506).

항정신병 치료제의 요양급여 인정기준에 관한 보건복지부 고시의 법적 성격
어떠한 고시가 일반적·추상적 성격을 가질 때에는 법규명령 또는 행정규칙에 해당할 것이지만, 다른 집행행위의 매개 없이 그 자체로서 직접 국민의 구체적인 권리의무나 법률관계를 규율하는 성격을 가질 때에는 항고소송의 대상이 되는 행정처분에 해당한다. 항정신병 치료제의 요양급여 인정기준에 관한 보건복지부 고시는 다른 집행행위의 매개 없이 그 자체로서 제약회사, 요양기관, 환자 및 국민건강보험공단 사이의 법률관계를 직접 규율하므로 항고소송의 대상이 되는 행정처분에 해당한다(대판 2003.10.9. 2003무23결정).

납세병마개 제조업자를 지정한 국세청고시의 법적 성격 및 심판의 대상
고시 또는 공고의 법적 성질은 일률적으로 판단될 것이 아니라 고시에 담겨진 내용에 따라 구체적인 경우마다 달리 결정된다고 보아야 한다. 즉, 고시가 일반·추상적 성격을 가질 때는 법규명령 또는 행정규칙에 해당하지만, 고시가 구체적인 규율의 성격을 갖는다면 행정처분에 해당한다. 이 사건 국세청고시는 특정 사업자를 납세병마개 제조자로 지정하였다는 행정처분의 내용을 모든 병마개 제조자에게 알리는 통지수단에 불과하므로, 청구인의 이 사건 국세청고시에 대한 헌법소원심판청구는 고시 그 자체가 아니라 고시의 실질적 내용을 이루는 국세청장의 위 납세병마개 제조자 지정처분에 대한 것으로 해석함이 타당하다(헌재 1998.4.30. 97헌마141).

도시 및 주거환경정비법에 따른 이전고시의 법적 성격
도시 및 주거환경정비법에 따른 이전고시는 준공인가의 고시로 사업시행이 완료된 이후에 관리처분계획에서 정한 바에 따라 종전의 토지 또는 건축물에 대하여 정비사업으로 조성된 대지 또는 건축물의 위치 및 범위 등을 정하여 소유권을 분양받을 자에게 이전하고 가격의 차액에 상당하는 금액을 청산하거나 대지 또는 건축물을 정하지 않고 금전적으로 청산하는 공법상 처분이다(대판 2016.12.29. 2013다73551).

(3) 조례의 처분성 여부

① 일반적인 조례의 처분성

일반적으로 조례는 행정입법의 하나인 만큼 원칙적으로 국민의 권리의무에 관하여 개별적·구체적으로 규율하는 것이 아니고, 장래에 불특정 다수인에게 반복적으로 적용될 수 있는 일반적·추상적 규범이어서, 당해 조례에 따라 행정청이 특정인에 대하여 행정처분을 함으로써 비로소 국민의 권리의무에 구체적이고 개별적으로 영향을 미치게 된다. 따라서 행정청의 특정인에 대한 행정처분이 있기 전의 조례 그 자체는 항고소송의 대상이 되는 행정처분이 아니다.

② 처분성이 인정되는 조례

조례 중에는 별도의 집행행위 없이도 국민에 대하여 직접적이고 구체적인 법적 효과를 미치는 경우가 있는바, 이를 처분적 조례라 한다. 이러한 처분적 조례는 비록 형식은 행정입법 형식이나 그 실질이 행정처분성을 갖고 있으므로 항고소송의 대상이 된다(대판 1996.9.20. 95누8003; 두밀분교폐지조례).

4. 의회의 의결

의회의 의결은 국가 또는 지방공공단체의 내부적 의사결정에 불과하므로 행정처분이 아니다. 그러나 집행기관의 행정조치를 기다리지 않고 직접 그것에 의해서 사인의 법률상 지위에 영향을 미치는 경우(예 지방의회의원의 제명징계의결, 지방의회 의장선거)는 취소소송의 대상이 된다. 그러나 의회의 자율권에 위임되어 있는 사항(예 의원에 대한 출석정지의 징계의결)은 취소소송의 대상이 아니다.

5. 행정계획

(1) 행정계획의 의의

행정계획은 '행정에 관한 전문적·기술적 판단을 기초로 하여 특정한 행정목표를 달성하기 위하여 서로 관련되는 행정수단을 종합·조정함으로써 장래의 일정한 시점에 있어서 일정한 질서를 형성하기 위하여 설정된 활동기준'이다(대판 2007.4.12. 2005두1893).

(2) 행정계획의 법적 성질

① 종래 행정계획은 단순한 청사진에 불과한 것으로 처분성을 인정하지 아니하였다. 그러나 오늘날 판례는 행정계획의 공고에 의하여 직접 권리제한의 효과가 생기는 구속적 계획의 경우는 처분성을 인정한다(예 상업지역 또는 주거지역으로의 지정).

② 대법원은 구 도시계획법상 도시기본계획(현 도시·군기본계획)은 일반지침에 불과하다고 하였고(대판 2002.10.11. 2000두8226), 토지구획정리사업법상 환지계획도 처분성이 없다고 하였다(대판 1999.8.20. 97누6889). 즉 행정계획이 행정활동의 지침으로서만의 성격에 그치거나 행정조직 내부에서의 효력만을 가질 때는 항고소송의 대상으로서의 처분성을 갖지 않는다.

③ 구 도시계획법상 도시계획결정(현 도시·군관리계획)은 법률규정과 결합하여 각종 권리제한효과를 가져옴으로써 특정 개인의 권리 내지 법률상 이익을 개별적이고 구체적으로 규제하는 효과를 가져 오게 하는 행정청의 처분이라고 보았다(대판 1982.3.9. 80누105). 또한 판례는 구속적인 행정계획을 재량행위로 이해하고 있다(대판 1997.9.26. 96누10096).

판례

도시기본계획은 직접적 구속력이 없음

도시기본계획은 도시의 기본적인 공간구조와 장기발전방향을 제시하는 종합계획으로서 그 계획에는 토지이용계획, 환경계획, 공원녹지계획 등 장래의 도시개발의 일반적인 방향이 제시되지만, 그 계획은 도시계획입안의 지침이 되는 것에 불과하여 일반 국민에 대한 직접적인 구속력은 없는 것이므로, 도시기본계획을 입안함에 있어 토지이용계획에는 세부적인 내용을 기재하지 아니하고 다소 포괄적으로 기재하였다 하더라도 기본구상도상에 분명하게 그 내용을 표시한 이상 도시기본계획으로서 입안된 것이라고 봄이 상당하고, 또 공청회 등 절차에서 다른 자료에 의하여 그 내용이 제시된 다음 관계 법령이 정하는 절차에 따라 건설교통부장관의 승인을 받아 공람공고까지 되었다면 도시기본계획으로서 적법한 효력이 있는 것이다(대판 2002.10.11. 2000두8226).

고시된 도시계획결정은 행정소송의 대상인 처분

도시계획법 제12조 소정의 도시계획결정이 고시되면 도시계획구역안의 토지나 건물 소유자의 토지형질변경, 건축물의 신축, 개축 또는 증축 등 권리행사가 일정한 제한을 받게 되는바 이런 점에서 볼 때 고시된 도시계획결정은 특정 개인의 권리 내지 법률상의 이익을 개별적이고 구체적으로 규제하는 효과를 가져오게 하는 행정청의 처분이라 할 것이고, 이는 행정소송의 대상이 되는 것이라 할 것이다(대판 1982.3.9. 80누105).

환지계획은 항고소송의 대상이 되는 행정처분이 아님

토지구획정리사업법 제57조, 제62조 등의 규정상 환지예정지 지정이나 환지처분은 그에 의하여 직접 토지소유자 등의 권리의무가 변동되므로 이를 항고소송의 대상이 되는 처분이라고 볼 수 있으나, 환지계획은 위와 같은 환지예정지 지정이나 환지처분의 근거가 될 뿐 그 자체가 직접 토지소유자 등의 법률상의 지위를 변동시키거나 또는 환지예정지 지정이나 환지처분과는 다른 고유한 법률효과를 수반하는 것이 아니어서 이를 항고소송의 대상이 되는 처분에 해당한다고 할 수가 없다(대판 1999.8.20. 97누6889).

행정기관 내부에서 사업의 기본방향을 제시하는 계획인 '4대강 살리기 마스터플랜' 등은 처분이 아님

국토해양부, 환경부, 문화체육관광부, 농림수산부, 식품부가 합동으로 2009. 6. 8. 발표한 '4대강 살리기 마스터플랜' 등은 4대강 정비사업과 주변 지역의 관련 사업을 체계적으로 추진하기 위하여 수립한 종합계획이자 '4대강 살리기 사업'의 기본방향을 제시하는 계획으로서, 행정기관 내부에서 사업의 기본방향을 제시하는 것일 뿐, 국민의 권리·의무에 직접 영향을 미치는 것이 아니어서 행정처분에 해당하지 않는다(대결 2011.4.21. 2010무111 전합).

도지사가 도 내 특정시를 공공기관이 이전할 혁신도시 최종입지로 선정한 행위는 항고소송의 대상이 되는 행정처분이 아님

이 사건 지침에는 공공기관의 지방이전을 위한 정부 등의 조치와 공공기관이 이전할 혁신도시 입지 선정을 위한 사항 등을 규정하고 있을 뿐 혁신도시입지 후보지에 관련된 지역 주민 등의 권리의무에 직접 영향을 미치는 규정을 두고 있지 않으므로, 피고가 원주시를 혁신도시 최종입지로 선정한 행위는 항고소송의 대상이 되는 행정처분으로 볼 수 없다(대판 2007.11.15. 2007두10198).

도시설계는 법적 구속력을 갖는 구속적 행정계획

도시설계(註: 고양시 일산지구내 다가구주택의 가구수를 3가구 이하로 제한한 도시설계시행지침)에 의한 건축물규제의 성격과 도시설계와 관련한 건축법규정에 비추어 보면, 도시설계는 도시계획구역의 일부분을 그 대상으로 하여 토지의 이용을 합리화하고, 도시의 기능 및 미관을 증진시키며 양호한 도시환경을 확보하기 위하여 수립하는 도시계획의 한 종류로서 도시설계지구 내의 모든 건축물에 대하여 구속력을 가지는 구속적 행정계획의 법적 성격을 갖는다고 할 것이다(헌재 2003.6.26. 2002헌마402).

하수도정비기본계획은 항고소송의 대상이 되는 행정처분에 해당하지 아니함

구 하수도법 제5조의2에 의하여 기존의 하수도정비기본계획을 변경하여 광역하수종말처리시설을 설치하는 등의 내용으로 수립한 하수도정비기본계획은 항고소송의 대상이 되는 행정처분에 해당하지 아니한다(대판 2002.5.17. 2001두10578).

택지개발 예정지구 지정처분은 행정계획으로서 재량행위

택지개발 예정지구 지정처분은 건설교통부장관이 법령의 범위 내에서 도시지역의 시급한 주택난 해소를 위한 택지를 개발·공급할 목적으로 주택정책상의 전문적·기술적 판단에 기초하여 행하는 일종의 행정계획으로서 재량행위라고 할 것이므로 그 재량권의 일탈·남용이 없는 이상 그 처분을 위법하다고 할 수 없다(대판 1997.9.26. 96누10096).

계획변경신청권

[1] 처분청이 처분 후에 원래의 처분을 그대로 존속시킬 필요가 없게 된 사정변경이 생겼거나 중대한 공익상의 필요가 발생한 경우에는 별도의 법적 근거가 없어도 별개의 행정행위로 이를 철회·변경할 수 있지만 이는 그러한 철회·변경의 권한을 처분청에게 부여하는 데 그치는 것일 뿐 상대방 등에게 그 철회·변경을 요구할 신청권까지를 부여하는 것은 아니라 할 것이므로, 이와 같이 법규상 또는 조리상의 신청권이 없이 한 국민들의 토지형질변경행위 변경허가신청을 반려한 당해 반려처분은 항고소송의 대상이 되는 처분에 해당되지 않는다(대판 1997.9.12. 96누6219).

[2] 산림법이나 같은법시행령 등에는 산림훼손 용도변경신청에 관하여 아무런 규정을 두지 않고 있고, 산림청훈령인 '산림의형질변경허가및복구요령'은 법규로서의 효력이 없는 행정청 내부의 사무처리준칙에 불과하며, 처분 후에 원래의 처분을 그대로 존속시킬 수 없게 된 사정변경이 생겼다 하여 처분의 상대방에게 그 철회·변경을 요구할 권리가 생기는 것도 아니므로, 산림훼손허가를 얻은 자에게는 법규상 또는 조리상 산림훼손 용도변경신청권이 없다(대판 1998.10.13. 97누13764).

[3] 국토이용관리법상 주민이 국토이용계획의 변경에 대하여 신청을 할 수 있다는 규정이 없을 뿐만 아니라, 국토건설종합계획의 효율적인 추진과 국토이용질서를 확립하기 위한 국토이용계획은 장기성, 종합성이 요구되는 행정계획이어서 원칙적으로는 그 계획이 일단 확정된 후에 어떤 사정의 변동이 있다고 하여 그러한 사유만으로는 지역주민이나 일반 이해관계인에게 일일이 그 계획의 변경을 신청할 권리를 인정하여 줄 수는 없을 것이지만, 장래 일정한 기간 내에 관계 법령이 규정하는 시설 등을 갖추어 일정한 행정처분을 구하는 신청을

할 수 있는 법률상 지위에 있는 자의 국토이용계획변경신청을 거부하는 것이 실질적으로 당해 행정처분 자체를 거부하는 결과가 되는 경우에는 예외적으로 그 신청인에게 국토이용계획변경을 신청할 권리가 인정된다(대판 2003.9.23. 2001두10936).

[4] 국토의 계획 및 이용에 관한 법률은 … 주민(이해관계자 포함)에게는 도시·군관리계획의 입안권자에게 기반시설의 설치·정비 또는 개량에 관한 사항, 지구단위계획구역의 지정 및 변경과 지구단위계획의 수립 및 변경에 관한 사항에 대하여 도시·군관리계획도서와 계획설명서를 첨부하여 도시·군관리계획의 입안을 제안할 권리를 부여하고 있고, 위 입안제안을 받은 입안권자는 그 처리 결과를 제안자에게 통보하도록 규정하고 있는바, 이들 규정에 헌법상 개인의 재산권 보장의 취지를 더하여 보면, 도시계획구역 내 토지 등을 소유하고 있는 사람과 같이 당해 도시계획시설결정에 이해관계가 있는 주민으로서는 도시시설계획의 입안권자 내지 결정권자에게 도시시설계획의 입안 내지 변경을 요구할 수 있는 법규상 또는 조리상의 신청권이 있다(대판 2015.3.26. 2014두42742).

[5] 산업입지에 관한 법령은 산업단지에 적합한 시설을 설치하여 입주하려는 자와 토지 소유자에게 산업단지 지정과 관련한 산업단지개발계획 입안과 관련한 권한을 인정하고, 산업단지 지정뿐만 아니라 변경과 관련해서도 이해관계인에 대한 절차적 권리를 보장하는 규정을 두고 있다. 또한 산업단지 안에는 다수의 기반시설 등 도시계획시설 등을 포함하고 있고, 국토의 계획 및 이용에 관한 법률의 해석상 도시계획시설부지 소유자에게는 그에 관한 도시·군관리계획의 변경 등을 요구할 수 있는 법규상 또는 조리상 신청권이 인정된다고 해석되고 있다. … 이러한 법리는 이미 산업단지 지정이 이루어진 상황에서 산업단지 안의 토지 소유자로서 종전 산업단지개발계획을 일부 변경하여 산업단지개발계획에 적합한 시설을 설치하여 입주하려는 자가 종전 계획의 변경을 요청하는 경우에도 그대로 적용될 수 있다고 봄이 타당하다. 그러므로 산업단지개발계획상 산업단지 안의 토지 소유자로서 산업단지개발계획에 적합한 시설을 설치하여 입주하려는 자는 산업단지지정권자 또는 그로부터 권한을 위임받은 기관에 대하여 산업단지개발계획의 변경을 요청할 수 있는 법규상 또는 조리상 신청권이 있고, 이러한 신청에 대한 거부행위는 항고소송의 대상이 되는 행정처분에 해당한다(대판 2017.8.29. 2016두44186).

6. 부관

(1) 부관의 의의

행정행위의 부관 개념은 민법상 법률행위에 사용되는 개념(조건, 기한 등)을 행정법에 도입한 것으로서, '행정행위의 효과를 제한 또는 보충하거나 특별한 의무를 부과하기 위하여 행정기관에 의해 주된 행정행위에 부가된 종된(독립된 것이 아닌) 규율'이다(광의설). 행정행위로부터 부관만을 독립해서 행정소송으로 다툴 수 있는가의 문제가 있다.

(2) 부관의 종류

① 행정행위의 효력의 발생·소멸을 장래에 발생여부가 객관적으로 '불확실'한 사실에

의존시키는 부관인 조건, ② 행정행위의 효력의 발생·소멸을 장래에 발생 여부가 '확실'한 사실, 즉 장래의 특정시점에 종속시키는 부관인 기한, ③ 수익적 행정행위에 부가된 부관으로서 상대방에게 작위·부작위·수인·급부의무를 명하는 부담, ④ 일정요건 하에서 행정행위를 철회하여 행정행위의 효력을 소멸케 할 수 있음을 정한 부관인 철회권의 유보, ⑤ 법률이 예정하고 있는 행정행위의 효과의 일부를 행정청이 배제하는 부관인 법률효과의 일부배제 등이 있다.

(3) 부관에 대한 쟁송형태

① 쟁송형태 일반

부관에 대한 소송형태로는 ㉠ **진정일부취소소송**(행정행위의 일부만을 취소소송의 대상으로 함), ㉡ **부진정일부취소소송**(형식상 부관부 행정행위 전체를 대상으로 하면서 내용상 일부, 즉 부관만의 취소를 구함), ㉢ 형식상으로나 내용상으로 부관부 행정행위의 전체의 취소를 구하거나 부관의 변경을 구하는 소송이 있을 수 있다.

② 학설

㉠ 부담과 기타 부관을 구분하는 견해: 부담만은 진정일부취소송이 가능하지만, 부담 이외의 부관은 부관부행정행위를 취소소송의 대상으로 하되 부관만의 일부취소를 구하는 부진정일부취소소송이 가능하다고 한다.

㉡ 모든 부관이 독립쟁송가능하다는 견해: 현행 행정소송법상 진정일부취소송은 인정되지 않기 때문에 모든 부관에 대하여 부진정일부취소소송의 형태를 취한다.

㉢ 분리가능성을 기준으로 하는 견해: 이 견해에 따르면 ⓐ 주된 행정행위로부터 분리가능성이 없는 것은 전체 행정행위를 대상으로 소를 제기해야 하고, ⓑ 분리가능성이 인정되는 부관은 다시 ⅰ) 처분성을 갖는 것은 진정일부취소소송이 가능하고, ⅱ) 처분성이 인정되지 않는 부관은 부진정일부취소소송을 제기해야 한다.

③ 판례

판례는 ㉠ 부담의 경우는 진정일부취소소송을 인정하지만, ㉡ 기타의 부관에 대해서는 진정일부취소소송뿐 아니라 부진정일부취소소송도 인정하지 않고 있다. 즉, 부관부 행정행위 전체의 취소를 구하든지 아니면 먼저 행정청에 부관이 없는 처분으로 변경해 줄 것을 청구한 다음 그것이 거부된 경우에 거부처분취소소송을 제기하는 수밖에 없다고 한다.

④ 결어

판례의 입장에 대하여는, 전체의 처분을 취소한 후 부관부행정행위보다 불리한 새로운 처분이 발령될 수도 있고 원고의 권리보호가 우회적이라는 비판이 있다. 따라서 분리가능성을 기준으로 하는 견해에 따라, 분리가능한 부관인 경우는 진정일부취소소송과 부진정일부취소송 모두 가능하도록 해석함이 바람직하다.

※ 위의 '쟁송형태'에 관한 논의와 별도로 부관이 위법한 경우 독립하여 부관만을 취소할 수 있는지의 논의가 있다. 학설은 ① 재량행위와 기속행위를 구분하는 견해, ② 일부취소법리를 유추적용하는 견해, ③ 부관의 위법성을 기준으로 하는 견해 등이 있으며, 판례는 재량행위의 경우 부담을 제외한 부관은 부관부 행정행위 전부를 취소해야 한다는 입장이다(대판 1994.1.25. 93누13537).

판례

부관부행정행위 전체의 취소를 구해야 한다는 사례

(부산직할시장의 원고 대현실업(주)에 대한 도로점용허가처분을 다툰 사건에서) 원고가 신축한 상가등 시설물을 부산직할시에 기부채납함에 있어 그 무상사용을 위한 도로점용기간은 원고의 총공사비와 시 징수조례에 의한 점용료가 같아지는 때까지로 정하여 줄 것을 전제조건으로 하고 원고의 위 조건에 대하여 시는 아무런 이의없이 수락하고 위 상가등 건물을 기부채납받아 그 소유권을 취득하였다면 시가 원고에 대하여 위 상가 등의 사용을 위한 도로점용허가를 함에 있어서는 그 점용기간을 수락한 조건대로 해야 할 것임에도 합리적인 근거없이 단축한 것은 위법한 처분이라 할 것이며 가사 원고가 위 상가를 타에 임대하여 보증금 및 임료수입을 얻는다하여 위 무상점용기간을 단축할 사유가 될 수 없다 – 부산 서면 지하도 상가부분 및 부대시설부분에 관한 도로점용허가처분을 취소(대판 1985.7.9. 84누604).

부관이 없는 처분으로의 변경신청후 그 불허가처분을 다투어야 한다는 사례

피고(경남도지사)가 원고에게 제1 대영호와 제38 청룡호에 대한 기선망어업의 허가를 하면서 등선, 운반선 등 일체의 부속선을 사용할 수 없다는 제한을 붙였고, 원고는 위 허가받은 내용에 따라 조업을 해오다가 제38 청룡호 (기존허가어선)와 제3 대운호를 제1 대영호(기존허가어선)의 등선으로, 제22 대원호, 제3선경호 및 한진호를 제1 대영호의 운반선으로 각 사용할 수 있도록 하여 선박의 척수를 변경하여 달라는 어업허가사항변경신청을 하였는데 피고는 다른 어업과 어업조정을 위하여 앞서 한 제한조건을 변경할 수 없다는 사유로 위 신청을 불허가하였다. 이에 원고가 어업허가사항변경신청불허가처분을 다투었다. 불허가처분이 위법하다고 판시하였다(대판 1990.4.27. 89누6808).

행정행위에 부수하여 그 상대방에게 일정한 의무를 부과하는 행정청의 의사표시인 부담은 그 자체만으로 행정쟁송의 대상이 될 수 있음

행정행위의 부관은 행정행위의 일반적인 효력이나 효과를 제한하기 위하여 의사표시의 주된 내용에 부가되는 종된 의사표시이지 그 자체로서 직접 법적 효과를 발생하는 독립된 처분이 아니므로 현행 행정쟁송제도 아래서는 부관 그 자체만을 독립된 쟁송의 대상으로 할 수 없는 것이 원칙이나 행정행위의 부관 중에서도 행정행위에 부수하여 그 행정행위의 상대방에게 일정한 의무를 부과하는 행정청의 의사표시인 부담의 경우에는 다른 부관과는 달리 행정행위의 불가분적 인 요소가 아니고 그 존속이 본체인 행정행위의 존재를 전제로 하는 것일 뿐이므로 부담 그 자체로서 행정쟁송의 대상이 될 수 있다(대판 1992.1.21. 91누1264).

기부채납받은 행정재산에 대한 사용·수익허가 중 사용·수익허가의 기간에 대하여 독립하여 행정소송을 제기할 수 없음

행정행위의 부관은 부담인 경우를 제외하고는 독립하여 행정소송의 대상이 될 수 없는바, 이 사건 허가(기부채납받은 행정재산에 대한 사용·수익허가)에서 피고가 정한 사용·수익허가의 기간은 이 사건 허가의 효력을 제한하기 위한 행정행위의 부관으로서 이러한 사용·수익허가의 기간에 대해서는 독립하여 행정소송을 제기할 수 없는 것이고,…(중략)…이 사건 허가에서 그 허가기간은 행정행위의 본질적 요소에 해당한다고 볼 것이어서, 부관인 허가기간에 위법사유가 있다면 이로써 이 사건 허가 전부가 위법하게 될 것이다(대판 2001.6.15. 99두509).

7. 공증

(1) 의의

공증은 특정사실 또는 법률관계의 존부를 공적으로 증명하는 행정행위이다. 공증의 예로는, 부동산등기부·외국인등록부와 같은 등기부·등록부에의 등기·등록, 각종의 명부·장부·원부 등에의 등재, 여권 등의 발급, 당선증서·합격증서·영수증과 같은 각종의 증명서발급과 교부, 회의록·의사록의 기재, 허가증·면허증·면장 등의 교부, 주민등록증·여권의 발급, 특허청장의 상표사용권설정 등록 등이 있다.

(2) 공증의 성질

공증은 성질상 요식행위인 것이 원칙이다. 그리고 공증은 특정한 사실 또는 법률관계가 객관적으로 존재하는 한 하여야 하는 기속행위이다. 또한 공증은 법적 효과를 가져오는 행위이어야 하며, 공권력행사에 해당하여도 법적 효과를 발생시키지 않는 사실행위(예 영업허가증 교부)는 공증이 아니다.

(3) 공증의 처분성

① 일반론

공증의 처분성을 인정하여 항고소송의 대상으로 인정할 것인가의 문제가 있다. 이는 일반적으로 ㉠ 특정한 사실관계를 반복적이고 기술적으로 증명하는 경우는 사실행위로(예 인감증명행위, 졸업 및 재학증명서 발급), ㉡ 개인의 권리나 법적 지위를 확정하는 행위(예 범죄기록부에 등재, 농지취득자격증발급, 문화재지정등록)

는 행정행위로 본다. 그런데 토지대장, 건물관리대장 등 각종 공부에의 등재 또는 그 변경행위에 대하여는 아래의 논의가 있다.

② 각종 공부에의 등재행위의 성질

종래 대법원은 토지대장, 건물관리대장 등 각종의 공부에의 등재 또는 그 변경행위에 대하여 공적장부에의 기재행위는 행정사무집행의 편의와 사실증명의 자료로 삼기 위한 목적으로 행해지는 것에 불과하다고 하면서 행정소송법상의 처분성을 부인하여 왔다. 그러나 헌법재판소는 이러한 행위유형들에 대하여 헌법소원의 대상으로 판단하여왔고, 대법원도 마침내 2004.4.22 전원합의체 판결에서 지적공부의 지목변경신청반려행위를 행정처분이라고 판시하였다. 이후 건축물대장의 직권말소행위(대판 2010.5.27. 2008두22655), 토지대장의 직권말소행위(대판 2013.10.24. 2011두13286) 등은 국민의 권리관계에 영향을 미치는 것으로서 항고소송의 대상이 되는 행정처분에 해당한다고 판시하고 있다.

판례

지적공부 소관청의 지목변경신청 반려행위는 항고소송의 대상인 행정처분

구 지적법 제20조, 제38조 제2항의 규정은 토지소유자에게 지목변경신청권과 지목정정신청권을 부여한 것이고, 한편, 지목은 토지에 대한 공법상의 규제, 개발부담금의 부과대상, 지방세의 과세대상, 공시지가의 산정, 손실보상가액의 산정 등 토지행정의 기초로서 공법상의 법률관계에 영향을 미치고, 토지소유자는 지목을 토대로 토지의 사용·수익·처분에 일정한 제한을 받게 되는 점 등을 고려하면, 지목은 토지소유권을 제대로 행사하기 위한 전제요건으로서 토지소유자의 실체적 권리관계에 밀접하게 관련되어 있으므로 지적공부 소관청의 지목변경신청 반려행위는 국민의 권리관계에 영향을 미치는 것으로서 항고소송의 대상이 되는 행정처분에 해당한다(대판 2004.4.22. 2003두9015 전합).

행정청이 건축물대장의 용도변경신청을 거부한 행위는 행정처분에 해당

구 건축법 제14조 제4항의 규정은 건축물의 소유자에게 건축물대장의 용도변경신청권을 부여한 것이고, 한편, 건축물의 용도는 토지의 지목에 대응하는 것으로서 건물의 이용에 대한 공법상의 규제, 건축법상의 시정명령, 지방세 등의 과세대상 등 공법상 법률관계에 영향을 미치고, 건물소유자는 용도를 토대로 건물의 사용·수익·처분에 일정한 영향을 받게 된다. 이러한 점 등을 고려해 보면, 건축물대장의 용도는 건축물의 소유권을 제대로 행사하기 위한 전제요건으로서 건축물 소유자의 실체적 권리관계에 밀접하게 관련되어 있으므로, 건축물대장 소관청의 용도변경신청 거부행위는 국민의 권리관계에 영향을 미치는 것으로서 항고소송의 대상이 되는 행정처분에 해당한다(대판 2009.1.30. 2007두7277).

8. 통지

(1) 의의

통지란 특정인 또는 불특정 다수인에게 특정사실을 알리는 행위이다. 따라서 통지는 행정청의 의사가 아니라 법령에 의하여 일정한 법적 효과를 발생한다는 점에서 준법률 행위적 행정행위이며, 처분성이 인정된다.

(2) 구별개념

① **효력발생요건으로서의 통지** : 요식행위의 문서교부 또는 송달이 이에 해당한다. 재임용을 거부하는 취지로 한 임용기간만료의 통지(대판 2004.4.22. 2000두7735 전합) 속에는 처분성이 있는 재임용거부를 상대방에게 알려주는 효력발생요건으로서 통지의 의미도 포함되어 있다.

② **사실행위로서의 통지** : 정년퇴직발령통지(대판 1983.2.8. 81누263), 당연퇴직사유에 해당함을 알리는 인사발령통지(대판 1995.11.14. 95누2036), 수도사업자가 급수공사 신청자에게 하는 급수공사비납부통지(대판 1993.10.26. 93누6331) 등은 일정한 사실을 알리는 관념의 통지에 불과하다.

(3) 종류

① 통지에는 특정한 사실에 관한 관념을 알리는 행위(예 특허출원의 공고, 귀화의 고시, 토지수용에 있어 사업인정의 고시, 소득금액변동통지, 부당한 공동행위 자진신고자 등의 감면신청에 대한 감면불인정통지)와 행정청의 의사를 알리는 행위(예 대집행의 계고, 조세체납자에 대한 독촉)가 있다.

② 다만 내용을 기준으로 할 경우 사업인정고시는 형성적 행위이고, 대집행계고는 작위하명, 납세의 독촉은 급부하명의 성질을 갖고 있어 통지를 독자적 행정행위로 보는 것에 의문이 제기도 한다.

(4) 효과

통지의 효과는 행위자의 의사의 내용에 따라 발생하는 것이 아니고, 통지라는 행정청의 작용에 법률이 결부시킨 일정한 법적 효과에 따라 발생한다. 예컨대 과세관청의 소득금액변동통지는 원천징수의무자인 법인으로 하여금 소득금액변동통지서에 기재된 소득처분의 내용에 따라 원천징수세액을 관할 세무서장 등에게 납부하여야 할 의무를 부담하게 되고(대판 2006.4.20. 200두1878 전합), 토지수용법에 의한 사업인정고시는 토지수용법에 의하여 수용할 목적물의 범위가 확정되도록 한다(대판 1994.11.11. 93누19375).

판례

토지수용법 제14조 소정의 사업인정의 법적 성격과 효력

토지수용법 제14조의 규정에 의한 사업인정은 그후 일정한 절차를 거칠 것을 조건으로 하여 일정한 내용의 수용권을 설정해 주는 행정처분의 성격을 띠는 것으로서 그 사업인정을 받음으로써 수용할 목적물의 범위가 확정되고 수용권으로 하여금 목적물에 관한 현재 및 장래의 권리자에게 대항할 수 있는 일종의 공법상의 권리로서의 효력을 발생시킨다(대판 1994.11.11. 93누19375).

조교수에 대한 임용기간만료의 통지는 행정소송의 대상이 되는 처분

기간제로 임용되어 임용기간이 만료된 국·공립대학의 조교수는 교원으로서의 능력과 자질에 관하여 합리적인 기준에 의한 공정한 심사를 받아 위 기준에 부합되면 특별한 사정이 없는 한 재임용되리라는 기대를 가지고 재임용 여부에 관하여 합리적인 기준에 의한 공정한 심사를 요구할 법규상 또는 조리상 신청권을 가진다고 할 것이니, 임용권자가 임용기간이 만료된 조교수에 대하여 재임용을 거부하는 취지로 한 임용기간만료의 통지는 위와 같은 대학교원의 법률관계에 영향을 주는 것으로서 행정소송의 대상이 되는 처분에 해당한다(대판 2004.4.22. 2000두7735 전합).

시내버스 한정면허를 받은 여객자동차 운송사업자의 보조금 지급신청에 대한 경기도지사의 회신이 항고소송의 대상이 되는지 문제된 사건

「경기도 여객자동차 운수사업 관리 조례」에 따른 보조금 지급사무는 피고 광명시장에게 위임되었으므로 원고가 피고들(註: 경기도지사, 광명시장)에 대하여 한 위 신청에 대한 응답은 그 사무처리를 위임받은 피고 광명시장이 하여야 하고, 피고 경기도지사는 원고의 보조금 지급신청에 대한 처분권한자가 아니다. 또한 앞에서 본 이 사건 통보 내용을 비롯한 여러 가지 사정을 종합하면, 이 사건 통보는 피고 경기도지사가 원고의 보조금 신청에 대한 최종적인 결정을 통보하는 것이라기보다는 피고 광명시장의 사무에 대한 지도·감독권자로서 원고에 대하여는 보조금 지급신청에 대한 의견을 표명함과 아울러 피고 광명시장에 대하여는 피고 경기도지사의 의견에 따라 원고의 보조금 신청을 받아들일지 여부를 심사하여 원고에게 통지할 것을 촉구하는 내용으로 봄이 타당하다. 따라서 피고 경기도지사의 이 사건 통보는 원고의 권리·의무에 직접적인 영향을 주는 것이라고 할 수 없어 항고소송의 대상이 되는 처분으로 볼 수 없으므로, 주위적 피고 경기도지사에 대한 소는 부적법하여 각하되어야 한다(대판 2023.2.23. 2021두44548).

교육부가 국공립대학의 교육·연구 및 학생지도 비용에 대한 감사 결과를 바탕으로 갑 국립대학교 총장에게 소속 교원 을 등에 대한 교육·연구 및 학생지도 비용 환수 및 신분상 조치를 하도록 요구함에 따라, 총장이 교내 이메일을 통해 을 등에게 '환수금 납입 안내'라는 제목의 문서를 첨부하여 교육·연구 및 학생지도 비용에 관한 환수금을 납부해 달라는 요청을 통지한 사안

국립대학의 장의 지급 결정이나 환수 통지는 교육·연구 및 학생지도 비용의 지급과 환수에 관한 교직원의 권리·의무에 영향을 미치는 점, 교육공무원인 을 등은 국가공무원법상 성실의무(제56조), 복종의 의무(제57조) 등을 부담하므로 환수 통지를 따라야 하고, 환수 통지에 따라 정해진 기한까지 환수금을 납부하지 않으면 환수금을 완납할 때까지 교육·연구 및 학생지도 비용을 지급받지 못하는 등 환수 통지로 직접적인 법적 불이익을 입는 점, 위 환수 통지는 국립

제2편 행정소송

대학의 회계 설치 및 재정 운영에 관한 법률 제28조 제2항, 국립대학의 회계 설치 및 재정 운영에 관한 법률 시행규칙 제22조 제5항의 순차 위임을 받아 총장이 제정한 갑 대학교 재정 및 회계의 운영에 관한 규정 제11조 제5항에 따라 이루어진 것인 점, 국립대학의 장의 환수 행위의 처분성을 인정하지 않으면 교직원이 교육·연구 및 학생지도 비용 환수에 관하여 다툼이 있는 경우, 법적 분쟁을 실효적으로 해결할 다른 구제수단을 찾기도 어려운 점을 종합하면, 위 환수 통지는 행정청이 행하는 구체적 사실에 관한 법집행으로서 공권력의 행사인 '처분'에 해당한다 (대판 2025.5.15. 2024두35989).

9. 신고의 수리행위

(1) 신고의 의의

신고라 함은 사인이 공법적 효과의 발생을 목적으로 행정주체에 대하여 일정한 사실을 알리는 행위를 말한다. 당사자가 행정청에 일정한 사실관계에 관하여 의사표시를 하면 형식적 요건을 구비하는 한 그 자체로서 법령상 의무가 이행되는 것으로 보므로, 신고행위는 가장 완화된 규제형태로 이해되고 있다. 그러나 실무상 신고의 표현은 통일적이지 않으며, 단순한 사실로서의 신고나 비신고대상에 대한 신고는 여기서 말하는 법적 행위로서 신고에 해당하지 않는다.

(2) 신고의 유형

① 자기완결적 신고(수리를 요하지 않는 신고)

이는 행정청에 대하여 일정한 사항을 통지하고 도달함으로써 의무가 끝나는 신고로서, 수리를 요하지 않으며 신고 그 자체로서 법적 효과를 발생시킨다(예 체육시설의 설치·이용에 관한 법률 제20조에 의한 체육시설업의 신고, 납세신고, 학원의 수강료변경 통보, 의원·치과의원·한의원·조산소의 개설신고). 신고 그 자체로서 아무런 법적 효과도 수반하지 아니하는 통보와 구별된다.

② 행위요건적 신고(수리를 요하는 신고)

이는 행정청에 대하여 일정한 사항을 통지하고 행정청이 이를 수리함으로써 법적 효과가 발생하는 신고를 말한다(예 수산업법 제47조의 어업신고, 농지법 제37조에 의한 농지전용신고, 집회신고, 관광진흥법에 의한 지위승계신고). 즉 수리되지 않으면 신고가 되지 않은 것이 된다. 이 경우 행정청은 신고의 형식적 요건 외에 적법성 및 합목적성 등의 실질적 사항의 심사를 거쳐 수리의 의사표시를 한다.

③ 구별기준

㉠ 명문으로 수리규정을 두고 있는 경우(예 농지법상 농지전용신고)는 행위요건적 신고로 볼 수 있다. 또한 관계법령이 신고와 등록을 구분하여 규정하고 있는 경

우(예 체육시설의 설치·이용에 관한 법률 제10조의 등록업과 신고업)에 '신고'는 자기완결적 신고이고 '등록'은 행위요건적 신고이다.

ⓛ 개별법령이 신고와 등록을 구분하여 규정하고 있는 경우가 아니라면 당해 법령의 목적과 당해 법령에서 나타나고 있는 관련조문에 대한 합리적이고도 유기적인 해석을 통해 양자를 구분할 수밖에 없다(홍정선).

판례

자기완결적 신고 관련 사례

[1] 행정청에 대한 신고는 일정한 법률사실 또는 법률관계에 관하여 관계행정청에 일방적으로 통고를 하는 것을 뜻하는 것으로서 법에 별도의 규정이 있거나 다른 특별한 사정이 없는 한 행정청에 대한 통고로서 그치는 것이고 그에 대한 행정청의 반사적 결정을 기다릴 필요가 없는 것이므로, 체육시설의설치·이용에관한법률 제18조에 의한 변경신고서는 그 신고 자체가 위법하거나 그 신고에 무효사유가 없는 한 이것이 도지사에게 제출하여 접수된 때에 신고가 있었다고 볼 것이고, 도지사의 수리행위가 있어야만 신고가 있었다고 볼 것은 아니다(대판 1993.7.6. 93마635).

[2] 건축법상 신고사항에 관하여는 건축을 하고자 하는 자가 적법한 요건을 갖춘 신고만 하면 건축을 할 수 있고 행정청의 수리처분등 별단의 조처를 기다릴 필요가 없다고 할 것이므로 행정청이 신고수리처분을 철회하였다고 하여 신고에 따른 건축행위가 건축법에 위반한 것으로 될 수 없으니 이를 이유로 공사의 중지를 명할 수 없으며, 더구나 높이 2미터미만의 담장 설치공사는 건축법이나 도시계획법 등 관계법규상 어떠한 허가나 신고 없이 가능한 행위인데, 다만, 서울특별시가 행정의 편의상 업무지침으로 신고 후에 축조하도록 정하고 있기는 하나 그것이 위와 같은 담장을 설치하려는 원고에게 신고의무를 지울 구속력도 없는 터에 원고가 스스로 위 업무처리지침에 따라 이를 신고하여 행정청인 피고가 수리한 다음 진행하고 있는 이 사건 담장설치공사에 대하여 원고가 자진하여 신고를 철회하지 아니한 이상 피고가 신고수리를 철회하였다 하여 그 공사의 중지를 명할 수는 없다(대판 1990.6.12. 90누2468).

[3] 부가가치세법상의 사업자등록은 과세관청으로 하여금 부가가치세의 납세의무자를 파악하고 그 과세자료를 확보하게 하려는 데 제도의 취지가 있는바, 이는 단순한 사업사실의 신고로서 사업자가 관할세무서장에게 소정의 사업자등록신청서를 제출함으로써 성립하는 것이고, 사업자등록증의 교부는 이와 같은 등록사실을 증명하는 증서의 교부행위에 불과한 것이다(대판 2011.1.27. 2008두2200).

행위요건적 신고 관련 사례

[1] 구 식품위생법 제25조 제1항, 제3항에 의하여 영업양도에 따른 지위승계신고를 수리하는 허가관청의 행위는, 단순히 양도·양수인 사이에 이미 발생한 사법상의 사업양도의 법률효과에 의하여 양수인이 그 영업을 승계하였다는 사실의 신고를 접수하는 행위에 그치는 것이 아니라, 실질에 있어서 양도자의 사업허가를 취소함과 아울러 양수자에게 적법히 사업을 할 수 있는 권리를 설정하여 주는 행위로서 사업허가자의 변경이라는 법률효과를 발생시키

는 행위라고 할것이고…행정청이 구 식품위생법 규정에 의하여 영업자지위승계신고를 수리하는 처분은 종전의 영업자의 권익을 제한하는 처분이라 할 것이고 따라서 종전의 영업자는 그 처분에 대하여 직접 그 상대가 되는 자에 해당한다고 봄이 상당하므로, 행정청으로서는 위 신고를 수리하는 처분을 함에 있어서 행정절차법 규정 소정의 당사자에 해당하는 종전의 영업자에 대하여 위 규정 소정의 행정절차를 실시하고 처분을 하여야 한다(대판 2001.2.9. 2000도2050). ☞ 同旨 공매 등의 절차에 따라 문화체육관광부령으로 정하는 주요한 유원시설업 시설의 전부 또는 체육시설업의 시설 기준에 따른 필수시설을 인수함으로써 유원시설업자 또는 체육시설업자의 지위를 승계한 자가 관계 행정청에 이를 신고하여 행정청이 수리하는 경우(대판 2012.12.13. 2011두29144)

[2] 인·허가의제사항 관련 법률에 규정된 요건 중 상당수는 공익에 관한 것으로서 행정청의 전문적이고 종합적인 심사가 요구되는데, 만약 건축신고만으로 인·허가의제사항에 관한 일체의 요건 심사가 배제된다고 한다면, 중대한 공익상의 침해나 이해관계인의 피해를 야기하고 관련 법률에서 인·허가 제도를 통하여 사인의 행위를 사전에 감독하고자 하는 규율체계 전반을 무너뜨릴 우려가 있다. 또한 무엇보다도 건축신고를 하려는 자는 인·허가의제사항 관련 법령에서 제출하도록 의무화하고 있는 신청서와 구비서류를 제출하여야 하는데, 이는 건축신고를 수리하는 행정청으로 하여금 인·허가의제사항 관련 법률에 규정된 요건에 관하여도 심사를 하도록 하기 위한 것으로 볼 수밖에 없다. 따라서 인·허가의제 효과를 수반하는 건축신고는 일반적인 건축신고와는 달리, 특별한 사정이 없는 한 행정청이 그 실체적 요건에 관한 심사를 한 후 수리하여야 하는 이른바 '수리를 요하는 신고'로 보는 것이 옳다(대판 2011.1.20. 2010두14954).

[3] 노동조합 및 노동관계조정법이 행정관청으로 하여금 설립신고를 한 단체에 대하여 같은 법 제2조 제4호 각 목에 해당하는지를 심사하도록 한 취지가 노동조합으로서의 실질적 요건을 갖추지 못한 노동조합의 난립을 방지함으로써 근로자의 자주적이고 민주적인 단결권 행사를 보장하려는 데 있는 점을 고려하면, 행정관청은 해당 단체가 노동조합법 제2조 제4호 각 목에 해당하는지 여부를 실질적으로 심사할 수 있다(대판 2014.4.10. 2011두6998).

(3) 신고요건

신고의 요건에 대하여는 개별법에서 구체적으로 정하는 바에 의한다. 자기완결적 신고의 경우는 행정절차법 제40조 제2항의 요건(신고서의 기재사항에 흠이 없을 것, 필요한 구비서류가 첨부되어 있을 것, 기타 법령등에 규정된 형식상의 요건에 적합할 것)과 같은 형식적 요건을 갖추어야 한다. 물론 신고인의 편의를 위해 신고의 내용은 사전에 주지되어야 한다. 행위요건적 신고의 경우는 형식적 요건 이외에 일정한 실질적인 요건(예 법령이 정한 시설기준 충족)을 갖출 필요가 있다.

(4) 수리의 거부

① 자기완결적 신고의 경우

형식적 요건을 결한 부적법한 신고의 경우는 수리를 거부하여야 한다. 그러나 적법한 신고를 행정청이 거부하여도 신고행위는 유효한 행위가 되며, 행정소송법상 처분성이 문제되지 않아 취소소송으로 다툴 수 없다.

② 행위요건적 신고의 경우

형식적 요건과 실질적 요건을 심사하여 수리를 거부하는 것이 가능하다. 그러나 행정청이 독자적으로 신고수리요건을 추가하는 것은 허용되지 아니하며, 관계 법령이 정하지 않은 다른 사유를 들어 신고수리를 거부할 수 없다. 행정요건적 신고에 대한 수리거부는 행정소송법상 처분개념에 해당하므로 상대방은 항고소송을 제기할 수 있다.

판례

건축주명의변경신고에 대한 수리거부행위는 취소소송의 대상이 되는 처분

건축주명의변경신고수리거부행위는 행정청이 허가대상건축물 양수인의 건축주명의변경신고라는 구체적인 사실에 관한 법집행으로서 그 신고를 수리하여야 할 법령상의 의무를 지고 있음에도 불구하고 그 신고의 수리를 거부함으로써, 양수인이 건축공사를 계속하기 위하여 또는 건축공사를 완료한 후 자신의 명의로 소유권보존등기를 하기 위하여 가지는 구체적인 법적 이익을 침해하는 결과가 되었다고 할 것이므로, 비록 건축허가가 대물적 허가로서 그 허가의 효과가 허가대상건축물에 대한 권리변동에 수반하여 이전된다고 하더라도, 양수인의 권리의무에 직접 영향을 미치는 것으로서 취소소송의 대상이 되는 처분이라고 하지 않을 수 없다(대판 1992.3.31. 91누4911).

행정청의 건축신고 반려행위 또는 수리거부행위는 항고소송의 대상이 됨

행정청은 건축신고로써 건축허가가 의제되는 건축물의 경우에도 그 신고 없이 건축이 개시될 경우 건축주 등에 대하여 공사 중지·철거·사용금지 등의 시정명령을 할 수 있고(제69조 제1항), 그 시정명령을 받고 이행하지 않은 건축물에 대하여는 당해 건축물을 사용하여 행할 다른 법령에 의한 영업 기타 행위의 허가를 하지 않도록 요청할 수 있으며(제69조 제2항), 그 요청을 받은 자는 특별한 이유가 없는 한 이에 응하여야 하고(제69조 제3항), 나아가 행정청은 그 시정명령의 이행을 하지 아니한 건축주 등에 대하여는 이행강제금을 부과할 수 있으며(제69조의2 제1항 제1호), 또한 건축신고를 하지 않은 자는 200만 원 이하의 벌금에 처해질 수 있다(제80조 제1호, 제9조).…따라서 건축신고 반려행위가 이루어진 단계에서 당사자로 하여금 반려행위의 적법성을 다투어 그 법적 불안을 해소한 다음 건축행위에 나아가도록 함으로써 장차 있을지도 모르는 위험에서 미리 벗어날 수 있도록 길을 열어 주고, 위법한 건축물의 양산과 그 철거를 둘러싼 분쟁을 조기에 근본적으로 해결할 수 있게 하는 것이 법치행정의 원리에 부합한다. 그러므로 건축신고 반려행위는 항고소송의 대상이 된다고 보는 것이 옳다(대판 2010.11.18. 2008두167 전합).

'완화된 허가제로서 신고제'인 납골당설치신고는 실질적인 요건을 심사하여 신고를 수리하거나 거부할 수 있음

구 '장사 등에 관한 법률'에 의한 사설납골시설의 설치신고는, 같은 법 제15조 각 호에 정한 사설납골시설설치 금지지역에 해당하지 않고 같은 법 제14조 제3항 및 같은 법 시행령 제13조 제1항의 [별표 3]에 정한 설치기준에 부합하는 한, 수리하여야 하나, 보건위생상의 위해를 방지하거나 국토의 효율적 이용 및 공공복리의 증진 등 중대한 공익상 필요가 있는 경우에는 그 수리를 거부할 수 있다고 보는 것이 타당하다(대판 2010.9.9. 2008두22631).

10. 내부적 행위

(1) 사무처리절차

행정기관의 결정이 그 내부적 사무처리절차에 그치는 경우에는 처분성이 부정된다(예 국세환급금결정). 그러나 처분에 앞선 위원회의 결정이 때로는 항고소송의 대상이 되는 경우가 있으며, 처분의 준비행위 또는 기초가 되는 행위라고 하더라도 국민의 권익에 직접 영향을 미치고 국민의 권리구제를 위하여 이를 다투도록 할 필요가 있는 경우(예 세무조사결정)에는 처분성을 인정하여야 한다.

판례

운전면허 행정처분처리대장상 벌점의 배점은 행정처분이 아님

운전면허 행정처분처리대장상 벌점의 배점은 도로교통법규 위반행위를 단속하는 기관이 도로교통법시행규칙 별표 16의 정하는 바에 의하여 도로교통법규 위반의 경중, 피해의 정도 등에 따라 배정하는 점수를 말하는 것으로 자동차운전면허의 취소, 정지처분의 기초자료로 제공하기 위한 것이고 그 배점 자체만으로는 아직 국민에 대하여 구체적으로 어떤 권리를 제한하거나 의무를 명하는 등 법률적 규제를 하는 효과를 발생하는 요건을 갖춘 것이 아니어서 그 무효확인 또는 취소를 구하는 소송의 대상이 되는 행정처분이라고 할 수 없다(대판 1994.8.12. 94누2190).

상이등급 재분류(변경) 과정 중에 있는 보훈병원장의 상이등급재분류판정은 행정처분이 아님

각 신체검사시에 행하는 위와 같은 판정들은 상이등급을 결정하거나 재분류(변경)하기 위한 일련의 절차 중의 하나를 이루는 것에 불과하고, 그 자체가 상이등급을 결정하거나 변경하는 효력을 가지는 별도의 행정처분이 되는 것은 아니다(대판 1998.4.28. 97누13023).

감사원의 징계 요구와 재심의결정은 항고소송의 대상이 되는 행정처분이 아님

갑 시장이 감사원으로부터 감사원법 제32조에 따라 을에 대하여 징계의 종류를 정직으로 정한 징계 요구를 받게 되자 감사원에 징계 요구에 대한 재심의를 청구하였고, 감사원이 재심의청구를 기각하자 을이 감사원의 징계 요구와 그에 대한 재심의결정의 취소를 구하고 갑 시장이 감사원의 재심의결정 취소를 구하는 소를 제기한 경우, 감사원의 징계 요구와 재심의결정이 항고소송의 대상이 되는 행정처분이라고 할 수 없고, 갑 시장이 제기한 소송이 기관소송으로서 감사원법 제40조 제2항에 따라 허용된다고 볼 수 없다(대판 2016.12.27. 2014두5637).

친일반민족행위자재산조사위원회의 재산조사개시결정은 항고소송의 대상

친일반민족행위자재산조사위원회의 재산조사개시결정이 있는 경우 조사대상자는 위 위원회의 보전처분 신청을 통하여 재산권행사에 실질적인 제한을 받게 되고, 위 위원회의 자료제출요구나 출석요구 등의 조사행위에 응하여야 하는 법적 의무를 부담하게 되는 점, '친일반민족행위자 재산의 국가귀속에 관한 특별법'에서 인정된 재산조사결정에 대한 이의신청절차만으로는 조사대상자에 대한 권리구제 방법으로 충분치 아니한 점, 조사대상자로 하여금 개개의 과태료 처분에 대하여 불복하거나 조사 종료 후의 국가귀속결정에 대하여만 다툴 수 있도록 하는 것보다는 그에 앞서 재산조사개시결정에 대하여 다툼으로써 분쟁을 조기에 근본적으로 해결할 수 있는 점 등을 종합하면, 친일반민족행위자재산조사위원회의 재산조사개시결정은 조사대상자의 권리·의무에 직접 영향을 미치는 독립한 행정처분으로서 항고소송의 대상이 된다고 봄이 상당하다(대판 2009.10.15. 2009두6513).

(2) 다른 행정청의 동의

다른 행정청의 동의를 얻어야 하는 행정행위에서 다른 행정청의 동의가 행정행위의 성립에 중요한 요소일지라도 그 자체의 처분성은 부인된다.

판례

다른 행정청의 동의가 행정행위의 성립에 요소인 경우 부동의는 거부처분이 아님

건축허가권자가 건축불허가처분을 하면서 그 처분사유로 건축불허가 사유뿐만 아니라 구 소방법 제8조 제1항에 따른 소방서장의 건축부동의 사유를 들고 있다고 하여 그 건축불허가처분 외에 별개로 건축부동의처분이 존재하는 것이 아니므로, 그 건축불허가처분을 받은 사람은 그 건축불허가처분에 관한 쟁송에서 건축법상의 건축불허가 사유뿐만 아니라 소방서장의 부동의 사유에 관하여도 다툴 수 있다(대판 2004.10.15. 2003두6573).

(3) 행정기관 상호간 행위

행정기관 상호간의 행위는 원칙적으로 처분이 아니나, 인정되는 경우도 있다.

판례

상급행정청이나 타행정청의 지시나 통보, 권한의 위임이나 위탁은 항고소송의 대상이 되는 행정처분이 아님

항고소송은 원칙적으로 소송의 대상인 행정처분 등을 외부적으로 그의 명의로 행한 행정청을 피고로 하여야 하는 것으로서, 그 행정처분을 하게 된 연유가 상급행정청이나 타행정청의 지시나 통보에 의한 것이라 하여 다르지 않고, 권한의 위임이나 위탁을 받아 수임행정청이 자신의 명의로 한 처분에 관하여도 마찬가지이다. 그리고 위와 같은 지시나 통보, 권한의 위임이나 위탁은 행정기관 내부의 문제일 뿐 국민의 권리의무에 직접 영향을 미치는 것이 아니어서 항고소송의 대상이 되는 행정처분에 해당하지 않는다(대판 2013.2.28. 2012두22904).

공정거래위원회의 고발조치·의결은 항고소송의 대상이 되는 행정처분이 아님

이른바 고발은 수사의 단서에 불과할 뿐 그 자체 국민의 권리의무에 어떤 영향을 미치는 것이 아니고, 특히 독점규제및공정거래에관한법률 제71조는 공정거래위원회의 고발을 위 법률위반죄의 소추요건으로 규정하고 있어 공정거래위원회의 고발조치는 사직 당국에 대하여 형벌권 행사를 요구하는 행정기관 상호간의 행위에 불과하여 항고소송의 대상이 되는 행정처분이라 할 수 없으며, 더욱이 공정거래위원회의 고발 의결은 행정청 내부의 의사결정에 불과할 뿐 최종적인 처분은 아닌 것이므로 이 역시 항고소송의 대상이 되는 행정처분이 되지 못한다(대판 1995.5.12. 94누13794).

국가가 국토이용계획과 관련한 기관위임사무의 처리에 관하여 지방자치단체의 장을 상대로 취소소송을 제기할 수 없음

건설교통부장관은 지방자치단체의 장이 기관위임사무인 국토이용계획 사무를 처리함에 있어 자신과 의견이 다를 경우 행정협의조정위원회에 협의·조정 신청을 하여 그 협의·조정 결정에 따라 의견불일치를 해소할 수 있고, 법원에 의한 판결을 받지 않고서도 행정권한의 위임 및 위탁에 관한 규정이나 구 지방자치법에서 정하고 있는 지도·감독을 통하여 직접 지방자치단체의 장의 사무처리에 대하여 시정명령을 발하고 그 사무처리를 취소 또는 정지할 수 있으며, 지방자치단체의 장에게 기간을 정하여 직무이행명령을 하고 지방자치단체의 장이 이를 이행하지 아니할 때에는 직접 필요한 조치를 할 수도 있으므로, 국가가 국토이용계획과 관련한 지방자치단체의 장의 기관위임사무의 처리에 관하여 지방자치단체의 장을 상대로 취소소송을 제기하는 것은 허용되지 않는다(대판 2007.9.20. 2005두6935).

공정거래위원회의 입찰참가자격제한 등 요청 결정이 항고소송의 대상이 되는 처분에 해당하는지 여부(적극)

공정거래위원회는 구 하도급법 제26조 제2항 후단에 따라 관계 행정기관의 장(註: 벌점의 누산점수가 일정 기준을 초과하는 경우)에게 해당 사업자에 대한 입찰참가자격제한 등 요청 결정을 하게 되며, 이를 요청받은 관계 행정기관의 장은 특별한 사정이 없는 한 그 사업자에 대하여 입찰참가자격제한 등의 처분을 해야 하므로, 사업자로서는 입찰참가자격제한 등 요청 결정이 있으면 장차 후속 처분으로 입찰참가자격이 제한되고 영업이 정지될 수 있는 등의 법률상 불이익이 존재한다. 이때 입찰참가자격제한 등 요청 결정이 있음을 알고 있는 사업자로 하여금 입찰참가자격제한처분 등에 대하여만 다툴 수 있도록 하는 것보다는 그에 앞서 직접 입찰참가자격제한 등 요청 결정의 적법성을 다툴 수 있도록 함으로써 분쟁을 조기에 근본적으로 해결하도록 하는 것이 법치행정의 원리에도 부합하므로, 공정거래위원회의 입찰참가자격제한 등 요청 결정은 항고소송의 대상이 되는 처분에 해당한다(대판 2023.4.27. 2020두47892).

수당지급대상자를 추천하거나 신청자 중 일부를 추천하지 아니하는 행위는 행정처분이 아님

각 군 참모총장이 수당지급대상자 결정절차에 대하여 수당지급대상자를 추천하거나 신청자 중 일부를 추천하지 아니하는 행위는 행정기관 상호간의 내부적인 의사결정과정의 하나일 뿐 그 자체만으로는 직접적으로 국민의 권리·의무가 설정, 변경, 박탈되거나 그 범위가 확정되는 등 기존의 권리상태에 어떤 변동을 가져오는 것이 아니므로 이를 항고소송의 대상이 되는 처분이라고 할 수는 없다(대판 2009.12.10. 2009두14231).

외환은행장이 수입허가의 유효기간연장을 승인하고자 할 때에 상공부장관과 하는 협의는 항고소송의 대상이 되는 행정처분이 아님

외환은행장이 수입허가의 유효기간 연장을 승인하고자 할때에는 무역거래법시행규칙 제10조 제3항에 의하여 미리 피고와 더불어하는 협의는 행정청의 내부 행위로서 이것만으로서는 직접 국민의 권리의무에 변동을 가져오는 것이라고는 할 수 없고, 따라서 이것은 항고소송의 대상이 되는 행정처분이라고는 볼 수 없다(대판 1971.9.14. 71누99).

(4) 전보발령

같은 직렬내에서 동일한 직급으로의 보직변경인 전보발령은 외부적 효력을 갖지 않기 때문에 처분의 성격이 부인되고 직무명령의 성격을 갖는다. 그러나 원고의 권리구제의 필요성에서 전보발령의 처분성을 인정한 하급심 판례가 있다(서울고판 1994.9.6. 94구1496).

(5) 특별권력관계

오늘날 일반적 견해는 소익이 인정되는 한 특별권력관계에서의 행위라는 이유만으로 처분성이 부인되지 않는다고 본다. 예컨대, 국공립학생에 대한 무기정학처분이나 휴학원불허가처분 등은 취소소송의 대상이 된다.

11. 경고

단순히 위험상황을 알리는 경고(예 위험표지판)는 규율적 성격을 갖지 않는 단순한 사실행위이지만, 반복 또는 계속되는 개인의 위법행위에 대하여 제재에 앞서 행하는 사전경고(예 대집행에 대한 계고, 징계에 대한 경고)는 일방적인 공권력행사로서 규율적 성격을 갖는 처분에 해당한다. 판례는 경고가 상대방의 권리의무에 직접 영향을 미치는지 여부에 따라 처분성을 판단하고 있다.

판례

공무원이 소속 장관으로부터 받은 서면에 의한 경고는 처분이 아니라고 한 사례

공무원이 소속 장관으로부터 받은 "직상급자와 다투고 폭언하는 행위 등에 대하여 엄중 경고하니 차후 이러한 사례가 없도록 각별히 유념하기 바람"이라는 내용의 서면에 의한 경고가 공무원의 신분에 영향을 미치는 국가공무원법상의 징계의 종류에 해당하지 아니하고, 근무충실에 관한 권고행위 내지 지도행위로서 그 때문에 공무원으로서의 신분에 불이익을 초래하는 법률상의 효과가 발생하는 것도 아니므로, 경고가 국가공무원법상의 징계처분이나 행정소송의 대상이 되는 행정처분이라고 할 수 없어 그 취소를 구할 법률상의 이익이 없다(대판 1991.11.12. 91누2700).

행정규칙에 의한 불문경고가 행정처분에 해당한다고 한 사례

어떠한 처분의 근거나 법적인 효과가 행정규칙에 규정되어 있다고 하더라도, 그 처분이 행정규칙의 내부적 구속력에 의하여 상대방에게 권리의 설정 또는 의무의 부담을 명하거나 기타 법적인 효과를 발생하게 하는 등으로 그 상대방의 권리 의무에 직접 영향을 미치는 행위라면, 이 경우에도 항고소송의 대상이 되는 행정처분에 해당한다. 행정규칙에 의한 '불문경고조치'가 비록 법률상의 징계처분은 아니지만 위 처분을 받지 아니하였다면 차후 다른 징계처분이나 경고를 받게 될 경우 징계감경사유로 사용될 수 있었던 표창공적의 사용가능성을 소멸시키는 효과와 1년 동안 인사기록카드에 등재됨으로써 그 동안은 장관표창이나 도지사표창 대상자에서 제외시키는 효과 등이 있으므로 항고소송의 대상이 되는 행정처분에 해당한다(대판 2002.7.26. 2001두3532).

'서울특별시 교육청 감사결과 지적사항 및 법률위반 공무원 처분기준'에 정해진 경고는 행정처분이 아님

'서울특별시 교육청 감사결과 지적사항 및 법률위반 공무원 처분기준'에 정해진 경고는, 교육공무원의 신분에 영향을 미치는 교육공무원법령상의 징계의 종류에 해당하지 아니하고, 인사기록카드에 등재되지도 않으며, '2001년도정부포상업무지침'에 정해진 포상추천 제외대상이나 교육공무원징계양정등에관한규칙 제4조 제1항 단서에 정해진 징계감경사유 제외대상에 해당하지도 않을 뿐만 아니라, '서울특별시교육청교육공무원평정업무처리요령'에 따라 근무평정자가 위와 같은 경고를 이유로 경고를 받은 자에게 상위권 평점을 부여하지 않는다고 하더라도 그와 같은 사정은 경고 자체로부터 직접 발생되는 법률상 효과라기보다는 경고를 받은 원인이 된 비위사실이 인사평정 당시의 참작사유로 고려되는 사실상 또는 간접적인 효과에 불과한 것이어서 교육공무원으로서의 신분에 불이익을 초래하는 법률상의 효과를 발생시키는 것은 아니라 할 것이다. 따라서 … 항고소송의 대상이 되는 행정처분에 해당하지 않는다(대판 2004.4.23. 2003두13687).

금융기관의 임원에 대한 금융감독원장의 문책경고

금융기관의 임원에 대한 금융감독원장의 문책경고는 그 상대방에 대한 직업선택의 자유를 직접 제한하는 효과를 발생하게 하는 등 상대방의 권리의무에 직접 영향을 미치는 행위로서 항고소송의 대상이 되는 행정처분에 해당한다(대판 2005.2.17. 2003두14765).

금융감독원장이 종합금융주식회사의 전 대표이사에게 경고한 사례
금융감독원장이 종합금융주식회사의 전 대표이사에게 재직 중 위법·부당행위 사례를 첨부하여 금융 관련 법규를 위반하고 신용질서를 심히 문란하게 한 사실이 있다는 내용으로 '문책경고장(상당)'을 보낸 행위는 항고소송의 대상이 되는 행정처분에 해당하지 아니한다(대판 2005.2.17. 2003두10312). ☞ 대표이사로 근무할 당시 행한 것으로 인정된 위법·부당행위 사례에 관한 단순한 사실의 통지로 봄

12. 중간행위

(1) 부분승인(부분허가)

부분승인은 다단계적 행위에 있어서 그 일부에 대해서만 결정하는 행정행위이다(예 하나의 대단위사업을 위한 건축허가·시설허가·영업허가의 신청의 경우에 우선 건축이나 시설의 설치만 허가하는 경우, 주택건설사업의 사업완료 전이라도 완공부분에 대하여 동별로 사용검사를 받을 수 있도록 하는 경우). 이는 보통 장기간의 시간을 요하고 중요한 시설을 건설 하는 경우 등에 나타난다.

부분허가는 그 자체가 규율하는 내용에 대한 종국적인 결정이므로 행정행위에 해당한다. 판례는 원자력법상의 원자로시설부지사전승인의 법적 성격을 '사전적 부분허가'로 보면서 독립한 행정처분이라고 보았다(대판 1998.9.4. 97누19588).

(2) 사전결정(예비결정)

사전결정이란 종국적인 행정행위를 하기에 앞서 종국적인 행정행위에 요구되는 여러 요건 중 일부 요건들에 대해 사전적으로 심사하여 내린 결정을 말한다(예 건축법 제7조에 의한 건축에 관한 입지 및 규모의 사전결정). 사전결정은 종국결정을 유보하고서 이루어지는 행위이므로, 신청자인 사인에게 어떤 행위를 할 수 있음을 허용한 것이 아니라는 점에서 부분승인과 다르다. 그러나 사전결정 자체는 최종적인 결정이라는 점에서 종국적 결정에 대한 약속에 불과한 확약과 다르다.

구 건축법에 의한 '건축에 관한 계획의 사전결정'(대판 1996.3.12. 95누658), 폐기물관리법령상의 폐기물처리업허가 전의 사업계획에 관한 적정통보(대판 1998.4.28. 97누21086), 운수권배분처분(대판 2004.11.26. 2003두10251) 등 사전결정은 그 자체가 행정행위이다.

판례

항공노선에 대한 운수권배분처분은 항고소송의 대상이 되는 행정처분에 해당

노선을 배분받은 항공사는 중국 항공당국에 통보됨으로써 이 사건 잠정협정 및 비밀양해각서에 의한 지정항공사로서의 지위를 취득하고, 중국의 지정항공사와 상무협정을 체결하는 등 노선면허를 취득하기 위한 후속절차를 밟아 중국 항공당국으로부터 운항허가를 받을 수 있게 되며, 추후 당해 노선상의 합의된 업무를 운영함에 있어 중국의 영역 내에서 무착륙비행, 비 운수목적의 착륙 등 제 권리를 가지게 되는 반면, 노선배분을 받지 못한 항공사는 상대국 지정항공사와의 상무협정 체결 등 노선면허 취득을 위한 후속절차를 밟을 수 없을 뿐만 아니라 중국 항공당국으로부터 운항허가를 받을 수도 없는 지위에 놓이게 된다(대판 2004.11.26. 2003두10251,10268).

폐기물처리업 허가권자의 부적정 통보는 행정처분에 해당함

폐기물관리법 관계 법령의 규정에 의하면 폐기물처리업의 허가를 받기 위하여는 먼저 사업계획서를 제출하여 허가권자로부터 사업계획에 대한 적정통보를 받아야 하고, 그 적정통보를 받은 자만이 일정기간 내에 시설, 장비, 기술능력, 자본금을 갖추어 허가신청을 할 수 있으므로, 결국 부적정통보는 허가신청 자체를 제한하는 등 개인의 권리 내지 법률상의 이익을 개별적이고 구체적으로 규제하고 있어 행정처분에 해당한다(대판 1998.4.28. 97누21086).

도시환경정비사업을 직접 시행하려는 토지 등 소유자들이 사업시행인가를 받기 전에 작성한 사업시행계획은 항고소송의 대상이 되는 독립된 행정처분이 아님

도시환경정비사업을 직접 시행하려는 토지 등 소유자들은 시장·군수로부터 사업시행인가를 받기 전에는 행정주체로서의 지위를 가지지 못한다. 따라서 그가 작성한 사업시행계획은 인가처분의 요건 중 하나에 불과하고 항고소송의 대상이 되는 독립된 행정처분에 해당하지 아니한다(대판 2013.6.13. 2011두19994).

지방자치단체의 장이 공모제안을 받아 일정한 심사를 거쳐 우선협상대상자를 선정하는 행위와 이미 선정된 우선협상대상자를 그 지위에서 배제하는 행위는 항고소송의 대상이 되는 행정처분

지방자치단체의 장이 공유재산법에 근거하여 기부채납 및 사용·수익허가 방식으로 민간투자사업을 추진하는 과정에서 그 사업시행자를 지정하기 위한 전 단계에서 공모제안을 받아 일정한 심사를 거쳐 우선협상대상자를 선정하는 행위와 이미 선정된 우선협상대상자를 그 지위에서 배제하는 행위는 민간투자사업의 세부내용에 관한 협상을 거쳐 공유재산법에 따른 공유재산의 사용·수익허가를 우선적으로 부여받을 수 있는 지위를 설정하거나 또는 이미 설정한 지위를 박탈하는 조치이므로 모두 항고소송의 대상이 되는 행정처분으로 보아야 한다(대판 2020.4.29. 2017두31064).

(3) 확약

행정기관이 자기구속을 할 의도로 장래에 향하여 일정한 행정행위의 발령 또는 불발령을 약속하는 고권적 의사표시를 확약이라고 한다. 예컨대, 주민에 대한 개발사업의 약속, 공무원임명의 내정, 자신신고자에 대한 세율인하의 약속 등을 말한다. 실무상으로는 내인가, 내허가 등으로 불려진다.

법령등에서 당사자가 신청할 수 있는 처분을 규정하고 있는 경우 행정청은 당사자의 신청에 따라 장래에 어떤 처분을 하거나 하지 아니할 것을 내용으로 하는 의사표시("확약")를 할 수 있다(행정절차법 제40조의2 제1항). 따라서 행정청이 확약을 할 것인가의 여부는 행정청의 재량에 따른다. 그러나 확약의 대상에는 재량행정뿐 아니라 기속행정도 포함된다.

판례는 확약이 사정변경에 의해 변경될 수 있으므로 종국적 규율성을 갖지 못하여 처분이 아니라고 한다. 그러나 다수설은 확약의 구속력을 인정하여 처분으로 보고 있다.

판례

어업권면허처분에 선행하는 우선순위결정의 성질은 확약에 불과하고 행정처분이 아님

어업권면허에 선행하는 우선순위결정은 행정청이 우선권자로 결정된 자의 신청이 있으면 어업권면허처분을 하겠다는 것을 약속하는 행위로서 강학상 확약에 불과하고 행정처분은 아니므로, 우선순위결정에 공정력이나 불가쟁력과 같은 효력은 인정되지 아니하며, 따라서 우선순위결정이 잘못되었다는 이유로 종전의 어업권면허처분이 취소되면 행정청은 종전의 우선순위결정을 무시하고 다시 우선순위를 결정한 다음 새로운 우선순위결정에 기하여 새로운 어업권면허를 할 수 있다(대판 1995.1.20. 94누6529).

(4) 공시지가결정

개별공시지가는 양도소득세, 개발부담금 산정 등의 기준이 되어 국민의 권리, 의무 내지 법률상 이익에 직접 관계되어 처분성을 갖는다는 것이 판례의 입장이다(대판 1993.1.15. 92누12407). 판례는 표준지공시지가결정 역시 항고소송의 대상이 되는 처분으로 보고 있다(대판 1994.3.8. 93누10828).

(5) 압류·공매

체납처분절차에 있어서 압류·공매는 그 자체로 사인의 권리·의무에 직접 영향을 미치는 행위이기 때문에 취소소송의 대상이 된다(대판 1984.9.25. 84누201).

(6) 예정지의 지정

도로예정지나 하천예정지의 지정에 대해 판례는 그 처분성을 부인하고 있으나(대판 1999.8.20. 97누6889), 긍정설도 있다.

13. 반복된 행위

(1) 동일한 내용의 침해적 행정처분(적극적 반복행위)

침해적 행정처분이 내려진 후에 내려진 동일한 내용의 반복된 침해적 행정처분은 처분이 아니다. 판례는 동일한 내용의 독촉이 반복된 경우에는 최초의 독촉만이 항고소송의 대상이 되는 행정처분이고 그 후의 독촉은 단순한 최고에 불과하다고 한다(대판 1997.7.13. 97누119; 보험자의 의료기관에 대한 반복되는 부당이득금 납부독촉).

(2) 반복된 거부처분(소극적 반복행위)

거부처분 이후 동일한 내용의 신청에 대하여 다시 거절의 의사표시를 명백히 한 경우에는 새로운 처분이 있는 것으로 본다. 판례는 "수익적 행정행위 신청에 대한 거부처분은 당사자의 신청에 대하여 관할 행정청이 거절하는 의사를 대외적으로 명백히 표시함으로써 성립되고, 거부처분이 있은 후 당사자가 다시 신청을 한 경우에는 신청의 제목 여하에 불구하고 그 내용이 새로운 신청을 하는 취지라면 관할 행정청이 이를 다시 거절하는 것은 새로운 거부처분으로 봄이 원칙"(대판 2019.4.3. 2017두52764)이라고 한다. 이 경우 행정심판 및 행정소송의 제기기간은 각 처분을 기준으로 진행된다(대판 1992.12.8. 92누7542).

판례

공익근무요원 소집통지를 한 후 소집대상자의 원에 의하여 또는 직권으로 그 기일을 연기한 다음 다시 한 공익근무요원 소집통지는 독립된 행정처분이 아님

지방병무청장이 보충역 편입처분을 받은 자에 대하여 복무기관을 정하여 공익근무요원 소집통지를 한 이상 그것으로써 공익근무요원으로서의 복무를 명하는 병역법상의 공익근무요원 소집처분이 있었다고 할 것이고, 그 후 지방병무청장이 공익근무요원 소집대상자의 원에 의하여 또는 직권으로 그 기일을 연기한 다음 다시 공익근무요원 소집통지를 하였다고 하더라도 이는 최초의 공익근무요원 소집통지에 관하여 다시 의무이행기일을 정하여 알려주는 연기통지에 불과한 것이므로, 이는 항고소송의 대상이 되는 독립한 행정처분으로 볼 수 없다(대판 2005.10.28. 2003두14550).

절차상 하자로 인하여 무효인 행정처분이 있은 후 절차를 다시 갖추어 동일한 처분을 한 경우 종전의 처분과는 무관한 새로운 행정처분

절차상 또는 형식상 하자로 인하여 무효인 행정처분이 있은 후 행정청이 관계 법령에서 정한 절차 또는 형식을 갖추어 다시 동일한 행정처분을 하였다면 당해 행정처분은 종전의 무효인 행정처분과 관계없이 새로운 행정처분이라고 보아야 한다.…(중략)…이 사건 처분은 새로운 국방·군사시설사업 실시계획 승인처분으로서의 요건을 갖춘 새로운 처분일 뿐, 종전처분과 동일성을 유지하되 종전처분의 내용을 일부 수정하거나 새로운 사항을 추가하는 것에 불과한 종전처분의 변경처분이 아니므로, 비록 종전처분에 하자가 있더라도 이 사건 처분이 관계 법령에 규정된 절차를 거쳐 그 요건을 구비한 이상 적법하다(대판 2014.3.13. 2012두1006).

행정관청이 노동조합에 대하여 자료제출요구를 한 뒤 이에 불응하자 2, 3차로 다시 제출요구를 한 경우, 2, 3차 자료제출요구는 행정처분이 아님

노조법이나 그 시행령이 서류제출명령의 효력을 발생시키기 위하여 수회 제출요구를 하도록 의무화하고 있지 아니하므로 단 한 차례의 제출요구에 의하여서도 그 상대방은 서류제출의무를 부담하게 되는 것이고, 따라서 그 뒤 추가로 하는 2, 3차의 제출요구는 그것이 동일한 내용의 요구를 반복하는 것인 경우에는 다른 특별한 사정이 없는 한 종전의 제출요구를 철회하고 상대방에게 별개의 새로운 제출요구를 하는 것이 아니라 그 제출을 독촉하거나 그 제출기한을 연기해 주는 통지로서의 의미를 가지는 것에 불과하다고 볼 것이므로, 이와 같은 경우에는 독립적인 행정처분이라 할 수 없다(대판 1994.2.22. 93누21156).

수익적 행정처분을 구하는 신청에 대한 거부처분이 있은 후 당사자가 새로운 신청을 하는 취지로 다시 신청을 하였으나 행정청이 이를 다시 거절한 경우, 새로운 거부처분임

수익적 행정처분을 구하는 신청에 대한 거부처분은 당사자의 신청에 대하여 관할 행정청이 이를 거절하는 의사를 대외적으로 명백히 표시함으로써 성립된다. 거부처분이 있은 후 당사자가 다시 신청을 한 경우에는 신청의 제목 여하에 불구하고 그 내용이 새로운 신청을 하는 취지라면 관할 행정청이 이를 다시 거절하는 것은 새로운 거부처분이라고 보아야 한다. 관계 법령이나 행정청이 사전에 공표한 처분기준에 신청기간을 제한하는 특별한 규정이 없는 이상 재신청을 불허할 법적 근거가 없으며, 설령 신청기간을 제한하는 특별한 규정이 있다 하더라도 재신청이 신청기간을 도과하였는지 여부는 본안에서 재신청에 대한 거부처분이 적법한가를 판단하는 단계에서 고려할 요소이지, 소송요건 심사단계에서 고려할 요소가 아니다(대판 2021.1.14. 2020두50324).

수익적 행정처분을 구하는 신청에 대한 거부처분이 아니더라도 해당 처분에 대한 이의신청의 내용이 새로운 신청을 하는 취지로 볼 수 있는 경우, 그 이의신청에 대한 결정의 통보를 새로운 처분으로 볼 수 있음

수익적 행정처분을 구하는 신청에 대한 거부처분이 있은 후 당사자가 다시 신청을 한 경우에는 신청의 제목 여하에 불구하고 그 내용이 새로운 신청을 하는 취지라면 관할 행정청이 이를 다시 거절하는 것은 새로운 거부처분이라고 보아야 한다. 나아가 어떠한 처분이 수익적 행정처분을 구하는 신청에 대한 거부처분이 아니라고 하더라도, 해당 처분에 대한 이의신청의 내용이 새로운 신청을 하는 취지로 볼 수 있는 경우에는, 그 이의신청에 대한 결정의 통보를 새로운 처분으로 볼 수 있다(대판 2022.3.17. 2021두53894).

신청에 대하여 일단 거부처분이 행하여진 후 그 거부처분이 적법한 절차에 의하여 취소되지 않은 상태에서 사유를 추가하여 반복하여 행한 거부처분의 효력

행정행위 중 당사자의 신청에 의하여 인·허가 또는 면허 등 이익을 주거나 그 신청을 거부하는 처분을 하는 것을 내용으로 하는 이른바 신청에 의한 처분의 경우에는 신청에 대하여 일단 거부처분이 행해지면 그 거부처분이 적법한 절차에 의하여 취소되지 않는 한, 사유를 추가하여 거부처분을 반복하는 것은 존재하지도 않는 신청에 대한 거부처분으로서 당연무효이다(대판 1999.12.28. 98두1895).

14. 경정처분(변경처분)

(1) 의의

행정청이 일정한 처분을 한 후 감축 또는 확장하는 것을 경정처분(변경처분)이라 한다. 경정처분은 당초처분을 유지한 채 이를 수정하는 데 불과하므로 당초처분을 취소하거나 철회하고 새로운 처분을 하는 경우와 구별된다. 따라서 절차위배 등을 이유로 처분을 취소한 후 새로이 적법한 절차를 갖추어 다시 처분을 하는 경우에 뒤의 처분은 별개의 처분이지 경정처분은 아니다.

(2) 조세소송에서 당초처분과 경정처분 상호간의 관계

① 문제점

조세소송에서 당초처분과 경정처분 가운데 어느 것을 소송의 대상으로 하여야 하는지 문제된다. 이 문제는 소제기 전에 처분이 변경된 경우 제소기간의 기산점과도 관련된다.

② 학설

당초처분은 경정처분에 흡수 소멸하고 경정처분만이 대상이라는 흡수설, 경정처분은 당초처분에 흡수 소멸되어 경정된 당초처분이 대상이라는 역흡수설, 당초처분과 경정처분은 별개의 처분으로서 둘 다 소의 대상이 된다는 병존설 등이 있다.

③ 판례

㉠ 감액경정처분의 경우

판례는 "과세표준과 세액을 감액하는 경정처분은 당초 부과처분과 별개 독립의 과세처분이 아니라 그 실질은 당초 부과처분의 변경이고, 그에 의하여 세액의 일부 취소라는 납세자에게 유리한 효과를 가져오는 처분이므로 그 경정결정으로도 아직 취소되지 않고 남아 있는 부분이 위법하다 하여 다투는 경우, 항고소송의 대상은 당초의 부과처분 중 경정결정에 의하여 취소되지 않고 남은 부분이고, 경정결정이 항고소송의 대상이 되는 것이 아니다."(대판 1995.8.11. 95누351)라고 하여 역흡수설의 입장을 취하고 있다.

이러한 법리는 행정심판 재결청이 심판청구를 일부 인용하면서 구체적 금액을 명시하여 취소하지 않고, 경정기준만을 제시하여 행정청으로 하여금 그에 맞추어 경정처분을 하도록 결정(이행재결)함에 따라 행정청이 감액경정처분을 하는 경우에도 마찬가지로 적용되어, 그 감액경정처분은 항고소송의 대상이 되지 못하고, 제소기간의 준수 여부는 당초처분시를 기준으로 한다(대판 1996.7.30. 95누6328).

㉡ 증액경정처분의 경우

판례는 증액경정처분의 경우 당초처분은 증액경정처분에 흡수되어 소멸하고 그 증액경정처분만이 소의 대상이 된다는 입장이다. 즉 "증액경정처분이 있는 경우 당초 신고나 결정은 증액경정처분에 흡수됨으로써 독립된 존재가치를 잃게 된다고 보아야 할 것이므로, 원칙적으로는 당초 신고나 결정에 대한 불복기간의 경과 여부 등에 관계없이 증액경정처분만이 항고소송의 심판대상이 되고, 납세의무자는 그 항고소송에서 당초 신고나 결정에 대한 위법사유도 함께 주장할 수 있다."(대판 2009.5.14. 2006두17390)고 판시하고 있다.

따라서 당초처분에 대한 소송계속중 증액경정처분이 있게 되면 청구취지를 변경하여 경정처분을 소송의 대상으로 하여야 한다(대판 1993.12.21. 92누14441).

그러나 증액경정처분이 제척기간 도과 후에 이루어진 경우에는 증액부분만이 무효로 되고 제척기간 도과 전에 있었던 당초 처분은 유효한 것이므로, 납세의무자로서는 그와 같은 증액경정처분이 있었다는 이유만으로 당초 처분에 의하여 이미 확정되었던 부분에 대하여 다시 위법 여부를 다툴 수는 없다(대판 2004.2.13. 2002두9971).

㉢ 수차의 경정처분

당초의 과세처분이 있은 후 이를 증액하는 경정처분을 하였다가 다시 감액하는 재경정처분이 있은 경우, 당초처분은 경정처분에 흡수되어 독립된 존재가치를 상실하고 재경정처분은 감액된 세액부분에 대해서만 그 효력이 미치므로 소송의 대상과 전심절차의 이행 여부는 경정처분을 대상으로 판단하게 된다.

예 4. 1.자로 500만 원의 당초 과세처분을 하였다가 6. 1.자로 1,000만 원으로 증액하는 과세처분을 하고, 다시 7. 1.자로 800만원으로 감액하는 과세처분을 한 경우, 소송의 대상은 6. 1.자의 처분이고, 소송의 대상인 과세처분의 내용은 800만원으로 감액된 것임

㉣ 신고납세방식의 조세의 경우

위와 같은 법리는 이 경우에도 적용된다. 즉 납세의무자가 신고기한 내 과세표준신고를 하였으나, 그 신고내용에 탈루 또는 오류가 있다는 이유로 그 과세표준과 세액을 증액하는 경정처분을 한 경우, 당초처분은 증액경정처분 속에 흡수되어 독립된 존재가치를 상실하여 당연히 소멸하고, 증액경정처분만이 쟁송의 대상이 되고, 이 경우 납세자는 신고에 의하여 확정되었던 과세표준과 세액에 대하여도 함께 그 위법을 다툴 수 있다(대판 1986.9.23. 85누857).

판례

증액경정처분의 경우 당초처분은 증액결정처분에 흡수되어 증액경정처분만이 소송의 대상이 됨

[1] 과세처분이 있은 후에 증액경정처분이 있는 경우 당초 과세처분은 경정처분에 흡수되어 독립적인 존재가치를 상실하므로 전심절차의 경유여부도 그 경정처분을 기준으로 판단하여야 하는 것이 원칙이다(대판 2000.9.22. 98두18510).

[2] 증액경정처분이 있는 경우 당초 신고나 결정은 증액경정처분에 흡수됨으로써 독립된 존재가치를 잃게 된다고 보아야 할 것이므로, 원칙적으로는 당초 신고나 결정에 대한 불복기간의 경과 여부 등에 관계없이 증액경정처분만이 항고소송의 심판대상이 되고, 납세의무자는 그 항고소송에서 당초 신고나 결정에 대한 위법사유도 함께 주장할 수 있다(대판 2009.5.14. 2006두17390).

감액경정결정을 한 경우 항고소송의 대상은 경정처분으로 인하여 감액되고 남아 있는 당초의 처분

[1] 과세표준과 세액을 감액하는 경정처분은 당초 부과처분과 별개 독립의 과세처분이 아니라 그 실질은 당초 부과처분의 변경이고, 그에 의하여 세액의 일부취소라는 납세자에게 유리한 효과를 가져오는 처분이라 할 것이므로 그 경정결정으로도 아직 취소되지 않고 남아 있는 부분이 위법하다 하여 다투는 경우 항고소송의 대상은 당초의 부과처분 중 경정결정에 의하여 취소되지 않고 남은 부분이고, 경정결정이 항고소송의 대상이 되는 것은 아니다(대판 1993.11.9. 93누9989).

[2] 행정청이 산업재해보상보험법에 의한 보험급여 수급자에 대하여 부당이득 징수결정을 한 후 징수결정의 하자를 이유로 징수금 액수를 감액하는 경우에 감액처분은 감액된 징수금 부분에 관해서만 법적 효과가 미치는 것으로서 당초 징수결정과 별개 독립의 징수금 결정처분이 아니라 그 실질은 처음 징수결정의 변경이고, 그에 의하여 징수금의 일부취소라는 징수의무자에게 유리한 결과를 가져오는 처분이므로 징수의무자에게는 그 취소를 구할 소의 이익이 없다(대판 2012.9.27. 2011두27247).

당초의 과세처분에 존재하고 있다고 주장되는 위법사유가 증액경정처분에도 존재하고 있어 당초의 과세처분이 위법하다고 판단되면 증액경정처분도 위법하다고 하지 않을 수 없는 경우 소송의 대상 및 제소기간 준수 여부의 판단 기준

납세자가 이와 같은 과정을 거쳐 행정소송을 제기하면서 당초의 과세처분의 취소를 구하는 것으로 청구취지를 기재하였다 하더라도, 이는 잘못된 판단에 따라 소송의 대상에 관한 청구취지를 잘못 기재한 것이라 할 것이고, 그 제소에 이른 경위나 증액경정처분의 성질 등에 비추어 납세자의 진정한 의사는 증액경정처분에 흡수됨으로써 이미 독립된 존재가치를 상실한 당초의 과세처분이 아니라 증액경정처분 자체의 취소를 구하는 데에 있다고 보아야 할 것이다. 따라서 납세자는 그 소송계속 중에 청구취지를 변경하는 형식으로 증액경정처분의 취소를 구하는 것으로 청구취지를 바로잡을 수 있는 것이고, 이때 제소기간의 준수 여부는 형식적인 청구취지의 변경 시가 아니라 증액경정처분에 대한 불복의 의사가 담긴 당초의 소 제기 시를 기준으로 판단하여야 한다(대판 2013.2.14. 2011두25005).

(3) 그 밖의 경정처분

① 적극적 변경처분의 경우(예 허가취소처분을 영업정지처분으로 변경)에는 ㉠ 당초 처분을 대체하는 새로운 처분이 있는 것으로 보고 변경처분(영업정지처분)을 대상으로 취소소송을 제기해야 한다는 견해, ㉡ 실질적으로 일부취소로 보고 후속처분에 의해 당초부터 유리하게 변경되어 존속하는 감경된 처분(영업정지처분)이 대상이라는 견해가 있다. 그 논의의 실익은 불복제기기간의 기산점이 달라지는 데 있다(㉡에 의하면 허가취소처분을 안 날로부터 기산).

② 적극적 변경처분 가운데 당초처분과 동일한 요건과 절차가 요구되지 않는 경미한 사항에 대한 변경처분처럼 분리가능한 일부변경처분의 경우에는 당초처분과 일부변경처분 모두 항고소송의 대상이 될 수 있다.

판례

선행처분의 내용을 변경하는 후행처분이 있는 경우, 선행처분의 효력 존속 여부

선행처분의 주요 부분을 실질적으로 변경하는 내용으로 후행처분을 한 경우에 선행처분은 특별한 사정이 없는 한 그 효력을 상실하지만, 후행처분이 있었다고 하여 일률적으로 선행처분이 존재하지 않게 되는 것은 아니고 선행처분의 내용 중 일부만을 소폭 변경하는 정도에 불과한 경우에는 선행처분이 소멸한다고 볼 수 없다(대판 2012.12.13. 2010두20782등).

후속처분의 내용이 종전처분의 유효를 전제로 내용 중 일부만을 추가·철회·변경하는 것이고 추가·철회·변경된 부분이 내용과 성질상 나머지 부분과 불가분적인 것이 아닌 경우, 종전처분은 여전히 항고소송의 대상이 됨

영업제한 시간을 오전 0시부터 오전 8시까지로 정하고 매월 둘째 주와 넷째 주 일요일을 의무휴업일로 지정하는 내용의 처분을 한 사실, 위 처분의 취소를 구하는 소송이 이 사건 원심에 계속 중이던 2014. 8. 25. 위 피고는 위 원고들을 상대로 영업시간 제한 부분의 시간을 '오전 0시부터 오전 10시'까지로 변경하되, 의무휴업일은 종전과 동일하게 유지하는 내용의 처분을 한 사실 …(중략)… 2014. 8. 25.자 처분으로 종전처분이 소멸하였다고 볼 수는 없고, …(중략)… 2014. 8. 25.자 처분에 따라 종전처분이 소멸하여 그 효력을 다툴 법률상 이익이 없게 되었다는 취지의 피고의 주장은 이유 없다(대판 2015.11.19. 2015두295).

재개발조합설립 인가신청에 대한 행정청의 조합설립인가처분 후 구 도시 및 주거환경정비법 시행령 제27조 각 호에서 정한 경미한 사항의 변경에 대하여 행정청이 변경인가처분을 한 경우, 당초의 조합설립인가처분은 변경인가처분에 흡수되는지 여부(소극)

재개발조합설립 인가신청에 대한 행정청의 조합설립인가처분은 법령상 일정한 요건을 갖출 경우 주택재개발사업의 추진위원회에게 행정주체로서의 지위를 부여하는 일종의 설권적 처분의 성격을 가지고 있는데, 구 도시 및 주거환경정비법 제16조 제1항은 조합설립인가처분의 내용을 변경하는 변경인가처분을 할 때에는 조합설립인가처분과 동일한 요건과 절차를 거칠 것을 요구하고 있다. 그런데 조합설립인가처분과 동일한 요건과 절차가 요구되지 않는 구 도시 및 주거환경정비법 시행령 제27조 각 호에서 정하는 경미한 사항의 변경에 대하여 행정청이 조합설립의 변경인가라는 형식으로 처분을 하였다고 하더라도 그 성질은 당초의 조합설립인가처분과는 별개로 위 조항에서 정한 경미한 사항의 변경에 대한 신고를 수리하는 의미에 불과한 것으로 보아야 한다. 따라서 경미한 사항의 변경에 대한 신고를 수리하는 의미에 불과한 변경인가처분에 설권적 처분인 조합설립인가처분이 흡수된다고 볼 것은 아니다(대판 2010.12.9. 2009두4555).

15. 교원징계의 경우

판례는 ① 사립학교 교원의 경우에는 교원징계재심위원회(현 교원소청심사위원회)의 결정이 원처분으로서 소의 대상이 되고, ② 국공립학교교원의 경우에는 재심결정이 아니라 원처분이 소의 대상이라고 본다.

판례

사립학교 교원이 학교법인의 해임처분에 대하여 교원지위향상을위한특별법에 따라 교육부 내의 교원징계재심위원회에 재심청구를 한 경우 재심위원회의 결정이 행정소송의 대상

사립학교 교원에 대한 해임처분에 대한 구제방법으로 학교법인을 상대로 한 민사소송 이외 교원지위향상을위한특별법 제7 내지 10조에 따라 교육부 내에 설치된 교원징계재심위원회에 재심청구를 하고 교원징계재심위원회의 결정에 불복하여 행정소송을 제기하는 방법도 있으나, 이 경우에도 행정소송의 대상이 되는 행정처분은 교원징계재심위원회의 결정이지 학교법인의 해임처분이 행정처분으로 의제되는 것이 아니며 또한 교원징계재심위원회의 결정을 이에 대한 행정심판으로서의 재결에 해당되는 것으로 볼 수는 없다(대판 1993.2.12. 92누13707).

국공립학교교원의 경우에는 재심결정이 아니라 원처분이 소의 대상

국공립학교교원에 대한 징계 등 불리한 처분은 행정처분이므로 국공립학교교원이 징계 등 불리한 처분에 대하여 불복이 있으면 교원징계재심위원회에 재심청구를 하고 위 재심위원회의 재심결정에 불복이 있으면 항고소송으로 이를 다투어야 할 것인데, 이 경우 그 소송의 대상이 되는 처분은 원칙적으로 원처분청의 처분이고, 원처분이 정당한 것으로 인정되어 재심청구를 기각한 재결에 대한 항고소송은 원처분의 하자를 이유로 주장할 수는 없고 그 재결 자체에 고유한 주체·절차·형식 또는 내용상의 위법이 있는 경우에 한한다(대판 1994.2.8. 93누17874).

04 재결소송

1. 재결소송의 의의

(1) 재결

행정소송법은 재결도 처분과 함께 취소소송의 대상이 될 수 있다고 규정하고 있다(행정소송법 제2조·제4조). 행정심판법에서의 재결이란 '행정심판의 청구에 대하여 제5조에 따른 행정심판위원회가 행하는 판단'을 말한다(행정심판법 제2조 제1항 제3호). 그런데 행정소송의 대상인 재결은 행정심판법상의 재결 이외에도 토지수용위원회의 이의재결과 같은 개별법률상의 재결도 포함된다.

(2) 원처분중심주의

취소소송은 원칙적으로 원처분을 대상으로 하며, 재결은 예외적으로만 취소소송의 대상이 될 수 있다. 재결취소소송의 경우에는 재결 자체에 고유한 위법이 있음을 이유로 하는 경우에 한한다(행정소송법 제19조 단서). 이를 원처분중심주의라고 한다. 행정소송법은 원처분주의를 취하고 있지만, 개별법에서 재결주의를 규정하기도 한다.

(3) 재결소송의 필요성

원처분 아닌 재결에 대한 소송을 인정한 것은 원처분을 다툴 필요가 없거나 다툴 수 없었던 자라도 재결로 인하여 비로소 불이익을 받게 되는 경우에 권리보호의 길을 보장하기 위한 것이다. 예를 들어, 공장건축허가신청을 거부한 단계에서는 이웃주민이 그 거부처분을 다툴 필요가 없으나, 허가신청자가 거부처분취소재결을 청구하여 거부처분의 취소가 있게 되면 이웃주민들은 그 단계에서 비로소 다툴 필요성이 생긴다.

2. 재결 자체에 고유한 위법

(1) 의의

재결취소소송의 사유인 '재결 자체에 고유한 위법'이란 원처분에는 위법이 없고 재결에만 위법이 있는 것을 말한다.

재결은 본래적 의미의 처분은 아니고 원처분에 대한 판단이기는 하나, 주체·절차·형식·내용상의 위법이 있으면 다툴 수 있다. 예컨대, ① 권한이 없는 행정심판위원회에 의한 재결의 경우 또는 행정심판위원회의 구성상 하자가 있는 경우(주체면), ② 행정심판법상의 심판절차를 준수하지 않은 경우(절차면), ③ 서면에 의하지 아니한 재결이나 재결서에 주요기재 사항이 누락된 경우, 재결서에 기명날인을 하지 아니한 경우 등 (형식면), ④ 위법하게 인용재결을 한 경우(내용면)이다.

(2) 구체적 검토

① 각하재결

행정심판청구가 부적법하지 않음에도 부적법각하한 경우(대판 2001.7.27. 99두2970)가 이에 해당한다. 이러한 각하재결은 실체심리를 받을 권리를 박탈당하는 것이어서 원처분에 없는 재결에 고유한 하자이므로 재결취소소송의 대상이 된다.

② 기각재결

㉠ 원칙

원처분이 정당하다고 지지하는 기각재결은 원칙적으로 재결 자체의 내용상 위법을 인정할 수 없어 항고소송의 대상이 될 수 없다. 원처분에 있는 하자와 동일한 하자를 주장하는 것이 되기 때문이다.

㉡ 예외

행정심판법 제47조에 위반하여 심판청구의 대상이 되지 아니한 사항에 대하여 한 재결이나, 불이익변경금지원칙에 위반한 재결은 그 취소를 구할 수 있다. 그리고 심판청구가 이유 있다고 인정하면서도 이를 인용하는 것이 현저히 공공복리에 적합하지 않는다고 하면서 기각한 사정재결에 대하여는 원처분을 취소하더라도 현저히 공공복리에 적합하지 않는 것이 아니라는 등의 이유를 들어 재결취소의 소를 제기할 수 있다. 한편, 판례는 항고쟁송이 제기된 이후에는 처분당시에 근거로 삼은 처분사유와 기본적 사실관계가 동일한 한도 내에서만 다른 사유를 추가하거나 변경할 수 있다는 입장에 있으므로, 원처분사유와 기본적 사실관계를 달리하는 사유로 원처분을 유지한 재결은 원처분의 위법 여부와 관계없이 위법한 재결이다.

기각재결이 재결에 고유한 하자로 인하여 취소된 경우에 행정심판기관은 다시 재결을 하여야 한다.

③ 인용재결

㉠ 부적법한 인용재결이 있는 경우

행정심판의 제기요건을 결여하였음에도 불구하고 각하하지 않고 인용재결을 한 경우(예 행정처분이 아닌 '관념의 통지'를 대상으로 한 재결; 대판 1993.8.24. 92누1865)가 이에 해당한다.

㉡ 제3자효 행정행위에 대한 인용재결이 있는 경우

제3자가 행정심판청구인인 경우의 행정처분 상대방이나, 행정처분 상대방이 행정심판청구인인 경우의 제3자는 그 인용재결을 다툴 필요가 있다. 이때 소송의 대상이 된 인용재결은 원처분과 내용을 달리하는 것이므로, 그 인용재결에 대한 항고소송은 원처분에 없는 재결 자체의 고유한 위법을 주장하는 것이 된다. 다만, 이렇게 행정소송법 제19조 단서에 따라 재결 자체의 고유한 위법을 다투는 것으로 보는 견해와 달리, 인용재결이 실질적으로 상대방에게는 최초의 처분으로서의 성질을 갖게 되므로 제19조 본문에 의하여 다툴 수 있다는 견해도 있다.

㉢ 일부인용재결·수정재결의 경우

예컨대, 공무원에 대한 파면처분이 소청절차에서 정직으로 감경된 경우, 정직처분으로 수정된 원처분과 재결 중 어느 것을 다투어야 하는지에 대하여 판례·통설은 수정된 원처분을 다투어야 하고 재결에 대해서 다툴 수는 없다고 한다.

⇨ 상세히는 후술하는 〈4. 일부취소와 적극적 변경재결의 경우 항고소송의 대상〉에서 설명함

㉣ 형성재결의 경우

형성재결은 행정청의 별도의 처분이 없이 직접 재결의 형성력에 의해 취소 또는 변경되기 때문에 취소재결 그 자체가 소의 대상이 된다. 따라서 재결청으로부터 '처분청의 공장설립변경신고수리처분을 취소한다'는 내용의 형성적 재결을 송부받은 처분청이 당해 처분의 상대방에게 재결결과를 통보하면서 공장설립변경신고 수리시 발급한 확인서를 반납하도록 요구한 것은 사실의 통지에 불과하고 항고소송의 대상이 되는 새로운 행정처분이라고 볼 수 없다(대판 1997. 5.30. 96누14678).

그러나 거부처분이 재결에서 취소된 경우 재결에 따른 후속처분이 아니라 그 재결의 취소를 구하는 것은 실효적이고 직접적인 권리구제수단이 될 수 없어 소의 이익이 없다는 것이 판례이다(대판 2017.10.31. 2015두45045). 거부처분을 취소하는 재결이 있더라도 그에 따른 후속처분이 있기까지는 제3자의 권리나 이익에 변동이 있다고 볼 수 없고 후속처분 시에 비로소 제3자의 권리나 이익에 변동이 발생하며, 재결에 대한 항고소송을 제기하여 재결을 취소하는 판결이 확정되더라도 그와 별도로 후속처분이 취소되지 않는 이상 후속처분으로 인한 제3자의 권리나 이익에 대한 침해 상태는 여전히 유지되기 때문이라고 한다.

㉤ 명령재결의 경우

명령재결의 경우 재결 외에 그에 따른 행정청의 후속처분이 있게 되므로 어느 것을 다투어야 하는지 문제가 된다. 즉, ① 재결에 따른 처분이 있어야 비로소 구체적 권리이익을 침해받는다는 점에서 행정청의 처분을 다투어야 한다는 처분설, ② 재결에 따른 행정청의 처분은 재결의 기속력에 의한 부차적인 것이고

그 처분은 재결청의 의사이지 처분청의 의사가 아니므로 재결을 다투어야 한다는 재결설, ③ 취소명령재결(註: 현재는 없음)과 그에 따른 취소처분이 각각 별도로 취소소송의 대상이 된다는 처분·재결설이 그것이다. 판례는 "재결은 행정청을 기속하는 효력을 가지므로 재결청이 취소심판의 청구가 이유 있다고 인정하여 처분청에게 처분의 취소를 명하면 처분청으로서는 그 재결의 취지에 따라 처분을 취소하여야 하지만, 그렇다고 하여 그 재결의 취지에 따른 취소처분이 위법할 경우 그 취소처분의 상대방이 이를 항고소송으로 다툴 수 없는 것은 아니다."(대판 1993.8.24. 92누17723)라고 하여 명령재결과 그 재결에 따른 후속처분 모두를 항고소송의 대상으로 보았다. 이 경우 재결 취지에 따른 취소처분의 상대방이 재결 자체의 효력을 다투는 별소를 제기하였고 그 소송에서 판결이 확정되지 아니하였다 하여 재결의 취지에 따른 취소처분의 취소를 구하는 항고소송 사건을 심리하는 법원이 그 청구의 당부를 판단할 수 없는 것이라고 할 수 없다(대판 1993.9.28. 92누15093).

판례

행정심판청구가 부적법하지 않음에도 각하한 재결은 취소소송의 대상

행정소송법 제19조에 따르면 행정심판에 대한 재결에 대하여도 그 재결 자체에 고유한 위법이 있음을 이유로 하는 경우에는 항고소송을 제기하여 그 취소를 구할 수 있다. 여기에서 말하는 '재결 자체에 고유한 위법'이란 그 재결 자체에 주체, 절차, 형식 또는 내용상의 위법이 있는 경우를 의미하는데, 행정심판청구가 부적법하지 않음에도 각하한 재결은 심판청구인의 실체심리를 받을 권리를 박탈한 것으로서 원처분에 없는 고유한 하자가 있는 경우에 해당하고, 따라서 위 재결은 취소소송의 대상이 된다. 이러한 법리는 조세심판원 결정의 취소나 무효확인을 구하는 항고소송의 경우에도 마찬가지로 적용된다(대판 2025.2.13. 2023두46777).

제3자효를 수반하는 행정행위에 대한 행정심판청구에 있어서 그 청구를 인용하는 내용의 재결로 인하여 비로소 권리이익을 침해받게 되는 자가 그 인용재결에 대하여 취소를 구하는 경우, 그 인용재결이 항고소송의 대상이 됨

이른바 복효적 행정행위, 특히 제3자효를 수반하는 행정행위에 대한 행정심판청구에 있어서 그 청구를 인용하는 내용의 재결로 인하여 비로소 권리이익을 침해받게 되는 자는 그 인용재결에 대하여 다툴 필요가 있고, 그 인용재결은 원처분과 내용을 달리하는 것이므로 그 인용재결의 취소를 구하는 것은 원처분에는 없는 재결에 고유한 하자를 주장하는 셈이어서 당연히 항고소송의 대상이 된다. 행정청이 골프장 사업계획승인을 얻은 자의 사업시설 착공계획서를 수리한 것에 대하여 인근 주민들이 그 수리처분의 취소를 구하는 행정심판을 청구하자 재결청이 그 청구를 인용하여 수리처분을 취소하는 형성적 재결을 한 경우, 그 수리처분 취소 심판청구는 행정심판의 대상이 되지 아니하여 부적법 각하하여야 함에도 위 재결은 그 청구를 인용하여 수리처분을 취소하였으므로 재결 자체에 고유한 하자가 있다(대판 2001.5.29. 99두10292).

어업면허취소처분에 대한 면허권자의 행정심판청구를 인용한 재결에 대하여 제3자가 재결취소를 구할 소의 이익이 없다고 본 사례

처분상대방이 아닌 제3자가 당초의 양식어업면허처분에 대하여는 아무런 불복조치를 취하지 않고 있다가 도지사가 그 어업면허를 취소하여 처분상대방인 면허권자가 그 어업면허취소처분의 취소를 구하는 행정심판을 제기하고 이에 재결기관인 수산청장이 그 심판청구를 인용하는 재결을 하자 비로소 그 제3자가 행정소송으로 그 인용재결을 다투고 있는 경우, 수산청장의 그 인용재결은 도지사의 어업면허취소로 인하여 상실된 면허권자의 어업면허권을 회복하여 주는 것에 불과할 뿐 인용재결로 인하여 제3자의 권리이익이 새로이 침해받는 것은 없고, 가사 그 인용재결로 인하여 그 면허권자의 어업면허가 회복됨으로써 그 제3자에 대하여 사실상 당초의 어업면허에 따른 효과와 같은 결과를 초래한다고 하더라도 이는 간접적이거나 사실적·경제적인 이해관계에 불과하므로, 그 제3자는 인용재결의 취소를 구할 소의 이익이 없다고 본 사례(대판 1995.6.13. 94누15592).

소청결정이 재량권남용 또는 일탈로서 위법하다는 주장은 소청결정 취소사유가 되지 아니함

항고소송은 원칙적으로 당해 처분을 대상으로 하나, 당해 처분에 대한 재결 자체에 고유한 주체, 절차, 형식 또는 내용상의 위법이 있는 경우에 한하여 그 재결을 대상으로 할 수 있다고 해석되므로, 징계혐의자에 대한 감봉 1월의 징계처분을 견책으로 변경한 소청결정 중 그를 견책에 처한 조치는 재량권의 남용 또는 일탈로서 위법하다는 사유는 소청결정 자체에 고유한 위법을 주장하는 것으로 볼 수 없어 소청결정의 취소사유가 될 수 없다(대판1993.8.24. 93누5673).

형성재결의 경우 소송의 대상은 그 재결 자체

당해 재결과 같이 그 인용재결청인 문화체육부장관 스스로가 직접 당해 사업계획승인처분을 취소하는 형성적 재결을 한 경우에는 그 재결 외에 그에 따른 행정청의 별도의 처분이 있지 않기 때문에 재결 자체를 쟁송의 대상으로 할 수밖에 없다(대판 1997.12.23. 96누10911). ☞ 경상북도지사가 원고에 대하여 골프장 사업계획승인처분을 하자 사업부지의 인근 주민들이 그 사업계획승인절차에 하자가 있다는 점 등을 이유로 행정심판을 청구하였고, 재결청이 자연환경보호라는 공익이 현저히 크다는 이유 등으로 원처분을 취소하는 인용재결을 한 사례

(3) 원처분주의의 위반과 판결

재결 자체에 고유한 위법이 없는 경우에도 재결에 대한 취소소송을 제기한 경우의 소송상 처리가 문제되는데, 학설은 ① 행정소송법 제19조 단서를 소극적 소송요건으로 보아 각하판결을 해야 한다는 견해, ② 재결 자체의 고유한 위법 여부는 본안판단사항으로 보아 기각판결을 해야 한다는 견해, ③ 재결에 고유한 하자가 아닌 하자를 이유로 소를 제기한 경우에는 각하하여야 하고, 재결에 고유한 하자를 주장하였지만 고유한 하자가 존재하지 아니한 경우에는 기각하여야 한다는 견해가 대립한다.

판례는 행정소송법이 "재결 자체에 고유한 위법이 있음을 이유로 하는 경우"에 한하여

행정심판의 재결도 취소소송의 대상으로 삼을 수 있도록 규정하고 있으므로 재결취소소송의 경우 재결 자체에 고유한 위법이 있는지 여부를 심리할 것이고, 재결 자체에 고유한 위법이 없는 경우에는 원처분의 당부와는 상관없이 당해 재결취소소송은 이를 기각하여야 한다(대판 1994.1.25. 93누16901)고 하여 기각판결설을 취한다.

3. 원처분주의에 대한 예외(재결주의)

(1) 의의

개별법률에서 예외적으로 재결주의를 규정하고 있는 경우가 있는데, 이 경우에는 재결주의에 의해 원처분은 취소소송의 대상이 되지 못하고(원처분의 취소를 구하는 경우 소 각하사유에 해당) 재결만이 소송의 대상이 된다.

(2) 입법정책의 문제

원처분주의를 채택할 것인가 재결주의를 채택할 것인가는 입법정책의 문제이다. 원처분주의는 법치행정 원칙의 실효성확보와 행정소송의 행정통제적 기능에 비추어 타당하다. 다만, 행정심판기관이 처분청 자신 또는 처분청보다 큰 전문성과 권위를 갖고 있어 재결이 행정내부의 최종적 결정이라고 여겨지는 경우에는 재결주의도 타당하다.

판례

재결주의의 필요성

위법한 원처분을 소송의 대상으로 하여 다투는 것보다는 행정심판에 대한 재결을 다투는 것이 당사자의 권리구제에 보다 효율적이고, 판결의 적정성을 더욱 보장할 수 있는 경우에는 행정심판에 대한 재결에 대하여만 제소하도록 하는 것이 국민의 재판청구권의 보장이라는 측면에서 더욱 바람직한 경우도 있으므로, 개별법률에서 이러한 취지를 정하는 때에는 원처분주의의 적용은 배제되고 재결에 대해서만 제소를 허용하는 이른바 '재결주의'가 인정된다(헌재 2001.6.28. 2000헌바77).

(3) 재결주의의 사례

개별법률에서 원처분중심주의의 예외로서 재결주의를 채택하는 경우의 예로서, 감사원의 변상판정에 대한 재심의 판정에 대한 불복(감사원법 제36조·제40조), 중앙노동위원회의 재심판정에 대한 불복(노동조합 및 노동관계조정법 제85조 제2항), 특허심판원의 심결에 대한 불복(특허법 제186조·제189조) 등에 대하여 각각 행정소송을 제기하는 것이 있다.

〈재결주의와 원처분주의의 사례〉

1. 재결주의

(1) 감사원의 재심의 판정

감사원법 제36조 【재심의 청구】 ① 제31조에 따른 변상 판정에 대하여 위법 또는 부당하다고 인정하는 본인, 소속 장관, 감독기관의 장 또는 해당 기관의 장은 변상판정서가 도달한 날부터 3개월 이내에 감사원에 재심의를 청구할 수 있다.

제40조 【재심의의 효력】 ② 감사원의 재심의 판결에 대하여는 감사원을 당사자로 하여 행정소송을 제기할 수 있다. 다만, 그 효력을 정지하는 가처분결정은 할 수 없다.

(2) 중앙노동위원회의 재심판정

노동조합 및 노동관계조정법 제85조 【구제명령의 확정】 ① 지방노동위원회 또는 특별노동위원회의 구제명령 또는 기각결정에 불복이 있는 관계 당사자는 그 명령서 또는 결정서의 송달을 받은 날부터 10일 이내에 중앙노동위원회에 그 재심을 신청할 수 있다.

② 제1항의 규정에 의한 중앙노동위원회의 재심판정에 대하여 관계 당사자는 그 재심판정서의 송달을 받은 날부터 15일 이내에 행정소송법이 정하는 바에 의하여 소를 제기할 수 있다.

2. 원처분주의

(1) 중앙토지수용위원회의 이의재결에 대한 불복

공익사업을 위한 토지 등의 취득 및 보상에 관한 법률 제85조 【행정소송의 제기】 ① 사업시행자, 토지소유자 또는 관계인은 제34조에 따른 재결에 불복할 때에는 재결서를 받은 날부터 90일 이내에, 이의신청을 거쳤을 때에는 이의신청에 대한 재결서를 받은 날부터 60일 이내에 각각 행정소송을 제기할 수 있다.

• 소송의 대상

1. 항고소송을 이의신청을 거치지 않고 제기하는 경우: 원처분인 수용재결
2. 이의신청을 거쳐 항고소송을 제기하는 경우: 원처분(수용재결)인지 또는 이의신청에 대한 재결(이의재결)인지에 대해서는 종래 견해의 대립이 있었다. 과거 판례는 (구)토지수용법상 이의재결을 소의 대상으로 보았으며, 다만, 수용재결 자체가 당연무효라 하여 그 무효확인을 구하는 경우에는 수용재결도 소의 대상이 될 수 있다는 입장이었다. 행정소송법이 취소소송의 대상에 대하여 원처분주의를 규정하고 있음에 비추어, 현행 토지보상법의 해석에 관한 다수설은 위 이 경우에도 원처분인 수용재결이 소의 대상이라고 본다.

※ 공익사업을 위한 토지 등의 취득 및 보상에 관한 법률 제85조 제1항 전문의 문언 내용과 같은 법 제83조, 제85조가 중앙토지수용위원회에 대한 이의신청을 임의적 절차로 규정하고 있는 점, 행정소송법 제19조 단서가 행정심판에 대한 재결은 재결 자체에 고유한 위법이 있음을 이유로 하는 경우에 한하여 취소소송의 대상으로 삼을 수 있도록 규정하고 있는 점 등을 종합하여 보면, 수용재결에 불복하여 취소소송을 제기하는 때에는 이의신청을 거친 경우에도 수용재결을 한 중앙토지수용위원회 또는 지방토지수용위원회를 피고로 하여 수용재결의 취소를 구하여야 하고, 다만, 이의신청에 대한 재결 자체에 고유한 위법이 있음을 이유로 하는 경우에는 그 이의재결을 한 중앙토지수용위원회를 피고로 하여 이의재결의 취소를 구할 수 있다고 보아야 한다(대판 2010.1.28. 2008두1504).

(2) 교원소청심사위원회의 결정에 대한 불복

교원의 지위 향상 및 교육활동 보호를 위한 특별법 제9조【소청심사의 청구 등】 ① 교원이 징계처분과 그 밖에 그 의사에 반하는 불리한 처분에 대하여 불복할 때에는 그 처분이 있었던 것을 안 날부터 30일 이내에 심사위원회에 소청심사를 청구할 수 있다. 이 경우에 심사청구인은 변호사를 대리인으로 선임할 수 있다.

제10조【소청심사 결정】 ① 심사위원회는 소청심사청구를 접수한 날부터 60일 이내에 이에 대한 결정을 하여야 한다. 다만, 심사위원회가 불가피하다고 인정하면 그 의결로 30일을 연장할 수 있다.

③ 제1항에 따른 심사위원회의 결정에 대하여 교원, 「사립학교법」 제2조에 따른 학교법인 또는 사립학교 경영자 등 당사자는 그 결정서를 송달받은 날부터 30일 이내에 「행정소송법」으로 정하는 바에 따라 소송을 제기할 수 있다.

• 소송의 대상

1. 사립학교교원의 경우: 학교법인 등이 교원에게 한 징계 등은 항고소송의 대상인 처분이 아니므로(학교법인은 행정청이 아님) 교원소청심사위원회의 결정이 원처분으로 항고소송의 대상이 된다.
2. 국공립학교교원의 경우: 국공립학교교원에 불리한 처분에 대한 교원소청심사위원회의 결정은 행정심판의 재결이고, 판례는 교원소청심사위원회의 결정에 대한 불복에는 원처분주의가 적용되어 원처분인 징계 등이 소의 대상이 된다고 한다.

※ 국·공립학교 교원에 대한 징계처분의 경우에는 원 징계처분 자체가 행정처분이므로 그에 대하여 위원회에 소청심사를 청구하고 위원회의 결정이 있은 후 그에 불복하는 행정소송이 제기되더라도 그 심판대상은 교육감 등에 의한 원 징계처분이 되는 것이 원칙이다. 다만, 위원회의 심사절차에 위법사유가 있다는 등 고유의 위법이 있는 경우에 한하여 위원회의 결정이 소송에서의 심판대상이 된다(대판 2013.7.25. 2012두12297).

(4) 재결주의에서의 심리 및 판결

① 재결주의를 채택한 경우, 행정소송법 제19조 단서와 같은 제한이 없으므로 재결취소소송에서 재결 고유의 위법뿐만 아니라 원처분의 위법도 주장할 수 있다(대판 2001.1.19. 98두17852).

② 그러나 원처분이 당연무효인 경우에는 재결취소의 소뿐만 아니라 원처분무효확인소송도 제기할 수 있다(대판 1993.1.19. 91누8050).

③ 재결주의에서 기각재결이 취소되면 판결의 기속력에 의해 원처분청은 원처분을 취소하여야 하고, 인용재결(취소재결)이 취소되면 취소재결로 취소된 원처분은 취소재결의 취소로 원상을 회복한다.

4. 일부취소와 적극적 변경재결의 경우 항고소송의 대상

(1) 문제의 소재

① 기각재결의 당부를 다투고자 하는 경우 현행 행정소송법이 원처분주의를 취하고 있으므로 원칙상 원처분을 대상으로 다투어야 한다.

② 그런데 일부취소재결(예 6개월의 영업정지처분이 행정심판의 재결에서 3개월의 영업정지처분으로 감경된 경우)이나 적극적 변경재결(예 공무원에 대한 파면처분이 소청심사절차에서 해임으로 감경된 경우)이 내려진 경우, 당사자가 여전히 불복하려 한다면 어느 행위(재결인지 원처분인지)를 소송의 대상으로 해야 하는지 문제된다.

(2) 일부취소재결(일부인용재결)의 경우 항고소송의 대상

일부취소재결의 경우 일부 취소되고 남은 원처분을 취소소송의 대상으로 하여야 한다는 것이 판례 및 학설의 일반적 견해이다. 앞의 예에서 남은 원처분인 3개월의 영업정지처분이 소송의 대상이다.

(3) 적극적 변경재결(수정재결)의 경우 항고소송의 대상

① 학설

㉠ 변경된 원처분이 대상이라는 견해: 원처분주의의 원칙상 재결은 소송이 되지 못하고 변경되고 남은 원처분(앞의 사례에서 해임처분)이 취소소송의 대상이 된다고 하는 견해이다.

㉡ 적극적 변경재결이 대상이라는 견해: 적극적 변경재결의 경우는 재결이 원처분을 완전히 대체하는 새로운 처분이므로 위원회가 피고가 되고, 적극적 변경재결이 취소소송의 대상이 된다는 견해이다.

② 판례

판례는 적극적 변경재결로 인하여 감경되고 남은 원처분을 상대로 원처분청을 피고로 하여 소송을 제기하여야 한다고 보고 있다.

판례

적극적 변경재결로 인하여 감경되고 남은 원처분을 대상적격으로 본 사례

[1] 해임처분을 소청심사위원회가 정직 2월로 변경한 경우 원처분청을 상대로 정직 2월의 처분에 대한 취소소송을 제기한 사건에서 본안판단을 한 사례(대판 1997.11.14. 97누7325)

[2] 감봉 3월의 징계처분을 소청심사위원회가 감봉 1월로 감경한 경우 원처분청을 피고로 감봉 1월의 처분에 대하여 취소소송을 제기한 사건에서 본안판단을 한 사례(서울고법 1998.5.14. 97구36479)

③ 검토

적극적 변경재결도 내용적으로는 원처분의 일부취소의 성질을 갖고 있으므로, 일부취소재결의 경우와 일관되게 원처분주의의 원칙상 변경되고 남은 원처분이 소송의 대상이 된다는 견해가 타당하다.

(4) 적극적 변경명령재결에 따른 변경처분의 경우 항고소송의 대상

① 문제점

위원회의 변경명령재결(예 3개월의 영업정지처분을 2개월의 영업정지처분에 갈음하는 과징금부과 처분으로 변경하라는 재결)에 따라 변경처분이 행해진 경우, 변경처분(원처분의 변경행위)과 변경된 원처분(원처분의 변경 후 남게 되는 부분) 중 어느 행위가 항고소송의 대상인지 문제된다.

② 학설

변경처분으로 원처분은 전부취소되고 변경처분이 원처분을 대체하기 때문에 변경처분만이 소의 대상이 된다는 흡수설, 변경처분은 원처분의 일부취소이므로 축소변경된 원처분으로 존재하고 변경처분은 원처분에 흡수되기 때문에 변경된 원처분(남은 원처분)만이 소의 대상이라는 역흡수설, 변경된 처분과 변경된 원처분은 독립된 처분이므로 고유한 위법이 있는 명령재결뿐만 아니라 그에 따른 처분 역시 소송의 대상이 될 수 있다고 보는 병존설 등이 있다.

③ 판례

판례는 적극적 변경명령재결에 따라 변경처분이 행해진 경우에 다투고자 하려면 변경되고 남은 원처분을 취소소송의 대상으로 하여야 한다고 본다. 예컨대, 3월의 영업정지처분을 2월의 영업정지에 갈음하는 과징금부과처분으로 변경하라는 재결의 취지에 따라 행정청이 과징금 560만 원으로 변경처분을 한 경우, 과징금부과처분으로 변경된 당초처분이 소송의 대상이라고 하였다(대판 2007.4.27. 2004두9302).

판례

행정청이 식품위생법령에 따라 영업자에게 행정제재처분을 한 후 당초 처분을 영업자에게 유리하게 변경하는 처분을 한 경우, 취소소송의 대상 및 제소기간 판단 기준이 되는 처분(= 당초 처분)

행정청이 식품위생법령에 따라 영업자에게 행정제재처분을 한 후 그 처분을 영업자에게 유리하게 변경하는 처분을 한 경우, 변경처분에 의하여 당초 처분은 소멸하는 것이 아니고 당초부터 유리하게 변경된 내용의 처분으로 존재하는 것이므로, 변경처분에 의하여 유리하게 변경된 내용의 행정제재가 위법하다 하여 그 취소를 구하는 경우 그 취소소송의 대상은 변경된 내용의 당초 처분이지 변경처분은 아니고, 제소기간의 준수 여부도 변경처분이 아닌 변경된 내용의 당초 처분을 기준으로 판단하여야 한다(대판 2007.4.27. 2004두9302). ☞ 피고가 2002. 12. 26.

원고에 대하여 3월의 영업정지처분이라는 당초처분을 하였고, 이에 대하여 원고가 행정심판청구를 하자 재결청이 2003. 3. 6. "피고가 2002. 12. 26. 원고에 대하여 한 3월의 영업정지처분을 2월의 영업정지에 갈음하는 과징금부과처분으로 변경하라"는 일부기각(일부인용)의 이행재결을 하였으며, 2003. 3. 10. 그 재결서 정본이 원고에게 도달하였고, 피고는 위 재결취지에 따라 2003. 3. 13. "3월의 영업정지처분을 과징금 560만 원으로 변경한다"는 취지의 이 사건 후속변경처분을 함으로써 당초처분을 원고에게 유리하게 변경하는 처분을 하였으며, 원고가 2003. 6. 12. 소를 제기하면서 청구취지로써 2003. 3. 13.자 과징금부과처분의 취소를 구한 사례

④ 검토

변경처분은 원처분을 변경하는 행위이지 독립한 처분으로 볼 수 없으므로 변경된 원처분(남은 원처분)이 소송의 대상이라는 견해가 타당하다.

행정쟁송법

제6장 취소소송의 제기

01 소송제기의 요건

유효한 취소소송이 제기되기 위해서는 일정한 소송요건을 갖추어야 한다. 취소소송은 ① 처분 등이 존재하고, ② 관할권 있는 법원에, ③ 원고가 피고를 상대로, ④ 일정 기간 내에, ⑤ 소장을 제출하여야 하고, ⑥ 일정한 경우에는 행정심판전치를 거쳐야 하고, ⑦ 처분 등의 취소 또는 변경을 구할 이익이 있어야 한다. 소송요건이 충족된 소송을 적법한 소송이라 하고 이 경우 법원은 본안심리로 넘어간다. 소송요건의 심사는 본안심리 전에만 하는 것은 아니며 본안심리 중에도 소송요건의 결여가 판명되면 소를 부적법각하하여야 한다. 이하에서는 앞에서 언급하지 않은 소송요건을 중심으로 설명하기로 한다.

02 소장

1. 개설

소장에 대하여는 민사소송법의 규정에 의한다(행정소송법 제8조 제2항, 민사사송법 제249조 이하). 소장은 간결한 문장으로 분명하게 작성하여야 한다(민사소송규칙 제4조 제1항). 소장의 필수적 기재사항으로는 당사자, 법정대리인, 청구취지, 청구원인, 작성자의 기명날인 또는 서명 등이 있으며, 임의적 기재사항으로는 사건명의 표시, 공격 또는 방어의 방법, 증거보전 사건의 표시, 덧붙인 서류의 표시, 작성한 날짜, 법원의 표시 등이 있다.

2. 당사자의 표시

소장에는 원고 및 피고가 누구인가를 다른 사람과 구별할 수 있을 정도로 표시하여야 한다. 원고의 표시는 민사소송과 같으나, 항고소송에서의 피고는 '처분을 행한 행정청'이다.

〈당사자 표시방식〉
- 처분행정청의 경우: 예 서초세무서장, 서울특별시장, 법무부장관
- 보통지방행정기관의 경우: 예 서울특별시 서초구청장, 충주시장, 예천군수, 서산시 지곡면장, 영암군 미암면장
- 특별지방행정기관의 경우: 예 예산세무서장, 동해경찰서장, 서울남부보훈지청장
- 공·사법인이 처분청인 경우: 예 대한주택공사 사장 홍길동
- 합의제 기관의 경우: 예 중앙토지수용위원회, 공정거래위원회, 교원징계재심위원회, 방송위원회, 중앙노동위원회 위원장, 중앙심판원장, 선거관리위원회 위원장 등
  ※ 중앙노동위원회는 합의제기관이나 중앙노동위원회의 처분에 대한 소는 중앙노동위원회 위원장을 피고로 하여 제기하여야 한다(노동위원회법 제27조 제1항). 즉, 소장의 당사자표시는 '중앙노동위원회 위원장'으로, 청구취지상에는 '중앙노동위원회'로 표기하여야 한다.
- 지방의회의 경우: 예 대전광역시 대덕구의회 의장 홍길동
- 소송참가의 경우: 예 제3자 참가인 또는 참가행정청 ○○○

* 출처: 「행정소송민원업무편람」, 서울행정법원

3. 청구취지

청구취지는 원고가 소로써 바라는 법률효과를 적는 소의 결론부분으로, 판결의 결론인 주문에 대응한다. 청구취지에서 원고는 어떤 종류의 판결을 구하고, 어떤 내용과 범위의 판결을 구하는가를 명확히 한다.

예 "피고가 2025. 10. 25. 원고에게 한 영업정지 2월의 처분을 취소한다.
소송비용은 피고가 부담한다."

4. 청구원인

청구원인은 원고의 청구를 이유 있게 하는 사실을 기재하는 부분이다. '원고의 청구를 이유 있게 하는 사실'이란 원고가 소로써 주장하는 권리·법률관계가 인정되기 위한 전제가 되는 사실관계를 말한다. 판례가 "행정소송에 있어서 특별한 사정이 있는 경우를 제외하면 당해 행정처분의 적법성에 관하여는 당해 처분청이 이를 주장·입증하여야 하나, 행정처분의 위법을 들어 그 취소를 청구함에 있어서는 직권조사사항을 제외하고는 그 위법된 구체적인 사실을 원고가 먼저 주장하여야 한다."(대판 1996.6.25. 96누570)고 하듯이 원고는 청구원인에서 단순히 그 처분이 위법하다는 점만이 아니라 구체적인 위법사유를 기재하여야 심리대상이 된다.

03 청구의 병합

1. 의의

행정소송에서도 민사소송과 마찬가지로 소송경제와 판결의 모순 및 저촉의 방지 등을 위하여 하나의 소로써 수 개의 청구를 하거나(청구의 객관적 병합), 수인이 공동으로 원고가 되어 또는 수인을 공동피고(청구의 주관적 병합)로 삼아 소를 제기할 필요성이 있다. 특히 관련청구까지 포함하여 한꺼번에 해결할 필요성이 있다. 그리하여 행정소송법은 행정사건에 관련청구로서 민사청구까지 병합하여 해결할 수 있는 특별규정을 두고 있다.
그리고 실무는 행정소송법의 규정에 의한 병합의 요건을 갖추지 못한 경우라도 민사소송법에 의한 청구의 병합요건을 충족하는 이상 이를 허용하고 있다.

2. 병합의 유형과 허용 여부

(1) 단순병합, 선택적 병합, 예비적 병합

① 의의

하나의 소송절차에서 수개의 청구를 하는 경우를 말한다(제10조 제2항 전단). 민사소송법상 수개의 청구가 동종의 소송절차에 의하는 경우에 한하여 인정되나, 행정소송법은 다른 종류의 소송절차(예 취소소송과 손해배상청구소송)에도 인정한다.

② 유형

㉠ **단순병합**: 원고가 여러 개의 청구를 병합하여 각 청구에 대하여 다른 청구와 관련 없이 무조건적으로 재판할 것을 구하는 모습의 병합이다(예 소득세 부과처분과 종합부동산세 부과처분 취소소송을 병합).

㉡ **선택적 병합**: 원고가 복수의 청구를 택일적으로 주장하면서, 법원이 그 중 하나를 인정해주면 다른 청구는 포기하는 모습의 병합이다(예 임용취소처분에 대해 임용이 이미 성립되었음을 전제로 한 취소소송과 임용이 성립되지 않았다면 채용내정 자체가 위법함을 이유로 한 손해배상청구소송의 병합).

㉢ **예비적 병합**: 주위적 청구가 허용되지 아니하거나 이유 없는 경우를 대비하여 예비적 청구를 병합하여 제기하는 것도 가능하다(예 행정청을 피고로 하여 처분의 취소를 청구함과 동시에, 그것이 사정판결에 의하여 기각될 경우에 대비하여 국가를 피고로 하여 손해배상이나 원상회복을 청구하는 경우). 예비적 청구는 심판의 순서에 구속을 받으며, 예비적 청구가 취소소송이면 취소소송의 소송요건을 구비하여야 한다. 판례는 행정처분에 대한 무효확인과 취소청구는 서로 양립할 수 없

는 청구로서 주위적·예비적 청구로서만 병합이 가능하고 선택적 청구로서의 병합이나 단순 병합은 허용되지 아니한다고 하였다(대판 1999.8.20. 97누6889).

(2) 중간확인의 소

중간확인의 소는 소송계속 중에 본래의 청구에 대한 선결적 법률관계의 존부를 확정하여 줄 것을 청구하여 추가적으로 제기하는 소이다(민사소송법 제264조).(예 가옥인도청구의 소송계속중에 소유권확인의 소 제기) 행정소송에서도 중간확인소가 허용된다(예 조합결의 효력 다툼의 전제로서 조합원 자격 확인).

(3) 반소

반소는 소송계속 중 피고가 그 절차를 이용하여 원고를 상대로 하여 제기하는 소를 말한다(민사소송법 제269조). 항고소송의 피고인 행정청은 민사소송에서의 당사자능력이 없으므로 반소를 제기할 수 없다. 그러나 당사자소송에서는 행정주체가 피고가 되고 행정주체는 당사자능력 및 당사자적격이 있으므로 반소가 허용된다(예 공무원이 제기한 급여청구에 대해 국가가 초과지급분 반환청구 반소). 또한 항고소송에서 관련청구로 민사상의 청구나 당사자소송이 병합된 경우에도 반소가 허용된다.

(4) 공동소송(주관적 병합)

① 의의

공동소송은 원·피고의 어느 일방 또는 쌍방의 당사자가 다수인 경우를 말한다. 행정소송법은 청구의 주관적 병합에 관하여 민사소송법과는 다른 요건과 절차를 규정하고 있다. 행정소송에서도 통상의 공동소송과 필수적 공동소송이 허용된다.

> **행정소송법 제10조【관련청구소송의 이송 및 병합】** ② 취소소송에는 사실심의 변론종결시까지 관련청구소송을 병합하거나 피고외의 자를 상대로 한 관련청구소송을 취소소송이 계속된 법원에 병합하여 제기할 수 있다.
>
> **제15조【공동소송】** 수인의 청구 또는 수인에 대한 청구가 처분등의 취소청구와 관련되는 청구인 경우에 한하여 그 수인은 공동소송인이 될 수 있다.

② 주관적·예비적 병합

주관적·예비적 병합은 공동소송인들 사이에 각 청구가 서로 양립할 수 없고 그 청구들 사이에 순위가 정해져 있는 공동소송을 말한다(민사소송법 제70조). 주위적 청구의 피고가 국가·공공단체와 같은 행정주체인데, 그 청구가 각하되거나 기각될 경우를 대비하여 그 소속 행정기관을 예비적 피고로 하여 소를 제기하는 경우이다. 사정판결의 경우 원고는 피고인 행정청이 속하는 국가 또는 공공단체를 상대로 손해배상, 제해시설의 설치 그 밖에 적당한 구제방법의 청구를 당해 취소소송 등이 계속된 법원에 병합하여 제기할 수 있는데(행정소송법 제28조 제3항), 이는 주관적·예비적 병합의 허용을 예정하고 있는 것으로서, 행정청을 피고로 한 주위적 처분취소청구가 사정판결에 의하여 기각될 것에 대비하여 예비적으로 국가·지방자치단체를 피고로 한 손해배상청구를 병합할 수 있다.

3. 관련청구소송의 병합

행정소송법 제10조 【관련청구소송의 이송 및 병합】 ① 취소소송과 다음 각호의 1에 해당하는 소송(이하 "관련청구소송"이라 한다)이 각각 다른 법원에 계속되고 있는 경우에 관련청구소송이 계속된 법원이 상당하다고 인정하는 때에는 당사자의 신청 또는 직권에 의하여 이를 취소소송이 계속된 법원으로 이송할 수 있다.
1. 당해 처분등과 관련되는 손해배상·부당이득반환·원상회복등 청구소송
2. 당해 처분등과 관련되는 취소소송
② 취소소송에는 사실심의 변론종결시까지 관련청구소송을 병합하거나 피고외의 자를 상대로 한 관련청구소송을 취소소송이 계속된 법원에 병합하여 제기할 수 있다.

* 관련청구소송의 구체적 범위와 사례는 〈제3장, 02 소송의 이송, 3. 편의에 의한 이송〉 참고

(1) 병합의 요건

① 주된 청구인 행정사건에 관련청구의 병합

행정사건에 관련 민사사건이나 행정사건을 병합하는 방식이어야 하고, 반대로 민사사건에 관련 행정사건을 병합할 수는 없다. 행정소송 상호간에는 어느 쪽에 병합하여도 상관없다.

② 주된 청구가 사실심 변론종결 전일 것(후발적 병합의 경우)

주된 소송에 관련청구소송을 병합하는 후발적 병합과 양자를 함께 제기하는 원시적 병합이 모두 가능한데, 후발적으로 병합할 때는 주된 청구가 사실심 변론종결 전의 상태에 있어야 한다.

③ 각 청구의 적법성

주된 청구와 병합하는 관련청구는 각각 전치절차, 제소기간의 준수, 당사자적격 등의 소송형태에 따른 소송요건을 모두 갖추어야 한다.

㉠ 주된 청구가 부적법한 경우

관련청구소송의 병합은 본래의 취소소송이 적법할 것을 요건으로 하는 것이므로,

본래의 취소소송이 부적법하여 각하되면 그에 병합된 청구도 소송요건을 흠결한 부적합한 것으로서 각하되어야 하고(대판 1997.3.14. 95누13708), 본래의 당사자소송이 부적법하여 각하되면 병합된 관련청구소송도 소송요건 흠결로 부적합하여 각하되어야 한다(대판 2011.9.29. 2009두10963). 이러한 판례의 입장은 관련청구소송이 민사소송인 경우가 대부분인데(예 압류처분 취소소송과 압류등기 말소청구소송), 학설은 이러한 경우에도 관련청구소송이 독립하여 적법한 요건을 구비하고 있다면 별개의 독립한 소송으로 취급하여 재판하거나 관할법원으로 이송하는 것이 당사자의 권리구제를 위해 필요하다고 한다.

ⓛ 관련청구소송이 부적법한 경우

이 경우는 병합된 소가 병합요건 이외의 다른 소송요건에 관하여는 이를 모두 구비하여 그 병합제기를 받은 법원이 행정사건과 분리하여 독립된 소로 심리·재판할 수 있거나 또는 다른 관할법원으로 이송하여 구제할 수 있는 경우가 아닌 한, 부적법하므로 각하하여야 한다.

④ 피고의 동일성 요부(要否)

관련청구소송의 피고가 원래의 소송의 피고와 동일할 필요는 없다(예 행정청을 피고로 하는 취소소송에 국가를 피고로 하는 손해배상청구를 병합). 원고는 원시적으로 수인의 피고를 상대로 한 관련청구를 병합제소할 수도 있고, 후발적으로 사실심 변론종결시까지 피고 이외의 자를 상대로 한 관련청구를 병합하여 제소할 수 있다. 다만, 행정소송법 제10조 제2항의 해석상 원고가 피고를 추가할 수 있을 뿐, 후발적으로 제3자를 원고로 추가하는 것은 허용되지 않는다.

판례

공법상 당사자소송, 민사소송, 항고소송의 병합 사례

甲에게서 주택 등 신축 공사를 수급한 乙이 사업주를 갑으로 기재한 甲 명의의 고용보험·산재보험관계성립신고서를 근로복지공단에 작성·제출하여 甲이 고용·산재보험료 일부를 납부하였고, 국민건강보험공단이 甲에게 나머지 보험료를 납부할 것을 독촉하였는데, 甲이 국민건강보험공단을 상대로 이미 납부한 보험료는 부당이득으로서 반환을 구하고 국민건강보험공단이 납부를 독촉하는 보험료채무는 부존재확인을 구하는 소를 제기한 사안에서, 이는 행정소송인 공법상 당사자소송과 행정소송법 제10조 제2항, 제44조 제2항에 규정된 관련청구소송으로서 부당이득반환을 구하는 민사소송이 병합하여 제기된 경우에 해당하므로, 원심법원인 인천지방법원 합의부는 항소심으로서 민사소송법 제34조 제1항, 법원조직법 제28조 제1호에 따라 사건을 관할법원인 서울고등법원에 이송했어야 옳다. … 최초 제기된 이 사건 소가 당사자소송과 관련청구소송이 병합된 소송임은 앞서 본 바와 같으므로 여기에 항고소송인 보험료 징수처분의 무효확인을 구하는 청구를 추가하는 것은 행정소송법 제44조 제2항, 제10조에 따라 허용된다(대판 2016.10.13. 2016다221658).

사업인정 전의 사업시행으로 인하여 재산권이 침해되었음을 원인으로 한 손해배상청구가 토지수용사건에 관련청구로서 병합될 수 있는지 여부(적극)

공공사업의 시행을 위한 토지수용사건에 있어서 심리의 대상으로 되는 적법한 수용에 따른 손실보상청구권과 당해 공공사업과 관련하여 사업인정 전에 사업을 시행하여 타인의 재산권을 침해하게 됨에 따라 발생하게 된 손해배상청구권은 위 각 권리가 적법한 행위에 의하여 발생한 것인가 아닌가의 차이가 날 뿐 그것들이 하나의 동일한 공공사업의 시행과 관련하여 타인의 재산권을 침해한 사실로 인하여 발생하였다는 점에서 위 각 청구의 발생원인은 법률상 또는 사실상 공통된다 할 것이고, 토지수용사건에 이러한 손해배상청구사건을 병합하여 함께 심리·판단함으로써 얻게 되는 당사자의 소송경제와 편의 등의 효용에 비하여 심리범위를 확대·복잡화함으로써 심판의 신속을 해치는 폐단이 통상의 경우보다 크다고 할 수도 없으므로, 이와 같은 경우 토지수용사건에 병합된 손해배상청구는 행정소송법 제10조 제2항, 제1항 제1호, 제44조 제2항에 따른 관련청구로서의 병합요건을 갖춘 것으로 보아야 한다(대판 2000.10.27. 99두561).

한국인 군무원에 대한 주한미군측의 고용해제 통보 후 국방부장관이 행한 직권면직의 인사발령은 행정처분이 아니어서 병합은 부적법

행정소송법 제10조 소정의 관련 청구소송의 병합은 본래의 항고소송이 적법할 것을 요건으로 하는 것인데, 직권면직처분부존재·무효확인 등의 본래의 항고소송이 행정처분이 아닌 것을 대상으로 한 부적법한 것이어서 각하되어야 하는 이상 금원지급청구의 소 역시 각하를 면할 수 없다(대판 1997.11.11. 97누1990). ☞ 주한 미군측에서 한국인 군무원을 고용해제하자 그 통보를 받은 국방부장관이 직권면직의 인사발령을 하였는데, 이는 법률상 당연히 발생한 퇴직의 사유 및 시기를 공적으로 확인하여 알려주는 관념의 통지에 불과하다고 본 사례

본래의 당사자소송이 부적법하여 각하되는 경우, 병합된 관련청구소송도 소송요건 흠결로 부적합하여 각하되어야 하는지 여부(적극)

행정소송법 제44조, 제10조에 의한 관련청구소송 병합은 본래의 당사자소송이 적법할 것을 요건으로 하는 것이어서 본래의 당사자소송이 부적법하여 각하되면 그에 병합된 관련청구소송도 소송요건을 흠결하여 부적합하므로 각하되어야 한다. 택지개발사업지구 내 비닐하우스에서 화훼소매업을 하던 갑과 을이 재결절차를 거치지 않고 사업시행자를 상대로 주된 청구인 영업손실보상금 청구에 생활대책대상자 선정 관련청구소송을 병합하여 제기한 사안에서, 영업손실보상금청구의 소가 재결절차를 거치지 않아 부적법하여 각하되는 이상, 이에 병합된 생활대책대상자 선정 관련청구소송 역시 소송요건을 흠결하여 부적법하므로 각하되어야 한다(대판 2011.9.29. 2009두10963).

무효확인의 소를 제기하였다가 취소를 구하는 소를 추가적으로 병합한 경우의 제소기간

하자 있는 행정처분을 놓고 이를 무효로 볼 것인지 아니면 단순히 취소할 수 있는 처분으로 볼 것인지는 동일한 사실관계를 토대로 한 법률적 평가의 문제에 불과하고, 행정처분의 무효확인을 구하는 소에는 특단의 사정이 없는 한 그 취소를 구하는 취지도 포함되어 있다고 보아야 하는 점 등에 비추어 볼 때, 동일한 행정처분에 대하여 무효확인의 소를 제기하였다가 그 후 그 처분의 취소를 구하는 소를 추가적으로 병합한 경우, 주된 청구인 무효확인의 소가 적법한 제소기간 내에 제기되었다면 추가로 병합된 취소청구의 소도 적법하게 제기된 것으로 봄이 상당하다(대판 2005.12.23. 2005두3554).

행정처분의 취소를 구하는 취소소송에 당해 처분의 취소를 선결문제로 하는 부당이득반환청구가 병합된 경우, 그 청구가 인용되려면 소송절차에서 당해 처분의 취소가 확정되어야 하는지 여부(소극)

취소소송에 병합할 수 있는 당해 처분과 관련되는 부당이득반환소송에는 당해 처분의 취소를 선결문제로 하는 부당이득반환청구가 포함되고, 이러한 부당이득반환청구가 인용되기 위해서는 그 소송절차에서 판결에 의해 당해 처분이 취소되면 충분하고 그 처분의 취소가 확정되어야 하는 것은 아니다(대판 2009.4.9. 2008두23153).

취소소송을 제기한 당사자가 관련 청구로서 당사자소송을 병합하였으나 위 취소소송이 부적법한 경우 법원은 소변경청구로 보아 청구의 기초에 변경이 없는 한 이를 허가하여야 함

취소소송 등을 제기한 당사자가 당해 처분 등에 관계되는 사무가 귀속되는 국가 또는 공공단체에 대한 당사자소송을 행정소송법 제10조 제2항에 의하여 관련 청구로서 병합한 경우 위 취소소송 등이 부적법하다면 당사자는 위 당사자소송의 병합청구로서 같은 법 제21조 제1항에 의한 소변경을 할 의사를 아울러 가지고 있었다고 봄이 상당하고, 이러한 경우 법원은 청구의 기초에 변경이 없는 한 당초의 청구가 부적법하다는 이유로 병합된 청구까지 각하할 것이 아니라 병합청구 당시 유효한 소변경청구가 있었던 것으로 받아들여 이를 허가함이 타당하다(대판 1992.12.24. 92누3335). ☞ 광주민주화운동관련자 보상심의위원회를 상대로 한 보상결정 취소소송과 대한민국을 피고로 하는 보상금 지급청구소송의 병합

(2) 청구절차 및 심리

① 청구 방식

원시적 병합의 경우는 문제가 되지 아니하고, 후발적으로 관련청구소송을 병합 제소하는 경우에는 일종의 소송 중의 소에 해당하므로 소 변경서를 제출하는 방식에 의한다. 피고가 추가되는 경우에도 같다.

② 병합요건의 조사

병합요건은 법원의 직권조사사항이다. 병합요건이 충족되지 않은 경우의 처리는 위에 서술한 바와 같다.

③ 관련청구소송의 심리

관련청구소송이 민사소송인 경우에 그 관련청구의 심리에 있어서 행정소송법의 규정, 특히 직권심리주의 규정이 적용될 것인지에 관하여 ㉠ 소송의 본질은 변하지 않으므로 민사사건을 행정소송의 절차로 심사해서는 안된다는 견해, ㉡ 병합된 행정소송절차에 따라 심리해야 한다는 견해가 있다. 심리가 공통되는 부분(예 처분의 위법성)에는 행정소송법을 적용해야 하지만, 심리가 공통되지 않는 부분(예 손해배상액이나 부당이득액의 산정)은 민사소송절차에 따라 민사소송 고유의 심리방법에 의하여야 함이 타당하다(다수설)

(3) 준용규정

행정소송법 제10조는 취소소송에 관련청구소송을 병합하여 제기할 수 있는 근거를 두고, 이를 무효등확인소송(제38조 제1항), 부작위위법확인소송(제38조 제2항), 당사자소송(제44조 제1항)에 준용한다.

04 행정심판의 전치

행정소송법 제18조 【행정심판과의 관계】 ① 취소소송은 법령의 규정에 의하여 당해 처분에 대한 행정심판을 제기할 수 있는 경우에도 이를 거치지 아니하고 제기할 수 있다. 다만, 다른 법률에 당해 처분에 대한 행정심판의 재결을 거치지 아니하면 취소소송을 제기할 수 없다는 규정이 있는 때에는 그러하지 아니하다.

② 제1항 단서의 경우에도 다음 각호의 1에 해당하는 사유가 있는 때에는 행정심판의 재결을 거치지 아니하고 취소소송을 제기할 수 있다.

1. 행정심판청구가 있은 날로부터 60일이 지나도 재결이 없는 때
2. 처분의 집행 또는 절차의 속행으로 생길 중대한 손해를 예방하여야 할 긴급한 필요가 있는 때
3. 법령의 규정에 의한 행정심판기관이 의결 또는 재결을 하지 못할 사유가 있는 때
4. 그 밖의 정당한 사유가 있는 때

③ 제1항 단서의 경우에 다음 각호의 1에 해당하는 사유가 있는 때에는 행정심판을 제기함이 없이 취소소송을 제기할 수 있다.

1. 동종사건에 관하여 이미 행정심판의 기각재결이 있은 때
2. 서로 내용상 관련되는 처분 또는 같은 목적을 위하여 단계적으로 진행되는 처분중 어느 하나가 이미 행정심판의 재결을 거친 때
3. 행정청이 사실심의 변론종결후 소송의 대상인 처분을 변경하여 당해 변경된 처분에 관하여 소를 제기하는 때
4. 처분을 행한 행정청이 행정심판을 거칠 필요가 없다고 잘못 알린 때

④ 제2항 및 제3항의 규정에 의한 사유는 이를 소명하여야 한다.

1. 행정심판전치의 의의

행정소송의 제기에 앞서 행정청에 대해 먼저 행정심판의 제기를 통해 처분의 시정을 구하고, 그 시정에 불복이 있을 때 소송을 제기하는 것을 행정심판의 전치라고 한다. 행정심판의 전치는 행정소송과 행정심판의 제도적 결합을 의미하는데, 필요적 전치주의하에서 항

고소송을 제기하기 위해서는 반드시 행정심판을 거쳐야 하고, 임의적 전치주의하에서는 행정심판을 거칠 것인지 여부가 당사자의 선택에 맡겨져 있다.

2. 임의적 전치주의(원칙)

(1) 의의

행정소송법은 종래 필요적 전치주의를 채택하였으나, 1998. 3. 1.부터 시행된 개정 행정소송법은 2심제를 3심제로 변경하고 아울러 임의적 전치주의를 채택하였다. 취소소송은 법령의 규정에 의하여 당해 처분에 대한 행정심판을 제기할 수 있는 경우에도 이를 거치지 아니하고 제기할 수 있다(행정소송법 제18조 제1항 본문). 따라서 행정처분으로 인하여 권익을 침해받은 경우 행정심판을 거치고 행정소송을 제기할 수도 있고, 바로 행정소송을 제기할 수도 있으며, 행정심판과 행정소송을 동시에 청구할 수도 있다. 제18조 제1항 본문은 부작위위법확인소송에 준용된다(제38조 제2항).

행정심판을 제기하는 것이 절차를 지연시킨다는 단점만 있는 것이 아니다. 행정심판은 절차가 간편하고, 처분의 위법뿐 아니라 부당도 주장할 수 있고, 설령 권리구제의 목적을 달성하지 못하더라도 소송자료를 쉽게 취득할 수 있는 이점이 있다.

(2) 소송요건 관련성

개별 법률이 필요적 전치주의를 채택하지 않으면, 행정소송에서 행정심판을 거쳤는지 여부는 소송요건이 아니므로 법원은 원고가 행정심판을 청구하였는지 여부를 원칙적으로 심리할 필요가 없다. 그러나 행정심판 재결에 의하여 처분이 취소되거나 변경되는 경우가 있으므로 그에 따라 소를 변경하거나 소의 이익 흠결을 이유로 각하하여야 할 경우가 있을 수 있다.

한편, 행정심판을 청구한 경우에는 제소기간의 기산점이 재결서 정본을 송달받은 날이 되므로(행정소송법 제20조 제1항), 처분이 있음을 안 날로부터 90일이 경과된 뒤에 취소소송이 제기되었다 하여 바로 소를 각하할 것이 아니라, 원고가 행정심판을 청구한 바가 있는지 여부를 심리하여 제소기간 준수여부를 판단한다.

3. 필요적 전치(예외)

(1) 의의

행정소송법이 임의적 전치주의를 채택하고 있으나, 이는 다른 법률에서 행정심판을 거치지 않으면 행정소송을 제기할 수 없다는 규정을 두는 것까지 막는 것은 아니다. 행정소송법은 다른 법률에 당해 처분에 대한 행정심판의 재결을 거치지 아니하면 취소소송을 제기할 수 없다는 규정이 있는 때에는 행정심판의 재결을 거쳐야만 제소할 수 있다

(제18조 제1항 단서)고 하여 예외적으로 필요적 전치주의의 적용을 허용하고 있다. 예외적인 필요적 전치주의의 기능은 첫째, 주로 전문 기술적인 성질을 가지는 처분 등에 대하여 소송에 앞서 행정청이 전문지식을 활용하여 자율적이고 능률적으로 행정작용을 하도록 하여 스스로 시정할 기회를 마련해주거나, 둘째, 대량적으로 이루어지는 처분의 경우 법원의 업무 부담의 경감을 꾀하는 데 있다.

(2) 적용범위

① 필요적 전치를 요하는 처분

㉠ '법률'의 근거

소제기에 앞서 필요적으로 행정심판을 거치도로독 하는 것은 헌법상 보장된 재판청구권의 제한을 의미하므로 헌법 제37조 제2항에 의하여 처분의 근거가 되는 법률에 필요적 전치를 요하는 규정이 있어야 한다. 법률 이외의 법규명령이나 조례·규칙으로는 전치주의에 관한 규정을 할 수 없다.

그리고 필요적 전치주의는 예외적인 제도이므로, 법률에 "행정심판의 재결을 거치지 아니하면 소송을 제기할 수 없음"이 명시적으로 규정되어야 한다. 행정심판의 제기에 관한 근거규정만 둔 경우에는 임의적 전치로 해석된다.

㉡ 현행법상 필요적 전치주의가 적용되는 처분

ⓐ 공무원에 대한 징계, 기타 불리한 처분이나 부작위(국가공무원법 제16조 제1항, 지방공무원법 제20조의2, 교육공무원법 제53조 제1항)

- 일반공무원: ⅰ) 처분이 있은 것을 안 날부터 30일 이내에 소청심사위원회에 심사 청구, ⅱ) 소청결정서 정본 송달일로부터 90일 이내에 행정소송
- 교원인 공무원: ⅰ) 처분이 있었던 것을 안 날부터 30일 이내에 심사위원회에 소청심사 청구, ⅱ) 소청결정서 송달일로부터 90일 이내에 행정소송

ⓑ 운전면허취소처분 등 도로교통법에 의한 각종 처분(도로교통법 제142조, 다만, 과태료처분과 통고처분은 제외)

ⓒ 국세·관세·지방세기본법상 처분(국세기본법 제56조 제2항, 관세법 제120조 제2항, 지방세기본법 제98조 제3항).

- 국세·관세: ⅰ) 처분이 있음을 안 날부터 90일 이내에 국세청장·관세청장에게 심사청구, ⅱ) 처분이 있음을 안 날부터 90일 이내에 조세심판원장에게 심판청구, ⅲ) 심사청구 또는 심판청구 중 하나를 거쳐 그 결정의 통지일로부터 90일 이내에 행정소송
- 지방세: ⅰ) 처분이 있은 것을 안 날부터 90일 이내에 조세심판원장에게 심판청구, ⅱ) 심판청구에 대한 결정의 통지일로부터 90일 이내에 행정소송

ⓓ 해양수산부장관의 선박 검사·검정 등 처분(선박안전법 제72조)

ⓔ 노동위원회의 결정과 특허청의 거절결정 등 ☞ 다만, 이는 원처분이 아니라 행정심판 재결만이 소송의 대상이 되는 사건이어서 행정심판을 거침이 불가피하나, 재결주의가 채택된 결과일 뿐이므로 통상적인 필요적 전치주의 사건과는 구별된다는 견해 있음

② 행정심판전치주의가 적용되는 행정소송

㉠ 취소소송과 부작위위법확인소송

행정소송법 제18조의 규정은 취소소송·부작위위법확인소송에 적용된다(제38조·제44조). 즉, 개별법에 행정심판전치주의를 규정하는 경우에도 무효등확인소송의 경우는 행정심판을 거치지 않고 제기할 수 있다. 무효확인소송은 법률적으로 아무런 효력이 없는 처분에 대하여 공적으로 그 무효를 확인받기 위한 소송에 불과하여 행정심판을 제기할 필요가 없기 때문에 필요적 전치주의가 적용될 여지가 없다. 성질상 공법상의 법률관계에 관한 소송인 당사자소송에도 그 적용이 없다. 민중소송과 기관소송은 그 소송을 인정하고 있는 개별 법률에 따른다.

㉡ 무효선언을 구하는 의미의 취소소송

이에 관하여는 ⓐ 무효선언을 구하는 취소소송은 그 형식이 취소소송이므로 행정심판전치주의가 적용된다는 긍정설, ⓑ 그 형식이 취소소송일 뿐, 그 소송으로 구하는 판결은 무효등확인소송이며 이에 따라 행정심판전치주의가 적용되지 않는다는 부정설이 대립한다. 통설·판례는 긍정설이다. 만일 행정심판전치주의의 요건을 충족하지 않은 경우에는 무효확인소송으로 소의 변경을 하면 된다.

판례

당연무효를 선언하는 의미에서의 취소청구소송과 취소소송의 제소요건 구비요부

행정처분의 당연무효를 선언하는 의미에서 그 취소를 구하는 행정소송을 제기하는 경우에는 전치절차와 그 제소기간의 준수 등 취소소송의 제소요건을 갖추어야 한다. 따라서 과세처분의 취소를 구하는 행정소송은 반드시 그 전치요건으로서 국세기본법 소정의 심사청구 및 심판청구 절차를 모두 경유하지 아니하면 이를 제기할 수 없다(대판 1987.6.9. 87누219).

③ 2단계 이상의 행정심판절차가 규정된 경우

필요적 전치절차인 행정심판절차가 2단계 이상인 경우(예 심사청구와 심판청구) 명문의 규정이 없는 한 하나의 절차만을 거치는 것으로 족하다(다수설). 모든 절차를 거치게 하는 것은 간편한 쟁송절차에 의하여 국민의 권리구제를 조속히 실현하려는 행정심판절차의 의의에 반하기 때문이다.

④ 제3자의 취소소송

제3자효 행정행위의 경우 제3자에게는 통지되지 않는 경우가 일반적이어서 행정심판전치주의가 적용되지 않는다는 견해도 있다. 판례는 제3자는 행정심판법에서 정한 제기기간 내에 심판청구가 가능하였다는 특별한 사정이 없는 한 제척기간에 구애됨이 없이 행정심판을 제기할 수 있다고 하나(대판 1989.5.9. 88누5150), 행정심판전치주의는 적용된다는 입장이다.

⑤ 재결이나 재결에 따른 처분

행정심판 전치주의를 택하는 것은 행정청으로 하여금 스스로 시정할 기회를 주는 데 의미가 있는 것으로서 이미 그러한 기회가 주어진 뒤 이루어진 재결이나 그 재결에 따른 처분의 취소를 구하는 소송에서는 다시 행정심판전치주의를 적용할 필요가 없고, 또 불가능하다(행정심판법 제51조; 행정심판 재청구의 금지).

(3) 내용

① 소송요건

필요적 전치주의가 적용되는 사건에 있어 행정심판의 청구와 그 재결의 존재는 소송요건이므로, 그것들이 흠결되면 소가 부적법하여 각하를 면치 못한다. 따라서 법원은 당사자의 이의가 없더라도 직권으로 조사하여야 하고, 전심절차의 경유 여부가 불분명한 경우에는 석명권을 행사하여 이를 밝혀야 한다.

소송요건은 자백의 대상이 아니다. 즉, 전심절차를 거쳤는지 여부는 행정소송제기의 소송요건으로서 직권조사사항이라 할 것이므로 이를 거치지 않았음을 원고 소송대리인이 시인하였다고 할지라도 그 사실만으로 전심절차를 거쳤는지 여부를 단정할 수는 없고(대판 1986.4.8. 82누242), 처분을 고지받은 날이라고 주장하는 날이 행정심판청구일로부터 역산하여 심판청구기간을 넘는다 하더라도 바로 부적법한 소라 단정할 수 없다(대판 1995.12.26. 95누14220).

소송요건의 충족 여부는 변론종결시를 기준으로 하는 것이므로, 소를 각하하기 전에 행정심판에 대한 재결이 있으면 그 흠이 치유되고, 행정심판의 청구조차 하지 아니하고 제기된 소송도 변론종결시까지 전치 요건을 충족하게 되면 각하할 수 없다. 실무상으로도 위와 같은 경우 바로 소를 각하하지 않고, 재결이 있을 때까지 기다리는 등 흠의 치유를 기다려 본안판단을 함이 보통이다.

② 행정심판청구의 적법성

㉠ 필요적 전치주의는 행정청이 스스로 처분에 존재하는 위법·부당을 시정할 기회를 주기 위하여 인정된 것이므로 행정심판 청구는 적법해야 한다. 항고소송의 전심절차인 행정심판청구가 기간도과로 인하여 부적법한 경우에는 행정소

05 당사자의 변경

1. 당사자표시정정과 당사자변경

소송사건에서 원고가 누구이고 피고가 누구인지를 명확히 하여야 하는데, 이를 '당사자의 확정'이라고 한다. 보통은 소장의 당사자란에 원고와 피고로 기재된 이가 당사자로 확정될 것이나, 소제기 당시 확정된 당사자의 표시에 의문이 있거나 당사자가 정확히 표시되지 않은 경우가 있을 수 있다. 대법원은 당사자의 확정의 기준에 관하여 소장의 당사자란의 기재뿐만 아니라 청구의 취지·원인 그 밖의 일체의 기재사항 등 소장 전체를 기준으로 합리적으로 해석·판단하여야 한다는 실질적 기준설의 입장이다(대판 1996.3.22. 94다61243). 소송계속이 발생하여 당사자가 확정된 다음에는 당사자의 동일성이 유지되는 한도에서만 표시정정이 허용되고, 동일성이 바뀌는 경우에는 당사자 변경으로 규율하게 된다. 당사자의 변경은 '소송승계'와 '임의적 당사자 변경'으로 나누어진다.

2. 소송승계

소송계속중에 원고의 사망, 법인의 합병 등으로 인하여 소송물인 권리 또는 법률관계에 변동이 생기게 되면 당사자적격이 제3자에게 이전하여 그가 이미 발전되어 온 구당사자의 소송상의 지위를 그대로 승계하는 것을 소송승계라 한다(민사소송법 제233조등). 즉 소송승계는 소송 중에 분쟁주체로서의 지위가 제3자로 이전됨에 따라 새롭게 주체가 된 제3자가 당사자가 되어 종래의 소송을 속행하는 경우를 말한다. 예컨대, 과세처분의 취소소송

계속중에 원고가 사망하면, 당사자적격이 상속인들에게 이전되어 상속인들이 소송을 승계하게 된다.

3. 임의적 당사자변경

(1) 의의

임의적 당사자변경은 기존 당사자의 실체법상 지위의 승계 없이 당사자의 의사에 따라 기존의 당사자를 새로운 당사자와 교체하거나 새로운 당사자를 추가하는 경우이다. 민사소송에서 임의적 당사자변경은 절차를 불안정하게 하므로 원칙적으로 허용되지 않는다. 다만, 민사소송법은 예외적으로 필수적 공동소송인의 추가(제68조), 예비적·선택적 공동소송인의 추가(제70조), 피고의 경정(제260조)을 허용하고 있다.

(2) 원고의 변경

예컨대, 대표이사 개인이 원고로 제소한 이후에 원고 표시를 법인으로 변경신청함은 실질적인 당사자의 변경을 가져오는 것으로 허용되지 않는다. 다만, 민사소송법이 인정하는 필수적 공동소송인의 추가(민사소송법 제68조)의 경우처럼 공동소송인이 될 당사자를 누락시킨 경우에는 원고의 추가도 가능한 것으로 해석된다. 이때 추가될 사람의 동의가 있어야 한다(제68조 제1항 단서). 공동소송인의 추가가 있는 경우 민사소송법 제68조 제3항에 따라 처음의 소가 제기된 때에 추가된 당사자와의 사이에 소가 제기된 것으로 보므로, 제소기간 준수여부 등도 처음 소제기 당시를 기준으로 한다.

판례

상속인이 전치절차 중 사망한 피상속인 명의로 조세부과처분취소소송을 제기한 후 상속인 명의로 소송수계신청을 한 경우, 법원의 처리 방법

피상속인이 양도소득세부과처분에 대하여 이의신청, 심사청구를 거쳐 국세심판소장에게 심판청구를 한 후 사망하였고 그 사망 사실을 모르는 국세심판소장은 심판청구를 기각하는 결정을 하면서 그 결정문에 사망한 피상속인을 청구인으로 표시하였으며 그 상속인들이 기각결정에 승복하지 아니하고 망인 명의로 양도소득세부과처분 취소청구소송을 제기한 후 상속인들 명의로 소송수계신청을 하였다면, 비록 전치절차 중에 사망한 피상속인의 명의로 소가 제기되었다고 하더라도 실제 그 소를 제기한 사람들은 망인의 상속인들이고 다만, 그 표시를 그릇한 것에 불과하다고 보아야 할 것이므로, 법원으로서는 그 소송수계신청을 당사자표시정정신청으로 보아 이를 받아들여 그 청구를 심리판단하여야 한다(대판 1994.12.2. 93누12206).

(3) 피고의 경정

행정소송법 제14조 【피고경정】 ① 원고가 피고를 잘못 지정한 때에는 법원은 원고의 신청에 의하여 결정으로써 피고의 경정을 허가할 수 있다.

① 의의

피고경정은 소송이 계속되는 경우 피고로 지정된 자를 다른 자로 변경하는 것을 말한다(행정소송법 제14조, 제21조). 행정소송에 있어서 권리주체가 아닌 행정청을 피고로 하고 있는바, 행정법규나 행정조직은 복잡하고 수시로 변경되기 때문에 피고를 잘못 지정하는 경우가 발생할 가능성이 큰 까닭에 마련된 제도이다.

② 피고경정이 허용되는 경우

㉠ 피고를 잘못 지정한 때

행정소송법 제14조 제1항의 경우로서, 당해 취소소송의 피고로 지정된 자가 행송 역시 전치의 요건을 충족치 못한 것이 되어 부적법하다. 이 점은 행정청이 행정심판의 제기기간을 도과한 부적법한 심판에 대하여 그 부적법을 간과한 채 실질적 재결을 하였다 하더라도 마찬가지이다(대판 1991.6.25. 90누8091). 반대로 적법한 심판청구를 형식적 요건의 불비 등을 이유로 행정심판청구로 취급하지 아니한 경우, 또는 보정사항이 없음에도 보정명령을 하고 심판청구인이 이에 불응한다는 등으로 잘못 각하한 경우에는 행정심판전치의 요건을 충족한 것으로 본다(대판 1988.9.27. 88누3758; 대판 1990.10.12. 90누2383).

ⓛ 처분 전에 행해진 행정청의 사전통보 등에 대하여 행정심판청구를 한 경우에 당해 행정심판청구는 부적법한 것이나 행정심판에 대한 재결이 있기 전에 처분이 행해졌다면 당해 행정심판의 하자는 치유된다(대판 1984.1.24. 83누442).

③ 행정심판과 행정소송의 관련성

㉠ 인적 관련성

행정심판 청구인과 행정소송의 원고는 원칙적으로 동일인이어야 한다. 다만, 특정한 처분에 대하여 행정심판이 제기되어 재결이 있었으면 전치의 요건을 충족시켰다고 볼 수 있으므로, 행정소송의 원고가 행정심판청구인과 사실상 동일한 지위에 있거나 그 지위를 실질적으로 승계한 경우나, 동일한 처분에 의하여 공동의 법률적 이해관계를 가지는 공동권리자의 1인이 이미 적법한 행정심판을 제기한 경우 등에는 행정심판을 거치지 않고 행정소송을 제기할 수 있다(대판 1986.10.14. 83누584).(예 공동상속인 중 1인이 상속세부과처분의 과세표준 및 세액결정에 대하여 전심절차를 거친 경우)

ⓛ 사물적 관련성

행정심판의 대상으로서의 행정처분과 행정소송의 대상으로서의 행정처분은 원칙적으로 동일한 것이어야 한다(대판 1969.1.3. 69누9). 다만, 서로 내용상 관련되는 처분 또는 같은 목적을 위하여 단계적으로 진행되는 처분중 어느 하나가 이미 행정심판의 재결을 거친 때에는 행정심판을 거치지 않고 취소소송을 제기할 수 있다(행정소송법 제18조 제3항 2호).(예 상속세를 3년동안 연부연납하기로 한 경우, 1차년도의 부과처분에 대하여 전치절차를 거쳤다면 이후 부과 부분에 대하여는 동일한 불복사유로 별도의 진치절차를 거칠 필요 없음)

ⓒ 주장사유의 관련성

판례는 행정심판에서의 청구인의 주장사유와 행정소송에서 원고의 주장사유가 전혀 별개의 것이 아닌 한 반드시 일치하여야 하는 것은 아니므로, 행정심판에서 주장하지 않은 사항도 기본적인 점에서 부합되는 것이면 행정소송에서 주장할 수 있다고 한다(대판 1988.2.9. 87누903).(예 행정심판에서 처분의 절차적 위법만을 주장하였더라도 소송단계에 이르러 처분의 실체적 위법을 주장할 수 있음)

(4) 필요적 행정심판전치의 완화

행정심판의 전치가 필요적인 경우라 하여도 이를 강행하는 것이 국민의 권익구제에 불필요한 장애가 되는 경우에는 필요적 심판전치의 예외를 인정할 필요가 있으므로 행정소송법이 아래와 같은 두 유형의 예외규정을 두고 있다. 이는 원고의 이익을 위한 것이므로 행정심판을 거칠 필요가 없음에도 불구하고 이를 거친 경우에도 제소기간의 기산점은 재결서 정본의 송달일이다.

① 심판제기는 하되 재결을 요하지 않는 경우(행정소송법 제18조 제2항)

이 경우로는 ㉠ 행정심판청구가 있은 날로부터 60일이 지나도 재결이 없는 때, ㉡ 처분의 집행 또는 절차의 속행으로 생길 중대한 손해를 예방하여야 할 긴급한 필요가 있는 때(예 집행정지하기에 적절치 않은 거부처분 등에 대하여 속히 본안 판단을 받을 필요가 있는 경우), ㉢ 법령의 규정에 의한 행정심판기관이 의결 또는 재결을 하지 못할 사유가 있는 때(예 행정심판위원회가 구성되어 있지 않거나 과반수 이상의 결원이 있고 단시일 안에 보충될 가망성이 없는 경우), ㉣ 그 밖의 정당한 사유가 있는 때가 있다.

② 행정심판제기조차 요하지 않는 경우(행정소송법 제18조 제3항)

이 경우로는 ㉠ 동종사건에 관하여 이미 행정심판의 기각재결이 있은 때(당해 사건과 기본적인 점에서 동일성을 인정할 수 있는 다른 사건을 말하는데, 다만, 판례는 쟁점이 동일한 것만으로는 동종사건으로 보고 있지 않고, 동종사건의 범위를 좁게 인정함), ㉡ 서로 내용상 관련되는 처분 또는 같은 목적을 위하여 단계적으로 진행되는 처분중 어느 하나가 이미 행정심판의 재결을 거친 때(예 국세의 납세고지처분과 국세징수법상의 가산금 징수처분), ㉢ 행정청이 사실심의 변론종결후 소송의 대상인 처분을 변경하여 당해 변경된 처분에 관하여 소를 제기하는 때(이 경우 행정청에 의한 처분변경이 사실심 변론종결 후에 행하여진 때에는 당해 소송은 이미 그 대상이 없어진 것이 되나, 원고로서는 소의 변경을 할 수 없어 별소의 제기를 불가피하게 하여 지나친 부담이 되기 때문임), ㉣ 처분을 행한 행정청이 행정심판을 거칠 필요가 없다고 잘못 알린 때(행정에 대한 신뢰보호를 위함)가 있다.

판례

행정소송법 제18조 제3항 제1호의 "동종사건" 관련 사례

[1] 행정소송법 제18조 제3항 제1호에서 행정심판의 제기 없이도 행정소송을 제기할 수 있는 경우로 규정하고 있는 '동종사건에 관하여 이미 행정심판의 기각재결이 있은 때'에 있어서의 '동종사건'이라 함은 당해 사건은 물론 당해 사건과 기본적인 점에서 동질성이 인정되는 사건을 가리킨다. 순차로 진료를 거부한 의사들에 대한 각 의사면허자격정지사건이 진료를 요구한 환자가 동일인이라는 것뿐 진료를 요구받은 시간과 장소, 조처내용 및 다른 병원으로 전원하게 된 상황 등이 전혀 달라서 위 '가'항의 '동종사건'이 아니다(대판 1992.11.24. 92누8972).

[2] 기록에 의하면 소외인에 대한 건축불허가처분과 이 사건 처분은 동일한 행정청인 피고에 의하여 같은 날 같은 사유로 이루어졌다는 점에서 공통적인 면이 없지 아니하나, 한편 처분대상인 소외인의 건축허가신청과 원고의 이 사건 건축허가신청은 신청지, 신청지의 지목, 건축할 건물의 규모, 용도, 구조 등이 전혀 다르므로 두 사건은 기본적인 점에서 동질성이 인정되는 사건이라고는 할 수 없다(대판 2000.6.9. 98두2621).

행정소송법 제18조 제3항 제2호의 "서로 내용상 관련되는 처분" 관련 사례

[1] 행정관청이 노동조합에 대하여 자료제출요구를 한 뒤 이에 불응하자 2, 3차로 다시 제출요구를 한 사안에서, 원고 노동조합이 거친 행정심판의 재결서의 청구취지에는 3차 자료제출요구를 그 대상으로 한 것처럼 되어 있기는 하나 재결이유에서는 1, 2, 3차의 자료제출요구를 아울러 판단한 것으로 되어 있어, 거기에는 1차 요구처분이 포함되어 있는 것으로 볼 수 있을 것이고, 또 이를 형식적으로 보아 3차 자료제출요구를 그 대상으로 한 것이라고 본다고 하여도 1차 자료제출요구와 그 분쟁사유가 공통되어 서로 상관관계가 있어 행정소송법 제18조 제3항 제2호 소정의 "서로 내용상 관련되는 처분"에 해당하는 것으로 볼 수도 있을 것이고, 그렇게 본다면 3차 자료제출요구에 대하여 행정심판을 거친 이상 위 1차 요구처분에 대하여 별도의 행정심판을 거치지 아니하더라도 행정소송을 제기할 수 있는 것으로 보아야 한다(대판 1994.2.22. 93누21156).

[2] 개인의 택지소유부담금(이하 '부담금') 납부의무는 가구별 소유상한을 초과하는 택지를 소유하고 있는 동안 부과기간별로 매년 독립적으로 발생하는 것이므로 그에 대한 종전의 부과처분과 후행 부과처분은 각각 별개의 처분이고, 비록 납부의무자와 부과대상택지가 동일하다고 하더라도 매년 공시되는 개별공시지가의 변동에 따라 부과기간별로 부과대상 택지가격이 달라지고 또한 부과대상택지에 해당하게 된 날로부터의 경과기간에 따라 그 부과율도 달라짐으로써 그 부과처분에 대한 다툼의 내용이 서로 달라질 가능성이 있으므로 위 양 부과처분이 행정소송법 제18조 제3항 제1호 소정의 "동종 사건"이라거나 같은 항 제2호 소정의 "서로 내용상 관련되는 처분 또는 같은 목적을 위하여 단계적으로 진행되는 처분"이라고 볼 수 없다(대판 1997.11.28. 96누7533등).

가산금 및 중가산금 징수처분에 대한 행정소송을 제기함에 있어서 별도로 전심절차를 거치지 않아도 되는 경우

국세징수법 제21조, 제22조 규정에 따른 가산금 및 중가산금 징수처분은 국세의 납세고지처분과 별개의 행정처분이라고 볼 수 있다 하더라도, 위 국세채권의 내용이 구체적으로 확정된 후에 비로소 발생되는 징수권의 행사이므로 국세의 납세고지처분에 대하여 적법한 전심절차를 거친 이상 가산금 및 중가산금 징수처분에 대하여 따로이 전심절차를 거치지 않았다 하더라도 행정소송으로 이를 다툴 수 있다(대판 1986.7.22. 85누297).

제기기간을 도과한 행정심판청구의 부적법을 간과한 채 행정청이 실질적 재결을 한 경우 행정소송의 전치요건을 충족하지 아니한 것임

행정처분의 취소를 구하는 항고소송의 전심절차인 행정심판청구가 기간도과로 인하여 부적법한 경우에는 행정소송 역시 전치의 요건을 충족치 못한 것이 되어 부적법 각하를 면치 못하는 것이고, 이 점은 행정청이 행정심판의 제기기간을 도과한 부적법한 심판에 대하여 그 부적법을 간과한 채 실질적 재결을 하였다 하더라도 달라지는 것이 아니다(대판 1991.6.25. 90누8091).

동일인의 동일내용의 신청에 대한 2개의 행정처분이 있는 경우에 그 중 1개의 행정처분에 대한 전심절차가 행해진 경우에 다른 행정처분에 대한 행정소송을 제기하기 위하여 별도의 전심절차를 밟아야 하는지 여부

원고가 농지의보전및이용에관한법률에 의한 농지 일시전용 허가신청을 하였으나 도지사가 농촌근대화촉진법의 관점에서 이를 불허하자 원고가 소원을 제기하여 그 취소처분의 재결을 받은 후 다시 그 허가신청을 하였으나 도지사가 이번에는 농지의보전및이용에관한법률에 의한 관점에서 불허가하였다면 위 2개의 행정처분은 각 그 내용을 달리하는 것이고 후행정처분이 선행정처분의 필연적 결과로서 행해졌거나 기타 양 행정처분이 상호 일련의 상관관계가 있다고 할 수 없으므로 후의 행정처분에 대하여 행정소송을 제기하려면 선 행정처분에 대한 소원과는 별도의 전치절차를 밟아야 한다(대판 1981.1.27. 80누447). ☞ 동일한 내용의 신청에 대한 처분이라도 처분사유가 다르면 다른 처분이라는 취지

05 제소기간

행정소송법 제20조 【제소기간】 ① 취소소송은 처분등이 있음을 안 날부터 90일 이내에 제기하여야 한다. 다만, 제18조 제1항 단서에 규정한 경우와 그 밖에 행정심판청구를 할 수 있는 경우 또는 행정청이 행정심판청구를 할 수 있다고 잘못 알린 경우에 행정심판청구가 있은 때의 기간은 재결서의 정본을 송달받은 날부터 기산한다.
② 취소소송은 처분등이 있은 날부터 1년(제1항 단서의 경우는 재결이 있은 날부터 1년)을 경과하면 이를 제기하지 못한다. 다만, 정당한 사유가 있는 때에는 그러하지 아니하다.
③ 제1항의 규정에 의한 기간은 불변기간으로 한다

1. 의의

(1) 개념

제소기간이란 처분의 상대방등이 소송을 제기할 수 있는 기간이다. 공법상 법률관계는 공익과 관련되어 있어서 장기간 불안정한 상태에 두게 되면 불특정 다수의 국민에게 피해를 입힐 우려가 있으므로, 행정법관계의 안정성을 도모하기 위하여 처분의 하자를 다툴 수 있는 기간을 제한하고 있다. 취소소송에서 제소기간은 행정의 안정성과 국민의 권리구제를 조화하는 선에서 결정하여야 하며 입법정책에 속하는 문제이다.

제소기간의 준수는 소송요건으로서 직권조사사항이므로, 그 기간이 도과된 이후에 제기한 소송은 부적법하여 각하된다. 그러나 제소기간이 도과되었다 하더라도 당사자가 더 이상 처분의 효력을 다툴 수 없는 효력(불가쟁력)이 발생할 뿐 위법한 처분이 적법하게 되는 것은 아니므로, 행정청은 직권취소가 가능하고, 처분으로 인해 권익을 침해받은 사람은 국가배상청구소송을 제기할 수도 있다.

〈제척기간으로서의 제소기간〉

1. 의의

제척기간이란 **법률이 예정하고 있는 권리의 존속기간**을 말한다. 행정법도 민법에서와 마찬가지로 제척기간의 예가 있다(예 행정소송의 제기기간, 국세부과의 제척기간). 제척기간은 법률관계의 불안정 상태를 신속히 확정하기 위하여 인정되는 제도이다. 제척기간이 경과한 후에 이루어진 처분은 무효이다(대판 1999.6.22. 99두3140).

2. 소멸시효와의 차이점

제척기간은 기간의 경과로 소멸효과가 발생한다는 점에서는 소멸시효와 같으나 ① 소급효가 없다는 점, ② 중단제도가 없다는 점, ③ 당사자가 원용하지 아니해도 당연히 권리가 소멸된다는 점(예 일정기간의 경과에 의해 토지수용에 관한 사업인정의 효력이 소멸하는 것), ④ 권리가 발생한 때를 기산점으로 한다는 점, ⑤ 시효기간에 비하여 기간이 짧다는 점, ⑥ 그 기간의 경과여부는 직권조사사항이라는 점에서 시효제도와 다르다.

(2) 적용범위

① 제소기간의 준수 여부는 취소소송에서 주로 문제가 되고, 무효등확인소송을 제기하는 경우에는 제소기간에 제한이 없다. 제소기간을 둔 취지가 행정법관계의 조속한 안정에 있다고 하더라도 처음부터 효력이 없는 무효인 행정행위에까지 제소기간을 정하는 것은 법치행정의 원칙상 허용되지 않기 때문이다. 그러나 판례는 행정처분의 당연무효를 선언하는 의미에서 그 취소를 구하는 행정소송을 제기하는 경우에는 형식적으로는 취소소송에 해당하므로 제소기간의 준수 등 취소소송의 제소요건을 갖추어야 한다는 입장이다(대판 1993.3.12. 92누11039).

② 행정소송법 제38조 제2항은 부작위위법확인소송에 취소소송의 제소기간에 관한 행정소송법 제20조를 준용하고 있다. 그러나 부작위상태가 계속되는 한 언제든지 소의 제기가 가능하다는 점에서, 필요적 전치주의가 적용되는 처분에서 재결을 거친 경우는 취소소송과 마찬가지로 재결서 정본을 송달받은 날부터 제소기간이 진행되나, 임의적 전치가 적용되는 처분의 부작위위법확인소송에서 재결을 거친 경우에는 제소기간의 적용을 받은 것인지 의문이 제기되기도 한다. ⇨ 상세히는 '제10장 부작위위법확인소송'

③ 개별법에서 제소기간을 달리 정하고 있으면 개별법이 행정소송법에 우선하여 적용된다(예 토지보상법의 60일 또는 90일, 보안관찰법의 60일).

④ 제소기간의 요건은 처분의 상대방이 소송을 제기하는 경우는 물론이고, 법률상 이익이 침해된 제3자가 소송을 제기하는 경우에도 적용된다.

2. 처분이 있음을 안 날부터 90일

(1) 행정심판을 거치지 않은 경우

취소소송은 처분 등이 있음을 안 날부터 90일이내에 제기하여야 한다(행정소송법 제20조 제1항). 기간의 계산은 민법이 준용되므로, 초일은 산입되지 않고, 기간이 끝나는 날이 토요일 또는 공휴일이면 그 다음날에 만료한다. '안 날'의 의미와 관련하여 아래와 같은 점들이 문제된다.

* 처분이 송달된 경우 제소기간 사례: 2025년 9월 12일에 처분이 있음을 알았다면 초일불산입 원칙에 따라 9월 13일부터 기산하여 90일(18일 + 31일 + 30일 + 11일)째가 되는 2025년 12월 11일까지 제기 가능

① 처분이 있음을 현실적·구체적으로 안 날

'처분 등이 있음을 안 날'이란 "통지·공고 기타의 방법에 의하여 당해 처분이 있었다는 사실을 현실적·구체적으로 안 날"을 의미한다. 그러나 어떠한 처분이 있었다는 것을 알면 되고, 그 처분의 구체적인 내용이나 그 처분에 위법성이 존재한다는 것까지 알아야 하는 것은 아니다.

처분이 있음을 알았다고 하기 위해서는 처분의 존재가 전제되어야 하므로, 처분이 외부적으로 표시되지 않았거나, 그 처분이 상대방에게 송달되지 않은 경우에는 원고가 그 내용을 어떠한 경로를 통하여 알게 되었다고 하더라도 제소기간이 진행되는 것이 아니다(대판 2004.4.9. 2003두13908). 따라서 처분청이 인터넷 홈페이지에 처분의 내용을 게시한 것만으로는 적법한 송달이 이루어졌다고 볼 수 없고, 원고가 그 홈페이지에 접속하여 처분의 내용을 확인하였다고 하더라도 처분의 효력이 발생하는 것도 아니다(대판 2019.8.9. 2019두38656).

판례

납세자가 과세처분의 내용을 이미 알고 있는 경우에도 납세고지서 송달이 필요한지 여부(적극)

납세고지서의 교부송달 및 우편송달에 있어서는 반드시 납세의무자 또는 그와 일정한 관계에 있는 사람의 현실적인 수령행위를 전제로 하고 있다고 보아야 하며, 납세자가 과세처분의 내용을 이미 알고 있는 경우에도 납세고지서의 송달이 불필요하다고 할 수는 없다. 납세고지서의 송달을 받아야 할 자가 부과처분 제척기간이 임박하자 그 수령을 회피하기 위하여 일부러 송달을 받을 장소를 비워 두어 세무공무원이 송달을 받을 자와 보충송달을 받을 자를 만나지 못하여 부득이 사업장에 납세고지서를 두고 왔다고 하더라도 이로써 신의성실의 원칙을 들어 그 납세고지서가 송달되었다고 볼 수는 없다(대판 2004.4.9. 2003두13908).

정보공개청구를 하여 사전에 처분의 내용을 안 경우

지방보훈청장이 허혈성심장질환이 있는 갑에게 재심 서면판정 신체검사를 실시한 다음 종전과 동일하게 전(공)상군경 7급 국가유공자로 판정하는 '고엽제후유증전환 재심신체검사 무변동처분' 통보서를 송달하자 갑이 위 처분의 취소를 구한 사안에서, 위 처분이 갑에게 고지되어 처분이 있다는 사실을 현실적으로 알았을 때 행정소송법 제20조 제1항에서 정한 제소기간이 진행한다고 보아야 함에도, 갑이 통보서를 송달받기 전에 자신의 의무기록에 관한 정보공개를 청구하여 위 처분을 하는 내용의 통보서를 비롯한 일체의 서류를 교부받은 날부터 제소기간을 기산하여 위 소는 90일이 지난 후 제기한 것으로서 부적법하다고 본 원심판결에 법리를 오해한 위법이 있다고 한 사례(대판 2014.9.25. 2014두8254 전합).

처분 당시에는 취소소송의 제기가 법제상 허용되지 않아 소송을 제기할 수 없다가 위헌결정으로 인하여 비로소 취소소송을 제기할 수 있게 된 경우 제소기간의 기산점

행정소송법 제20조가 제소기간을 규정하면서 '처분 등이 있은 날' 또는 '처분 등이 있음을 안 날'을 각 제소기간의 기산점으로 삼은 것은 그때 비로소 적법한 취소소송을 제기할 객관적 또는 주관적 여지가 발생하기 때문이므로, 처분 당시에는 취소소송의 제기가 법제상 허용되지 않아 소송을 제기할 수 없다가 위헌결정으로 인하여 비로소 취소소송을 제기할 수 있게 된 경우, 객관적으로는 '위헌결정이 있은 날', 주관적으로는 '위헌결정이 있음을 안 날' 비로소 취소소송을 제기할 수 있게 되어 이때를 제소기간의 기산점으로 삼아야 한다 – 교원만이 교원소청심사위원회의 결정에 대하여 소송을 제기할 수 있도록 하였던 구 교원지위향상을 위한 특별법 규정의 위헌결정 관련(대판 2008.2.1. 2007두20997).

② 앎의 추정

사회통념상 처분의 통지가 상대방에게 도달한 때 그 처분이 있었음을 알았다고 추정되므로, 당사자는 통지가 도달한 때 통지를 볼 수 없었다고 반증하여야 한다(대판 1999.12.28. 99두9742).

판례

아르바이트 직원이 개발부담금 납부고지서를 수령한 경우

원고의 주소지에서 원고의 아르바이트 직원이 납부고지서를 수령한 이상, 원고로서는 그 때 처분이 있음을 알 수 있는 상태에 있었다고 볼 수 있고, 따라서 원고는 그 때 처분이 있음을 알았다고 추정함이 상당하다(대판 1999.12.28. 99두9742).

아파트 경비원이 과징금부과처분의 납부고지서를 수령한 경우

아파트 경비원이 관례에 따라 부재중인 납부의무자에게 배달되는 과징금부과처분의 납부고지서를 수령한 경우, 납부의무자가 아파트 경비원에게 우편물 등의 수령권한을 위임한 것으로 볼 수는 있을지언정, 과징금부과처분의 대상으로 된 사항에 관하여 납부의무자를 대신하여 처리할 권한까지 위임한 것으로 볼 수는 없고, 설사 위 경비원이 위 납부고지서를 수령한 때에 위 부과처분이 있음을 알았다고 하더라도 이로써 납부의무자 자신이 그 부과처분이 있음을 안 것과 동일하게 볼 수는 없다(대판 2002.8.27. 2002두3850).

납세의무자가 거주하지 아니하는 주민등록상 주소지로 납세고지서를 등기우편으로 발송한 후 반송된 사실이 없는 경우, 송달의 적법 여부(소극)

우편물이 등기취급의 방법으로 발송된 경우, 특별한 사정이 없는 한, 그 무렵 수취인에게 배달되었다고 보아도 좋을 것이나, 수취인이나 그 가족이 주민등록지에 실제로 거주하고 있지 아니하면서 전입신고만을 해 둔 경우에는 그 사실만으로써 주민등록지 거주자에게 송달수령의 권한을 위임하였다고 보기는 어려울 뿐 아니라 수취인이 주민등록지에 실제로 거주하지 아니하는 경우에도 우편물이 수취인에게 도달하였다고 추정할 수는 없고, 따라서 이러한 경우에는 우편물의 도달사실을 과세관청이 입증해야 할 것이다(대판 1998.2.13. 97누8977).

③ 수령 거절

처분의 상대방이나 정당한 수령권자가 합리적 이유 없이 처분서의 수령을 거절하거나 일단 수령하였다가 반환한 경우에는 적법히 송달된 것으로 보아야 한다.

판례

상대방이 부당하게 등기취급 우편물의 수취를 거부함으로써 우편물의 내용을 알 수 있는 객관적 상태의 형성을 방해한 경우

상대방이 부당하게 등기취급 우편물의 수취를 거부함으로써 우편물의 내용을 알 수 있는 객관적 상태의 형성을 방해한 경우 그러한 상태가 형성되지 아니하였다는 사정만으로 발송인의 의사표시의 효력을 부정하는 것은 신의성실의 원칙에 반하므로 허용되지 아니한다. 이러한 경우에는 부당한 수취 거부가 없었더라면 상대방이 우편물의 내용을 알 수 있는 객관적 상태에 놓일 수 있었던 때, 즉 수취 거부 시에 의사표시의 효력이 생긴 것으로 보아야 한다. 여기서 우편물의 수취 거부가 신의성실의 원칙에 반하는지는 발송인과 상대방과의 관계, 우편물의 발송 전에 발송인과 상대방 사이에 우편물의 내용과 관련된 법률관계나 의사교환이 있었는지, 상대방이 발송인에 의한 우편물의 발송을 예상할 수 있었는지 등 여러 사정을 종합하여 판단하여야 한다. 이때 우편물의 수취를 거부한 것에 정당한 사유가 있는지에 관해서는 수취 거부를 한 상대방이 이를 증명할 책임이 있다(대판 2020.8.20. 2019두34630).

④ 대리인이 안 경우

처분에 대한 처리권한을 명시적 또는 묵시적으로 제3자에게 위임한 경우에는 그 수임인의 수령시부터 제소기간이 개시된다(예 장기간의 여행 등으로 그 권한을 묵시적으로 가족 등에게 위임하였다고 볼 수 있는 경우).

판례

상호저축은행은 그 관리인에게 영업인가취소처분이 통지된 때에 처분이 있음을 안 것

관리인은 상호저축은행의 업무를 집행하고 그 재산을 관리·처분하는 권한을 가진 자로서 각종 송달이나 행정처분 등을 통지받을 권한이 있다고 할 것이므로, 원고 은행으로서는 그 관리인에게 원고 은행에 대한 영업인가취소처분이 통지된 때에 이 사건 처분이 있음을 알았다고 볼 것이다. 따라서 원고 은행이 행정소송법 제20조 제1항에 규정된 처분 등이 있음을 안 날부터 90일 이내에 이 사건 처분의 취소소송을 제기하지 아니한 이상, 원고 은행의 이 사건 소는 제소기간이 도과된 상태에서 제기되었다고 할 것이다(대판 2012.3.15. 2008두4619).

⑤ 고시 또는 공고에 의한 처분

불특정 다수인에 대한 처분으로서 관보·신문에의 고시 또는 게시판에의 공고의 방법으로 외부에 그 의사를 표시함으로써 효력이 발생하는 처분은, 공고 등이 있음을 현실로 알았는지 여부를 불문하고 공고문서가 정한 처분의 효력 발생일에 처분이 있음을 알았다고 보고 그 때부터 제소기간을 기산한다. 공고에서 효력발생일을 정하지 아니한 경우에는 「행정업무의 운영 및 혁신에 관한 규정」 제6조 제3항에 따라 그 고시 또는 공고 등이 있은 날부터 5일이 경과한 때에 효력이 발생한다.

다만, 판례는 행정절차법 제14조 제4항에 따라 특정인에 대한 행정처분을 주소불명 등의 이유로 송달할 수 없어 관보 등에 공고한 경우에는 그 효력발생일인 '공고일부터 14일이 지난 때'에 상대방이 그 행정처분이 있음을 알았다고 볼 수 없다고 한다(대판 2006.4.28. 2005두14851).

판례

고시 또는 공고에 의한 행정처분의 경우, '처분이 있음을 안 날'은 고시 또는 공고의 효력발생일

통상 고시 또는 공고에 의하여 행정처분을 하는 경우에는 그 처분의 상대방이 불특정 다수인이고, 그 처분의 효력이 불특정 다수인에게 일률적으로 적용되는 것이므로, 그에 대한 행정심판 청구기간도 그 행정처분에 이해관계를 갖는 자가 고시 또는 공고가 있었다는 사실을 현실적으로 알았는지 여부에 관계없이 고시가 효력을 발생하는 날인 고시 또는 공고가 있은 후 5일이 경과한 날에 행정처분이 있음을 알았다고 보아야 할 것이다(대판 2000.9.8. 99두11257).

특정인에 대한 행정처분을 주소불명 등의 이유로 송달할 수 없어 관보 등에 공고한 경우, 상대방이 '그 처분이 있음을 안 날'은 처분사실을 현실적으로 안 날을 의미

행정소송법 제20조 제1항 소정의 제소기간 기산점인 '처분이 있음을 안 날'이라 함은 당사자가 통지, 공고 기타의 방법에 의하여 당해 처분이 있었다는 사실을 현실적으로 안 날을 의미하는 바, 특정인에 대한 행정처분을 주소불명 등의 이유로 송달할 수 없어 관보·공보·게시판·일간신문 등에 공고한 경우에는, 공고가 효력을 발생하는 날에 상대방이 그 행정처분이 있음을 알았다고 볼 수는 없고, 상대방이 당해 처분이 있었다는 사실을 현실적으로 안 날에 그 처분이 있음을 알았다고 보아야 한다(대판 2006.4.28. 2005두14851).

(2) 행정심판을 거친 경우

① 제소기간

행정소송법 제18조 제1항 단서(다른 법률에 당해 처분에 대한 행정심판의 재결을 거치지 아니하면 취소소송을 제기할 수 없다는 규정이 있는 때)에 의한 경우와 그 밖에 행정심판청구를 할 수 있는 경우 또는 행정청이 행정심판청구를 할 수 있다고 잘못 알린 경우에는, 재결서의 정본을 송달받은 날부터 90일을 기산한다(행정소송법 제20조 제1항 단서).

② 행정심판의 요건

㉠ 적법한 행정심판

행정심판청구 자체가 행정심판 청구기간을 지나 청구되는 등 부적법하여 각하 재결이 있은 후 취소소송을 제기하는 경우에는 행정소송법 제20조 제1항 단서가 적용되지 않는다(대판 2011.11.24. 2011두18786).

㉡ 청구의 형식, 절차

행정소송의 전치요건인 행정심판청구는 엄격한 형식을 요하지 아니하는 서면행위로 해석되므로, 위법 부당한 행정처분으로 인하여 권리나 이익을 침해당한 자로부터 그 처분의 취소나 변경을 구하는 서면이 제출되었을 때에는 그 표제와 제출기관의 여하를 불문하고 이를 행정소송법 제18조 소정의 행정심판청구로 보아야 한다(대판 2000.6.9. 98두2621). 또한 처분청이나 재결청이 아닌 다른 기관에 낸 진정서나 민원서 등은 그것이 행정심판 청구기간 내에 처분청이나 재결청으로 송부되어 왔다면 이를 적법한 행정심판청구로 볼 수 있을 것이다. 아울러 행정청이 처분시 행정심판청구서의 제출기관을 잘못 알린 경우에는 심판청구기간의 계산은 최초의 행정기관에 심판청구서가 제출된 때를 기준으로 한다(행정심판법 제23조 제4항).

㉢ 이의신청 관련

ⓐ 이의절차만 거치면 되는데 법령에 근거 없는 행정심판을 거친 경우와 같이 행정심판의 제기라는 불필요한 절차를 거치느라 제소기간을 도과한 경우 제소기간이 도과된 것으로 본다(대판 1994.6.24. 94누2497).

ⓑ 행정심판이 아닌 이의신청을 거친 경우 제소기간의 기산점이 문제된다. 그동안 판례는 "공공감사법상의 재심의신청 및 A광역시교육청 행정감사규정상의 이의신청은 자체감사를 실시한 중앙행정기관 등의 장으로 하여금 감사결과나 그에 따른 요구사항의 적법·타당 여부를 스스로 다시 심사하도록 한 절차로서 행정심판을 거친 경우의 제소기간의 특례가 적용될 수 없다고 보고, 이의신청에 대한 결과통지일이 아니라 B법인이 위 처분이 있음을 알았다고 인정되는 날부터 제소기간을 기산하여 한다."는 입장이었다. 이는 국민이 법령에 규정된 이의신청 기회를 활용했음에도 불구하고 행정소송 기회를 상실한다는 문제점이 있었다. 이에 따라 「행정기본법」 제36조 제4항은 "이의신청에 대한 결과를 통지받은 후 행정심판 또는 행정소송을 제기하려는 자는 그 결과를 통지받은 날부터 90일 이내에 행정심판 또는 행정소송을 제기할 수 있다."라고 규정하였다(2023.3.24).

판례

행정소송법 제20조 제1항의 취지 및 이미 제소기간이 지나 불가쟁력이 발생한 후에 행정청이 행정심판청구를 할 수 있다고 잘못 알린 경우, 그 안내에 따라 청구된 행정심판 재결서 정본을 송달받은 날부터 다시 취소소송의 제소기간이 기산되는지 여부(소극)

행정소송법 제20조 제1항의 취지는 불가쟁력이 발생하지 않아 적법하게 불복청구를 할 수 있었던 처분 상대방에 대하여 행정청이 법령상 행정심판청구가 허용되지 않음에도 행정심판청구를 할 수 있다고 잘못 알린 경우에, 잘못된 안내를 신뢰하여 부적법한 행정심판을 거치느라 본래 제소기간 내에 취소소송을 제기하지 못한 자를 구제하려는 데에 있다. 이와 달리 이미 제소기간이 지남으로써 불가쟁력이 발생하여 불복청구를 할 수 없었던 경우라면 그 이후에 행정청이 행정심판청구를 할 수 있다고 잘못 알렸다고 하더라도 그 때문에 처분 상대방이 적법한 제소기간 내에 취소소송을 제기할 수 있는 기회를 상실하게 된 것은 아니므로 이러한 경우에 잘못된 안내에 따라 청구된 행정심판 재결서 정본을 송달받은 날부터 다시 취소소송의 제소기간이 기산되는 것은 아니다. 불가쟁력이 발생하여 더 이상 불복청구를 할 수 없는 처분에 대하여 행정청의 잘못된 안내가 있었다고 하여 처분 상대방의 불복청구 권리가 새로이 생겨나거나 부활한다고 볼 수는 없기 때문이다(대판 2012.9.27. 2011두27247).

행정처분이 있음을 안 날부터 90일을 넘겨 행정심판을 청구하였다가 부적법하다는 이유로 각하재결을 받은 후 재결서를 송달받은 날부터 90일 내에 원래의 처분에 대하여 취소소송을 제기한 경우, 취소소송의 제소기간을 준수한 것으로 볼 수 없음

행정소송법 제18조 제1항, 제20조 제1항, 구 행정심판법 제18조 제1항을 종합해 보면, 행정처분이 있음을 알고 처분에 대하여 곧바로 취소소송을 제기하는 방법을 선택한 때에는 처분이 있음을 안 날부터 90일 이내에 취소소송을 제기하여야 하고, 행정심판을 청구하는 방법을 선택한 때에는 처분이 있음을 안 날부터 90일 이내에 행정심판을 청구하고 행정심판의 재결서를 송달받은 날부터 90일 이내에 취소소송을 제기하여야 한다. 따라서 처분이 있음을 안 날부터 90일 이내에 행정심판을 청구하지도 않고 취소소송을 제기하지도 않은 경우에는 그 후 제기된 취소소송은 제소기간을 경과한 것으로서 부적법하고, 처분이 있음을 안 날부터 90일을 넘겨 청구한 부적법한 행정심판청구에 대한 재결이 있은 후 재결서를 송달받은 날부터 90일 이내에 원래의 처분에 대하여 취소소송을 제기하였다고 하여 취소소송이 다시 제소기간을 준수한 것으로 되는 것은 아니다(대판 2011.11.24. 2011두18786).

행정심판을 청구할 필요가 없음에도 불필요한 절차를 거친 경우

지방자치단체의 공공시설에 관한 사용료부과처분을 받은 자는 그 부과 또는 징수에 대하여 이의가 있으면 지방자치법 제131조 제3항, 4항, 5항 및 제127조의 규정에 의하여 그 통지를 받은 날로부터 60일 이내에 그 지방자치단체의 장에게 이의신청을 하고 이에 대한 지방자치단체의 장의 결정에 대하여 불복이 있을 때에는 다시 행정심판법상의 행정심판을 청구할 필요 없이 그 결정통지를 받은 날로부터 60일 이내에 관할 고등법원에 행정소송을 제기하여야 한다.…(중략)…이 사건 사용료부과처분에 관한 원고의 이의신청에 대하여 한 피고의 1992.12.21.자 이의신청처리통보를 위 이의신청을 기각하는 재결로 본 다음, 원고가 같은 달 23. 위와 같은 이의신청을 기각한다는 통지를 받고서도 서울특별시장에게 다시 행정심판을 제기하는 등 불필요한 절차를 거치느라 행정소송 제기기간인 60일을 경과한 후에야 이 사건 소를 제기한 이상, 그중 사용료부과처분이 위법하다는 이유로 취소를 구하는 주위적 청구는 이미 제소기간을 도과한 것으로서 부적법하다(대판 1994.6.24. 94누2497).

재결청의 재조사결정에 따른 심사청구기간이나 심판청구기간 또는 제소기간의 기산점(= 후속처분의 통지를 받은 날)

재조사결정은 처분청의 후속 처분에 의하여 그 내용이 보완됨으로써 이의신청 등에 대한 결정으로서의 효력이 발생한다고 할 것이므로, 재조사결정에 따른 심사청구기간이나 심판청구기간 또는 행정소송의 제소기간은 이의신청인 등이 후속 처분의 통지를 받은 날부터 기산된다(대판 2010.6.25. 2007두12514 전합).

(3) 불변기간

상기의 90일의 기간은 불변기간으로 한다(행정소송법 제20조 제3항). 따라서 법원은 이 기간을 늘이거나 줄일 수 없다. 다만, 주소 또는 거소가 멀리 떨어진 곳에 있는 사람을 위하여 부가기간을 정할 수 있고(민사소송법 제172조 제2항), 당사자가 책임질 수 없는 사유로 말미암아 불변기간을 지킬 수 없었던 경우에는 그 사유가 없어진 날부터 2주 이내에 게을리 한 소송행위를 보완할 수 있다(동법 제173조 제1항). 그러나 국외에서 소송행위를 추완하는 경우에는 그 기간은 30일로 한다(행정소송법 제5조).

판례

행정심판청구기간에 관한 행정심판법 제18조(註: 현 제27조) 제5항의 규정이 행정소송 제기에도 당연히 적용되는지 여부(소극)

행정소송법 제20조 제1항, 제3항에서 말하는 "취소소송은 처분 등이 있음을 안 날부터 90일 이내에 제기하여야 한다."는 제소기간은 불변기간이고, 다만 당사자가 책임질 수 없는 사유로 인하여 이를 준수할 수 없었던 경우에는 같은 법 제8조에 의하여 준용되는 민사소송법 제160조(註: 현 제173조) 제1항에 의하여 그 사유가 없어진 후 2주일 내에 해태된 제소행위를 추완할 수 있다고 할 것이며, 여기서 당사자가 책임질 수 없는 사유란 당사자가 그 소송행위를 하기 위하여 일반적으로 하여야 할 주의를 다하였음에도 불구하고 그 기간을 준수할 수 없었던 사유를 말한다고 할 것이다. 한편 행정청이 법정 심판청구기간보다 긴 기간으로 잘못 알린 경우에 그 잘못 알린 기간 내에 심판청구가 있으면 그 심판청구는 법정 심판청구기간 내에 제기된 것으로 본다는 취지의 행정심판법 제18조(註: 제27조) 제5항의 규정은 행정심판 제기에 관하여 적용되는 규정이지, 행정소송 제기에도 당연히 적용되는 규정이라고 할 수는 없다.

그리고 행정심판과 행정소송은 그 성질, 불복사유, 제기기간, 판단기관 등에서 본질적인 차이점이 있고, 임의적 전치주의는 당사자가 행정심판과 행정소송의 유·불리를 스스로 판단하여 행정심판을 거칠지 여부를 선택할 수 있도록 한 취지에 불과하므로 어느 쟁송 형태를 취한 이상 그 쟁송에는 그에 관련된 법률 규정만이 적용될 것이지 두 쟁송 형태에 관련된 규정을 통틀어 당사자에게 유리한 규정만이 적용된다고 할 수는 없으며, 행정처분시나 그 이후 행정청으로부터 행정심판 제기기간에 관하여 법정 심판청구기간보다 긴 기간으로 잘못 통지받은 경우에 보호할 신뢰 이익은 그 통지받은 기간 내에 행정심판을 제기한 경우에 한하는 것이지 행정소송을 제기한 경우에까지 확대된다고 할 수 없으므로, 당사자가 행정처분시나 그 이후 행정청으로부터 행정심판 제기기간에 관하여 법정 심판청구기간보다 긴 기간으로 잘못 통지받아 행정소송법상 법정 제소기간을 도과하였다고 하더라도, 그것이 당사자가 책임질 수 없는 사유로 인한 것이라고 할 수는 없다(대판 2001.5.8. 2000두6916).

3. 처분이 있은 날부터 1년

(1) 행정심판을 거치지 않은 경우

취소소송은 처분 등이 있은 날부터 1년을 경과하면 이를 제기하지 못한다(행정소송법 제20조 제2항 1문). '처분 등이 있은 날'이란 "처분의 효력이 발생한 날"이다. 판례는 상대방 있는 행정행위의 경우에는 특별한 규정이 없는 한 의사표시의 일반적 법리에 따라 그 행정처분이 상대방에게 도달되어 효력을 발생한 날을 의미하는 것으로 본다(대판 1990.7.13. 90누2284). 처분이 단순히 행정기관 내부적으로 결정되었거나 처분 문서가 작성되어 있다는 사실만으로는 처분이 있다고 볼 수는 없다.

행정절차법 제15조 제1항은 "송달은 다른 법령등에 특별한 규정이 있는 경우를 제외하고는 해당 문서가 송달받을 자에게 도달됨으로써 그 효력이 발생한다."라고 규정하여 상대방 있는 처분은 외부에 표시되어 상대방이 알 수 있는 상태에 도달함으로써 효력이 발생함을 명시하고 있다.

(2) 행정심판을 거친 경우

재결이 있은 날부터 역시 1년이다(행정소송법 제20조 제2항 본문). 그런데 '재결이 있은 날'은 재결의 효력이 발생한 날을 의미하고, 재결의 효력은 재결서 정본이 송달되어야 발생하는 것이므로, 통상의 경우는 제20조 제1항 단서의 '재결서 정본을 송달받은 날로부터 90일'만 의미가 있고, 재결이 있은 날부터 1년 내라는 제소기간은 별 의미가 없다.

(3) 정당한 사유가 있는 경우

정당한 사유가 있는 경우 1년의 기간이 경과하여도 제소할 수 있다(행정소송법 제20조 제2항 단서). 여기서 '정당한 사유'란 불확정 개념으로서 그 존부는 사안에 따라 개별적, 구체적으로 판단하여야 하나 민사소송법 제173조의 "당사자가 그 책임을 질 수 없는 사유"나 행정심판법 제18조 제2항 소정의 "천재, 지변, 전쟁, 사변 그 밖에 불가항력적인 사유"보다는 넓은 개념이라고 풀이되므로, 제소기간도과의 원인 등 여러 사정을 종합하여 지연된 제소를 허용하는 것이 사회통념상 상당하다고 할 수 있는가에 의하여 판단하여야 한다(대판 1991.6.28. 90누6521).

예컨대, 특정인에 대한 처분이 공고 등의 방법으로 송달된 경우나, 담당 공무원이 처분을 곧 취소해주겠다고 하여 이를 믿고 기다리다가 제소기간이 도과한 경우 등에는 정당한 사유가 있다고 할 수 있다.

행정처분의 직접 상대방이 아닌 제3자는 일반적으로 처분이 있는 것을 바로 알 수 없는 처지에 있으므로, 그 기간 내에 처분이 있은 것을 알았거나 쉽게 알 수 있었기 때문에 소송을 제기할 수 있었다고 볼 만한 특별한 사정이 없는 한, '정당한 사유'가 있는 경우에 해당한다(대판 1992.7.28. 91누12844).

판례

제소기간을 준수하지 못한 것에 대한 정당한 사유가 될 수 없다고 한 사례

인터넷 웹사이트에 대하여 구 청소년보호법에 따른 청소년유해매체물 결정·고시처분을 한 사안에서, 위 결정은 이해관계인이 고시가 있었음을 알았는지 여부에 관계없이 관보에 고시됨으로써 효력이 발생하고, 그가 위 결정을 통지받지 못하였다는 것이 제소기간을 준수하지 못한 것에 대한 정당한 사유가 될 수 없다(대판 2007.6.14. 2004두619).

4. '안 날'과 '있은 날'의 관계

처분이 있음을 안 날과 처분이 있은 날 중 어느 하나의 기간이 경과하면 제소기간은 종료한다(대판 1964.9.8. 63누196).

5. 제소기간과 관련된 특수문제

(1) 소의 변경이 있는 경우

① 민사소송법에 의한 소의 변경

행정소송법의 제소기간 특례가 적용되지 않으므로 청구취지를 변경하여 구 소가 취하되고 새로운 소가 제기된 것으로 변경되었을 때에 새로운 소에 대한 제소기간의 준수 등은 원칙적으로 소의 변경이 있은 때를 기준으로 하여야 한다(대판 2004.11.25. 2004두7023).

② 행정소송법상 소의 변경

㉠ 소송종류의 변경

취소소송을 당사자소송 또는 취소소송외의 항고소송으로 변경하거나, 무효등확인소송이나 부작위위법확인소송을 취소소송으로 변경하거나, 당사자소송을 항고소송으로 변경하거나, 항고소송을 당사자소송으로 변경하는 경우는 모두 변경 전 소제기 당시를 기준으로 제소기간 준수 여부를 판단한다(행정소송법 제21조 제4항, 제37조, 제42조, 제14조 제4항).

㉡ 처분변경으로 인한 소의 변경

행정청이 소송의 대상인 처분을 소가 제기된 후 변경한 때에는 그 변경된 처분을 대상으로 하는 소변경의 신청은 처분의 변경이 있음을 안 날로부터 60일 이내에 하여야 한다(행정소송법 제22조 제2항). 만일 그 기간을 도과한 경우에는 90일 이내에 별소를 제기해야 한다.

㉢ 피고의 경정과 추가

피고를 잘못 지정한 소에 관하여는 당사자의 신청으로 피고를 경정할 수 있는

데(행정소송법 제14조 제1항), 이 경우 새로운 피고에 대한 소는 처음에 소를 제기한 때에 제기한 것으로 보아(제4항) 제소기간의 소급효를 인정하고 있다. 필수적 공동소송인의 추가의 경우도 처음의 소제기시를 기준으로 제소기간 준수 여부를 판단한다(민사소송법 제68조 제3항).

㉣ 변경 전·후의 청구가 밀접한 관계가 있는 경우

변경 전의 청구에 이미 변경 후의 청구까지 포함되어 있다고 볼 수 있는 경우에는 당초의 소제기시를 기준으로 제소기간의 준수 여부를 판단한다. 예컨대, 당초의 과세처분에 대하여 적법한 취소청구 소송이 계속 중 증액경정결정이 있는 경우에 당초의 부과처분에 존재한다고 주장되는 취소사유가 증액경정결정에도 마찬가지로 존재하고 있어 당초의 소제기가 제소기간 내에 이루어진 이상 증액경정처분으로의 소송대상 변경이 제소기간 경과 후에 이루어졌다 하더라도 적법하다고 보아야 하고(대판 1982.2.9. 80누522), 선행 처분에 대하여 제소기간 내에 취소소송이 적법하게 제기되어 계속 중에 행정청이 선행 처분서 문언에 일부 오기가 있어 이를 정정할 수 있음에도 선행 처분을 직권으로 취소하고 실질적으로 동일한 내용의 후행 처분을 함으로써 선행 처분과 후행 처분 사이에 밀접한 관련성이 있고 선행 처분에 존재한다고 주장되는 위법사유가 후행 처분에도 마찬가지로 존재할 수 있는 관계인 경우에는 후행 처분의 취소를 구하는 소변경의 제소기간 준수 여부는 따로 따질 필요가 없다(대판 2019.7.4. 2018두58431).

㉤ 그 밖의 경우

ⓐ 동일한 행정처분에 대하여 무효확인의 소를 제기하였다가 그 후 그 처분의 취소를 구하는 소를 추가적으로 병합한 경우, 주된 청구인 무효확인의 소가 적법한 제소기간 내에 제기되었다면 추가로 병합된 취소청구의 소도 적법하게 제기된 것으로 볼 수 있다(대판 2005.12.23. 2005두3554).

ⓑ 당사자가 동일한 신청에 대하여 부작위위법확인의 소를 제기하였으나 그 후 소극적 처분이 있다고 보아 처분취소소송으로 소를 교환적으로 변경한 후 여기에 부작위위법확인의 소를 추가적으로 병합한 경우 최초의 부작위위법확인의 소가 적법한 제소기간 내에 제기된 이상 그 후 처분취소소송으로의 교환적 변경과 처분취소소송에의 추가적 변경 등의 과정을 거쳤다고 하더라도 여전히 제소기간을 준수한 것으로 봄이 상당하다(대판 2009.7.23. 2008두10560).

ⓒ 선행처분의 취소를 구하는 소가 그 후속처분의 취소를 구하는 소로 교환적으로 변경되었다가 다시 선행처분의 취소를 구하는 소로 변경된 경우 후속처분의 취소를 구하는 소에 선행처분의 취소를 구하는 취지가 그대로 남아 있었던 것으로 볼 수 있다면 선행처분의 취소를 구하는 소의 제소기간은 최초의 소가 제기된 때를 기준으로 정한다(대판 2013.7.11. 2011두27544).

판례

소제기 기간의 준수 여부는 각 그 청구취지의 추가·변경신청이 있은 때를 기준으로 개별적으로 판단한 사례

공익근무요원복무중단처분, 현역병입영대상편입처분 및 현역병입영통지처분은 보충역편입처분취소처분을 전제로 한 것이기는 하나 각각 단계적으로 별개의 법률효과를 발생시키는 독립된 행정처분으로서 하나의 소송물로 평가할 수 없고, 보충역편입처분취소처분의 효력을 다투는 소에 공익근무요원복무중단처분, 현역병입영대상편입처분 및 현역병입영통지처분을 다투는 소도 포함되어 있다고 볼 수는 없다고 할 것이므로, 공익근무요원복무중단처분, 현역병입영대상편입처분 및 현역병입영통지처분의 취소를 구하는 소의 제소기간의 준수 여부는 각 그 청구취지의 추가·변경신청이 있은 때를 기준으로 개별적으로 살펴야 할 것이지, 최초에 보충역편입처분취소처분의 취소를 구하는 소가 제기된 때를 기준으로 할 것은 아니라고 할 것이다(대판 2004.12.10. 2003두12257).

당초의 조세부과처분 취소소송 계속 중 증액경정결정 또는 재경정결정이 있는 경우

당초의 조세부과처분에 대하여 적법한 취소소송이 계속 중에 동일한 과세목적물에 대하여 당초의 부과처분을 증액 변경하는 경정결정 또는 재경정결정이 있는 경우에 당초 부과처분에 존재하고 있다고 주장되는 취소사유(실체상의 위법성)가 경정결정 또는 재경정결정에도 마찬가지로 존재하고 있어 당초 부과처분이 위법하다고 판단되면 경정결정 또는 재경정결정도 위법하다고 하지 않을 수 없는 경우 원고는 경정결정 또는 재경정결정에 대하여 따로 전심절차를 거칠 필요없이 청구취지를 변경하여 경정결정 또는 재경정결정의 취소를 구할 수 있고, 이러한 경우 당초의 소송이 적법한 제소기간 내에 제기된 것이라면 경정결정 또는 재경정결정에 대한 청구취지 변경의 제소기간 준수 여부는 따로 따질 필요가 없다(대판 2012.11.29. 2010두7796).

재심의 결정의 취소를 구하는 청구취지에 원결정의 취소를 구하는 취지도 포함된 경우

이 사건에서 원고의 주장 내용은 이 사건 상이와 직무수행·교육훈련 사이에 상당인과관계가 있으므로 원고에 대한 국가유공자·보훈보상대상자 비해당결정이 위법하다는 취지이고, 이 사건 재심의 결정의 취소를 구하는 청구취지에는 이 사건 원결정의 취소를 구하는 취지도 포함되었다고 볼 수 있으므로, 이 사건 청구취지를 이 사건 재심의 결정의 취소를 구하는 것으로부터 이 사건 원결정의 취소를 구하는 것으로 변경하는 경우 그 제소기간의 준수 여부는 청구취지 변경시점이 아닌 최초 소가 제기된 때를 기준으로 판단하여야 한다(대판 2016.7.27. 2015두45953).

민사소송을 항고소송으로 소 변경을 한 경우, 그 항고소송에 대한 제소기간 준수 여부를 판단하는 기준 시기(=처음 소를 제기한 때)

민사소송법 제40조 제1항은 "이송결정이 확정된 때에는 소송은 처음부터 이송받은 법원에 계속된 것으로 본다."라고 규정하고 있다. 한편 행정소송법 제21조 제1항, 제4항, 제37조, 제42조, 제14조 제4항은 행정소송 사이의 소 변경이 있는 경우 처음 소를 제기한 때에 변경된 청구에 관한 소송이 제기된 것으로 보도록 규정하고 있다. 이러한 규정 내용 및 취지 등에 비추어 보면, 원고가 행정소송법상 항고소송으로 제기해야 할 사건을 민사소송으로 잘못 제기한 경우에 수소법원이 그 항고소송에 대한 관할을 가지고 있지 아니하여 관할법원에 이송하는 결정을 하였고, 그 이송결정이 확정된 후 원고가 항고소송으로 소 변경을 하였다면, 그 항고소송에 대한 제소기간의 준수 여부는 원칙적으로 처음에 소를 제기한 때를 기준으로 판단하여야 한다(대판 2022.11.17. 2021두44425).

(2) 소의 정정

소의 변경이라 할 수 없는 소의 정정(청구취지의 정정), 예컨대, 착오로 기재하였거나 불명확한 청구취지 또는 청구원인을 변경하거나 누락된 적용법규를 추가하는 경우에는, 제소기간은 당초의 소제기시를 기준으로 한다(대판 1991.3.12. 90누4341).

(3) 소제기 전에 처분의 변경이 있는 경우

처분을 변경한 경우 그 동일성이 유지되는가의 여부에 따라 동일성이 유지되는 경우에는 당초의 처분을, 동일성이 유지되지 않은 경우에는 변경된 처분을 대상으로 제소기간의 준수여부를 판단한다.

그런데 판례는 후행처분이 선행처분의 내용 중 일부만을 소폭 변경하는 정도에 불과한 경우(예 열병합발전소의 종전의 최대열부하 및 시설 규모만을 축소하는 정도로 사업내용을 조정)에는, 선행처분이 후행처분에 의하여 변경되지 아니한 범위 내에서 존속하고 후행처분은 선행처분의 내용 중 일부를 변경하는 범위 내에서 효력을 가지고, 이 경우 선행처분의 취소를 구하는 소를 제기한 후 후행처분의 취소를 구하는 청구를 추가하여 청구를 변경하였다면 후행처분에 관한 제소기간 준수 여부는 청구변경 당시를 기준으로 판단하여야 하나, 선행처분에만 존재하는 취소사유를 이유로 후행처분의 취소를 청구할 수는 없다(대판 2012.12.13. 2010두20782등)고 한다.

06 소의 변경

행정소송법 제21조【소의 변경】 ① 법원은 취소소송을 당해 처분등에 관계되는 사무가 귀속하는 국가 또는 공공단체에 대한 당사자소송 또는 취소소송외의 항고소송으로 변경하는 것이 상당하다고 인정할 때에는 청구의 기초에 변경이 없는 한 사실심의 변론종결시까지 원고의 신청에 의하여 결정으로써 소의 변경을 허가할 수 있다.
② 제1항의 규정에 의한 허가를 하는 경우 피고를 달리하게 될 때에는 법원은 새로이 피고로 될 자의 의견을 들어야 한다.
③ 제1항의 규정에 의한 허가결정에 대하여는 즉시항고할 수 있다.
④ 제1항의 규정에 의한 허가결정에 대하여는 제14조 제2항·제4항 및 제5항의 규정을 준용한다.

제22조【처분변경으로 인한 소의 변경】 ① 법원은 행정청이 소송의 대상인 처분을 소가 제기된 후 변경한 때에는 원고의 신청에 의하여 결정으로써 청구의 취지 또는 원인의 변경을 허가할 수 있다.
② 제1항의 규정에 의한 신청은 처분의 변경이 있음을 안 날로부터 60일 이내에 하여야 한다.

③ 제1항의 규정에 의하여 변경되는 청구는 제18조 제1항 단서의 규정에 의한 요건을 갖춘 것으로 본다

1. 소의 변경의 의의

소의 변경은 소송이 계속된 뒤에 원고가 같은 피고에 대한 본래의 청구를 변경하는 것을 말한다. 소의 변경이 있어도 당초의 소에 의하여 개시된 소송절차가 유지되며 소송자료가 승계된다. 일반적으로 소의 변경에는 종래의 청구를 철회하고 새로운 청구를 하는 교환적 변경과, 종래의 청구는 그대로 두고 새로운 청구를 추가하는 추가적 변경이 있다.

민사소송법에서 청구의 변경(제262조)은 소송절차를 현저히 저해하지 않는 경우 청구의 기초의 변경이 없는 범위 내에서 소송물의 변경만 허용된다. 그러나 행정소송에서는 소의 종류의 변경(행정소송법 제21조)과 처분변경 등으로 인한 소의 변경(제22조)도 허용된다.

2. 소의 종류의 변경

(1) 의의

법원은 취소소송을 당해 처분등에 관계되는 사무가 귀속하는 국가 또는 공공단체에 대한 당사자소송 또는 취소소송외의 항고소송으로 변경하는 것이 상당하다고 인정할 때에는 청구의 기초에 변경이 없는 한 사실심의 변론종결시까지 원고의 신청에 의하여 결정으로써 소의 변경을 허가할 수 있다(제21조 제1항). 이는 행정소송법상 소의 종류가 다양하므로 소의 종류를 잘못 선택할 가능성이 있는바, 소송경제와 원고의 권리보호의 관점에서 인정된다.

소의 종류의 변경에 관한 규정(제21조)은 무효등확인소송이나 부작위위법확인소송을 취소소송 또는 당사자소송으로 변경하는 경우와, 당사자소송을 항고소송으로 변경하는 경우에 준용한다(제37조·제42조).

판례

고의 또는 중대한 과실 없이 당사자소송으로 제기하여야 할 것을 항고소송으로 잘못 제기한 경우, 법원이 취할 조치

공법상의 법률관계에 관한 당사자소송에서는 그 법률관계의 한쪽 당사자를 피고로 하여 소송을 제기하여야 한다(행정소송법 제3조 제2호, 제39조). 다만, 원고가 고의 또는 중대한 과실 없이 당사자소송으로 제기하여야 할 것을 항고소송으로 잘못 제기한 경우에, 당사자소송으로서의 소송요건을 결하고 있음이 명백하여 당사자소송으로 제기되었더라도 어차피 부적법하게 되는 경우가 아닌 이상, 법원으로서는 원고로 하여금 당사자소송으로 소 변경을 하도록 하여 심리·판단하여야 한다(대판 2016.5.24. 2013두14863).

(2) 요건

① 사실심에 계속되고 변론종결 전일 것

소의 변경은 소송이 부적법하더라도 각하되기 전이면 가능하다. 제1심과 항소심을 포함하지만 상고심에서는 허용되지 않는다.

② 청구의 기초의 동일성

변경 전의 소로써 달성하려던 권리구제와 동일한 기반에서 다른 청구로 변경하는 경우에 청구의 기초가 같다 할 것이다(예 공무원지위확인청구를 파면취소청구로 변경). 따라서 청구의 대상인 처분 등이나 부작위 자체가 다른 경우는 청구의 기초가 같다고 할 수 없다(대판 1963.2.21. 62누231). 이러한 요건은 피고가 불의의 타격을 받는 것을 방지하기 위한 것이므로, 피고가 동의 또는 응소하면 문제가 되지 않는다.

③ 소변경의 상당성

민사소송에서는 '소송절차를 현저하게 지연시키지 않을 것'을 요구하나, 행정소송에서 소의 종류의 변경은 법원이 상당하다고 인정하면 허용된다. 상당성의 판단은 소송자료의 이용가능성, 당사자의 이익, 소송의 지연 여부, 새로운 피고에게 입히는 불이익의 정도 등을 종합적으로 고려하여야 한다.

④ 변경되는 신소의 적법성

예컨대, 당사자소송을 취소소송으로 변경하고자 하는 경우에는 행정심판 전치요건, 제소기간을 준수해야 한다. 다만, 제소기간에 관하여는 처음의 당사자소송을 제기한 때에 항고소송을 제기한 것으로 본다(행정소송법 제42조, 제21조, 제14조 제4항).

(3) 절차

① 신청과 의견청취

소의 종류의 변경은 일종의 소송 중의 소제기이므로 소변경서의 제출로써 한다(민사소송법 제248조). 법원이 소변경을 허가하는 경우 피고를 달리하게 될 때에는 새로이 피고로 될 자의 의견을 들어야 한다(행정소송법 제21조 제2항). 그러나 법원은 의견을 진술할 기회를 부여하면 족한 것이고, 그 의견에 구속되는 것은 아니다. 피고의 변경이 가능하다는 점이 민사소송법의 경우(제262조)의 경우와 다르다.

② 허가결정

소의 종류의 변경은 결정으로 허가할 수 있다(행정소송법 제21조 제1항). 허가결정은 피고에게 고지하여야 하고, 소변경으로 피고를 달리할 때에는 결정의 정본을 새로운 피고에게 송달하여야 한다(제21조 제4항, 제14조 제2항).

③ 불복절차

소변경의 허가결정에 대하여는 즉시항고할 수 있다(행정소송법 제21조 제3항). 신·구 청구의 피고 모두 가능한 것으로 해석된다. 불허가결정에 대하여는 행정소송법이 특별히 정하고 있지 않으므로, 민사소송법상의 특별항고를 하거나 별소의 제기가 가능하다. 판례는 청구취지 변경을 불허한 결정에 대하여는 독립하여 항고할 수 없고, 종국판결에 대한 상소로써만 다룰 수 있다고 한다(대판 1992.9.25. 92누5096).

(4) 효과

피고의 변경이 있는 경우 새로운 피고에 대한 소송은 처음부터 소를 제기한 때에 제기된 것으로 보며, 아울러 종전의 피고에 대한 소송은 취하된 것으로 본다(제21조 제4항, 제14조 제4항·제5항).

3. 처분변경으로 인한 소의 변경

(1) 의의

처분청은 법률에 별도의 근거가 없어도 처분을 직권으로 취소할 수 있고, 처분을 존속시킬 필요가 없게 된 사정변경이 생겼거나 중대한 공익상의 필요가 발생한 경우에는 직권으로 이를 철회·변경할 수 있다. 그 외에 감독청이 하자 있는 처분을 직권으로 취소하거나, 재결청이 형성재결을 통하여 쟁송의 대상인 처분을 변경하는 경우도 있다. 예컨대, 파면처분의 취소소송의 계속 중에 행정청이 파면처분을 정직처분으로 변경한 경우가 이에 해당한다.

이 경우 새로운 처분에 맞추어 청구를 변경할 경우 소송의 목적물 및 청구의 기초에 변경이 있게 될 수 있으므로, 민사소송법에 의한 청구의 변경이 곤란할 때가 있다. 이에 따라 행정소송법은 처분의 변경으로 인한 소의 변경을 특별히 인정하고 있다.

법원은 행정청이 소송의 대상인 처분을 소가 제기된 후 변경한 때에는 원고의 신청에 의하여 결정으로써 청구의 취지 또는 원인의 변경을 허가할 수 있다(제22조 제1항). 이 제도는 소의 각하나 새로운 소의 제기라는 절차의 반복을 피하여 간편하고 신속하게 원고의 권익구제를 확보하기 위한 것이다. 제22조 규정은 무효등확인소송과 당사자소송에 준용된다(제38조, 제44조).

(2) 요건

① 사실심 계속 중 처분의 변경

행정청이 소송의 대상인 처분을 소가 제기된 후 변경하였어야 한다. 처분청 또는 상급감독청의 직권에 의하여 변경되는 경우, 또는 원고가 행정심판을 청구하였으나 재결을 기다리지 않고 취소소송을 제기하였는데 소송계속 중에 재결에 의하여 당해 소송의 대상인 당초 처분이 적극적으로 변경된 경우이다.

② 일정 기간 내일 것

원고는 처분의 변경이 있음을 안 날로부터 60일 이내에 소의 변경을 신청하여야 한다(행정소송법 제22조 제2항).

③ 그 밖의 요건

변경되는 신소가 적법하여야 한다. 이와 관련하여, 변경전의 처분에 대하여 행정심판절차를 거쳤으면 변경된 처분에 대하여도 행정심판 전치요건을 갖춘 것으로 본다(제22조 제3항).

(3) 절차

원고의 신청과 법원의 허가결정이 필요하다(제22조 제1항). 피고변경에 따른 의견청취 및 정본송달 등에 관한 것을 제외하고는 소의 종류의 변경에서와 같다. 그러나 위 허가결정에 대하여는 즉시항고에 관한 조항이 없으므로 독립하여 불복할 수 없는 것이 소의 종류의 변경에서와 다른 점이다.

4. 민사소송법의 준용에 의한 소의 변경

(1) 청구취지와 청구원인의 변경

원고는 청구의 기초가 바뀌지 아니하는 한도 안에서 변론을 종결할 때(변론 없이 한 판결의 경우에는 판결을 선고할 때)까지 청구의 취지 또는 원인을 바꿀 수 있다. 다만, 소송절차를 현저히 지연시키는 경우에는 그러하지 아니하다(민사소송법 제262조). 행정소송법의 변경에 관한 특례는 민사소송법상의 청구변경을 배제하는 취지가 아니므로, 행정소송에서의 원고는 ① 청구의 기초에 변경이 없을 것, ② 소송절차를 현저히 지연시키지 않을 것, ③ 사실심의 변론종결 전일 것 등의 민사소송법이 정한 요건을 갖추어 청구의 취지 또는 원인을 변경할 수 있다. 이 경우에 원칙적으로 제소기간의 특례가 적용되지 않으므로, 새로운 소의 제기기간의 준수 여부는 소의 변경이 있은 때를 기준으로 판단한다.

(2) 민사소송에서 행정소송으로의 소의 변경

① 문제점

예컨대 공무원연금법상의 각종 급여를 지급받지 못하였음을 이유로 그 지급을 구하는 민사소송을 제기하였다가 급여지급거부처분에 대한 취소소송으로 소의 종류를 변경하는 것을 민사소송법 제262조의 청구의 변경에 관한 규정을 준용하여 허용할 수 있는지 문제된다.

② 학설

㉠ **부정설** : 민사소송법상의 소의 변경은 법원과 당사자의 동일성을 유지하면서 동종의 절차에서 심리될 수 있는 경우에만 가능한 것이므로, i) 피고의 변경을 수반하며, ii) 서로 관할법원이 다른 민사소송과 행정소송 사이의 변경은 허용되지 않는다고 한다.

㉡ **긍정설** : i) 피고가 국가 등에서 처분청으로 변경되지만 양당사자는 실질에 있어서 동일성이 유지되고 있고, ii) 민사소송과 항고소송은 관할법원을 달리하는 문제가 있지만, 현재는 행정소송도 3심제이고 행정법원은 일반 사법법원으로부터 독립된 법원이 아니라 사법법원의 하나로서 전문법원에 불과한 것이므로, 민사소송과 항고소송 사이의 소의 변경을 허용할 수 있다고 한다.

③ 판례

원고가 고의 또는 중대한 과실 없이 행정소송으로 제기하여야 할 사건을 민사소송으로 잘못 제기한 경우 수소법원으로서는 만약 그 행정소송에 대한 관할도 동시에 가지고 있는 경우라면, 행정소송으로서의 전심절차 및 제소기간을 도과하였거나 행정소송의 대상이 되는 처분 등이 존재하지도 아니한 상태에 있는 등 행정소송으로서의 소송요건을 결하고 있음이 명백하여 행정소송으로 제기되었더라도 어차피 부적법하게 되는 경우가 아닌 이상, 원고로 하여금 항고소송으로 소 변경을 하도록 하여 그 1심법원으로 심리·판단하여야 한다(대판 1999.11.26. 97다42250).

④ 검토

당사자 권리 구제나 소송경제의 측면에서 원고로 하여금 항고소송으로 소 변경을 하려는 취지인지를 석명권을 행사하는 등으로 명확히 하여 항고소송으로 변경되면 그에 대한 제1심법원으로서 그 사건을 심리·판단함이 타당하다고 본다. 이것이 판례의 입장이기도 하다.

(3) 공법상 당사자소송에서 민사소송으로의 소의 변경

판례는 공법상 당사자소송에 대하여 청구의 기초가 바뀌지 아니하는 한도 안에서 민사소송으로 소 변경이 가능하다고 한다(대판 2023.6.29. 2022두44262).

그 근거로 ① 민사소송법 제262조에 따라 그 청구의 기초가 바뀌지 아니하는 한도 안에서 변론을 종결할 때까지 청구의 취지를 변경할 수 있다는 점, ② 민사소송에서 항고소송으로의 소 변경이 허용되는 이상, 공법상 당사자소송과 민사소송이 서로 다른 소송절차에 해당한다는 이유만으로 청구기초의 동일성이 없다고 해석하여 양자 간의 소 변경을 허용하지 않을 이유가 없다는 점, ③ 공법상 당사자소송의 대상과 민사소송의 대상을 구분하는 것이 쉽지 않고, 소송 진행 도중의 사정변경 등으로 인해 공법상 당사자소송으로 제기된 소를 민사소송으로 변경할 필요가 발생하는 경우도 있으며, 이미 제기한 소를 취하하고 새로 민사상의 소를 제기하도록 하는 것은 당사자의 권리구제나 소송경제의 측면에서도 바람직하지 않다는 점을 들고 있다.

5. 그 밖의 문제

(1) 부작위에 대하여 부작위위법확인소송을 제기한 후 행정청의 거부처분이 있는 경우

① 문제점

부작위에 대하여 부작위위법확인소송을 제기한 후 행정청의 거부처분이 있는 경우에 행정소송법 제22조(처분변경으로 인한 소의 변경)가 부작위위법확인소송에 준용되고 있지 않으므로 행정소송법 제37조, 제21조에 의해 거부처분에 대한 취소소송으로 변경하는 것이 가능한지 문제된다.

② 학설

행정소송법 제21조의 취지가 행정소송 간에 소송의 종류의 선택을 잘못할 위험이 있어 소송경제와 원고의 권리보호의 관점에서 인정된 것이어서 허용할 수 없다는 부정설, 제21조를 적용하여 부작위에서 거부처분으로 발전한 경우에도 소의 종류의 변경으로서 가능하다고 보는 긍정설이 있다.

③ 판례

판례는 "당사자가 동일한 신청에 대하여 부작위위법확인의 소를 제기하였으나 그 후 소극적 처분이 있다고 보아 처분취소소송으로 소를 교환적으로 변경한 후 여기에 부작위위법확인의 소를 추가적으로 병합한 경우, 최초의 부작위위법확인의 소가 적법한 제소기간 내에 제기된 이상 그 후 처분취소소송으로의 교환적 변경과 처분취소소송에의 추가적 변경 등의 과정을 거쳤다고 하더라도 여전히 제소기간을 준수한 것으로 봄이 상당하다."(대판 2009.7.23. 2008두10560)고 하여 이를 인정하는 것으로 보인다.

④ 검토

소변경을 부정하는 견해에 의하면 기왕에 제기한 부작위위법확인소송을 취하하고 새로이 거부처분에 대한 취소소송을 제기할 수밖에 없는데, 이는 소송경제상으로 불합리하므로 소변경을 허용하는 것이 타당하다. 따라서 부작위에서 거부처분으로 발전한 경우에도 행정소송법 제21조를 적용하여 부작위위법확인소송을 취소소송으로 변경하는 것이 가능하다고 보아 입법의 불비를 해석을 통해 보완하여야 할 것이다(긍정설).

(2) 처분의 변경을 전제로 하지 않고, 소의 종류를 변경하지 않는 청구의 변경

예컨대, 청구의 기초에 변경이 없는 범위 내에서 처분의 전부취소소송을 일부취소소송으로 변경하는 것처럼 청구변경이 가능하다.

07 행정소송에서의 임시구제

행정소송법 제23조 【집행정지】 ① 취소소송의 제기는 처분등의 효력이나 그 집행 또는 절차의 속행에 영향을 주지 아니한다.
② 취소소송이 제기된 경우에 처분등이나 그 집행 또는 절차의 속행으로 인하여 생길 회복하기 어려운 손해를 예방하기 위하여 긴급한 필요가 있다고 인정할 때에는 본안이 계속되고 있는 법원은 당사자의 신청 또는 직권에 의하여 처분등의 효력이나 그 집행 또는 절차의 속행의 전부 또는 일부의 정지(이하 "집행정지"라 한다)를 결정할 수 있다. 다만, 처분의 효력정지는 처분등의 집행 또는 절차의 속행을 정지함으로써 목적을 달성할 수 있는 경우에는 허용되지 아니한다.
③ 집행정지는 공공복리에 중대한 영향을 미칠 우려가 있을 때에는 허용되지 아니한다.
④ 제2항의 규정에 의한 집행정지의 결정을 신청함에 있어서는 그 이유에 대한 소명이 있어야 한다.
⑤ 제2항의 규정에 의한 집행정지의 결정 또는 기각의 결정에 대하여는 즉시항고할 수 있다. 이 경우 집행정지의 결정에 대한 즉시항고에는 결정의 집행을 정지하는 효력이 없다.
⑥ 제30조 제1항의 규정은 제2항의 규정에 의한 집행정지의 결정에 이를 준용한다.

제24조 【집행정지의 취소】 ① 집행정지의 결정이 확정된 후 집행정지가 공공복리에 중대한 영향을 미치거나 그 정지사유가 없어진 때에는 당사자의 신청 또는 직권에 의하여 결정으로써 집행정지의 결정을 취소할 수 있다.
② 제1항의 규정에 의한 집행정지결정의 취소결정과 이에 대한 불복의 경우에는 제23조 제4항 및 제5항의 규정을 준용한다.

1. 개설

(1) 의의

행정소송에 있어서 임시구제(가구제)는 본안판결의 실효성을 확보하기 위하여 분쟁 있는 행정작용이나 공법상의 권리관계에 관하여 잠정적인 효력관계나 지위를 정함으로써 본안판결이 확정될 때까지 잠정적으로 권리구제를 도모하는 제도이다.

(2) 인정이유

행정소송도 판결로써 확정되기까지는 상당히 오랜 시일이 걸리므로, 판결이 있기까지 기다려서는 승소하여도 권리보호의 목적을 달성할 수 없을 수도 있다. 따라서 판결이 있기 전에 일시적인 조치를 취하여 잠정적으로 권리를 보호하여야 할 필요가 있다. 다만, 가구제의 광범위한 인정은 오히려 행정목적의 실현에 역효과를 가져올 수 있고 소송의 남용을 가져올 수 있다.

2. 집행정지제도

(1) 집행부정지의 원칙

행정소송법은 '취소소송의 제기는 처분등의 효력이나 그 집행 또는 절차의 속행에 영향을 주지 아니한다'고 하여 집행부정지 원칙을 채택하고 있다(제23조 제1항).

(2) 예외적 집행정지

행정소송법은 '취소소송이 제기된 경우에 처분등이나 그 집행 또는 절차의 속행으로 인하여 생길 회복하기 어려운 손해를 예방하기 위하여 긴급한 필요가 있다고 인정할 때에는 본안이 계속되고 있는 법원은 당사자의 신청 또는 직권에 의하여 처분등의 효력이나 그 집행 또는 절차의 속행의 전부 또는 일부의 정지를 결정할 수 있다'고 하여 집행정지의 길을 열어두었다(제23조 제2항).

(3) 제도의 의미

국민의 권리보호를 우선적인 정책적 목적으로 보는 입장에서는 집행정지를 원칙으로 하게 되나(독일), 행정적인 이해관계를 우선으로 하는 입장에서는 집행부정지를 원칙으로 하게 된다. 우리나라가 집행부정지원칙을 택하면서 집행정지의 예외를 인정한 것은 소의 남용을 예방하면서도 개인의 권리보호의 확보라는 요청을 조화시키기 위한 것이다. 따라서 집행정지신청에도 법률상 이익이 있어야 한다.

집행정지는 본안소송이 종결될 때까지 잠정적으로 처분 등의 효력이나 그 집행 또는 절차의 속행을 정지시키는 것이므로, 민사집행법상의 가처분과 같은 성질을 갖는다. 그러나 집행정지는 정지요건을 달리하고 있고, 본안소송이 제기된 후에만 허용된다는 점, 보전조치의 내용이 소극적으로 계쟁처분 등의 효력 내지 집행을 정지시키는 데 불과하다는 점, 법원이 직권으로도 결정할 수 있다는 점에서 가처분과 차이가 있다.

판례

행정처분에 대한 집행정지신청을 구하기 위한 요건으로서 '법률상 이익'의 의미 및 해당 처분의 근거 법규 및 관련 법규에 의하여 보호되는 법률상 이익의 범위

행정처분에 대한 집행정지신청을 구함에 있어서도 이를 구할 법률상 이익이 있어야 하는바, 이 경우 법률상 이익이란 그 행정처분으로 인하여 발생하거나 확대되는 손해가 해당 처분의 근거 법규 및 관련 법규에 의하여 보호받는 직접적이고 구체적인 이익과 관련된 것을 말하고 단지 간접적이거나 사실적·경제적 이해관계를 가지는 데 불과한 경우는 여기에 포함되지 않는다. 그리고 해당 처분의 근거 법규 및 관련 법규에 의하여 보호되는 법률상 이익은 해당 처분의 근거 법규의 명문 규정에 의하여 보호받는 법률상 이익, 해당 처분의 근거 법규에 의하여 보호되지는 아니하나 해당 처분의 행정목적을 달성하기 위한 일련의 단계적인 관련 처분들의 근거 법규에 의하여 명시적으로 보호받는 법률상 이익, 해당 처분의 근거 법규 또는 관련 법규에서 명시적으로 당해 이익을 보호하는 명문의 규정이 없더라도 근거 법규 및 관련 법규의 합리적 해석상 그 법규에서 행정청을 제약하는 이유가 순수한 공익의 보호만이 아닌 개별적·직접적·구체적 이익을 보호하는 취지가 포함되어 있다고 해석되는 경우까지를 말한다(대결 2024.6.19. 2024무689). ☞ 교육부장관의 증원배정 처분의 근거가 된 고등교육법령 및 대학설립·운영 규정(대통령령)은 의과대학의 학생정원 증원의 한계를 규정함으로써 의과대학에 재학 중인 학생들이 적절하게 교육받을 권리를 개별적·직접적·구체적으로 보호하고 있다고 볼 여지가 충분하므로 의대 재학 중인 신청인들은 증원배정 처분 중 자신이 재학 중인 의과대학에 대한 부분의 집행정지를 구할 법률상 이익이 있지만, 의과대학 교수, 전공의 또는 수험생 지위에 있는 나머지 신청인들에 대하여는 증원배정 처분의 집행정지를 구할 법률상 이익이 인정되지 않는다고 한 사례

(4) 집행정지의 성질

① 소극적 작용

집행정지는 소극적으로 계쟁처분 등의 효력집행을 정지시키는 보전처분으로서의 성질을 갖는다.

② 잠정성·긴급성·부종성

집행정지는 본안판결이 확정될 때까지 임시의 지위를 정하는 잠정적 처분이므로 본안소송과 다른 세 가지 특징을 갖는다. 여기에서 '부종성'이란 적법한 본안소송의 계속을 요한다는 의미이다.

(5) 적용범위

① 취소소송과 무효등확인소송

집행정지는 취소소송과 무효등확인소송이 제기된 경우에 가능하다(제23조 제2항, 제39조 제1항). 무효인 행정행위도 행정청이나 관계인이 효력이 있다고 주장할 수도 있고, 무효인 행정행위의 실행으로 인하여 손해를 입을 수도 있기 때문이다.

그러나 부작위위법확인소송에서는 집행정지의 대상으로 삼을 처분이 없고, 당사자소송에서도 성질상 집행부정지원칙이 적용될 여지가 없으므로 집행정지의 문제가 발생하지 않는다. 객관적 쟁송에서는 개별법이 정하는 바에 따른다.

② 집행정지의 대상이 되는지 문제되는 처분

㉠ 거부처분

거부처분은 그 성질상 집행정지의 가능성에 대하여 견해가 대립한다.

ⓐ 부정설: 현행법상의 집행정지제도는 소극적으로 행정처분이 없었던 것과 같은 상태를 만드는 것을 의미하고, 그 이상으로 행정청에게 처분을 명하는 등 적극적인 상태를 만드는 것은 대상이 될 수 없다고 본다(다수설).

ⓑ 반대설: 거부처분에 대하여 일률적으로 집행정지를 부정하는 것은 곤란하다는 견해들이 있다. 거부처분이 없는 상태를 유지하는 것만으로도 법적인 이익이 있다면 거부처분에 대하여도 집행정지신청이 부적법하다고 할 수 없다는 것이다. 예컨대, 면허갱신거부처분의 경우에 종전의 종기도래 이전에 갱신허가신청을 하였으면 거부처분이 있을 때까지는 잠정적으로 허가된 행위를 적법하게 계속할 수 있다고 보아 집행정지결정이 되면 갱신거부된 종전면허의 효력을 원상으로 회복시켜 면허의 효력을 존속하는 하는 것으로 보는 것이라든지, 외국인의 체류기간갱신허가의 거부처분의 집행정지로 판결시까지 체류를 가능하게 할 수 있다든지, 응시원서접수거부처분의 경우 집행정지가 있으면 일단 시험에 응시할 수 있다는 것이다. 그리고 집행정지결정에도 기속력이 인정되므로 거부처분의 집행정지에 따라 행정청에게 잠정적인 재처분의무가 생긴다고 볼 수 있어 행정청에 사실상의 구속력을 갖게 된다고 보는 견해도 이에 속한다.

ⓒ 판례: 예컨대, 교도소장이 접견을 불허한 처분에 대하여 효력정지를 한다 하여도 그 처분이 없었던 것과 같은 상태를 만드는 것에 지나지 아니하는 것이고 그 이상으로 행정청에 대하여 어떠한 처분을 명하는 등 적극적인 상태를 만들어 내는 경우를 포함하지 아니하는 것이므로 효력을 정지할 필요성이 없다면서 부정하는 입장이다(대결 1991.5.2. 91두15). 다만, 하급심에서 투전기업소허가갱신불허처분의 효력정지신청을 받아들인 예가 있다(서울고법 1992.12.5. 92부958결정).

ⓓ 검토: 거부처분에 대한 집행정지신청이 부적법하다고 보는 이유는 그 거부처분의 효력을 정지한다 하더라도 목적하는 효과를 달성할 수 없기 때문이므로, 거부처분이 있기 전의 상태로 돌아가는 것만으로도 법적 이익이 있다고 인정되는 경우에는 거부처분을 인정할 수 있다고 본다.

㉡ 부관부 행정처분

대법원 판례와 같이 부담을 제외하고는 일체 부관만의 취소는 허용되지 않는다는 입장에서는, 부담을 제외하고는 부관만의 집행정지는 불허될 것이다. 부관이 행정처분의 중요부분 내지 본질적 요소가 되어 불가분의 관계에 있는 경우에는 부관부 행정처분 전체의 취소를 구할 수 있고 부관부 행정처분 전체의 집행정지를 구할 것이고, 그렇지 않은 경우에는 부관만의 취소를 구하여야 하고 부관만의 집행정지를 구할 수 있다(다수설).

㉢ 사실행위

행정강제와 같은 권력적 사실행위도 집행정지의 대상이 된다. 그리고 도로, 쓰레기 소각장, 화장장, 공항 등 공공시설 설치와 같은 비권력적 사실행위도 집행정지의 대상이 될 수 있는지 문제되는데, 판례 가운데에는 공설화장장이전설치의 처분성을 인정하고 집행정지가 공공복리에 중대한 영향을 미치는지 여부를 심리해야 한다는 것이 있다(대결 1971.3.5. 71두2).

㉣ 처분의 일부

처분이 가분적인 경우에는 처분의 일부에 대한 집행정지가 가능하다(예 압류재산의 일부에 대한 압류의 집행정지).

㉤ 제3자효 행정행위

학설은 행정소송법 제29조 제2항이 집행정지결정의 제3자효를 인정하고 있음에 비추어 제3자효 행정행위에 대한 집행정지도 가능하다고 본다. 예컨대, 제3자가 그들의 이익을 침해받았음을 이유로 건축허가나 영업허가 등의 취소를 청구하면서 행정소송법상의 집행정지제도를 통하여 가구제를 받을 수 있다고 본다. 하급심이 새만금사업에 대한 주민의 집행정지신청을 받아들여 이를 인정한바 있다(서울행정 2003.7.15. 2003아1142). 제3자효 행정행위의 집행정지결정에 있어서는 공익과 사익뿐만 아니라 사익상호간의 이익형량도 아울러 행해져야 한다.

㉥ 속행처분

연속하는 복수의 행정처분이 존재할 때, 선행처분을 본안으로 하여 속행처분의 집행정지를 구할 수 있는가가 문제된다. 행정소송법상 "절차의 속행"의 범위의 해석과 관련된다.

선행처분과 속행처분이 연속한 일련의 절차를 구성하여 일정한 법률효과를 발생시키는 경우(예 사업인정과 수용재결, 압류처분과 공매처분)는 속행처분을 "절차의 속행"에 포함되는 것으로 보아 선행처분의 취소를 본안으로 하여 속행처분의 집행정지를 구할 수 있다. 또한 속행처분이 선행처분의 집행으로서의 성질을 갖는 경우(예 과세처분을 본안으로 한 체납처분의 집행정지, 압류처분

취소를 본안으로 하는 공매절차의 집행정지, 철거명령을 본안으로 하는 대집행 계고처분의 집행정지)에도 속행처분의 집행정지를 구할 수 있다.

그러나 선행처분과 속행처분 사이에 밀접한 관계가 없고, 서로 다른 목적을 지니고 있을 때는 속행처분이 선행처분의 "절차의 속행"에 해당한다고 볼 수 없다.

(6) 집행정지의 요건

① 본안이 계속중일 것

집행정지신청은 본안의 소제기 후 또는 동시에 제기되어야 한다. 또한 본안소송의 제기 자체는 적법한 것이어야 하며(대결 1999.11.26. 99부3), 본안소송의 요건은 집행정지의 신청에 대한 결정전에 갖추어지면 된다. 집행정지는 본안판결을 받기까지 원고의 권익을 잠정적으로 보전함을 목적으로 하는 것이므로 본안에 관한 다툼이 없는 한 집행정지는 의미를 가질 수 없기 때문이다.

판례

행정처분의 효력정지나 집행정지를 구하는 신청사건에 있어서 집행정지사건 자체에 의하여도 본안청구가 적법한 것이어야 한다는 점이 집행정지의 요건인지 여부(적극)

행정처분의 효력정지나 집행정지를 구하는 신청사건에 있어서는 행정처분 자체의 적법 여부는 궁극적으로 본안재판에서 심리를 거쳐 판단할 성질의 것이므로 원칙적으로 판단할 것이 아니고, 그 행정처분의 효력이나 집행을 정지할 것인가에 관한 행정소송법 제23조 제2항 소정의 요건의 존부만이 판단의 대상이 된다고 할 것이지만, 나아가 집행정지는 행정처분의 집행부정지원칙의 예외로서 인정되는 것이고 또 본안에서 원고가 승소할 수 있는 가능성을 전제로 한 권리보호수단이라는 점에 비추어 보면 집행정지사건 자체에 의하여도 신청인의 본안청구가 적법한 것이어야 한다는 것을 집행정지의 요건에 포함시켜야 한다(대결 1999.11.26. 99부3).

행정사건의 본안소송의 취하가 행정처분집행정지결정에 미치는 영향

행정처분의 집행정지는 행정처분집행 부정지의 원칙에 대한 예외로서 인정되는 일시적인 응급처분이라 할 것이므로 집행정지결정을 하려면 이에 대한 본안소송이 법원에 제기되어 계속중임을 요건으로 하는 것이므로 집행정지결정을 한 후에라도 본안소송이 취하되어 소송이 계속하지 아니한 것으로 되면 집행정지결정은 당연히 그 효력이 소멸되는 것이고 별도의 취소조치를 필요로 하는 것이 아니다(대판 1975.11.11. 75누97).

② 처분 등이 존재할 것

㉠ 처분의 의미

집행정지의 대상은 '처분 등의 효력·처분의 집행 또는 절차의 속행'이다. 집행정지의 문제는 주로 처분 등이 당사자의 권익침해를 가져올 우려가 있는 부담적 행정작용에서 발생한다. 제3자효 있는 행위, 재결도 이때의 처분 등에 해당한다.

㉡ 처분의 소멸 등

처분의 효력이 발생하기 전이나 효력이 소멸되어 버린 경우, 그리고 부작위에는 집행정지의 문제가 생기지 않는다. 다만, 집행이 완료된 경우라도, 교도소장의 이송명령(대결 1992.8.7. 92두30)이나 국립요양원의 퇴원명령 등과 같이 위법상태가 계속 중이거나 처분의 효력정지효과로서 원상복구가 가능한 경우에는 집행정지가 가능하다고 보아야 한다. 그리고 무효인 처분은 처분의 외형이 존재하므로 집행정지의 대상이다(제38조 제1항).

③ 회복하기 어려운 손해를 예방하기 위한 것일 것

㉠ 의미

판례에 따르면 '회복하기 어려운 손해'라 함은 특별한 사정이 없는 한 금전으로 보상할 수 없는 손해로서 이는 금전보상이 불능인 경우 뿐만 아니라 금전보상으로는 사회관념상 행정처분을 받은 당사자가 참고 견딜 수 없거나 또는 참고 견디기가 현저히 곤란한 경우의 유형, 무형의 손해를 말한다(대결 1991.3.2. 91두1). 판례는 과징금과 같은 금전납부로 인한 손해도 회복하기 어려운 손해에 해당하는 것으로 보기도 한다(대결 2001.10.10. 2001무29). 그리고 회복하기 어려운 손해는 신청인의 개인적 손해에 한정되고, 공익상 손해 또는 신청인 외에 제3자가 입은 손해는 포함되지 않는다(서울행정법원 2010.3.12. 2009아3749).

㉡ 손해의 판단 및 시기, 소명책임

손해는 현재 발생하는 것을 요하지 아니하고 발생의 가능성만 있으면 족하나, 추상적 손해이어서는 안되고 현실적·구체적인 손해이어야 한다. 그리고 손해의 존재시는 본안판결 확정시이다. '회복하기 어려운 손해'의 소명책임은 신청인에게 있다(대결 1999.12.20. 99무42).

㉢ 구체적 판단기준

손해가 인명, 신체에 관한 것, 집회시위, 교도소장의 이송명령, 학생의 퇴학 등 비재산적인 처분으로 인한 것은 일응 회복곤란한 손해로 볼 것이나, 재산적 손해라도 비재산적 손해가 없다고 할 수 없고(예컨대, 식품위생법 허가취소처분으로 인하여 수입원이 사라져 가족이 생계곤란을 겪고, 거래선이 끊어져 신용훼손을 입는 경우), 비재산적인 손해도 금전배상이 가능할 수도 있으므로, 재산적 손해이냐 비재산적 손해이냐는 그 절대적 기준이 될 수 없다. 결국, 처분의 성질과 태양에 중점을 두면서도 그 외에 본안의 승소가능성, 집행정지로 인한 공익침해의 정도와 그로 인한 신청인이 면할 손해, 집행정지 후 본안패소판결이 확정될 경우 발생할 문제점 등을 종합적으로 고려하여, 구체적인 사안에서 위 제요소들을 비교교량하여 판단하여야 할 것이다.

판례

유흥접객영업허가의 취소처분으로 5,000여만원의 시설비를 회수하지 못하게 된다면 생계까지 위협받게 되는 결과가 초래될 수 있다는 등의 사정

'회복하기 어려운 손해'라 함은 특별한 사정이 없는 한 금전으로 보상할 수 없는 손해로서 이는 금전보상이 불능인 경우 뿐만 아니라 금전보상으로는 사회관념상 행정처분을 받은 당사자가 참고 견딜 수 없거나 또는 참고 견디기가 현저히 곤란한 경우의 유형, 무형의 손해를 일컫는다고 할 것인바, 유흥접객영업허가의 취소처분으로 5,000여만원의 시설비를 회수하지 못하게 된다면 생계까지 위협받게 되는 결과가 초래될 수 있다는 등의 사정은 위 처분의 존속으로 당사자에게 금전으로 보상할 수 없는 손해가 생길 우려가 있는 경우라고 볼 수 없다(대결 1991.3.2. 91두1).

현역병입영처분의 효력이 정지되지 아니한 채 본안소송이 진행된다면 특례보충역으로 방위산업체에 종사하던 신청인은 입영하여 다시 현역병으로 복무하지 않을 수 없는 경우

현역병입영처분취소의 본안소송에서 신청인이 승소판결을 받을 경우에는 신청인이 특례보충역으로 해당 전문분야에서 2개월 남짓만 더 종사하여 5년의 의무종사기간을 마침으로써 구 병역법 제46조 제1항에 의하여 방위소집복무를 마친 것으로 볼 것이나, 만일 위 처분의 효력이 정지되지 아니한 채 본안소송이 진행된다면 신청인은 입영하여 다시 현역병으로 복무하지 않을 수 없는 결과 병역의무를 중복하여 이행하는 셈이 되어 불이익을 입게 되고 상당한 정신적 고통을 받게 될 것임은 짐작하기 어렵지 아니하며 이와 같은 손해는 쉽게 금전으로 보상할 수 있는 성질의 것이 아니어서 사회관념상 위 '가'항의 '회복하기 어려운 손해'에 해당된다(대결 1992.4.29. 92두7).

과징금납부명령의 처분이 사업자의 자금사정이나 경영전반에 미치는 파급효과가 매우 중대한 경우

사업여건의 악화 및 막대한 부채비율로 인하여 외부자금의 신규차입이 사실상 중단된 상황에서 285억 원 규모의 과징금을 납부하기 위하여 무리하게 외부자금을 신규차입하게 되면 주거래은행과의 재무구조개선약정을 지키지 못하게 되어 사업자가 중대한 경영상의 위기를 맞게 될 것으로 보이는 경우, 그 과징금납부명령의 처분으로 인한 손해는 효력정지 내지 집행정지의 적극적 요건인 '회복하기 어려운 손해'에 해당한다(대결 2001.10.10. 2001무29).

주택개량재개발사업 공사중지명령의 경우

(주택개량재개발사안에서) 관할 행정청이 당해 주택건설공사에 대한 공사중지명령을 발한 사안에서, 만약 위 공사중지명령의 효력이 정지되지 아니한 채 그 처분의 취소를 구하는 본안소송이 진행된다면, 그 처분의 상대방인 조합, 조합원들, 일반분양자들 및 시공회사들이 서로간의 계약관계로부터 파생되는 법률적 분쟁에 휘말리게 되어 막대한 손실을 입게 될 우려가 있고, 주택이 준공되기를 기다리면서 잠정적으로 다른 곳에서 거주하고 있는 조합원들이 입는 타격 또한 적지 아니하며 그와 같은 손해는 쉽사리 금전으로 회복할 수 있는 것이 아니어서 사회관념상 회복하기 어려운 손해에 해당한다(대결 1997.2.26. 97두3).

토지 소유권 수용 등으로 인한 손해는 금전으로 보상할 수 없거나 사회관념상 금전보상으로는 참고 견디기 어렵거나 현저히 곤란한 경우의 유·무형 손해에 해당하지 아니함

국토해양부 등에서 발표한 '4대강 살리기 마스터플랜'에 따른 '한강 살리기 사업' 구간 인근에 거주하는 주민들이 각 공구별 사업실시계획승인처분에 대한 효력정지를 신청한 사안에서, 토지 소유권 수용 등으로 인한 손해는 행정소송법 제23조 제2항의 효력정지 요건인 금전으로 보상할 수 없거나 사회관념상 금전보상으로는 참고 견디기 어렵거나 현저히 곤란한 경우의 유·무형 손해에 해당하지 않는다(대결 2011.4.21. 2010무111 전합).

정비사업의 진행이 법적으로 불가능한 경우, 회복하기 어려운 손해가 발생할 우려가 있음

시장이 도시환경정비구역을 지정하였다가 해당구역 및 주변지역의 역사·문화적 가치 보전이 필요하다는 이유로 정비구역을 해제하고 개발행위를 제한하는 내용을 고시함에 따라 사업시행 예정구역에서 설립 및 사업시행인가를 받았던 甲 도시환경정비사업조합에 대하여 구청장이 조합설립인가를 취소하자, 甲 조합이 해제 고시의 무효확인과 인가취소처분의 취소를 구하는 소를 제기하고 판결 선고 시까지 각 처분의 효력 정지를 신청한 사안에서, … 각 처분의 효력을 정지하지 않을 경우 甲 조합에 특별한 귀책사유가 없는데도 정비사업의 진행이 법적으로 불가능해져 甲 조합에 회복하기 어려운 손해가 발생할 우려가 있으므로 이러한 손해를 예방하기 위하여 각 처분의 효력을 정지할 긴급한 필요가 있다(대결 2018.7.12. 2018무600).

회사 존립조차 위태로울 정도로 막대한 재산상 손실을 입고 대외적 신용 내지 명예도 실추된다는 것은 금전적으로 보상할 수 없는 손해가 생길 우려가 있다고 볼 수 없음

건설업면허취소처분이 존속된다면 회사가 이미 수주받아 시공중에 있는 공사들을 중단하고 그에 따른 손해배상책임까지 부담하여야 하는 데다가 앞으로 새로운 공사의 수주를 받을 수 없게 되어 그 존립조차 위태로울 정도로 막대한 재산상 손실을 입게 됨은 물론 대외적인 신용 내지 명예도 실추된다는등의 사정은 다른 특별한 사정이 없는 한 처분의 존속으로 금전적으로 보상할 수 없는 손해가 생길 우려가 있다고 볼 수 없다(대결 1995.3.30. 94두57).

④ 긴급한 필요가 있을 것

이는 회복곤란한 손해가 발생될 가능성이 시간적으로 절박하여 손해를 피하기 위하여 본안판결을 기다릴 여유가 없는 것을 말한다. 이러한 긴급한 필요성은 나머지 요건과 상관관계 아래서 결정될 것으로서 구체적·개별적으로 결정할 것이다. 가령 과세처분에 의하여 입은 손해는 배상청구가 가능하므로 그 처분을 정지함에 회복할 수 없는 손해를 피하기 위하여 긴급한 사유가 있는 경우에 해당하지 아니한다고 하였다(대결 1971.1.28. 70두7). 대체로 신청인의 권익을 직접 침해하는 형성적 효과를 가지는 처분 등은 긴급성이 인정될 수 있다.

판례는 '긴급한 필요'가 있는지는 "처분의 성질과 태양 및 내용, 처분상대방이 입는 손해의 성질·내용 및 정도, 원상회복·금전배상의 방법 및 난이 등은 물론 본안청구의 승소가능성 정도 등을 종합적으로 고려하여 구체적·개별적으로 판단하여야 한다."(대결 2011.4.21. 2010무111)고 하였다.

⑤ 집행정지가 공공복리에 중대한 영향을 미칠 우려가 없을 것

집행정지가 위의 요건을 갖추어도 공공복리에 중대한 영향을 미칠 우려가 있을 때에는 허용되지 아니한다. 모든 행정처분이 공공복리를 목적으로 하는 면이 있으므로, 비례의 원칙을 적용하여 집행정지가 공공복리에 미치는 영향과 처분의 집행부정지를 통하여 신청인이 입는 손해를 개별적, 구체적으로 비교형량하여 판단한다. 판례는 여기서의 '공공복리'는 그 처분의 집행과 관련된 구체적이고도 개별적인 공익을 말하는 것으로서 이러한 집행정지의 소극적 요건에 대한 주장·소명책임은 행정청에게 있다고 한다(대결 1999.12.20. 99무42).

판례

강제퇴거명령의 집행을 위한 보호명령에 대하여 그 집행정지시 공공복리에 중대한 영향을 미칠 우려가 있다는 이유로 집행정지를 허용하지 않은 사례

출입국관리법상의 강제퇴거명령 및 그 집행을 위한 같은 법 제63조 제1항, 같은법시행령 제78조 제1항 소정의 보호명령에 대하여 그 취소를 구하는 소송이 제기되고 나아가 강제퇴거명령의 집행이 정지되었다면, 강제퇴거명령의 집행을 위한 보호명령의 보호기간은 결국 본안소송이 확정될 때까지의 장기간으로 연장되는 결과가 되어 그 보호명령이 그대로 집행된다면 본안소송에서 승소하더라도 회복하기 어려운 손해를 입게 된다고 할 것이나, 그 보호명령의 집행을 정지하면 외국인의 출입국 관리에 막대한 지장을 초래하여 공공복리에 중대한 영향을 미칠 우려가 있다는 이유로, 그 보호명령의 집행정지를 허용하지 않은 사례(대결 1997.1.20. 96두31).

금융감독원장이 외부감사인에게 감사보고서 및 감사조서를 제출할 것을 요구하는 처분의 효력정지로 인하여 '공공복리에 중대한 영향을 미칠 우려가 있는 때'에 해당한다고 한 사례

이 사건 처분을 받은 사실이 알려지게 되면 신용 및 기업 이미지가 훼손될 우려가 있다는 등의 사정은 이 사건 처분과 관련된 사실상의 불이익에 불과할 뿐 이 사건 처분 자체의 효력으로 인한 손해에 해당한다고 보기 어려울 뿐 아니라 그러한 신용 및 기업 이미지의 훼손 등이 신청인의 경영 전반에 미치는 파급효과가 매우 중요하여 신청인이 사업자체를 계속할 수 없거나 중대한 경영상의 위기를 맞게 될 것으로 보이는 등의 사정이 존재한다고도 보기 어려우므로, '처분등이나 그 집행 또는 절차의 속행으로 인하여 생길 회복하기 어려운 손해를 예방하기 위하여 긴급한 필요'가 있다고 볼 수 없으며, 오히려 이 사건 처분의 효력을 정지할 경우에 이해관계인의 보호와 기업의 건전한 발전에 기여함을 목적으로 한 회계감사 및 이에 대한 감리제도의 운영에 막대한 지장을 초래하여 '공공복리에 중대한 영향을 미칠 우려가 있는 때'에 해당한다(대결 2004.7.9. 2004무16).

의대정원 증원처분에 대한 집행정지신청 사건

국책연구소 등 3개 연구기관에서 의료수요의 측면과 의사공급의 측면을 고려하여 독립적으로 추계한 3건의 보고서는 공통적으로 2035년에 약 10,000명의 의사가 부족할 것을 전망하고 있다. 이와 같은 전망이 제시되는 상황에서 이 사건 증원배정의 집행이 정지될 경우 국민의 보건에 중요한 역할을 하는 의대정원 증원에 막대한 지장을 초래할 우려가 있다. 나아가 이 사건 증원배정의 집행이 정지될 경우, 이미 2025학년도 의과대학 입학정원이 증원되는 것을 전제로 대학교 입학시험을 준비하고 있는 수험생들과 교육현장에 상당한 혼란을 야기할 수 있다는 점도 고려되어야 한다. 같은 취지에서 원심이, 의대정원이 증원되지 않음으로써 발생하게 될 사회적 불이익이 적절한 의대교육을 받지 못하게 되는 의대 재학 중 신청인들의 불이익보다 크다고 보아 공공복리를 보다 중시할 필요가 있다고 판단한 것은 정당한 것으로 수긍이 간다(대결 2024.6.19. 2024무689).

⑥ 본안청구의 이유 없음이 명백하지 아니할 것

일본 행정사건소송법은 집행정지의 소극적 요건으로서 본안에 대하여 이유가 없다고 보일 때에는 집행정지를 할 수 없다고 규정하고 있다. 반면 우리 행정소송법은 본안에서 패소할 것이 확실한 경우에도 집행정지를 허용할 것인지에 대하여 명문의 규정이 없다.

행정처분의 효력정지나 집행정지제도는 신청인이 본안 소송에서 승소판결을 받을 때까지 그 지위를 보호함과 동시에 후에 받을 승소판결을 무의미하게 하는 것을 방지하려는 것이어서 본안 소송에서 처분의 취소가능성이 없음에도 처분의 효력이나 집행의 정지를 인정한다는 것은 제도의 취지에 반하므로 효력정지나 집행정지사건 자체에 의하여도 신청인의 본안 청구가 이유 없음이 명백하지 않아야 한다는 것도 효력정지나 집행정지의 요건에 포함시켜야 한다(대결 2007.7.13. 2005무85). 그러나 판례의 태도를 취할 경우 자칫 집행정지절차의 본안화를 초래하여 집행정지제도의 취지를 몰각할 우려가 있다. 따라서 본안청구의 이유 없음이 명백하지 아니할 것이라는 요건은 신청인의 주장 자체에 의하더라도 위법하다고 볼 수 없거나 행정청이 적극적으로 적법함을 소명한 경우에만 충족된다고 봄이 타당하다.

(7) 집행정지의 절차와 불복

① 집행정지결정의 관할법원은 본안이 계속된 법원이다(행정소송법 제23조 제2항).

② 정지결정절차는 당사자의 신청이나 법원의 직권에 의해 개시된다(제2항).

③ 집행정지의 결정을 신청함에 있어서는 그 이유에 대한 소명이 있어야 한다(제4항).

④ 정지는 결정의 재판에 의한다(제2항). 집행정지에 관한 결정은 변론을 거치지 않고 할 수 있으나 당사자를 심문할 수 있다(민사소송법 제134조).

(8) 집행정지의 내용

집행정지결정에는 처분등의 효력이나 그 집행 또는 절차의 속행의 전부 또는 일부의 정지가 있다.

① 처분의 효력정지

이는 처분의 내용에 따르는 효력(구속력 · 공정력 · 존속력)이 정지되어 당사자에 대한 효과에 있어서 당해 처분이 잠정적으로 존재하지 않는 상태가 된다. 다만, 처분의 효력정지는 처분등의 집행 또는 절차의 속행을 정지함으로써 목적을 달성할 수 있는 경우에는 허용되지 아니한다(행정소송법 제23조 제2항 단서).

② 처분의 집행정지

이는 처분내용의 강제적인 실현을 위한 공권력행사의 정지를 의미한다. 예컨대, 강제퇴거명령서에 따른 강제퇴거집행의 정지의 경우가 이에 해당한다.

③ 절차의 속행정지

이는 단계적으로 발전하는 법률관계에서 선행 처분의 효력을 유지하면서 후속절차를 잠정적으로 정지하게 하는 것을 말한다. 예컨대, 체납처분절차에서 압류의 효력을 다투는 경우에 매각을 정지시키는 것이 이에 해당한다.

④ 처분의 일부에 대한 집행정지

처분의 일부에 대한 집행정지도 가능하다. 그런데 계쟁처분이 재량행위인 경우에도 처분의 일부에 대한 집행정지가 처분청의 재량권에 비추어 가능한 것인지의 문제가 있다. 판례는 재량행위인 과징금처분의 일부에 대한 집행정지도 가능한 것으로 본다(대결 2011.5.2. 2011무6).

판례

산업기능요원 편입 당시 지정업체의 해당 분야에 종사하지 아니하였음을 이유로 한 산업기능요원편입취소처분에 대한 집행정지의 경우, 그 절차의 속행정지 외에 처분 자체에 대한 효력정지가 허용되는지 여부(소극)

취소처분으로 인하여 입게 될 회복할 수 없는 손해는 그 처분에 의하여 산업기능요원 편입이 취소됨으로써 편입 이전의 신분으로 복귀하여 현역병으로 입영하게 되거나 혹은 공익근무요원으로 소집되는 부분이라고 할 것이며, 이러한 손해에 대한 예방은 그 처분의 효력을 정지하지 아니하더라도 그 후속절차로 이루어지는 현역병 입영처분이나 공익근무요원 소집처분 절차의 속행을 정지함으로써 달성할 수가 있으므로, 산업기능요원편입취소처분에 대한 집행정지로서는 그 후속절차의 속행정지만이 가능하고 그 처분 자체에 대한 효력정지는 허용되지 아니한다(대결 2000.1.8. 2000무35).

(9) 집행정지결정의 효과

① 형성력

처분 등의 효력정지는 행정처분이 없었던 것과 같은 상태를 실현하는 것이므로 그 범위 안에서 형성력을 가진다. 제3자효 행정행위의 집행정지결정 또는 집행정지결정의 취소결정은 제3자에 대하여도 효력이 발생한다(행정소송법 제29조 제2항). 예컨대, 제3자가 취소소송을 제기하고 집행정지결정을 받은 경우에 그 효력이 제3자효 행정행위의 직접 상대방인 수익자에게 미친다.

② 기속력

집행정지결정은 당해 사건에 관하여 당사자인 행정청과 그 밖의 관계행정청을 기속한다(행정소송법 제23조 제6항, 제30조 제1항). 기속력에 위반하는 행정처분은 당연무효이다(예 과징금부과처분의 효력이 정지되면 가산금부과 금지).

③ 시간적 범위

법원이 집행정지를 결정하는 경우 그 종기는 본안판결 선고일부터 30일 이내의 범위에서 정한다. 다만, 법원은 당사자의 의사, 회복하기 어려운 손해의 내용 및 그 성질, 본안 청구의 승소가능성 등을 고려하여 달리 정할 수 있다(행정소송규칙 제10조). 그리고 집행정지는 장래에 향하여 효력을 갖는다(예 퇴학처분의 효력정지에도 수업일수는 장래에 향해서만 계상).

한편, 집행정지기간이 만료되면 집행정지결정은 당연히 실효한다. 본안에서 해당 처분이 최종적으로 적법한 것으로 확정되어 집행정지결정이 실효되고 제재처분을 다시 집행할 수 있게 되면, 처분청으로서는 당초 집행정지결정이 없었던 경우와 동등한 수준으로 해당 제재처분이 집행되도록 필요한 조치를 취하여야 한다. 집행정지는 행정쟁송절차에서 실효적 권리구제를 확보하기 위한 잠정적 조치일 뿐이므로, 본안 확정판결로 해당 제재처분이 적법하다는 점이 확인되었다면 제재처분의 상대방이 잠정적 집행정지를 통해 집행정지가 이루어지지 않은 경우와 비교하여 제재를 덜 받게 되는 결과가 초래되도록 해서는 안 된다. 반대로, 처분상대방이 집행정지결정을 받지 못했으나 본안소송에서 해당 제재처분이 위법하다는 것이 확인되어 취소하는 판결이 확정되면, 처분청은 그 제재처분으로 처분상대방에게 초래된 불이익한 결과를 제거하기 위하여 필요한 조치를 취하여야 한다(대판 2020.9.3. 2020두34070).

판례

효력기간이 정해져 있는 제재적 행정처분 집행정지결정의 효력 시한

행정소송법 제23조에 따른 집행정지결정의 효력은 결정 주문에서 정한 종기까지 존속하고, 그 종기가 도래하면 당연히 소멸한다. 따라서 효력기간이 정해져 있는 제재적 행정처분에 대한 취소소송에서 법원이 본안소송의 판결 선고 시까지 집행정지결정을 하면, 처분에서 정해 둔 효력기간(집행정지결정 당시 이미 일부 집행되었다면 그 나머지 기간)은 판결 선고 시까지 진행하지 않다가 판결이 선고되면 그때 집행정지결정의 효력이 소멸함과 동시에 처분의 효력이 당연히 부활하여 처분에서 정한 효력기간이 다시 진행한다. 이는 처분에서 효력기간의 시기와 종기를 정해 두었는데, 그 시기와 종기가 집행정지기간 중에 모두 경과한 경우에도 특별한 사정이 없는 한 마찬가지이다. 이러한 법리는 행정심판위원회가 행정심판법 제30조에 따라 집행정지결정을 한 경우에도 그대로 적용된다. 행정심판위원회가 행정심판 청구 사건의 재결이 있을 때까지 처분의 집행을 정지한다고 결정한 경우에는, 재결서 정본이 청구인에게 송달된 때 재결의 효력이 발생하므로 그때 집행정지결정의 효력이 소멸함과 동시에 처분의 효력이 부활한다(대판 2022.2.11. 2021두40720).

후속 변경처분서에 당초 행정처분의 집행을 특정 소송사건의 판결 시까지 유예한다고 기재한 경우, 처분의 효력기간은 판결 선고 시까지 진행이 정지되었다가 선고되면 다시 진행됨

효력기간이 정해져 있는 제재적 행정처분의 효력이 발생한 이후에도 행정청은 특별한 사정이 없는 한 상대방에 대한 별도의 처분으로써 효력기간의 시기와 종기를 다시 정할 수 있다. 이는 당초의 제재적 행정처분이 유효함을 전제로 그 구체적인 집행시기만을 변경하는 후속 변경처분이라고 할 것이다. 이러한 후속 변경처분도 특별한 규정이 없는 한 의사표시에 관한 일반법리에 따라 상대방에게 고지되어야 효력이 발생한다. 위와 같은 후속 변경처분서에 효력기간의 시기와 종기를 다시 특정하는 대신 당초 제재적 행정처분의 집행을 특정 소송사건의 판결 시까지 유예한다고 기재되어 있다면, 처분의 효력기간은 원칙적으로 그 사건의 판결 선고 시까지 그 진행이 정지되었다가 판결이 선고되면 다시 진행된다고 보는 것이 타당하다. 다만 이러한 후속 변경처분 권한은 특별한 사정이 없는 한 당초의 제재적 행정처분의 효력이 유지되는 동안에만 인정된다. 당초의 제재적 행정처분에서 정한 효력기간이 경과하면 그로써 처분의 집행은 종료되어 처분의 효력이 소멸하는 것이므로, 그 후 동일한 사유로 다시 제재적 행정처분을 하는 것은 위법한 이중처분에 해당한다(대판 2022.2.11. 2021두40720).

보조금 교부결정의 일부를 취소한 행정청의 처분에 대한 효력정지결정의 효력이 소멸하여 보조금 교부결정 취소처분의 효력이 되살아난 경우 행정청의 처리

보조금 교부결정의 일부를 취소한 행정청의 처분에 대하여 법원이 효력정지결정을 하면서 주문에서 그 법원에 계속 중인 본안소송의 판결 선고 시까지 처분의 효력을 정지한다고 선언하였을 경우, 본안소송의 판결 선고에 의하여 정지결정의 효력은 소멸하고 이와 동시에 당초의 보조금 교부결정 취소처분의 효력이 당연히 되살아난다. 따라서 효력정지결정의 효력이 소멸하여 보조금 교부결정 취소처분의 효력이 되살아난 경우, 특별한 사정이 없는 한 행정청으로서는 보조금법 제31조 제1항에 따라 취소처분에 의하여 취소된 부분의 보조사업에 대하여 효력정지기간 동안 교부된 보조금의 반환을 명하여야 한다(대판 2017.7.11. 2013두25498).

(10) 집행정지결정의 취소

집행정지의 결정이 확정된 후 집행정지가 공공복리에 중대한 영향을 미치거나 그 정지사유가 없어진 때에는 당사자의 신청 또는 직권에 의하여 결정으로써 집행정지의 결정을 취소할 수 있다(행정소송법 제24조 제1항). 여기서 취소신청을 할 수 있는 당사자는 처분청이 된다. 학설은 제3자효 행정행위에 있어서 처분의 직접상대방인 수익자도 동규정을 유추하여 취소신청을 할 수 있다고 해석한다. 취소신청은 그 사유를 신청인이 소명해야 한다(제2항).

(11) 집행정지결정 등 결정에의 불복

집행정지결정이나 집행정지신청기각의 결정 또는 집행정지결정의 취소결정에 대하여는 즉시항고할 수 있다. 다만, 그러한 즉시항고는 그 즉시항고의 대상인 결정의 집행을 정지하지 않는다(행정소송법 제23조 제5항, 제24조 제2항).

(12) 「학교폭력예방 및 대책에 관한 법률」 제17조의4에 따른 집행정지 시 의견 청취

법원이 「학교폭력예방 및 대책에 관한 법률」 제17조의4 제1항에 따라 집행정지 결정(註 : 가해학생에 대한 조치의 집행정지 결정)을 하기 위하여 피해학생 또는 그 보호자("피해학생등")의 의견을 청취하여야 하는 경우에는 심문기일을 지정하여 피해학생등의 의견을 청취하는 방법으로 한다. 다만, 특별한 사정이 있는 경우에는 기한을 정하여 피해학생등에게 의견의 진술을 갈음하는 의견서를 제출하게 하는 방법으로 할 수 있다(행정소송규칙 제10조의2 제1항).

3. 가처분제도

(1) 의의

민사집행법에 규정된 가처분에는 ① 장래의 집행을 보전하기 위하여 특정물의 현상을 유지시킬 것을 목적으로 채무자의 처분을 금하고 그 보관에 필요한 조치를 취할 필요가 있는 경우의 가처분(제300조 제1항에 해당: '다툼의 대상에 관한 가처분' 또는 '계쟁물에 관한 가처분'), ② 계속적 권리관계에 관한 분쟁이 해결될 때까지 현저한 손해를 피하거나 급박한 위험을 막기 위하여 잠정적으로 그 현상을 유지시키려는 보전방법(제300조 제2항에 해당: '임시의 지위를 정하는 가처분')의 두 유형이 있다.

행정소송법에는 가처분제도가 없고 집행정지규정만 있는데, 집행정지는 소극적 형성력만 있고 적극적으로 수익적 처분을 행정청에 명하거나 명령한 것과 동일한 상태를 창출하는 기능이 없으므로, 행정소송에 가처분을 인정할 것인지의 논의가 있다.

(2) 항고소송에서의 가처분의 인정가능성

① 학설

㉠ 소극설: ⓐ 행정처분의 위법 여부에 대한 판단에 앞서서 명문의 규정 없이 행정처분에 대한 가처분을 인정하는 것은 권력분립주의에서 오는 사법권의 한계를 벗어나는 것이고, ⓑ 행정소송법상 집행정지제도는 가처분제도에 관한 민사소송법의 특칙이며, ⓒ 의무이행소송이나 예방적 부작위소송을 인정하지 아니하므로 가처분의 본안소송이 있을 수 없다는 점에서 부정한다.

㉡ 적극설: ⓐ 행정소송법상 가처분제도를 배제하는 특별한 규정이 없으므로 행정소송법 제8조 제2항에 의거 민사집행법상 가처분의 규정을 준용할 수 있다는 점, ⓑ 거부처분취소소송을 임시의 지위를 정하는 가처분의 본안소송으로 볼 수 있는 점, ⓒ 헌법이 보장하는 재판을 받을 권리란 사법권에 의한 실효성 있는 권리보장을 의미하는데, 현행 집행정지제도는 소극적·현상유지적 가구제 제도이어서 적극적·현상변경적 가구제를 위하여는 민사소송법상의 가처분이 준용될 수 있어야 한다는 점 등을 논거로 한다.

㉢ 절충설: 원칙적으로 가처분규정을 준용할 수 없으나 집행정지제도를 통하여 권리구제가 되지 않는 경우(예 거부처분)에는 가처분제도가 인정된다고 보는 견해이다.

② 판례

판례는 소극설의 입장에서 항고소송에 있어서는 민사집행법상의 가처분에 관한 규정을 적용할 수 없다고 판시하고 있다. 이때 항고소송에는 취소소송, 무효등확인소송, 부작위위법확인소송이 모두 포함된다.

판례

세무서장이 경매법원에 대하여 상속인에게 부과처분한 상속세 교부청구를 한 경우에 교부 청구한 상속세배당금 수령을 금지하여 달라는 보전소송절차

세무서장이 상속인에게 부과처분한 상속세에 관하여 경매법원에 대하여 한 교부청구는 국세징수법상의 체납처분의 일종으로서 그 자체가 행정처분이므로 신청인이 주장하는 상속세 우선교부청구권 부존재확인소송은 행정소송대상이고 위 본안소송을 위한 보전절차로서 피신청으로 위한 보전절차로서 피신청인으로 하여금 위 교부청구한 배당금수령을 금지하여 달라는 신청은 결국 행정처분의 집행을 막아달라는 것이 되어 행정소송법 10조에 의한 집행정지결정을 구하는 방법에 의하여야 하고 민사상 가처분신청으로서는 할 수 없다(대결 1975.12.30. 74마446).

민사소송법(註: 현 민사집행법)상의 가처분으로써 행정행위의 금지를 구할 수 없음

민사소송법상의 보전처분은 민사판결절차에 의하여 보호받을 수 있는 권리에 관한 것이므로, 민사소송법상의 가처분으로써 행정청의 어떠한 행정행위의 금지를 구하는 것은 허용될 수 없다 할 것이다. 채권자가, 채무자와 제3채무자(국가)를 상대로 채무자의 공유수면매립면허권에 관하여, '채무자는 이에 대한 일체의 처분행위를 하여서는 아니되며, 제3채무자는 위 면허권에 관하여 채무자의 신청에 따라 명의개서 기타 일체의 변경절차를 하여서는 아니된다.'는 요지의 내용을 신청취지로 하여 가처분신청을 한 데 대하여, 원심이, 채무자에 대한 신청부분은 인용하면서도, 제3채무자에 대한 부분에 대하여는, 위 신청취지를 채무자가 면허권을 타에 양도할 경우 면허관청으로 하여금 그 양도에 따른 인가를 금지하도록 명해 달라는 뜻으로 풀이한 후, 이 부분 신청은 허용될 수 없다고 한 조치는 수긍된다(대결 1992.7.6. 92마54).

③ 검토

해석론으로는 행정소송법이 민사집행법상의 가처분을 배제하고 특별한 규정을 둔 것이므로 행정소송에는 적용되지 않는다고 볼 것이나, 입법론으로는 행정소송이나 이에 따르는 가구제가 우리 헌법상 사법권에 속한다는 점, 그리고 의무이행소송과 예방적 금지소송을 인정하는 경우에는 권리구제의 실효성을 위해 가처분을 인정함이 타당하다.

(3) 당사자소송 및 객관적 소송과 가처분

학설의 일반적 견해와 판례는, 공법상 당사자소송에서는 항고소송에서 가처분 인정의 소극적 논거가 되는 집행정지 제도가 없으며, 당사자소송이 민사소송과 유사하다는 점에서 민사집행법상의 가처분이 준용될 수 있다고 한다. 그리고 객관적 소송에서는 각 개별법률에서 규정하는 바에 따른다.

판례

행정소송법상 당사자소송을 본안으로 하는 가처분에 대하여 민사집행법상 가처분에 관한 규정이 준용되는지 여부(적극)

도시 및 주거환경정비법상 행정주체인 주택재건축정비사업조합을 상대로 관리처분계획안에 대한 조합 총회결의의 효력을 다투는 소송은 행정처분에 이르는 절차적 요건의 존부나 효력 유무에 관한 소송으로서 소송결과에 따라 행정처분의 위법 여부에 직접 영향을 미치는 공법상 법률관계에 관한 것이므로, 이는 행정소송법상 당사자소송에 해당한다. 그리고 이러한 당사자소송에 대하여는 행정소송법 제23조 제2항의 집행정지에 관한 규정이 준용되지 아니하므로(행정소송법 제44조 제1항 참조), 이를 본안으로 하는 가처분에 대하여는 행정소송법 제8조 제2항에 따라 민사집행법상 가처분에 관한 규정이 준용되어야 한다(대결 2015.8.21. 2015무26).

제7장 취소소송의 심리

01 심리의 진행

1. 의의

소송의 심리란 법원이 소에 대한 판결을 하기 위하여, 그 기초가 될 소송자료를 수집하는 절차를 말하고 소송절차에서 핵심적 위치를 차지한다. 우리 헌법은 공정한 재판의 확립을 위하여 여러 조항을 통해 공개심리주의, 쌍방심리주의 등의 이념을 담고 있다.

민사소송법은 절차상의 합목적성의 관점에서 구술심리주의, 직접심리주의, 쌍방심문주의, 공개심리주의, 변론주의, 처분권주의, 적시제출주의, 집중심리주의 등에 입각하고 있다. 민사소송에서는 절차의 진행과 재판은 법원이 담당하고, 소송물의 특정과 소송자료의 제출은 당사자들이 담당하도록 하고 있다. 다만, 법원의 절차진행에 당사자가 이의를 할 수 있는 반면 그에 협력하여야 하며, 당사자의 소송자료 제출에 관하여 법원은 석명을 하여 이를 보충할 수 있다. 그럼으로써 공정, 신속하고 경제적인 소송절차가 이루어질 수 있도록 한다.

행정소송의 심리도 민사소송법의 여러 규정이 원칙적으로 적용된다. 다만, 행정소송은 민사소송과 달리 그 결과가 공익에 광범위한 영향을 미치므로 직권심리주의를 가미(행정소송법 제26조)하는 등 민사소송의 경우보다 법원이 직권으로 관여하는 영역이 상대적으로 넓다.

2. 심리의 내용

(1) 요건심리

① 요건심리(要件審理)는 당해 소가 소송요건을 갖춘 적법한 것인지의 여부를 심리하는 것이다. 소송요건으로는 관할권, 제소기간, 원고적격, 피고적격, 소의 이익, 전심절차, 중복소송이 아닐 것, 기판력에 반하지 않을 것 등이 있다. 요건심리의 결과 소송요건을 갖추지 않은 것으로 인정될 때에는 당해 소는 부적법한 소가 되고 각하

판결이 내려진다. 소송요건은 피고의 항변을 기다릴 필요가 없는 법원의 직권조사 사항이다.

② 소송요건의 존부를 판정하는 시기는 소송제기시이나 변론종결시까지 보완하면 치유된다. 또한 소송요건은 사실심변론종결시는 물론 상고심에서도 존속하여야 한다(대판 2007.4.12. 2004두7924).

(2) 본안심리

본안심리(本案審理)는 요건심리의 결과 소송요건이 구비된 경우 그 소에 대한 청구를 인용할 것인지 또는 기각할 것인지에 대하여 실체적으로 심사하는 것이다. 본안심리가 행정소송의 심리의 본체를 이루므로, 아래에서 설명하는 심리의 범위 및 절차는 주로 본안심리와 관련된다.

3. 심리의 범위

(1) 사실문제 · 법률문제

사실문제란 어떤 사실 내지 사실관계가 법률요건에 해당되는지의 판단이고, 법률문제란 어떠한 행정작용이 행정의 법률적합성의 원칙에 부합하는가의 판단이다. 법원은 사실문제 · 법률문제 및 처분의 실체면 · 절차면 모두에 관하여 심사권을 갖는다.

(2) 재량문제

재량문제는 법원의 심리의 대상이 되지 않는 것이 원칙이다. 그러나 재량권의 일탈이나 남용 등 재량하자는 행정행위의 위법사유이므로 심리의 대상이 된다. 행정소송법은 행정청의 재량에 속하는 처분이라도 재량권의 한계를 넘거나 그 남용이 있는 때에는 법원은 이를 취소할 수 있다고 규정한다(행정소송법 제27조). 학설과 판례는 대체로, 부당한 재량행사의 경우에도 각하가 아니라 기각되어야 한다는 경향을 보인다.

(3) 불고불리(不告不理)의 원칙

법원은 당사자가 신청 · 청구하지 않은 사항에 대하여 심판하지 않는다는 원칙이다. 예컨대, 원고가 종합소득세부과처분의 위법을 들어 그 취소를 구하고 있는 경우 법원은 당사자가 구하지도 아니하여 심리의 대상이 될 수 없는 양도소득의 과세표준과 양도소득세액을 산출하고 위 종합소득세과세처분중 위와 같이 산출한 양도소득세액의 범위 내의 것은 적법하다고 판시할 수 없다(대판 1987.11.10. 86누491). 불고불리 원칙은 후술하는 처분권주의의 구체적 표현이라고 할 수 있다.

4. 심리에 관한 일반원칙

(1) 처분권주의

① 당사자 특히 원고의 의사에 의하여 소송절차의 개시, 심판의 대상 및 절차의 종료를 결정토록 하는 것을 처분권주의라 한다(민사소송법 제203조). 이는 법원이 직권으로 결정하는 직권주의와 대립된다. 처분권주의는 실체사법에서 대원칙으로 삼고 있는 사적자치의 원칙이 소송절차에 반영된 결과이다.

② 처분권주의는 원고에 의한 소송의 제기·소의 변경·소의 취하 등에서 나타난다. 법원은 원고의 소제기가 없는 사건에 대하여 심리 판결할 수 없음은 물론 소제기가 있는 사건에 대하여도 원고의 청구범위를 넘어서 심리하거나 재판할 수 없다.

③ 그러나 공법상의 권리관계는 당사자의 자유로운 처분의 대상이 될 수 없으므로 행정소송에서는 민사소송과 달리 청구의 인낙이나 화해는 허용되지 않는다(다수설).

판례

행정소송에서 당사자 신청의 범위를 넘어서 심리·재판할 수 있는지 여부

원고는 소장과 청구취지 정정신청서에서 이 사건 청구취지로 "피고가 1994.5.3. 원고에 대한 사설묘지 설치를 위한 국토이용계획변경허가신청을 불허한 처분(반려처분)"의 취소만을 구하고 있고 이에 앞서 한 "피고의 1993.7.27. 사설묘지설치허가신청 반려처분"에 대하여는 그 재판대상으로 신청하지 아니하였음이 분명하므로 원심이 피고의 1993.7.27. 사설묘지설치허가신청 반려처분에 대하여 판단하지 아니하였다 하여, 거기에 상고이유 주장과 같은 심리미진이나 판단유탈 또는 석명권을 행사하지 아니한 위법이 있다고는 볼 수 없다(대판 1995.4.28. 95누627).

(2) 변론주의

변론주의란 판결에 기초가 되는 사실과 증거의 수집·제출을 당사자의 책임으로 하는 원칙을 말한다. 직권탐지주의와 대비되는 개념이다. 행정소송의 심리에 있어서도 변론주의가 원칙이 되는 것은 물론이다. 따라서 ① 판결의 기초가 되는 사실과 그에 대한 자료는 당사자가 변론에 현출시켜야 하며, ② 당사자가 주장하지 않은 사실을 판결의 기초로 삼아서는 안 되고, ③ 당사자 사이에 다툼이 없는 사실은 그대로 판결의 기초로 삼아야 하며, ④ 당사자 사이에 다툼이 있는 사실을 인정할 때에는 반드시 당사자가 제출한 증거에 의하여야 한다.

다만, 행정소송법은 행정소송의 공익적 측면을 고려하여 법원의 직권에 의한 증거조사 및 직권심리를 보충적으로 인정하고 있다.

(3) 예외적 직권심리주의

> **행정소송법 제26조【직권심리】** 법원은 필요하다고 인정할 때에는 직권으로 증거조사를 할 수 있고, 당사자가 주장하지 아니한 사실에 대하여도 판단할 수 있다.

① 행정소송법 제26조의 해석

㉠ 의의

직권심리주의는 소송의 주도권을 법원에 부여함을 뜻한다. 행정소송법은 취소소송의 심리에 있어서 변론주의를 기본으로 하면서도, 행정소송의 공익적 성격을 고려해 '법원은 필요하다고 인정할 때에는 직권으로 증거조사를 할 수 있고, 당사자가 주장하지 아니한 사실에 대하여도 판단할 수 있다'고 규정하고 있다(제26조). 이 특례규정의 해석과 관련하여 견해가 대립한다.

㉡ 변론주의와의 관계

ⓐ 변론주의보충설(직권탐지주의보충설)

당사자가 주장한 사실에 대해 당사자의 입증활동이 불충분하여 법원이 심증을 얻기 어려운 경우에 직권으로 증거조사가 가능하다는 규정으로 이해한다. 이에 따르면 당사자가 주장하지 않은 사실은 심판의 대상으로 삼을 수 없다.

ⓑ 직권탐지주의설

당사자가 주장하지 아니한 사실에 대해서도 직권탐지가 가능하며 당사자의 증거신청에 의하지 않고 직권으로 증거조사가 가능하다는 견해이다. 행정소송법 제26조 후단의 "당사자가 주장하지 아니한 사실에 대하여 판단할 수 있다"는 규정을 논거로 한다.

ⓒ 판례

변론주의보충설의 입장에 서 있으나, 민사소송에서보다는 더 넓게 직권증거조사를 인정하고 있는 것으로 평가된다. 다만, 대법원은 "행정소송법 제26조가 규정하는 바는 행정소송의 특수성에서 연유하는 당사자주의, 변론주의에 대한 일부 예외규정일 뿐 법원이 아무런 제한 없이 당사자가 주장하지 아니한 사실을 판단할 수 있는 것은 아니고, 기록상 현출되어 있는 사항에 관하여서만 직권으로 증거조사를 하고 이를 기초로 하여 판단할 수 있을 따름이다."(대판 1994.4.26. 92누17402)라고 제한적으로 해석하고 있다. 그리고 행정소송에 있어서 직권주의가 가미되었다고 하여서 당사자주의와 변론주의를 기본구조로 하는 이상 주장입증책임이 전도된 것이라고 할 수 없고(대판 1981.6.23. 80누510), 기본적 사실관계의 동일성이 없는 사실을 직권으로 심사하는 것은 직권심사주의의 한계를 벗어난 것으로서 위법하다(대판 2013.8.22. 2011두26589).

ⓓ 검토

행정소송법 제26조는 처분권주의·변론주의에 대하여 행정소송의 특수성에 연유한 예외를 부분적으로 인정한 규정이다. 따라서 변론주의의 원칙하에서 직권증거조사를 포함한 직권탐지주의를 가미한 것으로 봄이 타당하다(변론주의 보충설). 이렇게 본다면 취소소송처럼 행정소송에서 처분의 적법성에 대한 주장·입증책임이 피고 행정청에게 있는 경우라 하더라도, 원고는 청구원인으로 단순히 그 처분이 위법하다는 것만을 주장하여서는 안되고, 구체적으로 어떠한 점에서 그 처분이 위법한지를 먼저 주장하여야 한다(대판 1981.6.23. 80누510). 원고가 청구원인으로 위법하다고 주장한 바가 심리·판단의 주된 쟁점이 되고, 원칙적으로 원고가 주장하지 않은 사유는 심리대상이 되지 아니한다.

판례

법원의 석명권 행사의 내용 및 그 한계

행정소송에 있어서 특별한 사정이 있는 경우를 제외하면 당해 행정처분의 적법성에 관하여는 행정청이 이를 주장·입증하여야 할 것이나 행정소송에 있어서 직권주의가 가미되어 있다고 하더라도 여전히 변론주의를 기본구조로 하는 이상 행정처분의 위법을 들어 그 취소를 청구함에 있어서는 직권조사사항을 제외하고는 그 취소를 구하는 자가 위법사유에 해당하는 구체적 사실을 먼저 주장하여야 하는 한편, 법원의 석명권 행사는 당사자의 주장에 모순된 점이 있거나 불완전·불명료한 점이 있을 때에 이를 지적하여 정정·보충할 수 있는 기회를 주고, 계쟁 사실에 대한 증거의 제출을 촉구하는 것을 그 내용으로 하는 것으로, 당사자가 주장하지도 아니한 법률효과에 관한 요건사실이나 독립된 공격방어방법을 시사하여 그 제출을 권유함과 같은 행위를 하는 것은 변론주의의 원칙에 위배되는 것으로 석명권 행사의 한계를 일탈하는 것이 된다(대판 2001.1.16. 99두8107).

행정소송에서 기록상 자료가 나타나 있으면 당사자가 주장하지 않더라도 판단할 수 있는지 여부(적극)

행정소송에서 기록상 자료가 나타나 있다면 당사자가 주장하지 않았더라도 판단할 수 있고, 당사자가 제출한 소송자료에 의하여 법원이 처분의 적법 여부에 관한 합리적인 의심을 품을 수 있음에도 단지 구체적 사실에 관한 주장을 하지 아니하였다는 이유만으로 당사자에게 석명을 하거나 직권으로 심리 판단하지 아니함으로써 구체적 타당성이 없는 판결을 하는 것은 행정소송법 제26조의 규정과 행정소송의 특수성에 반하므로 허용될 수 없다. 따라서 위 각 법리에 비추어 보면, 원심이 기록에 나타난 자료에 의하여 소외 천계준의 신청지로부터 일반지역을 포함하여 자연주유소까지의 거리가 2km 이상이라는 사실을 인정하고서도 일반지역을 포함하여 이 사건 변경고시 제3조 제2항의 요건을 갖추었는지 여부를 판단할지에 대하여 심리·판단하지 않은 데에는 필요한 직권심리를 다하지 아니한 잘못이 있다(대판 2006.9.22. 2006두7430).

해고무효확인소송에서 근로자가 구체적으로 주장하지 아니한 절차상의 하자를 인정하는 것이 변론주의에 반하지 아니함

해고무효확인소송에서 해고절차의 적법성에 관한 주장 입증책임은 사용자가 부담하므로 법원이 해고절차의 적법성에 대한 사용자의 주장을 증거에 의하여 배척하면서 그 과정에서 근로자가 구체적으로 주장하지 아니한 절차상의 하자를 인정하였다 하여 변론주의에 반하는 위법이 있다고 할 수 없다(대판 1991.7.12. 90다9353).

확인대상 발명의 특정 여부가 특허심판의 적법요건으로서 특허심판원이나 법원의 직권조사사항인지 여부(적극)

심판은 특허심판원에서의 행정절차이고 심결은 행정처분에 해당하며, 그에 대한 불복의 소송인 심결취소소송은 항고소송에 해당하여 그 소송물은 심결의 실체적·절차적 위법성 여부이므로, 심결취소소송의 당사자는 심결에서 판단되지 않은 것이라도 그 심결의 결론을 정당하게 하거나 위법하게 하는 사유를 심결취소소송단계에서 주장·증명할 수 있고, 심결취소소송의 법원은 달리 볼 만한 특별한 사정이 없는 한 제한 없이 이를 심리·판단하여 판결의 기초로 삼을 수 있다. 특히 확인대상 발명이 적법하게 특정되었는지 여부는 특허심판의 적법요건이므로, 당사자의 명확한 주장이 없더라도 의심이 있을 때에는 특허심판원이나 법원이 이를 직권으로 조사하여 밝혀야 할 사항이다(대판 2023.12.28. 2021후10725).

행정소송법이 허용하는 직권심사주의의 한계를 벗어난 것으로서 위법하다고 본 사례

[1] 국가유공자 인정 요건, 즉 공무수행으로 상이를 입었다는 점이나 그로 인한 신체장애의 정도가 법령에 정한 등급 이상에 해당한다는 점은 국가유공자 등록신청인이 증명할 책임이 있지만, 그 상이가 '불가피한 사유 없이 본인의 과실이나 본인의 과실이 경합된 사유로 입은 것'이라는 사정, 즉 지원대상자 요건에 해당한다는 사정은 국가유공자 등록신청에 대하여 지원대상자로 등록하는 처분을 하는 처분청이 증명책임을 진다고 보아야 한다. 이러한 점과 더불어 공무수행으로 상이를 입었는지 여부와 그 상이가 불가피한 사유 없이 본인의 과실이나 본인의 과실이 경합된 사유로 입은 것인지 여부는 처분의 상대방의 입장에서 볼 때 방어권 행사의 대상과 방법이 서로 다른 별개의 사실이고, 그에 대한 방어권을 어떻게 행사하는지 등에 따라 국가유공자에 해당하는지 지원대상자에 해당하는지에 관한 판단이 달라져 법령상 서로 다른 처우를 받을 수 있는 점 등을 종합해 보면, 같은 국가유공자 비해당결정이라도 그 사유가 공무수행과 상이 사이에 인과관계가 없다는 것과 본인 과실이 경합되어 있어 지원대상자에 해당할 뿐이라는 것은 기본적 사실관계의 동일성이 없다고 보아야 한다. 따라서 처분청이 공무수행과 사이에 인과관계가 없다는 이유로 국가유공자 비해당결정을 한 데 대하여 법원이 그 인과관계의 존재는 인정하면서 직권으로 본인 과실이 경합된 사유가 있다는 이유로 그 처분이 정당하다고 판단하는 것은 행정소송법이 허용하는 직권심사주의의 한계를 벗어난 것으로서 위법하다(대판 2013.8.22. 2011두26589).

[2] 명의신탁등기 과징금과 장기미등기 과징금은 위반행위의 태양, 부과 요건, 근거 조항을 달리하므로, 각 과징금 부과처분의 사유는 상호 간에 기본적 사실관계의 동일성이 있다고 할 수 없다. 그러므로 그중 어느 하나의 처분사유에 의한 과징금 부과처분에 대하여 당해 처분사유가 아닌 다른 처분사유가 존재한다는 이유로 적법하다고 판단하는 것은 특별한 사정이 없는 한 행정소송법상 직권심사주의의 한계를 넘는 것으로서 허용될 수 없다(대판 2017.5.17. 2016두53050).

② 소송요건에 대한 심리

민사소송과 마찬가지로 당사자능력, 당사자적격, 제소기간, 전심절차, 소송대상인 처분의 존재 등 소송요건은 공익적 성질을 가지는 것으로 변론주의가 적용되지 않고 직권탐지 내지 직권조사사항에 속한다. '직권조사'란 당사자의 신청 또는 이의에 의하여 지적되지 않더라도 법원이 반드시 직권으로 조사하여 적당한 조치를 취하는 것을 말하고, 그 대상을 직권조사사항이라 한다. 이러한 사항은 당사자의 자백에 구속받지 않고 법원이 직권으로 그 적법 여부를 살펴보아야 한다.

(4) 공개심리주의

공개심리주의란 재판절차는 공개적으로 진행되어야 한다는 원칙을 말한다(헌법 제109조 본문). 공개주의는 법원에 대한 국민의 통제를 강화시키고 판결의 객관성을 강화해 준다. 다만, 심리는 국가의 안전보장 또는 안녕질서를 방해하거나 선량한 풍속을 해할 염려가 있을 때에는 법원의 결정으로 공개하지 아니할 수 있다(헌법 제109조 단서).

(5) 구술심리주의

구술심리주의란 당사자 및 법원의 소송행위, 특히 변론 및 증거조사를 구술로 하는 원칙으로서 서면심리주의에 대응한다. 현행법은 구술심리주의를 원칙으로 하면서 서면심리주의로써 그 결점을 보완하고 있다. 구술심리주의는 사건의 진상파악이 쉽고 재판이 신속하게 진행된다는 장점이 있다. 다만, 당사자는 구두변론을 포기할 수도 있다.

02 주장책임과 입증책임

1. 주장책임

주장책임이란 '분쟁의 중요한 사실관계를 주장하지 않음으로 인하여 일방당사자가 받는 불이익부담', 즉 '당사자가 승소하기 위하여 필요한 사실을 주장하지 않으면 변론주의 때문에 패소하게 되는 위험부담'을 말한다. 변론주의하에서 당사자는 자기에게 유리한 주요사실을 주장하지 않으면 법원이 설령 그 사실의 존재에 대하여 심증을 얻은 경우라도 마치 그 사실을 없는 것으로 취급하여 당사자 일방이 불이익을 받게 된다.

행정소송에 있어서 특단의 사정이 있는 경우를 제외하면 당해 행정처분의 적법성에 관하여는 당해 처분청이 이를 주장·입증하여야 할 것이나, 행정소송에 있어서 직권주의가 가미되어 있다고 하여도 여전히 당사자주의, 변론주의를 그 기본 구조로 하는 이상 행정처분의 위법을 들어 그 취소를 청구함에 있어서는 직권조사사항을 제외하고는 그 위법된 구체적인 사실을 먼저 주장하여야 한다(대판 2000.5.30. 98두20162).

판례

전심절차에서 주장하지 않은 공격방어방법의 행정소송절차에서의 주장가부

<u>전심절차에서의 주장과 행정소송에서의 주장이 전혀 별개의 것이 아닌 한 그 주장이 반드시 일치하여야 하는 것은 아니고 당사자는 전심절차에서 미처 주장하지 아니한 사유를 공격방어방법으로 제출할 수 있다</u>고 하겠으므로 전심절차에서 증여사실에 기초하여 주식가액의 평가방법이 위법하다고 주장하다가 행정소송에 이르러 증여사실 자체를 부인하는 등 공격방어 방법을 변경하였다 하여 이를 금반언의 원칙 또는 신의성실의 원칙에 반한다고 할 수 없다(대판 1988.2.9. 87누903).

2. 입증책임(증명책임)

(1) 의의

입증책임은 ① 변론주의 절차에서 다툼이 있는 사실을 주장한 당사자가 증거를 제출하지 않으면 증거가 없는 것으로 되고 따라서 주장 사실이 진실이 아닌 것으로 인정될 위험(주관적 입증책임)과 ② 소송에서 증거조사의 결과 일정한 사실의 존부가 확정되지 않은 경우(진위불명 또는 입증불능)에 그 사실이 존재하지 않는 것으로 취급하게 되는 당사자 일방의 불이익 내지 위험(객관적 입증책임)을 말한다. 입증책임은 변론주의하에서 특히 중요한 의미를 가지나, 진위불명의 상태가 예견되는 한 직권심리주의하에서도 문제가 된다.

(2) 소송요건

행정처분의 존재, 행정심판의 경유, 제소기간의 준수 여부 등 소송요건은 행정소송에서도 직권조사사항이지만 그 존부가 불명일 때에는 부적한 소로 취급되어 각하를 받게 되므로 결국 그 증명책임은 원고가 부담하는 것과 같다.

(3) 본안사항(원칙)

① 학설

㉠ **원고책임설**: 행정행위에는 공정력이 있어 처분의 적법성이 추정되므로 처분의 위법사유에 관하여 원고에게 입증책임이 있다는 견해이다. 이에 대하여는 행정행위의 공정력은 행정소송 이전의 단계에서만 인정되는 효력이고, 그것도 적법성 추정이 아니라 절차상·사실상의 활용에 불과하다는 비판이 있다.

㉡ **피고책임설**: 법치행정의 원리상 국가행위의 적법성은 국가가 담보해야 하므로 행위의 적법성의 입증책임은 피고인 국가에 놓인다는 견해이다. 이에 대하여는 법치행정의 원리가 바로 원고의 입증책임을 면책한다고 볼 수 없다는 비판이 있다.

㉢ **법률요건분류설(민사소송법상분배설)**: 행정행위의 공정력은 입증책임의 문제와 직접 관계가 없으며, 당사자는 각각 자기에게 유리한 요건사실의 존재에 대하여 입증책임을 부담한다는 입장이다(다수설). 이에 의하면 권한행사규정의 요건사실의 존재는 그 권한행사의 필요 또는 적법성을 주장하는 자가 입증책임을 부담한다(적극적 처분에 대해서는 그 처분을 한 처분청이, 거부처분에 대해서는 원고가 부담). 반면 권한행사장애규정(권한불행사규정 또는 상실규정)의 요건사실의 존재는 권한의 불행사나 상실을 주장하는 자가 입증책임을 부담한다. 이에 대하여 반대설은 대등당사자의 이해조정 및 재판규범으로서의 성격을 가진 민사실체법과 공익과 사익의 조정 및 행정기관의 행위규범적 성격을 가진 행정실체법을 동일하게 논할 수 없다고 한다.

〈법률요건분류설에 따른 입증책임의 분배〉

• 권한행사규정의 요건사실

행정청이 원칙적으로 행정처분의 적법성에 관하여 입증책임을 진다(대판 1001.1.16. 99두8107). 즉 행정의 법률에의 구속의 원리상 행정청이 침해규범의 사실상·법상의 요건이 존재함을 입증해야 한다. 예컨대, 허가의 경우 허가발령의 일반적 요건을 구비하였다는 것이나, 과세의 경우 과세요건을 구비하였다는 것, 처분절차의 적법성 및 송달사실은 피고가 입증책임을 진다. 다만, 경험칙상 요건사실이 추정되는 경우 상대방이 경험칙 적용의 대상이 되지 아니하는 사정을 입증해야 한다(대판 1992.7.10. 92누6761).

• 권한행사장애규정의 요건사실
예컨대, 허가발령을 저지하는 요건(예 허가기준 미달)이나, 과세대상이 된 토지가 비과세 혹은 면제대상이라는 점, 그리고 재량권의 일탈·남용이 있다는 점은 원고에게 입증책임이 있다. 재량행위의 근거규정과 재량의 한계를 확정하는 행정법 일반원리는 원칙과 예외의 관계에 있고, 후자는 일종의 권한장애규정이라고 할 수 있으므로 이러한 행정법 일반원리의 위반을 인정하는 데 필요한 사실은 원고가 입증하여야 한다.

㉣ **행정법독자분배설(특수성인정설)**: 행정소송에서 입증책임 유무의 판단을 법률요건분류설만으로는 관철할 수 없고, 행정소송의 특수성을 감안하여 사안의 성질, 당사자간의 공평, 증거와의 거리, 입증의 난이, 금반언, 경험칙의 개연성 등에 의하여 구체적 사안에 따라 양 당사자에게 공평하게 입증책임을 분배함으로써 구체적 타당성 있는 결과를 얻을 수 있도록 하자는 견해이다(즉, 국민의 권리나 의무를 제한하는 것은 행정청이 적법성의 입증책임을, 권리·이익의 확장은 원고가 입증책임을, 재량일탈이나 남용은 원고가 입증책임을 부담). 이에 대하여는 기준들이 지극히 추상이며, 그 내용에 있어 입증책임분배설과 실질적으로 차이가 없다고 지적된다.

② 판례
판례는 행정소송에서의 입증책임도 원칙적으로 민사소송의 일반원칙에 따라 당사자간에 분배되어야 한다고 보면서도, 항고소송의 특성도 고려하여야 한다는 입장이다.

판례

항고소송에 있어서 행정처분의 적법성에 관한 입증책임 및 법인세부과처분의 위법사유에 대한 입증책임
민사소송법의 규정이 준용되는 행정소송에 있어서 입증책임은 원칙적으로 민사소송의 일반원칙에 따라 당사자간에 분배되고 항고소송의 경우에는 그 특성에 따라 당해 처분의 적법을 주장하는 피고에게 그 적법사유에 대한 입증책임이 있다 할 것인바 피고가 주장하는 당해 처분의 적법성이 합리적으로 수긍할 수 있는 일응의 입증이 있는 경우에는 그 처분은 정당하다 할 것이며 이와 상반되는 주장과 입증은 그 상대방인 원고에게 그 책임이 돌아간다고 할 것이다. 주주가지급금계정, 받을 어음계정, 대여금계정, 미결산금계정에 계상된 금액에 대하여 세무조사당시 근거와 증빙을 제시하지 못하였고 부사장이 사채이자를 변태기장한 것이라는 확인서까지 제출한 사실이 입증된 이상 그와 반대되는 부과처분의 위법사유는 원고에게 입증책임이 있다(대판 1984.7.24. 84누124).

경험칙상 과세요건사실이 추정되는 사실이 밝혀진 경우, 입증의 부담
일반적으로 과세요건사실에 대한 입증책임은 과세관청에 있으나 구체적인 소송과정에서 경험칙에 비추어 과세요건사실이 추정되는 사실이 밝혀지면 상대방이 경험칙 적용의 대상이 되지 아니하는 사정을 입증하지 않는 한 그 조세부과처분을 위법하다고 할 수 없는바, 기록에 의하여 살펴보면, 원심이 위와 같이 확정한 사실관계와 경험칙등에 의하여 소외 망인이 이 사건에서 문제된 다액의 무기명채권을 구입하여 사망시까지 보관하고 있었던 것으로 추정한 조치는 수긍할 수 있고, 반면 이러한 추정이 번복될 수 있을 만한 사정에 대한 원고측의 입증이 엿보이지 아니하므로, 결국 위 무기명채권을 원고들이 상속한 것으로 본 원심의 판단은 정당하다(대판 1992.7.10. 92누6761등).

절차적 정당성이 상실되지 않았다고 볼 만한 특별한 사정이 없는 한 과세예고통지 없이 이루어진 과세처분은 위법한지 여부(적극) 및 이때 특별한 사정의 존재에 관한 증명책임(=과세관청)

과세관청은 구 국세기본법 제81조의15 제1항이 정한 과세예고통지 대상에 해당하는 경우에는 국세부과 제척기간 만료일까지 기간이 3개월 이하인 때에도 과세예고통지를 하여야 하며, 아래와 같이 절차적 정당성이 상실되지 않았다고 볼 만한 특별한 사정이 없는 한 과세예고통지 없이 이루어진 과세처분은 위법하다고 보아야 한다. 다만 과세관청의 귀책사유 없이 부득이한 사정으로 국세부과 제척기간 만료일까지 기간이 매우 임박하게 되었고, 이로 인하여 과세관청이 과세예고통지 없이 과세처분을 하게 된 데에 정당한 사유가 있는 등의 특별한 사정이 있는 경우에는 과세예고통지를 하지 않았다는 사정만으로 과세처분이 위법하게 된다고 평가하기는 어렵다. 이러한 특별한 사정의 존재는 과세관청이 증명하여야 한다(대판 2025.2.13. 2023두51700).

독점규제 및 공정거래에 관한 법률 제19조 제1항이 금지하는 '부당하게 경쟁을 제한하는 행위에 대한 합의'의 존재를 인정하기 위한 증명의 방법과 증명책임의 소재(=공정거래위원회)

「독점규제 및 공정거래에 관한 법률」 제19조 제1항이 금지하는 '부당한 공동행위'는 '부당하게 경쟁을 제한하는 행위에 대한 합의'로서 이때 '합의'에는 명시적 합의뿐 아니라 묵시적인 합의도 포함된다고 할 것이지만, 이는 둘 이상 사업자 사이의 의사의 연락이 있을 것을 본질로 하므로 단지 위 규정 각 호에 열거된 '부당한 공동행위'가 있었던 것과 일치하는 외형이 존재한다고 하여 당연히 합의가 있었다고 인정할 수는 없고 사업자 간 의사연결의 상호성을 인정할 만한 사정에 대한 증명이 있어야 하며, 그에 대한 증명책임은 그러한 합의를 이유로 시정조치 등을 명하는 피고에게 있다(대판 2013.11.28. 2012두17421).

난민 인정의 요건인 박해를 받을 '충분한 근거 있는 공포'가 있다는 사실에 대한 증명책임자(=난민 신청자) 및 그 증명의 정도

박해를 받을 '충분한 근거 있는 공포'가 있음은 난민 인정의 신청을 하는 외국인이 증명하여야 할 것이나, 난민의 특수한 사정을 고려하여 그 외국인에게 객관적인 증거에 의하여 주장사실 전체를 증명하도록 요구할 수는 없고 그 진술에 일관성과 설득력이 있고, 입국 경로, 입국 후 난민 신청까지의 기간, 난민 신청 경위, 국적국의 상황, 주관적으로 느끼는 공포의 정도, 신청인이 거주하던 지역의 정치·사회·문화적 환경, 그 지역의 통상인이 같은 상황에서 느끼는 공포의 정도 등에 비추어 전체적인 진술의 신빙성에 의하여 그 주장사실을 인정하는 것이 합리적인 경우에는 그 증명이 있다고 할 것이다(대판 2008.7.24. 2007두3930).

행정법 일반원칙상의 정당한 사유가 존재한다는 점에 관한 증명책임의 소재(=이를 주장하는 원고)

하도급법 제3조 제1항을 위반하여 서면을 발급(註: 하도급거래 공정화에 관한 법률상 원사업자의 수급사업자에 대한 서면발급)하지 않은 데에 대한 의무 해태를 탓할 수 없는 행정법 일반원칙상의 정당한 사유는 발급된 서면의 일부 사항 기재 누락에 관한 구 하도급법 제3조 제3항에서 구체적으로 정한 정당한 사유보다 엄격하게 인정되어야 한다. 이때, 행정법 일반원칙상의 정당한 사유가 존재한다는 점에 관한 증명책임은 이를 주장하는 원고에게 있다(대판 2024.11.28. 2021두492080.

과세표준과 세액 추계방법의 합리성과 타당성에 관한 주장·증명책임의 소재(=과세관청)

실지조사결정에 의한 과세표준과 세액의 결정이 불가능하여 추계조사결정할 사유가 있는 경우라 하더라도 합리적이고 타당성 있는 방법에 의하여야 하며, 그와 같은 추계방법의 합리성과 타당성에 관하여는 처분의 적법성을 인정받고자 하는 과세관청이 이를 주장·증명할 책임이 있다(대판 2024.12.12. 2024두49469).

성희롱을 사유로 한 징계처분의 당부를 다투는 행정소송에서 징계사유에 대한 증명책임의 소재(=피고) 및 증명의 정도

성희롱을 사유로 한 징계처분의 당부를 다투는 행정소송에서 징계사유에 대한 증명책임은 그 처분의 적법성을 주장하는 피고에게 증명책임이 있다. 다만 민사소송이나 행정소송에서 사실의 증명은 추호의 의혹도 없어야 한다는 자연과학적 증명이 아니고, 특별한 사정이 없는 한 경험칙에 비추어 모든 증거를 종합적으로 검토하여 볼 때 어떤 사실이 있었다는 점을 시인할 수 있는 고도의 개연성을 증명하는 것이면 충분하다. 민사책임과 형사책임은 그 지도이념과 증명책임, 증명의 정도 등에서 서로 다른 원리가 적용되므로, 징계사유인 성희롱 관련 형사재판에서 성희롱 행위가 있었다는 점을 합리적 의심을 배제할 정도로 확신하기 어렵다는 이유로 공소사실에 관하여 무죄가 선고되었다고 하여 그러한 사정만으로 행정소송에서 징계사유의 존재를 부정할 것은 아니다(대판 2018.4.12. 2017두74702).

처분청의 서류제출명령과 무관하게 급여 관계 서류가 폐기되었다는 사정에 관한 증명책임의 소재(=요양기관 등)

급여 관계 서류의 보존행위가 요양기관 등의 지배영역 안에 있고, 요양기관 등이 서류보존의무기간 내에 이를 임의로 폐기하는 것 자체가 이례적이라는 사실에 비추어 볼 때, 요양기관 등이 서류제출명령의 대상인 급여 관계 서류를 생성·작성하였다고 볼 만한 사정에 대해 처분청이 합리적으로 수긍할 수 있는 정도로 증명했다면, 처분청의 서류제출명령과 무관하게 급여 관계 서류가 폐기되었다는 사정은 이를 주장하는 측인 요양기관 등이 증명하여야 한다(대판 2023.12.21. 2023두42904).

시료의 채취와 보존, 검사방법의 적법성 또는 적절성이 담보되어 시료를 객관적인 자료로 활용할 수 있고 그에 따른 실험결과를 믿을 수 있다는 사정에 관한 증명책임의 소재(=행정청)

수질오염물질을 측정하는 경우 시료채취의 방법, 오염물질 측정의 방법 등을 정한 구 수질오염공정시험기준은 형식 및 내용에 비추어 행정기관 내부의 사무처리준칙에 불과하므로 일반 국민이나 법원을 구속하는 대외적 구속력은 없다. 따라서 시료채취의 방법 등이 위 고시에서 정한 절차에 위반된다고 하여 그러한 사정만으로 곧바로 그에 기초하여 내려진 행정처분이 위법하다고 볼 수는 없고, 관계 법령의 규정 내용과 취지 등에 비추어 절차상 하자가 채취된 시료를 객관적인 자료로 활용할 수 없을 정도로 중대한지에 따라 판단되어야 한다. 다만 이때에도 시료의 채취와 보존, 검사방법의 적법성 또는 적절성이 담보되어 시료를 객관적인 자료로 활용할 수 있고 그에 따른 실험결과를 믿을 수 있다는 사정은 행정청이 증명책임을 부담하는 것이 원칙이다(대판 2022.9.16. 2021두58912).

일방 배우자 명의의 예금이 인출되어 타방 배우자 명의의 예금계좌로 입금되는 경우 증여되었다는 사실의 증명책임(= 과세관청)

부부 사이에서 일방 배우자 명의의 예금이 인출되어 타방 배우자 명의의 예금계좌로 입금되는 경우에는 증여 외에도 단순한 공동생활의 편의, 일방 배우자 자금의 위탁 관리, 가족을 위한 생활비 지급 등 여러 원인이 있을 수 있으므로, 그와 같은 예금의 인출 및 입금 사실이 밝혀졌다는 사정만으로는 경험칙에 비추어 해당 예금이 타방 배우자에게 증여되었다는 과세요건사실이 추정된다고 할 수 없다(대판 2015.9.10. 2015두41937).

처분이 재량권을 일탈·남용했다는 사정에 관한 증명책임의 소재(=처분의 효력을 다투는 자)

처분이 재량권을 일탈·남용하였다는 사정은 그 처분의 효력을 다투는 자가 주장·증명하여야 한다. 행정청이 폐기물처리사업계획서 반려 내지 부적합 통보를 하면서 그 처분서에 불확정개념으로 규정된 법령상의 허가기준 등을 충족하지 못하였다는 취지만을 간략히 기재하였다면, 반려 내지 부적합 통보에 대한 취소소송절차에서 행정청은 그 처분을 하게 된 판단 근거나 자료 등을 제시하여 구체적 불허가사유를 분명히 하여야 한다. 이러한 경우 재량행위인 폐기물처리사업계획서 반려 내지 부적합 통보의 효력을 다투는 원고로서는 행정청이 제시한 구체적인 불허가사유에 관한 판단과 근거에 재량권 일탈·남용의 위법이 있음을 밝히기 위하여 소송절차에서 추가적인 주장을 하고 자료를 제출할 필요가 있다(대판 2023.7.27. 2023두38745).

정정신청 사유의 존재에 관한 증명책임이 정정신청인에게 있다고 한 사례

구 산재보험법 시행령 제26조에서 정한 업무상 질병이환자에 대한 평균임금 산정특례에 따라 정해진 평균임금에 대하여 보험급여의 수급권자가 구체적인 사유를 들어 정정신청을 하고 피고가 그 사유에 대한 판단을 전제로 정정을 거부하여 그 거부처분에 대한 취소소송이 제기된 경우, 그 구체적인 정정신청 사유의 존재는 정정신청을 한 보험급여 수급권자가 증명할 책임이 있다(대판 2022.10.27. 2018두53238).

명의신탁에 있어서 조세회피목적이 없었다는 점에 관한 증명책임의 소재(= 명의자)

구 상속세 및 증여세법 제45조의2 제1항은 재산의 실제소유자가 조세회피목적으로 명의만 다른 사람 앞으로 해두는 명의신탁행위를 효과적으로 방지하여 조세정의를 실현하는 데 취지가 있으므로, 명의신탁행위가 조세회피목적이 아닌 다른 목적에서 이루어졌음이 인정되고 그에 부수하여 사소한 조세경감이 생기는 것에 불과하다면 그러한 명의신탁행위에 조세회피목적이 있었다고 보아 증여로 의제할 수 없다. 그러나 위와 같은 입법 취지에 비추어 볼 때 명의신탁의 목적에 조세회피목적이 포함되어 있지 않은 경우에만 증여로 의제할 수 없다고 보아야 하므로,

다른 목적과 아울러 조세회피의 목적도 있었다고 인정되는 경우에는 여전히 증여로 의제된다고 보아야 한다. 이때 조세회피의 목적이 없었다는 점에 관한 증명책임은 이를 주장하는 명의자에게 있다(대판 2017.2.21. 2011두10232).

친일반민족행위자의 재산 취득 사례

[1] 친일반민족행위자가 사정을 통해 취득한 토지의 경우 그 사정의 기초가 된 옛 법률관계 혹은 사실상의 소유권이 러·일전쟁 개전 전부터 이미 존재하였다는 점에 관하여 상당한 개연성을 수긍케 하는 사정이 인정된다면 친일반민족행위자 재산의 국가귀속에 관한 특별법 제2조 제2호 후문(추정조항)은 그 전제사실에 관한 법관의 확신이 더 이상 유지되지 아니하여 적용될 수 없고, 이 경우 해당 토지의 취득과 친일행위 사이의 대가관계는 피고가 증명하여야 한다고 봄이 상당하다(대판 2013.3.28. 2009두11454).

[2] 근대적 의미의 소유권 창설의 기초로 이해되고 있는 일제의 토지조사사업 및 임야조사사업은 1910년 이후에 시행되었음에도 친일반민족행위자 재산의 국가귀속에 관한 특별법은 친일재산의 취득 기간을 러·일전쟁 개전 시(1904년)부터로 규정하고 있고, 이는 토지 및 임야조사사업에 의한 사정이 있기 전부터 이미 친일반민족행위자들이 일제의 침탈에 협력하여 재산에 대한 실질적 지배권을 취득한 경우가 있다는 것을 전제한 것이다. 이와 같은 점 등을 고려해 보면, 법 제2조 제2호에서 말하는 재산의 '취득'에는 토지 및 임야조사사업을 통한 사정(査定)을 원인으로 소유권을 취득하는 경우는 물론, 사정 명의를 제3자에게 신탁하여 취득한 경우도 포함된다. 친일반민족행위자 재산의 국가귀속에 관한 특별법 제2조 제2호에 의한 추정력을 번복하기 위해서는, 재산의 취득시기가 러·일전쟁 개전 시부터 1945년 8월 15일까지 사이라는 전제사실에 대하여 법원의 확신을 흔들리게 하는 반증을 제출하거나, 그 기간 동안에 취득한 재산은 친일행위의 대가라고 하는 추정에 반대되는 사실의 존재를 증명하여야 한다(대판 2016.12.29. 2014다22789).

③ 검토

민사소송법의 규정이 준용되는 행정소송에 있어서 입증책임은 원칙적으로 민사소송의 일반원칙에 따라 당사자간에 분배되고 항고소송의 경우에는 그 특성에 따라 당해 처분의 적법을 주장하는 피고에게 그 적법사유에 대한 입증책임이 있다고 보는 것이 타당하다. 행정소송의 입증책임분배에 있어서도 민사소송에 있어서 통설인 법률요건분류설에 따라 행하여진다면, 소송의 종류와 처분의 성격 등에 따라 입증책임분배가 달라지게 된다.

(4) 소송유형별 구체적 검토

① 취소소송

㉠ 거부처분

원고가 신청한 처분의 발급에 대한 권리를 근거지우는 법규범의 요건사실의 존재에 대한 입증책임을 지고, 피고는 권리장애적 요건사실의 존재에 대한 입증책임을 진다. 예컨대, 각종 사회보장 급부청구에 대한 거부처분에 대해서는 그 거부사유가 원래 급부요건을 갖추지 못하였음을 이유로 하는 경우에는 급부를 청구한 자에게, 급부청구권 발생에 장애 사유가 있거나 일단 발생한 급부청구권이 소멸하였음을 이유로 하는 경우(예 타인으로부터 손해배상을 받았다는 사유)에는 처분청에게 각 입증책임이 있다. 따라서 '업무상 재해'로 인정되기 위해서는 근로자의 업무와 질병 또는 질병에 따른 사망간의 인과관계에 관하여는 이를 주장하는 측에서 입증하여야 한다(대판 1997.2.28. 96누14883).

㉡ 침익적 처분

행정행위가 근거하고 있는 법규범의 요건사실의 존재에 대한 입증책임은 피고인 행정청이 진다. 예컨대, 징계처분, 영업정지·취소처분 등에 대한 취소소송에서는 처분청에게 각 행정행위가 적법하다는 사실에 대한 입증책임이 있다.

㉢ 과세처분

일반적으로 조세부과처분의 취소소송에서 과세요건사실에 관한 증명책임은 과세관청에게 있으므로, 과세관청이 구체적인 소송과정에서 과세요건사실을 직접 증명하거나 경험칙에 비추어 과세요건사실이 추정되는 사실을 밝히지 못하면 당해 과세처분은 과세요건을 충족시키지 못한 위법한 처분이 된다(대판 2013. 3.28. 2010두20805). 비과세 또는 면세요건에 대해서는 납세의무자가 입증하여야 한다(대판 1994.10.21. 94누996). 한편, 구체적인 소송과정에서 경험칙에 비추어 과세요건사실이 추정되는 사실이 밝혀지면, 상대방이 문제로 된 당해 사실이 경험칙 적용의 대상적격이 되지 못하는 사정을 입증하지 않는 한, 당해 과세처분을 과세요건을 충족시키지 못한 위법한 처분이라고 단정할 수는 없다(대판 2002.11.13. 2002두6392).

㉣ 재량처분

자유재량에 의한 행정처분이 그 재량권의 한계를 벗어난 것이어서 위법하다는 점은 그 행정처분의 효력을 다투는 자가 이를 주장.입증하여야 하고 처분청이 그 재량권의 행사가 정당한 것이었다는 점까지 주장·입증할 필요는 없다(대판 1987.12.8. 87누861).

㉤ 직권취소

수익적 행정처분을 취소하는 경우 그 행정처분의 하자나 취소해야 할 필요성에 관한 증명책임은 기존 이익과 권리를 침해하는 처분을 한 행정청에 있다(대판 2012.3.29. 2011두23375). 반면 직권취소의 예외사유(예 행정처분의 성립과정에서 뇌물이 수수되었다고 하더라도 그 행정처분이 기속적 행정행위이고 그 처분의 요건이 충족되었음이 객관적으로 명백하여 다른 선택의 여지가 없었던 경우)에 대한 입증 입증책임은 이를 주장하는 측에게 있다(대판 2003.7.22. 2002두11066).

ⓑ 처분의 절차적 적법성

적극적 처분, 소극적 처분을 불문하고 행정청이 절차의 적법성을 입증해야 한다. 따라서 납세고지서의 공시송달이 위법하여 효력이 없다는 납세자의 주장에 대하여 이를 인정할 증거가 없다고 판시함으로써 마치 공시송달의 위법 여부에 관한 입증책임이 납세자에게 있는 것처럼 설시하는 것은 잘못이다(대판 1994.10.14. 94누4134). 그러나 과세관청이 적법한 과세결의를 하고 납세고지서등을 법정서식에 따라 작성통지하였는데도 관계법규상 과세관청에 그 부본을 따로 보관한 사실이 없었다면 그 납세고지서등에 필요적 기재사항이 누락되었다고 주장하는 납세의무자가 그 사실을 입증할 필요가 있으며(대판 1986.10.28. 85누555), 등기우편이 반송되지 않았다면 그 무렵 수취인에게 송달되었다고 추정된다(대판 1994.10.14. 94누4134).

② 무효등확인소송

주장책임의 측면에서는, 무효등확인소송에 있어서도 취소소송과 마찬가지로 주요사실은 당사자가 주장하지 않으면 판결의 기초로 삼을 수 없다. 그런데 입증책임에 관하여는 다음과 같은 논의가 있다.

㉠ 취소소송과 동일하다는 견해

위법의 중대·명백성은 법해석 내지 경험칙에 의하여 판단될 사항으로 입증책임의 문제와는 직접 관계가 없다는 이유로 취소소송의 경우와 마찬가지로 입증책임을 분배해야 한다는 견해이다.

㉡ 원고입증책임설

무효등확인소송에서 하자의 중대·명백성은 취소소송에서는 인정되지 않는 특별한 사유에 해당한다고 보아 취소소송의 경우와 달리 원고가 무효원인사실에 대한 입증책임을 진다는 견해이다.

㉢ 판례

판례는 행정처분의 당연무효를 주장하여 그 무효확인을 구하는 행정소송에 있어서는 원고에게 그 행정처분이 무효인 사유를 주장·입증할 책임이 있다(대판 2000.3.23. 99두11851)고 하여 원고입증책임설을 취한다.

㉣ 검토

무효등확인소송은 항고소송의 일종으로서, 무효등확인소송에서 다투어지는 것은 처분 등의 적법 여부인 점에서 취소소송과 다를 것이 없으므로, 무효등확인소송에 있어서도 처분 등의 적법성을 밑받침하는 요건사실에 대하여는 피고인 행정청이 입증책임을 부담하는 것이 타당하다.

③ 부작위위법확인소송

부작위의 존재(신청사실 및 신청권의 존재, 처분이 없는 사실의 존재)는 부작위를 주장하는 원고에게 입증책임이 있고, 상당한 기간이 경과하였음에도 신청에 따른 처분을 하지 못한 것을 정당화하는 사유에 대하여는 행정청이 주장·입증책임을 진다. 다만, 일정한 처분을 하여야 할 법률상의 의무의 존부 및 상당한 기간의 판단은 법률판단 영역이므로 입증책임의 대상이 되지 아니한다.

(5) 행정심판기록 제출명령 제도

① 의의

행정소송법은 특수한 증거조사방법으로 행정심판기록 제출명령이라는 제도를 두고 있다. 법원은 당사자의 신청이 있는 때에는 결정으로써 재결을 행한 행정청에 대하여 행정심판에 관한 기록의 제출을 명할 수 있고(행정소송법 제25조 제1항), 제출명령을 받은 행정청은 지체 없이 당해 행정심판에 관한 기록을 법원에 제출하여야 한다(제2항).

민사소송법상 문서제출명령(제347조)으로는 제출대상으로 할 수 없는 행정심판위원회의 내부문서에 관해서도 제출이 가능하도록 하여 원고의 증거수집의 곤란을 덜어주고 전심심리를 활용하기 위한 제도이다. 행정심판에 관한 기록이란 당해 사건과 관련하여 행정심판위원회에 제출된 일체의 서류(심판청구서·답변서·보충서면·재결서·회의록·증거자료)를 의미한다.

본규정은 무효등확인소송, 부작위위법확인소송, 공법상 당사자소송에 준용된다(제38조 제1항·제2항, 제44조).

② 입법론

행정청과 국민간의 정보의 불균형, 그리고 충분한 심리를 위하여 제도 개선이 필요하다. 그 가운데에는 ㉠ 당사자가 행정청에 대하여 직접 서류를 열람하거나 복사를 청구할 수 있는 권리는 인정되고 있지 않으므로 당사자의 '행정청에 대한 자료제출요구' 제도를 도입하는 문제, ㉡ 법원이 사건의 심리를 위하여 필요하다고 인정하는 경우 직권으로 당사자인 행정청이나 관계 행정청에게 해당 처분과 관련된 자료의 제출을 요구할 수 있도록 하는 문제, ㉢ 공공기관의 정보공개에 관한 법률 등과의 균형, 정보비공개 유지의 필요성을 고려하여 행정청의 거부권을 규정하는 문제 등이 거론되고 있다.

3. 법관의 석명권

(1) 재판장은 소송관계를 분명하게 하기 위하여 당사자에게 사실상 또는 법률상 사항에 대하여 질문할 수 있고, 증명을 하도록 촉구할 수 있다(민사소송법 제136조). 일반적 견해는 이러한 석명이 재량을 넘어 법관의 의무의 성질을 갖는다고 본다.

(2) 다만, 법원의 석명권 행사는 사안을 해명하기 위하여 당사자에게 그 주장의 모순된 점이나 불완전·불명료한 부분을 지적하여 이를 정정·보충할 수 있는 기회를 주고 또 그 계쟁사실에 대한 증거의 제출을 촉구하는 것을 그 내용으로 하는 것이며, 당사자가 주장하지도 않은 법률효과에 관한 요건사실이나 공격방어방법을 시사하여 그 제출을 권유하는 행위는 변론주의의 원칙에 위배되고 석명권 행사의 한계를 일탈한 것이다(대판 2000.3.23. 98두2768).

판례

사정판결의 요건을 갖추었다고 판단되는 경우, 법원이 취할 조치

사정판결은 처분이 위법하나 공익상 필요 등을 고려하여 취소하지 아니하는 것일 뿐 처분이 적법하다고 인정하는 것은 아니므로, 사정판결의 요건을 갖추었다고 판단되는 경우 법원으로서는 행정소송법 제28조 제2항에 따라 원고가 입게 될 손해의 정도와 배상방법, 그 밖의 사정에 관하여 심리하여야 하고, 이 경우 원고는 행정소송법 제28조 제3항에 따라 손해배상, 제해시설의 설치 그 밖에 적당한 구제방법의 청구를 병합하여 제기할 수 있으므로, 당사자가 이를 간과하였음이 분명하다면 적절하게 석명권을 행사하여 그에 관한 의견을 진술할 수 있는 기회를 주어야 한다(대판 2016.7.14. 2015두4167).

03 심리판단의 기준시

1. 소송요건 구비 여부의 판단

민사소송에서 소송요건 구비 여부를 판단하는 기준 시점은, 관할의 경우에는 소제기 때이고(민사소송법 제33조), 다른 소송요건의 경우에는 변론종결시가 기준이 된다. 소제기 때에 불비된 소송요건이라도 변론종결 이전에 흠을 치유하면 법원이 본안재판을 할 수 있다. 소제기 때에 소송요건을 구비했는데, 소송 진행 중에 요건 불비가 된 경우에도 불비된 요건이 보정 가능한 것이면 변론종결 전에 보정하면 문제가 없다(예 당사자가 무능력자가 된 경우에 법정대리인이 대리).

행정소송에서도 민사소송과 마찬가지로 소송요건은 변론종결시까지 갖추면 된다. 필요적 전치사건의 경우에도 변론종결시까지 전심절차를 거치거나 재결을 거치지 않고 제소할 수 있는 요건을 갖추게 되면 그 소는 적법해진다.

2. 처분의 위법성 판단의 기준시점

(1) 문제 상황

처분은 그 당시의 사실상태 및 법률상태를 기초로 하여 행해지게 된다. 그런데, 처분 등이 이루어진 뒤에 당해 처분 등의 근거가 된 법령이 개정·폐지되거나 법령상의 처분요건인 사실상태에 변동이 있는 경우, 어느 시점의 법률상태 및 사실상태를 기준으로 처분의 위법성을 판단할 것인가의 문제가 있다.

(2) 학설

① 처분시설

㉠ 논거: ⓐ 법원은 객관적 입장에서 처분 등의 위법 여부를 사후심사할 수 있을 뿐이라는 점, ⓑ 원고는 처분 당시의 사실관계 및 법령상태에서 소송물을 특정할 수밖에 없는데 처분 후의 사정을 고려한다는 것은 이 소송물의 동일성과 모순된다는 점을 든다.

㉡ 효과: 적법한 행정행위가 법적·사실적 상황의 변경으로 인하여 위법하게 되더라도 기각판결을 내려야 한다(예 퇴거명령에 대하여 취소소송을 제기한 불법체류 외국인이 그 사이에 한국인과 결혼하여 국적을 취득하였어도 기각판결).

㉢ 비판: 소송경제 및 권리보호의 효율성의 관점에서 문제점이 지적된다.

② 판결시설

㉠ 논거: ⓐ 항고소송은 구체적인 행정처분이 법규에 대하여 적합한가의 여부를 판단의 대상으로 하는데, 이 경우의 법규는 판결시의 법규라야 한다는 점, ⓑ 취소소송의 본질은 행정청의 제1차적 판단을 매개로 하여 발생하는 위법상태의 배제에 있다는 점을 든다.

㉡ 비판: ⓐ 적법하게 발급된 처분이 후에 위법하게 될 수 있거나 또는 위법하게 발급된 처분이 후에 적법하게 되는 것은 행정의 적법성통제를 목적으로 하는 취소소송의 본질에 반하고, ⓑ 판결의 지연에 따라 불균형한 결과가 초래될 수 있는 문제점이 있다.

③ 절충설

행정청의 제1차적 판단권의 존중이라는 측면에서 원칙적으로 처분시설이 타당하나, 예외적으로 계속효 있는 행위(예 영업허가의 취소, 교통표지판의 설치)의 경우에는 판결시설이 타당하다는 견해가 있다. 또한 거부처분취소소송의 경우에는 실질적으로 의무이행소송과 유사한 성격을 가지므로 판결시설이 타당하다는 견해도 있다.

(3) 판례

판례는 "행정소송에서 행정처분의 위법 여부는 행정처분이 행하여졌을 때의 법령과 사실상태를 기준으로 하여 판단하여야 하고, 처분 후 법령의 개폐나 사실상태의 변동에 의하여 영향을 받지는 않는다."(대판 2007.5.11. 2007두1811)면서 처분시설을 취하고 있다.

그런데 판례는 위법판단 자료의 범위를 처분 당시 존재하였던 자료나 행정청에 제출되었던 자료만으로 한정하지 않고, 사실심 변론종결 당시까지 제출된 모든 자료를 종합하여 처분의 위법 여부를 판단할 수 있다는 입장이다(대판 1995.11.10. 95누8461). 따라서 당사자는 사실심 변론종결시까지 처분 당시 존재하였던 사실에 대한 증명을 자유롭게 할 수 있다. 다만, 행정청이 재량의 범위 내에서 처분시 참작할 자료제출의 시한을 정한 경우 그 시한을 도과함으로써 불이익한 처분을 받은 후 행정소송에서 새로운 자료를 제출하여 위 처분의 취소를 구할 수는 없다(대판 1995.11.10. 95누8461).

판례

행정처분의 위법 여부 판단의 기준시점은 처분시

[1] 행정소송에서 행정처분의 위법 여부는 행정처분이 행하여졌을 때의 법령과 사실 상태를 기준으로 하여 판단하여야 하고, 처분 후 법령의 개폐나 사실상태의 변동에 의하여 영향을 받지는 않으므로, 난민 인정 거부처분의 취소를 구하는 취소소송에 있어서도 그 거부처분을 한 후 국적국의 정치적 상황이 변화하였다고 하여 처분의 적법 여부가 달라지는 것은 아니다. 따라서 난민 인정을 받은 외국인에 대해 그 국적국의 정치적 상황이 변화하였음을 이유로 그 인정 처분을 취소할 수 있음은 별론으로 하고, 피고가 원고에 대해 난민 인정을 불허하는 이 사건 처분을 한 이후 원고의 국적국인 콩고의 정치적 상황이 변화하였음을 이유로 이 사건 처분이 적법하다는 피고의 상고이유 주장은 받아들일 수 없다(대판 2008.7.24. 2007두3930 판결)

[2] 행정청이 수익적 행정처분을 하면서 부가한 부담의 위법 여부는 처분 당시 법령을 기준으로 판단하여야 하고, 부담이 처분 당시 법령을 기준으로 적법하다면 처분 후 부담의 전제가 된 주된 행정처분의 근거 법령이 개정됨으로써 행정청이 더 이상 부관을 붙일 수 없게 되었다 하더라도 곧바로 위법하게 되거나 그 효력이 소멸하게 되는 것은 아니다. 따라서 행정처분의 상대방이 수익적 행정처분을 얻기 위하여 행정청과 사이에 행정처분에 부가할 부담에 관한 협약을 체결하고 행정청이 수익적 행정처분을 하면서 협약상의 의무를 부담으로 부가하였으나 부담의 전제가 된 주된 행정처분의 근거 법령이 개정됨으로써 행정청이 더 이상 부관을 붙일 수 없게 된 경우에도 곧바로 협약의 효력이 소멸하는 것은 아니다(대판 2009.2.12. 2005다65500).

행정처분의 위법 여부를 판단하는 기준 시점이 처분시라는 의미

[1] 행정처분의 위법 여부를 판단하는 기준 시점에 대하여 판결시가 아니라 처분시라고 하는 의미는 행정처분이 있을 때의 법령과 사실상태를 기준으로 하여 위법 여부를 판단할 것이며 처분 후 법령의 개폐나 사실상태의 변동에 영향을 받지 않는다는 뜻이지 처분 당시 존재하였던 자료나 행정청에 제출되었던 자료만으로 위법 여부를 판단한다는 의미는 아니므로 처분 당시의 사실상태 등에 대한 입증은 사실심 변론종결 당시까지 할 수 있고, 법원은 행정처분 당시 행정청이 알고 있었던 자료뿐만 아니라 사실심 변론종결 당시까지 제출된 모든 자료를 종합하여 처분 당시 존재하였던 객관적 사실을 확정하고 그 사실에 기초하여 처분의 위법 여부를 판단할 수 있다(대판 1995.11.10. 95누8461).

[2] 구 재건축초과이익 환수에 관한 법률 제20조가 공제할 개발비용의 산정에 필요한 자료의 제출기한을 규정하고 있고, 같은 법 제24조가 그 제출을 게을리한 자에 대하여 과태료를 부과하는 규정을 두고 있기는 하나, 구 재건축이익환수법이 위와 같이 개발비용을 뒷받침할 자료의 제출기한을 규정한 취지는 재건축부담금의 신속한 산정 및 부과를 통한 행정의 원활한 수행을 보장하고자 함에 있을 뿐, 이미 부과된 재건축부담금의 적법 여부를 다투는 항고소송에서 개발비용의 산정에 반영할 수 있는 증명자료의 범위를 제한하려는 것이라고 해석할 수는 없다. 따라서 납부의무자가 개발비용 공제를 위한 자료의 제출기한이 지나도록 관련 자료를 제출하지 않았더라도, 구 재건축이익환수법 제24조에 따라 해태기간에 비례한 과태료가 부과되는 것을 넘어서 재건축부담금 부과처분을 다투는 항고소송에서까지 그 자료를 증거로 제출할 수 없게 되는 것은 아니다(대판 2023.12.28. 2020두49553).

[3] 자동차운수사업법에 의한 개인택시 운송사업면허는 특정인에게 권리나 이익을 부여하는 행정행위로서 법령에 특별한 규정이 없으면 행정청의 재량에 속하는 것이고, 그 면허를 위하여 정하여진 순위 내에서의 운전경력 인정방법에 관한 기준을 설정하는 것 역시 행정청의 재량이므로, 그 설정된 기준이 객관적으로 합리적이 아니라거나 타당하지 않다고 볼만한 다른 특별한 사정이 없는 이상 이에 기하여 운전경력을 산정한 것을 위법하다고 할 수는 없다 할 것인데, "1993년도 개인택시운송사업면허지침"에서 운전경력을 산정함에 있어서 경력증명의 추가보완을 금하고 제출된 서류만으로 심사하도록 하였음에도 불구하고 원고가 이 사건 개인택시운송사업면허를 신청함에 있어서 위 ○○○○택시 운전경력을 주장하였거나 그 운전경력증명서를 제출하지 아니하였음이 분명한 이상, 이 사건 면허신청시 제출되지 아니한 운전경력에 관한 새로운 자료를 제출하여 이 사건 행정처분이 위법하다고 주장할 수는 없다(대판 1995.11.10. 95누8461).

[4] 과세처분취소소송의 소송물은 과세관청이 결정한 세액의 객관적 존부이므로, 과세관청으로서는 소송 도중 사실심 변론종결시까지 당해 처분에서 인정한 과세표준 또는 세액의 정당성을 뒷받침할 수 있는 새로운 자료를 제출하거나 처분의 동일성이 유지되는 범위 내에서 그 사유를 교환·변경할 수 있는 것이고, 반드시 처분 당시의 자료만에 의하여 처분의 적법 여부를 판단하여야 하거나 처분 당시의 처분사유만을 주장할 수 있는 것은 아니다(대판 2014.5.16. 2013두21076).

(4) 검토

원칙적으로 처분시설이 타당하다. 판결시설을 따를 경우 행정의 적법성 통제라는 취소소송의 목적에 반하는 것은 물론 판결의 지연에 따라 결과가 달라지는 불합리가 발생할 수 있기 때문이다. 처분시설을 일관할 경우 처분 이후의 사정변경에 의해 또다시 동일한 처분을 할 수 있는 경우 절차경제에 문제가 있다는 지적이 있지만, 개인의 권익 구제의 관점에서 처분시설을 따르는 것이 보다 타당하다.

3. 신청에 의한 처분의 위법판단의 기준시점

(1) 행정기본법 규정 내용

당사자의 신청에 따른 처분은 법령등에 특별한 규정이 있거나 처분 당시의 법령등을 적용하기 곤란한 특별한 사정이 있는 경우를 제외하고는 처분 당시의 법령등에 따른다(행정기본법 제14조 제2항).

여기에서 "법령등에 특별한 규정"이 있는 예로는, 국세기본법 제18조에 따라 경정청구에 대응하는 과세처분의 경우 처분 시점의 세법이 아니라 납세의무 성립시점의 세법을 적용하는 경우가 있다. 그리고 "처분 당시의 법령등을 적용하기 곤란한 특별한 사정"이 있는 예로는, 신청을 수리하고도 정당한 이유 없이 처리를 늦추어 그 사이에 법령 및 허가기준이 변경된 경우에는 당사자의 신뢰보호를 위해 처분 당시의 변경된 법령을 적용하기 곤란한 경우가 있다(대판 2006.8.25. 2004두2974).

(2) 학설

① **처분시설**: 행정청은 신청시가 아닌 처분 당시의 법령과 사실관계를 기초로 위법 여부를 판단하여 처분을 할지 여부를 결정한다. 따라서 신청 당시에는 허가 등의 요건을 갖추었더라도 그 후 허가 등이 있기 전에 법령과 사실상태의 변경으로 허가 등의 요건을 갖추지 못하게 되면 행정청은 허가 등을 거부하여야 한다. 그 반대의 경우도 마찬가지이다.

② **판결시설**: 이 견해로는 ㉠ 처분시설을 취하게 되면, 거부처분에 대한 인용판결이 내려져도 처분청이 처분 후의 사정변경(예 거부처분을 가능하게 하는 법령개정)을 이유로 다시 거부처분을 할 수 있게 되어 인용판결이 권리구제에 기여하지 못한고 인용판결 후의 새로운 거부처분에 대하여 다시 소송이 제기되어 소송경제에 반한다는 견해, ㉡ 인용판결은 행정소송법 제30조 제2항과 결부하여 행정청에게 신청에 따른 처분의무를 부과한다는 점에서 실질적으로 의무이행소송과 유사한 성격을 가진다는 전제하에, 거부처분이 거부처분시를 기준으로 적법한 경우에도 사정변경에 의해 판결시를 기준으로 위법하면 인용판결을 하게 된다는 견해가 있다.

(3) 판례

판례는 "행정행위는 처분 당시에 시행중인 법령과 허가기준에 의하여 하는 것이 원칙이고, 인·허가신청 후 처분 전에 관계 법령이 개정 시행된 경우 신법령 부칙에 그 시행 전에 이미 허가신청이 있는 때에는 종전의 규정에 의한다는 취지의 경과규정을 두지 아니한 이상 당연히 허가신청 당시의 법령에 의하여 허가 여부를 판단하여야 하는 것은 아니며, 소관 행정청이 허가신청을 수리하고도 정당한 이유 없이 처리를 늦추어 그 사이에 법령 및 허가기준이 변경된 것이 아닌 한 변경된 법령 및 허가기준에 따라서 한 불허가처분은 위법하다고 할 수 없다."(대법 2005.7.29. 2003두3550)고 한다. 여기서 '정당한 이유 없이 처리를 지연하였는지'는 법정 처리기간이나 통상적인 처리기간을 기초로 당해 처분이 지연되게 된 구체적인 경위나 사정을 중심으로 살펴 판단하되, 개정 전 법령의 적용을 회피하려는 행정청의 동기나 의도가 있었는지, 처분지연을 쉽게 피할 가능성이 있었는지 등도 아울러 고려할 수 있다(대판 2023.2.2. 2020두43722).

(4) 검토

행정기본법 제14조의 규정처럼 법령등에 특별한 규정이 있거나 처분 당시의 법령등을 적용하기 곤란한 특별한 사정이 있는 경우를 제외하고는 처분 당시의 법령을 기준으로 하는 것이 법 적용의 기준을 명확하게 하여 국민의 법 적용에 대한 예측가능성과 법적 안정성 제고에 바람직하다.

4. 제재적 처분의 위법 판단 기준시

(1) 행정기본법 규정 내용

법령등을 위반한 행위의 성립과 이에 대한 제재처분은 법령등에 특별한 규정이 있는 경우를 제외하고는 법령등을 위반한 행위 당시의 법령등에 따른다. 다만, 법령등을 위반한 행위 후 법령등의 변경에 의하여 그 행위가 법령등을 위반한 행위에 해당하지 아니하거나 제재처분 기준이 가벼워진 경우로서 해당 법령등에 특별한 규정이 없는 경우에는 변경된 법령등을 적용한다(행정기본법 제14조 제3항).

(2) 제재적 처분의 대상행위에 대한 위법판단의 기준시점

제재적 처분의 대상행위에 대한 위법판단의 기준시점은 행위시이다. 소급입법금지의 원칙에 따라 제재 여부와 제재기준은 행위시를 기준으로 판단하여야 하고 도중에 법령이 개정되었다고 하더라도 개정된 법령에 의할 수 없다. 예컨대 개업공인중개사의 전세계약서 작성 당시 위반행위에 대한 제재처분은 그 행위 당시 시행되던 구 공인중개사법에 따라야 한다(대판 2023.2.23. 2022두57381).

그런데 법령이 위반행위자에게 유리하게 개정된 경우, 종래 판례는 "정당한 절차에 의하지 않고 구두에 의한 하도급계약을 체결하여 공사를 시작한 때에 건설업법 제34조 제3항의 위반행위를 범한 것이 되니 그 위반행위를 이유로 한 행정상의 제재처분(행위 당시에는 필요적 취소사유)을 하려면 그 위반행위 이후 법령의 변경에 의하여 처분의 종류를 달리(영업정지 사유로) 규정하였다 하더라도 그 법률적용에 관한 특별한 규정이 없다면 위반행위 당시에 시행되던 법령을 근거로 처분을 하여야 마땅하다."(대판 1983.12.13. 83누383)라고 하여 변경전 행위시를 기준으로 함이 원칙이라 하였으나, 신설된 행정기본법은 변경된 법령을 적용하는 것으로 명확히 하였다.

(3) 제재적 처분 자체의 위법판단의 기준시점

제재적 처분 자체의 위법판단도 처분시를 기준으로 한다. 따라서, 과징금 납부명령 등이 재량권 일탈·남용으로 위법한지는 다른 특별한 사정이 없는 한 과징금 납부명령 등이 행하여진 '의결일' 당시의 사실상태를 기준으로 판단하여야 한다(대판 2015.5.28. 2015두36256).

한편, 여러 처분사유로 하나의 제재처분을 하였을 때 그중 일부가 인정되지 않는다고 하더라도 나머지 처분사유들만으로도 처분의 정당성이 인정되는 경우에는 그 처분을 위법하다고 보아 취소하여서는 아니 된다(대판 2020.5.14. 2019두63515).

04 처분사유의 추가·변경(사후변경)

1. 의의

처분사유의 추가·변경(또는 사후변경)이란 소송의 계속중에 그 대상처분의 사유를 추가하거나 잘못 제시된 사실상·법률상 근거를 변경하는 것을 말한다. 예컨대, A가 건축허가를 신청하였으나 용도구역제 부적합을 이유로 거부되자 A가 거부처분의 취소소송을 제기하였는데, 소송절차에서 피고행정청이 소방기본법상 화재예방관련규정의 위반으로 변경하는 경우가 이에 해당한다.

행정청이 문서에 의하여 처분을 한 경우 처분서의 문언이 불분명하다는 등의 특별한 사정이 없는 한, 문언에 따라 어떤 처분을 하였는지를 확정하여야 한다. 처분서의 문언만으로도 행정청이 어떤 처분을 하였는지가 분명한데도 처분 경위나 처분 이후의 상대방의 태도 등 다른 사정을 고려하여 처분서의 문언과는 달리 다른 처분까지 포함되어 있는 것으로 확대해석해서는 안 된다(대판 2016.10.13. 2016두42449). 그런데 처분청이 처분을 할 당시에 내세우는 처분사유는 객관적으로 사실상의 기초가 흠결되어 있기도 하고 법령의 적용을 그르친 경우도 있을 수 있다. 이처럼 처분 당시에 내세운 행정청의 주관적인 처분

사유와 객관적인 사실상태 등이 다른 경우 처분청이 사후에 소송과정에서 보다 적절한 처분사유를 추가하거나 기존 처분사유를 변경할 수 있는지의 문제가 있다.

2. 구별개념

이유제시 하자의 치유	처분시에 이유제시가 전혀 이루어지지 않았거나 법령상 요구되는 정도로 이루어지지 않은 하자가 있어 이를 사후에 치유하는 것을 말한다. 이유제시 하자의 치유는 절차적 위법성을 치유하는 것이나, 처분사유의 추가·변경은 실체법상 적법성의 주장에 관한 소송법상의 행위이다. 처분사유의 추가·변경은 소송계속중에 하는 것이나, 하자의 치유는 소송절차와 무관한 것이며 판례에 따르면 상대방이 행정쟁송을 제기하기 전에 해야 한다.
처분의 위법성판단의 기준시	처분등이 행하여진 뒤에 당해 처분등의 근거법령이 개폐되거나 사실상태가 변화된 경우에, 법원은 어느 시점을 기준으로 처분 등의 위법성을 판단하여야 하는지의 문제이다.
하자 있는 행정행위의 전환	하자 있는 행위를 새로운 행정행위로 대체하여 처분의 동일성이 유지되지 못하는 경우를 말한다.
사정판결	소송법상 특별한 제도로서 청구이유가 있으나 위법성이 유지된다. 사정판결사유는 처분시 존재하던 사유이거나 처분 이후의 사유인데 반하여, 처분사유의 추가·변경에서의 처분사유는 처분시의 사유이다.

3. 허용시의 장단점

만약 처분사유의 사후변경을 인정하지 아니한다면, 원고는 당초 제시되었던 처분사유에 집중하여 취소소송에서의 방어권을 두텁게 보장받는 대신 취소판결의 기속력이 위법한 것으로 판단된 개개의 처분사유에 대해서만 미치는 결과(대판 1991.8.9. 90누7326), 원고가 승소판결을 받고 그 판결이 확정되더라도 피고 행정청은 다른 사유로 새로운 처분을 할 수 있게 된다.

반대로 처분사유의 사후변경을 제한 없이 인정하면, 소송경제 내지 분쟁의 일회적 해결에는 도움이 될 수 있으나, 원고의 공격·방어방법의 보장에 치명적인 결함을 초래하는 경우가 있을 수 있다. 따라서 그 조화로운 해결이 요청된다.

4. 허용 가능성

행정청은 사실심 변론을 종결할 때까지 당초의 처분사유와 기본적 사실관계가 동일한 범위 내에서 처분사유를 추가 또는 변경할 수 있다(행정소송규칙 제9조).

위와 같은 행정소송규칙이 시행(2023.8.31)되기 전부터, 행정소송의 계속 중에 처분의 근거변경을 허용할 것인가에 대하여 긍정설(취소소송의 소송물을 행정처분의 위법성일반으로 보는 입장), 부정설(취소소송의 소송물을 그 처분사유에서 특정된 처분의 위법성으로 보는 입장), 제한적 긍정설(계쟁처분의 본질을 해하지 않음과 동시에 소송당사자의 공격·방어권을 침해하지 않은 범위 내에서만 인정된다는 견해), 개별적 결정설 등이 대립했었다. 이 가운데 개별적 결정설은 거부행위, 기속행위, 재량행위, 제재적 처분 등 처분의 유형 및 소송의 유형에 따라 허용범위를 달리해야 한다는 견해이다. 이에 따르면 거부행위의 경우 분쟁의 일회적 해결을 위하여 제재적 처분에서보다 처분사유의 추가·변경이 넓게 인정되어야 하고, 법원의 심사권이 넓게 인정되는 기속행위는 분쟁의 일회적 해결을 위해서 재량행위보다 처분사유의 추가·변경이 넓게 인정되어야 한다.

대법원은 "행정처분 취소소송에 있어서는 실질적 법치주의와 행정처분의 상대방인 국민에 대한 신뢰보호라는 견지에서 처분청은 당초의 처분사유와 기본적 사실관계에 있어서 동일성이 인정되는 한도내에서만 새로운 처분사유를 추가하거나 변경할 수 있고 기본적 사실관계와 동일성이 전혀 없는 별개의 사실을 들어 처분사유로서 주장함은 허용되지 아니하며 법원으로서도 당초 처분사유와 기본적 사실관계의 동일성이 없는 사실은 처분사유로 인정할 수 없고"(대판1987.7.21. 85누694), "추가 또는 변경된 사유가 처분 당시에 이미 존재하고 있었다거나 당사자가 그 사실을 알고 있었다고 하여 당초의 처분사유와 동일성이 있다고 할 수 없다."(대판 2011.11.24. 2009두19021)고 한다.

대법원은 최근 "기존의 처분사유와 기본적 사실관계가 동일하지 않은 사유를 처분사유로 추가·변경한 것에 대하여 처분상대방이 추가·변경된 처분사유의 실체적 당부에 관하여 해당 소송 과정에서 심리·판단하는 것에 명시적으로 동의하는 경우"에는 예외적으로 이를 허용할 수 있다고 판시하였다(대판 2024.11.28. 2023두61349).

판례

기본적 사실관계가 동일하지 않은 사유를 처분사유로 추가·변경한 것에 대하여 처분상대방이 추가·변경된 처분사유의 실체적 당부에 관하여 해당 소송 과정에서 심리·판단하는 것에 명시적으로 동의하는 경우

처분청이 거부처분에 대한 항고소송에서 기존의 처분사유와 기본적 사실관계가 동일하지 않은 사유를 처분사유로 추가·변경한 것에 대하여 처분상대방이 추가·변경된 처분사유의 실체적 당부에 관하여 해당 소송 과정에서 심리·판단하는 것에 명시적으로 동의하는 경우에는, 법원으로서는 그 처분사유가 기존의 처분사유와 기본적 사실관계가 동일한지와 무관하게 예외적으로 이를 허용할 수 있다. 처분상대방으로서는 처분청이 별개의 사실을 바탕으로 새롭게 주장하는 처분사유까지 동일 소송절차 내에서 판단을 받음으로써 분쟁을 한꺼번에 해결하는 것을 유효·적절한 수단으로서 선택할 수도 있으므로, 처분상대방의 그러한 절차적 선택을 존중하는 것이 처분사유 추가·변경 제한 법리의 기본취지와도 부합하기 때문이다. 그렇다면 법원은, 처분상대방의 명시적 동의에 따라 처분사유의 추가·변경을 허용할 경우, 추가·변경된 거부처분사유가 당초 거부처분사유와 기본적 사실관계의 동일성이 인정되지 않더라도 처분사유 추가·변경 제한

> 법리에 따라 처분청의 주장을 형식적으로 배척할 것이 아니라 추가·변경된 거부처분사유의 실체적 당부에 관하여 심리·판단해야 한다. … 따라서 처분청이 거부처분에 대한 항고소송에서 당초 거부처분사유와 기본적 사실관계의 동일성이 인정되지 않는 다른 거부처분사유를 주장한 것에 대하여 처분상대방이 아무런 의견을 밝히지 않고 있다면 법원은 적절하게 석명권을 행사하여 처분상대방에게 처분사유 추가·변경 제한 법리의 원칙이 그대로 적용될 것을 주장하는지, 아니면 추가·변경된 거부처분사유의 실체적 당부에 관한 법원의 판단을 구하는지에 관하여 의견을 진술할 수 있도록 기회를 주어야 한다(대판 2024.11.28. 2023두61349).

5. 처분사유의 추가·변경의 한계

(1) 기본적 사실관계의 동일성

① 근거

처분사유의 추가·변경을 기본적 사실관계에 있어서의 동일성이 유지되는 한도 내에서만 인정하는 것은 이유제시제도의 취지 및 행정처분의 상대방인 국민에 대한 신뢰보호 및 행정처분 상대방의 방어권 보장을 위함이다(대판 2003.12.11. 2001두8827). 따라서 행정청이 처분사유를 추가하거나 변경할 때 처분의 상대방의 방어권이 중대하게 침해되거나 그 상대방에 대한 신뢰가 훼손되는 경우라면 처분사유의 추가·변경을 허용해서는 안된다.

② 판단기준

기본적 사실관계의 동일성 여부는 처분사유를 법률적으로 평가하기 이전의 구체적인 사실에 착안하여 그 기초가 되는 사회적 사실관계가 기본적인 면에서 동일한지 여부에 따라 판단한다(대판 1988.1.19. 87누603).

③ 법적 근거의 변경

처분의 법적 근거가 변경됨으로써 처분의 사실관계가 변경되고, 사실관계의 기본적 동일성이 인정되지 않는 경우에는 처분의 법적 근거의 변경이 인정되지 않는다(대판 2001.3.23. 99두6392). 반대로 처분사유를 추가·변경하는 것으로 보이는 경우에도 구체적 사실을 변경하지 않는 범위 내에서 단지 그 처분의 근거법령만을 추가·변경하는 경우(대판 2008.2.28. 2007두13791)와 당초 처분사유를 구체화하는 것에 불과한 경우(대판 1989.7.25. 88누11926)에는 새로운 처분사유를 추가·하는 것에 해당하지 않는다고 본다.

④ 비판론

㉠ 판례가 처분사유의 추가·변경 허용범위를 좁게 본다는 비판

판례는 소송경제를 희생해서라도 절차적 정의를 실현한다는 것에 치우쳐 처분사유의 추가·변경을 극히 제한적으로 허용한다는 시각이 있다. 예컨대 거부처

분의 경우 판례의 견해를 따르게 되면 원고가 승소확정판결을 받고서도 행정청이 동일성이 인정되지 않는 사유를 들어 다시 거부처분(재처분)을 하면, 위 승소판결로는 아무런 구제를 받을 수 없게 되고, 권리구제의 실효성과 분쟁의 1회적 해결이라는 측면에서 문제가 있다는 것이다. 거부처분에 있어 규율의 핵심은 신청대상인 수익처분의 발급거부에 있고, 그 거부사유들은 그 규율을 위한 수단에 불과하므로, 이 경우 처분사유의 추가·변경은 모든 법규상 또는 재량에 의한 거부사유들에 대해서 허용된다고 본다.

급변하는 사회적·경제적 현실에서 신속하게 분쟁을 매듭짓고 종국적인 권리구제를 바라는 요구도 높아가고 있으므로, 행정절차와 소송절차에서 절차적 정의를 실현할 수 있도록 제도적 장치를 보완할 것을 조건으로 판례의 태도를 보완할 필요가 있다고 주장되기도 한다.

㉡ 기본적 사실관계의 동일성 판단에 대한 비판 사례

아래 사례들은 판례의 문제점에 대한 제기이면서, 한편으로는 위와 같은 판례이론이 수정·적용되고 있는 사례라고 소개되는 것들이다(임영호, 하명호, 박균성, 박정훈).

ⓐ 판례는 당초의 정보공개거부처분사유인 공공기관의정보공개에관한법률 제9조 제1항 제4호(재판·범죄수사 등 관련정보) 및 제6호(개인에 관한 정보)의 사유는 새로이 추가된 같은 항 제5호(일반 행정업무 수행정보)의 사유와 기본적 사실관계의 동일성이 인정되지 않는다고 판시하였다(대판 2003.12.11. 2001두8827). 그러나 제4호 소정의 "그 직무수행을 현저히 곤란하게 한다고 인정할 만한 상당한 이유가 있는 정보"와 제5호 소정의 "업무의 공정한 수행에 현저한 지장을 초래한다고 인정할 만한 상당한 이유가 있는 정보"는 기본적 사실관계의 동일성이 없다고 할 정도로 내용상의 큰 차이가 있는 것은 아니라는 견해가 있다.

ⓑ 판례는 도로의 무단점용에 대해 도로법에 의한 변상금 부과처분을 하였다가 처분의 근거를 국유재산법과 공유재산법으로 변경한 것은 처분의 동일성을 인정할 수 없는 별개의 처분을 하는 것과 다름 없어 허용될 수 없다고 판시하였다(대판 2011.5.26. 2010두28106). 그러나 처분의 동일성은 통설·판례에 따르면 처분의 주체, 상대방, 일시, 처분의 주문을 기준으로 판별되어야 한다는 점에서, 근거법령이 바뀐다고 해서 양 처분이 서로 다른 것으로 평가되지 않을 수도 있다는 견해가 있다.

ⓒ 판례는 독점규제 및 공정거래에 관한 법률에서 가격차별을 사유로 하는 시정조치와 불이익제공을 사유로 하는 시정조치는 별개의 처분이라 할 것이므

로, 가격차별의 사유를 불이익제공을 사유로 하는 시정조치의 적법성의 근거 사유로 삼을 수 없다고 하였다(대판 2005.12.8. 2003두5327). 그러나 가격차별을 통하여 불이익제공을 하였다는 동일한 사실관계에 대하여 적용법조를 달리한다는 이유만으로 기본적 사실관계의 동일성을 인정하지 않은 판례라는 견해가 있다.

ⓓ 판례는 지입제 경영을 필요적 면허취소사유(기속행위)로 한 법령이 위헌결정되자 임의적 면허취소(재량행위)로 처분의 법령상 근거를 변경한 사례에서 기본적 사실관계가 동일하다는 이유로 처분의 추가·변경을 허용하였다(대판 2005.3.10. 2002두9285). 그러나 이는 i) 재량고려사항도 청문절차에서 다루어졌어야 할 것이나 그럴 기회가 없었다는 점, ii) 원고는 처분사유의 변경으로 말미암아 지금까지 아무런 준비가 되어 있지 않던 재량판단의 문제에 대하여 방어를 하여야 하므로 방어권의 침해가 발생하였다는 점에서, 기본적 사실관계의 동일성뿐 아니라 상대방의 방어권 등 절차적 권리 보장의 요소도 종합적으로 판단해야 한다는 견해가 있다.

ⓔ 판례는 징계처분이나 제재처분의 경우에는 징계사유(비위사실)나 제재사유(법 위반사실)가 변경되면 내용의 변경이 없어도 처분이 변경되는 것으로 보고 기본적 사실관계가 동일하지 않다고 한다(대판 1983.10.25. 83누396). 그러나 징계처분사유와 동일성을 가지는 범위 내에서는 처분사유의 추가가 인정될 수 있다는 견해가 있다. 그리고 판례는 제재처분의 재량고려사항은 처분사유가 아닌 것으로 보는데, 재량고려사항을 제재처분사유로 보면서 재량고려사항의 추가·변경을 인정하는 견해도 있다. 다른 견해로는, 기본적 사실관계의 동일성 이론에 따르면 예컨대 교사가 여학생에게 적절치 않은 문자메시지를 수회 송신하여 언어적 성희롱을 하였다는 이유로 징계처분하였고 제1심이 평균적인 사람으로 하여금 성적 굴욕감 또는 혐오감을 느끼게 하는 성적 언동에 해당하지 않아 징계사유가 인정되지 않았다고 판단하였는데, 제2심에서 교원으로서의 품위손상 행위를 한 것을 가지고 기본적 사실관계의 동일성이 인정된다는 이유로 처분사유의 추가변경을 허용하여 징계사유로 판단한다면 원고에 대해 심대한 방어권을 침해할 수도 있으므로, 종전 판례의 기본적 사실관계의 동일성 이론은 수정·적용되고 있다고 한다.

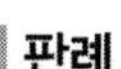

판례

기본적 사실관계가 동일하다고 한 사례

[1] 토지형질변경 불허가처분의 당초의 처분사유인 국립공원에 인접한 미개발지의 합리적인 이용대책 수립시까지 그 허가를 유보한다는 사유와 그 처분의 취소소송에서 추가하여 주장한 처분사유인 국립공원 주변의 환경·풍치·미관 등을 크게 손상시킬 우려가 있으므로 공공목적상 원형유지의 필요가 있는 곳으로서 형질변경허가 금지 대상이라는 사유는 기본적 사실관계에 있어서 동일성이 인정된다(대판 2001.9.28. 2000두8684).

[2] 주택신축을 위한 산림형질변경허가신청에 대하여 행정청이 거부처분을 하면서 당초 거부처분의 근거로 삼은 준농림지역에서의 행위제한이라는 사유와 나중에 거부처분의 근거로 추가한 자연경관 및 생태계의 교란, 국토 및 자연의 유지와 환경보전 등 중대한 공익상의 필요라는 사유는 기본적 사실관계에 있어서 동일성이 인정된다(대판 2004.11.26. 2004두4482).

[3] 행정청이 폐기물처리사업계획 부적정 통보처분을 하면서 그 처분사유로 사업예정지에 폐기물처리시설을 설치할 경우 인근 농지의 농업경영과 농어촌 생활유지에 피해를 줄 것이 예상되어 농지법에 의한 농지전용이 불가능하다는 사유 등을 내세웠다가, 위 행정처분의 취소소송에서 사업예정지에 폐기물처리시설을 설치할 경우 인근 주민의 생활이나 주변 농업활동에 피해를 줄 것이 예상되어 폐기물처리시설 부지로 적절하지 않다는 사유를 주장한 경우에, 두 처분사유는 모두 인근 주민의 생활이나 주변 농업활동의 피해를 문제삼는 것이어서 기본적 사실관계가 동일하므로, 행정청은 위 행정처분의 취소소송에서 후자의 처분사유를 추가로 주장할 수 있다(대판 2006.6.30. 2005두364).

[4] 외국인 갑이 법무부장관에게 귀화신청을 하였으나 법무부장관이 심사를 거쳐 '품행 미단정'을 불허사유로 국적법상의 요건을 갖추지 못하였다며 신청을 받아들이지 않는 처분을 하였는데, 법무부장관이 갑을 '품행 미단정'이라고 판단한 이유에 대하여 제1심 변론절차에서 자동차관리법위반죄로 기소유예를 받은 전력 등을 고려하였다고 주장하였다가 원심 변론절차에서 불법 체류한 전력이 있다는 추가적인 사정까지 고려하였다고 주장한 사안에서, 법무부장관이 처분 당시 갑의 전력 등을 고려하여 갑이 구 국적법 제5조 제3호의 '품행단정' 요건을 갖추지 못하였다고 판단하여 처분을 하였고, 그 처분서에 처분사유로 '품행 미단정'이라고 기재하였으므로, '품행 미단정'이라는 판단 결과를 위 처분의 처분사유로 보아야 하는데, 법무부장관이 원심에서 추가로 제시한 불법 체류 전력 등의 제반 사정은 불허가처분의 처분사유 자체가 아니라 그 근거가 되는 기초 사실 내지 평가요소에 지나지 않으므로, 법무부장관이 이러한 사정을 추가로 주장할 수 있다고 한 사례 - 귀화신청인이 국적법 제5조 각호에서 정한 귀화요건을 갖추지 못한 경우 법무부장관은 귀화 허부에 관한 재량권을 행사할 여지 없이 귀화불허처분을 하여야 한다(대판 2018.12.13. 2016두31616).

[5] 피고가 이 사건 건축허가 신청에 대하여 이 사건 공유수면이 포락지로서 현 상태로는 건축부지로 이용이 불가하여 건축허가신청을 반려한 취지는 피고가 모든 건축허가기준에 따라 검토한 결과 그 허가기준에 맞지 아니하여 반려한다는 것으로 이해되므로, 피고가 이 사건에서 구 공유수면관리법 제5조 제2항과 같은법 시행령 제5조 제1항에 따라 허가될 수 있는 건축물에 해당하지 아니한다는 것으로 처분사유를 추가하는 것은 그 처분의 사유를 구체적으로 표시하는 것이지 당초의 처분사유와 기본적 사실관계와 동일성이 없는 별개의 또는 새로운 처분사유를 추가하거나 변경하는 것이라고 할 수는 없다(대판 2004.5.28. 2002두5016).

[6] 석유판매업허가신청에 대하여 "주유소 건축 예정 토지에 관하여 도시계획법 제4조 및 구 토지의형질변경등행위허가기준등에관한규칙에 의거하여 행위제한을 추진하고 있다."는 당초의 불허가처분사유와 항고소송에서 주장한 위 신청이 토지형질변경허가의 요건을 갖추지 못하였다는 사유 및 도심의 환경보전의 공익상 필요라는 사유는 기본적 사실관계의 동일성이 있다(대판 1999.4.23. 97누14378).

[7] 피고가 당초 이 사건 처분의 근거와 이유로 삼은 사유, 즉 이 사건 신청지를 비롯한 전체 공유수면매립지에 대한 도시계획수립 등 향후 토지이용계획에 대한 검토가 이루어질 때까지 건축허가결정을 유보한다고 한 것은, 만약 이 사건 신청지를 비롯한 일대의 토지이용계획이 구체적으로 결정되지 않은 상태에서 이 사건 연습장을 먼저 건축할 경우 장차 주변지역의 토지이용실태나 주변환경 또는 경관과 조화를 이루지 못할 우려가 있다는 의미를 내포하고 있다고 볼 수 있고, 따라서 비록 피고가 이 사건 처분 당시 구체적인 근거법령을 명시하지는 않았다고 하더라도, 피고는 이미 제4호에 저촉된다는 점을 이 사건 처분의 근거와 이유로 삼은 것으로 볼 수 있다 할 것이다. 나아가, 당초의 처분사유와 피고가 이 사건 소송에서 새로 추가한 처분사유는, 그 내용이 모두 이 사건 신청지가 공유수면매립 과정에서 형성된 이 사건 호수에 인접하여 있다는 점을 공통으로 하고 있을 뿐만 아니라, 그 취지도 주변환경과 관련한 도시계획 내지 주변경관의 보전 등 중대한 공익상의 필요가 있어 건축허가를 불허한다는 것으로서, 기본적 사실관계의 동일성이 인정된다고 할 것이며, 피고가 이 사건 소송에서 주장하는 처분사유는 당초의 처분사유를 구체화하는 것에 불과하여 이를 처분사유의 추가나 변경이라고 볼 것은 아니라고 할 것이다(대판 2006.10.13. 2005두10446).

[8] 甲이 '사실상의 도로'로서 인근 주민들의 통행로로 이용되고 있는 토지를 매수한 다음 2층 규모의 주택을 신축하겠다는 내용의 건축신고서를 제출하였으나, 구청장이 '위 토지가 건축법상 도로에 해당하여 건축을 허용할 수 없다'는 사유로 건축신고수리 거부처분을 하자 甲이 처분에 대한 취소를 구하는 소송을 제기하였는데, 1심법원이 위 토지가 건축법상 도로에 해당하지 않는다는 이유로 甲의 청구를 인용하는 판결을 선고하자 구청장이 항소하여 '위 토지가 인근 주민들의 통행에 제공된 사실상의 도로인데, 주택을 건축하여 주민들의 통행을 막는 것은 사회공동체와 인근 주민들의 이익에 반하므로 갑의 주택 건축을 허용할 수 없다'는 주장을 추가한 사안에서, 당초 처분사유와 구청장이 원심에서 추가로 주장한 처분사유는 위 토지상의 사실상 도로의 법적 성질에 관한 평가를 다소 달리하는 것일 뿐, 모두 토지의 이용현황이 '도로'이므로 거기에 주택을 신축하는 것은 허용될 수 없다는 것이므로 기본적 사실관계의 동일성이 인정된다(대판 2019.10.31. 2017두74320).

[9] 피고가 당초 이 사건 처분의 근거로 삼은 사유들 중 이 사건 농지는 과수원으로 이용되고 있고 원주시지역의 유일한 마을관리관광지로서 원주시민의 휴식처로 제공되고 있으며 국립공원 인접지여서 자연경관의 훼손이 우려된다는 점은, 이 사건 농지전용허가신청을 불허가할 위에서 본 국토 및 자연의 유지와 환경의 보전 등 중대한 공익상 필요가 있는 경우에 해당하는 사유가 있다는 취지로 이해할 수 있고, 또한 피고가 이 사건 소송에서 추가하여 주장하는 이 사건 농지의 인접 임야들이 산림훼손 제한지역으로 지정되어 있다는 사유는 이 사건 농지에 인접하여 있는 주위 토지의 상황에 관한 구체적인 사정으로서 피고가 당초 이 사건 처분의 근거로 삼은 위와 같은 공익상 필요라는 사유와 기본적 사실관계에 있어서 동일성이 인정된다(대판 2000.5.12. 98두15382).

[10] 이 사건 건물의 용도를 변경하려면 원고가 관리기관인 한국산업단지공단과 새로운 입주계약을 체결하여야 한다는 사실은 입주자가 개별적으로 공장의 용도를 변경하는 것이 불가하다는 당초의 처분사유를 구체적으로 설명한 것에 불과하여 그 기본적 사실관계가 동일하다고 볼 수 있고, 또한 구분소유자들의 동의를 받아야 한다는 사실과 대표위원회의 의결 또는 그 의결을 거쳐 입주자 총회의 의결을 받아야 한다는 사실은 비록 동의율에 다소 차이가 있더라도 기본적 사실관계가 동일하다고 볼 수 있다는 이유로 이 사건 처분 사유의 변경이 당초 처분의 근거로 삼은 사유와 기본적 사실관계가 동일성이 있다고 인정되는 한도 내에서 이루어진 것이다(대판 2013.10.11. 2012두24825).

[11] 피고는 '원고가 2011. 8. 8.부터 2011. 11. 24.까지 폐수처리에 필요하지 아니한 배관을 설치하여 배출허용기준을 초과한 수질오염물질을 배출하였다'는 사유(이하 '당초 처분사유')로 이 사건 영업정지처분을 한 사실, 피고는 원심에 이르러, '원고가 위반행위 기간 중 폭기조에 새로 임시호스와 가지관을 설치하여 폐수를 무단 배출하였다'는 사유(이하 '추가된 처분사유')를 추가로 주장한 사실 등을 알 수 있다. 이러한 사실관계를 앞서 본 법리에 비추어 보면, 원고는 처분사유에 적시된 위반행위 기간 중 정상적인 폐수처리에 필요하지 아니한 배관을 통해 폐수를 무단 배출하였고, 무단 배출할 수 있는 폐수의 양을 증가시킬 의도로 배출의 통로를 변경·확장까지 한 사정을 알 수 있으므로, 원고의 행위는 구 수질수생태계법 제64조 제2항 제3호에 정한 '고의 또는 중대한 과실로 폐수처리영업을 부실하게 한 경우'에 해당한다고 볼 수 있다. 또한 당초 처분사유와 추가된 처분사유를 비교하여 보면, 추가된 처분사유 중 '새로 임시호스와 가지관을 설치하여'라는 부분은 당초 처분사유 중 '폐수처리에 필요하지 아니한 배관을 설치하여'라는 부분을 구체적으로 표시하는 것에 불과하고 당초의 처분사유와 기본적 사실관계와 동일성이 없는 별개의 또는 새로운 처분사유를 추가하는 것이라고 할 수 없다(대판 2015.6.11. 2015두752).

[12] 과세관청이 당초의 부과처분 당시 인정한 사실의 일부에 착오나 오류가 있다 하여도 그 후 인정된 사실이 당초의 과세원인사실과 동일한 사실의 범위 내로서 과세의 기초사실이 달라지는 것은 아니라면 처분의 동일성은 유지된다(대판 1997.2.11. 96누3272).

[13] 행정청이 개발행위허가신청에 대한 불허가처분을 하면서 그 처분서에 불확정개념으로 규정된 법령상의 허가기준 등을 충족하지 못하였다는 취지만을 간략히 기재하였다면, 불허가처분에 대한 취소소송절차에서 행정청은 그 처분을 하게 된 판단 근거나 자료 등을 제시하여 구체적 불허가사유를 분명히 하여야 한다. 이러한 경우 재량행위인 개발행위불허가처분의 효력을 다투는 원고로서는 행정청이 제시한 구체적인 불허가사유에 관한 판단과 근거에 재량권 일탈·남용의 위법이 있음을 밝히기 위하여 소송절차에서 추가적인 주장을 하고 자료를 제출할 필요가 있다(대판 2018.12.27. 2018두49796).

[14] 폐기물 중간처분업체인 甲 주식회사가 소각시설을 허가받은 내용과 달리 물리적으로 무단 증설하거나 물리적 증설 없이 1일 가동시간을 늘리는 등의 방법으로 허가받은 처분능력의 100분의 30을 초과하여 폐기물을 과다소각하였다는 이유로 한강유역환경청장으로부터 과징금 부과처분을 받았는데, 갑 회사가 이를 취소하는 소를 제기하여 … 한강유역환경청장이 '甲 회사는 변경허가를 받지 않은 채 소각시설을 무단 증설하여 과다소각하였으므로 위 법령 위반에 해당한다'고 주장 … 소송에서 새로운 처분사유를 추가로 주장한 것이 아니라, 처분서에 다소 불명확하게 기재하였던 '당초 처분사유'를 좀 더 구체적으로 설명한 것이다.(대판 2020.6.11. 2019두49359).

기본적 사실관계가 동일하지 않다고 한 사례

[1] 이 사건 토지가 제1종 일반주거지역으로 지정된 것은 이 사건 처분 이후에 새로이 발생한 사정으로 당초 처분사유와 기본적 사실관계의 동일성이 있다고 보기 어려워, 피고가 이를 이 사건 처분의 적법 여부를 판단하는 근거로 주장하는 것은 단지 당초 처분사유(46필지 전체를 개발하지 아니한 채 이 사건 토지만을 개발하는 것은 도시미관과 지역여건을 고려하지 아니한 불합리한 계획으로 지역의 균형개발을 저해한다 등)를 보완하는 간접사실을 부가하여 주장하는 데 불과하다고 할 수는 없고 새로운 처분사유의 주장에 해당하여 허용될 수 없다고 할 것이므로, 원심이 이 사건 토지가 제1종 일반주거지역으로 지정된 사실까지 이 사건 처분의 적법 여부를 판단함에 있어서 처분사유를 보완하는 사정으로 고려한 것은 일단 잘못된 것이라고 하겠다(대판 2005.4.15. 2004두10883).

[2] 입찰참가자격을 제한시킨 당초의 처분 사유인 정당한 이유 없이 계약을 이행하지 않은 사실과 항고소송에서 새로 주장한 계약의 이행과 관련하여 관계 공무원에게 뇌물을 준 사실은 기본적 사실관계의 동일성이 없다(대판 1999.3.9. 98두18565).

[3] 원심이 온천으로서의 이용가치, 기존의 도시계획 및 공공사업에의 지장 여부 등을 고려하여 이 사건 온천발견신고수리를 거부한 것은 적법하다는 취지의 피고의 주장에 대하여 아무런 판단도 하지 아니한 것은 소론이 지적하는 바와 같으나 기록에 의하면 그와 같은 사유는 피고가 당초에 이 사건 거부처분의 사유로 삼은 바가 없을 뿐만 아니라 규정온도가 미달되어 온천에 해당하지 않는다는 당초의 이 사건 처분사유와는 기본적 사실관계를 달리하여 원심으로서도 이를 거부처분의 사유로 추가할 수는 없다 할 것이므로 원심이 이 부분에 대하여 판단을 하지 아니하였다 하여도 이는 판결에 영향이 없다(대판 1992.11.24. 92누3052).

[4] 피고가 이 사건 소송에서 추가로 주장한 사유인 '망인의 부상 정도와 원고가 위로금 수급권자인 유족에 해당한다고 인정할 만한 자료가 없다'는 점은 피고가 이 사건 처분의 근거로 삼은 '망인이 대한민국 국적을 갖지 아니한 사람에 해당한다'는 당초의 사유와 기본적 사실관계가 동일하다고 볼 수 없으므로, 원심이 위 추가된 사유까지 처분사유의 하나로 보고 처분의 적법 여부를 판단한 것은 적절하지 않다(대판 2016.1.28. 2011두24675).

[5] 구청위생과 직원인 원고가 이 사건 당구장이 정화구역외인 것처럼 허위표시를 함으로써 정화위원회의심의를 면제하여 허가처분하였다는 당초의 징계사유와 정부문서규정에 위반하여 이미 결제된 당구장허가처분서류의 도면에 상사의 결제를 받음이 없이 거리표시를 기입하였다는 원심인정의 비위사실과는 기본적 사실관계가 동일하지 않다(대판 1983.10.25. 83누396).

[6] 원고가 이 사건 출원당시 불석을 채굴하고 있지 아니하였으며, 이 사건 광구에는 이미 소외인들에 의하여 광업권설정등록이 필하여져 있어서 광업법 규정상 원고에 대하여 새로운 광업권의 설정을 허가할 수 없다는 원심인정의 불허가사유는 피고가 변론에서 이를 새로운 불허가 사유로서 주장한 바도 없을 뿐만 아니라, 이 사건 각 광구가 도시계획지구 등에 해당하여 광물을 채굴함이 공익을 해하므로 광업법 제29조에 의하여 원고의 이 사건 광업권 설정출원을 불허가 하였다는 당초의 처분사유와 그 기본적 사실관계가 동일하다고 볼 수 없다(대판 1987.7.21. 85누694).

[7] 공유수면점용허가 및 공작물설치허가에 붙은 위 1.항에서 본 바와 같은 부관 제6항 및 제7항에 의하여 피고에게 유보된 취소권을 행사하여 위 각 허가를 취소하였음이 분명한 바,

피고가 이 사건 소송에서 위 각 허가의 취소사유로 새로이 주장하는, 원고측의 탈법행위로 인하여 위 각 허가가 되었다거나 이 사건 공유수면이 수도권정비기본계획 대상구역이어서 실질적으로 위 공유수면의 매립을 수반하게 되는 위 각 허가가 위법부당하다는 것 등은, 피고가 당초 위 각 허가취소처분의 근거로 삼은 사유와 기본적 사실관계가 전혀 다른 사유이다(대판 1989.12.8. 88누9299).

[8] 원고의 허가신청에 대하여 피고는 첫째로, 충전소설치예정지의 인근주민들이 충전소설치를 반대하고 둘째로, 위 전라남도 고시에 자연녹지의 경우 충전소의 외벽으로부터 100미터 내에 있는 건물주의 동의를 받도록 되어 있는데 그 설치예정지로부터 80미터에 위치한 전주이씨제각 소유주의 동의가 없다는 이유로 이를 반려하였으나 … 충전소설치예정지역 인근도로가 낭떠러지에 접한 S자 커브의 언덕길로 되어 있어서 교통사고로 인한 충전소폭발의 위험이 있어 허가하지 아니하였다는 것이나, 이는 원심에서 주장하지 아니한 것으로서 상고이유에서 비로소 지적하는 새로운 사실이므로 적법한 상고이유가 될 수 없다. 뿐만 아니라 피고가 당초 위 반려처분의 근거로 삼은 사유와는 그 기본적 사실관계에 있어서 동일성이 인정되지 아니하는 별개의 사유라 할 것이다(대판 1992.5.8. 91누13274).

[9] 토석채취허가신청에 대하여 피고는 인근주민들의 동의서를 제출하지 아니하였음을 이유로 이를 반려하였음이 분명하고 피고가 이 사건 소송에서 위 반려사유로 새로이 추가하는 처분사유는 이 사건 허가신청지역은 전남 나주군 문평면에 소재한 백용산의 일부로서 토석채취를 하게 되면 자연경관이 심히 훼손되고 암반의 발파시 생기는 소음, 토석운반차량의 통행시 일어나는 소음, 먼지의 발생, 토석채취장에서 흘러 내리는 토사가 부근의 농경지를 매몰할 우려가 있는 등 공익에 미치는 영향이 지대하고 이는 산림내토석채취사무취급요령 제11조 소정의 제한사유에도 해당되기 때문에 위 반려처분이 적법하다는 것인 바, 이는 피고가 당초 위 반려처분의 근거로 삼은 사유와는 그 기본적 사실관계에 있어서 동일성이 인정되지 아니하는 별개의 사유라 할 것이다(대판 1992.8.18. 91누3659).

[10] 당초 처분사유로 제시된 '재래시장 및 상점가 육성을 위한 특별법 적용에 무리가 있다'는 의미는 ① 사업구역 안의 국·공유지 면적이 전체 토지 면적의 1/2 이상이어야 하는 요건을 충족하지 못하였다는 의미가 아니라, ② 이 사건 사업추진계획이 재래시장법에 따른 시장정비사업의 본래 취지와는 맞지 않고 재래시장법상의 시장정비사업계획으로서의 요건을 갖추지 못하였다는 의미로 봄이 상당하다. 결국 이 사건의 처분의 이유로 제시된 당초 처분사유는 시장정비사업계획의 적정성 여부에 관한 것인 반면, 추가 처분사유는 사업지역인 원종시장의 국·공유지 면적 요건의 구비 여부에 관한 것으로서 양자는 기본적 사실관계가 동일하다고 볼 수 없다(대판 2014.5.16. 2013두26118).

[11] 피고의 이 사건 처분사유인 기존 공동사업장과의 거리제한규정에 저촉된다는 사실과 피고 주장의 최소 주차용지에 미달한다는 사실은 기본적 사실관계를 달리하는 것임이 명백하다(대판 1995.11.21. 95누10952).

[12] 피고는 이 사건 주류면허에 붙은 지정조건 제6호에 따라 원고의 무자료 주류 판매 및 위장거래 금액이 부가가치세 과세기간별 총 주류판매액의 100분의 20 이상에 해당한다는 이유로 피고에게 유보된 취소권을 행사하여 위 면허를 취소하였음이 분명한바, 피고가 이 사건 소송에서 위 면허의 취소사유로 새로 내세우고 있는 위 지정조건 제2호 소정의 무면허 판매업자에게 주류를 판매한 때 해당한다는 것은 피고가 당초 위 면허취소처분의 근거로 삼은 사유와 기본적 사실관계가 다른 사유이다(대판 1996.9.6. 96누7427).

[13] 피고가 당초 처분사유로 삼은 구 자동차운수사업법 제6조 제1항 제3호(註: '자동차운수사업법시행규칙 제13조 제1항 관련 [별표 1]의 구비요건 불비') 소정의 요건을 충족하지 못한다는 사유와 원심이 그 처분사유로 인정한 같은 법 제6조 제1항 제4호(註: '당해 사업이 공익상 필요하며 또한 적절할 것') 소정의 요건을 충족하지 못한다는 사유는 그 기본적 사실관계가 동일하다고 볼 수 없다(대판 1995.10.12. 95누4704).

[14] 당초 처분사유는 '인근 주민의 환경상 이익 침해 우려'인 반면, 추가 처분사유는 '원고가 선행 행정절차인 입주계약 체결을 하지 아니한 상태이어서 공장변경등록을 신청할 자격을 갖추지 못했다'는 것이어서, 그 기초가 되는 구체적 사실관계 면에서 양자는 기본적 사실관계가 동일하다고 볼 수 없다(대판 2018.11.15. 2015두37389).

법적 근거를 변경한 경우

[1] 피고가 원심 심리 중에 당초의 처분사유인 국가를 당사자로 하는 계약에 관한 법률(이하 '국가계약법') 시행령 제76조 제1항 제12호 소정의 '담합을 주도하거나 담합하여 입찰을 방해하였다'는 것으로부터 같은 항 제7호 소정의 '특정인의 낙찰을 위하여 담합한 자'로 이 사건 처분의 사유를 변경한 것은, 그 변경 전후에 있어서 같은 행위에 대한 법률적 평가만 달리하는 것일 뿐 기본적 사실관계를 같이 하는 것이므로 허용된다(대판 2008.2.28. 2007두13791등).

[2] 다른 법령에 의하여 금지·처벌되는 명칭이 제호에 사용되어 있다는 주장은 당초 처분시에 불법단체인 전국교직원노동조합의 약칭(전교조)이 제호에 사용되었다고 적시한 것과 비교하여 볼 때 당초에 적시한 구체적 사실을 변경하지 아니한 채 단순히 근거 법조만을 추가·변경한 주장으로서 이를 새로운 처분사유의 추가·변경이라고 할 수 없다(대판 1998.4.24. 96누13286).

[3] 의료보험요양기관 지정취소처분의 당초의 처분사유인 구 의료보험법 제33조 제1항이 정하는 본인부담금 수납대장을 비치하지 아니한 사실과 항고소송에서 새로 주장한 처분사유인 같은 법 제33조 제2항이 정하는 보건복지부장관의 관계서류 제출명령에 위반하였다는 사실은 기본적 사실관계의 동일성이 없다(대판 2001.3.23. 99두6392).

[4] 지입제 운영행위에 대하여 자동차운송사업면허를 취소한 행정처분에 있어서 당초의 취소근거로 삼은 자동차운수사업법 제26조(명의의 유용금지)를 위반하였다는 사유와 직영으로 운영하도록 한 면허조건(부관)을 위반하였다는 사유는 기본적 사실관계에 있어서 동일하다(대판 1992.10.9. 92누213).

[5] 도 보조금 지원 대상에 관한 제외처분을 그 재량성의 유무 및 범위와 관련하여, 경기도 여객자동차운수사업 관리 조례 제18조 제4항은 기속행위로, 구 지방재정법 제32조의8 제7항은 재량행위로 각각 달리 규정하고 있다. 근거 법령의 추가를 통하여 제재처분인 이 사건 제외처분의 성질이 기속행위에서 재량행위로 변경되는 것으로 볼 수 있고, 그로 인하여 위법사유와 당사자들의 공격방어방법 내용, 법원의 사법심사방식 등이 달라지며, 특히 기속행위에서 재량행위로의 근거 법령 추가에 따라 종래의 법 위반 사실뿐만 아니라 처분의 적정성을 확보하기 위한 양정사실까지 새로 고려되어야 한다. 따라서 당초 처분사유와 소송과정에서 피고가 추가한 처분사유는 상호 그 기초가 되는 사회적 사실관계의 동일성이 인정되지 않는다(대판 2023.11.30. 2019두38465).

[6] 사회적 사실관계의 기본적 동일성이 인정되는 경우라고 하더라도 그에 대한 규범적 평가와 처분의 근거 법령의 변경으로, 예를 들어 기속행위가 재량행위로 변경되는 경우와 같이, 당초 처분의 내용을 변경할 필요성이 제기되는 경우에는 해당 처분을 취소한 후 처분청으로 하여금 다시 처분절차를 거쳐 새로운 처분을 하도록 하여야 할 것이지 당초 처분의 내용을 그대로 유지한 채 근거 법령만 추가·변경하는 것은 허용될 수 없다(대판 2024.11.28. 2023두61349).

[7] 도로법과 구 국유재산법령 및 구 공유재산 및 물품관리법령의 해당 규정은 별개의 법령에 규정되어 그 입법 취지가 다르고, 해당 규정내용을 비교하여 보면 변상금의 징수목적, 그 산정의 기준금액, 징수의 재량 유무, 징수절차 등이 서로 다르므로 피고 주장과 같이 근거 법령을 변경하는 것은 종전의 도로법 제94조에 의한 이 사건 변상금 부과처분과 동일성을 인정할 수 없는 별개의 처분을 하는 것과 다름이 없어 허용될 수 없다(대판 2011.5.26. 2010두28106).

[8] 피고가 이 사건 처분의 근거로 삼은 사유는 원고가 2001. 12. 31. 당시 치의학과에 재학한 이상 그 시점에 수의학을 전공으로 재학 중에 있을 것을 요건으로 하는 이 사건 부칙조항에 해당하지 않는다는 것임에 반해, 원심이 이 사건 처분의 정당성을 인정한 근거로 삼은 사유는 원고가 당초 수의학을 전공한 대학과 그 학사학위를 취득한 대학이 같지 아니하여 개정 전 법 제9조 제2호의 요건에 해당하지 않는다는 것으로 양자의 기본적 사실관계가 동일하다고 보기는 어렵다(대판 2009.11.26. 2009두15586).

[9] 원고에 대한 이 사건 개인택시 운송사업면허취소처분을 하면서 처음에는 그것이 자동차운수사업법 제31조 제1항 제3호 소정의 면허취소사유에 해당한다고 보아 같은 법조를 적용하였다가 이 사건 소제기에 즈음하여 그 구체적 사실을 변경하지 아니하는 범위내에서 적용법조만을 같은 법 제31조와 같은 법시행규칙 제15조로 바꾸어 원고에게 통고한 사실을 확정한 다음 위와 같은 취지에서 이는 단순한 법령적용의 오류를 정정한 것일뿐 그에 의하여 취소사유를 달리하는 것은 아니고, 처분당시에 적시한 구체적 사실인 원고의 자동차운전면허가 취소된 점에 관하여 피고가 처분후에 추가로 통고한 근거법령인 자동차운수사업법 제31조 제1항 제1호 또는 제4호를 적용하여 그 처분의 적법여부를 판단한 것은 정당하다(대판 1987.12.8. 87누632).

[10] 컨테이너를 설치하여 사무실 등으로 사용하는 갑 등에게 관할 시장이 건축법 제2조 제1항 제2호(註: 토지에 정착하는 공작물 중 지붕과 기둥 또는 벽이 있는 것과 이에 딸린 고가의 공작물에 설치하는 사무소·공연장·점포·차고·창고, 그 밖에 대통령령으로 정하는 것)의 건축물에 해당함에도 같은 법 제11조의 따른 건축허가를 받지 않고 건축하였다는 이유로 원상복구명령 및 계고처분을 하였다가 이에 대한 취소소송에서 같은 법 제20조 제3항(註: 건축물에 준하여 위험을 통제할 필요가 있는 일정한 가설건축물을 축조신고 대상으로 규율) 위반을 처분사유로 추가한 사안에서, 당초 처분사유인 '건축법 제11조 위반'과 추가한 추가사유인 '건축법 제20조 제3항 위반'은 위반행위의 내용이 다르고 위법상태를 해소하기 위하여 거쳐야 하는 절차, 건축기준 및 허용가능성이 달라지므로 그 기초인 사회적 사실관계가 동일하다고 볼 수 없어 처분사유의 추가·변경이 허용되지 않는다(대판 2021.7.29. 2021두34756).

기본적 사실관계가 동일한지 여부를 판단할 대상조차 없다고 본 경우
피고는 2015. 4. 10. "이 사건 산업단지개발계획상 토지이용계획에는 이 사건 사업부지가 녹지용지로 되어 있어 폐기물매립장 입지가 불가하며, 녹지용지를 폐기물처리시설용지로 개발계획 변경하는 것도 불가합니다."라는 이유(이하 '이 사건 처분사유'라 한다)로 이 사건 신청을 거부하는 내용의 이 사건 처분을 하였다.…(중략)…이 사건 처분서는 아무런 실질적인 내용 없이 단순히 신청을 불허한다는 결과만을 통보한 것이다.…(중략)…피고는 이 사건 소송에서 '이 사건 산업단지 안에 새로운 폐기물시설부지를 마련할 시급한 필요가 없다.'는 점을 이 사건 거부처분의 사유로 추가하였다. 그러나 피고가 당초 처분의 근거로 제시한 사유가 실질적인 내용이 없다고 보는 이상, 위 추가 사유는 그와 기본적 사실관계가 동일한지 여부를 판단할 대상조차 없는 것이므로, 결국 소송단계에서 처분사유를 추가하여 주장할 수 없다(대판 2017.8.29. 2016두44186).

(2) 소송물의 범위 내

심판범위는 소송물에 한정되므로 처분사유의 추가·변경은 취소소송의 소송물의 범위 내에서만 가능하다. 즉, 처분사유의 추가·변경은 처분의 동일성이 유지되는 한도 내에서 인정된다.

(3) 원고의 방어권 보호

처분사유의 사후변경은 행정행위의 적법성의 확보를 위한 것이지 원고의 권리를 침해하기 위한 것은 아니므로, 원고의 권리방어가 침해되지 않아야 한다.

(4) 추가·변경사유의 기준시

위법판단의 기준시에 관하여 처분시설을 취하는 경우 추가사유나 변경사유는 처분시에 객관적으로 존재하던 사유이어야 하고, 처분 후에 발생한 사실관계나 법률관계는 제외된다. 처분 후에 사실관계나 법률관계가 변경되면 처분청은 사정변경을 이유로 계쟁처분을 직권취소하고, 원고는 처분변경으로 인한 소변경을 신청할 수 있다.

(5) 허용기한

행정청은 사실심 변론을 종결할 때까지 당초의 처분사유와 기본적 사실관계가 동일한 범위 내에서 처분사유를 추가 또는 변경할 수 있다(행정소송규칙 제9조). 종래 판례의 입장도 그러하였다(대판 1999.8.20. 98두17043).

(6) 행정심판에의 적용

처분사유의 추가·변경에 있어 위와 같은 기본적 사실관계의 동일성 법리는 행정심판단계에서도 그대로 적용된다(대판 2014.5.16. 2013두26118).

(7) 내부시정절차에서의 추가변경

처분청이 스스로 당해 처분의 적법성과 합목적성을 확보하고자 행하는 자신의 내부 시정절차(예 산재보험법상 심사청구에 관한 절차)에서는 당초 처분의 근거로 삼은 사유와 기본적 사실관계의 동일성이 인정되지 아니하는 사유라고 하더라도 이를 처분의 적법성과 합목적성을 뒷받침하는 처분사유로 추가·변경할 수 있다(대판 2012.9.13. 2012두3859).

05 행정행위의 하자의 승계

1. 의의

(1) 개념

둘 이상의 행정행위가 연속적으로 이루어지는 경우(예 철거명령과 대집행계고), 선행행위에 하자가 있으면 후행행위에는 하자가 없더라도 선행행위의 하자를 이유로 후행행위의 효력을 다툴 수 있는지의 문제이다.

(2) 논의의 전제

하자승계의 논의가 특별히 문제되는 경우는 ① 선행정행위와 후행정행위가 모두 항고소송의 대상이 되는 행정처분이고, ② 선행정행위에 하자가 존재하지만 후행정행위에는 하자가 존재하지 않고, ③ 선행정행위에 무효가 아닌 취소의 하자가 존재하여야 하고, ④ 선행정행위의 하자를 당사자가 쟁송기간 내에 다투지 않아 선행행위에 불가쟁력이 발생한 경우이다.

(3) 논의의 실익

불가쟁력이 발생한 행정행위를 후에 다투는 것이 법적 안정성이나 행정작용의 능률적 측면에서 문제를 야기하는 측면이 있을 수 있으나(불가쟁력을 강조하는 입장), 후행 행정행위를 선행행정행위의 위법성의 주장을 통하여 다투게 하는 것이 당사자의 권리보호나 실질적인 타당성을 확보하는 데에 기여할 수 있다(하자승계를 인정하는 입장).

2. 인정범위

(1) 학설

① 하자의 승계론

종래 통설은 행정행위의 하자의 문제를 행정행위마다 독립적으로 판단되어야 한다는 전제하에, 선행정행위와 후행정행위가 서로 결합하여 하나의 법적 효과를 완성하는 것인 경우에는 하자가 승계되나, 선행정행위와 후행정행위가 상호 관련성이 있을지라도 별개의 목적으로 행하여지는 경우에는 선행정행위의 단순위법의 취소사유는 후행정행위에 승계되지 않는다고 한다.

② 규준력설(구속력설)

㉠ 의의: 규준력이란 선행정행위의 내용과 효과가 후행정행위를 구속함으로써 상대방(관계인, 법원 포함)은 선행행위의 하자를 이유로 후행행위를 다투지 못하는 효과를 말한다.

㉡ 한계: 이 견해에 따라 구속력이 미치려면 ⓐ 선행정행위와 후행정행위가 동일한 목적을 추구하며 법적 효과가 기본적으로 일치되어야 하고(객관적 한계), ⓑ 후행정행위의 수범자가 선행정행위의 수범자와 일치해야 하며(주관적 한계), ⓒ 선행정행위의 사실 및 법상태가 유지되는 한도 내에서(시간적 한계), ⓓ 수범자가 선행행위의 구속력을 예견가능하고 수인가능해야 한다. 즉 이러한 한계를 넘어서게 되면 선행행위의 구속력이 차단된다는 의미이다.

(2) 판례

① 연속적인 행정처분이 하나의 효과를 목적으로 하는 경우

이 경우에는 하자가 승계되므로 선행처분에 불가쟁력이 발생하였어도 선행처분의 하자를 이유로 후행처분의 효력을 다툴 수 있다고 한다.

② 연속적인 처분이 별개의 효과를 목적으로 하는 경우

㉠ 원칙: 선행처분에 불가쟁력이 발생한 경우에는 선행처분의 하자가 중대하고 명백하여 당연무효인 경우를 제외하고는 선행처분의 하자를 이유로 후행처분의 효력을 다툴 수 없다고 한다.

㉡ 예외: 이 경우에도 판례는 예측가능성과 수인한도의 법리를 보충적 기준으로 하여 "개별공시지가결정에 위법이 있는 경우에는 과세처분 등 행정처분의 취소를 구하는 행정소송에서도 선행처분인 개별공시지가결정의 위법을 독립된 위법사유로 주장할 수 있다."(대판 1994.1.25. 93누8542)고 하여 하자의 승계를 인정하기도 한다.

판례

대집행계고와 대집행영장발부통보처분 사이에 하자가 승계됨

대집행의 계고, 대집행영장에 의한 통지, 대집행의 실행, 대집행에 요한 비용의 납부명령 등은 타인이 대신하여 행할 수 있는 행정의무의 이행을 의무자의 비용부담하에 확보하고자 하는, 동일한 행정목적을 달성하기 위하여 단계적인 일련의 절차로 연속하여 행하여지는 것으로서, 서로 결합하여 하나의 법률효과를 발생시키는 것이므로, 선행처분인 계고처분이 하자가 있는 위법한 처분이라면, 비록 그 하자가 중대하고도 명백한 것이 아니어서 당연무효의 처분이라고 볼 수 없고 행정소송으로 효력이 다투어지지도 아니하여 이미 불가쟁력이 생겼으며, 후행처분인 대집행영장발부통보처분 자체에는 아무런 하자가 없다고 하더라도, 후행처분인 대집행영장발부통보처분의 취소를 청구하는 소송에서 청구원인으로 선행처분인 계고처분이 위법한 것이기 때문에 그 계고처분을 전제로 행하여진 대집행영장발부통보처분도 위법한 것이라는 주장을 할 수 있다(대판 1996.2.9. 95누12507).

조세부과처분의 하자와 체납처분과의 관계

조세의 부과처분과 압류 등의 체납처분은 별개의 행정처분으로서 독립성을 가지므로 부과처분에 하자가 있더라도 그 부과처분이 취소되지 아니하는 한 그 부과처분에 의한 체납처분은 위법이라고 할 수는 없다(대판 1987.9.22. 87누383).

선행 직위해제 처분의 위법사유를 들어 후행 면직처분의 효력을 다툴 수 없음

구 경찰공무원법 제50조 제1항에 의한 직위해제처분과 같은 제3항에 의한 면직처분은 후자가 전자의 처분을 전제로 한 것이기는 하나 각각 단계적으로 별개의 법률효과를 발생하는 행정처분이어서 선행직위 해제처분의 위법사유가 면직처분에는 승계되지 아니한다 할 것이므로 선행된 직위해제 처분의 위법사유를 들어 면직처분의 효력을 다툴 수는 없다(대판 1984.9.11. 84누191). ☞ 그러나 직위해제처분을 받은 공무원은 다시 직위를 부여받기 위해 근신할 수밖에 없어 3개월의 대기기간 동안 직위해제처분을 소송상 다투는 것을 사실상 기대하기 어려운 점을 들어 판례의 입장을 비판하는 평석 있음

사업인정의 하자가 수용재결에 승계되지 아니함

토지수용법 제14조에 따른 사업인정은 그 후 일정한 절차를 거칠 것을 조건으로 하여 일정한 내용의 수용권을 설정해 주는 행정처분의 성격을 띠는 것으로서 그 사업인정을 받음으로써 수용할 목적물의 범위가 확정되고 수용권으로 하여금 목적물에 관한 현재 및 장래의 권리자에게 대항할 수 있는 일종의 공법상의 권리로서의 효력을 발생시킨다고 할 것이므로 위 사업인정단계에서의 하자를 다투지 아니하여 이미 쟁송기간이 도과한 수용재결단계에 있어서는 위 사업인정처분에 중대하고 명백한 하자가 있어 당연무효라고 볼만한 특단의 사정이 없다면 그 처분의 불가쟁력에 의하여 사업인정처분의 위법, 부당함을 이유로 수용재결처분의 취소를 구할 수 없다(대판 1987.9.8. 87누395).

개별공시지가결정의 과세처분에 대한 구속력은 불인정

두 개 이상의 행정처분이 연속적으로 행하여지는 경우 선행처분(개별공시지가결정)과 후행처분(과세처분)이 서로 결합하여 1개의 법률효과를 완성하는 때에는 선행처분에 하자가 있으면 그 하자는 후행처분에 승계되므로 선행처분에 불가쟁력이 생겨 그 효력을 다툴 수 없게 된 경우에도 선행처분의 하자를 이유로 후행처분의 효력을 다툴 수 있는 반면 선행처분과 후행처분이 서로 독립하여 별개의 법률효과를 목적으로 하는 때에는 선행처분에 불가쟁력이 생겨 그 효력을 다툴 수 없게 된 경우에는 선행처분의 하자가 중대하고 명백하여 당연무효인 경우를 제외하고는 선행처분의 하자를 이유로 후행처분의 효력을 다툴 수 없는 것이 원칙이나 선행처분과 후행처분이 서로 독립하여 별개의 효과를 목적으로 하는 경우에도 선행처분의 불가쟁력이나 구속력이 그로 인하여 불이익을 입게 되는 자에게 수인한도를 넘는 가혹함을 가져오며, 그 결과가 당사자에게 예측가능한 것이 아닌 경우에는 국민의 재판받을 권리를 보장하고 있는 헌법의 이념에 비추어 선행처분의 후행처분에 대한 구속력은 인정될 수 없다(대판 1994.1.25. 93누8542).

(3) 검토

다단계 행정절차를 거쳐 행해지는 행정에 있어서 처분의 상대방은 어느 단계의 행위가 행정소송의 대상이 되는 처분인지가 분명하지 않은 점에 비추어 권리를 보다 직접적으로 침해하는 후행처분을 다투면 된다고 생각하여 선행처분을 다투지 않을 경우도 있을 수 있으므로, 판례의 태도처럼 예측불가능하거나 수인불가능한 사정이 있는 경우에는 예외적으로 하자의 승계를 인정함이 타당하다.

06 행정소송에서의 행정절차 관련 쟁점

1. 처분의 문서주의

행정청이 처분을 할 때에는 다른 법령등에 특별한 규정이 있는 경우를 제외하고는 문서로 하여야 하며, ① 당사자등의 동의가 있는 경우, ② 당사자가 전자문서로 처분을 신청한 경우의 어느 하나에 해당하는 경우에는 전자문서로 할 수 있다(행정절차법 제24조 제1항). 처분의 문서주의는 행정의 공정성·투명성 및 신뢰성을 확보하고 국민의 권익을 보호하기 위한 것이므로 위 규정을 위반하여 행하여진 행정청의 처분은 하자가 중대하고 명백하여 원칙적으로 무효이다(대판 2011.11.10. 2011도11109).

2. 처분의 이유제시

이유제시란 행정청이 처분을 하면서 당사자에게 처분의 원인과 법적 근거를 제시하는 것을 말한다. 이유제시의 요구는 법치국가에서 행정절차의 본질적 요청으로서 침익적·수익적·복효적 행위 모두에 적용된다. 행정청은 처분을 할 때에는 ① 신청 내용을 모두 그대로 인정하는 경우, ② 단순·반복적인 처분 또는 경미한 처분으로서 당사자가 그 이유를 명백히 알 수 있는 경우, ③ 긴급히 처분을 할 수 있는 경우의 어느 하나에 해당하는 경우를 제외하고는 당사자에게 그 근거와 이유를 제시하여야 한다(행정절차법 제23조 제1항). 판례는 행정절차법 제정 이전에도 인·허가의 취소처분 등에 있어서 행정청의 이유제시의무를 요구하는 입장을 취하여 왔다.

이유제시의 기능으로는 ① 행정청의 자의를 억제시키고 처분의 결정과정을 공개시키며 행정절차를 투명하게 한다는 점, ② 당사자는 법적·사실적 문제의 소재를 명확히 파악하여 불복신청에 도움이 된다는 점, ③ 당사자를 설득하여 처분이 정당한 것으로 수긍될 때에는 무익한 쟁송을 피하게 된다는 점, ④ 법원은 처분이유를 명확히 알게 됨으로써 심리에 편의를 얻는다는 점 등이 있다.

이유제시의 정도에 대해서는 대체로 ① 처분의 원인이 되는 사실, ② 처분의 내용 및 법적 근거, ③ 처분의 결정이유의 명시 등이 요구된다고 본다.

이유제시는 처분사유를 이해할 수 있을 정도로 구체적이어야 한다. 다만 처분의 발급에 있어서 의미가 있는 모든 관점의 제시가 요구되는 것은 아니며, 처분의 발급으로 이끈 본질적인 근거와 이유가 제시되면 충분하다. 재량처분의 경우는 구체적인 재량고려과정을 알 수 있을 정도이어야 한다. 불이익처분의 경우에는 그 침해의 정도가 심각할수록 이유제시는 보다 상세하고 구체적이어야 한다.

한편 처분의 상대방이 의견청취절차에서 자기에게 유리한 새로운 자료를 제시하여 반론한 때에는 처분이유에는 그 점에 관한 처분청의 판단도 제시하여야 한다. 처분의 근거와 위반사실의 적시를 빠뜨린 하자는 피처분자가 처분 당시 그 취지를 알고 있었다거나 그 후 알게 되었다 하여도 치유될 수 없고(대판 1990.9.11. 90누1786), 처분 후에 적시되어도 이에 의하여 치유될 수 없다(대판 1984.7.10. 82누551). 그러나 최근 상대방의 인식가능성을 고려하여 이유제시의 구체성의 정도를 완화한 판례도 등장하였다.

이유제시의 하자가 독자적인 무효 또는 취소사유가 될 것인지에 관하여 논란이 있으나, 무효사유와 취소사유의 구별기준에 따라 무효인 하자나 취소할 수 있는 하자가 된다(통설). 판례는 일반적으로 취소사유로 보고 있다.

판례

면허취소처분의 경우 법적 근거와 구체적 위반사실을 적시해야 한다는 사례

면허의 취소처분에는 그 근거가 되는 법령이나 취소권 유보의 부관 등을 명시하여야 함은 물론 처분을 받은 자가 어떠한 위반사실에 대하여 당해 처분이 있었는지를 알 수 있을 정도로 사실을 적시할 것을 요하며, 이와 같은 취소처분의 근거와 위반사실의 적시를 빠뜨린 하자는 피처분자가 처분 당시 그 취지를 알고 있었다거나 그후 알게 되었다 하여도 치유될 수 없다고 할 것인바, 세무서장인 피고가 주류도매업자인 원고에 대하여 한 이 사건 일반주류도매업면허취소통지에 '상기 주류도매장은 무면허 주류판매업자에게 주류를 판매하여 주세법 제11조 및 국세법사무처리규정 제26조에 의거 지정조건위반으로 주류판매면허를 취소합니다'라고만 되어 있어서 원고의 영업기간과 거래상대방 등에 비추어 원고가 어떠한 거래행위로 인하여 이 사건 처분을 받았는지 알 수 없게 되어 있다면 이 사건 면허취소처분은 위법하다(대판 1990.9.11. 90누1786).

이유제시의 구체성의 정도를 완화한 사례

[1] 행정절차법 제23조 제1항은 '행정청은 처분을 하는 때에는 당사자에게 그 근거와 이유를 제시하여야 한다.'고 규정하고 있는바, 일반적으로 당사자가 근거규정 등을 명시하여 신청하는 인·허가 등을 거부하는 처분을 함에 있어 당사자가 그 근거를 알 수 있을 정도로 상당한 이유를 제시한 경우에는 당해 처분의 근거 및 이유를 구체적 조항 및 내용까지 명시하지 않았더라도 그로 말미암아 그 처분이 위법한 것이 된다고 할 수 없다(대판 2007.5.10. 2005두13315).

[2] 행정청이 토지형질변경허가신청을 불허하는 근거규정으로 '도시계획법시행령 제20조'를 명시하지 아니하고 '도시계획법'이라고만 기재하였으나, 신청인이 자신의 신청이 개발제한구역의 지정목적에 현저히 지장을 초래하는 것이라는 이유로 구 도시계획법시행령 제20조 제1항 제2호에 따라 불허된 것임을 알 수 있었던 경우, 그 불허처분이 위법하지 아니하다(대판 2002.5.17. 2000두8912).

의원면직처분시는 국가공무원법 소정의 사유설명서 교부를 요하지 아니함

구 국가공무원법 제75조, 구 경찰공무원법 제58조 규정에서 징계처분 등을 행할 때 그 상대방에게 사유설명서를 교부토록한 것은 상대방에게 그 처분을 받게 된 경위를 알도록 함으로써 그에 대한 불복의 기회를 보장함과 아울러 임용권자의 자의를 배제하여 처분의 적법성을 보장하기 위한데 있는 것이므로 상대방의 의사에 기한 의원면직처분과 같은 경우에는 위 법에 따른 처분사유설명서가 요구되는 것은 아니다(대판 1986.7.22. 86누43).

계약직공무원에 대한 채용계약해지에 있어서 행정절차법에 따라 근거와 이유를 제시하여야 하는 것은 아님

계약직공무원에 관한 현행 법령의 규정에 비추어 볼 때, 계약직공무원 채용계약해지의 의사표시는 일반공무원에 대한 징계처분과는 달라서 항고소송의 대상이 되는 처분 등의 성격을 가진 것으로 인정되지 아니하고, 일정한 사유가 있을 때에 국가 또는 지방자치단체가 채용계약 관계의 한쪽 당사자로서 대등한 지위에서 행하는 의사표시로 취급되는 것으로 이해되므로, 이를 징계해고 등에서와 같이 그 징계사유에 한하여 효력 유무를 판단하여야 하거나, 행정처분과 같이 행정절차법에 의하여 근거와 이유를 제시하여야 하는 것은 아니다(대판 2002.11.26. 2002두5948).

세액산출근거가 누락된 납세고지서에 의한 하자있는 과세처분의 치유요건

과세처분시 납세고지서에 과세표준, 세율, 세액의 산출근거 등이 누락된 경우에는 늦어도 과세처분에 대한 불복여부의 결정 및 불복신청에 편의를 줄 수 있는 상당한 기간 내에 보정행위를 하여야 그 하자가 치유된다 할 것이므로, 과세처분이 있은지 4년이 지나서 그 취소소송이 제기된 때에 보정된 납세고지서를 송달하였다는 사실이나 오랜 기간(4년)의 경과로써 과세처분의 하자가 치유되었다고 볼 수는 없다(대판 1983.7.26. 82누420).

3. 처분의 사전통지와 의견청취

(1) 처분의 사전통지

처분의 사전통지는 행정청이 조사한 사실 등 정보를 미리 당사자 등에게 알려줌으로써 당사자 등이 충분히 준비할 수 있도록 하고, 의견청취절차에서 의견을 진술하게 하여 권익을 보호할 수 있도록 하기 위한 제도이다. 그 대상은 모든 처분이 아니라 당사자에게 의무를 부과하거나 권익을 제한하는 처분이다(행정절차법 제21조 제1항). 그러나 제3자효 행정행위에서 행정행위로 불이익을 입을 제3자에 대해서는 사전통지의무가 규정되어 있지 않다.

거부처분에도 사전통지절차가 적용되는지 여부에 관하여 판례는 "신청에 따른 처분이 이루어지지 아니한 경우에는 아직 당사자에게 권익이 부과되지 아니하였으므로 특별한 사정이 없는 한 신청에 대한 거부처분이라고 하더라도 직접 당사자의 권익을 제한하는 것은 아니어서 신청에 대한 거부처분을 여기에서 말하는 '당사자의 권익을 제한하는 처분'에 해당한다고 할 수 없는 것이어서 처분의 사전통지대상이 된다고 할 수 없다."(대판 2003.11.28. 2003두674)고 하여 부정한다. 이에 대하여 신청자가 신청시에 예상하지 못하였던 사유에 의한 거부처분인 때에는 의견진술의 기회를 줄 필요가 있다는 점에서 긍정하는 견해가 있다.

사전통지를 받는 것은 절차적 권리로서 인정된다. 따라서 예외적인 경우에 해당하지 않는 한 사전통지는 의무적이며, 이에 위반하여 사전통지를 하지 아니한 처분은 위법하여 취소를 면할 수 없다(대판 2013.5.23. 2011두25555).

법원은 행정청이 불이익 처분을 함에 있어 사전통지 및 의견제출의 기회를 주지 아니하여도 되는 예외적인 사유에 해당하는지 여부를 심리하여 당해 처분의 절차적 적법여부를 판단하게 된다. 그럼에도 불구하고 법원이 이에 대한 심리·판단을 하지 아니한 경우에는 이 부분에 관한 판단을 유탈하여 판결에 영향을 미친 위법이 있다(대판 2004.10.28. 2003두9770).

판례

사전통지의 예외사유에 해당하는 사례

[1] 행정절차법 제2조 제4호가 행정절차법의 당사자를 행정청의 처분에 대하여 직접 그 상대가 되는 당사자로 규정하고, 도로법 제25조 제3항이 도로구역을 결정하거나 변경할 경우 이를 고시에 의하도록 하면서, 그 도면을 일반인이 열람할 수 있도록 한 점 등을 종합하여 보면, 도로구역을 변경한 이 사건 처분은 행정절차법 제21조 제1항의 사전통지나 제22조 제3항의 의견청취의 대상이 되는 처분은 아니라고 할 것이다(대판 2008.6.12. 2007두1767).

[2] 국가공무원법상 직위해제처분은 구 행정절차법 제3조 제2항 제9호, 구 행정절차법 시행령 제2조 제3호에 의하여 당해 행정작용의 성질상 행정절차를 거치기 곤란하거나 불필요하다고 인정되는 사항 또는 행정절차에 준하는 절차를 거친 사항에 해당하므로, 처분의 사전통지 및 의견청취 등에 관한 행정절차법의 규정이 별도로 적용되지 않는다(대판 2014.5.16. 2012두26180).

사전통지의 예외사유에 해당하지 않는 사례

[1] 정규공무원으로 임용된 사람에게 시보임용처분 당시 지방공무원법 제31조 제4호에 정한 공무원임용 결격사유가 있어 시보임용처분을 취소하고 그에 따라 정규임용처분을 취소한 사안에서, 정규임용처분을 취소하는 처분은 성질상 행정절차를 거치는 것이 불필요하여 행정절차법의 적용이 배제되는 경우에 해당하지 않으므로, 그 처분을 하면서 사전통지를 하거나 의견제출의 기회를 부여하지 않은 것은 위법하다(대판 2009.1.30. 2008두16155).

[2] 건축법상의 공사중지명령에 대한 사전통지를 하고 의견제출의 기회를 준다면 많은 액수의 손실보상금을 기대하여 공사를 강행할 우려가 있다는 사정이 사전통지 및 의견제출절차의 예외사유에 해당하지 아니한다(대판 2004.5.28. 2004두1254).

[3] 산업기능요원에 대하여 한 산업기능요원 편입취소처분은 '당사자의 권익을 제한하는 처분'에 해당하는 한편, 행정절차법의 적용이 배제되는 '병역법에 의한 소집에 관한 사항'에는 해당하지 아니하므로, 행정절차법상의 '처분의 사전통지'와 '의견제출 기회의 부여' 등의 절차를 거쳐야 한다(대판 2002.9.6. 2002두554).

[4] 별정직 공무원인 대통령기록관장이 대통령 기록유출 혐의에 관하여 수사를 받으면서 비위행위에 관하여 해명할 기회를 가졌다거나 위 수사에 관하여 국민적 관심이 높았고 유출행위가 적법한지 여부 등에 관한 법리적 공방이 언론 등을 통하여 치열하게 이루어졌던 사정만으로 이 사건 직권면직처분이 원고에게 사전통지를 하지 않거나 의견제출의 기회를 주지 아니하여도 되는 예외적인 경우에 해당한다고 할 수 없다(대판 2013.1.16. 2011두30687).

(2) 의견청취

행정처분을 함에 있어서 이해관계인에게 의견진술의 기회를 주는 것은 행정절차의 핵심적 요소이다. 이는 특히 국민의 권익을 제한하거나 의무를 부과하는 처분에 있어서 상대방에게 방어의 기회를 준다는 데 큰 의미가 있다. 행정절차법은 의견청취의 방법으로 청문(제21조 제2항, 제22조 제1항, 제28조~제37조), 공청회(제22조 제2항, 제38조~제39조의3), 의견제출(제22조 제3항, 제27조, 제27조의2)을 규정하고 있다. 특히 청문이란 행정청이 어떠한 처분을 하기에 앞서 당사자등의 의견을 직접 듣고 증거를 조사하는 절차를 말한다. 청문은 국가기관의 행위에 영향을 받거나 불이익을 받게 될 자가 자신의 의견을 밝힐 수 있는 기회가 된다. 이러한 청문은 전통적으로 영국법의 자연적 정의(natural justice)에 근거를 두고 있다. 청문절차는 국민의 행정참여를 가능하게 함으로써 행정의 공정성, 투명성을 확보하여 행정과정의 민주화와 신중한 행정작용을 유도하는 기능을 한다.

행정절차법 제22조 제1항은 청문 사유로 ① 다른 법령등에서 청문을 하도록 규정하고 있는 경우, ② 행정청이 필요하다고 인정하는 경우, ③ 인허가 등의 취소, 신분자격의 박탈, 법인이나 조합 등의 설립허가의 취소를 하는 경우를 규정하고 있다.

판례

법령상 확정된 의무의 부과의 경우, 의견진술의 기회를 생략할 수 있음

공무원연금관리공단의 퇴직연금의 환수결정은 당사자에게 의무를 과하는 처분이기는 하나, 관련 법령에 따라 당연히 환수금액이 정하여지는 것이므로, 퇴직연금의 환수결정에 앞서 당사자에게 의견진술의 기회를 주지 아니하여도 행정절차법 제22조 제3항이나 신의칙에 어긋나지 아니한다(대판 2000.11.28. 99두5443).

군인사법령에 의하여 진급예정자명단에 포함된 자에 대하여 의견제출의 기회를 부여하지 아니한 채 진급선발을 취소하는 처분을 한 것은 위법

행정과정에 대한 국민의 참여와 행정의 공정성, 투명성 및 신뢰성을 확보하고 국민의 권익을 보호함을 목적으로 하는 행정절차법의 입법목적과 행정절차법 제3조 제2항 제9호의 규정 내용 등에 비추어 보면, 공무원 인사관계 법령에 의한 처분에 관한 사항 전부에 대하여 행정절차법의 적용이 배제되는 것이 아니라 성질상 행정절차를 거치기 곤란하거나 불필요하다고 인정되는 처분이나 행정절차에 준하는 절차를 거치도록 하고 있는 처분의 경우에만 행정절차법의 적용이 배제된다. 군인사법령에 의하여 진급예정자명단에 포함된 자에 대하여 의견제출의 기회를 부여하지 아니한 채 진급선발을 취소하는 처분을 한 것이 절차상 하자가 있어 위법하다(대판 2007.9.21. 2006두20631).

'고시'의 방법으로 불특정 다수인을 상대로 하는 처분의 경우

'고시'의 방법으로 불특정 다수인을 상대로 의무를 부과하거나 권익을 제한하는 처분은 성질상 의견제출의 기회를 주어야 하는 상대방을 특정할 수 없으므로, 이와 같은 처분에 있어서까지 구 행정절차법 제22조 제3항에 의하여 그 상대방에게 의견제출의 기회를 주어야 한다고 해석할 것은 아니다 – 고시에 의하여 수정체수술과 관련한 질병군의 상대가치점수를 종전보다 약 10~25% 정도 인하하는 내용의 처분을 한 것은 수정체수술을 하는 의료기관을 개설·운영하는 개별 안과 의사들을 상대로 한 것이 아니라 불특정 다수의 의사 전부를 상대로 하는 것이어서 의견제출의 기회를 주지 않았다고 하여 위법하다고 볼 수 없다고 한 사례(대판 2014.10.27. 2012두7745).

청문실시 배제의 협약체결은 효력이 없음

행정청이 당사자와 사이에 도시계획사업의 시행과 관련한 협약을 체결하면서 관계 법령 및 행정절차법에 규정된 청문의 실시 등 의견청취절차를 배제하는 조항을 두었다고 하더라도, 국민의 행정참여를 도모함으로써 행정의 공정성·투명성 및 신뢰성을 확보하고 국민의 권익을 보호한다는 행정절차법의 목적 및 청문제도의 취지 등에 비추어 볼 때, 위와 같은 협약의 체결로 청문의 실시에 관한 규정의 적용을 배제할 수 있다고 볼 만한 법령상의 규정이 없는 한, 이러한 협약이 체결되었다고 하여 청문의 실시에 관한 규정의 적용이 배제된다거나 청문을 실시하지 않아도 되는 예외적인 경우에 해당한다고 할 수 없다(대판 2004.7.8. 2002두8350).

행정처분의 상대방이 청문일시에 불출석하였다는 이유만으로는 청문실시의 예외사유라 할 수 없음

행정절차법 제21조 제4항 제3호는 침해적 행정처분을 할 경우 청문을 실시하지 않을 수 있는 사유로서 '당해 처분의 성질상 의견청취가 현저히 곤란하거나 명백히 불필요하다고 인정될 만한 상당한 이유가 있는 경우'를 규정하고 있으나, 여기에서 말하는 '의견청취가 현저히 곤란하거나 명백히 불필요하다고 인정될 만한 상당한 이유가 있는지 여부'는 당해 행정처분의 성질에 비추어 판단하여야 하는 것이지, 청문통지서의 반송 여부, 청문통지의 방법 등에 의하여 판단할 것은 아니며, 또한 행정처분의 상대방이 통지된 청문일시에 불출석하였다는 이유만으로 행정청이 관계 법령상 그 실시가 요구되는 청문을 실시하지 아니한 채 침해적 행정처분을 할 수는 없을 것이므로, 행정처분의 상대방에 대한 청문통지서가 반송되었다거나, 행정처분의 상대방이 청문일시에 불출석하였다는 이유로 청문을 실시하지 아니하고 한 침해적 행정처분은 위법하다(대판 2001.4.13. 2000두3337).

행정처분의 근거 법령 등에서 청문의 실시를 규정하고 있는 경우, 청문절차를 결여한 처분은 위법

[1] 행정청이 구 주택건설촉진법 제48조의2 제6호에 따른 청문을 실시하지 않은 채 주택조합의 설립인가를 취소하는 처분을 한 것은 위법하다(대판 2007.11.16. 2005두15700).
[2] 식품위생법 제64조, 같은법시행령 제37조 제1항 소정의 청문절차를 전혀 거치지 아니하거나 거쳤다고 하여도 그 절차적 요건을 제대로 준수하지 아니한 경우에는 가사 영업정지사유 등 위 법 제58조 등 소정 사유가 인정된다고 하더라도 그 처분은 위법하여 취소를 면할 수 없다(대판 1991.7.9. 91누971).

제8장 취소소송의 종료

01 취소소송의 종료사유

1. 의의

소송이 종료되는 사유는 여러 가지가 있다. 법원의 종국판결에 대하여 더 이상 다툴 방법이 남아 있지 않게 되면 그 판결은 확정되고 소송은 종료된다. 이것이 가장 전형적인 소송종료 사유이다. 그러나 판결이 확정되기 전이라도 소의 취하 등 당사자의 행위에 의해서도 종료될 수 있다. 또한 행정소송도 민사소송과 같이 양쪽 당사자의 대립구조를 취하고 있으므로, 당사자대립의 구조가 소멸되어 소송계속이 소멸하는 경우도 있다.

2. 판결에 의한 취소소송의 종료

취소소송의 판결이란 법원이 구체적인 취소소송사건에 대하여 원칙적으로 변론을 거쳐 그에 대한 법적 판단을 선언하는 행위를 말한다. 이러한 판결에 대하여 상고권의 포기, 상소기간의 경과, 상고기각, 상고법원의 종국판결이 있으면 더 이상 그 판결에 대하여 불복할 방법이 남아 있지 않게 된다. 이처럼 종국판결이 취소·변경될 가능성이 없게 된 상태를 판결의 확정이라고 한다.

3. 당사자의 행위에 의한 종료

(1) 소의 취하

소의 취하는 원고가 소에 의한 심판청구의 전부 또는 일부를 철회하는 취지의 법원에 대한 일방적인 의사표시이다. 취소소송은 행정의 적법성확보를 그 목적의 하나로 하기 때문에 인정여부가 문제되지만, 취소소송도 처분권주위가 지배하므로 이를 부인할 이유가 없다.

피고가 본안에 대하여 준비서면을 제출하거나 준비절차에서 진술하거나 변론을 한 후에는 소의 취하에 피고의 동의를 얻어야 한다(민사소송법 제266조 제2항). 취소소송은 제소기간의 제한이 있기 때문에 취하 후 신소의 제기가 사실상 어려워 분쟁이 종국적으로 종결되는 효과가 발생하므로, 피고 행정청이 소취하에 부동의 할 이유가 거의 없다.

소의 취하는 서면으로 함이 원칙이나, 변론 또는 준비절차에서 구술로써 할 수도 있다(민사소송법 제266조 제3항). 그밖에 쌍방 불출석으로 인한 소취하나 상소취하의 간주에 관한 민사소송법 제268조의 규정도 행정소송에 준용된다.

공동소송적 보조참가인의 지위에 서는 행정소송법 제16조에 의한 참가인 또는 민사소송법에 의한 보조참가인의 경우, 상소의 취하는 참가인에 대한 관계에서는 효력이 없으나, 소의 취하는 참가인의 동의가 없어도 가능하다.

판례

재소금지 원칙에 위반되지 않는다고 본 사례

甲 등이 운영하는 병원에서 부당한 방법으로 보험자 등에게 요양급여비용을 부담하게 하였다는 이유로 보건복지부장관이 甲 등에 대하여 구 국민건강보험법 제98조 제1항 제1호에 따라 40일의 요양기관 업무정지 처분을 하자, 甲 등이 위 업무정지 처분의 취소를 구하는 소송(전소)을 제기하였다가 패소한 뒤 항소하였는데, 보건복지부장관이 항소심 계속 중 같은 법 제99조 제1항에 따라 위 업무정지 처분을 과징금 부과처분으로 직권 변경하자, 甲 등이 과징금 부과처분의 취소를 구하는 소송(후소)을 제기한 후 업무정지 처분의 취소를 구하는 소를 취하한 사안에서, 전소는 처분의 변경으로 인해 효력이 소멸한 '업무정지 처분'의 취소를 구하는 것이고, 후소는 후행처분인 '과징금 부과처분'의 취소를 구하는 것이므로 전소와 후소의 소송물이 같다고 볼 수 없고, 전소의 소송물인 '업무정지 처분의 위법성'이 과징금 부과처분의 위법성을 소송물로 하는 후소와의 관계에서 항상 선결적 법률관계 또는 전제에 있다고 보기도 어려워, 결국 甲 등에게 업무정지 처분과는 별도로 과징금 부과처분의 위법성을 소송절차를 통하여 다툴 기회를 부여할 필요가 있으므로, 위 과징금 부과처분의 취소를 구하는 소의 제기는 재소금지 원칙에 위반된다고 할 수 없다(대판 2023.3.16. 2022두58599).

(2) 청구의 포기·인낙

① 의의

청구의 포기는 원고가 자기의 소송상 청구가 이유없음을 자인하는 법원에 대한 일방적 의사표시이며, 청구의 인낙은 피고가 원고의 소송상 청구가 이유있음을 자인하는 법원에 대한 일방적인 의사표시이다. 화해, 청구의 포기·인낙을 변론조서·변론준비기일조서에 적은 때에는 그 조서는 확정판결과 같은 효력을 가진다(민사소송법 제220조). 민사소송에서 포기·인낙은 기판력이 인정되고, 특히 인낙조서는 그 청구의 내용이 이행청구이면 집행력이, 형성청구이면 형성력이 인정된다.

② 허용여부

민사소송은 당사자에게 소송물인 권리관계를 자유롭게 처분할 수 있는 권리가 인정되나, 행정소송에서도 청구의 포기·인낙에 관한 민사소송법상의 규정이 준용될 수 있는지는 다툼이 있다.

변론주의와 처분권주의를 기본으로 하는 행정소송법에서 이를 배제하는 명시적 규정이 없고, 분쟁의 자율적·종국적 해결이라는 현실적 필요가 있으므로 민사소송법상의 규정이 준용될 수 있다는 견해도 있으나, 다수설은 명문의 규정이 없는 한 부정해야 한다는 견해이다. 다수설의 논거로는 ㉠ 행정소송의 대상인 처분 등은 사적자치가 인정되는 사법행위와 달리 당사자간의 타협에 의할 수 없다는 점, ㉡ 행정소송사건의 심리는 직권탐지주의를 가미하므로 민사소송사건과는 다르다는 점, ㉢ 취소소송의 확정판결은 제3자에게도 효력을 가진다는 점을 들고 있다.

(3) 소송상 화해

① 의의

소송상 화해는 소송계속중 당사자 쌍방이 소송물인 권리관계의 주장을 서로 양보하여 소송을 종료시키기로 하는 합의를 말한다. 화해조서는 확정판결과 같은 효력이 있다(민사소송법 제220조).

② 허용여부

법치행정, 법적 안정성 등에 해가 되지 않도록 일정한 요건 하에서 긍정하는 등의 견해가 있으나, 다수설은 명문의 규정이 없는 한 부정해야 한다는 견해이다. 다수설의 논거로는 ㉠ 행정기관은 사인과 합의에 의한 처분을 행할 수 없고, ㉡ 대상이 재량행위이더라도 그 재량권은 소송물에 관한 처분권과 다른 것이며, ㉢ 행정소송에는 직권심리주의가 적용되며, ㉣ 행정소송의 확정판결은 대세적 효력을 갖는다는 점을 든다.

(4) 조정권고

조정은 법원이 판결 대신에 분쟁해결을 위한 타협방안을 마련하여 당사자의 수락을 권고하는 방식이다.

재판장은 신속하고 공정한 분쟁 해결과 국민의 권익 구제를 위하여 필요하다고 인정하는 경우에는 소송계속 중인 사건에 대하여 직권으로 소의 취하, 처분등의 취소 또는 변경, 그 밖에 다툼을 적정하게 해결하기 위해 필요한 사항을 서면으로 권고할 수 있다(행정소송규칙 제15조 제1항). 재판장은 권고를 할 때에는 권고의 이유나 필요성 등을 기재할 수 있다(제2항). 그리고 재판장은 권고를 위하여 필요한 경우에는 당사자, 이해관계인, 그 밖의 참고인을 심문할 수 있다(제3항).

4. 기타의 종료사유

취소소송은 당사자의 행위에 의한 종료 외에도 일정한 사유에 의하여 종료한다. 즉, 성질상 승계가 불허되는 소송에 있어서 원고가 사망한 경우에 그 소송은 종료한다(대판 2007.7.26. 2005두15748; 의원면직처분 무효확인소송 계속중 해당 공무원의 사망으로 종료). 그러나 피고인 행정청이 없게 된 때에는 그 처분 등에 관한 사무가 귀속하는 국가나 공공단체가 피고가 되기 때문에(행정소송법 제13조 제2항) 소송이 종료하지 않는다.

판례

행정소송에 관한 부제소특약의 효력(무효)

지방자치단체장이 도매시장법인의 대표이사에 대하여 위 지방자치단체장이 개설한 농수산물도매시장의 도매시장법인으로 다시 지정함에 있어서 그 지정조건으로 '지정기간 중이라도 개설자가 농수산물 유통정책의 방침에 따라 도매시장법인 이전 및 지정취소 또는 폐쇄 지시에도 일체 소송이나 손실보상을 청구할 수 없다.'라는 부관을 붙였으나, 그 중 부제소특약에 관한 부분은 당사자가 임의로 처분할 수 없는 공법상의 권리관계를 대상으로 하여 사인의 국가에 대한 공권인 소권을 당사자의 합의로 포기하는 것으로서 허용될 수 없다(대법 1998.8.21. 98두8919).

02 판결의 종류

1. 종국판결 · 중간판결

종국판결은 당해 소송의 전부나 일부를 그 심급으로서 종료시키는 판결이고, 중간판결은 소송진행중에 생긴 쟁점을 해결하기 위하여 내리는 확인적 성질의 판결을 말한다(예 소송의 대상인 사건이 행정사건이 아니라는 피고의 항변을 이유 없다고 하는 판결은 중간판결).

2. 전부판결 · 일부판결

전부판결은 동일소송절차로 심판되는 사건의 전부를 동시에 종료시키는 판결이고, 일부판결은 동일한 소송절차로 계속되어 있는 사건의 일부를 다른 부분으로부터 분리하여 종료시키는 종국판결이다. 일부판결을 한 후에 잔여부분에 대하여 하는 판결을 잔부(殘部)판결이라고 한다.

3. 소송판결(각하판결)·본안판결

소송판결은 당해 소가 소송요건을 결여하고 있는 경우에 이를 부적법한 소로서 각하하는 판결이다. 소가 처음부터 소송요건을 결하는 경우뿐만 아니라 소송계속 중에 처분의 효력이 소멸하여 소의 이익이 없어지는 것처럼 소제기 후에 소송요건을 결하게 된 경우에도 행해진다. 본안판결은 소송에 의한 청구의 당부에 대한 판결로서 본안심리의 결과 청구의 전부 또는 일부를 인용하거나 기각함을 내용으로 하는 판결이다.

4. 인용판결

(1) 의의

원고의 청구가 이유 있다고 하여 그 전부 또는 일부를 받아들이는 판결을 말한다. 취소소송의 인용판결은 위법한 처분 등의 '취소 또는 변경'을 내용으로 하는 판결이다(행정소송법 제4조 제1호).

인용판결의 주문은 ① 처분청과 피고가 동일한 경우에는 "피고가 2025. 6. 2. 원고에게 한 영업정지 2개월 처분을 취소한다.", ② 처분청과 피고가 다른 경우에는 "중앙노동위원회가 2025. 7. 14. 원고와 피고보조참가인 사이의 2025부해145 부당해고 및 부당노동행위구제 재심신청사건에 관하여 한 재심판정 중 부당해고구제 재심판정을 취소한다."는 형식으로 기재한다.

(2) 종류

취소소송의 인용판결에는 '처분 또는 재결의 취소판결', '무효선언을 하는 의미의 취소판결', '처분 또는 재결의 변경판결' 등이 포함된다. 취소판결은 처분의 위법성을 확인하는 효과 외에 처분의 효력을 소멸시키는 형성력을 가진다.

(3) 행정소송법 제4조 제1호의 '변경'의 의미

취소소송은 "행정청의 위법한 처분등을 취소 또는 변경하는 소송"(행정소송법 제4조 제1호)인데, 여기서 변경의 의미에 관하여는, 원처분을 새 처분으로 대체시키는 적극적 형성판결로 이해하는 입장과, 권력분립의 관점에서 이를 일부취소판결의 의미로 보는 소극적 입장이 대립하고 있으나, 행정심판과 달리 소극설이 통설·판례이다.

(4) 일부위법과 취소

① 문제 상황

행정소송법 제4조 제1호가 규정하는 '취소'와 관련하여 처분의 일부만이 위법한 경우에 위법한 부분만의 취소가 가능한지가 문제된다.

② 일부취소의 가능성

처분의 일부취소의 가능성은 일부취소의 대상이 되는 부분의 분리취소가능성에 따른다고 보는 것이 일반적이다. 이에 따르면 일부취소되는 부분이 분리가능하고, 당사자가 제출한 자료만으로 일부취소되는 부분을 명확히 확정할 수 있는 경우에 일부취소가 가능하다. 판례는 외형상 하나의 행정처분이라 하더라도 가분성이 있거나 그 처분대상의 일부가 특정될 수 있다면 그 일부만의 취소도 가능하고 그 일부의 취소는 당해 취소부분에 관하여 효력이 생긴다고 한다(대판 1995.11.16. 95누8850 전합). 처분의 일부취소판결은 위와 같은 요건을 갖추면 일반적으로 인정된다(예 과징금처분과 영업정지처분 중 과징금처분만 일부취소). 그러나 처분의 성질상 일부취소가 허용되지 않는 경우도 있다. 재량행위인 경우 처분청의 재량권을 존중할 필요가 있는 경우 일부취소를 인정하지 않는다. 금전부과처분에서 적법하게 부과될 부과금액을 산출할 수 없는 경우에는 그 금전부과처분이 기속행위일지라도 일부취소가 인정되지 않는다(대판 2004.7.22. 2002두868).

판례

일부취소를 인정한 사례

[1] 과세관청이 세율을 잘못 적용하여 그 부과처분의 적부가 다투어지는 소송절차에서 법원이 바른 세율을 찾아내어 이를 적용한 결과 과세관청이 부과한 산출세액 보다 많은 세금을 인정하였더라도, 납세자가 취소를 구하는 부과처분 중 정당한 세액을 초과하는 위법의 부과부분이 있는 경우에는 그 부과처분은 정당하게 인정된 과세표준과 세액을 초과하는 범위에서만 위법하여 취소의 대상이 된다(대판 1989.8.8. 88누6139).

[2] 개발부담금부과처분 취소소송에 있어 당사자가 제출한 자료에 의하여 적법하게 부과될 정당한 부과금액이 산출할 수 없을 경우에는 부과처분 전부를 취소할 수밖에 없으나, 그렇지 않은 경우에는 그 정당한 금액을 초과하는 부분만 취소하여야 한다(대판 2004.7.22. 2002두868).

[3] 법원이 행정청의 정보공개거부처분의 위법 여부를 심리한 결과 공개를 거부한 정보에 비공개대상정보에 해당하는 부분과 공개가 가능한 부분이 혼합되어 있고 공개청구의 취지에 어긋나지 아니하는 범위 안에서 두 부분을 분리할 수 있음을 인정할 수 있을 때에는, 위 정보 중 공개가 가능한 부분을 특정하고 판결의 주문에 행정청의 위 거부처분 중 공개가 가능한 정보에 관한 부분만을 취소한다고 표시하여야 한다(대판 2003.3.11. 2001두6425).

[4] 제1종 보통, 대형 및 특수 면허를 가지고 있는 자가 레이카크레인을 음주운전한 행위는 제1종 특수면허의 취소사유에 해당될 뿐 제1종 보통 및 대형 면허의 취소사유는 아니므로, 3종의 면허를 모두 취소한 처분 중 제1종 보통 및 대형 면허에 대한 부분은 이를 이유로 취소하면 될 것이나, 제1종 특수면허에 대한 부분은 원고가 재량권의 일탈·남용하여 위법하다는 주장을 하고 있음에도, 원심이 그 점에 대하여 심리·판단하지 아니한 채 처분 전체를 취소한 조치는 위법하다고 하여 원심판결 중 제1종 특수면허에 대한 부분을 파기환송한 사례(대판 1995.11.16. 95누8850 전합).

[5] 공정거래위원회가 부당한 공동행위에 대한 과징금을 부과함에 있어 여러 개의 위반행위에 대하여 하나의 과징금 납부명령을 하였으나 여러 개의 위반행위 중 일부의 위반행위에 대한 과징금 부과만이 위법하고 소송상 그 일부의 위반행위를 기초로 한 과징금액을 산정할 수 있는 자료가 있는 경우에는, 하나의 과징금 납부명령일지라도 그 일부의 위반행위에 대한 과징금액에 해당하는 부분만을 취소하여야 한다. 피고가 원고 등의 유배당 퇴직보험 확정금리형 상품의 예정이율, 유배당 퇴직보험 금리연동형 상품의 공시이율, 무배당 퇴직보험 금리연동형 상품의 공시이율에 관한 부당한 공동행위에 대하여 하나의 과징금 납부명령을 하였으나, 그 중 무배당 퇴직보험 금리연동형 상품의 공시이율에 관한 부당한 공동행위에 대한 과징금 부과만이 위법하고, 무배당 퇴직보험 금리연동형 상품의 공시이율에 관한 부당한 공동행위를 기초로 한 과징금액을 산정할 수 있는 자료가 있는 이 사건에서는 위 과징금 납부명령 중 무배당 퇴직보험 금리연동형 상품의 공시이율에 관한 부당한 공동행위에 대한 과징금액에 해당하는 부분만을 취소하여야 한다(대판 2009.10.29. 2009두11218).

[6] 임대사업자가 여러 세대의 임대주택에 대해 분양전환 승인신청을 하여 외형상 하나의 행정처분으로 그 승인을 받았다고 하더라도 이는 승인된 개개 세대에 대한 처분으로 구성되고 각 세대별로 가분될 수 있으므로 이 사건 처분 중 일부만의 취소도 가능하다(대판 2015. 3.26. 2012두20304).

일부취소를 부정한 사례

[1] 처분을 할 것인지와 처분의 정도에 관하여 재량이 인정되는 금전 부과처분이 그 처분의 전제가 되는 사실을 오인하는 등으로 재량권을 일탈·남용한 것인 경우에 법원으로서는 재량권의 일탈·남용 여부만 판단할 수 있을 뿐이지 재량권의 범위 내에서 어느 정도가 적정한 것인지에 관하여는 판단할 수 없으므로 그 전부를 취소하여야 하고, 법원이 적정하다고 인정되는 부분을 초과한 부분만 취소할 수는 없다(대판 2019.10.31. 2017두62600).

[2] 과세처분 취소소송에서 정당한 세액이 산출되지 않는 경우 과세처분 전부를 취소해야 하고, 이 경우 법원이 직권으로 정당한 세액을 계산할 의무를 지는 것은 아니다(대판 2015.9.10. 2015두622).

[3] 영업정지처분이 재량권 남용에 해당한다고 판단될 때에는 위법한 처분으로서 그 처분의 취소를 명할 수 있을 따름이고 재량권의 한계내에서 어느 정도가 적정한 영업정지기간인가를 가리는 일은 사법심사의 범위를 벗어나는 것이다(대판 1982.6.22. 81누375).

[4] 자동차운수사업면허조건 등을 위반한 사업자에 대하여 행정청이 행정제재수단으로 사업 정지를 명할 것인지, 과징금을 부과할 것인지, 과징금을 부과키로 한다면 그 금액은 얼마로 할 것인지에 관하여 재량권이 부여되었다 할 것이므로 과징금부과처분이 법이 정한 한도액을 초과하여 위법할 경우 법원으로서는 그 전부를 취소할 수밖에 없고, 그 한도액을 초과한 부분이나 법원이 적정하다고 인정되는 부분을 초과한 부분만을 취소할 수 없다(금 1,000,000원을 부과한 당해 처분 중 금 100,000원을 초과하는 부분은 재량권 일탈·남용으로 위법하다며 그 일부분만을 취소한 원심판결을 파기한 사례)(대판 1998.4.10. 98두2270).

[5] 수개의 위반행위에 대하여 하나의 과징금납부명령을 하였으나 수개의 위반행위 중 일부의 위반행위만이 위법하지만, 소송상 그 일부의 위반행위를 기초로 한 과징금액을 산정할 수 있는 자료가 없는 경우에는 하나의 과징금납부명령 전부를 취소할 수밖에 없다(대판 2004. 10.14. 2001두2881).

[6] 제1종 보통 운전면허와 제1종 대형 운전면허의 소지자가 제1종 보통 운전면허로 운전할 수 있는 승합차를 음주운전하다가 적발되어 두 종류의 운전면허를 모두 취소당한 사안에서, …(중략)… 당해 처분 중 제1종 대형 운전면허의 취소가 재량권을 일탈한 것으로 본다면 상대방은 그 운전면허로 다시 승용 및 승합자동차를 운전할 수 있게 되어 주취운전에도 불구하고 아무런 불이익을 받지 않게 되어 현저히 형평을 잃은 결과가 초래된다는 이유로, 이와 달리 제1종 대형 운전면허 부분에 대한 운전면허취소처분이 재량권의 한계를 넘는 위법한 처분이라고 본 원심판결을 파기한 사례(대판 1997.3.11. 96누15176).

5. 기각판결

본안심리 결과 원고의 취소청구가 이유 없다고 판단되는 경우, 즉 계쟁처분이 적법하거나, 위법하지 않고 단순한 부당에 그친 경우 기각판결을 내린다. 판결의 주문은 "원고의 청구를 기각한다."가 된다.

예외적으로 처분이 위법하더라도 공익적 견지에서 원고의 청구를 기각하는 경우가 있는 바, 아래의 사정판결이 이에 해당한다.

6. 사정판결

행정소송법 제28조 【사정판결】 ① 원고의 청구가 이유있다고 인정하는 경우에도 처분등을 취소하는 것이 현저히 공공복리에 적합하지 아니하다고 인정하는 때에는 법원은 원고의 청구를 기각할 수 있다. 이 경우 법원은 그 판결의 주문에서 그 처분등이 위법함을 명시하여야 한다.
② 법원이 제1항의 규정에 의한 판결을 함에 있어서는 미리 원고가 그로 인하여 입게 될 손해의 정도와 배상방법 그 밖의 사정을 조사하여야 한다.
③ 원고는 피고인 행정청이 속하는 국가 또는 공공단체를 상대로 손해배상, 제해시설의 설치 그 밖에 적당한 구제방법의 청구를 당해 취소소송등이 계속된 법원에 병합하여 제기할 수 있다

(1) 의의

원고의 청구가 이유 있다고 인정하는 경우에도 처분등을 취소하는 것이 현저히 공공복리에 적합하지 아니하다고 인정하는 때에는 법원은 원고의 청구를 기각할 수 있는데(행정소송법 제28조 제1항 본문), 이를 사정판결이라 한다. 어떠한 처분을 기초로 다수의 이해관계가 걸린 법률관계가 형성되거나 공공사업이 상당히 진행된 경우와 같이 위법한 처분을 취소하는 것이 오히려 공공복리에 어긋나는 경우에 허용되는 판결 유형이다. 이는 사익의 보호가 결과적으로 공익에 중대한 침해를 가져올 경우 사회전체의 공익을 우선시킴으로써 이를 시정하려는 데 그 취지가 있다(대판 2006.9.22. 2005두2506). 그러나 사정판결이 처분을 적법하게 만드는 것은 아니다.

(2) 문제점

대법원은 사정판결제도가 법치행정에 반하는 위헌적인 제도가 아니라고 하나(대판 2009.12.10. 2009두8359), 사정판결은 위법한 처분 등을 그대로 유지하는 것이므로 법치행정의 원리와 재판을 통한 개인의 권익보장이라는 헌법이념에 충실하지 못한다는 비판이 가능하다. 따라서 사정판결은 극히 엄격한 요건 아래 불가피한 경우에만 허용되어야 하고, 아울러 원고에게 가해지는 침해에 대한 구제책이 확보되어야 한다.

(3) 요건

① **취소소송일 것**

사정판결은 취소소송에서만 인정되고 당사자소송이나 부작위위법확인소송에는 준용되고 있지 않다.

무효등확인소송에서도 인정되는지의 여부에 대해서는 ㉠ i) 준용한다는 규정이 없고, ii) 사정판결은 법치주의의 예외이므로 가능한 범위를 축소할 필요가 있고, iii) 취소판결은 처분의 효력을 부정함에 반해 사정판결은 처분의 효력이 부정되지는 않지만 위법성을 확인하는 것이므로 처분이 무효인 경우 사정판결로 유지될 처분의 효력이 없어 부정함이 타당하다는 견해, ㉡ i) 무효인 처분을 기초로 한 기성사실의 원상회복이 현저히 공공복리에 반하는 경우에는 예외적으로 무효인 처분에도 사정판결을 할 필요가 있으며, ii) 사정판결은 기성사실을 백지화하는 것이 적합한가, 아니면 기성사실은 그대로 두고 다른 방법에 의한 구제를 강구하는 것이 공공복리에 적합한가라는 각도에서 판단해야지 처분의 효력 유무를 갖고 사정판결 여부를 판단해서는 아니 된다는 견해가 있다. 판례는 당연무효의 행정처분을 소송목적물로 하는 행정소송에서는 존치시킬 효력이 있는 행정행위가 없기 때문에 행정소송법 제28조 소정의 사정판결을 할 수 없다(대판 1996.3.22. 95누5509)고 한다.

② **청구가 이유 있다고 인정될 것**

쟁송의 대상인 처분이 위법하고, 그 위법한 처분 등에 의하여 원고의 법률상 이익이 침해된 경우이어야 한다.

③ **처분 등의 취소가 현저히 공공복리에 적합하지 아니할 것**

즉 원고의 청구를 기각하는 것만이 공공복리 실현을 위한 해결책이어야 한다. 판례는 "행정처분이 위법한 때에는 이를 취소함이 원칙이고 그 위법한 처분을 취소·변경함이 도리어 현저히 공공의 복리에 적합하지 않은 경우에 극히 예외적으로 위법한 행정처분의 취소를 허용하지 않는다는 사정판결을 할 수 있으므로 사정판결의 적용은 극히 엄격한 요건 아래 제한적으로 하여야 하고, 그 요건인 현저히 공공복리에 적합하지 아니한가의 여부를 판단함에 있어서는 위법·부당한 행정처분을 취소·변경하여야 할 필요와 그 취소·변경으로 인하여 발생할 수 있는 공공복리에 반하는 사태 등을 비교·교량하여 그 적용 여부를 판단하여야 한다."(대판 1995.6.13. 94누4660)고 하여 개별 사건에서 구체적으로 판단한다.

그 판단기준에 관하여 대법원은 ㉠ 처분에 이르기까지의 경과 및 처분 상대방의 관여 정도, ㉡ 위법사유의 내용과 발생원인 및 전체 처분에서 위법사유가 관련된 부분이 차지하는 비중, ㉢ 처분을 취소할 경우 예상되는 결과, 특히 처분을 기초로 새로운 법률관계나 사실상태가 형성되어 다수 이해관계인의 신뢰 보호 등 처분의 효력을 존속시킬 공익적 필요성이 있는지 여부 및 정도, ㉣ 처분의 위법으로 인해 처분 상대방이 입게 된 손해 등 권익 침해의 내용, ㉤ 행정청의 보완조치 등으로 위법상태의 해소 및 처분 상대방의 피해 전보가 가능한지 여부, ㉥ 처분 이후 처분청이 위법상태의 해소를 위해 취한 조치 및 적극성의 정도와 처분 상대방의 태도 등 제반 사정을 종합적으로 고려하여야 한다고 제시하고 있다(대판 2016.7.14. 2015두4167).

학설은 대체로, 위법한 처분을 취소하지 않고 방치함으로써 침해되는 공익의 정도보다 위법한 처분을 취소함으로써 새롭게 침해되는 공익의 정도가 월등하게 큰 경우이어야 한다고 설명한다(예 위법한 처분에 기초하여 다수의 관계인들 사이에 이미 새로운 사실관계·법률관계가 형성되었는데, 그 처분의 효력을 소멸시켜 위 법률관계를 없었던 상태로 되돌리면 그로 인한 손해가 매우 크지만, 위법한 처분으로 불이익을 받은 사람의 손해는 경미한 경우).

④ 피고인 행정기관의 신청 여부

㉠ **학설**: i) 행정소송법 제26조를 근거로 당사자의 주장이나 피고의 항변이 없더라도 법원의 직권탐지기능에 따라 가능하다는 견해, ii) 행정소송법 제26조를 근거로 당사자의 명백한 주장이 없는 경우에도 기록에 나타난 여러 사정을 기초로 직권으로 사정판결할 수 있다는 견해, iii) 행정소송법이 제26조를 규정하고 있다고 하더라도 당사자의 주장·항변 없이는 직권으로 사정판결이 불가능하다는 견해(다수설)가 대립된다.

㉡ **판례**: 법원이 사정판결을 할 필요가 있다고 인정하는 때에는 당사자의 명백한 주장이 없는 경우에도 기록에 나타난 사실을 기초로 하여 직권으로 사정판결을 할 수 있다(대판 1992.2.14. 90누9032).

㉢ **검토**: 행정소송법 제26조의 직권심리주의는 실체적 적법성보장(처분의 위법·적법성 규명)을 위해 인정되는 것이고 사정판결제도는 기성사실의 존중의 필요성을 근거로 인정되는 것이므로 양자는 취지를 달리하기 때문에 행정소송법 제

26조를 근거로 당사자의 주장이나 항변 없이도 사정판결을 할 수 있다는 견해는 부당하다고 본다.

판례

사정판결을 인정한 경우

[1] 환지예정지지정처분의 기초가 된 가격평가의 내용이 일응 적정한 것으로 보일 뿐만 아니라 환지계획으로 인한 환지예정지지정처분을 받은 이해관계인들 중 원고를 제외하고는 아무도 위 처분에 관하여 불복하지 않고 있으므로 원고에 대한 환지예정지지정처분을 위법하다 하여 이를 취소하고 새로운 환지예정지를 지정하기 위하여 환지계획을 변경할 경우 위 처분에 불복하지 않고 기왕의 처분에 의하여 이미 사실관계를 형성하여 온 다수의 다른 이해관계인들에 대한 환지예정지지정처분까지도 변경되어 기존의 사실관계가 뒤엎어지고 새로운 사실관계가 형성되어 혼란이 생길 수도 있게 되는 반면 위 처분으로 원고는 이렇다 할 손해를 입었다고 볼 만한 사정도 엿보이지 않고 가사 손해를 입었다 할지라도 청산금보상 등으로 전보될 수 있는 점 등에 비추어 보면 위 처분이 토지평가협의회의 심의를 거치지 아니하고 결정된 토지 등의 가격평가에 터잡은 것으로 그 절차에 하자가 있다는 사유만으로 이를 취소하는 것은 현저히 공공복리에 적합하지 아니하다(대판 1992.2.14. 90누9032).

[2] 법학전문대학원이 장기간의 논의 끝에 사법개혁의 일환으로 출범하여 2009년 3월초 일제히 개원한 점, 전남대 법학전문대학원도 120명의 입학생을 받아들여 교육을 하고 있는데 인가처분이 취소되면 그 입학생들이 피해를 입을 수 있는 점, 법학전문대학원의 인가 취소가 이어지면 우수한 법조인의 양성을 목적으로 하는 법학전문대학원 제도 자체의 운영에 큰 차질을 빚을 수 있는 점, 법학전문대학원의 설치인가 심사기준의 설정과 각 평가에 있어 법 제13조에 저촉되지 않는 점, 교수위원이 제15차 회의에 관여하지 않았다고 하더라도 그 소속대학의 평가점수에 비추어 동일한 결론에 이르렀을 것으로 보여, 전남대에 대한 이 사건 인가처분을 취소하고 다시 심의하는 것은 무익한 절차의 반복에 그칠 것으로 보이는 점 등을 종합하면, 전남대에 대한 이 사건 인가처분이 법 제13조에 위배되었음을 이유로 취소하는 것은 현저히 공공복리에 적합하지 아니하다(대판 2009.12.10. 2009두8359).

[3] 재개발조합설립 및 사업시행인가처분이 처분 당시 법정요건인 토지 및 건축물 소유자 총수의 각 3분의 2 이상의 동의를 얻지 못하여 위법하나, 그 후 90% 이상의 소유자가 재개발사업의 속행을 바라고 있어 재개발사업의 공익목적에 비추어 그 처분을 취소하는 것은 현저히 공공복리에 적합하지 아니하다(대판 1995.7.28. 95누4629).

사정판결을 부정한 경우

[1] 관리처분계획의 수정을 위한 조합원총회의 재결의를 위하여 시간과 비용이 많이 소요된다는 등의 사정만으로는 재결의를 거치지 않음으로써 위법한 관리처분계획을 취소하는 것이 현저히 공공복리에 적합하지 아니하다고 볼 수 없다(대판 2001.10.12. 2000두4279).

[2] 징계면직된 검사의 복직이 검찰조직의 안정과 인화를 저해할 우려가 있다는 등의 사정은 검찰 내부에서 조정·극복하여야 할 문제일 뿐이고 준사법기관인 검사에 대한 위법한 면직처분의 취소 필요성을 부정할 만큼 현저히 공공복리에 반하는 사유라고 볼 수 없다(대판 2001.8.24. 2000두7704).

[3] 시외버스 운송사업계획 변경인가처분(경북북부지역~부산)의 취소로 인하여 연장노선 이용 승객들의 불편이 예상되지만 그러한 불편은 피고가 취할 수 있는 여러 대응조치 등으로 일시적 현상에 그칠 것으로 예상되는 점에서 사정판결의 요건을 갖추지 못하고 있다(대판 1991.5.28. 90누1359).

[4] 이 사건 처분의 취소로 인하여 부산 해운대구를 영업구역으로 하여 생활폐기물을 수집·운반하여 온 기존의 동종업체에게 경쟁상대를 추가시킴으로써 일시적인 공급시설의 과잉현상이 나타나 어느 정도의 손해가 발생한 것임은 예상되지만, 그 이상으로 소론과 같이 업체의 난립 및 과당경쟁으로 기존 청소질서가 파괴되어 청소에 관한 안정적이고 효율적인 책임행정의 이행이 불가능하게 된다고는 보이지 아니하므로 이 사건 처분을 취소하는 것이 현저히 공공의 복리에 적합하지 않은 경우에 해당한다고는 할 수 없다(대판 1998.5.8. 98두4061).

(4) 판단시점

사정판결의 대상이 되는 처분의 위법여부는 처분시를 기준으로 판단하나, 사정판결의 필요성(공공복리에 대한 판단)은 판결시점(변론종결시)을 기준으로 판단한다(대판 1970.3.24. 69누29). 사정판결은 처분시부터 위법하였으나 사후변경된 사정을 고려하는 제도이기 때문이다. 행정소송규칙 제14조도 처분등을 취소하는 것이 현저히 공공복리에 적합하지 아니한지 여부는 사실심 변론을 종결할 때를 기준으로 판단한다고 명시하였다.

(5) 원고의 보호

① 원고의 손해 정도 등 조사

법원이 사정판결을 함에 있어서는 미리 원고가 그로 인하여 입게 될 손해의 정도와 배상방법 그 밖의 사정을 조사하여야 한다(행정소송법 제28조 제2항). 이는 사정판결의 요건으로서 공익의 비교형량을 위한 심리가 되는 동시에 사정판결의 효과로서의 부수조치를 위한 심리의 의미도 있다.

② 주문 기재방식

법원은 그 판결의 주문에서 그 처분 등이 위법함을 명시하여야 한다(제28조 제1항). 즉 판결의 주문은 "원고의 청구를 기각한다. 피고가 2025. 9. 27. 원고에 대하여 한 ㅇㅇ처분은 위법하다. 소송비용은 피고가 부담한다."는 형식이다. 관련청구가 병합된 경우는 "원고의 피고 ㅇㅇ시장에 대한 청구를 기각한다. 피고 ㅇㅇ시장이 2025. 10. 20. 원고에 대하여 한 건축불허가처분은 위법하다. 피고 ㅇㅇ시는 원고에게 ***원을 지급하라. 소송비용은 피고들이 부담한다."는 형식이 된다.

처분의 위법성에 대한 판단에는 기판력이 발생한다. 이는 처분의 위법성을 이유로 하여 그에 따른 손해배상청구를 하게 한다든가, 당해 처분 등의 존재를 전제로 한 행정청의 후속처분을 저지하기 위하여 당해 처분이 위법한 것임을 법적으로 확정할 필요가 있다는 데 의의가 있다.

③ 구제방법청구의 병합

원고는 피고인 행정청이 속하는 국가 또는 공공단체를 상대로 손해배상, 제해시설의 설치 그 밖에 적당한 구제방법의 청구를 당해 취소소송 등이 계속된 법원에 병합하여 제기할 수 있다(제28조 제3항). 이는 사정판결의 경우 주관적·예비적 병합의 허용성을 예정하고 있는 것이므로, 행정청을 피고로 한 주위적 처분취소청구가 사정판결에 의하여 기각될 것에 대비하여 예비적으로 국가·지방자치단체를 피고로 한 손해배상청구를 병합할 수 있다. 물론 별소를 제기하는 것도 가능하다.
당사자가 이를 간과하였음이 분명하다면 적절하게 석명권을 행사하여 그에 관한 의견을 진술할 수 있는 기회를 주어야 한다는 것이 판례의 입장이다(대판 2016.7.14. 2015두4167).

④ 소송비용 부담

원고의 청구가 이유 있음에도 불구하고 그 청구를 기각하는 것이므로, 소송비용은 일반적인 경우와 달리 피고가 부담한다(제32조).

⑤ 불복

사정판결도 일반 판결과 성질상 다를 것이 없으므로, 당사자가 사정판결에 불복하면 상소할 수 있다. 원고는 사정판결을 할 사정이 없다는 이유로 불복할 수 있고, 피고도 청구가 기각된 것에는 불만이 없지만 처분이 적법함에도 위법하다고 선언하였다는 점에서 불복할 수 있다.

03 취소판결의 효력

1. 의의

확정된 취소판결의 효력에는 형성력, 기판력, 기속력 등이 있다. 형성력과 기속력은 인용판결에 인정되는 효력이고, 기판력은 인용판결뿐만 아니라 기각판결에도 인정된다.
특히 행정소송법은 항고소송에서의 제3자에 대한 효력(제29조 제1항), 기속력(제30조)을 규정하고 있다. 한편, 판결의 효력은 '선고법원에 대한 효력', '당사자에 대한 효력', '법원과 양 당사자에 대한 효력' 등으로 나누어 설명되기도 한다.

2. 자박력(선고법원에 대한 구속력)

법원이 판결을 선고하면 선고법원 자신도 그 내용을 취소·변경할 수 없는 구속을 받는데, 이를 자박력이라고 한다. 불가변력이라고도 한다. 이를 인정하는 이유는 재판으로서 외부에 표현된 이상 자유로운 변경의 인정은 법적 안정성을 해치고 재판의 신용에 악영향을 주기 때문이다.

그러나 일정한 사유(예 판결에 잘못 기재하거나 잘못 계산한 경우, 명백한 오류가 존재하는 경우)에 해당하는 때에는 이 효력이 배제될 수 있다. 민사소송법 제211조 제1항은 '판결의 경정'이라는 제하에, 판결에 잘못된 계산이나 기재, 그 밖에 이와 비슷한 잘못이 있음이 분명한 때에 법원은 직권으로 또는 당사자의 신청에 따라 경정결정을 할 수 있음을 규정하고 있다.

3. 형식적 확정력(당사자에 대한 구속력)

상소의 포기, 모든 심급을 거친 경우 혹은 상소제기기간의 경과 등으로 인해 판결에 불복하는 자가 동일한 소송절차 내에서 더 이상 상소로써 다툴 수 없게 되는데, 이 경우에 갖는 판결의 구속력을 말한다. 판결은 형식적으로 확정되어야 기판력 내지 형성력이 생기게 된다. 다만, 형식적 확정력은 재심의 소에 의해 배제될 수 있다.

4. 기판력(소송법적 효력, 법원과 양당사자에 대한 구속력)

(1) 의의

판결이 형식적 확정력을 갖게 되면 그 후의 절차(후소)에서 동일한 사항(동일한 소송물) 등이 문제되는 경우에 당사자와 이들의 승계인은 기존 판결에 반하는 주장을 할 수 없고 법원도 종전의 법률적 판단에 모순·저촉되는 판단을 할 수 없는 구속력을 말한다. 기판력은 인용판결과 기각판결 모두에 발생하며, 각하판결은 소가 부적법하다는 판단에 기판력이 생긴다.

판례

확정판결의 존재가 직권조사사항인지 여부(적극) 및 당사자가 확정판결의 존재를 상고심에서 새로이 주장·입증할 수 있는지 여부(적극)

소송에서 다투어지고 있는 권리 또는 법률관계의 존부가 동일한 당사자 사이의 전소에서 이미 다투어져 이에 관한 확정판결이 있는 경우에 당사자는 이에 저촉되는 주장을 할 수 없고, 법원도 이에 저촉되는 판단을 할 수 없음은 물론, 위와 같은 확정판결의 존부는 직권조사사항이어서 당사자의 주장이 없더라도 법원이 이를 직권으로 조사하여 판단하지 않으면 아니 되고, 당사자는 확정판결의 존재를 사실심 변론종결시까지 주장하지 아니하였다 하더라도 상고심에서 새로이 이를 주장, 입증할 수 있는 것이다(대판 2006.10.13. 2004두10227).

(2) 인정근거

소송절차의 무용한 반복을 방지하고, 선후 모순된 재판의 출현을 방지함으로써 법적 안정성을 도모하고자 하는 취지이다. 행정소송법에는 명시적 규정이 없으나, 행정소송법 제8조 제2항에 의하여 민사소송법이 준용되므로 행정소송판결에 대하여도 기판력이 있음은 의문의 여지가 없다. 민사소송법 제216조 제1항은 “확정판결은 주문에 포함된 것에 한하여 기판력을 가진다.”, 제218조 제1항은 “확정판결은 당사자, 변론을 종결한 뒤의 승계인(변론 없이 한 판결의 경우에는 판결을 선고한 뒤의 승계인) 또는 그를 위하여 청구의 목적물을 소지한 사람에 대하여 효력이 미친다.”라고 규정하고 있다.

(3) 기판력의 작용면(作用面)

기판력은 전소에서 확정된 법적 문제가 후소에서 다시 문제되는 때에 작용하는데 구체적으로는 다음의 세 경우이다.

① 소송물의 동일

전소와 같은 소송물에 대해 제소하는 경우(예 동일한 처분에 대하여 내용상 위법을 이유로 취소소송을 제기하여 기각당한 후 절차의 하자를 이유로 다시 취소소송을 제기)

② 선결문제

전소의 주문에서 판단된 기판력 있는 법률관계가 후소의 선결문제로 된 때(예 처분에 대한 취소판결 후 동 처분으로 인한 손해에 대해 국가배상청구소송을 제기, 처분에 대한 무효확인판결 후 부당이득반환청구소송을 제기)

③ 모순관계

후소가 기판력에 의하여 확정된 법률관계와 정면으로 모순되는 반대관계를 소송물로 한 때(예 취소소송을 제기하여 기각당한 후 무효확인소송을 제기)

판례

소송물과 기판력

취소 확정판결의 기판력은 그 판결의 주문에만 미치고, 또한 소송물인 행정처분의 위법성 존부에 관한 판단 그 자체에만 미치는 것이므로 전소와 후소가 그 소송물을 달리하는 경우에는 전소 확정판결의 기판력이 후소에 미치지 아니한다(대판 1996.4.26. 95누5820).

(4) 효력범위

① 주관적 효력범위

㉠ 당해 소송의 당사자 및 당사자와 동일시할 수 있는 자(예 승계인)에게만 미치는

것이 원칙이다. 행정소송법 제16조의 소송참가를 하는 제3자는 공동소송적 보조참가인의 지위를 가지므로 그에게도 기판력이 미친다. 그러나 당해 소송과 관계가 없는 제3자에게는 미치지 않는다. 예컨대, 토지수용이나 환지의 경우에 있어서 토지수용재결이나 환지처분의 취소소송에서 패소한 자가 위와 같은 처분 등의 무효를 전제로 제3자인 사인을 상대로 종전 토지의 소유권에 기하여 토지명도소송을 제기하는 경우에는 전소에서의 청구기각판결의 기판력이 후의 소송에는 미치지 아니하므로, 토지명도소송은 적법한 것이다.

㉡ 피고는 처분청이므로 취소소송에 있어서의 기판력은 처분의 효력이 귀속하는 국가 또는 공공단체에 미친다(대판 1998.7.24. 98다10854). 예컨대, 세무서장을 피고로 하는 과세처분취소소송에서 패소한 자가 다시 국가를 피고로 하여 과세처분의 무효를 주장하여 과오납금반환청구소송을 제기한 경우에 과세처분의 무효의 주장은 위 취소소송의 기판력에 반한다.

② 객관적 효력범위

㉠ 판결주문에 나타난 판단에만 미치고 판결이유에서 제시된 그 전제가 되는 법률관계, 사실인정, 항변 등에는 미치지 아니한다(대판 2000.2.25. 99다55472). 판례·다수설처럼 취소소송의 소송물을 위법성 일반이라고 보면서 개개의 위법사유는 공격·방어방법에 불과하다고 본다면, 기판력은 인용판결의 경우 당해 처분이 위법하다는 점에 미치고, 기각판결의 경우 당해 처분이 적법하다는 점에 미친다.

㉡ 항고소송에서 처분의 취소 또는 무효확인판결이 확정되면, 처분이 위법하다는 점에 대하여 기판력이 미치므로 원고나 피고 모두 처분이 유효하다는 주장을 할 수 없다. 다만, 기판력은 해당 처분에 한하여 미치므로 동일한 처분이 아닌 새로운 처분에 대하여는 미치지 않는다. 취소판결이 확정된 후 행정청이 위법사유를 보완하여 다시 새로운 처분을 한 경우에, 새로운 처분은 종전의 처분과는 다른 별개의 처분이라 할 것이므로, 종전처분에 대한 취소판결의 기판력은 새로운 처분에 미치지 아니한다(대판 1985.11.11. 85누213). 예컨대, 과세평가액평가방법이 잘못되었거나 추계조사결정의 필요성 및 그 방법의 합리성 내지 타당성에 잘못이 있다고 하는 경우에는 다시 위법사유를 보완하여 새로운 과세처분을 할 수 있으며(대판 1992.9.25. 92누794), 공무원에 대한 징계처분취소판결이 있은 뒤에 그 징계처분사유설명서의 기재사유 이외의 사유를 들어 다시 징계처분을 할 수 있다. 다만, 뒤에서 보는 취소판결의 기속력에 의하여 취소판결의 내용에 저촉되는 처분을 할 수 없다.

㉢ 취소소송에서 기각판결이 확정되면 그 처분이 적법하다는 점에 관하여 기판력이 발생하므로 다시 취소청구나 무효확인청구를 할 수 없으며, 그 기판력은 무효를 전제로 한 부당이득금 반환청구소송 등의 민사소송에도 미친다. 또한 개개의 위법사유는 공격방어방법에 지나지 아니하므로 원고는 전소에서 주장한 것과 다른 사유를 들어 그 처분이 위법하다고 주장하더라도 받아들여질 수 없다.

㉣ 무효확인소송에서 기각판결이 확정되어도 이는 처분이 무효가 아니라는 점에만 기판력이 생기므로(즉, 처분이 위법하나 하자가 중대·명백하지 않아 기각된 경우도 있으므로), 처분의 위법을 주장하면서 취소소송이나 국가배상청구소송을 제기할 수 있다.

판례

과세처분 취소소송에서 청구가 기각된 확정판결의 기판력이 과세처분 무효확인소송에 미치는지 여부(적극)

과세처분이란 당해 과세요건의 충족으로 객관적, 추상적으로 이미 성립하고 있는 조세채권을 구체적으로 현실화하여 확정하는 절차이고, 과세처분의 취소소송은 위와 같은 과세처분의 실체적, 절차적 위법을 그 취소원인으로 하는 것으로서 그 심리의 대상은 과세관청의 과세처분에 의하여 인정된 조세채무인 과세표준 및 세액의 객관적 존부 즉 당해 과세처분의 적부가 심리의 대상이 되는 것이며, 과세처분취소 청구를 기각하는 판결이 확정되면 그 처분이 적법하다는 점에 관하여 기판력이 생기고 그 후 원고가 다시 이를 무효라 하여 그 무효확인을 소구할 수는 없는 것이어서, 과세처분의 취소소송에서 청구가 기각된 확정판결의 기판력은 그 과세처분의 무효확인을 구하는 소송에도 미친다(대판 1996.6.25. 95누1880).

직위해제 및 면직처분의 무효확인판결의 기판력의 객관적 범위

직위해제 및 면직처분의 무효확인판결의 기판력은 판결 주문에 포함된 위 각 처분의 무효 여부에 관한 법률적 판단의 내용에 미치는 것으로, 지방의료공사가 위 판결의 확정 후에 직위해제 등 처분의 사유와 동일한 사유를 들어 다시 당해 정직처분을 하였다고 하여 위 확정판결의 기판력에 저촉된다고 할 수 없다(대판 1998.6.12. 97누16084).

공사중지명령에 대한 취소소송에서 명령이 적법한 것으로 확정된 경우의 기판력

행정청이 관련 법령에 근거하여 행한 공사중지명령의 상대방이 명령의 취소를 구한 소송에서 패소함으로써 그 명령이 적법한 것으로 이미 확정되었다면, 이후 이러한 공사중지명령의 상대방은 그 명령의 해제신청을 거부한 처분의 취소를 구하는 소송에서 그 명령의 적법성을 다툴 수 없다. 그와 같은 공사중지명령에 대하여 그 명령의 상대방이 해제를 구하기 위해서는 명령의 내용 자체로 또는 성질상으로 명령 이후에 원인사유가 해소되었음이 인정되어야 한다(대판 2014.11.27. 2014두37665).

③ 시간적 효력범위

취소소송의 확정판결은 당사자가 사실심변론종결시까지 제출한 소송자료를 기초로 한 것이기 때문에 그 시점을 기준으로 기판력이 생긴다. 따라서 처분청은 당해 사건의 사실심변론 종결시 이전에 주장할 수 있었던 사유를 내세워 확정판결과 저촉되는 처분을 할 수 없고, 후소에서 이를 주장할 수 없다(대판 1992.2.25. 91누6108). 그러나 변론종결 후 사실관계·법률관계의 변화가 있으면 행정청은 새로운 사유에 근거하여 동일한 처분을 할 수 있다(대판 1997.2.11. 96누13057).

〈취소판결의 국가배상청구소송에 대한 기판력〉

1. 문제점

취소소송의 기판력이 그 후에 제기된 국가배상청구소송에 미치는지 여부가 문제된다. 이는 취소소송의 소송물을 무엇으로 볼 것인지, 그리고 취소소송에 있어서 처분의 위법성과 국가배상사건에 있어서 선결문제로서의 처분의 위법성(법령위법성)이 동일한 개념인지의 여부와 관련이 있다.

2. 취소소송의 소송물을 처분의 위법성 일반으로 보는 견해

(1) 학설

① **기판력 긍정설**: 양자의 위법개념이 동일하다는 협의의 행위위법성설에 의하면 취소판결 및 기각판결의 기판력은 국가배상소송에 미친다. 청구인용판결의 경우에는 국가배상청구소송 수소법원은 처분의 위법성을 인정하여야 하고, 청구기각판결의 경우에는 후소(국가배상소송)에서 그 처분의 위법성을 주장할 수 없게 된다.

② **기판력 부정설**: 양자의 위법개념이 다르다는 상대적 위법성설 또는 결과위법설에 의하면 취소판결의 기판력은 국가배상청구소송에 미치지 않는다고 보게 된다.

③ **인용판결·기각판결 구별설(절충설)**: 국가배상법상 위법 개념이 항고소송의 경우보다 넓다는 견해에 따라 항고소송에서 청구인용판결의 기판력은 국가배상청구소송에 영향을 미치지만, 청구기각판결의 기판력은 미치지 않는다고 보는 견해이다.

(2) 판례

판례는 "행정처분이 후에 항고소송에서 취소되었다고 할지라도 그 기판력에 의하여 당해 행정처분이 곧바로 공무원의 고의 또는 과실로 인한 것으로서 불법행위를 구성한다고 단정할 수는 없다."(대판 2000.5.12. 99다70600)라거나 " 위법한 행정대집행이 완료되면 그 처분의 무효확인 또는 취소를 구할 소의 이익은 없다 하더라도, 미리 그 행정처분의 취소판결이 있어야만, 그 행정처분의 위법임을 이유로 한 손해배상청구를 할 수 있는 것은 아니다."(대판 1972.4.28. 72다337)라고 하는바, 이에 대해 판례는 상대적 위법성설의 입장이라는 견해가 있고, 판례의 입장이 분명하지 않다는 견해도 있다.

(3) 검토

법질서의 일체성, 분쟁의 일회적 해결 측면에서 기판력 긍정설이 타당하다.

판례

취소판결과 공무원의 고의 또는 과실의 관계

어떠한 행정처분이 후에 항고소송에서 취소되었다고 할지라도 그 기판력에 의하여 당해 행정처분이 곧바로 공무원의 고의 또는 과실로 인한 것으로서 불법행위를 구성한다고 단정할 수는 없는 것이고, 그 행정처분의 담당공무원이 보통 일반의 공무원을 표준으로 하여 볼 때 객관적 주의의무를 결하여 그 행정처분이 객관적 정당성을 상실하였다고 인정될 정도에 이른 경우에 국가배상법 제2조 소정의 국가배상책임의 요건을 충족하였다고 봄이 상당할 것이며, 이 때에 객관적 정당성을 상실하였는지 여부는 피침해이익의 종류 및 성질, 침해행위가 되는 행정처분의 태양 및 그 원인, 행정처분의 발동에 대한 피해자측의 관여의 유무, 정도 및 손해의 정도 등 제반 사정을 종합하여 손해의 전보책임을 국가 또는 지방자치단체에게 부담시켜야 할 실질적인 이유가 있는지 여부에 의하여 판단하여야 한다(대판 2000.5.12. 99다70600).

3. 처분의 위법사유마다 취소소송의 소송물이 다르다고 보는 견해
   취소소송의 판결의 기판력은 개개의 위법사유에 한정된다. 따라서 취소소송에서 기각판결을 받은 경우에도 다른 위법사유를 들어 국가배상청구소송을 제기할 수 있게 된다.

5. 형성력

행정소송법 제29조 【취소판결등의 효력】 ① 처분등을 취소하는 확정판결은 제3자에 대하여도 효력이 있다.

(1) 의의

판결의 취지에 따라 법률관계의 발생·변경·소멸을 가져오는 효력을 말한다. 계쟁처분 또는 재결의 취소판결이 확정되면 당해 처분 또는 재결은 처분청의 취소를 기다릴 것 없이 당연히 처분시에 소급하여 그 효력이 상실된다. 형성력은 인용판결에 인정되는 효력이고 기각판결에는 인정되지 않는다.

형성력의 근거는, 실체상 또는 절차상의 하자 있는 처분에 의하여 국민의 권리·이익이 침해된 상태 그대로 있는 것은 법치주의 원리에 비추어 용인될 수 없으므로, 처분등의 효력에 대한 구제수단을 마련하고 있는 행정소송법의 제도적 목적에서 당연히 도출되는 것으로 설명된다.

판례

과세처분취소 판결의 확정후에 한 경정처분의 효력

과세처분을 취소하는 판결이 확정되면 그 과세처분은 처분시에 소급하여 소멸하므로 그 뒤에 과세관청에서 그 과세처분을 경정하는 경정처분을 하였다면 이는 존재하지 않는 과세처분을 경정한 것으로서 그 하자가 중대하고 명백한 당연무효의 처분이다(대판 1989.5.9. 88다카16096).

(2) 형성효

형성효라 함은 계쟁처분의 효력을 상실(배제)시키는 효력을 말한다. 사실행위의 경우에는 그 지배력을 배제하는 효력을 갖는다.

(3) 소급효

취소판결의 취소의 효과는 처분시에 소급한다. 예컨대, 해임처분을 받은 공무원은 그 취소판결이 확정되면 소급하여 공무원의 신분을 회복하게 된다. 소급효가 미치는 결과 취소된 처분을 전제로 형성된 법률관계는 모두 효력을 상실한다.

다만 취소판결의 소급효가 법치주의의 내용을 이루는 법적 안정성을 침해하는 경우에는 명문의 규정 또는 판결에 의해 예외적으로 취소판결의 소급효가 제한될 수도 있다고 본다.

판례

영업허가취소처분이 행정쟁송절차에 의하여 취소된 경우와 무허가영업

영업의 금지를 명한 영업허가취소처분 자체가 나중에 행정쟁송절차에 의하여 취소되었다면 그 영업허가취소처분은 그 처분시에 소급하여 효력을 잃게 되며, 그 영업허가취소처분에 복종할 의무가 원래부터 없었음이 확정되었다고 봄이 타당하고, 영업허가취소처분이 장래에 향하여서만 효력을 잃게 된다고 볼 것은 아니므로 그 영업허가취소처분 이후의 영업행위를 무허가영업이라고 볼 수는 없다(대판 1993.6.25. 93도277).

운전면허취소처분을 받은 후 자동차를 운전하였으나 위 취소처분이 행정쟁송절차에 의하여 취소된 경우, 무면허운전의 성립 여부(소극)

피고인이 행정청으로부터 자동차 운전면허취소처분을 받았으나 나중에 그 행정처분 자체가 행정쟁송절차에 의하여 취소되었다면, 위 운전면허취소처분은 그 처분시에 소급하여 효력을 잃게 되고, 피고인은 위 운전면허취소처분에 복종할 의무가 원래부터 없었음이 후에 확정되었다고 봄이 타당할 것이고, 행정행위에 공정력의 효력이 인정된다고 하여 행정소송에 의하여 적법하게 취소된 운전면허취소처분이 단지 장래에 향하여서만 효력을 잃게 된다고 볼 수는 없다(대판 1999.2.5. 98도4239).

도시 및 주거환경정비법상 주택재건축사업조합 설립인가처분이 판결에 의하여 취소되거나 무효로 확인된 경우 주택재건축사업조합과 조합원의 지위 및 정관 등의 효력이 유지되는 범위

도시 및 주거환경정비법상 주택재건축사업조합 설립인가처분이 판결에 의하여 취소되거나 무효로 확인된 경우에는 조합설립인가처분은 처분 당시로 소급하여 효력을 상실하고, 이에 따라 당해 주택재건축사업조합 역시 조합설립인가처분 당시로 소급하여 도시정비법상 주택재건축사업을 시행할 수 있는 행정주체인 공법인으로서의 지위를 상실한다. 다만 그 효력 상실로 인한 잔존사무의 처리와 같은 업무는 여전히 수행되어야 하므로 주택재건축사업조합은 청산사무가 종료될 때까지 청산의 목적범위 내에서 권리·의무의 주체가 되고, 조합원 역시 청산의 목적범위 내에서 종전 지위를 유지하며, 정관 등도 그 범위 내에서 효력을 가진다(대판 2012.11.29. 2011두518).

(4) 제3자효

① 인정 여부

취소판결의 형성력이 제3자에게도 미치는지 문제되어 왔다. 취소소송 중 특히 제3자효 행정행위의 취소소송에서 피고가 처분청으로 되어 있더라도, 분쟁의 실질적 상대방은 경락인, 신규업자 등 제3자인 경우가 많으므로, 취소판결의 효과를 실질적 상대방인 제3자에게 미치게 할 필요가 있다.

행정소송법은 '처분등을 취소하는 확정판결은 제3자에 대하여도 효력이 있다'고 하여 제3자에 대한 형성력을 명시하였다(제29조 제1항). 예컨대, 환지처분이 취소되면 환지취득자는 환지처분에 의해 취득한 소유권을 상실하고 종전의 토지에 대한 소유권을 취득하며, 공매처분이 취소되면 공매처분을 기초로 하여 체결된 사법상 매매계약은 효력을 상실하며 그에 의해 형성된 경락인의 소유권취득도 그 효력을 상실한다. 따라서 체납자가 경락인을 상대로 한 소유권이전등기말소청구를 인용하여야 한다. 판례는 행정처분 취소판결이 제3자에 대하여 효력이 있다는 의미는 제3자라 하더라도 그 취소판결의 존재와 그 취소판결에 의하여 형성되는 법률관계를 용인하여야 한다는 것이라고 한다(대판 1986.8.19. 83다카2022).

다만, 행정소송법은 소외의 제3자에게 형성력이 미치는 결과 발생되는 불합리를 시정하기 위해 제3자의 소송참가제도(제16조), 재심청구제도(제31조)를 규정하고 있다. 소송에 참가하여 자기의 이익을 방어하거나 주장할 기회를 가지지 못한 제3자에 판결의 효력을 미치게 한다는 것은 소송법의 원칙에 어긋나고, 국민의 재판청구권을 침해할 가능성이 있기 때문이다.

판례

특허거절결정 등에 대한 심결취소 확정판결의 효력

특허를 받을 수 있는 권리의 공유자 중 1인이 단독으로 특허거절결정 등에 대한 심결의 취소를 구하는 소를 제기하더라도 그 소송에서 심결을 취소하는 판결이 확정되면 취소의 효력이 다른 공유자에게도 미쳐 특허심판원에서 공유자 모두와의 관계에서 심판절차가 재개되고(행정소송법 제29조 제1항), 심결취소청구를 기각한 판결이 확정되어 심결이 유지된 경우에는 심결에 불복하지 않은 다른 공유자의 권리에 영향을 미치지 않는다(대판 2024.12.26. 2024후10825).

② 제3자의 범위

㉠ 처분의 취소에 직접적인 이해관계가 있는 제3자

판결의 효력을 받는 제3자임이 명백하다. 예컨대, 환지계획변경처분으로 A명의의 소유권이전등기가 경료되었으나 그 후 위 변경처분으로 인하여 불이익을 입게 된 B가 동 처분의 취소를 구하는 행정소송을 제기하여 승소판결을 받아 이를 근거로 A명의의 소유권이전등기의 말소청구소송을 제기하여 B 승소판결이 확정됨에 따라 A가 그 소유권상실의 손해를 입게 된 경우가 이에 해당한다(대판 1986.8.19. 83다카2022).

㉡ 일반적 효력이 있는 처분의 취소판결에서의 제3자

ⓐ 문제점

불특정다수인을 상대방으로 하는 일반처분(예 공과금인상처분)의 경우 소송의 당사자가 아닌 제3자에게 판결의 효력이 미치는지 견해가 대립한다. 구체적으로는 제3자가 판결의 효력을 적극적으로 원용하고 향수할 수 있는지가 문제된다.

ⓑ 견해의 대립

ⅰ) 명시적 규정이 없음에도 제3자가 취소판결의 효력을 적극적으로 향수하는 것은 무리라는 견해, ⅱ) 행정법관계의 획일적 규율과 법률상태의 명확화를 위해 절대적 형성력이 미친다는 견해, ⅲ) 장래효는 절대적 효력을 가지나 소급효는 불가쟁력 발생 여부에 따라 달라져야 한다는 견해(불가쟁력이 발생한 제3자에 대하여는 법적 안정성을 보장하기 위하여 소급효를 갖지 않으나, 불가쟁력이 발생하지 않은 제3자에 대해서는 소급효가 미침) 등이 있다.

ⓒ 검토

취소소송도 주관적 소송이라는 점에서 일반 제3자에게 판결의 효력이 미치는 것이 취소소송의 당연한 속성은 아니다. 그러나 행정법관계를 획일적으로 규율하고 법률상태를 명확히 하기 위해 취소 확정판결의 제3자효를 규정하고 있고, 이에 대한 다른 제한이 없다면 절대적 형성력을 인정하는 것이 타당하다. 또한 일반처분의 경우 일반 제3자도 모두 소송참가제도의 '법률상 이해관계인'으로 볼 수 있다.

③ 제3자효의 준용

취소판결의 제3자효규정은 집행정지결정 및 그 취소결정, 무효등확인소송, 부작위위법확인소송에도 적용된다(제29조 제2항, 제38조).

6. 기속력(행정기관에 대한 구속력)

행정소송법 제30조【취소판결등의 기속력】 ① 처분등을 취소하는 확정판결은 그 사건에 관하여 당사자인 행정청과 그 밖의 관계행정청을 기속한다.
② 판결에 의하여 취소되는 처분이 당사자의 신청을 거부하는 것을 내용으로 하는 경우에는 그 처분을 행한 행정청은 판결의 취지에 따라 다시 이전의 신청에 대한 처분을 하여야 한다.
③ 제2항의 규정은 신청에 따른 처분이 절차의 위법을 이유로 취소되는 경우에 준용한다.

(1) 의의

기속력이란 소송당사자인 행정청과 그 밖의 관계행정청이 판결의 취지에 따라 행동해야 하는 실체법상의 의무를 발생시키는 효력을 말한다. 행정소송법은 취소판결에 대하여 기속력 있음을 규정하고 무효등확인소송과 부작위위법확인소송 및 당사자소송에 이를 준용하고 있다(제30조·제38조·제44조).

기속력은 인용판결이 확정된 경우에 한하여 인정되고 기각판결에는 인정되지 않는다. 따라서, 취소소송의 기각판결이 있은 후에도 처분청은 해당 처분을 직권취소할 수 있다.

※ "판결의 취지" : 판결의 주문 + 판결이유 ☞ 즉, 취소판결의 취지는 취소된 처분이 위법하다는 것과 취소판결의 이유가 된 위법사유를 말함

(2) 법적 성질

① 기속력은 기판력의 속성에 지나지 않는 것으로서 확정판결이 있는 이상 판결을 받은 행정청은 그 이후에 동일한 당사자간의 동일한 사항을 처리함에 있어서 당해 판결이 위법이라고 확정한 판단을 존중하도록 기속하는 효력에 불과하다고 하는 기판력설이 있으나, ② 기속력은 당사자인 행정청과 그 밖의 관계 행정청에 미치지만 기판력은 당사자와 후소의 법원에 미친다는 점에서 기속력은 판결의 실효성을 담보하기 위하여 인정된 특수한 효력이라고 보는 견해가 타당하다(통설·판례).

〈기판력과 기속력의 비교〉

	기판력	기속력
의미	확정판결이 동일한 처분에 어떤 효력을 미치는가	확정판결이 확정후에 행해지는 처분에 어떤 효력을 미치는가
취지	소송절차의 반복과 모순된 재판의 방지	위법행위의 시정과 국민의 권리구제라는 소송의 실효성 담보
효력범위	• 주문(해당 처분의 위법성 일반) • 소송당사자(이와 동일시할 수 있는 자 포함), 법원	• 주문 및 이유인 위법사유 • 처분청 및 관계행정청

판례

기속력과 기판력

취소 확정판결의 '기속력'은 취소 청구가 인용된 판결에서 인정되는 것으로서 당사자인 행정청과 그 밖의 관계행정청에게 확정판결의 취지에 따라 행동하여야 할 의무를 지우는 작용을 하는 것이다. 이에 비하여 행정소송법 제8조 제2항에 의하여 행정소송에 준용되는 민사소송법 제216조, 제218조가 규정하고 있는 '기판력'이란 기판력 있는 전소 판결의 소송물과 동일한 후소를 허용하지 않음과 동시에, 후소의 소송물이 전소의 소송물과 동일하지는 않다고 하더라도 전소의 소송물에 관한 판단이 후소의 선결문제가 되거나 모순관계에 있을 때에는 후소에서 전소 판결의 판단과 다른 주장을 하는 것을 허용하지 않는 작용을 하는 것이다(대판 2013.11.28. 2013다19083).

(3) 기속력의 내용

① 반복금지의무(소극적 효력)

㉠ 의의

취소판결이 확정되면 처분청 및 관계행정청은 취소된 처분에서 행한 과오와 동일한 과오를 반복해서는 안되는 구속을 받는다.

취소판결이 확정되면 당사자인 행정청은 물론이고 그 밖의 관계 행정청(예 재결취소소송에서 원처분청)도 동일한 사실관계 아래서 동일 당사자에 대하여 동일한 내용의 처분을 반복하여서는 아니 된다(대판 1982.5.11. 80누104).

㉡ 세부 고찰

ⓐ 취소된 처분의 처분사유와는 기본적 사실관계에서 동일성이 없는 다른 처분사유를 들어 동일한 내용의 처분을 하여도 동일한 처분이 아니므로 기속력에 저촉되지 않는다(예 A행정법규 위반을 이유로 한 허가취소처분이 취소판결에 의해 취소되었더라도 행정청은 B행정법규 위반을 이유로 당해 허가

를 취소할 수 있으며, 취소된 처분의 징계사유와 다른 징계사유를 내세워 동일한 내용의 징계처분을 할 수 있음).

ⓑ 처분의 기본적 사실관계가 동일하다면 적용법규정을 달리하거나 처분사유를 변경하여 동일한 내용의 처분을 하는 것은 기속력에 반한다.

ⓒ 처분시 이후의 사유를 내세워 새로이 처분을 하는 경우도 허용된다(위법판단 처분시설).

ⓓ 처분이 절차나 형식상의 하자를 이유로 취소된 후 처분청이 위법사유를 보완한 후 동일한 내용의 처분을 하더라도 반복금지에 위반되지 않는 재처분에 해당한다.

ⓔ 판결의 이유에서 제시된 위법사유를 다시 반복하는 것은 동일한 처분이 아닌 경우에도 동일한 과오를 반복하는 것으로서 기속력에 반한다(예 A법규 위반사실이 없는 것을 이유로 허가취소처분이 취소된 경우에 다시 A법규 위반을 이유로 영업정지처분을 내리는 것은 기속력에 반한다).

ⓕ 행정청은 취소된 행위를 기초로 하는 일체의 처분을 하여서는 안 된다.

판례

종전 처분이 판결에 의하여 취소된 경우, 종전 처분과 다른 사유를 들어 새로이 처분을 하는 것은 기속력에 저촉되지 아니함

취소 확정판결의 기속력은 그 판결의 주문 및 전제가 되는 처분 등의 구체적 위법사유에 관한 판단에도 미치나, 종전 처분이 판결에 의하여 취소되었다 하더라도 종전 처분과 다른 사유를 들어서 새로이 처분을 하는 것은 기속력에 저촉되지 않는다. 여기에서 동일 사유인지 다른 사유인지는 확정판결에서 위법한 것으로 판단된 종전 처분사유와 기본적 사실관계에 있어 동일성이 인정되는지 여부에 따라 판단되어야 하고, 기본적 사실관계의 동일성 유무는 처분사유를 법률적으로 평가하기 이전의 구체적인 사실에 착안하여 그 기초인 사회적 사실관계가 기본적인 점에서 동일한지에 따라 결정된다. 또한 행정처분의 위법 여부는 행정처분이 행하여진 때의 법령과 사실을 기준으로 판단하므로, 확정판결의 당사자인 처분 행정청은 종전 처분 후에 발생한 새로운 사유를 내세워 다시 처분을 할 수 있음은 물론이고, 새로운 처분의 처분사유가 종전 처분의 처분사유와 기본적 사실관계에서 동일하지 않은 다른 사유에 해당하는 이상, 해당 처분사유가 종전 처분 당시 이미 존재하고 있었고 당사자가 이를 알고 있었다 하더라도 이를 내세워 새로이 처분을 하는 것은 확정판결의 기속력에 저촉되지 않는다(대판 2016.3.24. 2015두48235).

절차상의 하자를 이유로 과세처분을 취소하는 판결이 확정된 경우, 그 위법사유를 보완하여 새로운 부과처분을 하는 것과 위 확정판결의 기판력의 저촉여부

과세의 절차 내지 형식에 위법이 있어 과세처분을 취소하는 판결이 확정되었을 때는 그 확정판결의 기판력은 거기에 적시된 절차내지 형식의 위법사유에 한하여 미치는 것이므로 과세관청은 그 위법사유를 보완하여 다시 새로운 과세처분을 할 수 있고 그 새로운 과세처분은 확정판결에 의하여 취소된 종전의 과세처분과는 별개의 처분이라 할 것이어서 확정판결의 기판력에 저촉되는 것이 아니다(대판 1987.2.10. 86누91).

파면처분이 재량권의 범위를 벗어난 위법한 것이라는 판결이 확정된 후 다시 징계절차를 거쳐 해임처분을 한 것은 확정판결의 기속력에 저촉되지 아니함

원고의 비위에 대하여 징계처분중 가장 무거운 파면에 처한 것이 재량권의 범위를 벗어난 위법한 처분이라하여 위 파면처분을 취소하는 판결이 확정되었다 하더라도 위 확정판결은 징계의 종류중 가장 무거운 파면을 선택한 것이 징계양정에 있어서 재량권의 범위를 벗어난 위법한 처분이라고 판단한 것이고 공무원의 신분을 박탈하는 징계처분을 선택한 것이 재량권 남용이라고 판단한 것은 아니므로, 위 파면처분이 취소된 후에 다시 징계위원회의 의결을 거쳐 원고를 파면보다 가벼운 해임에 처한 이 사건 처분이 위 확정판결의 기판력(기속력)에 저촉된다고 볼 수는 없다(대판 1985.4.9. 84누747).

② 재처분의무(적극적 효력)

㉠ 거부처분취소에 따른 재처분의무

ⓐ 의의

판결에 의하여 취소되는 처분이 당사자의 신청을 거부하는 것을 내용으로 하는 경우에는 그 처분을 행한 행정청은 판결의 취지에 따라 다시 이전의 신청에 대한 처분을 하여야 한다(제30조 제2항).

그러나 반드시 원고가 신청한 대로 처분해야 하는 것은 아니고 '판결의 취지'를 존중하는 것이면 된다. 재처분의 의무의 내용은 다음과 같이 거부처분의 취소사유에 따라 다르다.

ⓑ 거부처분이 형식상 위법(무권한, 형식의 하자, 절차의 하자)을 이유로 취소된 경우

행정청은 적법한 형식을 갖추어 신청에 따른 가부간의 처분을 하여야 한다. 따라서 행정청은 실체적 요건을 심사하여 신청된 대로 처분을 할 수도 있고 다시 거부처분을 할 수도 있다.

ⓒ 거부처분이 실체상 위법을 이유로 취소된 경우

행정청은 ⅰ) 처분 이후에 발생한 사유이거나(예 법령의 변경 또는 사실상황의 변경), ⅱ) 처분 당시 이미 발생하였다 하더라도 당초의 처분사유과 기본적 사실관계의 동일성이 인정되지 않는 사유 등 새로운 거부사유를 내세워 다시 거부처분을 하였다면 이는 종전 거부처분과 결론이 동일하다 하더라도 기속력에 반하여 허용되지 않는다고 볼 수 없다. 판례는 거부처분 취소의 확정판결을 받은 행정청이 거부처분 후에 법령이 개정·시행된 경우, 새로

운 사유로 내세워 다시 거부처분을 한 경우도 행정소송법 제30조 제2항 소정의 재처분에 해당하고(대결 1998.1.7. 97두22), 종전 확정판결의 판단대상에서 제외된 부분을 행정청이 새로운 처분사유로 삼은 것은 확정판결의 기속력에 저촉되지 아니한다(대판 1991.8.9. 90누7326)는 입장이다.

그러나 이러한 판례의 입장에 대하여는 거부처분취소판결이 난 경우에 거부처분시 이전에 존재하던 다른 처분사유를 들어 다시 거부처분을 하는 것은 동일한 처분을 반복하는 것으로서 기속력에 반한다는 반론이 있다(박정훈).

그리고 행정청의 자의에 의하여 판결의 기속력이 잠탈되는 것을 막기 위하여, 재처분이 i) 합리적인 기간 내가 아니라 기속력 회피를 위하여 처리를 지연하다가 새로운 법령 및 허가기준에 따라 이루어진 경우, ii) 행정청이 스스로 작출한 새로운 거부사유에 기한 경우, iii) 실질적으로 보아 종전의 거부처분을 답습한 것으로 권리남용으로 볼 수 있는 경우 등은 재처분의무를 충족하였다고 볼 수 없다는 견해가 있다(김의환).

㉡ 절차위법을 이유로 취소된 경우의 재처분의무

ⓐ 신청에 따른 처분이 절차의 위법을 이유로 취소되는 경우에 그 처분을 한 행정청은 판결의 취지에 따라 재처분하여야 한다(제30조 제3항). 이는 주로 신청이 받아들여짐으로 불이익을 받는 제3자의 제소에 따라 절차에 위법이 있음을 이유로 취소판결이 있는 경우에 문제된다.

ⓑ 행정청은 판결의 취지에 따른 적법한 절차에 의하여 신청에 대한 가부간의 처분을 다시 한다. 여기서 '절차의 위법'이란 협의의 절차(예 상급기관의 승인, 다른 기관의 동의, 의결)의 위법뿐만 아니라 권한(예 합의제기관의 구성, 정당한 권한의 보유) 및 형식의 위법을 포함하는 의미이다(통설).

ⓒ 처분청은 그 확정판결의 취지에 따라 그 위법사유를 보완하여 다시 종전의 신청에 대한 거부처분을 할 수 있고, 그러한 처분도 제30조 제2항에 규정된 재처분에 해당한다(대판 2005.1.14. 2003두13045).

판례

원심판결의 이유는 위법하지만 결론이 정당하다는 이유로 상고기각판결이 선고되어 원심판결이 확정된 경우, '판결의 취지'의 의미

원심판결의 이유는 위법하지만 결론이 정당하다는 이유로 상고기각판결이 선고되어 원심판결이 확정된 경우 행정소송법 제30조 제2항에서 규정하고 있는 '판결의 취지'는 상고심판결의 이유와 원심판결의 결론을 의미한다(대판 2004.1.15. 2002두2444).

거부처분 취소의 확정판결을 받은 행정청이 거부처분 후에 법령이 개정·시행된 경우, 새로운 사유로 내세워 다시 거부처분을 한 경우도 행정소송법 제30조 제2항 소정의 재처분에 해당
건축불허가처분을 취소하는 판결이 확정된 후 국토이용관리법시행령이 준농림지역 안에서의 행위제한에 관하여 지방자치단체의 조례로써 일정 지역에서 숙박업을 영위하기 위한 시설의 설치를 제한할 수 있도록 개정된 경우, 당해 지방자치 단체장이 위 처분 후에 개정된 신법령에서 정한 사유를 들어 새로운 거부처분을 한 것이 행정소송법 제30조 제2항 소정의 확정판결의 취지에 따라 이전의 신청에 대한 처분을 한 경우에 해당한다(대결 1998.1.7. 97두22).

종전 확정판결의 판단대상에서 제외된 부분을 행정청이 새로운 처분사유로 삼은 것은 확정판결의 기속력에 저촉되지 아니함
기히 원고의 승소로 확정된 판결은 원고 출원의 광구 내에서의 불석채굴이 공익을 해한다는 이유로 한 피고의 불허가처분에 대하여 그것이 공익을 해한다고는 보기 어렵다는 이유로 이를 취소한 내용으로서 이 소송과정에서 피고가 원고 출원의 위 불석광은 광업권이 기히 설정된 고령토광과 동일광상에 부존하고 있어 불허가대상이라는 주장도 하였으나 이 주장 부분은 처분사유로 볼 수 없다는 점이 확정되어 판결의 판단대상에서 제외되었다면, 피고가 그 후 새로이 행한 처분의 적법성과 관련하여 다시 위 주장을 하더라도 위 확정판결의 기판력에 저촉된다고 할 수 없다(* 처분은 기속력에 반하지 않는다는 의미)(대판 1991.8.9. 90누7326).

징계처분을 받은 사립학교 교원의 소청심사청구에 대하여 교원소청심사위원회가 징계사유 자체가 인정되지 않는다는 이유로 징계처분을 취소하는 결정을 하고, 그에 대하여 학교법인 등이 제기한 행정소송 절차에서 심리한 결과 징계사유 중 일부 사유는 인정된다고 판단되는 경우, 법원이 내려야 할 판결의 내용 및 소청심사위원회의 재처분 의무
피고(소청심사위원회)는 이 사건 징계사유 전부가 인정되지 않는다는 이유로 원고(학교법인)의 징계처분(이 사건 해임)을 취소하는 이 사건 처분을 하였는데, 법원에서 그 징계사유 중 일부가 인정된다고 하여 피고의 이 사건 처분을 취소한 경우, 그 판결이 그대로 확정되면 피고로서는 원래의 소청심사청구에 대하여 다시 판단하되 확정판결의 취지에 따라 징계사유의 일부가 인정된다는 전제에서 원래의 징계처분을 취소하거나 적정한 양정을 하는 변경처분 등을 하여야 할 것이다(대판 2013.7.25. 2012두12297).

③ 결과제거의무(원상회복의무)

취소소송에 있어 인용판결이 있게 되면 행정청은 위법처분으로 야기된 상태를 제거하여야 할 의무를 부담한다. 판례는 "어떤 행정처분을 위법하다고 판단하여 취소하는 판결이 확정되면 행정청은 취소판결의 기속력에 따라 그 판결에서 확인된 위법사유를 배제한 상태에서 다시 처분을 하거나 그 밖에 위법한 결과를 제거하는 조치를 할 의무가 있다."(대판 2019.10.17. 2018두104)고 하며, 그 근거를 행정소송법 제30조에서 찾는다. 예컨대, 과세처분이 취소되면 행정청은 압류재산을 반환해야 하며, 파면처분이 취소되면 파면되었던 원고를 복직시켜야 한다. 행정청이 이러한 의무를 이행하지 않는 경우에는 이른바 공법상 결과제거청구권을 행사하여 압류재산의 반환을 청구하는 등의 조치를 취할 수 있다.

판례

기속력의 내용인 결과제거의무를 반영한 사례

관할관청이 직업능력개발훈련과정 인정을 받은 사업주에 대하여 거짓이나 그 밖의 부정한 방법으로 훈련비용을 지원받았다고 판단하여 위 규정들에 따라 일정 기간의 훈련과정 인정제한처분과 훈련비용 지원제한처분을 하였다면, 사업주는 제한처분 때문에 해당 제한 기간에는 실시예정인 훈련과정의 인정을 신청할 수 없고, 이미 실시한 훈련과정의 비용지원도 신청할 수 없게 된다. 그런데 그 제한처분에 대한 쟁송절차에서 해당 제한처분이 위법한 것으로 판단되어 취소되거나 당연무효로 확인된 경우에는, 예외적으로 사업주가 해당 제한처분 때문에 관계 법령이 정한 기한 내에 하지 못했던 훈련과정 인정신청과 훈련비용 지원신청을 사후적으로 할 수 있는 기회를 주는 것이 취소판결과 무효확인판결의 기속력을 규정한 행정소송법 제30조 제1항, 제2항, 제38조 제1항의 입법 취지와 법치행정 원리에 부합한다(대판 2019.1.31. 2016두52019).

(4) 기속력의 효력범위

① 주관적 효력범위

기속력은 당사자인 행정청뿐만 아니라 그 밖의 관계행정청에도 미치는바(행정소송법 제30조 제1항 참고), 이는 기속력을 받는 피고 행정청과 동일한 행정주체에 속하는 행정청이나 동일한 사무계통을 이루는 상하관계에 있는 행정청, 그리고 취소된 행정처분을 기초 또는 전제로 하여 이와 관련된 처분 또는 부수하는 행위를 할 수 있는 모든 행정청을 총칭하는 개념으로 해석된다.

② 객관적 효력범위

기속력은 판결주문 및 그 전제가 된 요건사실의 인정과 효력의 판단에만 미치고(대판 2005.12.9. 2003두7705), 판결의 결론과는 직접 관련 없는 방론(放論)이나 간접사실의 판단에는 미치지 아니한다(서울행법 2011.11.10. 2011구합17264).

기속력은 취소된 행정처분과 동일한 법률관계 내지 연속되어 있는 앞선 행정처분을 전제로 하여 앞선 행정처분의 판단요소가 후의 행정처분의 판단요소로 다시 관계가 있는 경우에 적용되게 된다. 따라서 후의 행정처분이 취소된 행정처분과는 독자적 판단요소를 포함하는 경우에는 기속력을 받지 않는다.

기속력은 원칙상 처분에 명시된 처분사유에 한정되므로, 행정청은 다른 처분사유(기본적 사실관계의 동일성이 없는 사유)를 내세워 동일한 내용의 처분을 할 수 있다. 예컨대, 면허취소처분의 취소판결이 있은 뒤에 당초의 위반사유 이외의 사유를 들어 다시 면처취소처분을 할 수 있고, 거부처분의 취소판결 후 기존의 거부사유 외에 새로운 사유를 들어 다시 거부처분을 할 수 있다.

판례

확정된 거부처분취소 판결의 취지에 따라 이전 신청에 대하여 재처분을 할 의무가 있는 행정청이 종전 처분 후 발생한 '새로운 사유'를 내세워 다시 거부처분을 할 수 있는지 여부(적극) 및 '새로운 사유'인지를 판단하는 기준

고양시장이 갑 주식회사의 공동주택 건립을 위한 주택건설사업계획승인 신청에 대하여 미디어밸리 조성을 위한 시가화예정 지역이라는 이유로 거부하자, 갑 회사가 거부처분의 취소를 구하는 소송을 제기하여 승소판결을 받았고 위 판결이 그대로 확정되었는데, 이후 고양시장이 해당 토지 일대가 개발행위허가 제한지역으로 지정되었다는 이유로 다시 거부하는 처분을 한 사안에서, 재거부처분은 종전 거부처분 후 해당 토지 일대가 개발행위허가 제한지역으로 지정되었다는 새로운 사실을 사유로 하는 것으로, 이는 종전 거부처분 사유와 내용상 기초과 되는 구체적인 사실관계가 달라 기본적 사실관계가 동일하다고 볼 수 없다는 이유로, 행정소송법 제30조 제2항에서 정한 재처분에 해당하고 종전 거부처분을 취소한 확정판결의 기속력에 반하는 것은 아니라고 판시한 사례(대판 2011.10.27. 2011두14401).

행정청이 다시 새로운 이익형량을 하여 도시관리계획을 수립한 경우, 취소판결의 기속력에 따른 재처분의 의무를 이행한 것인지 여부(적극)

취소 확정판결의 기속력의 범위에 관한 법리 및 도시관리계획의 입안·결정에 관하여 행정청에 부여된 재량을 고려하면, 주민 등의 도시관리계획 입안 제안을 거부한 처분을 이익형량에 하자가 있어 위법하다고 판단하여 취소하는 판결이 확정되었더라도 행정청에 그 입안 제안을 그대로 수용하는 내용의 도시관리계획을 수립할 의무가 있다고는 볼 수 없고, 행정청이 다시 새로운 이익형량을 하여 적극적으로 도시관리계획을 수립하였다면 취소판결의 기속력에 따른 재처분 의무를 이행한 것이라고 보아야 한다. 다만 취소판결의 기속력 위배 여부와 계획재량의 한계 일탈 여부는 별개의 문제이므로, 행정청이 적극적으로 수립한 도시관리계획의 내용이 취소판결의 기속력에 위배되지는 않는다고 하더라도 계획재량의 한계를 일탈한 것인지의 여부는 별도로 심리·판단하여야 한다(대판 2020.6.25. 2019두56135).

③ 시간적 효력범위

처분의 위법 여부의 판단시점을 처분시로 보는 통설·판례에 의하면, 기속력은 처분 당시까지 존재하던 사유에 대하여만 미치고 그 이후에 생긴 사유에는 미치지 아니한다. 따라서 거부처분 이후에 법령이나 사실상태가 변경된 경우 기본적 사실관계에 동일성이 없는 한 행정청은 동일한 내용의 처분을 다시 할 수 있다.

그런데 이에 대하여는, 처분시의 개정 전 법령의 존속에 대한 국민의 신뢰, 인용판결에 대한 신뢰와 거부처분 후 개정된 법령의 적용에 관한 공익 사이의 이익형량의 결과 전자가 후자보다 더 보호가치가 있다고 인정되는 경우에는 그러한 국민의 신뢰를 보호하기 위하여 처분 후의 개정 법령을 적용하지 말고 개정전 법령을 적용해야 한다는 견해가 있다(박균성).

(5) 기속력 위반의 효과

① 판례는 확정판결의 당사자인 처분행정청이 그 행정소송의 사실심 변론종결 이전의 사유를 내세워 다시 확정판결과 저촉되는 행정처분을 하는 것은 허용되지 않는 것으로서 이러한 행정처분은 그 하자가 중대하고도 명백한 것이어서 당연무효라고 한다(대판 1990.12.11. 90누3560). 즉 판례는 기속력 위반의 효과를 무효로 보고 있다.

② 행정청이 취소판결에 따른 재처분을 하지 아니할 경우 신청인이 손해의 발생을 입증한다면 국가배상법 제2조에 의한 손해배상을 청구할 수 있다.

③ 행정소송법 제30조 제1항의 규정(판결의 기속력)은 집행정지의 결정에 이를 준용한다(행정소송법 제23조 제6항). 따라서 집행정지결정이 있음에도 불구하고 행정청이 동일 내용으로 새로운 처분을 하거나 또는 그에 관련된 처분을 하는 것은 당연무효이다.

7. 간접강제

(1) 의의

거부처분의 취소판결과 부작위위법확인판결에서 처분청은 기속력에 따라 판결의 취지에 따른 처분을 할 의무를 부담하므로, 이를 이행하지 않을 경우 강제로 집행할 수 있는 제도가 필요하게 된다.

행정청이 거부처분의 취소판결의 취지에 따라 처분을 하지 아니하는 때에는 제1심 수소법원은 당사자의 신청에 의하여 결정으로써 상당한 기간을 정하고 행정청이 그 기간 내에 이행하지 아니하는 때에는 그 지연기간에 따라 일정한 배상을 할 것을 명하거나 즉시 손해배상을 할 것을 명할 수 있다(법 제34조 제1항). 이를 간접강제결정이라고 한다. 간접강제의 방식을 둔 것은 행정청의 재처분의무가 비대체적 작위의무이기 때문이다.

(2) 적용범위

간접강제제도는 부작위위법확인소송에도 준용되고 있으나(제38조 제2항), 무효확인소송에는 준용되고 있지 않다. 그러나 거부처분 무효확인판결도 재처분의무가 있으므로(제38조 제1항, 제30조 제2항) 행정청이 그 의무를 이행하지 않을 경우 이를 강제할 필요가 있다는 점에서 무효확인소송에도 긍정해야 함이 타당하다는 견해가 있다. 한편, 간접강제제도는 우회적인 제도이므로 의무이행소송의 도입이 주장되고 있다.

판례

거부처분에 대한 무효확인 판결이 간접강제의 대상이 되는지 여부(소극)
행정소송법 제38조 제1항이 무효확인 판결에 관하여 취소판결에 관한 규정을 준용함에 있어서 같은 법 제30조 제2항을 준용한다고 규정하면서도 같은 법 제34조는 이를 준용한다는 규정을 두지 않고 있으므로, 행정처분에 대하여 무효확인 판결이 내려진 경우에는 그 행정처분이 거부처분인 경우에도 행정청에 판결의 취지에 따른 재처분의무가 인정될 뿐 그에 대하여 간접강제까지 허용되는 것은 아니라고 할 것이다(대결 1998.12.24. 98무37).

부작위위법확인소송의 판결 확정후 간접강제신청의 요건
甲의 乙에 대한 부작위위법확인소송의 판결이 확정된 후, 乙이 그 취지에 따른 처분을 하였으므로 갑의 간접강제신청은 그에 필요한 요건을 갖추지 못한 것이다(대결 2010.2.5. 2009무153).

(3) 요건

① 거부처분 취소판결 등의 확정

거부처분의 취소판결, 부작위위법확인판결이 확정되어야만 간접강제를 할 수 있다. 이 판결들은 모두 성질상 가집행선고를 할 수 없는 경우이다.

② 상당한 기간 내 판결의 취지에 따른 처분의 부존재

거부처분 취소판결, 부작위위법확인판결이 확정되었음에도 행정청이 상당한 기간 내에 판결의 취지에 따른 재처분을 하지 않았어야 한다. '상당한 기간'은 판결이 확정된 때부터 새로운 처분을 하는 데 필요한 상당한 기간 내를 의미한다. 그 기간은 법원이 처분의 내용, 판결이 확정된 때로부터의 기간 등 여러 객관적인 사정을 종합하여 합리적으로 정한다.

여기에는 재처분을 하였더라도 확정판결의 기속력에 반하여 당연무효인 경우도 포함된다. 그러나 행정청이 재처분으로써 반드시 원고의 신청을 받아들여야 하는 것은 아니고 종래의 거부사유와 다른 사유를 들어 다시 거부처분을 하는 것은 허용된다.

판례는 행정처분의 적법 여부는 그 행정처분이 행하여 진 때의 법령과 사실을 기준으로 하여 판단하는 것이므로 거부처분 후에 법령이 개정·시행된 경우에는 개정된 법령 및 허가기준을 새로운 사유로 들어 다시 이전의 신청에 대한 거부처분을 할 수 있으며 그러한 처분도 행정소송법 제30조 제2항에 규정된 재처분에 해당되므로 간접강제가 허용되지 않는다고 한다(대판 1998.1.7. 97두22).

판례

거부처분취소판결의 간접강제신청에 필요한 요건

거부처분에 대한 취소의 확정판결이 있음에도 행정청이 아무런 재처분을 하지 아니하거나, 재처분을 하였다 하더라도 그것이 종전 거부처분에 대한 취소의 확정판결의 기속력에 반하는 등으로 당연무효라면 이는 아무런 재처분을 하지 아니한 때와 마찬가지라 할 것이므로 이러한 경우에는 행정소송법 제30조 제2항, 제34조 제1항 등에 의한 간접강제신청에 필요한 요건을 갖춘 것으로 보아야 한다(대결 2002.12.11. 2002무22).

(4) 절차

① 행정청이 행정소송법 제30조 제2항의 규정에 의한 처분을 하지 아니하는 때에는 제1심 수소법원은 당사자의 신청에 의하여 결정으로써 상당한 기간을 정하고 행정청이 그 기간 내에 이행하지 아니하는 때에는 그 지연기간에 따라 일정한 배상을 할 것을 명하거나 즉시 손해배상을 할 것을 명할 수 있다(제34조 제1항). 간접강제결정의 주문은 "피신청인은 이 결정정본을 받은 날로부터 ○○일 이내에 신청인에 대하여 이 법원 20××구합××× 토지형질변경행위허가신청반려처분 취소청구사건의 확정판결의 취지에 따른 처분을 하지 않을 때에는 신청인에 대하여 위 기간이 마치는 다음날부터 그 이행처분시까지 1일 금 ○○원의 비율에 의한 금원을 지급하라."는 형식이 된다. 상당한 기간이 경과하는 경우 즉시 일정금액의 배상금을 일시불로 지급할 것을 명할 수도 있다. 배상금의 성격은 처분의무를 간접적으로 강제하기 위한 금액이고 손해배상이 아니므로 신청인이 입은 손해와는 무관하게 법원이 제반 사정을 고려하여 재량으로 정한다.

② 이 경우 행정소송법 제33조(소송비용에 관한 재판의 효력)를 준용하여 배상명령의 효력이 피고인 행정청이 소속하는 국가 또는 공공단체에도 미치게 하였으며, 민사집행법 제262조를 준용하여 행정청을 심문하도록 하고 있다(제34조 제2항).

③ 간접강제신청에 관한 인용결정이나 기각결정에 대하여는 즉시항고를 할 수 있다(민사집행법 제261조 제2항 참고).

(5) 배상금의 추심과 배상금의 성질

신청인은 간접강제결정을 집행권원으로 하여 집행문을 부여받아 이행강제금을 강제집행할 수 있다. 그런데 간접강제결정에서 정한 상당한 기간이 경과한 후에 확정판결의 취지에 따른 재처분이 행해진 경우 배상금을 추심할 수 있는지 문제된다.

간접강제결정에 기한 배상금은 거부처분취소판결이 확정된 경우 그 처분을 행한 행정청으로 하여금 확정판결의 취지에 따른 재처분의무의 이행을 확실히 담보하기 위한 것이다. 따라서 판례는 특별한 사정이 없는 한 간접강제결정에서 정한 의무이행기한이 경과한 후에라도 확정판결의 취지에 따른 재처분의 이행이 있으면 배상금을 추심함으로써 심리적 강제를 꾀할 목적이 상실되어 처분상대방이 더 이상 배상금을 추심하는 것은 허용되지 않는다고 한다(대판 2010.12.23. 2009다37725). 이는 민사집행법상 간접강제결정에 기한 배상금은 심리적 강제수단이라는 성격 외에 채무불이행에 대한 법정 제재금이라는 성격도 가진다고 보아서 채권자는 특별한 사정이 없는 한 채무의 이행이 지연된 기간에 상응하는 배상금의 추심을 할 수 있다는 판례의 입장(대판 2013.2.14. 2012다26398)과 대비된다.

이러한 판례에 대해서는 행정청이 확정판결에도 불구하고 새로운 처분을 하지 않다가 상대방의 추심단계에서 새로운 처분을 함으로써 간접강제를 사실상 무력화시킬 수 있다는 비판이 있다.

04 취소소송의 불복

1. 항소와 상고

행정법원의 제1심 판결에 대하여 고등법원에 항소할 수 있고, 항소심의 종국판결에 대하여 대법원에 상고할 수 있다. 행정소송은 삼심제를 취하고 있다. 상고에 관하여는 「상고심절차에 관한 특례법」 제4조(심리의 불속행)에 의하여, 상고이유에 관한 주장이 ① 원심판결이 헌법에 위반되거나 헌법을 부당하게 해석한 경우, ② 원심판결이 명령·규칙 또는 처분의 법률위반 여부에 대하여 부당하게 판단한 경우, ③ 원심판결이 법률·명령·규칙 또는 처분에 대하여 대법원 판례와 상반되게 해석한 경우, ④ 법률·명령·규칙 또는 처분에 대한 해석에 관하여 대법원 판례가 없거나 대법원 판례를 변경할 필요가 있는 경우, ⑤ 그 밖의 중대한 법령위반에 관한 사항이 있는 경우, ⑥ 「민사소송법」 상 절대적 상고이유(제424조 제1항 제1호부터 제5호)가 있는 경우의 어느 하나의 사유를 포함하지 아니한다고 인정하면 더 나아가 심리를 하지 아니하고 판결로 상고를 기각한다.

2. 항고와 재항고

항고는 판결 이외의 재판인 결정·명령에 대해서 하는 독립된 상소이다. 행정법원의 결정·명령에 대하여 고등법원에 항고할 수 있고, 고등법원의 결정·명령에 대하여 대법원에 재항고할 수 있다. 그리고 법률에 규정이 있는 경우 즉시항고를 할 수 있는데, 재판의 고지가 있는 날부터 1주일 내에 하여야 하고, 즉시항고에는 원재판의 집행을 정지하는 효력이 있다.

3. 재심

행정소송법 제31조 【제3자에 의한 재심청구】 ① 처분등을 취소하는 판결에 의하여 권리 또는 이익의 침해를 받은 제3자는 자기에게 책임없는 사유로 소송에 참가하지 못함으로써 판결의 결과에 영향을 미칠 공격 또는 방어방법을 제출하지 못한 때에는 이를 이유로 확정된 종국판결에 대하여 재심의 청구를 할 수 있다.
② 제1항의 규정에 의한 청구는 확정판결이 있음을 안 날로부터 30일 이내, 판결이 확정된 날로부터 1년 이내에 제기하여야 한다.
③ 제2항의 규정에 의한 기간은 불변기간으로 한다.

(1) 재심의 의의

확정된 종국판결에 일정한 사유(예 판결의 증거가 된 문서나 물건이 위조되거나 변조된 것인 때, 판결에 영향을 미친 중요한 사항에 관하여 판단을 누락한 때)가 있어서 판결법원에 그 판결의 취소와 사건의 재심사를 구하는 비상의 불복신청방법을 재심이라 한다(민사소송법 제451조 참고). 취소소송의 판결에 대하여도 민사소송법을 준용하여 일반적인 재심청구가 가능하다. 행정소송법은 이에 더하여 제3자에 의한 재심청구를 규정하고 있다.

(2) 제3자에 의한 재심청구

① 의의

처분등을 취소하는 판결에 의하여 권리 또는 이익의 침해를 받은 제3자는 자기에게 책임없는 사유로 소송에 참가하지 못함으로써 판결의 결과에 영향을 미칠 공격 또는 방어방법을 제출하지 못한 때에는 이를 이유로 확정된 종국판결에 대하여 재심의 청구를 할 수 있다(행정소송법 제31조 제1항).

취소소송의 확정판결은 제3자에 대하여도 효력이 있는데(제29조 제1항), 제3자가 귀책사유 없이 소송에 참가하지 못한 경우에는 판결이 확정된 뒤에도 제3자로 하여금 당해 확정판결로 인한 권익의 침해를 주장할 수 있도록 하기 위한 것이다.

② 재심청구의 당사자

재심원고는 취소소송의 확정판결에 의하여 '권리 또는 이익의 침해를 받은 제3자'이며, 재심피고는 확정판결에 나타난 원고와 피고가 함께 공동피고가 된다. '권리 또는 이익의 침해를 받은 제3자'란 당해 판결의 형성력이 미침으로써 그 판결주문에 따라 직접 자신의 권리나 이익이 침해되는 소송당사자 이외의 제3자이다.

③ 재심사유

㉠ 자기에게 책임없는 사유로 소송에 참가하지 못한 경우

여기서 '자기에게 책임없는 사유로 소송에 참가하지 못한 경우'란 당해 취소소송의 계속을 알지 못하였거나, 알았다고 하더라도 특별한 사정으로 인하여 당해 소송에 참가할 수 없었다고 일반통념으로 인정되는 경우를 말한다고 보는 것이 판례이다.

즉 "행정소송법 제31조 제1항에 의하여 제3자가 재심을 청구하는 소를 제기하는 경우에 갖추어야 할 요건의 하나인 '자기에게 책임 없는 사유'의 유무는 사회통념에 비추어 제3자가 당해 소송에 참가를 할 수 없었던 데에 자기에게 귀책시킬 만한 사유가 없었는지의 여부에 의하여 사안에 따라 결정되어야 하고, 제3자가 종전 소송의 계속을 알지 못한 경우에 그것이 통상인으로서 일반적 주의를 다하였어도 알기 어려웠다는 것과 소송의 계속을 알고 있었던 경우에는 당해 소송에 참가를 할 수 없었던 특별한 사정이 있었을 것을 필요로 한다."(대판 1995.9.15. 95누6762)는 것이다.

위와 같은 사유에 대한 입증책임은 재심청구인에게 있다는 것이 판례이다. 즉 "입증책임은 그러한 사유를 주장하는 제3자에게 있고, 더욱이 제3자가 종전 소송이 계속중임을 알고 있었다고 볼 만한 사정이 있는 경우에는 종전 소송이 계속중임을 알지 못하였다는 점을 제3자가 적극적으로 입증하여야 한다."(같은 판례)고 본다.

㉡ 소송에 참가하지 못함으로써 판결의 결과에 영향을 미칠 공격 또는 방어방법을 제출하지 못하였을 것

즉 제3자가 공격 또는 방어방법을 종전의 소송에서 제출하였다면 그에게 유리하게 판결의 결과가 변경되었을 것이라고 인정되어야 하며 그러한 공격 또는 방어방법을 제출할 기회를 얻지 못하였어야 한다. 따라서 종전의 소송에서 공격방어 방법이 이미 제출되어 판단을 받은 경우나 종전의 소송에서 제출되었더라도 판결의 결과에 영향을 미칠 수 없었으리라고 인정되는 경우에는 재심이 허용될 수 없다.

판례

재심의 소가 부적법하다고 한 사례

갑 회사가 대형할인점 건물을 신축하기 위한 건축허가 신청을 하였으나 행정청이 재래시장 및 지역경제를 보호할 중대한 공익상의 목적을 이유로 건축허가 신청을 거부하는 처분을 하자 그 거부처분의 취소를 구하는 소송을 제기하여 승소하고 그 판결이 확정된 사건에 대하여, 사업부

지 인근에서 중·고등학교를 설치·운영하는 학교법인 을이, 위 건축허가를 하게 되면 학교의 보건·위생 및 교육환경을 보호받을 권리 또는 이익이 침해될 수밖에 없는데 소송이 계속 중인 사실을 알지 못하여 위 소송에 참가하지 못함으로써 판결에 영향을 미칠 공격 또는 방어방법을 제출하지 못하였다고 하면서 행정소송법 제31조에서 정한 제3자로서 재심청구를 한 사안에서, 위 건축으로 이익의 침해를 받거나 받을 우려가 있는 학교법인 을은 재심의 청구를 할 수 있는 제3자에 해당하지만, 해당 지역 신문들이 위 처분과 관련한 일련의 진행 경과에 대하여 상세히 보도하였고, 해당 사업부지가 을이 운영하는 중·고등학교로부터 10여 m밖에 떨어져 있지 않은 점 등을 종합하면, 을은 위 소송이 계속 중인 사실을 알고 있었다고 보는 것이 타당하므로, 학교법인 을이 자기에게 책임 없는 사유로 소송에 참가하지 못한 때에 해당한다고 보기 어려워 위 재심의 소가 부적법하다고 한 사례(광주고법 2011.3.18. 2010재누21).

④ 재심청구기간

재심청구는 확정판결이 있음을 안 날로부터 30일이내, 판결이 확정된 날로부터 1년이내에 제기하여야 한다. 동 기간은 불변기간이다(제21조 제2항, 제3항).

4. 판결에 대한 헌법소원

헌법 제107조 제2항과 원칙적으로 헌법소원심판의 대상에서 법원의 재판을 제외하고 있는 헌법재판소법 제68조 제1항의 취지에 따르면, 판결에 대한 헌법소원은 원칙적으로 부인된다. 그러나 헌법재판소는 일부 판결(헌법재판소결정에 반하는 판결)과 원행정처분의 취소를 구하는 헌법소원을 예외적으로 인정하고 있다.

5. 위헌·위법판결의 공고

행정소송에 대한 대법원 판결에 의하여 명령·규칙이 헌법 또는 법률에 위반된다는 것이 확정된 경우에는 대법원은 지체 없이 그 사유를 행정안전부장관에게 통보하여야 하고(행정소송법 제6조 제1항), 통보를 받은 행정안전부장관은 지체 없이 이를 관보에 게재하여야 한다(제2항). 이는 판결의 내용을 관계 행정청이나 이해관계인에게 알려서 향후 관계 행정청은 위헌·위법으로 판단된 명령·규칙을 적용하지 않도록 하고, 이해관계인은 행정청이 그러한 명령·규칙을 적용하는 경우 위헌·위법을 주장할 수 있도록 하기 위한 것이다.

6. 명령·규칙 소관 행정청에 대한 소송통지

법원은 명령·규칙의 위헌 또는 위법 여부가 쟁점이 된 사건에서 그 명령·규칙 소관 행정청이 피고와 동일하지 아니한 경우에는 해당 명령·규칙의 소관 행정청에 소송계속 사실을 통지할 수 있다(행정소송규칙 제7조 제1항). 통지를 받은 행정청은 법원에 해당 명령·규칙의 위헌 또는 위법 여부에 관한 의견서를 제출할 수 있다(제2항).

7. 소송비용

소송의 비용은 소송비용부담의 원칙에 따라 패소자가 부담하며, 원고의 청구가 일부 인용된 판결의 경우에는 각 소송당사자가 분담한다(민사소송법 제98조·제101조). 다만, 취소청구가 행정소송법 제28조의 규정에 의하여 기각(사정판결)되거나 행정청이 처분 등을 취소 또는 변경함으로 인하여 청구가 각하 또는 기각된 경우에는 소송비용은 피고의 부담이 된다(행정소송법 제32조). 소송비용에 관한 재판이 확정된 때에는 피고 또는 참가인이었던 행정청이 소속하는 국가 또는 공공단체에 그 효력을 미친다(제33조).

제9장 무효등확인소송

'행정소송의 종류'(제2장)에서 무효등확인소송의 의의, 필요성, 종류, 성질, 적용법규를 살펴보았으므로 여기에서는 그 밖의 쟁점들에 대하여 서술하기로 한다.

01 주요 소송요건

1. 대상적격

무효등확인소송의 대상은 법률관계가 아니라, 취소소송의 경우와 같이 처분등이다. 무효확인소송의 대상인 처분은 외관상으로는 존재하여야 한다. 한편, 재결무효등확인소송의 경우에는 재결 자체에 고유한 위법이 있음을 이유로 하는 경우에 한한다(제38조 제1항, 제19조).

2. 원고적격

무효등확인소송은 처분등의 효력유무 또는 존재 여부의 확인을 구할 법률상 이익이 있는 자가 제기할 수 있다(제35조). 법률상 이익이 있는 자의 의미는 취소소송에서 살펴본 바와 같다. 예컨대, 개인은 건축허가에 대한 무효등확인소송을 단순히 도시미관이 침해되고 있다는 이유로 제기하여서는 안되며, 자신의 재산권 또는 일조권 등 법에 의하여 직접적이고 구체적으로 보호되는 이익이 침해되는 경우에만 제기할 수 있다. 한편, 공동소송도 인정된다(제15조·제38조 제1항).

판례

행정소송법 제35조 소정의 '법률상 이익'의 의미

항고소송인 무효등확인소송에 있어서 소의 이익이 인정되기 위하여는 행정소송법 제35조 소정의 '법률상의 이익'이 있어야 하는바, 그 법률상의 이익은 당해 처분의 근거 법률에 의하여 보호되는 직접적이고 구체적인 이익이 있는 경우를 말하고 간접적이거나 사실적, 경제적 이해관계를 가지는 데 불과한 경우는 여기에 해당되지 아니한다. 인감증명행위는 인감증명청이 적법한 신청이 있는 경우에 인감대장에 이미 신고된 인감을 기준으로 출원자의 현재 사용하는 인감을 증명하는 것으로서 구체적인 사실을 증명하는 것일 뿐, 나아가 출원자에게 어떠한 권리가 부여되거나 변동 또는 상실되는 효력을 발생하는 것이 아니고, 인감증명의 무효확인을 받아들인다 하더라도 이로써 이미 침해된 당사자의 권리가 회복되거나 또는 곧바로 이와 관련된 새로운 권리가 발생하는 것도 아니므로 무효확인을 구할 법률상 이익이 없어 부적법하다(대판 2001.7.10. 2000두2136).

폐기물소각시설 입지지역 주변 주민에의 원고적격 인정

폐기물소각시설의 부지경계선으로부터 300m 밖에 거주하는 주민들도 위와 같은 소각시설 설치사업으로 인하여 사업 시행 전과 비교하여 수인한도를 넘는 환경피해를 받거나 받을 우려가 있음에도 폐기물처리시설 설치기관이 주변영향지역으로 지정·고시하지 않는 경우 같은 법 제17조 제3항 제2호 단서 규정에 따라 당해 폐기물처리시설의 설치·운영으로 인하여 환경상 이익에 대한 침해 또는 침해우려가 있다는 것을 입증함으로써 그 처분의 무효확인을 구할 원고적격을 인정받을 수 있다(대판 2005.3.11. 2003두13489).

3. 소의 이익

(1) 일반론

무효등확인소송에서도 취소소송에서 요구되는 소의 이익에 관한 논의가 그대로 적용된다. 예컨대, 이미 하천에 포락된 토지에 대한 공유수면매립면허 및 매립공사준공인가처분에 대하여 그 토지소유자로서는 소유권회복이라는 원상회복이 불가능하므로 무효확인을 구할 소의 이익이 없고(대판 2002.6.14. 2002두1823), 당연무효인 당초의 환지처분이 있은 뒤에 적법한 절차를 거쳐 새로운 환지처분이 유효하게 이루어진 경우, 당초의 환지처분에 대한 무효확인을 구할 법률상 이익이 상실된다(대판 2002.4.23. 2000두2495).

판례

인접건물 소유자에게 건물준공처분의 무효확인이나 취소를 구할 법률상 이익이 있는지 여부

건축한 건물이 인접주택 소유자의 권리를 침해하는 경우 준공처분이 그러한 침해까지 정당화하는 것은 아닐 뿐만 아니라, 인접주택 소유자가 입는 생활환경상의 이익침해는 실제로 위 건물의 전부 또는 일부가 철거됨으로써 회복되거나 보호받을 수 있는 것인데, 위 건물에 대한 준공처분의 무효확인이나 취소를 받는다 하여도 그로 인하여 건축주는 위 건물을 적법하게 사용할 수 없게 되어 위 건물은 준공 이전의 상태로 돌아가게 되는 것에 그칠 뿐 위반건물에 대한 시정명령을 할 것인지 여부, 그 시기 및 명령의 내용 등은 행정청의 합리적 판단에 의하여 결정되어야 할 자유재량에 맡겨져 있는 점 등에 비추어 보면, 원고 주장과 같이 소외인이 신축한 건물이 무단증평, 이격거리위반, 베란다돌출, 무단구조변경 등 건축법에 위반하여 시공됨으로써 인접주택 소유자인 원고 및 선정자 1의 사생활과 일조권을 침해하고 있다고 하더라도, 인접건물 소유자들로서는 위 준공처분의 무효확인이나 취소를 구할 법률상 이익이 없다(대판 1993.11.9. 93누13988).

무효인 처분 이후 새로운 처분을 한 경우 소의 이익이 있는지 여부

절차상 또는 형식상 하자로 무효인 행정처분에 대하여 행정청이 적법한 절차 또는 형식을 갖추어 다시 동일한 행정처분을 하였다면, 종전의 무효인 행정처분에 대한 무효확인 청구는 과거의 법률관계의 효력을 다투는 것에 불과하므로 무효확인을 구할 법률상 이익은 없다(대판 2010.4.29. 2009두16879).

'조합원 분양계약에 대한 안내서'를 보낸 행위는 항고소송의 대상이 되는 행정처분에 해당하지 아니하고 그 부존재확인을 구할 법률상 이익도 없음

행정처분의 부존재확인소송은 행정처분의 부존재확인을 구할 법률상 이익이 있는 자만이 제기할 수 있고, 여기에서의 법률상 이익은 원고의 권리 또는 법률상 지위에 현존하는 불안·위험이 있고 이를 제거함에는 확인판결을 받는 것이 가장 유효적절한 수단일 때 인정되는 것이다. 재개발조합이 조합원들에게 정해진 기한까지 분양계약에 응해 줄 것을 안내하는 '조합원 분양계약에 대한 안내서'를 보낸 행위는 항고소송의 대상이 되는 행정처분에 해당하지 아니하고 그 부존재확인을 구할 법률상 이익도 없다(대판 2002.12.27. 2001두2799).

(2) 무효등확인소송의 보충성 문제

① 문제점

행정소송법 제35조의 '확인을 구할 법률상 이익'의 의미와 관련하여 종래 무효등확인소송에서도 민사소송에서의 '확인의 이익'이 필요한지, 그리고 무효등확인소송이 보충적으로 적용되는 것인지가 문제되어 왔다. 예컨대, 과세처분에 따라 세금을 이미 납부한 경우에 민사소송으로 부당이득반환청구가 가능하므로 과세처분무효확인의 소는 확인의 이익이 없어 부적법한 것인지 문제된다.

② 학설

㉠ 즉시확정이익설(필요설, 긍정설)

무효확인소송에도 민사소송에서의 확인의 이익, 즉 현존하는 불안이나 위험을 제거하기 위하여 확인판결을 받는 것이 유효·적절한 때와 같은 즉시확정의 법률상 이익이 필요하다는 견해이다. 이에 따르면 무효등확인소송은 보다 실효적인 구제수단(예 처분의 무효를 전제로 한 이행소송)이 가능하면 인정되지 않는다.

㉡ 법적이익보호설(불요설, 부정설)

민사소송에서의 확인의 이익보다는 넓은 개념으로 보아서, 행정소송의 무효판결 자체로도 판결의 실효성 확보가 가능하므로 무효확인소송을 보충적인 성질로 이해하지 않는 견해이다.

③ 판례

㉠ 종래 판례의 경향

대법원은 즉시확정이익설의 입장이었다. 이는 무효확인소송을 확인의 소로 보고 민사소송법상의 확인의 이익을 소송요건으로 보았기 때문이다.

판례에 따르면, 민사소송에 의한 부당이득반환청구의 소로써 직접 그 위법상태의 제거를 구할 수 있는 길이 열려 있는 이상 과세처분의 무효확인의 소는 분쟁해결에 직접적이고도 유효적절한 해결방법이라 할 수 없어 확인을 구할 법률상 이익이 없고(대판 1991.9.10. 91누3840), 과세처분과 압류 및 공매처분이 무효라 하더라도 직접 민사소송으로 체납처분에 의하여 충당된 세액에 대하여 부당이득으로 반환을 구하거나 공매처분에 의하여 제3자 앞으로 경료된 소유권이전등기에 대하여 말소를 구할 수 있는 경우에는 위 과세처분과 압류 및 공매처분에 대하여 소송으로 무효확인을 구하는 것은 분쟁해결에 직접적이고 유효·적절한 방법이라 할 수 없어 소의 이익이 없다(대판 2006.5.12. 2004두14717). 또한 공무원면직처분이 있은 후 정년을 초과한 경우, 면직처분에 당연무효의 흠이 있다면 급료, 명예침해 등의 민사상 손해배상청구소송을 할 수 있으므로 면직처분 무효확인소송의 소의 이익이 없다(대판 1991.6.28. 90누9346).

㉡ 판례의 변경

위와 같은 판례의 입장에 대하여, ⓐ 행정소송법이 무효확인소송을 항고소송의 일종으로 규정하고 있은 점을 보아도 무효확인소송은 본질에 있어서 행정청의 처분을 다투는 항고소송인 것이고 다만 다투는 형식이 확인소송의 형식을 취한 것이라는 점, ⓑ 행정소송은 행정작용에 대하여 특수한 취급을 하기 위하여 별도로 마련된 소송제도로서 민사소송과는 그 목적과 취지를 달리하므로, 소의 이익 문제도 그 소송제도를 마련한 취지에 따라 달리 정해질 수 있다는 점, ⓒ 민사소송과 달리 행정소송에서는 무효확인판결 자체만으로도 판결의 기속력에 의하여 그 실효성을 확보할 수 있다는 점등의 이유로 반대하는 견해가 많았다. 대법원은 행정처분의 근거법률에 의해 보호되는 직접적이고 구체적이 이익이 있는 경우 이와 별도로 무효확인소송의 보충성을 요구하지 않는 것으로 판례를 변경하였다.

판례

행정소송법 제35조에 규정된 '무효확인을 구할 법률상이익'이 있는지를 판단할 때 행정처분의 무효를 전제로 한 이행소송 등과 같은 직접적인 구제수단이 있는지를 따질 필요가 없음

[1] 행정소송은 행정청의 위법한 처분 등을 취소·변경하거나 그 효력 유무 또는 존재 여부를 확인함으로써 국민의 권리 또는 이익의 침해를 구제하고, 공법상의 권리관계 또는 법 적용에 관한 다툼을 적정하게 해결함을 목적으로 하는 것이므로, 대등한 주체 사이의 사법상 생활관계에 관한 분쟁을 심판대상으로 하는 민사소송과는 그 목적, 취지 및 기능 등을 달리한다. 또한 행정소송법 제4조에서는 무효확인소송을 항고소송의 일종으로 규정하고 있고, 행정소송법 제38조 제1항에서는 처분 등을 취소하는 확정판결의 기속력 및 행정청의 재처분 의무에 관한 행정소송법 제30조를 무효확인소송에도 준용하고 있으므로 무효확인판결 자체만으로도 실효성을 확보할 수 있다. 그리고 무효확인소송의 보충성을 규정하고 있는 외국의 일부 입법례와는 달리 우리나라 행정소송법에는 명문의 규정이 없어 이로 인한 명시적 제한이 존재하지 않는다. 이와 같은 사정을 비롯하여 행정에 대한 사법통제, 권익구제의 확대와 같은 행정소송의 기능 등을 종합하여 보면, 행정처분의 근거 법률에 의하여 보호되는 직접적이고 구체적인 이익이 있는 경우에는 행정소송법 제35조에 규정된 '무효확인을 구할 법률상 이익'이 있다고 보아야 하고, 이와 별도로 무효확인소송의 보충성이 요구되는 것은 아니므로 행정처분의 무효를 전제로 한 이행소송 등과 같은 직접적인 구제수단이 있는지 여부를 따질 필요가 없다고 해석함이 상당하다(대판 2008.3.20. 2007두6342 전합).

[2] 행정처분의 근거 법률에 의하여 보호되는 직접적이고 구체적인 이익이 있는 경우에는 행정소송법 제35조에 규정된 '무효 등 확인을 구할 법률상 이익'이 있다고 보아야 한다. 이와 별도로 무효 등 확인소송의 보충성이 요구되는 것은 아니므로 행정처분의 유·무효를 전제로 한 이행소송 등과 같은 직접적인 구제수단이 있는지 여부를 따질 필요가 없다. 원고는 명예전역의 유효성을 현실적으로 인정받지 못하고 있고 적법하고 유효하게 전역한 군인에 대한 혜택을 받지 못할 우려가 있으므로, 이 사건 명예전역명령의 유효확인을 구할 법률상 이익이 있다. 구 군인사법 제10조 제3항은 임용결격 하사관 등에 대한 당연무효의 임용행위를 적법하게 유효로 만드는 규정은 아니다. 따라서 관련판결로 이 사건 명예전역명령이 당연히 유효하게 되지는 않으므로 원고는 여전히 명예전역명령의 유효확인을 구할 이익이 있다. 유효확인소송에 보충성을 요구하지 않는 이상, 원고가 피고 대한민국에 대하여 정년 전역과 퇴역 대상자라는 점에 대한 확인을 구하고 있다고 해서 달리 볼 것은 아니다(대판 2019.2.14. 2017두62587).

[3] 원심은 이 사건 압류처분 및 매각처분의 당연무효 확인을 구하고, 예비적으로 이 사건 매각처분의 취소를 구하는 원고의 청구에 대하여, 이 사건 매각처분에 의하여 매각대금이 완납되고 매수인에게 이 사건 토지에 관한 소유권이전등기까지 경료된 이상, 원고로서는 직접 민사소송으로 매각처분에 의하여 충당된 세액에 대하여 국가를 상대로 부당이득 반환을 구하거나 소외인을 상대로 매각처분에 의하여 경료된 소유권이전등기의 말소를 구하는 것이 분쟁해결에 있어 직접적이고도 유효·적절한 방법이고, 이는 공매절차에 하자가 있다 하더라도 마찬가지라는 이유로, 원고는 이 사건 압류처분 및 매각처분에 대하여 무효확인을 구하거나, 이 사건 매각처분의 취소를 구할 소의 이익이 없다고 판단하여, 원고의 피고들에 대한 소를 모두 각하한 제1심판결을 그대로 유지하였다. 그러나 앞서 본 법리에 비추어 살펴보면, 원고로서는 부당이득반환청구의 소나 소유권이전등기말소청구의 소로써 직접 원고가 주장하는 위법상태의 제거를 구할 수 있는지 여부에 관계없이, 이 사건 압류처분 및 매각처분의 근거 법률에 의하여 보호되는 직접적이고 구체적인 이익을 가지고 있어 행정소송법 제35조에 규정된 '무효확인을 구할 법률상 이익'을 가지는 자에 해당하고, 따라서 이 사건 압류처분 및 매각처분에 대하여 무효확인을 구할 수 있으며, 나아가 이 사건 매각처분이 위법하지만 당연 무효는 아닌 경우에 대비하여 그 취소를 구할 수도 있으므로, 이 사건 소는 모두 적법하다(대판 2008.6.12. 2008두3685).

4. 피고적격

무효등확인소송은 취소소송과 마찬가지로 처분 등을 행한 행정청을 피고로 한다(행정소송법 제13조·제38조).

02 취소소송과 무효등확인소송의 관계

1. 양자의 관계

(1) 병렬관계

어떠한 처분의 위법사유가 무효사유이면서 동시에 취소사유가 될 수 없으므로, 취소소송과 무효확인소송은 서로 양립할 수 없는 별개의 소송이다.

(2) 포용관계

양자는 모두 처분 등에 존재하는 위법한 하자를 이유로 제기하는 소송이라는 점에서 공통되고, 무효사유와 취소사유는 단지 하자의 정도에 차이가 있는 것에 불과하다. 취소청구에는 취소뿐만 아니라 무효의 선언을 구하는 의미로서의 취소도 포함된 것이라고 볼 수 있고, 반대로 무효확인의 청구에는 원고가 취소를 구하지 않는다는 점을 명백히 하지 않는 이상 그 처분이 무효가 아니라면 취소를 구한다는 취지도 포함되어 있는 것으로 볼 수 있다.

2. 무효확인청구와 취소청구의 병합

(1) 판례는 "행정처분에 대한 무효확인과 취소청구는 서로 양립할 수 없는 청구로서 주위적·예비적 청구로서만 병합이 가능하고 선택적 청구로서의 병합이나 단순 병합은 허용되지 아니한다."(대판 1999.8.20. 97누6889)고 하였다. 다만, 취소청구가 출소기간의 경과 등 기타의 이유로 각하되는 경우에 대비하여 취소청구에 대해 본안판결이 행해지는 것을 해제조건으로 무효확인청구를 예비적으로 제기할 수는 있다.

(2) 판례는 "동일한 행정처분에 대하여 무효확인의 소를 제기하였다가 그 후 그 처분의 취소를 구하는 소를 추가적으로 병합한 경우, 주된 청구인 무효확인의 소가 적법한 제소기간 내에 제기되었다면 추가로 병합된 취소청구의 소도 적법하게 제기된 것"(대판 2005.12.23. 2005두3554)으로 본다.

3. 무효선언을 구하는 의미의 취소소송

취소소송은 '행정청의 위법한 처분 등을 취소 또는 변경하는 소송'(행정소송법 제4조 제1호)을 말한다. 취소소송은 보통 취소원인의 하자 있는 처분이나 재결에 대해서 이루어진다. 그러나 취소사유와 무효사유의 구별이 곤란하고 상대적일 뿐만 아니라, 무효이든 취소이든 그 처분의 효력이 부인되기만 하면 원고의 목적은 달성되는 것으로 볼 수 있고, 처분의 취소사유는 무효사유를 포함하는 것이므로, 처분에 무효사유가 있더라도 취소소송을 제기할 수 있다. 판례는 이러한 '행정행위의 무효선언을 구하는 의미의 취소소송'을 인정한다. 이 경우의 취소청구에는 취소뿐 아니라 무효를 확인하는 의미의 취소를 구하는 취지가 포함되어 있다고 보아야 한다. 따라서 법원은 무효를 확인(선언)하는 의미의 취소판결을 하여야 한다(대판 1990.8.28. 90누1892). 다만, 이 경우에는 형식에 있어서 취소소송이므로 제소기간 등의 제한을 받는다(대판 1976.2.24. 75누128).

판례

과세처분 취소청구에 무효확인청구의 포함 여부

원고가 이 사건 소송에 있어서 그 청구취지로서 과세처분의 취소를 구하고 있는 이상 원심이 원고에게 이 사건 과세처분의 무효확인을 구하는 여부를 석명할 의무는 없다 할 것이며, 과세처분의 취소를 구하는 내용에는 그 무효확인을 구하는 취지도 포함되어 있다고 볼 수는 없다(대판 1982.6.22. 81누424).

4. 취소할 수 있는 처분을 무효확인소송으로 다투는 경우

(1) 문제의 소재

무효확인소송의 대상이 된 행위의 위법이 심리의 결과 무효라고 판정되는 경우에는 인용판결을 내린다. 그런데 당해 위법이 취소원인에 불과한 경우에 법원은 어떠한 판결을 내려야 하는가의 문제이다.

(2) 학설

① **소변경 필요설**

무효확인청구는 취소청구를 포함한다고 보지만 법원은 석명권을 행사하여 무효확인소송을 취소소송으로 변경하도록 한 후 취소소송요건을 충족한 경우 취소판결을 하여야 한다는 견해이다(다수설).

② **취소소송 포함설**

무효확인청구에는 처분의 취소를 구하는 청구가 포함되어 있기 때문에, 법원은 취소소송요건을 충족한 경우 취소판결을 하여야 한다고 보는 견해이다.

(3) 판례

판례는 "일반적으로 행정처분의 무효확인을 구하는 소에는 원고가 그 처분의 취소는 구하지 아니 한다고 밝히고 있지 아니하는 이상 그 처분이 만약 당연무효가 아니라면 그 취소를 구하는 취지도 포함되어 있는 것으로 볼 것"이라고 하여 취소소송 포함설을 취하고 있는 것으로 보인다(대판 1994.12.23. 94누477).

판례

행정처분의 취소의 소를 무효확인의 소로 변경한 경우에 취소를 구하는 취지도 포함된 것으로 볼 것인지 여부

일반적으로 행정처분의 무효확인을 구하는 소에는 원고가 그 처분의 취소는 구하지 아니한다고 밝히고 있지 아니하는 이상 그 처분이 만약 당연무효가 아니라면 그 취소를 구하는 취지도 포함되어 있는 것으로 볼 것이나, 이 사건에 있어서와 같이 행정소송의 제기에 앞서 경유하여야 할 행정심판 절차를 거치지 아니한 까닭에 행정처분취소의 소를 무효확인의 소로 변경한 경우에는 무효확인을 구하는 취지속에 그 처분이 당연무효가 아니라면 그 취소를 구하는 취지까지 포함된 것으로 볼 여지가 전혀 없다고 할 것이므로 법원으로서는 그 처분이 당연무효인가 여부만 심리판단하면 족하고 더 나아가 그 처분에 취소사유에 해당하는 위법이 있는가 여부까지 심리판단할 필요는 없다고 할 것이다(대판 1987.4.28. 86누887).

(4) 검토

법원은 원고의 소송상 청구에 대해서만 심판을 하여야 하므로, 법원은 석명권을 행사하여 무효확인소송을 취소소송으로 변경하도록 한 후 취소판결을 하여야 하는 것으로 보는 소변경필요설이 타당하다. 만일 원고가 무효확인청구를 유지하는 경우에는 기각판결을 할 수밖에 없다.

5. 무효확인소송에서의 석명권 행사

재판장은 무효확인소송이 행정소송법 제20조에 따른 기간(註: 취소소송의 제소기간) 내에 제기된 경우에는 원고에게 처분등의 취소를 구하지 아니하는 취지인지를 명확히 하도록 촉구할 수 있다. 다만, 원고가 처분등의 취소를 구하지 아니함을 밝힌 경우에는 그러하지 아니하다(행정소송규칙 제16조).

03 무효등확인소송의 절차상 쟁점

1. 심리의 범위 등

무효확인소송에서는 처분의 위법 여부와 무효 여부가 심판의 대상이 된다. 무효확인청구에는 취소의 청구가 포함되어 있다고 보는 판례의 입장에 따르면 계쟁처분의 취소 여부도 심리의 대상이 된다. 그 밖에 심리의 내용·범위 및 방법 등이 취소소송의 경우와 특별히 다른 것이 없다. 행정심판기록제출명령제도(제25조), 직권심리주의(제26조) 등이 준용되고 있다(제38조 제1항). 위법성판단의 기준시점도 취소소송의 경우처럼 처분시설이 통설이다.

판례

무효확인소송의 심리 범위

행정처분의 무효 확인을 구하는 소에는 특단의 사정이 없는 한 취소를 구하는 취지도 포함되어 있다고 보아야 하므로, 해당 행정처분의 취소를 구할 수 있는 경우라면 무효사유가 증명되지 아니한 때에 법원으로서는 취소사유에 해당하는 위법이 있는지 여부까지 심리하여야 한다(대판 2023.6.29. 2020두46073).

2. 선결문제

행정소송법 제11조 【선결문제】 ① 처분등의 효력 유무 또는 존재 여부가 민사소송의 선결문제로 되어 당해 민사소송의 수소법원이 이를 심리·판단하는 경우에는 제17조, 제25조, 제26조 및 제33조의 규정을 준용한다.
② 제1항의 경우 당해 수소법원은 그 처분등을 행한 행정청에게 그 선결문제로 된 사실을 통지하여야 한다.

(1) 의의

① 선결문제란 '특정한 행정행위'의 위법 여부 또는 효력의 유무를 다른 '특정사건'의 재판에 있어서 먼저 해결해야 하는 경우, 그 특정한 행정행위의 위법 여부 또는 효력 유무의 문제를 말한다. 여기서 특정사건이란 민사사건 및 형사사건을 의미한다.

② 행정소송법은 제11조에서, 처분등의 효력 유무 또는 존재 여부가 민사소송의 선결문제로 되어 당해 민사소송의 수소법원이 이를 심리·판단하는 경우에는 행정청의 소송참가(행정소송법 제17조), 행정심판기록의 제출명령(제25조), 직권심리(제26조), 소송비용에 관한 재판의 효력(제33조)의 규정을 준용토록 하였다. 이에 따라 본안이 민사에 관한 것이라도 선결문제가 행정사건인 경우에는 본안의 수소법원에서 선결문제의 해결을 항고소송에 준하여 다루게 된다.

(2) 유형

① 행정행위의 효력유무가 선결문제인 경우

예컨대, 과세처분의 무효를 이유로 하는 부당이득반환청구소송을 제기한 경우, 관할민사법원은 부당이득반환청구의 인용요건인 '행정행위의 효력유무'를 스스로 심사할 수 있는가 하는 문제이다.

판례는 "선결문제가 당연무효이면 민사법원은 선결문제가 무효임을 전제로 본안을 판단할 수 있다. 선결문제가 단순위법인 경우는 민사법원은 당해 행정행위의 구성요건적 효력으로 인해 그 선결문제의 효력을 부인할 수 없고 따라서 본안을 인용할 수 없다."(대판 1972.10.10. 71다2279)라는 입장이다. 무효인 행정행위는 처음부터 아무런 효력을 발생하지 않으므로 누구나 구 효력을 부인할 수 있는 데 대하여, 취소사유가 있는 행정행위는 구성요건적 효력에 의하여 그것이 권한 있는 기관(처분청과 취소소송의 수소법원)에 의해 취소되기 전에는 국민이나 다른 국가기관에게 구속력을 가지기 때문이다.

〈구성요건적 효력〉

1. 개념

구성요건적 효력이란 유효한 행정행위가 존재하면 모든 '행정기관과 법원(형사법원 및 민사법원)'은 그 행정행위와 관련된 자신들의 결정에 당해 행위의 존재와 효과를 인정해야 하고, 그 내용에 구속되는 효력을 말한다. 이는 행정행위를 스스로 폐지할 수 없는 다른 행정청·법원과 관련되는 문제인바, 행정행위의 존재 사실 그 자체가 다른 국가기관의 결정에 구성요건요소가 된다는 의미이다.

2. 근거

구성요건적 효력을 직접 규정한 실정법은 찾을 수 없으나, 행정권과 사법권의 분립규정이나 행정기관 상호간의 사무분장규정이 간접적인 근거규정이 될 수 있다. 이론적으로는 국가기관들이 서로 그 권한과 업무를 달리하므로 상호간에 권한을 존중함으로써 국가권력의 행사에 있어서 동질적인 체계를 창설한다는 점에서 그 근거를 찾을 수 있다.

3. 구성요건적 효력의 범위와 한계

(1) 무효인 행정행위는 불인정

구성요건적 효력이 법원에 효력을 미치는 이유는 권력분립원칙에 합당하기 때문이다. 다만, 법원은 권력통제 기능을 갖는바, 특정 행정행위가 무효인 경우에는 법원에 대하여 구성요건을 갖지 못한다.

(2) 법원의 범위

행정소송법에 행정소송사건의 심리·판단권이 행정법원에 있는 것으로 규정되어 있으므로 구성요건적 효력은 행정소송의 수소법원에는 미치지 않는다. 문제는 민사소송이나 형사소송을 담당하는 법원에 미치는지, 미친다면 어느 범위에서 미치는지 하는 것이다.

② 행정행위의 위법여부가 선결문제인 경우

㉠ 문제점

예컨대 사인이 공무원의 위법한 처분으로 손해를 입었다고 하면서 국가배상청구소송을 제기한 경우, 민사법원이 선결문제인 '행정행위의 위법성여부'를 판단할 수 있는지의 문제이다. 이 논의는 먼저 국가배상청구소송의 성질을 민사소송으로 보는 견해를 전제로 한다.

㉡ 학설

ⓐ 소극설: ⅰ) 행정행위는 구성요건적 효력이 있으므로 법원을 포함한 모든 국가기관은 그 효력에 구속을 받아야 하고, ⅱ) 현행법상 행정사건의 심판권은 행정법원이 배타적으로 관할하는 점, ⅲ) 행정소송법 제11조 제1항은 민사법원에 대하여 처분 등의 효력유무 또는 존재여부만을 선결문제심판권으로 규정한다는 점을 논거로 한다.

ⓑ **적극설:** i) 구성요건적 효력은 적법성 추정이 아니라 법적 안정성 때문에 인정되는 통용력에 불과하며, ii) 선결문제로서 행정행위의 위법성 판단은 행정행위의 효력을 부인하는 것이 아니라 단순한 위법성 심사에 그치는 것이라는 점, iii) 행정소송법 제11조는 선결문제심판권에 대한 예시적 규정에 불과하기 때문에 위법성판단을 배제하는 것은 아니라는 점을 논거로 한다.

ⓒ 판례

위법한 행정처분의 취소판결이 있어야만 그 행정처분의 위법임을 이유로 한 손해배상청구를 할 수 있는 것은 아니라면서 적극설의 입장에 있다(대판 1979.4.10. 79다262).

ⓓ 검토

민사법원이 국가배상청구소송을 심리함은 그 처분의 효력을 부정하는 것이 아니라는 점, 그리고 소송경제와 개인의 권리보호의 관점에서 적극설이 타당하다.

판례

처분등의 효력 유무가 선결문제로 된 사례

[1] 민사소송에 있어서 어느 행정처분의 당연무효 여부가 선결문제로 되는 때에는 이를 판단하여 당연무효임을 전제로 판결할 수 있고 반드시 행정소송 등의 절차에 의하여 그 취소나 무효확인을 받아야 하는 것은 아니다(대판 1972.10.10. 71다2279).

[2] 조세의 과오납이 부당이득이 되기 위하여는 납세 또는 조세의 징수가 실체법적으로나 절차법적으로 전혀 법률상의 근거가 없거나 과세처분의 하자가 중대하고 명백하여 당연무효이어야 하고, 과세처분의 하자가 단지 취소할 수 있는 정도에 불과할 때에는 과세관청이 이를 스스로 취소하거나 항고소송절차에 의하여 취소되지 않는 한 그로 인한 조세의 납부가 부당이득이 된다고 할 수 없다(대판 1994.11.11. 94다28000).

[3] 물품을 수입하고자 하는 자가 일단 세관장에게 수입신고를 하여 그 면허를 받고 물품을 통관한 경우에는, 세관장의 수입면허가 중대하고도 명백한 하자가 있는 행정행위이어서 당연무효가 아닌 한 관세법 제181조 소정의 무면허수입죄가 성립될 수 없다(대판 1989.3.28. 89도149).

[4] 연령미달의 결격자인 피고인이 소외인의 이름으로 운전면허시험에 응시, 합격하여 교부받은 운전면허는 당연무효가 아니고 도로교통법 제65조 제3호의 사유에 해당함에 불과하여 취소되지 않는 한 유효하므로 피고인의 운전행위는 무면허운전에 해당하지 아니한다(대판 1982.6.8. 80도2646).

처분등의 위법 여부가 선결문제로 된 사례

[1] 물품세 과세대상이 아닌 것을 세무공무원이 직무상 과실로 과세대상으로 오인하여 과세처분을 행함으로 인하여 손해가 발생된 경우에는, 동 과세처분이 취소되지 아니하였다 하더라도, 국가는 이로 인한 손해를 배상할 책임이 있다(대판 1979.4.10. 79다262).

[2] 구 도시계획법 제92조 제4호, 제78조 제1호, 제4조 제1항 제1호의 각 규정을 종합하면 도시계획구역안에서 허가 없이 토지의 형질을 변경한 경우 행정청은 그 토지의 형질을 변경한 자에 대하여서만 같은 법 제78조 제1항에 의하여 처분이나 원상회복 등의 조치명령을 할 수 있다고 해석되고, 토지의 형질을 변경한 자도 아닌 자에 대하여 원상복구의 시정명령이 발하여진 경우 위 원상복구의 시정명령은 위법하다 할 것이다. 같은 법 제78조 제1항에 정한 처분이나 조치명령을 받은 자가 이에 위반한 경우 이로 인하여 같은 법 제92조에 정한 처벌을 하기 위하여는 그 처분이나 조치명령이 적법한 것이라야 하고, 그 처분이 당연무효가 아니라 하더라도 그것이 위법한 처분으로 인정되는 한 같은 법 제92조 위반죄가 성립될 수 없다(대판 1992.8.18. 90도1709).

〈하자 있는 금전부과처분에 따라 납부한 금전의 반환 청구〉

1. 부과처분에 취소사유가 있는 경우

(1) 취소소송의 제기

① 취소소송을 제기하여 취소 확정판결을 받게 되면 부과처분은 소급하여 그 효력이 소멸되고, 행정주체는 확정판결에 기속되어 결과제거의무가 발생함에 따라 금전을 돌려주어야 한다.

② 만일 행정주체가 반환하지 않으면 상대방은 민사법원에 부당이득반환청구소송을 제기하여 금전을 돌려받을 수 있다.

(2) 부당이득반환청구소송의 제기

취소소송의 제기 없이 부당이득반환청구소송만을 제기한 경우, 구성요건적 효력에 의해 처분이 취소되지 않는 한 민사법원은 그 효력을 부인할 권한이 없으므로 기각판결을 하여야 한다.

(3) 관련청구소송의 병합

행정소송법 제10조에 따라 취소소송과 부당이득반환청구소송을 병합하여 행정법원에 제기할 수 있다. 이 경우 부과처분에 대한 취소판결로 처분의 효력이 제거되면 부당이득반환청구소송도 인용될 것이다.

2. 부과처분에 무효사유가 있는 경우

(1) 부당이득반환청구소송의 제기

① 부당이득반환청구권의 성질 : 공권설, 사권설(판례)

② 민사사건의 선결문제 판단권 : 민사법원은 변상금부과처분이 무효임을 전제로 판단할 수 있고, 상대방은 이를 통하여 금전을 반환받을 수 있다.

(2) 무효확인소송의 제기

무효확인소송의 보충성을 요하지 아니하므로 무효확인소송을 제기하여 기속력에 따라 금전을 반환받을 수 있고, 반환 불이행시 부당이득반환청구소송을 제기하여 반환받을 수 있다.

(3) 관련청구소송의 병합

행정소송법 제10조에 따라 무효확인소송과 부당이득반환청구소송을 병합할 수 있다.

3. 가구제의 문제

(1) 집행정지

집행부정지 원칙과 예외적 집행정지 규정은 무효등확인소송에도 준용되고 있다(행정소송법 제23조, 제38조 제1항).

(2) 가처분

판례는 취소소송과 마찬가지로 무효등확인소송에 있어서 민사집행법상 가처분으로써 어떠한 행정행위의 금지를 구하는 것은 허용될 수 없다고 한다(대결 1992.7.6. 92마54).

4. 소의 변경

법원은 무효등확인소송을 취소소송 또는 당사자소송으로 변경하는 것이 상당하다고 인정할 때에는 청구의 기초에 변경이 없는 한 사실심의 변론종결시까지 원고의 신청에 의하여 결정으로써 소의 변경을 허가할 수 있다(행정소송법 제21조, 제37조). 다만, 무효등확인소송을 취소소송으로 변경할 때는 행정심판 전치주의 및 제소기간에 의한 제한을 받는다. 또한 처분변경으로 인한 소의 변경도 가능하다(제22조, 제38조 제1항).

5. 입증책임

행정처분의 당연무효를 주장하여 그 무효확인을 구하는 행정소송에 있어서는 원고에게 그 행정처분이 무효인 사유를 주장·입증할 책임이 있다(대판 2000.3.23. 99두11851).

판례

조세행정소송에서 위법사유로 무엇을 주장하는지 또는 무효사유의 주장에 취소사유를 주장하는 취지가 포함되어 있는지에 따라 증명책임이 분배되는지 여부(적극)

과세처분에 대한 취소소송과 무효확인소송은 모두 소송물이 객관적인 조세채무의 존부확인으로 동일하다. 결국 과세처분의 위법을 다투는 조세행정소송의 형식이 취소소송인지 아니면 무효확인소송인지에 따라 증명책임이 달리 분배되는 것이라기보다는 위법사유로 취소사유와 무효사유 중 무엇을 주장하는지 또는 무효사유의 주장에 취소사유를 주장하는 취지가 포함되어 있는지 여부에 따라 증명책임이 분배된다. … 처분사유의 전제가 되는 사실관계에 관한 증명책임 역시 과세관청에 있고, 특히 무효확인소송에서 원고가 당초의 처분사유에 대하여 무효사유를 증명한 경우에는 과세관청이 그처럼 교환·변경된 처분사유를 근거로 하는 처분의 적법성에 대한 증명책임을 부담한다(대판 2023.6.29. 2020두46073).

04 무효등확인소송의 판결

1. 판결의 종류

취소소송에 있어서 판결의 종류와 같다(각하판결, 기각판결, 인용판결). 다만, 무효등확인소송에 있어서는 사정판결에 관한 규정이 준용되어 있지 않아, 다수설과 판례는 사정판결이 인정되지 않는다는 입장이다. 그러나 무효선언을 구하는 취소소송의 경우에는 사정판결이 인정된다고 해석된다.

2. 판결의 효력

(1) 기속력 등

무효등확인소송의 판결에도 기속력이 발생하고(행정소송법 제30조, 제38조 제1항), 제3자에 대하여도 효력이 있다(제29조, 제38조 제1항).

판례

거부처분에 대한 무효확인 판결이 간접강제의 대상이 되는지 여부(소극)

행정소송법 제38조 제1항이 무효확인 판결에 관하여 취소판결에 관한 규정을 준용함에 있어서 같은 법 제30조 제2항을 준용한다고 규정하면서도 같은 법 제34조는 이를 준용한다는 규정을 두지 않고 있으므로, 행정처분에 대하여 무효확인 판결이 내려진 경우에는 그 행정처분이 거부처분인 경우에도 행정청에 판결의 취지에 따른 재처분의무가 인정될 뿐 그에 대하여 간접강제까지 허용되는 것은 아니라고 할 것이다(대결 1998.12.24. 98무37).

(2) 기판력

무효확인소송의 기판력은 ① 인용판결의 경우에는 당해 처분이 위법하다는 점과 당해 처분이 무효라는 점에 대하여 미치고, ② 기각판결의 경우에는 당해 처분이 무효가 아니라는 점에 미친다. 따라서 기각판결이 난 경우에도 취소소송의 요건이 갖추어진 경우는 취소소송을 제기할 수 있고, 국가배상청구소송도 제기할 수 있다.

3. 무효등확인소송의 불복

무효등확인소송의 불복도 취소소송의 불복과 다르지 않다. 행정소송법은 무효등확인소송에도 제3자에 의한 재심청구를 준용하고 있다(제38조 제1항·제31조).

제10장 부작위위법확인소송

'행정소송의 종류'(제2장)에서 부작위위법확인소송의 의의, 성질, 적용법규, 문제점을 살펴보았으므로 여기에서는 그 밖의 쟁점들에 대하여 서술하기로 한다.

01 주요 소송요건

1. 부작위의 존재

(1) 부작위의 의의

부작위란 '행정청이 당사자의 신청에 대하여 상당한 기간 내에 일정한 처분을 하여야 할 법률상 의무가 있음에도 불구하고 이를 하지 아니하는 것'을 말한다(행정소송법 제2조 제1항 제2호). 부작위는 '재량권의 불행사'와 다른데, 재량권의 불행사는 행정청이 자신에게 부여된 재량권을 고려가능한 모든 관점을 고려하여 행사한 것이 아닌 경우를 말한다.

(2) 부작위의 성립요건

① 행정청에 대한 처분의 신청

부작위는 처분의 신청을 전제로 한다. 부작위위법확인소송의 대상이 되는 행정청의 부작위라 함은 행정청이 당사자의 신청에 대하여 상당한 기간 내에 일정한 처분을 할 법률상 의무가 있음에도 불구하고 이를 하지 아니하는 것을 말하고, 이 소송은 처분의 신청을 한 자가 제기하는 것이므로 이를 통하여 원고가 구하는 행정청의 응답행위는 행정소송법 제2조 제1항 제1호 소정의 처분에 관한 것이라야 한다(대판 1991.11.8. 90누9391).

따라서 비권력적 사실행위나 사경제적 계약체결 등을 구하는 신청에 대한 행정청의 무응답은 부작위라 할 수 없다. 한편, 재결도 처분의 일종이고 재결주의를 취하는 경우 행정청이 재결신청에 대하여 아무런 응답을 하지 않는 경우에는 구제수단이 있어야 하므로, 재결신청에 대한 부작위도 여기에 포함된다고 해석된다.

② 법규상·조리상 신청권이 있는 자의 신청

부작위가 성립하기 위해서는 당사자가 처분의 신청을 적법하게 해야 한다(신청의 적법성은 본안의 문제라는 견해 있음). 신청은 법령에 근거한 신청을 의미하는 것으로서, 법령이 당사자가 행정청에 대하여 일정한 신청을 할 수 있음을 명문으로 규정한 경우뿐만 아니라, 법령의 해석상 당해 규정이 특정인의 신청을 전제로 하는 것이라고 인정되는 경우도 포함된다.

판례는 부작위가 성립하기 위하여는 법규상 또는 조리상의 신청권이 있어야 한다고 하며 신청권이 없는 경우 부작위가 있다고 할 수 없고 원고적격도 없다고 한다(대판 2000.2.25. 99두11455). 이에 대하여 부작위의 성립에 있어 신청권을 요건으로 하지 않고 본안의 문제로 보는 견해가 있는바, 신청권을 요구하는 명문의 규정이 없음에도 신청권의 존부를 부작위개념요소로 보는 것은 부작위의 개념을 해석상 제한하는 것으로서 사인의 권리보호 확대의 이념에 반하는 것이라고 한다.

③ 일정한 처분을 할 법률상 의무의 존재

일정한 처분이란 행정소송법 제2조 제1항 제1호 소정의 처분을 말한다. 그리고 법률상 의무에는 명문의 규정에 의해 인정되는 경우뿐만 아니라 법령의 해석상 인정되는 경우도 포함된다.

판례는 법률상 의무에 대하여 "부작위위법확인의 소는 행정청이 국민의 법규상 또는 조리상의 권리에 기한 신청에 대하여 상당한 기간내에 그 신청을 인용하는 적극적 처분 또는 각하하거나 기각하는 등의 소극적 처분을 하여야 할 법률상의 응답의무가 있음에도 불구하고 이를 하지 아니하는 경우…"(대판 1990.9.25. 89누4758)라고 하여 응답의무로 보고 있다.

④ 상당한 기간의 경과

상당한 기간이란 사회통념상 당해 신청에 대한 처분을 하는 데에 필요한 것으로 인정되는 기간을 말한다. 상당한 기간의 판단에는 처분의 성질·내용 등이 고려되나, 업무의 폭주·인력의 미비 같은 사정은 고려되지 않는다.

다만, 부작위위법확인소송의 적법 여부는 사실심 변론종결시를 기준으로 판단하는데, 통상 변론종결시까지는 상당한 기간이 경과할 것이므로, 현실적으로 이 요건이 문제되지는 않을 것이다.

⑤ 행정청이 아무런 처분도 하지 않았을 것

행정청이 인용처분을 하거나 거부처분을 하였다면 부작위라 할 수 없다. 법령이 일정한 상태에서 부작위를 거부처분으로 보는 규정을 둔 경우에는 부작위에 해당하지 않으므로 거부처분에 대하여 취소소송을 제기하여야 한다. 부작위위법확인소송 계속중 거부처분이 있게 되면 부작위위법확인소송의 소의 이익은 상실되고 원고는 거부처분취소소송으로 소의 변경을 신청할 수 있다. 그리고 거부처분이 있었는지 아니면 부작위인지 애매한 경우에는 거부처분취소소송과 부작위위법확인소송 중 한 소송을 주위적 청구로 하고 다른 소송을 예비적 청구로 제기할 수 있다.

한편, 행정청이 당사자의 신청에 대하여 응답하지 않은 이유는 부작위의 성립 여부에 영향이 없다. 가령 당사자가 신청절차나 신청방식에 잘못이 있는 경우 행정청은 보정을 명하거나 각하하여야 하는 것이지 그 신청을 무시하여 응답하지 않을 수는 없다.

판례

국세환급금결정을 하지 않고 있는 부작위의 위법확인을 구하는 소의 적부(소극)

국세환급금결정은 항고소송의 대상이 되는 행정처분이 아니므로 국세환급금결정이 행정처분임을 전제로 그 결정을 하지 않고 있는 부작위의 위법확인을 구하는 소송은 부적법하다(대판 1989. 7.11. 87누415).

검사가 압수 해제된 것으로 간주된 압수물의 환부신청에 대하여 아무런 결정·통지도 하지 아니한 경우, 부작위위법확인소송의 대상이 되는지 여부(소극)

형사본안사건에서 무죄가 선고되어 확정되었다면 형사소송법 제332조 규정에 따라 검사가 압수물을 제출자나 소유자 기타 권리자에게 환부하여야 할 의무가 당연히 발생한 것이고, 권리자의 환부신청에 대한 검사의 환부결정 등 어떤 처분에 의하여 비로소 환부의무가 발생하는 것은 아니므로 압수가 해제된 것으로 간주된 압수물에 대하여 피압수자나 기타 권리자가 민사소송으로 그 반환을 구함은 별론으로 하고 검사가 피압수자의 압수물 환부신청에 대하여 아무런 결정이나 통지도 하지 아니하고 있다고 하더라도 그와 같은 부작위는 현행 행정소송법상의 부작위위법확인소송의 대상이 되지 아니한다(대판 1995.3.10. 94누14018).

국유개간토지의 매각행위를 신청한 행위에 대한 부작위위법확인의 소는 부적법

폐지된 개간촉진법 제17조의 규정에 따른 국유개간토지의 매각행위는 국가가 국민과 대등한 입장에서 국토개간장려의 방편으로 개간지를 개간한 자에게 일정한 대가로 매각하는 것으로서 사법상의 법률행위나 공법상의 계약관계에 해당한다고 보아야 하므로 이를 항고소송의 대상이 되는 행정처분이라고 할 수 없다. … 피고가 그 행위를 하지 아니함을 전제로 한 이 사건 부작위위법확인의 소는 부적법하다(대판 1991.11.8. 90누9391).

추상적인 법령의 제정 여부 등이 부작위위법확인소송의 대상이 될 수 있는지 여부(소극)

행정소송은 구체적 사건에 대한 법률상 분쟁을 법에 의하여 해결함으로써 법적 안정을 기하자는 것이므로 부작위위법확인소송의 대상이 될 수 있는 것은 구체적 권리의무에 관한 분쟁이어야 하고 추상적인 법령에 관하여 제정의 여부 등은 그 자체로서 국민의 구체적인 권리의무에 직접적 변동을 초래하는 것이 아니어서 그 소송의 대상이 될 수 없다(대판 1992.5.8. 91누11261).

행정청이 행한 공사중지명령의 상대방이 그 명령 이후에 그 원인사유가 소멸하였음을 들어 행정청에 대하여 공사중지명령의 철회를 신청하였으나 행정청이 이에 대하여 아무런 응답을 하지 않고 있는 경우, 그러한 행정청의 부작위의 위법 여부(적극)

행정청이 행한 공사중지명령의 상대방은 그 명령 이후에 그 원인사유가 소멸하였음을 들어 행정청에게 공사중지명령의 철회를 요구할 수 있는 조리상의 신청권이 있다 할 것이고, 상대방으로부터 그 신청을 받은 행정청으로서는 상당한 기간 내에 그 신청을 인용하는 적극적 처분을 하거나 각하 또는 기각하는 등의 소극적 처분을 하여야 할 법률상의 응답의무가 있다고 할 것이며, 행정청이 상대방의 신청에 대하여 아무런 적극적 또는 소극적 처분을 하지 않고 있는 이상 행정청의 부작위는 그 자체로 위법하다고 할 것이고, 구체적으로 그 신청이 인용될 수 있는지 여부는 소극적 처분에 대한 항고소송의 본안에서 판단하여야 할 사항이라고 할 것이다(대판 2005.4.14. 2003두7590)

다수의 검사 임용신청자 중 일부만을 검사로 임용하는 결정을 함에 있어 그 임용여부의 응답을 해 줄 의무가 있는지 여부(적극)

검사의 임용 여부는 임용권자의 자유재량에 속하는 사항이나, 임용권자가 동일한 검사신규임용의 기회에 원고를 비롯한 다수의 검사 지원자들로부터 임용 신청을 받아 전형을 거쳐 자체에서 정한 임용기준에 따라 이들 일부만을 선정하여 검사로 임용하는 경우에 있어서 법령상 검사임용 신청 및 그 처리의 제도에 관한 명문 규정이 없다고 하여도 조리상 임용권자는 임용신청자들에게 전형의 결과인 임용 여부의 응답을 해줄 의무가 있다고 할 것이며, 응답할 것인지 여부조차도 임용권자의 편의재량사항이라고는 할 수 없다(대판 1991.2.12. 90누5825).

인사위원회의 심의를 거쳐 3급 승진대상자로 결정된 사실이 대내외에 공표된 4급 공무원으로부터 소청심사를 통한 승진임용신청을 받은 행정청이 그에 대하여 적극적 또는 소극적 처분을 하지 않는 경우, 그러한 행정청의 부작위가 위법한 것인지 여부(적극)

4급 공무원이 당해 지방자치단체 인사위원회의 심의를 거쳐 3급 승진대상자로 결정되고 임용권자가 그 사실을 대내외에 공표까지 하였다면, 그 공무원은 승진임용에 관한 법률상 이익을 가진 자로서 임용권자에 대하여 3급 승진임용을 신청할 조리상의 권리가 있고, 이러한 공무원으로부터 소청심사청구를 통해 승진임용신청을 받은 행정청으로서는 상당한 기간 내에 그 신청을 인용하는 적극적 처분을 하거나 각하 또는 기각하는 등의 소극적 처분을 하여야 할 법률상의 응답의무가 있다. 그럼에도, 행정청이 위와 같은 권리자의 신청에 대해 아무런 적극적 또는 소극적 처분을 하지 않고 있다면 그러한 행정청의 부작위는 그 자체로 위법하다(대판 2009.7.23. 2008두10560).

선조들의 묘가 있는 묘역을 향토유적으로 지정하여 달라는 신청을 받아들이지 아니하였어도 부작위위법확인의 소의 대상이 안된다고 한 사례

문화재의 지정에 관한 문화재보호법의 각 규정을 살펴보아도 각종 문화재의 지정은 어디까지나 문화부장관 또는 서울특별시장, 직할시장, 도지사 등이 할 수 있도록 규정되어 있을 뿐이고 문화재보호법의 제55조 제5항의 위임규정에 따라 제정된 군포시향토유적보호조례를 보아도 … 위 조례의 규정은 향토유적을 보호관리하는 데 필요한 경우 향토유적을 지정할 수 있는 권능을 시장에게 부여한 규정에 지나지 않는 것이고 비록 이 사건 묘역에 안양군파 선조들의 묘가 있어 안양군파종중의 재산관리 및 보존을 위하여 설립된 원고법인으로서는 위 묘역을 관리할 필요성이 크다 하여도 이 점만으로 원고가 피고에게 이 사건 묘역을 향토유적으로 지정하여 줄 것을 요구할 수 있는 신청권이 있다 할 수 없고 또 조리상 그러한 신청권이 있다고 보이지도 않는다(대판 1992.10.27. 92누5867).

제자리 환지처분을 받은 토지소유자가 사업시행자를 상대로 종전토지 위의 건축물 등에 대한 이전 또는 철거를 요구하면서 제기한 부작위위법확인소송의 적부(소극)

토지구획정리사업법 제40조 제1항은 사업시행자에게 필요한 경우 건축물 등을 이전하거나 제거할 수 있는 권능을 부여한 규정에 지나지 아니할 뿐, 사업시행자에게 그러한 의무가 있음을 규정한 것은 아니므로 이 규정을 들어 제자리 환지처분을 받은 토지소유자에게 사업시행자로 하여금 종전토지 위의 건축물 등에 대한 이전 또는 철거를 이행하도록 요구할 수 있는 신청권이 있다고 볼 수 없다(대판 1990.5.25. 89누5768).

2. 원고적격

(1) 부작위위법확인소송은 처분의 신청을 한 자로서 부작위위법의 확인을 구할 법률상 이익이 있는 자만이 제기할 수 있는데(행정소송법 제36조), 여기서 '신청을 한 자'의 의미가 문제된다. 이에 관하여 ① 처분을 신청한 자 모두가 해당한다는 견해, ② 법규상·조리상 응답신청권이 있는 자만을 의미한다는 견해가 대립한다. 판례는 원고에게 신청권이 있어야 한다(대판 1995.9.15. 95누7345)고 하여 신청권을 소송요건의 문제로 본다. 이에 대하여 신청권이 본안의 문제라는 본안설은 신청권의 유무는 소의 본안을 구성하는 내용으로 보아야 하기 때문에 본안심리의 대상이 되는 것이고 심리한 결과 신청권이 없는 경우에는 청구기각의 판결을 해야 한다는 견해이다.

(2) 제3자라 하여도 부작위위법의 확인을 구할 법률상 이익이 있는 경우에는 역시 원고적격이 인정된다.

판례

부작위위법확인의 소의 요건

부작위위법확인의 소는 행정청이 당사자의 법규상 또는 조리상의 권리에 기한 신청에 대하여 상당한 기간 내에 그 신청을 인용하는 적극적 처분 또는 각하하거나 기각하는 등의 소극적 처분을 하여야 할 법률상의 응답의무가 있음에도 불구하고 이를 하지 아니하는 경우에 그 부작위가 위법하다는 것을 확인함으로써 행정청의 응답을 신속하게 하여 부작위 또는 무응답이라고 하는 소극적인 위법상태를 제거하는 것을 목적으로 하는 제도이다. 부작위위법확인소송은 처분의 신청을 한 자로서 부작위의 위법의 확인을 구할 법률상 이익이 있는 자만이 제기할 수 있다 할 것이며 이를 통하여 구하는 행정청의 응답행위는 행정소송법 제2조 제1항 제1호 소정의 처분에 관한 것이라야 하므로 당사자가 행정청에 대하여 어떠한 행정행위를 하여 줄 것을 신청하지 아니하였거나 그러한 신청을 하였더라도 당사자가 행정청에 대하여 그러한 행정행위를 하여 줄 것을 요구할 수 있는 법규상 또는 조리상의 권리를 갖고 있지 아니하든지 또는 행정청이 당사자의 신청에 대하여 거부처분을 한 경우에는 원고 적격이 없거나 항고소송의 대상인 위법한 부작위가 있다고 볼 수 없어 그 부작위위법확인의 소는 부적법하다(대판 1992.6.9. 91누11278).

부작위위법확인소송에 있어서의 원고적격

원고의 주장 자체에 의하더라도 이 사건 건축관계의 당사자도 아닌 원고가 그 구성원들의 시장영업에 장애가 있다는 사실을 들어 그 인근에 있는 건물의 빈터에 설치된 위법 가설건물을 피고가 방치 한 것이 위법인지의 여부를 확인하여 달라는 것이어서 그것만으로는 피고의 위 방치행위로 인하여 원고가 직접적이고 구체적인 불이익을 받았다고 볼 수 없을 뿐만 아니라 위 가설건물에 대한 철거등 시정명령의 근거법률인 건축법 제5조, 제7조의3, 제42조 등의 규정에 의하더라도 원고의 구성원들에게 돌아가는 영업상의 이익을 위 규정들에 의하여 보호되는 법률상의 이익이라고는 할 수 없는 것이다(대판 1989.5.23. 88누8135).

한국전력공사 등에 대한 도로점용료를 징수하라는 지방공무원의 신청을 받아들이지 아니한 것에 대한 부작위 위법확인의 소가 부적법하다고 한 사례

공무원이 도로점용에 따른 점용료 개선에 대한 제안이 채택되지 아니한 결과 승급이 되지 않고, 상여금을 지급받지 못하는 등의 불이익을 입었음을 이유로 시에 한국전력공사 및 한국전기통신공사에 대한 도로점용료를 징수하라는 신청을 하였으나, 시가 이에 대하여 아무런 처분을 하지 아니한 경우에, 관리청의 도로점용자에 대한 점용료 징수의 근거법률인 도로법 제43조, 제44조 등의 규정에 의하더라도 공무원에게 관리청에 대하여 도로점용료를 징수하라는 신청을 할 권리를 인정하였다고 할 수 없고, 그 밖에 조리상으로도 공무원에게 이러한 권리를 인정할 수도 없을 뿐 아니라 공무원이 입었다는 위와 같은 불이익은 부작위 위법확인 소송을 제기할 직접적이고 구체적인 이익이라고 할 수 없고 단지 사실적 또는 반사적 이익에 불과하다고 보아 부작위위법확인의 소가 부적법하다(대판 1996.5.14. 96누1634).

3. 소의 이익

부작위위법확인소송은 행정청의 부작위상태가 위법하다는 것의 확인을 구하는 데 법적 이익을 인정하는 소송유형이므로, 행정청이 신청에 따른 어떠한 처분을 행하고 부작위상태가 해소되면 소의 이익은 소멸한다. 따라서 소제기의 전후를 통하여 판결시까지 행정청이 그 신청에 대하여 적극 또는 소극의 처분을 함으로써 부작위상태가 해소된 때에는 소의 이익을 상실하게 된다(대판 1990.9.25. 89누4758).

그리고 당사자의 신청이 있은 이후 당사자에게 생긴 사정의 변화로 인하여 위 부작위가 위법하다는 확인을 받는다고 하더라도 종국적으로 침해되거나 방해받은 권리와 이익을 보호·구제받는 것이 불가능하게 되었다면 그 부작위가 위법하다는 확인을 구할 이익은 없다(대판 2002.6.28. 2000두4750).

판례

부작위가 위법하다는 확인을 구할 소의 이익이 상실되었다고 한 사례
지방자치단체가 조례를 통하여 노동운동이 허용되는 사실상의 노무에 종사하는 공무원의 구체적 범위를 규정하지 않고 있는 것에 대하여 버스전용차로 통행위반 단속업무에 종사하는 자가 부작위위법확인의 소를 제기하였으나 상고심 계속중에 정년퇴직한 경우, 위 조례를 제정하지 아니한 부작위가 위법하다는 확인을 구할 소의 이익이 상실되었다(대판 2002.6.28. 2000두4750).

4. 행정심판전치주의

부작위위법확인소송도 행정소송법 제18조의 행정심판전치주의 규정이 적용된다(행정소송법 제38조 제2항). 따라서 개별법률에서 예외적 행정심판전치주의를 규정하고 있는 경우에는 의무이행심판을 거쳐 부작위위법확인소송을 제기하여야 한다.

5. 제소기간

부작위위법확인의 소는 부작위상태가 계속되는 한 그 위법의 확인을 구할 이익이 있다고 보아야 하므로 원칙적으로 제소기간의 제한을 받지 않는다. 그러나 행정소송법 제38조 제2항이 제소기간을 규정한 같은 법 제20조를 부작위위법확인소송에 준용하고 있는 점에 비추어 보면, 행정심판 등 전심절차를 거친 경우에는 행정소송법 제20조가 정한 제소기간 내에 부작위위법확인의 소를 제기하여야 한다(대판 2009.7.23. 2008두10560).
당사자가 동일한 신청에 대하여 부작위위법확인의 소를 제기하였으나 그 후 소극적 처분이 있다고 보아 처분취소소송으로 소를 교환적으로 변경한 후 여기에 부작위위법확인의 소를 추가적으로 병합한 경우, 최초의 부작위위법확인의 소가 적법한 제소기간 내에 제기된 이상 그 후 처분취소소송으로의 교환적 변경과 처분취소소송에의 추가적 변경 등의 과정을 거쳤다고 하더라도 여전히 제소기간을 준수한 것으로 봄이 상당하다(대판 2009.7.23. 2008두10560).

02 부작위위법확인소송의 심리

1. 심리의 범위

(1) 문제 상황

행정소송법은 제4조 제3호에서 부작위위법확인소송을 '행정청의 부작위가 위법하다는 것을 확인하는 소송'이라고 정의하고 있어 부작위위법확인소송에 있어서 법원은 행정청의 부작위의 위법성만을 심리해야 하는지 아니면 당사자가 신청한 처분의 실체적인 내용도 심리할 수 있는지 문제된다. 그리고 이는 부작위위법확인소송에서 인용판결의 기속력으로서의 재처분의무가 행정청의 응답의무인가 아니면 신청에 따른 특정한 내용의 처분의무인가의 문제와도 관련된다.

(2) 학설

① 실체적 심리설(적극설)

㉠ 의의

부작위의 위법 여부뿐 아니라 신청의 실체적인 내용도 이유 있는지를 심리하여 행정청의 처리방향까지 제시하여야 한다는 견해이다.

㉡ 논거

이 견해는 ⓐ 행정소송법상 부작위의 정의규정에서 '일정한 처분을 할 법률상 의무'는 '신청에 따른 처분을 하여 줄 의무'라는 점, ⓑ 부작위위법확인소송이 의무이행소송과 같은 기능을 수행하도록 함으로써 국민의 권리구제에 기여할 수 있다는 점, ⓒ 무용한 소송의 반복을 피할 수 있다는 점을 든다.

㉢ 기속력의 의미(실체적 특정처분의무설)

기속행위의 경우에는 행정청이 해당처분을 하여야 할 의무가 있음에도 불구하고 이를 행하지 않는 부작위가 위법하다고 판시하여 판결의 기속력에 따라 신청에 따른 처분을 하도록 해야 하고, 재량행위의 경우에는 재량하자로 인한 부작위의 위법성이 인정될 경우에는 이를 적시하여 판결의 기속력에 따라 재량하자가 없는 처분을 하도록 해야 한다.

② 절차적 심리설(소극설)

㉠ 의의

법원의 심판대상은 부작위의 위법 여부를 확인하는 데 그칠 뿐 행정청이 할 처분의 내용까지 심리판단할 수 없다는 견해이다. 따라서 피고 패소 후 거부처분도 가능하다.

㉡ 논거

이 견해는 ⓐ 행정소송법상 부작위의 정의규정에서 '일정한 처분을 할 법률상 의무'는 신청에 대한 응답의무라는 점, ⓑ 의무이행소송을 도입하지 않고 부작위위법확인소송만을 도입한 입법취지에 비추어 실체적 심리설은 타당하지 않은 점을 든다.

㉢ 기속력의 의미(형식적 응답의무설)

부작위위법확인소송의 소송물은 부작위의 위법이므로 판결의 기속력은 행정청에게 응답의무가 있다는 점에만 미친다고 한다.

(3) 판례

판례는 부작위위법확인소송을 '부작위의 위법함을 확인함으로써 행정청의 응답을 신속하게 하여 부작위 내지 무응답이라고 하는 소극적인 위법상태를 제거하는 것을 목적으로 하는 소송'으로 보고 있어 절차적 심리설을 취하고 있다.

판례

부작위위법확인의 소의 제도의 취지

부작위위법확인의 소는 행정청이 국민의 법규상 또는 조리상의 권리에 기한 신청에 대하여 상당한 기간 내에 그 신청을 인용하는 적극적 처분을 하거나 또는 각하 내지 기각하는 등의 소극적 처분을 하여야 할 법률상의 응답의무가 있음에도 불구하고 이를 하지 아니하는 경우 판결시를 기준으로 그 부작위의 위법함을 확인함으로써 행정청의 응답을 신속하게 하여 부작위 내지 무응답이라고 하는 소극적인 위법상태를 제거하는 것을 목적으로 하는 것이고, 나아가 당해 판결의 구속력에 의하여 행정청에게 처분등을 하게 하고, 다시 당해 처분등에 대하여 불복이 있는 때에는 그 처분등을 다투게 함으로써 최종적으로는 국민의 권리이익을 보호하려는 제도이다(대판 1992.7.28. 91누7361).

(4) 검토

절차적 심리설을 비판하는 측에서는 처분의 발급여부 및 발급될 처분의 내용을 전적으로 행정청의 재량에 맡기는 입장으로서 이는 국민의 권리보호에 역행한다고 하거나, 부작위위법확인소송에서 승소하더라도 판결의 기속력이 신청의 실체적인 내용에 미치지 않아 행정청이 거부처분을 내리면 신청인은 다시 이에 대하여 취소소송을 제기하여야 하므로 권리구제가 우회적이라고 한다.

그러나 행정소송법상 부작위위법확인소송의 정의규정과 소송물(부작위의 위법성)에 비추어 절차적 심리설이 타당하다. 현행법 해석상 절차적 심리설이 타당하지만 부작위위법확인소송은 권리구제제도로서는 불완전한 것이다. 입법론으로는 의무이행소송의 도입이 타당하다.

2. 위법판단의 기준시

취소소송이나 무효등확인소송과는 달리 부작위위법확인소송의 경우는 아무런 처분도 존재하지 않으므로 위법성판단의 기준시점을 판결시(사실심의 구두변론종결시)로 보는 것이 타당하다(통설·판례). 부작위위법확인소송은 판결시에 있어 부작위의 위법성이 확인대상으로 문제되는 것이고, 사실심의 변론종결시까지 작위의무가 이행되는 한, 위법성이 없게 된다.

판례

부작위위법확인소송의 변론종결시까지 행정청의 처분으로 부작위 상태가 해소된 경우 소의 이익 유무(소극)

부작위위법확인소송의 소제기 전후를 통하여 판결시까지 행정청이 그 신청에 대하여 적극 또는 소극의 처분을 함으로써 부작위상태가 해소된 때에는 소의 이익을 상실하게 되어 당해 소는 각하를 면할 수가 없는 것이다(대판 1990.9.25. 89누4758).

3. 입증책임

부작위의 존재(신청사실 및 신청권의 존재, 처분이 없는 사실의 존재)는 부작위를 주장하는 원고에게 입증책임이 있고, 상당한 기간이 경과하였음에도 신청에 따른 처분을 하지 못한 것을 정당화하는 사유에 대하여는 행정청이 주장·입증책임을 진다. 다만, 일정한 처분을 하여야 할 법률상의 의무의 존부 및 상당한 기간의 판단은 법률판단 영역이므로 입증책임의 대상이 되지 아니한다.

03 부작위위법확인소송의 판결

1. 판결의 종류

기본적으로 취소소송의 경우와 같다(각하판결, 기각판결, 인용판결). 다만, 처분이 존재하지 아니하므로 취소소송의 경우와 달리 사정판결의 문제가 생기지 않는다.

(1) 각하판결

부작위 자체가 성립하지 않는 경우(예 신청권이 없는 경우(이견 있음), 거부처분을 부작위로 알고 소제기한 경우) 및 부작위가 성립하였으나 소송계속 중 처분이 내려져 소의 이익이 상실된 경우 각하판결을 내린다.

(2) 인용판결

절차적 심리설에 의하면 부작위 상태가 계속되는 경우에, 실체적 심리설에 의하면 신청에 따른 처분의무가 있는 경우에 부작위위법확인판결을 내린다.

(3) 기각판결

① 신청권을 소송요건의 문제가 아니라 본안의 문제로 보는 견해에 의하면 신청권이 존재하지 않는 경우 기각판결을 한다.

② 본안심리의 결과 원고의 부작위위법확인청구가 이유가 없다고 판단되는 경우 기각판결을 내린다. 판례는 부작위는 그 자체로서 위법하다고 하나(대판 2005.4.14. 2003두7590), 부작위가 정당한(적법한) 경우에는 기각판결을 한다(예 신청서류가 재해로 없어진 경우).

③ 실체적 심리설에 따르는 경우 신청에 따른 처분을 해 줄 의무가 없으면 기각판결을 한다.

2. 판결의 효력

부작위위법확인판결에는 취소판결의 제3자효(행정소송법 제29조), 기속력(제30조), 간접강제(제34조)에 관한 규정이 준용된다(제38조 제2항). 전술한 바와 같이 부작위위법확인판결의 기속력으로서의 재처분의무는 ① 행정청의 응답의무라고 보는 견해(다수설), ② 당초 신청된 특정한 처분을 뜻하는 것으로 보는 견해가 있다. 판례는 응답의무설을 취한다(대판 1992.6.9. 91누11278).

3. 부작위위법확인소송의 불복

행정소송법은 부작위위법확인소송에도 제3자에 의한 재심청구를 준용하는 규정을 두고 있다(제31조·제38조 제2항).

4. 부작위위법확인소송의 소송비용부담

법원은 부작위위법확인소송 계속 중 행정청이 당사자의 신청에 대하여 상당한 기간이 지난 후 처분등을 함에 따라 소를 각하하는 경우에는 소송비용의 전부 또는 일부를 피고가 부담하게 할 수 있다(행정소송규칙 제17조).

제11장 공법상 당사자소송

01 개설

1. 의의

공법상 당사자소송이란 ① 행정청의 처분등을 원인으로 하는 법률관계에 관한 소송, ② 그 밖에 공법상의 법률관계에 관한 소송으로서 그 법률관계의 한쪽 당사자를 피고로 하는 소송이다(행정소송법 제3조 제2호).

당사자소송은 형식적 당사자소송과 실질적 당사자소송으로 구분된다. 실질적 당사자소송은 본래적 의미의 당사자소송을 말하며, 형식적 당사자소송은 당사자소송의 형식을 차용한 항고소송의 성격을 갖는 것으로 파악된다. 다수설은 '행정청의 처분등을 원인으로 하는 법률관계에 관한 소송' 중에 형식적 당사자소송이 포함되어 있다고 본다.

〈「행정소송규칙」상 당사자소송의 예시〉

당사자소송 개념의 불확정성, 행정의 발전에 따른 당사자소송의 확대 경향 등으로 인해, 소송방법 선택의 착오로 인한 이송, 심리의 중복 등 절차의 낭비나 지연이 발생하고 있으므로, 이러한 낭비나 지연을 줄이기 위해 「행정소송규칙」 제19조는 법이론이나 재판 실무를 통해 정립된 당사자소송의 예시를 다음과 같이 나열하고 있다.

1. 다음 각 목의 손실보상금에 관한 소송
   가. 「공익사업을 위한 토지 등의 취득 및 보상에 관한 법률」 제78조 제1항 및 제6항에 따른 이주정착금, 주거이전비 등에 관한 소송
   나. 「공익사업을 위한 토지 등의 취득 및 보상에 관한 법률」 제85조 제2항에 따른 보상금의 증감에 관한 소송
   다. 「하천편입토지 보상 등에 관한 특별조치법」 제2조에 따른 보상금에 관한 소송
2. 그 존부 또는 범위가 구체적으로 확정된 공법상 법률관계 그 자체에 관한 다음 각 목의 소송
   가. 납세의무 존부의 확인
   나. 「부가가치세법」 제59조에 따른 환급청구

다. 「석탄산업법」 제39조의3 제1항 및 같은 법 시행령 제41조 제4항 제5호에 따른 재해위로금 지급청구
라. 「5·18민주화운동 관련자 보상 등에 관한 법률」 제5조, 제6조 및 제7조에 따른 관련자 또는 유족의 보상금 등 지급청구
마. 공무원의 보수·퇴직금·연금 등 지급청구
바. 공법상 신분·지위의 확인

3. 처분에 이르는 절차적 요건의 존부나 효력 유무에 관한 다음 각 목의 소송
가. 「도시 및 주거환경정비법」 제35조 제5항에 따른 인가 이전 조합설립변경에 대한 총회결의의 효력 등을 다투는 소송
나. 「도시 및 주거환경정비법」 제50조 제1항에 따른 인가 이전 사업시행계획에 대한 총회결의의 효력 등을 다투는 소송
다. 「도시 및 주거환경정비법」 제74조 제1항에 따른 인가 이전 관리처분계획에 대한 총회결의의 효력 등을 다투는 소송

4. 공법상 계약에 따른 권리·의무의 확인 또는 이행청구 소송

2. 당사자소송의 특성

(1) 항고소송, 민사소송과의 구별

① 당사자소송과 항고소송의 관계

당사자소송은 기본적으로 대등한 당사자간 소송이라는 점에서 처분등을 통해 표현된 행정청의 공권력행사자로서의 우월적 지위가 전제되어 있는 항고소송과 구별된다. 그런데 행정법관계에서 국민의 권익구제 수단으로 항고소송을 제기하여야 할지 당사자소송을 제기하여야 할지 애매한 경우가 많아서 그 구분 기준이 문제된다. 판례에 따르면 항고소송과 당사자소송 중 어느 쪽에 의하여야 하는지를 구분하는 기준들로는, ㉠ 구체적인 급부청구권이 법령의 규정에 의해서 바로 발생하는 것인지(당사자소송) 아니면 행정청의 인용결정에 의하여 비로소 발생하는 것인지(항고소송), ㉡ 행정심판전치주의와 불복기간 등의 면에서 항고소송 쪽이 당사자에게 특히 불리한 것이 아닌지, ㉢ 보다 직접적인 권리구제수단이 무엇인지 여부 등이라고 할 수 있다.

② 당사자소송과 민사소송의 관계

당사자소송은 공법상 법률관계에 관한 분쟁을 해결하기 위한 것이라는 점에서 사법상 분쟁해결수단인 민사소송과도 구별된다. 그런데 당사자소송과 민사소송은 양자 모두 당사자의 대등한 존재를 전제로 하고, 공권력 행사 자체를 다투는 것이 아니라는 점에서는 동일하다. 당사자소송과 민사소송의 구별기준에 관하여는 ㉠ 소

송물을 기준으로 그것이 공법상의 권리이면 행정사건이고, 사법상의 권리이면 민사사건이라는 견해, ㉡ 소송물의 전제가 되는 법률관계를 기준으로 양자를 구분하는 견해의 대립이 있다. 전자의 견해에 의하면 공무원의 지위확인소송 등은 행정사건이고, 소유권확인이나 부당이득반환청구사건은 민사사건이 된다. 후자의 견해에 따르면 동일한 소유권확인소송이라도 행정처분의 무효 등을 원인으로 하면 행정사건이고 매매계약의 무효를 원인으로 할 때는 민사사건이 된다.

(2) '포괄소송'으로서의 당사자소송

당사자소송은 처분등·부작위 이외에 공법상 법률관계 일반을 대상으로 하고 있다는 점에서 포괄소송으로서의 특성을 갖는다. 따라서 경우에 따라 이행소송이나 확인소송 등 다양한 소송유형을 내용으로 할 수 있다는 점에서 광범위한 활용가능성을 지닌다는 점, 그리고 행정작용의 비중이 침해행정으로부터 급부, 계획, 조성행정으로 변화하고 있는 상황에서 행위형식이 다양해질수록 당사자소송의 비중도 증대될 것이라는 전망이 있다.

02 공법상 당사자소송의 유형

1. 실질적 당사자소송

(1) 의의

실질적 당사자소송은 대등당사자 사이의 공법상의 권리관계에 관한 소송으로서 본래 의미의 당사자소송이 이에 해당한다. 소송의 대상은 공권력 행사·불행사 그 자체가 아니라 그러한 행사로 인해 형성되는 법률관계 그 자체이다. 행정소송법 제3조 2호에서 일반적으로 인정하고 있으므로 당사자소송의 인정을 위해 개별법의 근거가 필요하지 않다. 여기에는 아래 두 유형이 있다.

(2) 유형

① 처분 등을 원인으로 하는 법률관계에 관한 소송

행정청의 처분 등에 의하여 발생·변경·소멸된 공법상의 법률관계에 관한 소송이다. 이에는 과세처분의 무효를 전제로 이미 납부한 세금의 반환을 구하는 소송, 적법한 처분을 원인으로 하는 행정상 손실보상청구소송, 공무원의 불법행위로 인한 국가배상청구소송 등이 있다.

② 기타 공법상 법률관계에 관한 소송

처분등을 원인으로 하지 않는 공법이 규율하는 법률관계를 말한다. 이에는 ㉠ 공법상 법률관계의 확인소송(예 국가유공자의 지위확인을 구하는 소송, 도시재개발조합의 조합원의 자격인정여부에 대한 소송, 납세의무부존재확인소송), ㉡ 공법상의 금전지급청구소송(예 공무원의 보수미지급시 지급청구, 각종 사회보장관계법률의 급부청구소송), ㉢ 공법상 계약에 관한 소송(예 계약에 의한 전문직공무원에 대한 해지통고무효확인소송), ㉣ 공법상 결과제거청구소송 등이 있다.

판례

당사자소송으로 처리되는 사례

[1] 납세의무부존재확인의 소는 공법상의 법률관계 그 자체를 다투는 소송으로서 당사자소송이라 할 것이므로 행정소송법 제3조 제2호, 제39조에 의하여 그 법률관계의 한쪽 당사자인 국가·공공단체 그 밖의 권리주체가 피고적격을 가진다(대판 2000.9.8. 99두2765).

[2] 국가의 훈기부상 화랑무공훈장을 수여받은 것으로 기재되어 있는 원고가 태극무공훈장을 수여받은 자임을 확인하라는 이 소 청구는, 이러한 확인을 구하는 취지가 국가유공자로서의 보상 등 예우를 받는 데에 필요한 훈격을 확인받기 위한 것이더라도, 항고소송이 아니라 공법상의 법률관계에 관한 당사자소송에 속하는 것이므로 행정소송법 제30조의 규정에 의하여 국가를 피고로 하여야 할 것이다(대판 1990.10.23. 90누4440).

[3] 광주민주화운동관련자보상등에관한법률에 의거하여 관련자 및 유족들이 갖게 되는 보상 등에 관한 권리는 헌법 제23조 제3항에 따른 재산권침해에 대한 손실보상청구나 국가배상법에 따른 손해배상청구와는 그 성질을 달리하는 것으로서 법률이 특별히 인정하고 있는 공법상의 권리라고 하여야 할 것이므로 그에 관한 소송은 행정소송법 제3조 제2호 소정의 당사자소송에 의하여야 할 것이며 보상금 등의 지급에 관한 법률관계의 주체는 대한민국이다(대판 1992.12.24. 92누3335).

[4] 현행 실정법이 지방전문직공무원 채용계약 해지의 의사표시를 일반공무원에 대한 징계처분과는 달리 항고소송의 대상이 되는 처분 등의 성격을 가진 것으로 인정하지 아니하고, 지방전문직공무원규정 제7조 각호의 1에 해당하는 사유가 있을 때 지방자치단체가 채용계약관계의 한쪽 당사자로서 대등한 지위에서 행하는 의사표시로 취급하고 있는 것으로 이해되므로, 지방전문직공무원 채용계약 해지의 의사표시에 대하여는 대등한 당사자간의 소송형식인 공법상 당사자소송으로 그 의사표시의 무효확인을 청구할 수 있다(대판 1993.9.14. 92누4611).

[5] 서울특별시립무용단원의 공연 등 활동은 지방문화 및 예술을 진흥시키고자 하는 서울특별시의 공공적 업무수행의 일환으로 이루어진다고 해석될 뿐 아니라, 단원으로 위촉되기 위하여는 일정한 능력요건과 자격요건을 요하고, 계속적인 재위촉이 사실상 보장되며, 공무원연금법에 따른 연금을 지급받고, 단원의 복무규율이 정해져 있으며, 정년제가 인정되고, 일정한 해촉사유가 있는 경우에만 해촉되는 등 서울특별시립무용단원이 가지는 지위가 공무원과 유사한 것이라면, 서울특별시립무용단 단원의 위촉은 공법상의 계약이라고 할 것이고, 따라서 그 단원의 해촉에 대하여는 공법상의 당사자소송으로 그 무효확인을 청구할 수 있다(대판 1995.12.22. 95누4636).

[6] 도시 및 주거환경정비법상 행정주체인 주택재건축정비사업조합을 상대로 관리처분계획안에 대한 조합 총회결의의 효력을 다투는 소송은 행정처분에 이르는 절차적 요건의 존부나 효력 유무에 관한 소송으로서 소송결과에 따라 행정처분의 위법 여부에 직접 영향을 미치는 공법상 법률관계에 관한 것이므로, 이는 행정소송법상 당사자소송에 해당한다. 그리고 이러한 당사자소송에 대하여는 행정소송법 제23조 제2항의 집행정지에 관한 규정이 준용되지 아니하므로(행정소송법 제44조 제1항 참조), 이를 본안으로 하는 가처분에 대하여는 행정소송법 제8조 제2항에 따라 민사집행법상 가처분에 관한 규정이 준용되어야 한다(대결 2015.8.21. 2015무26).

[7] 지방소방공무원의 근무관계는 사법상의 근로계약관계가 아닌 공법상의 근무관계에 해당하고, 그 근무관계의 주요한 내용 중 하나인 지방소방공무원의 보수에 관한 법률관계는 공법상의 법률관계라고 보아야 한다. 나아가 지방공무원법 제44조 제4항, 제45조 제1항이 지방공무원의 보수에 관하여 이른바 근무조건 법정주의를 채택하고 있고, 지방공무원 수당 등에 관한 규정 제15조 내지 제17조가 초과근무수당의 지급대상, 시간당 지급액수, 근무시간의 한도, 근무시간의 산정방식에 관하여 구체적이고 직접적인 규정을 두고 있는 등 관계 법령의 내용, 형식 및 체제 등을 종합하여 보면, 지방소방공무원의 초과근무수당 지급청구권은 법령의 규정에 의하여 직접 그 존부나 범위가 정하여지고 법령에 규정된 수당의 지급요건에 해당하는 경우에는 곧바로 발생한다고 할 것이므로, 지방소방공무원이 자신이 소속된 지방자치단체를 상대로 초과근무수당의 지급을 구하는 청구에 관한 소송은 행정소송법 제3조 제2호에 규정된 당사자소송의 절차에 따라야 한다(대판 2013.3.28. 2012다102629).

[8] 지방자치단체가 보조금 지급결정을 하면서 일정 기한 내에 보조금을 반환하도록 하는 교부조건을 부가한 사안에서, 보조사업자의 지방자치단체에 대한 보조금 반환의무는 행정처분인 위 보조금 지급결정에 부가된 부관상 의무이고, 이러한 부관상 의무는 보조사업자가 지방자치단체에 부담하는 공법상 의무이므로, 보조사업자에 대한 지방자치단체의 보조금 반환청구는 공법상 권리관계의 일방 당사자를 상대로 하여 공법상 의무이행을 구하는 청구로서 행정소송법 제3조 제2호에 규정한 당사자소송의 대상이다(대판 2011.6.9. 2011다2951).

[9] 공무원연금관리공단의 인정에 의하여 퇴직연금을 지급받아 오던 중 공무원연금법령의 개정 등으로 퇴직연금 중 일부 금액의 지급이 정지된 경우에는 당연히 개정된 법령에 따라 퇴직연금이 확정되는 것이지 구 공무원연금법 제26조 제1항에 정해진 공무원연금관리공단의 퇴직연금 결정과 통지에 의하여 비로소 그 금액이 확정되는 것이 아니므로, 공무원연금관리공단이 퇴직연금 중 일부 금액에 대하여 지급거부의 의사표시를 하였다고 하더라도 그 의사표시는 퇴직연금 청구권을 형성·확정하는 행정처분이 아니라 공법상의 법률관계의 한쪽 당사자로서 그 지급의무의 존부 및 범위에 관하여 나름대로의 사실상·법률상 의견을 밝힌 것에 불과하다고 할 것이어서, 이를 행정처분이라고 볼 수는 없고, 그리고 이러한 미지급 퇴직연금에 대한 지급청구권은 공법상 권리로서 그 지급을 구하는 소송은 공법상의 법률관계에 관한 소송인 공법상 당사자소송에 해당한다(대판 2004.12.24. 2003두15195).

[10] 공무원의 연가보상비청구권은 공무원이 연가를 실시하지 아니하는 등 법령상 정해진 요건이 충족되면 그 자체만으로 지급기준일 또는 보수지급기관의 장이 정한 지급일에 구체적으로 발생하고 행정청의 지급결정에 의하여 비로소 발생하는 것은 아니라고 할 것이므로, 행

정청이 공무원에게 연가보상비를 지급하지 아니한 행위로 인하여 공무원의 연가보상비청구권 등 법률상 지위에 아무런 영향을 미친다고 할 수는 없으므로 행정청의 연가보상비 부지급 행위는 항고소송의 대상이 되는 처분이라고 볼 수 없다(대판 1999.7.23. 97누10857).

[11] 하천법 부칙(1984. 12. 31.) 제2조와 '법률 제3782호 하천법 중 개정법률 부칙 제2조의 규정에 의한 보상청구권의 소멸시효가 만료된 하천구역 편입토지 보상에 관한 특별조치법' 제2조, 제6조의 각 규정들을 종합하면, 위 규정들에 의한 손실보상청구권은 1984. 12. 31. 전에 토지가 하천구역으로 된 경우에는 당연히 발생되는 것이지, 관리청의 보상금지급결정에 의하여 비로소 발생하는 것은 아니므로, 위 규정들에 의한 손실보상금의 지급을 구하거나 손실보상청구권의 확인을 구하는 소송은 행정소송법 제3조 제2호 소정의 당사자소송에 의하여야 한다(대판 2006.5.18. 2004다6207 전합).

[12] 법관은 위 규정에서 정한 정당한 산정 기준에 따라 산정된 명예퇴직수당액을 수령할 구체적인 권리를 가진다. 따라서 위 법관이 이미 수령한 수당액이 위 규정에서 정한 정당한 명예퇴직수당액에 미치지 못한다고 주장하며 차액의 지급을 신청함에 대하여 법원행정처장이 거부하는 의사를 표시했더라도, 그 의사표시는 명예퇴직수당액을 형성·확정하는 행정처분이 아니라 공법상의 법률관계의 한쪽 당사자로서 지급의무의 존부 및 범위에 관하여 자신의 의견을 밝힌 것에 불과하므로 행정처분으로 볼 수 없다. 결국 명예퇴직한 법관이 미지급 명예퇴직수당액에 대하여 가지는 권리는 명예퇴직수당 지급대상자 결정 절차를 거쳐 명예퇴직수당규칙에 의하여 확정된 공법상 법률관계에 관한 권리로서, 그 지급을 구하는 소송은 행정소송법의 당사자소송에 해당하며, 그 법률관계의 당사자인 국가를 상대로 제기하여야 한다(대판 2016.5.24. 2013두14863).

[13] 평균임금 결정에 관한 근로복지공단의 사무착오로 장해연금 선급금을 과소지급받은 당사자가 공단을 상대로 그 차액의 지급을 구하는 것에 대하여 소멸시효의 항변권을 행사하는 공단의 주장이 권리남용에 해당하지 않는다고 판단한 사례(대판 2003.3.28. 2002두11028)

[14] 납세의무자에 대한 국가의 부가가치세 환급세액 지급의무는 그 납세의무자로부터 어느 과세기간에 과다하게 거래징수된 세액 상당을 국가가 실제로 납부받았는지와 관계없이 부가가치세법령의 규정에 의하여 직접 발생하는 것으로서, 그 법적 성질은 정의와 공평의 관념에서 수익자와 손실자 사이의 재산상태 조정을 위해 인정되는 부당이득 반환의무가 아니라 부가가치세법령에 의하여 그 존부나 범위가 구체적으로 확정되고 조세 정책적 관점에서 특별히 인정되는 공법상 의무라고 봄이 타당하다. 그렇다면 납세의무자에 대한 국가의 부가가치세 환급세액 지급의무에 대응하는 국가에 대한 납세의무자의 부가가치세 환급세액 지급청구는 민사소송이 아니라 행정소송법 제3조 제2호에 규정된 당사자소송의 절차에 따라야 한다(대판 2013.3.21. 2011다95564 전합).

[15] 구 도시정비법 제65조 제2항의 입법 취지와 구 도시정비법(제1조)의 입법 목적을 고려하면, 위 후단 규정에 따른 정비기반시설의 소유권 귀속에 관한 국가 또는 지방자치단체와 정비사업시행자 사이의 법률관계는 공법상의 법률관계로 보아야 한다. 따라서 위 후단 규정에 따른 정비기반시설의 소유권 귀속에 관한 소송은 공법상의 법률관계에 관한 소송으로서 행정소송법 제3조 제2호에서 규정하는 당사자소송에 해당한다(대판 2018.7.26. 2015다221569).

[16] 국가 등 과세주체가 당해 확정된 조세채권의 소멸시효 중단을 위하여 납세의무자를 상대로 제기한 조세채권존재확인의 소는 공법상 당사자소송에 해당한다(대판 2020.3.2. 2017두41771).

[17] 수신료 부과행위는 공권력의 행사에 해당하므로, 피고(註: 한국전력공사)가 피고 보조참가인(註: 한국방송공사)으로부터 수신료의 징수업무를 위탁받아 자신의 고유업무와 관련된 고지행위와 결합하여 수신료를 징수할 권한이 있는지 여부를 다투는 이 사건 쟁송은 민사소송이 아니라 공법상의 법률관계를 대상으로 하는 것으로서 행정소송법 제3조 제2호에 규정된 당사자소송에 의하여야 한다(대판 2008.7.24. 2007다25261).

[18] 중소기업기술정보진흥원장이 甲 주식회사와 중소기업 정보화지원사업 지원대상인 사업의 지원에 관한 협약을 체결하였는데, 협약이 甲 회사에 책임이 있는 사업실패로 해지되었다는 이유로 협약에서 정한 대로 지급받은 정부지원금을 반환할 것을 통보한 사안에서, 중소기업 정보화지원사업에 따른 지원금 출연을 위하여 중소기업청장이 체결하는 협약은 공법상 대등한 당사자 사이의 의사표시의 합치로 성립하는 공법상 계약에 해당하는 점, 구 중소기업 기술혁신 촉진법 제32조 제1항은 제10조가 정한 기술혁신사업과 제11조가 정한 산학협력 지원사업에 관하여 출연한 사업비의 환수에 적용될 수 있을 뿐 이와 근거 규정을 달리하는 중소기업 정보화지원사업에 관하여 출연한 지원금에 대하여는 적용될 수 없고 달리 지원금 환수에 관한 구체적인 법령상 근거가 없는 점 등을 종합하면, 협약의 해지 및 그에 따른 환수통보는 공법상 계약에 따라 행정청이 대등한 당사자의 지위에서 하는 의사표시로 보아야 하고, 이를 행정청이 우월한 지위에서 행하는 공권력의 행사로서 행정처분에 해당한다고 볼 수는 없다(대판 2015.8.27. 2015두41449).

[19] 甲 토지구획정리조합이 환지계획을 인가받으면서 체비지 겸 학교용지로 인가받은 토지에 대하여 체비지대장에 甲 조합을 토지의 소유자로 등재한 후 소유자명의를 乙 주식회사 앞으로 이전하였는데, 환지처분이 이루어지지 않은 상태에서 丙 지방자치단체가 甲 조합을 상대로 환지처분의 공고 다음 날에 토지의 소유권을 원시취득할 지위에 있음의 확인을 구한 사안에서, 丙 지방자치단체는 甲 조합을 상대로 위와 같은 지위 확인을 구할 확인의 이익이 있고, 이는 행정소송법상 당사자소송에 해당한다(대판 2016.12.15. 2016다221566).

[20] 재개발조합은 조합원에 대한 법률관계에서 적어도 특수한 존립목적을 부여받은 특수한 행정주체로서 국가의 감독하에 그 존립 목적인 특정한 공공사무를 행하고 있다고 볼 수 있는 범위 내에서는 공법상의 권리의무 관계에 서 있다. 따라서 조합을 상대로 한 쟁송에 있어서 강제가입제를 특색으로 한 조합원의 자격 인정 여부에 관하여 다툼이 있는 경우에는 그 단계에서는 아직 조합의 어떠한 처분 등이 개입될 여지는 없으므로 공법상의 당사자소송에 의하여 그 조합원 자격의 확인을 구할 수 있다(대판 1996.2.15. 94다31235 전합).

[21] 국토의 계획 및 이용에 관한 법률 제130조 제3항에서 정한 토지의 소유자·점유자 또는 관리인(이하 '소유자 등')이 사업시행자의 일시 사용에 대하여 정당한 사유 없이 동의를 거부하는 경우, 사업시행자는 해당 토지의 소유자 등을 상대로 동의의 의사표시를 구하는 소를 제기할 수 있다. 이와 같은 토지의 일시 사용에 대한 동의의 의사표시를 할 의무는 '국토의 계획 및 이용에 관한 법률'에서 특별히 인정한 공법상의 의무이므로, 그 의무의 존부를 다투는 소송은 '공법상의 법률관계에 관한 소송으로서 그 법률관계의 한쪽 당사자를 피고로 하는 소송', 즉 행정소송법 제3조 제2호에서 규정한 당사자소송이라고 보아야 한다(대판 2019.9.9. 2016다262550).

항고소송으로 처리되는 사례

[1] 구 공무원연금법에 의한 퇴직수당 등의 급여를 받을 권리는 법령의 규정에 의하여 직접 발생하는 것이 아니라 위와 같은 급여를 받으려고 하는 자가 소속하였던 기관장의 확인을 얻어 신청함에 따라 공무원연금관리공단(이하 '공단'이라고만 한다)이 그 지급결정을 함으로써 구체적인 권리가 발생한다. 여기서 공단이 하는 급여지급결정의 의미는 단순히 급여수급대상자를 확인·결정하는 것에 그치는 것이 아니라 구체적인 급여수급액을 확인·결정하는 것까지 포함한다. 따라서 구 공무원연금법령상 급여를 받으려고 하는 자는 우선 관계 법령에 따라 공단에 급여지급을 신청하여 공단이 이를 거부하거나 일부 금액만 인정하는 급여지급결정을 하는 경우 그 결정을 대상으로 항고소송을 제기하는 등으로 구체적 권리를 인정받은 다음 비로소 당사자소송으로 그 급여의 지급을 구하여야 할 것이고, 구체적인 권리가 발생하지 않은 상태에서 곧바로 공단 등을 상대로 한 당사자소송으로 급여의 지급을 소구하는 것은 허용되지 아니한다(대판 2010.5.27. 2008두5636).

[2] 공법상 각종 급부청구권은 행정청의 심사결정의 개입 없이 법령의 규정에 의하여 직접 구체적인 권리가 발생하는 경우와 관할 행정청의 심사·인용결정에 따라 비로소 구체적인 권리가 발생하는 경우로 나눌 수 있다. 이러한 두 가지 유형 중 어느 것인지는 관계 법령에 구체적인 권리의 존부나 범위가 명확하게 정해져 있는지, 행정청의 거부결정에 대하여 불복절차가 마련되어 있는지 등을 종합하여 정해진다. 그중 사회보장수급권은 법령에서 실체적 요건을 규정하면서 수급권자 여부, 급여액 범위 등에 관하여 행정청이 1차적으로 심사하여 결정하도록 정하고 있는 경우가 일반적이다. … 사회보장수급권(註: 육아휴직급여 청구권이 문제된 사례)은 관계 법령에서 정한 실체법적 요건을 충족시키는 객관적 사정이 발생하면 추상적인 급부청구권의 형태로 발생하고, 관계 법령에서 정한 절차·방법·기준에 따라 관할 행정청에 지급 신청을 하여 관할 행정청이 지급결정을 하면 그때 비로소 구체적인 수급권으로 전환된다. 급부를 받으려고 하는 사람은 우선 관계 법령에 따라 행정청에 그 지급을 신청하여 행정청이 거부하거나 일부 금액만 지급하는 결정을 하는 경우 그 결정에 대하여 항고소송을 제기하여 취소 또는 무효확인 판결을 받아 그 기속력에 따른 재처분을 통하여 구체적인 권리를 인정받아야 한다. 따라서 사회보장수급권의 경우 구체적인 권리가 발생하지 않은 상태에서 곧바로 행정청이 속한 국가나 지방자치단체 등을 상대로 한 당사자소송이나 민사소송으로 급부의 지급을 소구하는 것은 허용되지 않는다(대판 2021.3.18. 2018두47264 전합).

[3] 의료보호법상 의료보호의 목적, 의료보호대상자의 선정절차, 기금의 성격과 조성방법 및 운용절차, 보호기관의 심사결정의 내용과 성격, 진료기관의 보호비용의 청구절차 등에 비추어 볼 때, 진료기관의 보호기관에 대한 진료비지급청구권은 계약 등의 법률관계에 의하여 발생하는 사법상의 권리가 아니라 법에 의하여 정책적으로 특별히 인정되는 공법상의 권리라고 할 것이고, 법령의 요건에 해당하는 것만으로 바로 구체적인 진료비지급청구권이 발생하는 것이 아니라 보호기관의 심사결정에 의하여 비로소 구체적인 청구권이 발생한다고 할 것이므로, 진료기관은 법령이 규정한 요건에 해당하여 진료비를 지급받을 추상적인 권리가 있다 하더라도 진료기관의 보호비용 청구에 대하여 보호기관이 심사 결과 지급을 거부한 경우에는 곧바로 민사소송은 물론 공법상 당사자소송으로도 지급 청구를 할 수는 없고 지급 거부 결정의 취소를 구하는 항고소송을 제기하는 방법으로 구제받을 수밖에 없다(대판 1999.11.26. 97다42250).

민사소송으로 처리되는 사례

[1] 이미 존재와 범위가 확정되어 있는 과오납부액은 납세자가 부당이득의 반환을 구하는 민사소송으로 환급을 청구할 수 있다(대판 2015.8.27. 2013다212639).

[2] 공공사업의 시행자가 공공용지의취득및손실보상에관한특례법에 따라 그 사업에 필요한 토지를 협의취득하는 행위는 토지수용의 경우와는 달리 사경제주체로서 하는 사법상의 법률행위에 지나지 아니한다(대판 1996.6.25. 95다6601).

[3] 조세부과처분이 당연무효임을 전제로 하여 이미 납부한 세금의 반환을 청구하는 것은 민사상의 부당이득반환청구로서 민사소송절차에 따라야 한다(대판 1995.4.28. 94다55019).

[4] 구 도시 및 주거환경정비법상 재개발조합이 공법인이라는 사정만으로 재개발조합과 조합장 또는 조합임원 사이의 선임·해임 등을 둘러싼 법률관계가 공법상의 법률관계에 해당한다거나 그 조합장 또는 조합임원의 지위를 다투는 소송이 당연히 공법상 당사자소송에 해당한다고 볼 수는 없고, 구 도시 및 주거환경정비법의 규정들이 재개발조합과 조합장 및 조합임원과의 관계를 특별히 공법상의 근무관계로 설정하고 있다고 볼 수도 없으므로, 재개발조합과 조합장 또는 조합임원 사이의 선임·해임 등을 둘러싼 법률관계는 사법상의 법률관계로서 그 조합장 또는 조합임원의 지위를 다투는 소송은 민사소송에 의하여야 할 것이다(대결 2009.9.24. 2009마168등).

2. 형식적 당사자소송

(1) 의의

이는 '실질적으로는 행정청의 처분 등을 다투는 소송이면서 형식적으로 당사자소송으로 제기하는 것' 또는 '행정청의 처분 등에 의해 형성된 법률관계의 내용을 다투며 그 법률관계의 주체를 당사자로 하는 소송'으로 이해되고 있다. 항고소송에서와 같이 행정청을 피고로 하지 않고, 당해 처분 등을 원인으로 하는 법률관계의 한쪽 당사자를 피고로 하여 제기한다.

(2) 필요성

분쟁의 대상이 되는 사항이 처분청의 관여가 별다른 의미가 없는 재산상의 문제인 경우에는 실질적인 이해관계자를 소송당사자로 하는 것이 신속한 권리구제를 도모한다. 또한 항고소송의 결과(예 취소판결)에 따른 처분청의 새로운 처분(예 새로운 보상액 결정)을 기다리고 또 이에 불복하도록 하는 것은 무용한 소송의 반복을 가져온다.

(3) 일반적 인정 여부

형식적 당사자소송이 법률상 명문의 규정이 없는 경우에도 인정할 수 있는가의 문제이다. 처분에 대한 불복은 항고소송에 의하는 것이 원칙인 점, 개별규정이 없는 경우에는 원고적격·피고적격·제소기간 등의 소송요건이 불분명하게 된다는 점, 원인이 되는 처분을 그대로 둔 채 당해 처분 등의 결과로서 형성된 법률관계에 관하여 소송을 제기하여 그에 대하여 법원이 심리·판단하는 것은 행정행위의 공정력에 반할 수 있다는 점에서 부정함이 타당하다(다수설). 이에 대하여는 행정소송법 제3조 제2호의 규정에 형식적 당사자소송이 포함된다거나, 공정력도 행정행위에 본질적으로 내재하는 것이 아니고 실정법에 의해 인정된다는 전제하에 당사자소송을 일반적으로 인정하더라도 그것이 곧 공정력에 반하는 것이 아니라는 점을 들며 긍정하는 견해가 있다.

(4) 실정법상의 예

「공익사업을 위한 토지 등의 취득 및 보상에 관한 법률」 제85조 제2항은 토지수용재결에 대한 행정소송이 보상금증감소송인 경우에 ① 원고가 토지소유자 또는 관계인인 때에는 사업시행자를, ② 원고가 사업시행자인 때에는 토지소유자 또는 관계인을 각각 피고로 하여 소송을 제기하도록 함으로써 당해 소송은 형식적 당사자소송이다. 구 토지수용법은 피고에 재결청을 포함시키고 있었으므로, 이 소송형태에 대하여 학설·판례상 여러 견해가 대립하였다. 토지보상법은 재결청을 피고에서 제외시킴으로써 형식적 당사자소송임을 명확히 하였다.

〈보상금증감청구소송〉

1. 의의

보상금증감청구소송은 토지수용위원회의 재결의 내용 중 보상금에 대해서 이의가 있는 경우에 보상금의 증액 또는 감액을 청구하는 소송이다. 「공익사업을 위한 토지 등의 취득 및 보상에 관한 법률」(이하 '토지보상법') 제85조 제2항이 근거규정이다.

2. 피고

구 토지수용법 제75조의2 제2항은 '당해 소송을 제기하는 자가 토지소유자 또는 관계인인 경우에는 재결청 외에 기업자를, 기업자인 경우에는 재결청 외에 토지소유자 또는 관계인을 각각 피고로 한다'고 규정하였다. 그러나 현행 토지보상법은 재결청을 피고에서 제외하였다.

3. 보상금증감소송의 성질

① 단일소송

구 토지수용법하에서는 재결청이 피고로 포함되어 있어서 필요적 공동소송으로 보았다. 그러나 토지보상법하에서는 1인의 원고와 1인의 피고를 당사자로 하는 단일소송이다.

② 확인·급부소송

보상금증감소송은 법원이 객관적으로 정당한 보상액을 확인하여 그 이행을 명하는 확인·급부소송의 성질을 가진다.

③ 형식적 당사자소송

처분청인 토지수용위원회를 피고로 하지 아니하고 대등한 당사자인 토지소유자 또는 관계인과 사업시행자를 당사자로 하고 있는바, 형식적으로는 「당사자소송」에 속한다. 그러나 처분청의 처분을 다투는 의미도 있으므로 실질적으로는 「항고소송」의 성질도 가진다.

판례

구 토지수용법에 따른 보상금 증감소송의 소송형태는 공법상 당사자소송

토지수용법 제75조의2 제2항의 규정은 그 제1항에 의하여 이의재결에 대하여 불복하는 행정소송을 제기하는 경우, 이것이 보상금의 증감에 관한 소송인 때에는 이의재결에서 정한 보상금이 증액 변경될 것을 전제로 하여 기업자를 상대로 보상금의 지급을 구하는 공법상의 당사자소송을 규정한 것으로 볼 것이다(대판 1991.11.26. 91누285).

피보상자 또는 사업시행자가 여러 보상항목들 중 일부에 대해서만 개별적으로 불복의 사유를 주장하여 행정소송을 제기할 수 있는지 여부

하나의 재결에서 피보상자별로 여러 가지의 토지, 물건, 권리 또는 영업(이처럼 손실보상 대상에 해당하는지, 나아가 그 보상금액이 얼마인지를 심리·판단하는 기초 단위를 이하 '보상항목'이라고 한다)의 손실에 관하여 심리·판단이 이루어졌을 때, 피보상자 또는 사업시행자가 반드시 재결 전부에 관하여 불복하여야 하는 것은 아니며, 여러 보상항목들 중 일부에 관해서만 불복하는 경우에는 그 부분에 관해서만 개별적으로 불복의 사유를 주장하여 행정소송을 제기할 수 있다. 이러한 보상금 증감 소송에서 법원의 심판범위는 하나의 재결 내에서 소송당사자가 구체적으로 불복신청을 한 보상항목들로 제한된다. 법원이 구체적인 불복신청이 있는 보상항목들에 관해서 감정을 실시하는 등 심리한 결과, 재결에서 정한 보상금액이 일부 보상항목의 경우 과소하고 다른 보상항목의 경우 과다한 것으로 판명되었다면, 법원은 보상항목 상호 간의 유용을 허용하여 항목별로 과다 부분과 과소 부분을 합산하여 보상금의 합계액을 정당한 보상금으로 결정할 수 있다(대판 2018.5.15. 2017두41221).

토지소유자의 토지수용청구를 받아들이지 않은 토지수용위원회의 재결에 대하여 토지소유자가 불복하여 제기하는 소송의 성질 및 그 상대방

수용청구권은 토지보상법 제74조 제1항이 정한 잔여지 수용청구권과 같이 손실보상의 일환으로 토지소유자에게 부여되는 권리로서 그 청구에 의하여 수용효과가 생기는 형성권의 성질을 지니므로, 토지소유자의 토지수용청구를 받아들이지 아니한 토지수용위원회의 재결에 대하여 토지소유자가 불복하여 제기하는 소송은 토지보상법 제85조 제2항에 규정되어 있는 '보상금의 증감에 관한 소송'에 해당하고, 피고는 토지수용위원회가 아니라 사업시행자로 하여야 한다(대판 2015.4.9. 2014두46669).

손실보상대상에 해당하지 않는다는 잘못된 내용의 재결에 대한 권리구제 방법

어떤 보상항목이 공익사업을 위한 토지 등의 취득 및 보상에 관한 법령상 손실보상 대상에 해당함에도 관할 토지수용위원회가 사실을 오인하거나 법리를 오해함으로써 손실보상대상에 해당하지 않는다고 잘못된 내용의 재결을 한 경우에는, 피보상자는 관할 토지수용위원회를 상대로 그 재결에 대한 취소소송을 제기할 것이 아니라, 사업시행자를 상대로 공익사업을 위한 토지 등의 취득 및 보상에 관한 법률 제85조 제2항에 따른 보상금증감소송을 제기하여야 한다(대판 2019.11.28. 2018두227).

손실보상금 채권에 관하여 압류 및 추심명령이 있는 경우, 채무자인 토지소유자 등이 보상금의 증액을 구하는 소를 제기하고 그 소송을 수행할 당사자적격을 상실하는지 여부(소극)

토지소유자 등이 토지보상법 제85조 제2항에 따라 보상금 증액 청구의 소를 제기한 경우, 그 손실보상금 채권에 관하여 압류 및 추심명령이 있다고 하더라도 추심채권자가 그 절차에 참여할 자격을 취득하는 것은 아니므로, 보상금 증액 청구의 소를 제기한 토지소유자 등의 지위에 영향을 미친다고 볼 수 없다. 따라서 보상금 증액 청구의 소의 청구채권에 관하여 압류 및 추심명령이 있더라도 토지소유자 등이 그 소송을 수행할 당사자적격을 상실한다고 볼 것은 아니다(대판 2022.11.24. 2018두67 전합).

잔여 건축물 가격감소에 관한 손실보상에 관한 재결만 받은 이후 제기한 잔여 건축물 가격감소에 관한 손실보상청구의 소에서 잔여 건축물 보수비에 관한 손실보상청구를 구할 수 있는지 여부(소극)

잔여 건축물 가격감소에 관한 손실보상은 소극적 손실을, 잔여 건축물 보수비에 관한 손실보상은 적극적 손실을 각 보상하는 것으로서 그 보상의 성질이 관념적으로도 구분되므로, 토지보상법 시행규칙 제35조 제1항의 잔여 건축물 가격감소에 관한 손실보상과 같은 조 제2항의 잔여 건축물 보수비에 관한 손실보상은 보상항목을 달리하는 것이라고 봄이 상당하다. 따라서 잔여 건축물 보수비에 관한 손실보상을 받으려는 건축물 소유자는 잔여 건축물 보수비에 관한 손실보상청구의 소를 제기하기 전에 그에 관한 적법한 재결을 거쳐야 한다. 잔여 건축물 가격감소에 관한 손실보상에 관한 재결만을 받은 이후 제기한 잔여 건축물 가격감소에 관한 손실보상청구의 소에서 잔여 건축물 보수비에 관한 손실보상청구를 구하는 것은 적법한 재결절차를 거치지 못한 것으로 부적법하여 허용되지 않는다고 보아야 한다(대판 2024.1.25. 2023두49172).

4. 입증책임

판례는 보상금증액소송에서, 그 이의재결에서 정한 손실보상금액보다 정당한 손실보상금액이 더 많다는 점에 대한 입증책임이 원고에게 있다는 입장이다(대판 1997.11.28. 96누2255).

5. 취소소송과의 병합

민사소송법 제70조에는 주관적·예비적 병합을 명문으로 인정하고 있다. 따라서 수용재결에 대한 취소소송에 보상금액에 대한 보상금증감소송을 예비적으로 병합하여 제기하는 것도 가능하다.

03 주요 소송요건

(1) 관할법원

당사자소송의 관할법원은 취소소송의 경우와 같다. 다만, 국가 또는 공공단체가 피고인 경우에는 관계행정청의 소재지를 피고의 소재지로 본다(행정소송법 제40조). 여기에서 '관계행정청'이라 함은 형식적 당사자소송의 경우에는 당해 법률관계의 원인이 되는 처분을 한 행정청을 말하고, 실질적 당사자소송에서는 당해 공법상 법률관계에 대하여 직접적인 관계가 있는 행정청을 말한다.

(2) 원고적격

항고소송과 달리 소송당사자가 대등한 지위에 있게 되므로 행정소송법에 특별한 규정이 없다. 따라서 민사소송법의 규정이 준용되어(행정소송법 제8조 제2항) 특정의 소송사건에서 정당한 당사자로서 소송을 수행하고 본안판결을 받기에 적합한 자격을 가진 자가 당사자적격이 있고, 당사자적격자 가운데 실제 자기의 이름으로 권리보호를 요구하는 사람이 원고가 된다.

(3) 소의 이익

소의 이익 역시 민사소송법이 준용된다. 따라서 공법상 법률관계의 확인을 구하는 당사자소송의 경우, 즉 공법상 당사자소송인 확인소송의 경우에는 항고소송인 무효확인소송에서와 달리 확인의 이익이 요구된다.

판례

지방계약직공무원 채용계약 해지 의사표시의 무효확인을 구할 이익

지방자치단체와 채용계약에 의하여 채용된 계약직공무원이 그 계약기간 만료 이전에 채용계약 해지 등의 불이익을 받은 후 그 계약기간이 만료된 때에는 그 채용계약 해지의 의사표시가 무효라고 하더라도, 지방공무원법이나 지방계약직공무원규정 등에서 계약기간이 만료되는 계약직 공무원에 대한 재계약의무를 부여하는 근거 규정이 없으므로 계약기간의 만료로 당연히 계약직 공무원의 신분을 상실하고 계약직공무원의 신분을 회복할 수 없는 것이므로, 그 해지의사표시의 무효확인청구는 과거의 법률관계의 확인청구에 지나지 않는다 할 것이고, … 이미 채용기간이 만료되어 소송 결과에 의해 법률상 그 직위가 회복되지 않는 이상 채용계약 해지의 의사표시의 무효확인만으로는 당해 소송에서 추구하는 권리구제의 기능이 있다고 할 수 없고, 침해된 급료지급청구권이나 사실상의 명예를 회복하는 수단은 바로 급료의 지급을 구하거나 명예훼손을 전제로 한 손해배상을 구하는 등의 이행청구소송으로 직접적인 권리구제방법이 있는 이상 무효확인소송은 적절한 권리구제수단이라 할 수 없어 확인소송의 또 다른 소송요건을 구비하지 못하고 있다(대판 2008.6.12. 2006두16328).

(4) 피고적격

행정청이 피고가 되는 취소소송과 달리, 당사자소송에서는 국가·공공단체 그 밖의 권리주체가 피고로 된다(행정소송법 제39조). 여기에서 '그 밖의 권리주체'라 함은 공권력을 수여받은 행정주체인 사인, 즉 공무수탁사인을 의미한다.

판례

고용·산재보험료 납부의무 부존재확인의 소는 근로복지공단을 피고로 하여 제기하여야 하는지 여부(적극) 및 행정소송법상 당사자소송에서 원고가 피고를 잘못 지정한 경우, 법원이 취하여야 할 조치

고용산재보험료징수법 제4조는 고용보험법 및 산업재해보상보험법에 따른 보험사업에 관하여 이 법에서 정한 사항은 고용노동부장관으로부터 위탁을 받아 근로복지공단이 수행하되, 보험료의 체납관리 등의 징수업무는 국민건강보험공단이 고용노동부장관으로부터 위탁을 받아 수행한다고 규정하고 있다. 따라서 고용·산재보험료의 귀속주체, 즉 사업주가 위 각 보험료 납부의무를 부담하는 상대방은 근로복지공단이라고 할 것이고, 국민건강보험공단은 단지 위 각 보험료의 징수업무를 수행하는 데에 불과하므로, 고용·산재보험료 납부의무의 부존재확인의 소는 근로복지공단을 피고로 하여 제기하여야 한다. 그리고 행정소송법상 당사자소송에서 원고가 피고를 잘못 지정한 때에는 법원은 원고의 신청에 의하여 결정으로써 피고의 경정을 허가할 수 있는 것이므로(행정소송법 제44조 제1항, 제14조), 원고가 피고를 잘못 지정한 것으로 보이는 경우 법원으로서는 마땅히 석명권을 행사하여 원고로 하여금 정당한 피고로 경정하게 하여 소송을 진행하도록 하여야 한다(대판 2016.10.13. 2016다221658).

재향군인회장과 국방부장관을 피고로 하여 제기한 공법상의 권리관계의 확인을 구하는 당사자소송의 적부(소극)

공법상의 권리관계의 확인(영관생계보조기금권리자확인)을 구하는 당사자소송은 그 권리주체인 국가 또는 공공단체 등을 피고로 하여야 하므로 그 권리주체가 아닌 재향군인회장과 국방부장관을 피고로 하여 제기한 소는 부적법하다(대판 1991.1.25. 90누3041).

잔여지 수용청구를 받아들이지 않은 토지수용위원회의 재결에 대하여 토지소유자가 불복하여 제기하는 소송의 성질 및 그 상대방

구 '공익사업을 위한 토지 등의 취득 및 보상에 관한 법률' 제74조 제1항에 규정되어 있는 잔여지 수용청구권은 손실보상의 일환으로 토지소유자에게 부여되는 권리로서 그 요건을 구비한 때에는 잔여지를 수용하는 토지수용위원회의 재결이 없더라도 그 청구에 의하여 수용의 효과가 발생하는 형성권적 성질을 가지므로, 잔여지 수용청구를 받아들이지 않은 토지수용위원회의 재결에 대하여 토지소유자가 불복하여 제기하는 소송은 위 법 제85조 제2항에 규정되어 있는 '보상금의 증감에 관한 소송'에 해당하여 사업시행자를 피고로 하여야 한다(대판 2010.8.19. 2008두822).

(5) 제소기간

당사자소송에는 취소소송의 제소기간에 관한 규정이 준용되지 않으나, 법령에 제소기간이 정해져 있으면 그에 의한다. 그 경우 기간은 불변기간으로 한다(행정소송법 제41조). 법령에 제소기간이 정해져 있지 아니하면 공법상 권리가 시효 등에 의해 소멸되지 않은 한 당사자소송을 제기할 수 있다.

판례는 항고소송을 제기하였다가 나중에 당사자소송으로 변경하는 경우에는 행정소송법 제21조 제4항, 제14조 제4항에 따라 처음부터 당사자소송을 제기한 것으로 보아야 하므로 당초의 항고소송이 적법한 기간 내에 제기된 사건의 경우 원고는 당사자소송의 제소기간을 준수한 것으로 본다(대판 1992.12.24. 92누3335).

04 그 밖의 사항

(1) 소제기의 효과

① 준용규정

취소소송에 관한 소의 변경(제21조), 피고경정(제14조), 공동소송(제15조), 소송참가(제16조)의 규정이 당사자소송에도 준용된다(행정소송법 제44조). 그러나 집행정지에 관한 규정(제23조·제24조)은 준용되지 않는다.

② 가처분 인정 여부

당사자소송에 대하여는 행정소송법 제23조 제2항의 집행정지에 관한 규정이 준용되지 아니하므로, 이를 본안으로 하는 가처분에 대하여는 행정소송법 제8조 제2항에 따라 민사집행법상 가처분에 관한 규정이 준용되어야 한다(대판 2015.8.21. 2015무26).

(2) 당사자소송의 심리

취소소송에서의 직권심리주의(제26조), 행정심판기록의 제출명령(제25조)에 관한 규정이 당사자소송에도 준용된다(제44조). 그 밖에 행정소송에 관한 처분권주의, 변론주의, 구술심리주의, 직접심리주의, 쌍방심문주의 등도 적용된다.

(3) 당사자소송의 판결

① 판결의 종류와 효력

㉠ 판결의 종류는 기본적으로 취소소송의 경우와 같다(각하판결, 기각판결, 인용

판결). 인용판결에는 당사자소송의 종류에 따라 확인판결(예 공무원지위를 확인하는 판결), 이행판결(예 공법상 금전급부의무의 이행을 명하는 판결)이 있다. 사정판결 제도는 없다.

㉡ 당사자소송의 판결도 자박력·확정력·기속력·기판력을 갖는다. 그 소송유형이 급부청구소송인 경우에는 집행력도 인정된다. 그러나 처분이나 부작위를 대상으로 하는 것이 아니므로 취소판결에서 인정되는 효력 중 판결의 제3자효(제29조), 재처분의무(제30조 제2항·제3항), 간접강제(제34조) 등은 당사자소송에는 적용이 없다.

② 가집행선고

행정소송법 제8조 제2항에 의하면 행정소송에도 민사소송법의 규정이 일반적으로 준용되므로 법원으로서는 공법상 당사자소송에서 재산권의 청구를 인용하는 판결을 하는 경우 가집행선고를 할 수 있다(대판 2000.11.28. 99두3416).

제12장 객관적 소송

01 의의

행정소송은 본래 위법한 행정작용에 의하여 개인의 권리·이익이 침해된 경우에 개인의 권익을 보호함을 목적으로 하는 소송이다. 그러나 때로는 공익적 견지에서 행정법규의 적정한 적용, 즉 객관적인 행정작용의 적법성을 보장하기 위한 소송을 허용하고 있는 경우가 있는데 이를 객관적 소송이라 한다.

객관적 소송은 법률이 정한 경우에 법률에 정한 자에 한하여 제기할 수 있다(행정소송법 제45조). 따라서 우리 행정소송의 일반원칙인 개괄주의와 달리 열거주의를 취한다.

객관적 소송은 법률이 정한 경우에 허용되므로 통상 소의 이익이 문제되지 않으나, 간혹 문제되는 경우가 있을 수 있다. 예컨대, 당선인이 사퇴하거나 사망한 때에는 당선무효확인소송을 제기할 소의 이익이 없고, 임기종료나 의회해산에 따라 선거소송이나 당선소송의 소의 이익은 상실될 것이다.

판례

법령의 무효확인을 구하는 것이 법률이 정하지 않은 민중소송이어서 부적법

[1] 국유재산법시행규칙 제58조 제1항이 국유재산법시행령 제58조 제2항에 위반하여 무효이므로 그 확인을 구한다는 소는 행정소송법 제3조 제3호에 규정한 민중소송이고 이는 동법 제45조에 의하여 법률이 정하는 경우에 한하여 제기할 수 있다(대판 1987.3.24. 86누656).

[2] 행정청의 고시 일부조항이 상위법규인 법률, 시행규칙 및 헌법 등에 반하여 무효이므로 그 확인을 구한다는 소송은 행정소송법 제3조 제3호가 규정하고 있는 민중소송이고 이는 같은 법 제45조에 의하여 법률이 정한 경우에 법률에 정한 자에 한하여 제기할 수 있다(대판 1991.8.27. 91누1738).

행정청이 한 여론조사의 무효확인을 구하는 소송의 적부

행정소송법 제45조는 민중소송 및 기관소송은 법률이 정한 경우에 법률이 정한 자에 한하여 제기할 수 있다고 규정하고 있고, 행정청이 주민의 여론을 조사한 행위에 대하여는 법상 소로서 그 시정을 구할 수 있는 아무런 규정이 없으며, 행정소송법 제46조는 법률에서 민중소송을 허용하고 있는 경우에 그 재판절차를 규정한 것에 불과하므로, 원심이 여론조사의 무효확인을 구하는 소송을 각하한 것은 정당하다(대판 1996.1.23. 95누12736).

02 민중소송

1. 의의

민중소송이란 국가 또는 공공단체의 기관이 법률에 위반되는 행위를 한 때에 직접 자기의 법률상 이익과 관계없이 그 시정을 구하기 위하여 제기하는 소송을 말한다(행정소송법 제3조 제3호). 민중소송은 행정법규의 잘못된 적용을 시정하고 일반공공의 이익을 보호하기 위해 일반국민이나 주민이 제기하는 소송이다.

2. 민중소송의 예

여기에는 ① 공직선거법상 선거소송·당선소송, ② 국민투표법상 국민투표무효소송, ③ 주민투표법상 주민투표소송, ④ 지방자치법상 주민소송 등이 있다.

03 기관소송

1. 의의

(1) 기관소송의 개념

기관소송은 국가 또는 공공단체의 기관 상호간에 있어서의 권한의 존부 또는 그 행사에 관한 다툼이 있을 때에 이에 대하여 제기하는 소송이다(행정소송법 제3조 제4호). 다만, 헌법재판소법 제2조의 규정에 의하여 헌법재판소의 관장사항으로 되는 소송은 제외한다(제4호 단서).

(2) 기관소송의 범위에 관한 견해대립

① 다수설: 기관소송은 단일의 법주체 내부에서 행정기관 상호간의 권한분쟁에 관한 소송으로 본다. 행정소송법상 개념정의에 충실한 해석이다.

② 반대설: 상이한 행정주체 상호간, 상이한 법주체에 속하는 기관간의 소송 등도 행정법 차원의 것이면 기관소송으로 보자는 견해이다(이광윤, 박균성).

(3) 기관소송의 필요성

행정주체 내에 기관 상호간의 권한을 둘러싼 분쟁을 해결할 수 있는 적당한 기관이 없거나 제3자에 의한 공정한 해결을 할 필요가 있는 경우가 많다.

(4) 기관소송 확대론

현행법상 인정되는 기관소송의 예가 극히 드문데, 공공단체에 의한 행정수행의 확대와 지방자치의 활성화에 따라 기관소송의 필요성이 증가함을 고려하여 기관소송법정주의를 폐지하여 적극적으로 확대할 것을 주장하는 견해도 있다.

2. 구별 제도

(1) 권한쟁의심판과의 구별

기관소송은 행정소송으로서, 공법상의 '법인 내부'에서의 권한의 존부 또는 그 행사에 관한 다툼(국가기관 상호간, 지방자치단체의 기관 상호간의 법적 분쟁)을 대상으로 한다. 반면 권한쟁의심판은 헌법재판으로서, 공법상의 '법인 상호간'의 권한의 존부 또는 범위에 관한 다툼(국가기관과 지방자치단체 상호간, 지방자치단체 상호간의 법적 분쟁)을 대상으로 한다. 다만, 현행 헌법재판소법은 본래적 의미의 기관소송에 해당하는 대상의 일부(헌법 제111조 제1항 4호와 헌법재판소법 제62조에 의한 국가기관 상호간의 법적 분쟁)를 권한쟁의심판으로 규정하고 있다.

(2) 주관쟁의결정과의 구별

기관소송은 행정소송이라는 점에서, 소송이 아니라 행정주체의 내부적인 해결인 주관쟁의결정과 구별된다.

3. 기관소송의 예

지방자치단체장의 지방의회의 재의결에 대한 무효확인소송(지방자치법 제120조 제3항)이 기관소송의 대표적인 예이다. 그 밖에 기관소송인지 여부에 다툼이 있는 것으로 ① 주무부장관이나 시·도지사의 이행명령에 대한 지방자치단체장의 소송(제189조 제6항), ② 주무부장관 또는 시·도지사의 지방의회의 재의결에 대한 소송(제192조 제5항·제7항), ③ 지방교육자치에 관한 법률상 교육감의 시·도의회 또는 교육위원회의 재의결에 대한 소송(제28조) 등이 있다.

04 객관적 소송의 주요 소송요건

1. 재판관할

객관소송의 재판관할에 관해서는 개별법이 정하는 바에 따른다. 현행법상으로는 대법원이 제1심이며 종심으로 되어 있는 경우가 많고, 고등법원과 대법원의 2심제로 되어 있는 경우도 있다.

2. 원고적격과 피고적격

객관소송은 “법률에 정한 자에 한하여” 제기할 수 있다(행정소송법 제45조). 그러나 객관소송에 있어서 원고는 자신의 법률상 이익의 침해와 관계없이 소송을 제기할 수 있다는 점에서 주관적 소송과 다르다. 피고적격 역시 개별법률에서 정한 바에 따른다.

05 준용규정

객관적 소송에 적용될 법규는 각 개별법률이 정하는 것이 일반적이다. 그러나 개별법에 특별한 규정이 없는 경우는 ① 처분 등의 취소를 구하는 소송에는 그 성질에 반하지 않는 한 취소소송에 관한 규정을 준용하고, ② 처분 등의 효력 유무 또는 존재 여부나 부작위위법확인을 구하는 소송에는 그 성질에 반하지 않는 한 각각 무효등확인소송 또는 부작위위법확인소송에 관한 규정을 준용하며, ③ 위 ①과 ②에 해당하지 않는 소송에는 그 성질에 반하지 아니하는 한 당사자소송에 관한 규정을 준용한다(행정소송법 제46조).

행정쟁송법

Appendix

부 록

● 기출문제

부록 기출문제

※ 제1회(1986년), 제2회(1989년), 제3회(1991년): 시험과목 아님
※ 1993년: 선택과목 채택[대통령령 제13169호, 1990.11.29.]
※ 2010년: 필수과목 편입[대통령령 제20485호, 2007.12.28.]

1993년도 제4회 공인노무사 2차 기출문제

1. 행정심판 전치주의에 대하여 논하라. (50점) ☞ p.318

2. 다음을 약술하라.
   (1) 사정판결 (25점) ☞ p.418
   (2) 행정소송에 있어서 가구제 제도 (25점) ☞ p.347

1995년도 제5회 공인노무사 2차 기출문제

1. 고지제도를 논하라. (50점) ☞ p.74

2. 다음을 설명하라.
   (1) 항고소송의 대상 (25점) ☞ p.231
   (2) 행정소송의 판결의 기준시 (25점) ☞ p.382

1997년도 제6회 공인노무사 2차 기출문제

1. 취소소송의 원고적격을 논하라. (50점) ☞ p.166

2. 다음을 약술하라.

   (1) 의무이행 심판 (25점) ☞ p.41

   (2) 항고소송과 당사자소송의 비교 (25점) ☞ p.476

1998년도 제7회 공인노무사 2차 기출문제

1. 행정심판의 재결을 논하라. (50점) ☞ p.87

2. 다음을 약술하라.

   (1) 협의의 소의 이익 (25점) ☞ p.192

   (2) 행정심판에 있어서 당사자의 절차적 권리 (25점) ☞ p.85

1999년도 제8회 공인노무사 2차 기출문제

1. 취소소송에서 집행정지제도에 관하여 논하라. (50점) ☞ p.348

2. 다음을 약술하라.

   (1) 행정심판법상 심판청구기간 (25점) ☞ p.67

   (2) 취소소송에서의 입증책임 (25점) ☞ p.371

2000년도 제9회 공인노무사 2차 기출문제

1. 행정소송법 제2조 제1항의 “처분 등”에 대하여 논하라. (50점) ☞ p.231

2. 다음을 약술하라.

(1) 행정심판위원회 (25점) ☞ p.48

(2) 형식적 당사자소송 (25점) ☞ p.483

2001년도 제10회 공인노무사 2차 기출문제

1. 행정소송의 한계에 관하여 논하라. (50점) ☞ p.123

2. 다음을 약술하라.

(1) 행정심판의 종류 (25점) ☞ p.39

(2) 객관적 소송 (25점) ☞ p.491

2002년도 제11회 공인노무사 2차 기출문제

1. 취소소송의 판결의 효력에 관하여 논하시오. (50점) ☞ p.423

2. 행정심판법상 불고지와 오고지의 효과에 관하여 약술하시오. (25점) ☞ p.76

3. 행정소송법 제2조 제1항 “부작위”의 개념에 관하여 설명하시오. (25점) ☞ p.464

2003년도 제12회 공인노무사 2차 기출문제

1. 행정소송법상의 심리에 대하여 논하시오. (50점) ☞ p.364

2. 행정심판의 재결의 효력에 대하여 약술하시오. (25점) ☞ p.93

3. 행정소송의 제소기간에 대해서 설명하시오. (25점) ☞ p.326

2004년도 제13회 공인노무사 2차 기출문제

1. 행정소송법 제12조 제1항 상의 "법률상 이익이 있는 자"에 대하여 논하시오. (50점) ☞ p.166

2. 사정재결에 대하여 설명하시오. (25점) ☞ p.92

3. 의무이행소송에 대하여 설명하시오. (25점) ☞ p.134

2005년도 제14회 공인노무사 2차 기출문제

1. 행정심판의 제기요건에 대하여 논하시오. (50점) ☞ p.61

2. 다음을 기술하시오.
   (1) 취소소송의 피고적격 (25점) ☞ p.210
   (2) 취소판결의 기속력 (25점) ☞ p.433

2006년도 제15회 공인노무사 2차 기출문제

1. 행정소송의 가구제에 대하여 논하시오. (50점) ☞ p.347

2. 다음을 설명하시오.
   (1) 행정심판의 대상으로서 부작위 (25점) ☞ p.65
   (2) 취소소송의 재판관할 (25점) ☞ p.154

2007년도 제16회 공인노무사 2차 기출문제

1. 관할 행정청 甲은 乙에게 A라는 이유를 제시하여 처분을 하였으나, 취소소송의 계속 중 B라는 이유를 추가하였다. 행정소송법상 쟁점에 대해서 논하시오. (50점) ☞ p.387

2. 다음을 약술하시오.
   (1) 법규명령에 대한 취소소송 (25점) ☞ p.265
   (2) 행정심판재결의 행정청 및 그 밖의 관계 행정청에 대한 기속력 (25점) ☞ p.95

2008년도 제17회 공인노무사 2차 기출문제

1. 부작위위법확인소송에 대하여 논하시오. (50점) ☞ p.464

2. 다음을 약술하시오.
   (1) 행정심판전치주의 (25점) ☞ p.318
   (2) 행정소송법상의 소송참가 (25점) ☞ p.223

2009년도 제18회 공인노무사 2차 기출문제

1. 취소소송의 제기요건(소송요건)에 대하여 논하시오. (50점) ☞ p.310

2. 다음을 약술하시오.

   (1) 행정심판의 재결의 종류 (25점) ☞ p.89

   (2) 기관소송 (25점) ☞ p.492

2010년도 제19회 공인노무사 2차 기출문제

1. 수익적 처분의 발령을 신청한 갑에 대하여 관할 행정청 A는 이를 거부하였다. 甲은 거부처분취소소송을 제기하여 인용판결을 받았고, A의 항소 포기로 동 판결은 확정되었다. 위 확정판결에도 불구하고 A가 재차 거부처분을 할 수 있는 경우들을 논하시오. (50점)

☞ p.436

2. 하자있는 거부처분에 대한 행정심판법상의 권리구제수단에 관하여 설명하시오. (단, 집행정지 및 임시처분은 제외함). (25점) ☞ p.39

3. 공법상 결과제거청구권을 행정소송상 관철할 수 있는 방법에 관하여 설명하시오. (25점)

☞ 사례연습집, 박이준

2011년도 제20회 공인노무사 2차 기출문제

1. 관할 행정청은 甲의 어업면허의 유효기간이 만료됨에 따라 동 어업면허의 연장을 허가하여 새로이 어업면허를 함에 있어서 관련법령에 따라 면허면적을 종전의 어업면허보다 축소하였다. 甲이 자신의 재산권을 침해하는 면허면적축소와 관련된 법령의 취소를 청구하는 행정소송을 제기하거나, 어업면허면적을 종전으로 환원하여 주는 처분을 청구하는 행정소송을 제기하는 것이 적법하게 인정될 수 있는가? (50점) ☞ p.134, 265

2. 甲은 정당한 이유 없이 계약을 이행하지 않았음을 이유로 입찰참가자격 제한처분을 받았다. 이에 대해 甲이 취소소송으로 다투던 중 처분청은 당초 처분사유 외에 위 계약 당시 관계 공무원에게 뇌물을 준 사실을 처분사유로 추가하였다. 처분청의 행위는 소송상 허용되는가? (25점) ☞ p.396

3. 관련청구소송의 병합에 대하여 설명하시오. (25점) ☞ p.387

2012년도 제21회 공인노무사 2차 기출문제

1. 다음 질문에 답하시오. (단, 행정쟁송법과 무관한 노조법적인 쟁점에 대해서는 서술하지 말 것) (50점)

   (1) 근로자 A는 甲노동조합을 조직해서 그 설립신고를 하였으나 乙시장은 “설립신고서에서 근로자가 아닌 구직 중에 있는 자의 가입을 허용하고 있다.”(「노동조합 및 노동관계조정법」 제2조 제4호 라목)는 사유로 설립신고서를 반려하였다. 이에 甲노동조합은 취소소송을 제기하고자 하는바, 乙시장의 설립신고서 반려는 취소소송의 대상이 될 수 있는가? (25점) ☞ p.282

   (2) 위 취소소송의 관할법원은 “구직 중에 있는 자도 「노동조합 및 노동관계조정법」상 근로자의 지위를 가지고 노동조합에 가입할 수 있다.”는 이유로 乙시장의 설립신고서 반려를 취소하였고 그 판결은 확정되었다. 그러나 乙시장은 또 다시 설립신고서를 반려하면서, “주로 정치운동을 목적으로 하는 경우”(「노동조합 및 노동관계조정법」 제2조 제4호 마목)에 해당함을 그 사유로 제시하였다. 이에 甲노동조합은 다시 취소소송을 제기하고자 하는바, 그 청구는 본안에서 인용될 수 있는가? (25점) ☞ p.433

2. 「행정소송법」상 집행정지의 요건을 설명하시오. (25점) ☞ p.347

3. 지방노동위원회의 처분(「근로기준법」 제30조에 따른 구제명령과 그에 준하는 것)에 대한 행정쟁송절차를 설명하시오. (다툼이 있을 경우 판례에 따름) (25점) ☞ p.109

2013년도 제22회 공인노무사 2차 기출문제

1. 甲은 乙이 대표이사로 있는 A운수주식회사에서 운전기사로 근무하고 있는데, A회사의 노사간에 체결된 임금협정에는 운전기사의 법령위반행위로 회사에 과징금이 부과되면 추후 당해 운전기사에 대한 상여금 지급시 그 과징금 상당액을 공제하기로 하는 내용이 포함되어 있다. 다음 질문에 답하시오. (50점)

   (1) 甲의 법령위반행위로 인하여 A회사에 과징금이 부과된 경우, A회사에 갈음하여 대표이사인 乙이 스스로 당해 과징금 부과처분에 대한 취소소송을 제기한다면 이 소송은 적법한가? 또한 乙이 甲의 법령위반행위로 인한 과징금의 액수가 과다하지만 그 액수만큼 甲에 대한 상여금에서 공제할 수 있어 회사에 실질적인 손해가 없다고 생각하여 과징금부과처분에 대한 취소소송의 제기에 적극적인 태도를 보이지 않는 경우, 甲이 당해 과징금부과처분에 대한 취소소송을 제기한다면 이 소송은 적법한가? (30점) ☞ p.189

   (2) 과징금부과처분에 대한 취소소송에서 법원이 A회사에 대한 과징금의 금액이 지나치게 과다하다고 판단할 경우, 법원은 적정하다고 판단하는 한도 내에서 과징금부과처분의 일부를 취소할 수 있는가? (20점) ☞ p.415

2. 거부처분에 대한 의무이행재결 또는 취소판결이 확정되었음에도 불구하고 행정청이 그 재결 또는 판결의 취지에 따른 처분을 하지 아니하는 경우, 당해 재결 또는 판결의 실효성 확보방안에 관하여 서술하시오. (25점) ☞ p.100, 441

3. 종국판결에 의하지 않은 취소소송의 종료에 관하여 설명하시오. (25점) ☞ p.411

2014년도 제23회 공인노무사 2차 기출문제

1. A회사의 근로자 甲은 노동조합을 설립하고자 「노동조합 및 노동관계조정법」 제10조에 따라 설립신고를 하였으나, 甲이 설립하려는 노동조합은 경비의 주된 부분을 사용자로부터 원조받는 조직으로, 동법 제2조 제4호에 의해 노동조합으로 보지 아니하는 것이다. 그럼에도 불구하고 관할 행정청은 甲의 조합설립신고를 수리하였고, 이에 A회사는 甲의 조합은 무자격조합임을 이유로 신고수리에 대해 취소심판을 제기하였다.

   (1) A회사가 제기한 심판청구의 적법성에 관한 법적 쟁점을 설명하시오. (30점)
   ☞ p.54, 61

   (2) 만약 A회사의 취소심판이 인용되어 취소명령재결이 행해진다면, 甲은 이러한 인용재결에 대해 취소소송으로 다툴 수 있는가? (20점) ☞ p.301

2. 부작위위법확인소송의 본안판단 요건으로서 부작위의 의의와 성립요건을 설명하시오. (25점)
   ☞ p.464

3. 이행재결의 기속력 확보수단으로서의 직접처분을 설명하시오. (25점) ☞ p.100

2015년도 제24회 공인노무사 2차 기출문제

1. 甲은 2015.1.16. 주택신축을 위하여 개발행위허가를 신청하였다. 이에 관한 행정청은 乙은 「국토의 계획 및 이용에 관한 법률」의 규정에 의거하여 "해당 개발행위에 따른 기반시설의 설치나 그에 필요한 용지의 확보계획이 적절하지 않다."라는 사유로 2015.1.22. 개발행위 불허가처분을 하였고, 그 다음 날 甲은 그 사실을 알게 되었다. 그런데 乙은 위 불허가처분을 하면서 甲에게 그 처분에 대하여 행정심판을 청구할 수 있는지 여부와 행정심판을 청구하는 경우의 심판청구 절차 및 심판청구기간을 알리지 아니하였다. 甲은 개발행위 불허가 처분에 불복하여 2015.5.7. 행정심판위원회에 취소심판을 청구하였다. 아울러 甲 은 적법한 제소요건을 갖추어 취소소송도 제기하였다. (50점)

   (1) 甲의 취소심판은 청구기간이 경과되었는가? (20점) ☞ p.67

(2) 乙은 취소소송의 계속 중 "국토 및 자연의 유지와 환경보전 등 중대한 공익상의 필요가 있고 주변 환경이나 경관과 조화를 이루지 못한다"라는 처분사유를 새로이 추가할 수 있는가? (30점) ☞ p.387

2. 취소심판의 재결이 내려지기 이전에 청구인이 제기할 수 있는 행정심판법상의 잠정적인 권리구제수단에 관하여 설명하시오. (25점) ☞ p.77

3. 항고소송에 있어 사정판결을 설명하시오. (25점) ☞ p.418

2016년도 제25회 공인노무사 2차 기출문제

1. 다음 질문에 답하시오. (단, 행정쟁송법과 무관한 노동법적인 쟁점에 대해서는 서술하지 말 것.) (총50점)

(1) A회사에 근무하는 근로자 甲은 사용자와의 임금인상에 관한 문제를 해결하고 근로조건의 개선을 도모하고자 A회사에 노동조합을 조직하고 관할시장 乙에게 설립신고서를 제출하였다. 이에 관할시장 乙은 A회사 노동조합 설립신고서에는 'A회사로부터 해고되어 노동위원회에 부당 노동행위의 구제신청을 하고 중앙노동위원회의 재심판정이 있기 전의 자'를 조합원으로 가입시킬 수 있다고 명시되어 있고, 이는 「노동조합 및 노동관계조정법」 제2조 제4호 라목의 '근로자가 아닌 자의 가입을 허용하는 경우'에 해당한다는 이유로 甲의 설립신고서를 반려하였다. 관할 시장 乙의 설립신고서 반려행위에 대하여, 취소소송을 통한 권리구제 방안을 논하시오. (35점) ☞ p.280

(2) 취소소송의 인용판결 확정으로 A회사노동조합은 적법하게 설립신고를 완료하였다. 이후 A회사 사용자는 임금인상을 요구하는 근로자 丙에 대하여 업무정지를 명하고, 수일 후에 해고를 명하였다. A회사노동조합은 이에 대해 관할 지방노동위원회에 구제신청을 하였다. 관할 지방노동위원회는 A회사에게 "丙을 원직에 복직시키고 업무정지 및 해고기간 동안 정상적으로 근무하였다면 받을 수 있었던 임금상당액을 지급하라"는 구제명령을 내렸다. A회사는 丙에 대한 업무정지 및 해고는 정당하고 임금상당액도 지급할 의무가 없다는 취지로 중앙노동위원회에 재심을 신청하였다. 이에 대해 중앙노동위원회는 "해고는 부당노동행위에 해당하나 업무정지는 부당노동행위에 해당하지 않으며, A회사는 해고기간 동안의 임금상당액만을 지급하라"는 재심판정을 하였다. 이 때 A회사가 취소소송을 제기하는 경우 취소소송의 대상은? (15점) ☞ p.305

2. 甲회사는 대형할인점 건물을 신축하기 위한 건축허가 신청을 하였다가 행정청으로부터 거부처분을 받자 그 거부처분의 취소를 구하는 소송을 제기하여 승소하고 그 판결이 확정되었다. 그 이후 甲회사의 대형할인점 건물부지 인근에서 고등학교를 운영하는 학교법인 乙이 위 판결에 대하여 재심을 청구하였다. 이 청구는 적법한가? (25점) ☞ p.445

3. 취소소송에서 원고적격의 확대와 관련하여 이른바 제3자효 행정행위의 원고적격에 대해 설명하시오. (25점) ☞ p.180

2017년도 제26회 공인노무사 2차 기출문제

1. 건설회사에 근무하는 甲은 건설현장 불법행위 단속을 나온 공무원 乙의 중과실로 인하여 공사현장에서 업무 중 골절 등 산재사고로 인한 상해를 입었고, 이를 이유로 2014년 2월경 근로복지공단으로부터 휴업급여와 장해급여 등을 지급받았다. 그런데 이후 甲이 회사가 가입하고 있던 보험회사로부터 별도로 장해보상금을 지급받자 근로복지공단은 甲이 이중으로 보상받았음을 이유로 2016년 3월경 이미 지급된 급여의 일부에 대한 징수결정을 하고 이를 甲에게 고지하였다. 그러나 甲이 이 같은 징수결정에 대해서 민원을 제기하자 2016년 11월경 당초의 징수결정 금액의 일부를 감액하는 처분을 하였는데, 그 처분 고지서에는 "이의가 있는 경우 행정심판법 제27조의 규정에 의한 기간 내에 행정심판을 청구하거나 행정소송법 제20조의 규정에 의한 기간 내에 행정소송을 제기할 수 있습니다."라고 기재되어 있었다. 한편 공무원 乙은 공직기강확립 감찰기간 중 중과실로 甲에 대한 산재사고를 야기하였음을 이유로 해임처분을 받자 이에 대해서 소청심사를 거쳐 취소소송을 제기하였다. 다음 물음에 답하시오. (50점)

   (1) 甲은 감액처분에 불복하여 행정심판을 청구하였고 각하재결을 받은 후 재결서를 송달받은 즉시 2017년 5월경 근로복지공단을 상대로 위 감액처분의 취소를 구하는 행정소송을 제기하였다. 이 경우 당해 취소소송의 적법 여부를 검토하시오. (25점) ☞ p.294

   (2) 해임처분취소소송의 계속 중 乙이 정년에 이르게 된 경우, 乙에게 해임처분의 취소를 구할 법률상 이익이 인정되는지 여부를 검토하시오. (25점) ☞ p.198

2. 국민건강보험공단은 甲에게 보험료부과처분을 하였고, 甲은 별도의 검토 없이 이를 납부하였다. 그러나 甲은 이후 당해 보험료부과처분이 무효임을 알게 되었다. 甲이 이미 납부한 보험료를 돌려받기 위하여 제기할 수 있는 소송의 종류에 대하여 설명하시오. (25점)
☞ p.461

3. 행정심판 재결이 취소소송의 대상이 되는 경우를 설명하시오. (25점) ☞ p.299

2018년도 제27회 공인노무사 2차 기출문제

1. 甲은 A국국적으로 대한민국에서 취업하고자 관련법령에 따라 2009년 4월경 취업비자를 받아 대한민국에 입국하였고, 2010년 4월 체류기간이 만료되었다. 乙은 같은 A국 출신으로, 대한민국 국적 남성과 혼인하고 2015년 12월 귀화하였으나, 2016년 10월 협의이혼하였다. 이후 甲은 2017년 7월 乙과 혼인신고를 하고, 2017년 8월 관할행정청인 X에게 대한민국 국민의 배우자 (F-6-1)자격으로 체류자격 변경허가 신청을 하였다. 그러나 甲은 당시 7년여의 '불법체류'를 하고 있음이 적발되었고, 이는 관련법령 및 사무처리지침 (이하 '지침 등'이라 함)상 허가요건 중 하나인 '국내합법체류자' 요건을 결여하게 되어 X는 2017년 8월 甲의 신청을 반려하는 처분을 하였다. 한편 甲과 乙은 최근 자녀를 출산하였다. 甲은 위 허가를 받지 못하면 당장 A국으로 출국하여야 하고, 자녀 양육에 어려움을 겪는 등 가정이 파탄될 위험이 생기므로 위 반려처분은 위법하다고 주장한다. (50점)

   (1) 만일, 甲이 X의 반려처분에 불복하여 행정심판을 제기함과 동시에 임시처분을 신청하는 경우, 임시처분의 인용가능성에 관하여 논하시오. (20점) ☞ p.79

   (2) 위 반려처분에 대하여 甲이 취소소송을 제기하여 승소판결이 확정되었다. 그러나 X는 위 '지침 등'에 따른 체류자격 변경허가를 위한 또 다른 요건 중의 하나인 '배우자가가 국적을 취득한 후 3년 이상일 것'을 충족하지 못한다는 것을 이유로 다시 체류자격 변경허가를 거부하고자 한다. 이 거부처분이 적법한지에 관하여 논하시오. (30점)
☞ p.436

2. 건축사업자 甲은 X시장으로부터 건축허가를 받아 건물의 신축공사를 진행하던 중 건축법령상의 의무위반을 이유로 X시장으로부터 공사중지명령을 받았다. 甲은 해당법령의무위반을 하지 않았다고 판단하고, 공사중지명령처분은 위법하다고 주장하며 공사중지명령처분의 무효확인소송을 제기하였다. 법원은 사건의 심리결과 해당 처분에 '중대한' 위법이 있음이 인정되지만 '명백한' 위법은 아닌 것으로 판단하였다. 법원은 어떠한 판결을 내려야 하는지 설명하시오. (25점) ☞ p.456

3. 사업자 甲은 위법을 이유로 행정청으로부터 2개월 영업정지처분을 받았다. 이에 대한 甲의 처분취소소송과 그 처분으로 인한 영업 손해에 대한 국가배상청구소송이 병합될 수 있는지 설명하시오. (25점) ☞ p.314

2019년도 제28회 공인노무사 2차 기출문제

1. 사용자인 乙주식회사는 소속 근로자인 甲에 대해 유인물 배포 등 행위와 성명서 발표 및 기사 게재로 인한 乙주식회사에 대한 명예훼손행위를 근거로 감봉 3월의 징계처분을 하였다. 甲과 A노동조합은 2018. 9. 7. B지방노동위원회에 위 징계처분이 부당징계 및 부당노동행위에 해당한다고 주장하면서 구제신청을 하였다. 그러나 B지방노동위원회는 2018. 11. 6. 위 구제신청을 모두 기각하였다. 甲과 A노동조합은 B지방노동위원회의 기각결정에 불복하여 2018. 12. 20. 중앙노동위원회에 재심을 신청하였다. 중앙노동위원회는 2019. 3. 5. 유인물 배포 등 행위가 징계사유에 해당할 뿐만 아니라 징계 양정이 적정하고, 노동조합 및 노동관계조정법 제81조 제1호의 부당노동행위에 해당하지 않는다는 이유로 재심신청을 모두 기각하였다. 이에 甲은 중앙노동위원회의 재심에 불복하여 취소소송을 제기하려고 한다. 甲은 중앙노동위원회가 재심판정을 하면서 관계 법령상 개의 및 의결 정족수를 충족하지 않았다고 주장한다. 다음 물음에 답하시오. (단, 행정쟁송법과 무관한 노동법적인 쟁점에 대해서는 서술하지 말 것) (50점)

   (1) 중앙노동위원회의 재심판정에 절차상 하자가 있음을 이유로 이를 취소하는 판결이 확정되었다. 중앙노동위원회가 이러한 확정판결에 기속되는 경우에 어떠한 의무를 부담하는지를 논하시오. (25점) ☞ p.437

   (2) 중앙노동위원회는 이 소송의 계속 중에 甲과 A노동조합의 유인물 배포행위가 정당하지 않은 노동조합행위에 해당하여 징계사유에 해당한다고 추가적으로 주장한다. 이러한 중앙노동위원회의 주장이 타당한지를 논하시오. (25점) ☞ p.387

2. A국립대학교 법학전문대학원에 지원한 甲은 A국립대학교총장(이하 'A대학총장'이라 함)에게 자신의 최종입학점수를 공개해 줄 것을 청구하였으나, A대학총장은 영업비밀임을 이유로 공개거부결정을 하였다. 甲이 위 결정에 대하여 행정심판을 청구하였고 B행정심판위원회는 이를 취소하는 재결을 내렸다. 그럼에도 불구하고 A대학총장은 위 행정심판위원회의 재결을 따르지 아니하고 甲의 최종입학점수를 공개하지 아니하고 있다. 이에 甲이 행정심판법상 취할 수 있는 실효성 확보 수단을 설명하시오. (25점) ☞ p.100

3. 甲은 부동산의 취득으로 인한 취득세 및 농어촌특별세의 납세의무부존재확인소송을 제기하려고 한다. 이러한 납세의무부존재확인소송의 법적 성질에 관하여 설명하시오. (25점)
☞ p.478

2020년도 제29회 공인노무사 2차 기출문제

1. 甲은 2018. 11. 1.부터 A시 소재의 3층 건물의 1층에서 일반음식점을 운영해 왔는데, 관할 행정청인 A시의 시장 乙은 2019. 12. 26. 甲이 접대부를 고용하여 영업을 했다는 이유로 甲에 대하여 3월의 영업정지처분을 하였다. 이에 대하여 甲은 문제가 된 여성은 접대부가 아니라 일반 종업원이라는 점을 주장하면서 3월의 영업정지처분의 취소를 구하는 행정심판을 청구했다. 관할 행정심판위원회는 2020. 3. 6. 甲에 대한 3월의 영업정지처분을 1월의 영업정지처분으로 변경하라는 일부인용재결을 하였고, 2020. 3. 10. 그 재결서 정본이 甲에게 도달하였다. 乙은 행정심판위원회의 재결내용에 따라 2020. 3. 17. 甲에 대하여 1월의 영업정지처분을 하였고, 향후 같은 위반사유로 제재처분을 받을 경우 식품위생법 시행규칙 별표의 행정처분기준에 따라 가중적 제재처분이 내려진다는 점까지 乙은 甲에게 안내했다. 행정심판을 통해서 구제를 받지 못했다고 생각한 甲은 2020. 6. 15. 취소소송을 제기하고자 한다. 다음 물음에 답하시오. (총50점)

   (1) 甲이 제기하는 취소소송의 대상적격, 피고적격, 제소기간에 대하여 논하시오. (30점)
   ☞ p.307, 332

   (2) 甲은 乙의 영업정지처분 1월이 경과한 후에도 그 처분의 취소를 구할 소의 이익이 있는지 논하시오. (20점) ☞ p.206

2. 甲은 태양광발전시설을 설치하기 위해 관할 군수 乙에게 개발행위허가를 신청하였으나 乙은 산림훼손 우려가 있다는 이유로 거부처분을 하였다. 甲은 「민원처리에 관한 법률」 제35조에 따라 乙에게 이의신청을 하였다. 乙은 甲의 이의신청을 검토한 후 종전과 동일한 이유로 이의신청을 기각하는 결정을 하였다. 乙의 기각결정을 행정심판의 기각재결로 볼 수 있는지 설명하시오. (25점) ☞ p.32

※ 「민원처리에 관한 법률」 제35조 ③ 민원인은 제1항에 따른 이의신청 여부와 관계없이 「행정심판법」에 따른 행정심판 또는 「행정소송법」에 다른 행정소송을 제기할 수 있다.

3. A시 시장인 乙은 甲이 A시에서 진행하고 있는 공사가 관련 법령을 위반하였다는 이유로 해당 공사를 중지하는 명령을 하였다. 甲은 그 명령 이후에 그 원인사유가 소멸하였음을 들어 乙에 대하여 공사중지명령의 철회를 신청하였다. 그러나 乙은 그 원인사유가 소멸되지 않았다고 판단하여 甲의 신청에 대하여 아무런 응답을 하지 않고 있다. 乙의 행위가 위법한 부작위에 해당하는지에 대하여 설명하시오. (25점) ☞ p.467

2021년도 제30회 공인노무사 2차 기출문제

1. 중기계를 생산하는 제조회사에 근무하는 甲은 골절 등의 업무상 사고로 인하여 상해를 입었음을 이유로 근로복지공단으로부터 휴업급여와 장해급여 등의 지급결정을 받았다. 그 후 근로복지공단은 甲이 실제 상해를 입지 않았음에도 허위로 지급신청서를 작성하여 급여지급결정을 받은 사실을 들어 甲에 대한 급여지급결정을 취소하였고, 甲은 급여지급결정의 취소처분서를 2021. 1. 7. 직접 수령하였다. 이와 함께 근로복지공단은 이미 甲에게 지급된 급여액에 해당하는 금액을 부당이득으로 징수하였다. 한편, 甲은 위 급여지급결정 취소처분이 위법함을 이유로 2021. 5. 7. 급여지급결정 취소처분에 대한 무효확인소송을 제기하였다. 다음 물음에 답하시오. (단, 각 물음은 상호 관련성이 없는 별개의 문항임) (50점)

(1) 위 무효확인소송에서 급여지급결정 취소처분이 무효라는 점에 대한 입증 책임은 누가 부담하는가? (10점) ☞ p.462

(2) 위 무효확인소송의 계속 중 甲은 추가적으로 급여지급결정 취소처분의 취소를 구하는 소를 병합하여 제기할 수 있는가? (20점) ☞ p.316

(3) 위 무효확인소송에서 기각판결이 확정된 후 甲이 급여지급결정 취소처분의 '법령 위반'을 이유로 국가배상청구소송을 제기한 경우, 무효확인소송의 기각판결의 효력과 관련하여 국가배상청구소송의 수소법원은 급여지급결정 취소처분의 '법령 위반'을 인정할 수 있는가? (20점) ☞ p.428

※ 「국가배상법」 제2조(배상책임) ① 국가나 지방자치단체는 공무원 또는 공무를 위탁받은 사인(이하 "공무원"이라 한다)이 직무를 집행하면서 고의 또는 과실로 법령을 위반하여 타인에게 손해를 입히거나, 「자동차손해배상 보장법」에 따라 손해배상의 책임이 있을 때에는 이 법에 따라 그 손해를 배상하여야 한다. 다만, 군인·군무원·경찰공무원 또는 예비군대원이 전투·훈련 등 직무 집행과 관련하여 전사(戰死)·순직(殉職)하거나 공상(公傷)을 입은 경우에 본인이나 그 유족이 다른 법령에 따라 재해보상금·유족연금·상이연금 등의 보상을 지급받을 수 있을 때에는 이 법 및 「민법」에 따른 손해배상을 청구할 수 없다.

2. X시장의 환지예정지지정처분(이하 '이 사건 처분'이라 함)으로 불이익을 입은 甲은 이 사건 처분이 위법하다는 이유로 취소심판을 청구하였고 행정심판위원회는 처분의 위법을 인정하였다. 다만 행정심판위원회는 이 사건 처분이 취소될 경우 다수의 이해관계인에 대한 환지예정지지정처분까지도 변경됨으로써 기존의 사실관계가 뒤집어지고 새로운 사실관계가 형성되는 혼란이 발생될 수 있다는 이유로 이 사건 처분을 취소하는 것이 공공복리에 크게 위배된다고 인정하여 위 심판청구를 기각하는 재결을 하였다. 甲이 이에 불복하여 취소소송을 제기할 경우 그 대상에 대하여 설명하시오. (25점) ☞ p.300

3. 국가공무원 甲은 업무시간 중 민원인으로부터 골프접대 등의 뇌물을 수수하였다는 이유로 징계권자로부터 해임의 징계처분을 받고, 그 징계처분에 대하여 소청심사를 거쳐 취소소송을 제기하였다. 피고 행정청은 취소소송의 계속 중 甲이 뇌물수수 뿐만 아니라 업무시간 중 골프접대를 받는 등 직무를 태만히 한 것도 징계사유의 하나라고 소송절차에서 주장하였다. 이러한 피고의 주장이 허용되는지 설명하시오. (25점) ☞ p.387

※ 「국가공무원법」 제78조(징계사유) ① 공무원이 다음 각 호의 어느 하나에 해당하면 징계 의결을 요구하여야 하고 그 징계 의결의 결과에 따라 징계처분을 하여야 한다.
1. 이 법 및 이 법에 따른 명령을 위반한 경우
2. 직무상의 의무(다른 법령에서 공무원의 신분으로 인하여 부과된 의무를 포함한다)를 위반하거나 직무를 태만히 한 때
3. 직무의 내외를 불문하고 그 체면 또는 위신을 손상하는 행위를 한 때

2022년도 제31회 공인노무사 2차 기출문제

1. 채석업자 丙은 P산지(山地)에서 토석채취를 하기 위하여 관할행정청인 군수 乙에게 토석채취허가신청을 하였다. 乙은 丙의 신청서류를 검토한 후 적정하다고 판단하여 토석채취허가(이하 '이 사건 처분'이라 한다.)를 하였다. 한편, P산지 내에는 과수원을 운영하여 거기에서 재배된 과일로 만든 잼 등을 제조·판매하는 영농법인 甲이 있는데, 그곳에서 제조하는 잼 등은 청정지역에서 재배하여 품질 좋은 제품이라는 명성을 얻어 인기리에 판매되고 있다. 그런데, 甲은 과수원 인근에서 토석채취가 이루어지면 비산먼지 등으로 인하여 과수원에 악영향을 미친다고 판단하여, 이 사건 처분의 취소를 구하는 소를 제기하였다. 다음 물음에 답하시오. (50점)

   (1) 위 취소소송에서 甲의 원고적격은 인정될 수 있는가? (20점) ☞ p.186

   (2) 위 사안에서 丙이 토석채취허가신청을 하였으나, 이 사건 처분을 하기 전이라면, 甲은 乙이 이 사건 처분을 하여서는 안된다는 소의 제기가 허용되는가? (30점) ☞ p.137

2. 甲은 교육사업을 영위하는 회사 乙 과 기간의 정함이 없는 근로계약을 체결하고 근무하던 중 乙로부터 해고를 통보받았다. 이에 대해 甲은 서울지방노동위원회에 부당해고 구제를 신청하였고, 이후 원직에 복직하는 대신 금전보상명령을 구하는 것으로 신청취지를 변경하였다. 그러나 서울지방노동위원회에의 구제신청과 이어진 중앙노동위원회에의 재심신청이 각각 기각됨에 따라, 甲은 2022. 7. 22. 서울행정법원에 재심판정의 취소를 구하는 소를 제기하였다. 한편, 乙은 2022. 7. 19. 정당한 절차에 의해 취업규칙을 개정하였고, 이 규칙은 이 사건 소가 계속 중이던 2022. 8. 1.부터 시행되었다. 종전 취업규칙에는 정년에 관한 규정이 없었으나 '개정 취업규칙'에는 근로자가 만 60세에 도달하는 날을 정년으로 정하고 있으며, 甲은 이미 2022. 4. 15. 만 60세에 도달하였다. 甲이 중앙노동위원회의 재심판정을 다툴 협의의 소의 이익이 인정되는지를 설명하시오. (25점) ☞ p.198

3. 甲은 산업입지 및 개발에 관한 법령 등에 따라 관할 행정청인 도지사 乙에 의해 지정된 산업단지 내에서 산업단지개발계획상 녹지용지로 되어있던 토지의 소유자이다. 甲은 해당 토지에서 폐기물처리사업을 하기 위하여 乙에게 사업부지에 관한 개발계획을 당초 녹지용지에서 폐기물처리시설용지로 변경해 달라는 내용의 신청을 하였다. 당시 위 법령에 따르면 폐기물처리시설용지로의 변경이 불가능하게 되어 있었다. 이에 따라 乙은 위 변경신청을 거부하는 처분을 하였고, 甲은 이에 대하여 취소소송을 제기하였다. 그런데 거부처분 이후 폐기물처리시설용지로의 변경이 가능하도록 법령의 개정이 있었다고 할 때, 법원이 어느 시점을 기준으로 위법성을 판단하여야 하는지에 관하여 설명하시오. (25점) ☞ p.382

2023년도 제32회 공인노무사 2차 기출문제

1. A시는 택지개발예정지구 지정 공람공고가 이루어진 P사업지구에서 택지개발사업을 시행하고 있으며, 甲은 'P사업지구에 주택을 소유하고 있는 자'이다. A시는 택지개발사업과 관련한 이주대책을 수립·공고하였는데, 이에 의하면 이주대책 대상자 요건을 '택지개발예정지구 지정 공람공고일 1년 이전부터 보상계약체결일 또는 수용재결일까지 계속하여 P사업지구 내 주택을 소유하고 계속 거주한 자로, A시로부터 그 주택에 대한 보상을 받고 이주하는 자'로 정하고 있다. 甲은 A시에 이주대책 대상자 선정 신청을 하였으나, A시는 '기준일 이후 주택 취득'을 이유로 甲을 이주대책 대상에서 제외하는 결정을 하였고, 이 결정은 2023. 6. 28. 甲에게 통보되었다(이하 '1차 결정'이라 함). 이에 甲은 A시에 이의신청을 하면서, 이의신청서에 이주대책 대상자 선정요건을 충족함을 증명할 수 있는 마을주민확인서, 수도개설 사용, 전력 개통사용자 확인 등 증빙서류를 새롭게 추가로 첨부하여 제출하였다. 그러나 A시는 추가된 증빙자료만으로 법적 소유관계를 확인할 수 없다는 이유로 甲의 이의신청을 기각하고 甲을 이주대책 대상에서 제외한다는 결정을 하였으며, 이 결정은 2023. 8. 31. 甲에게 통보되었다(이하 '2차 결정'이라 함). 다음 각 물음에 답하시오. (각 물음은 상호 관련성이 없는 별개의 상황임) (50점)

   (1) 甲이 자신을 이주대책 대상에서 제외한 A시의 결정에 대해 취소소송으로 다투려는 경우, 소의 대상 및 제소기간의 기산점에 대해 설명하시오. (25점) ☞ p.292, 333

   (2) 甲이 1차 결정에 대해 무효확인소송을 제기하였고, 甲이 기준일 이전에 주택을 취득한 것이 인정되어 청구를 인용하는 법원의 판결이 확정되었다. A시는 甲을 이주대책 대상자로 선정하여야 하는지 여부 및 A시가 아무런 조치를 하지 않는 경우 「행정소송법」상 강제수단에 대하여 설명하시오. (25점) ☞ p.441, 463

2. A시에서 여객자동차운송사업을 하고 있는 甲은 운송사업 중 일부 노선을 같은 지역 여객자동차운송사업자인 乙에게 양도하였고, A시의 시장 X는 위 양도·양수를 인가하였다. 이 노선에는 甲 이외에도 여객자동차운송사 업자 丙이 일부 중복된 구간을 운영하고 있으며, 위 인가처분으로 해당 구간의 사업자는 甲, 乙, 丙으로 증가한다. 이에 丙은 기존의 경쟁 사업자 외에 乙이 동일한 운행경로를 포함한 운행계통을 가지게 되어 그 중복운행 구간의 연고 있는 사업자 수가 증가하고, 그 결과 향후 운행횟수 증회, 운행 계통 신설 및 변경 등에 있어 장래 기대이익이 줄어들 것을 우려한다. 그런데 위 인가처분으로 인해 甲이 운행하던 일부 노선에 관한 운행계통, 차량 및 부대시설 등이 일체로 乙에게 양도된 것이어서, 이로 인하여 종전 노선 및 운행계통이나 그에 따른 차량수 및 운행횟수 등에 변동이 있는 것은 아니다. 丙이 위 인가처분의 취소를 구하는 소송을 제기할 경우, 원고 적격이 인정되는가? (25점) ☞ p.182

3. 甲은 자기 소유 토지에 전원주택을 신축하고자 건축업자인 乙과 전원주택 신축공사에 관하여 도급계약을 체결하였고, 乙은 근로복지공단에 고용보험·산재보험관계성립신고를 하면서 신고서에 위 신축공사 사업장의 사업주를 甲으로 기재하여 제출하였다. 甲은 위 사업장에 관한 고용보험료와 산재 보험료 중 일부만 납부하였고, 국민건강보험공단은 甲에게 체납된 고용보험료 및 산재보험료를 납부할 것을 독촉하였다. 관련 법령상 보험료의 신고 또는 납부 등 산재보험 및 고용보험에 관한 사업의 주요 업무는 고용노동부 장관으로부터 위탁받은 근로복지공단이 수행하고, 다만 보험료 체납관리 등 징수업무는 국민건강보험공단이 위탁받아 수행하고 있다. 甲은 건축주가 직접 공사를 하지 않고 공사 전부를 수급인에게 도급을 준 경우에는 근로자를 사용하여 공사를 수행하는 수급인이 원칙적으로 그 공사에 관한 사업주로서 고용보험 및 산재보험의 가입자가 되어 고용보험료 및 산재보험료를 납부할 의무를 부담한다는 것을 알게 되었다. 이에 甲은 국민건강보험공단이 납부를 독촉하는 보험료채무에 대해 그 부존재확인을 구하는 소송과 이미 근로복지공단에 납부한 보험료에 대해 부당이득으로서 반환을 구하는 소송을 제기하고자 한다. 甲은 누구를 상대로 어떤 유형의 소송을 제기하여야 하는지 설명하시오. (25점) ☞ p.315, 488

2024년도 제33회 공인노무사 2차 기출문제

1. 甲은 X주식회사에 근무하던 중 2021. 12. 1. 자녀를 출산하여 2022. 1. 1.부터 12개월 동안 육아휴직을 하였다. 甲은 2024. 7. 1. 위 휴직기간에 대한 육아휴직급여를 Y지방고용노동청 Z지청장(이하 'A'라고 한다)에게 신청하였으나, A는 2024. 7. 15. 甲이 「고용보험법」 제70조 제2항에서 정한 '육아휴직이 끝난 날 이후 12개월'이 지나 신청을 하였다는 이유로 그 지급을 거부하였다. 그리고 甲의 배우자 乙은 Y광역시의 경력직 공무원으로서, 2024. 1. 1.부터 같은 해 6. 30.까지에 해당하는 「지방공무원 수당 등에 관한 규정」 제15조에 따른 시간외근무수당을 예산이 부족하다는 이유로 시간외근무시간에 미치지 못하는 금액으로 지급받았다. (50점)

   (1) 아래의 각 경우 법원의 판단에 관하여 설명하시오. (30점)

      1) 甲은 「고용보험법 시행령」 제94조 제3호에 해당하는 사유(직계비속의 질병)가 끝난 후 30일 이내 신청하였으므로 육아휴직급여 청구권이 있다고 주장하면서, 2024. 8. 1. 대한민국을 피고로 하여 금전의 지급을 구하는 민사소송의 소장을 서울중앙지방법원에 제출하여 접수되었다. 국가소송수행자 B는 소송이 적법하지 않으므로 각하판결이 내려져야 한다고 항변한다. (15점) ☞ p.159, 482

      2) 乙은 2024. 8. 1. Y광역시를 피고로 하여 시간외근무시간에 미치지 못하는 시간외근무수당의 지급을 구하는 행정소송의 소장을 Y지방법원에 제출하여 접수되었다. 乙은 제소에 앞서 「지방공무원법」 제20조의2에 따른 소청절차를 거치지 않았다. Y광역시장 C는 소송이 적법하지 않으므로 각하판결이 내려져야 한다고 항변한다. (15점) ☞ p.320

   (2) 甲은 소송의 계속 중에 조정이 성립하여 소를 취하하고 육아휴직급여의 전액을 지급받았다. 이후 甲이 육아휴직기간 중 8개월 동안 해외에서 체류하여 해당 영유아와 동거하지 아니한 사실(이는 「남녀고용평등과 일·가정 양립 지원에 관한 법률 시행령」 제14조에서 정하는 육아휴직 종료 사유이다)이 적발되었다. A는 甲에게 8개월에 해당하는 육아휴직급여의 반환명령 및 그 100/100에 해당하는 추가징수를 처분하였다. 甲이 추가징수 처분이 생계를 현저히 곤란하게 하므로 위법하다는 이유로 그 취소를 구하는 행정소송을 제기하는 경우 법원이 처분의 일부를 취소할 수 있는지를 설명하시오. (20점) ☞ p.415

※ 지방공무원법 제20조의 2(행정소송과의 관계) 제67조에 따른 처분, 그밖에 본인의 의사에 반한 불리한 처분이나 부작위에 관한 행정소송은 심사위원회의 심사 결정을 거치지 아니하면 제기할 수 없다.

※ 지방공무원 수당 등에 관한 규정 제15조(시간외근무수당) ① 근무명령에 의하여 규정된 근무시간 외에 근무한 자에 대하여는 예산의 범위 안에서 시간외근무수당을 지급한다. ②~⑨ 생략.

※ 고용보험법 시행규칙

제105조(부정행위에 따른 추가징수 등) ① 법 제62조 제2항에 따른 추가징수액은 거짓이나 그 밖의 부정한 방법으로 지급 받은 구직급여액에 다음 표의 구분에 따른 비율을 곱한 금액으로 한다.

구분		비율
거짓이나 그 밖의 부정한 방법으로 구직급여를 받거나 받으려고 한 사람이 그 구직급여를 받은 날 또는 법 제44조 제2항에 따른 실업인정에 관한 신고를 한 날부터 소급하여 10년 동안 법 제61조 제1항 본문에 따라 구직급여의 지급 제한을 받은 횟수	3회 미만	100분의 100
	3회 이상 5회 미만	100분의 150
	5회 이상	100분의 200

②~③ 생략.

④ 제1항부터 제3항까지의 규정에도 불구하고 다음 각 호의 어느 하나에 해당하는 사람에 대하여는 추가징수를 면제할 수 있다.

1.~2. 생략.

3. 직업안정기관의 장이 생계가 현저히 곤란하다고 인정하는 사람

※ 제119조(육아휴직 급여의 부정행위에 따른 추가징수 등) 법 제62조 제1항 및 제74조에 따른 육아휴직등 급여의 부정수급으로 인한 추가징수에 관하여는 제105조를 준용하되, 같은 조 제3항 제1호 및 제4항 제2호는 제외한다. 이 경우 "구직급여액"은 "육아휴직 등 급여액"으로 본다.

2. 甲은 인터넷설치서비스업을 행하는 법인이다. 甲이 2024. 1. 22. 고객민원 및 직원 간의 불협화음 등을 이유로 甲 소속 근로자 A에게 정직 7개월의 징계처분을 하자, A는 2024. 1. 26. 관할 지방노동위원회에 구제신청을 하였다. 관할 지방노동위원회는 2024. 2. 27. 징계사유가 인정되고 징계양정이 과하다고 볼 수 없다는 이유로 A의 구제신청을 기각하였다. A는 2024. 3. 4. 관할 지방노동위원회의 판정에 불복하여 중앙노동위원회에게 재심을 신청하였다. 중앙노동위원회는 2024. 4. 30. 관할 지방노동위원회의 판정을 취소하고 A에게 행한 정직은 부당정직임을 인정하면서 甲에게 판정서를 송달받은 날부터 30일 이내에 A에 대한 정직을 취소하고 정직기간 중 받을 수 있었던 임금상당액을 지급하라고 구제명령(이하 '이 사건 구제명령' 이라 한다)을 하였다. 한편, 중앙노동위원회는 2024. 6. 26. 甲이 이행기한까지 이 사건 구제명령을 이행하지 않았다는 이유로 이행강제금을 부과할 것임을 예고하였다. 이후 중앙노동위원회는 2024. 8. 7. 甲에게 '구제명령 완전 불이행'의 이유로 250만원의 이행강제금 부과처분(이하 '이 사건 부과처분'이라 한다)을 하였다. 한편, 甲은 2024. 8. 5. 인사위원회를 개최하여 A에 대한 정직 취소를 의결한 바 있다. 甲은 이 사건 부과처분 문서를 2024. 8. 9. 송달받았다. 甲은 이 사건 부과처분의 위법을 이유로 취소심판을 청구하려고 한다. 이 경우 행정심판기관의 관할과 피청구인 적격에 관하여 검토하시오. (25점) ☞ p.48, 114

3. A시장은 「감염병의 예방 및 관리에 관한 법률」에 근거한 집합금지명령을 2024. 5. 1. 공고하면서 관내 다중이용시설을 대상으로 2024. 5. 6.부터 매일 22시에서 다음날 06시 사이의 영업을 제한하였는바, 그에 대하여 유흥주점 업주 甲은 2024. 5. 27. 취소소송을 제기하였고, 2024. 9. 5. 현재 소송 계속 중이다. 한편, 예방조치에도 불구하고 감염병 확산세가 급등하자 A시장은 2024. 5. 31.부터 관내 다중이용시설의 영업제한 시간을 매일 20시에서 다음날 07시까지로 늘리는 내용의 집합금지명령을 2024. 5. 29. 공고하였다. 음식점 업주 乙은 해외에 체류하다가 귀국하여 2024. 6. 8. 자신의 업소에 부착된 공고문 및 안내문을 보고 비로소 그 명령을 알게 되었고, 2024. 8. 30. 그에 대하여 취소소송을 제기하였다. 甲의 소송이 대상 적격을 갖춘 것인지와 乙의 소송이 적법한 기간 내 제소된 것인지를 검토하시오. (25점) ☞ p.331

2025년도 제34회 공인노무사 2차 기출문제

1. 직업능력개발 훈련비용 지원금과 관련한 아래 질문에 답하시오. (50점)

※ 〈사례 1〉

근로자 甲은 A지방고용노동청장(이하 'A청장')에게 '직업능력개발 훈련비용 지원금(이하 '지원금')을 신청하였다. A청장은 "甲이 참여하는 훈련 프로그램은 훈련비 지원 관련 규정의 취지에 비추어 직업능력개발 훈련의 목적에 부합하지 않는다(이하 '〈처분사유1〉')"는 사유로 甲의 신청을 거부하였다. 이에 甲은 거부처분취소소송을 제기하였는데, 소송의 계속 중 A청장은 거부처분 사유로 기존의 〈처분사유1〉 이외에 "甲이 제출한 훈련비용 지원서에는 관계 법규에 따라 기재하여야 하는 사항 중 일부가 누락되어 유효한 신청서로 볼 수 없다(이하 '〈처분사유2〉')"라는 새로운 사유를 추가하였다. 관할 법원은 甲에게 〈처분사유2〉는 기존 〈처분사유1〉과 사회적 사실관계가 다른 별개의 사항이지만 처분사유의 추가에 동의하는지를 물었고, 甲은 위 취소소송을 통하여 지원금 지급 여부에 관한 법적 다툼을 한꺼번에 해결하려는 의도로 처분사유의 추가에 대한 동의서를 법원에 제출하였다. 법원은 甲의 동의에 따라 처분사유의 추가를 허용하였고, 두 가지 처분사유를 종합적으로 심리한 결과 甲의 소송상 청구를 인용하였으며, 해당 판결은 상고심에서 그대로 확정되었다.

※ 〈사례 2〉

근로자 乙은 B지방고용노동청장(이하 'B청장')에게 '직업능력개발 훈련비용 지원금(이하 '지원금')을 신청하여 이를 지급받았다. 그 후 B청장은 내부 규정에 따라 지원금의 지급 및 환수 권한을 소속 담당부서장에게 내부위임하였다. 한편, 지원금 수급 현황 정기실태조사를 실시한 담당부서장은 부정한 방법으로 수령한 지원금을 환수한다는 내용의 환수처분을 자신의 명의로 乙에게 발령하였고, 乙은 이를 반환하였다. 그런데 乙은 지원금의 반환 후 위 환수처분에 발령 주체 상의 하자가 있음을 알게 되었다.

(1) 甲의 취소소송에서 인용판결이 확정된 후 A청장은 〈처분사유1〉는 〈처분사유1〉과 사회적 사실관계가 다른 별개의 사유임에 착안하여 이전의 甲의 지원금 신청에 대하여 〈처분사유2〉를 들어 다시 거부처분을 하였고, 이에 대하여 甲은 간접강제를 신청하였다. 甲의 간접강제 신청에 대한 법원의 인용 여부에 관하여 논하시오. (25점)

☞ p.387, 441

(2) 乙은 환수처분의 발령 주체 상의 하자를 이유로, 환수처분에 대한 항고소송을 제기하여 담당부서장이 환수한 지원금을 다시 반환받고자 한다. ⅰ) 乙이 제기할 수 있는 구체적인 소송유형과 그 피고, ⅱ) 해당 소송의 인용판결을 통하여 乙이 지원금을 반환받을 수 있는 논거를 각각 설명하시오. (25점) ☞ p.212, 438

※ 고용보험법 제2조(정의) 이 법에서 사용하는 용어의 뜻은 다음과 같다.
1. "피보험자"란 다음 각 목에 해당하는 사람을 말한다.
가. 「고용보험 및 산업재해보상보험의 보험료징수 등에 관한 법률」 제5조 제1항·제2항, 제6조 제1항, 제8조 제1항·제2항, 제48조의2 제1항 및 제48조의3 제1항에 따라 보험에 가입되거나 가입된 것으로 보는 근로자, 예술인 또는 노무제공자

※ 제29조(피보험자등에 대한 직업능력개발 지원) ① 고용노동부장관은 피보험자등이 직업능력개발 훈련을 받거나 그 밖에 직업능력 개발·향상을 위하여 노력하는 경우에는 대통령령으로 정하는 바에 따라 필요한 비용을 지원할 수 있다.

※ 제35조(부정행위에 따른 지원의 제한 등) ① 고용노동부장관은 거짓이나 그 밖의 부정한 방법으로 이 장의 규정에 따른 고용안정·직업능력개발 사업의 지원을 받은 자 또는 받으려는 자에게는 해당 지원금 중 지급되지 아니한 금액 또는 지급받으려는 지원금을 지급하지 아니하고, 1년의 범위에서 대통령령으로 정하는 바에 따라 지원금의 지급을 제한하며, 거짓이나 그 밖의 부정한 방법으로 지원받은 금액을 반환하도록 명하여야 한다.

※ 제115조(권한의 위임·위탁) 이 법에 따른 고용노동부장관의 권한은 대통령령으로 정하는 바에 따라 그 일부를 직업안정기관의 장에게 위임하거나 대통령령으로 정하는 자에게 위탁할 수 있다.

2. 개업노무사로 업무를 수행하고 있는 甲은 2024. 3. 한 달 동안 3차례에 걸쳐 노동 관계 법령에 위반되는 행위에 관한 지도·상담을 하다가 관할 지방고용노동청에 적발되었다. 이에 고용노동부장관 A는 공인노무사자격심의·징계위원회의 징계의결에 따라 2024. 8. 26. 甲에게 6월의 직무정지처분을 하였고, 甲은 다음 날 그 처분서를 수령하였다. 甲은 2024. 9. 30. 6월의 직무정지처분이 재량권을 일탈·남용하였다며 관할 행정심판위원회에 6월의 직무정지처분의 취소심판을 청구하였다. 행정심판위원회는 2024. 11. 4. "A가 甲에 대하여 한 6월의 직무정지처분을 3월의 직무정지처분으로 변경하라"는 일부인용의 이행재결을 하였으며, 2024. 11. 18. 그 재결서 정본이 甲에게 도달하였다. A는 재결의 취지에 따라 2024. 11. 25. 甲에게 "6월의 직무정지처분을 3월의 직무정지처분으로 변경한다"는 취지의 후속 변경 처분을 하였으나, 甲은 이 또한 과도한 제재처분이라면서 2024. 11. 25.자 3월의 직무정지처분을 대상으로 관할 행정심판위원회를 피고로 하여 2024. 12. 10. 취소소송을 제기하였다. 이 경우 甲이 제기한 취소소송의 대상적격과 피고적격 그리고 제소기간의 준수 여부에 관하여 각각 검토하시오. (25점) ☞ p.308

※ 공인노무사법 제13조(금지 행위) 개업노무사와 그 직무보조원은 다음 각 호의 행위를 하여서는 아니 된다.
3. 법령에 위반되는 행위에 관한 지도·상담, 그 밖에 이와 비슷한 행위

※ 제20조(징계) ① 고용노동부장관은 공인노무사가 다음 각 호의 어느 하나에 해당하는 경우에는 자격심의·징계위원회의 징계의결에 따라 징계처분을 한다.
6. 제13조 각 호에 해당하는 금지 행위를 한 경우
③ 공인노무사에 대한 징계의 종류는 다음 각 호와 같다.
3. 3년 이하의 직무정지

3. A지방고용노동청장(이하 'A청장')은 민원인의 이용 편의를 위하여 청사 지하 1층에 편의점을 위탁운영하기로 결정하고, '청사 내 편의시설(편의점) 운영자 선정 입찰 공고'를 하였다. 입찰 결과 甲이 낙찰자로 결정되었고, A청장은 2022. 12. 20. 甲과 계약기간은 2023. 1.1.부터 2024. 12. 31.까지(2년간), 연 사용료 1억 원 등을 내용으로 하는 '청사 편의점 운영권 위탁계약(이하 '위탁운영계약')을 체결하여 편의점 운영자 선정 절차가 완료되었다. 그 후 甲은 편의점을 1년 이상 운영하면서 납부기한까지 사용료를 납부하지 않았고, 이에 A청장은 2024. 2. 29. 「국유재산법」의 규정을 근거로 위탁운영계약을 해지하였다. 甲은 위탁운영계약 해지에 무효사유에 해당하는 하자가 있음을 발견하여, 이를 소송상 다투고자 한다. 甲이 제기하여야 하는 소송을 설명하시오. (단, 위탁운영계약 체결 관련 사항은 A청장에게 위임되어 있음) (25점) ☞ p.255, 449

※ 국유재산법 제31조(사용허가의 방법) ① 행정재산을 사용허가하려는 경우에는 그 뜻을 공고하여 일반경쟁에 부쳐야 한다. 다만, 사용허가의 목적·성질·규모 등을 고려하여 필요하다고 인정되면 대통령령으로 정하는 바에 따라 참가자의 자격을 제한하거나 참가자를 지명하여 경쟁에 부치거나 수의(隨意)의 방법으로 할 수 있다.

※ 제32조(사용료) ① 행정재산을 사용허가한 때에는 대통령령으로 정하는 요율(料率)과 산출방법에 따라 매년 사용료를 징수한다. 다만, 연간 사용료가 대통령령으로 정하는 금액 이하인 경우에는 사용허가기간의 사용료를 일시에 통합 징수할 수 있다.

[저자소개]

■ **박이준 교수**

약 력

- 서울대학교 사회학과/서울대학교 행정대학원 졸업
- 행정고시 합격
- 행정사무관(규제개혁, 對의회, 문화관광, 국무총리실 감사반 등)
- 現 이패스노무사 행정쟁송법 전임강사

저 서

- 공인노무사 행정쟁송법 기본서(이패스코리아)
- 공인노무사 행정쟁송법 사례연습(이패스코리아)
- 행정사 행정절차론 기본서(이패스코리아)
- 행정사 행정절차론 사례·약술 연습(이패스코리아)
- 행정사 행정법 기본서(이패스코리아)
- 행정사 행정법 객관식(이패스코리아)
- 행정법총론·각론(교컴)
- 경찰승진 행정법, 행정학(경찰공제회)
- 공무원 행정법, 행정학 기본서 등 시리즈(이패스코리아)
- 소방공무원 승진 행정법, 소방공무원법(소방사관)
- 소방공무원 소방관계법규 기본서 등 시리즈(소방사관)
- 공무원 헌법 기출문제집(예응)
- 사무관승진 헌법 기본서 등 시리즈(교컴)
- 공기업 법학(이패스코리아)
- 경비지도사 법학개론(이패스코리아)
- 공무원 사회 기본서 등 시리즈(한림당)
- 법학적성시험 LEET 추리논증(로앤피로스쿨)
- 최강 NCS 직업기초능력(이패스코리아)
- 국가정보원 NIAT(이패스코리아) 등 다수

행정쟁송법

개정9판 1쇄 인쇄 / 2025년 09월 11일
개정9판 1쇄 발행 / 2025년 09월 22일

지 은 이 박 이 준
발 행 인 이 재 남
발 행 처 이패스코리아
서울시 영등포구 경인로 775 에이스하이테크시티 2동 1004호
전 화 1600-0522 / 팩 스 02-6345-6701
홈페이지 www.ekorbei.com
이 메 일 book@epasskorea.com
등 록 번 호 제318-2003-000119호(2003년 10월 15일)